U0709982

中國國家圖書館編

國家圖書館藏敦煌遺書

第一百三十二冊　北敦一四六九三號——北敦一四七三五號

北京圖書館出版社

圖書在版編目(CIP)數據

國家圖書館藏敦煌遺書·第一百三十二册/中國國家圖書館編;任繼愈主編.—北京:北京圖書館出版社,2010.8

ISBN 978-7-5013-3694-4

Ⅰ.國… Ⅱ.①中…②任… Ⅲ.敦煌學-文獻 Ⅳ.K870.6

中國版本圖書館 CIP 數據核字(2010)第 029276 號

書　　名 國家圖書館藏敦煌遺書·第一百三十二册
著　　者 中國國家圖書館編　任繼愈主編
責任編輯 徐　蜀　孫　彦
封面設計 李　璀

出　　版 北京圖書館出版社　(100034　北京西城區文津街 7 號)
發　　行 010-66139745　66151313　66175620　66126153
66174391(傳真)　66126156(門市部)
E-mail btsfxb@ nlc. gov. cn(郵購)
Website www. nlcpress. com → 投稿中心
經　　銷 新華書店
印　　刷 北京文津閣印務有限責任公司

開　　本 八開
印　　張 54.25
版　　次 2010 年 8 月第 1 版第 1 次印刷
印　　數 1-250 册(套)

書　　號 ISBN 978-7-5013-3694-4/K·1657
定　　價 990.00 圓

目錄

北敦一四六九三號　妙法蓮華經疏（擬）……一
北敦一四六九四號　楞伽阿跋多羅寶經卷二……七
北敦一四六九五號　阿毗達磨俱舍論本頌……一〇
北敦一四六九六號　阿毗達磨俱舍論本頌……一四
北敦一四六九七號　大般若波羅蜜多經卷二二三……二三
北敦一四六九八號　金光明經卷一……三三
北敦一四六九九號　大方等大集經菩薩念佛三昧分卷一〇……四三
北敦一四七〇〇號　法王經……五三
北敦一四七〇一號　摩訶般若波羅蜜經（三十卷本）卷一四……六三
北敦一四七〇二號　金剛般若波羅蜜經……八一
北敦一四七〇三號　金剛般若波羅蜜經……八四
北敦一四七〇四號　金光明最勝王經卷一〇……八八
北敦一四七〇五號　大般若波羅蜜多經卷二八五……九七

北敦一四七〇六號　文殊師利所説摩訶般若波羅蜜經（一卷本）……一〇六
北敦一四七〇七號　藏文（無量壽宗要經甲本）……一一八
北敦一四七〇八號　大方廣佛華嚴經（唐譯八十卷本）卷六七……一二一
北敦一四七〇九號　不知名雜偏方（擬）……一三三
北敦一四七〇九號背　曲子……一三四
北敦一四七一〇號　妙法蓮華經玄贊卷一〇……一三四
北敦一四七一一號　雜阿毘曇心論（異卷）卷一〇……一五九
北敦一四七一一號背　木捺佛像（擬）……一六七
北敦一四七一二號　金剛般若波羅蜜經……一七〇
北敦一四七一三號　妙法蓮華經馬鳴菩薩品第三〇……一七六
北敦一四七一四號　金光明最勝王經卷九……一七九
北敦一四七一五號A　無量壽宗要經……一九〇
北敦一四七一五號B　無量壽宗要經……一九三
北敦一四七一六號　大般若波羅蜜多經卷六八……一九五
北敦一四七一七號　佛名經（十二卷本）卷一二……二〇七
北敦一四七一八號　摩訶般若波羅蜜經（四十卷本　異卷）卷二六……二〇九
北敦一四七一九號一　藏文（無量壽宗要經甲本）……二一六
北敦一四七一九號二　藏文（無量壽宗要經甲本）……二一九
北敦一四七一九號三　藏文（無量壽宗要經甲本）……二二二
北敦一四七二〇號A　佛本行經卷一……二二五

北敦一四七二〇號B　大般若波羅蜜多經卷五四……二二八
北敦一四七二一號　妙法蓮華經卷一……二三〇
北敦一四七二二號　維摩詰所說經卷上……二三二
北敦一四七二三號　普賢菩薩說證明經……二三七
北敦一四七二四號　妙法蓮華經卷四……二三七
北敦一四七二五號　大方等大集經賢護分卷四……二三八
北敦一四七二六號　大方等大集經賢護分卷四……二三九
北敦一四七二七號　瑜伽師地論分門記……二四一
北敦一四七二七號背　大乘百法明門論開宗義決疏（擬）……二五六
北敦一四七二八號　大乘百法明門論開宗義記……二六一
北敦一四七二九號　四分律比丘含注戒本（異卷）……三〇五
北敦一四七三〇號　淨名經關中釋抄卷上……三三五
北敦一四七三一號　妙法蓮華經卷六……三六八
北敦一四七三二號　大般涅槃經（北本）卷一一……三七三
北敦一四七三三號　摩訶般若波羅蜜經（四十卷本）卷一五……三八五
北敦一四七三四號　瑜伽師地論卷一……三九八
北敦一四七三五號一　藏文（無量壽宗要經甲本）……四〇〇
北敦一四七三五號二　藏文（無量壽宗要經甲本）……四〇一
北敦一四七三五號三　藏文（無量壽宗要經甲本）……四〇四
北敦一四七三五號四　藏文（無量壽宗要經甲本）……四〇七

著録凡例……一
條記目録……三
新舊編號對照表……一七

……言偈……名未入……第三從如是
偈名爲請決所疑動疑問中凡有三文問衆生壽量
剎明破三歸一對於舍利弗明壽量以對彌勒乃可剎明破三歸
一理處淺近以對小行今明壽量理深高遠故對大士勸學偈
問中初有一偈半是問也學者欲佐勢與其問從是從何所來者此
是第一問其來處如此大士德寬高遠也有栖託故有問來處
也以何因緣集者此是第二問其所爲以之爲之何因緣而來至此
從巨身大神通已下有一偈半嘆表其德結成略初第一問也正應
有結成第二問略無文也從一一諸菩薩已下有九偈半舉其數在
歎起第三問從是諸大威德已下正結第三問問其師諮受學
之處故言誰爲其說法教化而勸成從如是諸菩薩已下第三
請決初有兩……問以請其爲此之士大從何而來二有
方類示方所故言願說其所從國土之号從我常遊諸國土
有一偈半舉第二問以請其爲此諸大士來也有所爲我不能達故
言願說因緣也乃不識一人者總嘆彌勒乃是補處大士豈可不
達名字願覬現疑道或言不識可敬尋此下寓山大衆不識
踊出來之所爲欲彰壽量法身理深故言乃不識一人也衆
後而偈舉第三問以請其答上問從誰初發心靈山會上衆不知
此人稟承之處故言皆欲知此事本末之因緣有本者是師

有一偈半舉第二問以請其答此諸大士來迹有所(為)我不能達故
言的說因緣也乃不識一人者(明)彌勒乃是補處大士豈可不
達名字顯數現疑道或言不識耳欲寫此下譬山大衆不識
踊出來之所為欲彰壽量法身理深故言乃不識一人也第
後而偈舉第三問以請其答上問從誰初發心靈山會上衆不知
此人稟承之處故言皆欲知此事今求之因緣者今者是師
求者是弟子不知師從是何人也自下明分別身仏下弟子生其
(疑)聞戰因勒彌略舉方所以聞化仏化仏推答在於迦釋所以然者
時衆機悟在釋迦也　從尒時釋迦告彌勒眾說壽量品果門
之中大段第二正為三根三周廣明壽量法身真實故果就此
段中復有三文第一從初正下說後長行及偈為於利根略明壽量
第二從尒時彌勒及无數諸菩薩等正下說至良醫喻來為中於
根廣、明壽量　第三從良醫喻正下為於下根就喻說以明壽
量從此正下三周明義各自不同初略開中明極以略以廣第二廣、
門中聖為物故現有生滅權實而言從本以來无其生滅第三喻
門中明物情妄見離去(有)來真身湛然曾无去來此中与同門之中
三說況頓法華大况頓同義勢相似耳就初段中復有二文第一從
正下說盡偈來將答上問(故)先誠勸在之於前第二從後長行及明壽(略明)
量答上三問善哉者述嘆彌勒問合時機乃能問仏如是大士者
法身真果理中之極物莫能過稱為大事無法身理玄三根諸人
執極來久不自精甘進蒙其懷一往聞說豈能生信勸被精
進鎧發堅固意也來如今欲顯發宣示者昔言丈六是實生滅隱
他長壽稱為開也今彰无窮為顯發也如來師能和長彰極國
極顯長故名自在神通力也昔現丈六未中壽量似若如伏今將
遣權名為奮迅之力真極法身能權四魔故言諸仏威猛大勢
力也偈頌可知從尒時世尊說此偈已之下第二為於中根利略明壽
量答上三問從初正下說令發道意先答第三問誰為其說法
教化而成就如來今答如此大士我之所化令具成就利根已解王
宮非實(如)生雙樹非終滅生滅既權故知更有愛量法身但言中未、

力也偈頌可知從尒時世尊說此偈已下第二爲於中根利略明壽
量者上三問從初已下說令發道意先答第三問誰爲其說法
教化而成就如來令答如此大士我之所化令具成就利根已解王
宮非實生雙樹非終滅生滅既權故知更有要量法身但言中未
彰我於娑婆者乃淨是土娑婆之耳名同體別若娑婆之化令發
道意故知從我初發心也從此諸菩薩已下說正憶念答第一問彼
上問言是從何所來令答此問從其下空界而來故言是娑婆世
界之下空中住也凡爲菩薩要當現同渾跡處俗習化物所以
隱在空界住者爲欲顯於長壽法淨界永離生死穢濁紛亂理
居空耳從阿逸多已下說於長行答第二問彼上問言此之大士來
況所爲以何因緣集如來令答爲顯壽量淨果故來不樂在衆
者欲明踊出本樂文穴始生王宮終滅雙樹在衆教化此等大士
情悕真證法身淨果文穴在衆非心所具故言不樂稠迦在一
應音教被物名叔有所說欲明此人情悕妙理集心壽量以崇万
行故言常樂淨處未曾休息乏可心歡此理情无有已乏不依
正人天而住者小行之派計其文穴是實生滅同於天人踊出久解權
生現滅非實生滅言不依也菩提妙解无幽不照名故深知不爲
生死之所狗緣名无彰寻自下偈中還頌上文初有兩偈頌答第
三問從阿逸多是諸大菩薩已下說令發道意從常行頭陀事一偈頌
答第二問從阿逸多是諸善男子不樂在衆已下說於長行從如是
諸子等已下一偈半頌答第一問從此諸菩薩已下說正憶念從後四偈
不復頌上自從上來略說既問此下四偈勸生其信初有一偈舉諸菩
德蒐高遠從我於伽耶城已下兩偈道此諸菩薩是已所化令言伽耶者
非是今日伽耶乃是往昔淨土伽耶乃是道樹[?]之处但言未
顯故名略說我今說實語一偈正勸生信從我久遠來教化是衆
菩者明知成仏非是阿尒應生其信上言我於伽耶城說尒乃教
化之令初發道心下言我從久遠來教化是等衆起此二言生下[illegible]
勒疑請之端從尒時彌勒及以无數心生疑惑已下明壽量中第二[?]文
爲於中根廣明壽量就中有三文第一從初已下說於此品彌勒爲

壽者明知成仏非是阿介應生其信上言我於伽耶城說介乃教
化之令初發道心下言我從久遠來教化是等衆起此二言生下於
勒起請之端從介時弥勒及以无數心生疑惑下明壽量中第二路文
盈於中根廣明壽量說中有三文第一從初品說於此品弥勒為
物現生疑請第二從後品初已下說雖不實滅而言滅度正明法身
長更妙果吾具疑請第三從又善男子已下至劑以來明勸信
不虛說弥勒疑問中亦有三文第一從初已下說令住三菩薩提名為
疑念第二從即白仏言已下說大功德事名作問也第三從我等雖
復信仏已下說至偈來名為請決上品初疑從眼識後生念山中疑
從耳識後生疑問中復有二文第一從初已下說世所難信直疑
法說執跡生問第二從譬如有人已下說具說喻以生疑問出於
釋城去伽耶不遠坐於道場者提上偈言我於伽耶城菩提樹下
坐介乃教化之執此近言謂仏中間化彼菩薩故言從是以來始
過卌餘年成仏既近豈得化此介許大人故言少時大作仏事儀
使有人百千万億劫數猶不盡況復化之而能成就故言如此之事世
所難信下作難信喻譬如有人者釋迦如來也廿五者為物現生始成
仏也指百歲人言是我子者上偈道言菩薩提樹下初成正覺介乃
教化之言此顯出我之所教世无此理故言是事難信不違年少服
皃年藥容類不改謂之年顔是故眼恒引彭祖以為況之也小行
之派不違壽量謂仏王宮是實生也故下答言得以道來其實未
久也從而此大衆諸菩薩等已下廣引踊出積德既久不應近化
錄成其問故言方云得仏令初發心也自下偈中文略不頌初嚴疑念
初有十一偈頌上第二疑問從即白仏言已下說功德事罪後三偈頌
上第三請決從我等雖復信仏已下說長行也

壽量品

從此已下中根說中第二文也為彼中人廣明壽量答上弥勒請之意
說中有五文第一從初已下說我常在娑婆世說法教化正明釋迦
眞本法身恒在娑婆教化益衆生无具生滅物情法小有見生滅此段
直明成仏來久第二從亦於餘處已下說餘令衆生發歡喜心名為過
去所以明者欲彰今日生非實生名過寶滅云何生復第三從善男子

從此已下中根說中第二文也爲彼中人廣明壽量答上彌勒請之意
說中有五文第一從初已下說我常在娑婆世界說法教化正明釋迦
真本法身恒在娑婆教化益衆生無具生滅物情決小有見生滅此段
直明成佛來久第二從亦於餘處已下說能令衆生發歡喜心名過去
去所以明者欲彰今日生非實生若過去實滅云何生復第三從善男子
如來見諸衆生已下說所作佛事者未曾暫廢名現在一來欲明衆
生有根感佛如來還應明知生滅與皆不實第四從諸善男子
我本行菩薩道已下說難可得見名現在一去所以明者正欲唱滅爲物生
善之表如來無生滅也第五從斯衆生等已下說而言滅度明未來
未來欲明衆生而佛滅度廣種善根感佛應若未來還來明知現、
而滅非實滅欲爲說法身真果無窮之壽故先勅聽在之於前但
妙果理玄是以如來誡之至三大衆懇情還有三請如來自、
下將欲爲說先攬其請故知菩薩三請不正而告之言已下驚衆
起也文云應身隱他真極稱爲祕密昂揚顯長故稱神通之力
一切世間天人八部皆謂如來實生王宮今始成佛此文正是牽上衆
疑然善男子已下正訓上間欲明如來成佛已來無量塵沙莫
能窮算故言成佛已來無量無邊那由他劫爲成佛久明知樹王
王非是始得成既非始化此菩薩何足可怪從譬如五百千万已下
出其成佛劫數久遠也於是事中亦所不達者彌勒大士豈可不達劫知
數之事八地已上色難已盡況復十住故不能顯現經道威顯敬歎
法身其理深玄壽量長遠下人不測故言不達我常在娑、
婆界者欲明如來古今是一但物見去滅理都又別故言常在
此段起下譬如良醫以下說乃至百數從亦於餘處已下第二正明過
去之去亦於餘處者此方感盡他方機[illegible]但直王子隨緣赴感化
益非一故言餘處百千万億道利衆生於是中間說燃燈佛等者義其
近尋時人聞於佛燃燈所奉華王蜜始得受記阿介云何得
與上義相應今今釋此疑亦我是中間現化非實記也故言中
間說燃燈也又復言其入涅槃者亦是如來過去唱滅爲益物也
皆以方便分別者言生言滅是聖功化非其實也若有衆生至我
所者機感如聖稱爲至也爲聖鑒知故言觀其信等各各自說

此段訖下頌如良醫以下訖乃至百數從亦於餘處已下第二正明過
去亦於餘處者此方感盡他方機至但直王子隨緣赴感化
益非一故言餘處百千万億道利衆生於是中間說燃燈仏等者義其
近昔時人聞於仏燃燈所奉事王登始得受記阿介云何得
与上義相應余今釋此疑亦我是中間現化非實記也故言中
間說然燈也又復言其入涅槃者亦是如來過去唱滅爲益物也
皆以方便分別者言生言滅是權迹化非其實也若有衆生至我
所者機感知聖稱爲至也爲聖鑒知故言觀其信等各各自說

名字不同者上明根性有其差別此明現應化益不同上但轉
輪下作僮僕乃至現滅要令得益故言自說名字不同說久遠
現言入涅槃也又以種種方便說微妙法者從此以下以言方便成
形方便此段起下以有事緣遠至他國下說究轉于地從諸善男
子如來見諸衆生已下第三明現在一未見此衆生只其大解起於三
根故言樂於小法善微或欲不能受大爲德薄垢重爲斷失解顯到
衆生唱言王宮始坐樹王成仏故言爲是人說我少出家得菩提也
論實得仏廣涉曠劫故言成仏久遠若斯若成仏來如上初門所
明劫數故知向坐非實但以方便有現坐方便化益衆生令入仏道
也作是說者說有生也理實法身永无生滅從如來所演經典已下
上來廣明現身方便自此已下明以言權成其形應或說己身者
仏身或說他身說衆實仏身或示己身者示丈六身或示
實塔尸示多寶或示己事者現丈六那相或示他事者同
淨土琳琅之事諸所言說皆實不虛者感有言化以言
上文不虛也下釋所理无有有應當是處虛所以无生
……界明達理……

種種業受生處故以性聲說攝受生死大惠說幻性自性相
爲離性自性相故墮愚夫惡見相悕望不如自心現量壞因
所作生緣自性相計著說幻夢自性相一切法不令愚夫惡見
悕望計著自及他一切法如實處見作不正論大惠如實處見
一切法者謂超自心現量尒時世尊欲重宣此義而說偈言
无生作无性　有性攝生死　觀察如幻等　於相不妄相
復次大惠當說名句形身相善觀名句形身菩薩摩訶
薩隨入義句形身疾得阿耨多羅三藐三菩提如是覺已
覺一切衆生大惠名身者謂若依事立名是名身句身者謂
句有義身自性决定究竟是名句身形身者謂顯示名句
是名形身（形身即字也）又形身者謂長短高下又句身者謂徑
跡如象馬人獸等所行徑跡得句身名大惠名及形者謂以
名說无色四陰故說名自相現故說形是名句形身說名句
形身相分齊應當脩學尒時世尊欲重宣此義而說偈言
名身與句身　及形身差別　凡夫愚計著　如象溺深泥
復次大惠未來世智者當以離一異俱不俱見相我所通義
問无智者彼即答言此非正問謂色等无常爲異不異如
是涅槃諸行相所相求那造所造見塵及微塵脩与脩者
如是比展轉相如是等問而言佛說无記止論非彼癡人之所
能知謂聞惠不具故如來應供等正覺令彼離恐怖句故
說言无記不爲記說又止外道見論故而不爲說大惠外道

名身與句身　及形身差別　凡夫愚計著　如象溺深泥
復次大惠未來世智者當以離一異俱不俱見相我所通義
問无智者彼即答言此非正問謂色等无常爲異不異如
是涅槃諸行相所相求那造所造見塵及微塵脩与脩者
如是比展轉相如是等問而言佛說无記止論非彼癡人之所
能知謂聞惠不具故如來應供等正覺令彼離恐怖句故
說言无記不爲記說又止外道見論故而不爲說大惠外道
作如是說謂命即是身如是等无論記大惠彼諸外道愚
癡於因作无記論非我所說大惠我所說者離攝所攝妄
相不生云何止彼大惠若攝所攝計著者不如自心現量故止
彼大惠如來應供等正覺以四種記論爲衆生說法大惠止
記論者我時時說爲根未熟不爲熟者復次大惠一切法
離所因作緣不生无作者故一切法不生大惠何故一切性離
自性以自覺觀時自共性相不可得故說一切法不生何故一
切法不可持來不可持去以自共相欲持來无所來欲持去
无所去是故一切法離持來去大惠何故一切諸法不滅謂性
自性相无故一切法不可得故一切法不滅大惠何故一切法无常
謂相起无常性是故說一切法无常大惠何故一切法常謂相
起无生性无常故說一切法常尒時世尊欲重宣此義而說
偈言
記論有四種　一向反詰問　分別及正論　以制諸外道
有及非有生　僧佉毗舍師　一切悉无記　彼如是顯示
正覺所分別　自性不可得　以離於言說　故說離自性
尒時大惠菩薩摩訶薩復白佛言世尊唯願爲說諸須陁
洹須陁洹趣差別通相若菩薩摩訶薩善解須陁洹趣
差別通相及斯陁洹阿那含阿羅漢方便相分別知已如是
如是爲衆生說法謂二无我相及二鄣淨度諸地相究竟通
達得諸如來不思議究竟境界如衆色摩尼善能饒益
一切衆生以一切法境界无盡身財攝養一切佛告大惠諦
聽諦聽善思念之今爲汝說大惠白佛言善哉世尊唯然
聽受佛告大惠有三種須陁洹須陁洹果差別云何爲三

如是為衆生說法謂二无我相及二鄣淨度諸地相究竟通
達得諸如來不思議究竟境界如衆色摩尼善能饒益
一切衆生以一切法境界无盡身財攝養一切佛告大惠諦
聽諦聽善思念之今為汝說大惠白佛言善哉世尊唯然
聽受佛告大惠有三種須陁洹須陁洹果差別云何為三
謂下中上下者極七有中生者三五有生而般涅槃上者即
彼生而般涅槃此三種有三結下中上云何三結謂身見疑
戒取是三結差別上上昇進得阿羅漢大惠身見有二種謂俱
生及妄相如緣起妄想自性妄想譬如依緣起自性種種妄
想自性計著生以彼非有非无非有无无實妄想相故愚夫
妄想種種妄想自性相計著如熱時炎鹿渴水想是須陁洹
妄想身見彼以人无我攝受无性斷除久遠无知計著大惠
俱生者須陁洹身見自他身等四陰无色相故色生造及所
造故展轉相因相故大種及色不集故須陁洹觀彼有无
品不現身見則斷如是身見斷貪則不生是名身見相大惠
疑相者謂得法善現相故及先二種身見妄想斷故疑法不
生不於餘處起大師見為淨不淨是名疑相須陁洹斷大
惠戒取者云何須陁洹不取戒謂善見受生處苦相故是故
不取大惠取者謂愚夫決定受習苦行為衆具樂故受生彼
則不取除迴向自覺勝離妄想无漏法相行方便受持戒
支是名須陁洹取戒相斷須陁洹斷三結貪癡不生若須
陁洹作是念此諸結我不成就者應有二邊墮身見及諸結
不斷大惠白佛言世尊世尊說衆多貪欲彼何者貪斷佛告
大惠愛樂女人纏綿貪著種種方便身口意業受現在樂
種未來苦彼則不生所以者何得三昧正受樂故是彼斷非
趣涅槃貪斷大惠云何斯陁含相謂頓照色相妄想生相見
相不生善見禪趣相故頓來此世盡苦際得涅槃是故名斯
陁含大惠云何阿那含謂過去未來現在色相性非性生見過
患使妄想不生故及結斷故名阿那含大惠阿羅漢者謂諸
禪三昧解脫力明煩惱苦妄想非性故名阿羅漢大惠白佛
言世尊世尊說三種阿羅漢此說何等阿羅漢世尊為得

相不生善見禪趣相故頓來此世盡苦際得涅槃是故名斯
陁含大惠云何阿那含謂過去未來現在色相性非性生見過
患使妄想不生故及結斷故名阿那含大惠阿羅漢者謂諸
禪三昧解脫力明煩惱苦妄想非性故名阿羅漢大惠白佛
言世尊世尊說三種阿羅漢此說何等阿羅漢世尊為得
寂靜一乘道為菩薩摩訶薩方便示現阿羅漢為佛
化化佛告大惠得寂靜一乘道聲聞非餘餘者行菩薩行及
佛化化巧方便本願故於大衆中示現受生為莊嚴佛眷屬
故大惠於妄想處種種說法謂得果禪者入禪悉遠離
故示現得自心現量得果相說名得果復次大惠欲超禪无
量无色界者當離自心現量相大惠受想正受超自心現量者
不然何以故有心量故尒時世尊欲重宣此義而說偈言
諸禪四无量　无色三摩提　一切受想滅　心量彼无有　須陁槃那果
往來及不還　及與阿羅漢　斯等心惑亂　禪者禪及緣　斷知見真諦
此則妄想量　若覺得解脫
復次大惠有二種覺謂觀察覺及妄想相攝受計著建立覺
大惠觀察覺者謂若覺性自性相選擇離四句不可得是名
觀察大惠彼四句者謂離一異俱不俱有无非有非无常无
常是名四句大惠此四句離是名一切法大惠此四句觀察一切法
應當修學大惠云何妄想相攝受計著建立覺謂妄想相
攝受計著堅濕煖動不實妄想性四大種宗因相譬計著
不實建立而建立是名妄想相攝受計著建立覺是名二種
覺相若菩薩摩訶薩成就此二覺相人法无我相究竟善
知方便无所有覺觀察行地得初地入百三昧得知差
別三昧見百佛及百菩薩知前後際各百劫事光照百剎土知
上上地相大願殊勝神力自在法雲灌頂當得如來自覺地善
繫心十无盡句成熟衆生種種變化光明莊嚴得自覺樂三
三昧正受
復次大惠菩薩摩訶薩當善四大造色云何菩薩善大大造色
大惠菩薩摩訶薩作是覺彼真諦者四大不生於彼四大不生
如是觀察已覺名相妄想分齊自心現分齊外性非性名自心現

繫心十无盡句成熟衆生種種變化光明莊嚴得自覺聖
三昧正受
復次大慧菩薩摩訶薩當善四大造色云何菩薩善大大造色
大慧菩薩摩訶薩作是覺彼真諦者四大不生於彼四大不生
如是觀察已覺名相妄想分齊自心現分齊外性非性名自心現
妄想分齊謂三界觀彼四大造色性離四句通淨離我我所
如實相自相分齊住无生自相成大慧彼四大種云何生造
色謂津潤妄想大種生内外風界斷截色妄想大種生内外地
界色及虛空俱計著邪諦五陰集聚四大造色生大慧識者因
樂種種跡境界故餘趣相續大慧地等四大及造色等有四
大緣非彼四大緣所以者何謂性形相處所作方便无性大種
不生大慧性形相處所作方便和合生非无形是故四大造色
相外道妄想非我復次大慧當說諸陰自性相云何諸陰自
性相謂五陰云何五謂色受想行識彼四陰非色謂受想行
識大慧色者四大及造色各各異相大慧非无色有四數如虛
空過數相離於數而妄想言一虛空大慧如是陰過數相離
於數離性非性離四句數相者愚夫言說所說非聖賢也
大慧聖者如幻種種色像離異不異施設又如夢影士夫
身離異不異故大慧聖智趣同陰妄想現是名諸陰自性
相汝當除滅滅已說寂靜法斷一切佛刹諸外道見大慧說
寂靜時法无我見淨及入不動地入不動地已无量三昧自在
及得意生身得如幻三昧通達究竟力明自在救攝饒益一
切衆生猶如大地載育衆生菩薩摩訶薩普濟衆生亦復
如是
復次大慧諸外道有四種涅槃云何為四謂自性非性涅槃種
種相性非性涅槃自相自性非性覺涅槃諸陰自共相相續
流注斷涅槃是名諸外道四種涅槃非我所說法大慧我所
說者妄想識滅名為涅槃大慧白佛言世尊不建立八識
耶佛言建立大慧白佛言若建立者云何離意識非七識
佛告大慧彼因及彼攀緣故七識不生意識者境界分段計
著生習氣長養藏識意俱我我所計著思惟因緣生不
壞身相藏識因攀緣自心現境界計著心聚生展轉相

BD14694 號　楞伽阿跋多羅寶經卷二　（7–5）

說者妄想識滅名為涅槃大慧白佛言世尊不建立八識
耶佛言建立大慧白佛言若建立者云何離意識非七識
佛告大慧彼因及彼攀緣故七識不生意識者境界分段計
著生習氣長養藏識意俱我我所計著思惟因緣生不
壞身相藏識因攀緣自心現境界計著心聚生展轉相
因譬如海浪自心現境界風吹若生若滅亦如是是故意識
滅七識亦滅尒時世尊欲重宣此義而說偈言
我不涅槃性　所作及與相　妄想尒炎識　此滅我涅槃
彼因彼攀緣　意趣等成身　與因者是心　為識之所依
如水大流盡　波浪則不起　如是意識滅　種種識不生
復次大慧今當說妄想自性分別通相若妄想自性分別通
相善分別汝及餘菩薩摩訶薩離妄想自到覺聖外道通趣
善見覺攝所攝妄想斷緣起種種相妄想自性行不復妄想
大慧云何妄想自性分別通相謂言說妄想所說事妄想相妄
想利妄想自性妄想因妄想見妄想成妄想生妄想不生妄
想相續妄想縛不縛妄想是名妄想自性分別通相大慧
云何言說妄想謂種種妙音歌詠之聲美樂計著是名言
說妄想大慧云何所說事妄想謂有所說事自性聖智所知
依彼而生言說妄想是名所說事妄想大慧云何相妄想謂
即彼所說事如鹿渴想種種計著而計著謂堅濕煖動相一
切性妄想是名相妄想大慧云何利妄想謂樂種種金銀
珍寶是名利妄想大慧云何自性妄想謂自性持此如是此不
異惡見妄想是名自性妄想大慧云何因妄想謂若因緣有
无分別因相生是名因妄想大慧云何見妄想謂有无一異
俱不俱惡見外道妄想計著妄想是名見妄想大慧云何成
妄想謂我我所想成決定論是名成妄想大慧云何生妄想謂
緣有无性計著是名生妄想大慧云何不生妄想謂一切性本
无生无種因緣生无因是身名不生妄想大慧云何相續妄
想謂彼俱相續如金縷是名相續妄想大慧云何縛不縛妄
想謂縛與因計著如士夫方便若縛若解是名縛不縛妄想
於此妄想自性分別通相一切愚夫計著有无大慧計著緣起

BD14694 號　楞伽阿跋多羅寶經卷二　（7–6）

即彼所說事如燕渴想種種計著而計著謂堅濕煖動相一
切性妄想是名相妄想大慧云何利妄想謂樂種種金銀
珎寶是名利妄想大慧云何自性妄想謂自性持此如是此不
異惡見妄想是名自性妄想大慧云何因妄想謂若因緣有
无分別因相生是名因妄想大慧云何見妄想謂有无一異
俱不俱惡見外道妄想計著妄想是名見妄想大慧云何成
妄想謂我我所想成決定論是名成妄想大慧云何生妄想謂
緣有无性計著是名生妄想大慧云何不生妄想謂一切性本
无生无種因緣生无因是身名不生妄想大慧云何相續妄
想謂彼俱想續如金縷是名相續妄想大慧云何縛不縛妄
想謂縛與因計著如士夫方便若縛若解是名縛不縛妄想
於此妄想自性分別通相一切愚夫計著有无大慧計著緣起
而計著者種種妄想計著自性如幻示現種種之身凡夫妄
想種種異幻大慧幻與種種非異非不異若幻非種種因若
不異者幻與種種无著別而見差別是故非異非不異是故
大慧汝及餘菩薩摩訶薩如幻緣起妄想自性異不異有无
莫計著尒時世尊欲重宣此義而說偈言

覺相智隨轉　无所有及勝　平等智慧生　妄想自性有
妄想或攝受　緣起非妄想　種種支別生　如幻則不成
…成　彼相則是過　皆從心縛生　妄想无所如
…性　即是彼緣起　妄相有種種　於緣起妄想
…見界　譬如脩行事
…想衆色現
…霸

BD14694 號　楞伽阿跋多羅寶經卷二　（7–7）

彼覺破便無　慧析餘亦尒　如瓶水世俗　異此名勝義
將趣見諦道　應住戒勤脩　聞思脩所成　謂名俱義境
具身心遠離　無不足大欲　謂已得未得　多求名所無
治相違界三　無漏無貪性　四聖種亦尒　前三唯喜足
三生具後業　為治四愛生　我所我事欲　暫息永除故
入脩要二門　不淨觀息念　貪尋增上者　如次第應脩
為通治四貪　且辯觀骨瑣　廣至海復略　名初習業位
除足至頭半　名為已熟脩　繫心在眉間　名超作意位
無貪性十地　緣欲色人生　不淨自世緣　有漏通二得
息念慧五地　緣風依欲身　二得實外無　有六謂數等
入出息隨身　依二差別轉　情數非執受　等流非下緣
依已脩成止　為觀脩念住　以自相共相　觀身受心法
自性聞等慧　餘相離所緣　說次第隨生　治倒故唯四
彼居法念住　總觀四所緣　脩非常及苦　空非我所相
從此生暖法　具觀四聖諦　脩十六行相　次生頂亦然
如是二善根　皆初法後四　次思唯法念　下品中同頂
上唯觀欲苦　一行一剎那　世第一亦然　皆慧五除得

BD14695 號　阿毗達磨俱舍論本頌　（8–1）

彼居法念住　總觀四所緣　修非常及苦　空非我行相
從此生煖法　具觀四聖諦　修十六行相　次生頂亦然
如是二善根　皆初法後四　次忍唯法念　下品中同頂
上唯觀欲苦　一行一剎那　世第一亦然　皆慧五除得
此順決擇分　四皆修所成　六地二或七　依欲界身九
三女界得二　第四女亦尒　聖由失地捨　異生由命終
初二亦退捨　依本必見諦　捨已得非先　二捨性非得
煖必至涅槃　頂終不斷善　忍不墮惡趣　第一入離生
轉聲聞種性　二成佛三餘　麟角佛無轉　一坐成覺故
前順解脫分　速三生解脫　聞思成三業　殖在人三洲
世第一無間　即緣欲界苦　無生漏法忍　忍次生類智
次緣餘界苦　生類忍類智　緣集滅道諦　各生四亦然
如是十六心　名聖諦現觀　此總有三種　謂見緣事別
皆與世第一　同依於一地　忍智如次第　無間解脫道
前十五見道　見未曾見故　名隨信法行　由根鈍利別
見修或斷一　至五向初果　斷次三向二　離八地向三
至第十六心　隨三向住果　名信解見至　亦由鈍利別
諸得果位中　未得勝果道　故未起勝道　名住果非向
地地失德九　下中上各三　未斷修斷失　住果極七返
斷欲三四品　三二生家家　斷至五二向　斷六一來果
斷七或八品　一生名一間　此即第三向　斷九不還果
此中生有行　無行般涅槃　上流若雜修　能往色究竟
超半超遍沒　餘能往有頂　行無色有四　住此般若槃
行色界有九　謂三各分三　業惑根有殊　故成三九別
立七善士趣　由上流無別　善惡行不行　有往無還故
經欲界生聖　不往餘界生　此及往上生　無練根有退
先雜修第四　成由一念雜　為受生現樂　及遮煩惱退
由雜修五品　生有五淨居　得滅定不還　轉名為身證
上界修或中　斷初定一品　至有頂八品　皆阿羅漢向

BD14695號　阿毗達磨俱舍論本頌　（8–2）

立七善士趣　由上流無別　善惡行不行　有往無還故
經欲界生聖　不往餘界生　此及往上生　無練根有退
先雜修第四　成由一念雜　為受生現樂　及遮煩惱退
由雜修五品　生有五淨居　得滅定不還　轉名為身證
上界修或中　斷初定一品　至有頂八品　皆阿羅漢向
第九無間道　名金剛喻定　盡得俱盡智　成無學應果
有頂由無漏　餘由二離染　聖二離八修　各二離繫得
無漏未至道　能離一切地　餘八離自上　有漏離次下
近分離下染　初三後解脫　根本或近分　上地唯根本
世無間解脫　如次緣下上　作麁苦障行　及靜妙離三
下動盡智後　餘必起無生　餘盡或正見　此應果皆有
淨道沙門性　有為無為果　此有八十九　解脫道及滅
五因立四果　捨曾得勝道　集斷得八智　頓修十六行
世道所得斷　聖所得雜故　無漏得持故　亦名沙門果
所說沙門性　亦名婆羅門　亦名為梵輪　真梵所轉故
於中唯見道　說名為法輪　由速等似轉　或具輻等故
三依欲後三　由上無見道　無聞無緣下　無猒及經故
阿羅漢有六　謂退至不動　前五信解生　總名時解脫
後不時解脫　從前見至生　有是先種性　有後練根得
四從種姓退　五從果非先　學異生亦六　練根非見道
應知退有三　已未得受用　佛唯有最後　利中後鈍三
一切從果退　必得不命終　住果所不為　勲增故不作
練根無學位　九無間解脫　久習故學一　無漏依人三
無學依九地　有學但依六　捨果勝果道　唯得果道故
七聲聞二佛　差別由九根　加行根滅定　解脫故成七
此事別唯六　三道各二故　俱由得滅定　餘名慧解脫
有學名為滿　由根果定三　無學得滿名　但由根定二
應知一切道　略說唯有四　謂加行無間　解脫勝進道
通行有四種　樂依本靜慮　苦依所餘地　遲速鈍利根

BD14695號　阿毗達磨俱舍論本頌　（8–3）

此事別唯六　三道各二故　俱由得滅定　餘名慧解脫
有學名為滿　由根果定三　無學得滿名　但由根定二
應知一切道　略說唯有四　謂加行無間　解脫勝進道
道行有四種　樂依本靜慮　苦依所餘地　遲速鈍利根
覺分三十七　謂四念住等　覺謂盡無生　順此故名分
此實事唯十　謂慧勤定信　念喜捨輕安　及戒尋為體
四念住正斷　神足隨增上　說為慧勤定　實諸加行善
初業順決擇　及修見道位　念住等七品　應知次第增
七覺八道支　一向是無漏　三四五根力　皆通於二種
初靜慮一切　未至除喜根　二靜慮除尋　三四中除二
前三無色地　除戒前二種　於欲界有頂　除覺及道支
證淨有四種　謂佛法僧戒　見三得法戒　見道兼佛智
法謂三諦全　菩薩獨覺道　信戒二為體　四皆唯無漏
學有餘縛故　無正脫智支　解脫為無為　謂勝解惑滅
有為無學支　即二解脫蘊　正智如學說　謂盡無生智
無學心生時　正從障解脫　道唯正滅位　能令彼障斷
無為說三界　離界唯離貪　斷界斷餘結　滅界滅彼事
厭緣苦集慧　離緣四能斷　相對乎廣陳　故應成四句
六十一

分別智品第七

聖慧忍非智　盡無生非見　餘二有漏慧　皆智六見性
智十總有二　有漏無漏別　有漏稱世俗　無漏名法類
世俗遍為境　法智及類智　如次欲上界　苦等諦為境
法類由境別　立苦等四名　皆通盡無生　初唯苦集類
法類道世俗　有成他心智　於勝地根位　去來世不知
法類不相知　聲聞麟喻佛　如次知見道　二三念一切
智於四聖諦　知我已知等　不應更知等　如次盡無生
由自性對治　行相行相境　加行辦因圓　故建立十智
緣滅道法智　於修道位中　兼治上修斷　類無能治欲
法智及類智　行相俱十六　世俗此及餘　四諦智各四

法類不相知　聲聞麟喻佛　如次知見道　二三念一切
智於四聖諦　知我已知等　不應更知等　如次盡無生
由自性對治　行相行相境　加行辦因圓　故建立十智
緣滅道法智　於修道位中　兼治上修斷　類無能治欲
法智及類智　行相俱十六　世俗此及餘　四諦智各四
他心智無漏　唯四謂緣道　有漏自相緣　俱但緣一事
盡無生十四　謂離空非我　淨無越十六　餘說有論故
行相實十六　此體唯是慧　能行有所緣　所行諸有法
性俗三餘善　依地俗一切　他心智唯四　法六餘七九
現起所依身　他心依欲色　法智但依欲　餘八通三界
諸智念住攝　滅智唯最後　他心後智三　餘八智通四
諸智互相緣　法類道各九　苦集智各二　四皆十滅非
所緣總有十　謂三界無漏　無為各有二　俗緣十法五
類七苦集六　滅緣一道二　他心智緣三　盡無生各九
俗智除自品　總緣一切法　為非我行相　唯聞思所成
異生聖見道　初念定成一　二定成三智　後四二增
修道定成七　離欲增他心　無學鈍利根　定成九成十
見道忍智起　即彼未來修　三類智兼修　現觀邊俗智
不生自下地　苦集四滅後　自諦行相境　唯加行所得
修道初刹那　修六或七智　斷八無地間　及有頂餘道
有頂八解脫　各修於七智　上無間餘道　如次修六八
無學初刹那　修九或修十　能利根別故　勝進道亦然
練根無間道　學六無學七　餘學六七八　應八九一切
離修通無間　學七應八九　餘道學修八　應九或一切
聖起餘功德　及異生諸位　所修智多少　皆如理應思
諸道依得此　修此地有漏　為離得起此　修此下無漏
唯初盡遍修　九地有漏德　生上不修下　曾所得非修
立得修習修　依善有為法　依諸有漏法　立治修遣修
十八不共法　諸佛十力等　力處非處十　業八除滅道
定根解界九　遍趣九或十　宿住死生俗　盡六或十智
宿住死生智　依靜慮餘通　贍部男佛身　於境無礙故

諸道依得此　依此地有[illegible]
唯初盡遍脩　九地有漏德　生上不脩下　曾所得非脩
立得脩習脩　依善有為法　依諸有漏法　立治脩遣脩
十八不共法　諸佛十力等　力處非處十　業八除滅道
定根解界九　遍趣九或十　宿住死生俗　盡六或十智
宿住死生智　依靜慮餘通　贍部男佛身　於境無礙故
身那羅延力　或節節皆然　象等七十增　此觸處為性
四無畏如次　初十二七力　三念住念慧　緣順違俱境
大悲唯俗智　資糧行相境　平等上品故　異悲由八因
由資糧法身　利他相佛似　壽種姓量等　諸佛有差別
復有餘佛法　共餘聖異生　謂無諍願智　無礙解等德
無諍世俗智　後靜慮不動　三洲緣未生　欲界有事惑
願智能遍緣　餘如無諍說　無礙解有四　謂法義詞辯
名義言說道　無退智為性　法詞唯俗智　五二地為依
義十六辯九　皆依一切地　但得必具四　餘如無諍說
六依邊際得　邊際六後定　遍順至究竟　佛餘加行得
通六謂神境　天眼耳他心　宿住漏盡通　解脫道慧攝
四俗心他五　漏盡通如力　五依四靜慮　自下地為境
聲聞麟喻佛　二三千無數　未曾由加行　曾脩離染得
念住初三身　他心三餘四　天眼耳無記　餘四通唯善
第五三六明　治三際愚故　後真二假說　學有闇非明
第一四六道　教誡道為尊　定由通所成　引利樂果故
神體謂等持　境二謂行化　行三意勢佛　運身勝解通
化二謂欲色　四二外處性　此各有二種　謂似自他身
能化心十四　定果二至五　如所依定得　從淨自生二
化事由自地　語通由自下　化身與化主　語必俱非佛
先立願留身　後起餘心語　有死留堅體　餘說無留義
初多心一化　成滿此相違　脩得無記攝　餘得通二性
天眼耳謂根　即定地淨色　恒同分無缺　取障細遠等
神境五脩生　咒藥業成故　他心脩生咒　又加占相成
三脩生業成　除脩皆三性　人唯無生得　地獄初能知

BD14695號　阿毗達磨俱舍論本頌　（8-6）

先立願留身　後起餘心語　有死留堅體　餘說無留義
初多心一化　成滿此相違　脩得無記攝　餘得通二性
天眼耳謂根　即定地淨色　恒同分無缺　取障細遠等
神境五脩生　咒藥業成故　他心脩生咒　又加占相成
三脩生業成　除脩皆三性　人唯無生得　地獄初能知
分別定品第八　卅九
靜慮四各二　於中生已說　定謂善一境　并伴五蘊性
初具伺喜樂　後漸離前支　無色亦如是　四蘊離下地
并上三近分　總名除色想　無色謂無色　後色起從心
空無邊等三　名從加行立　非想非非想　昧劣故立名
此本等至八　前七各有三　謂味淨無漏　後味淨二種
味謂愛相應　淨謂世間善　此即所味著　無漏謂出世
靜慮初五支　尋伺喜樂定　第二有四支　內淨喜樂定
第三具五支　捨念慧樂定　第四有四支　捨念中受定
此實事十一　初二樂輕安　內淨信根　喜即是喜受
染如次從初　無喜樂內淨　正念慧捨念　餘說無安捨
第四名不動　離八災患故　八者謂尋伺　四受入出息
生靜慮從初　有喜樂捨受　及喜捨樂捨　唯捨受如次
生上三靜慮　起三識表心　皆初靜慮攝　唯無覆無記
全不成而得　淨由離染生　無漏由離染　染由生及退
無漏次生善　上下至第三　淨次生亦然　兼生自地染
染生自淨染　并下一地淨　死淨生一切　染生自下染
淨定有四種　謂即順退分　順住順勝進　順決擇分攝
如次順煩惱　自上地無漏　互相望如次　生二三三一
二類定順逆　均間次及超　至間超為成　三洲利無學
諸定依自下　非上無用故　唯生有頂聖　起下盡餘惑
味定緣自繫　淨無漏遍緣　根本善無色　不緣下有漏
無漏能斷惑　及諸淨近分　近分八捨淨　初亦聖或三
中靜慮無尋　具三唯捨受　初下有尋伺　中唯伺上無
空謂空非我　無相謂滅四　無願謂餘十　諦行相相應

BD14695號　阿毗達磨俱舍論本頌　（8-7）

無漏能斷惑 及諸淨近分 近分八捨淨 初亦聖或三
中靜慮無尋 具三唯捨受 初下有尋伺 中唯伺上無
空謂空非我 無相謂滅四 無願謂餘十 諦行相相應
此通淨無漏 無漏三脫門 重二緣無學 取空非常相
後緣無相定 非擇滅為靜 有漏人不時 離上七近分
為得現法樂 脩諸善靜慮 為得勝知見 脩淨天眼通
為得分別慧 脩諸加行善 為得諸漏盡 脩金剛喻定
無量有四種 對治瞋等故 慈悲無瞋性 喜喜捨無貪
此行相如次 與樂及拔苦 欣慰有情等 緣欲界有情
喜初二靜慮 餘六或五十 不能斷諸惑 人起定成三
解脫有八種 前三無貪性 二二一定四無色定善
滅受想解脫 微微無間生 由自地淨心 及下無漏出
三境欲可見 四境類品道 自上苦集滅 非擇滅虛空
勝處有八種 二如初解脫 次二如第二 後四如第三
遍處有十種 八如淨解脫 後二淨無色 緣自地四蘊
滅定先辯如 餘皆通二得 無色依三界 餘唯人趣起
二界由因業 能起無色定 色界起靜慮 亦由法尒力
佛正法有二 謂教證為體 有持說行者 此便住世間
迦濕彌羅議理成 我多依彼釋對法
少有貶量為我失 判法正理在牟尼
說一切有部俱舍論本頌一卷

BD14695號　阿毗達磨俱舍論本頌　（8–8）

分別根品第二　七十四

傳說五於四 四根於二種 五八染淨中 各別為增上
了自境增上 總立於六根 從身立二根 女男性增上
於同住雜染 清淨增上故 應知命五受 信等立為根
未當知已知 具知根亦尒 於得後後道 涅槃等增上
心所依此別 此住此雜染 此資糧此淨 由此量立根
或流轉所依 及生住受用 建立前四十 還滅後亦然
身不悅名苦 即此悅名樂 及三定心悅 餘處此名喜
心不悅名憂 中捨二無別 見脩無學道 九依立三根
唯無漏後三 有色命憂苦 當知唯有漏 通二餘九根
命唯是異熟 憂及後八非 色意餘四受 二皆通於二種
憂定有異熟 前八後三無 意餘受信等 二皆通二
唯善後八根 憂通善不善 意餘受三種 前八唯無記
欲色無色界 如次除後三 兼女男憂苦 并餘色喜樂
意三受通三 憂見脩所斷 九唯脩所斷 五脩非三非
欲胎卵濕生 初得二異熟 化生六七八 色六上唯命
正死滅諸根 無色三色八 欲頓十九八 漸四善增五
九得邊二果 七八九中二 十一阿羅漢 依一容有說

BD14696號　阿毗達磨俱舍論本頌　（17–1）

欲色無色界　如次除後三　無女男憂苦　并餘色喜樂
意三受通三　憂見修所斷　九唯修所斷　五修非三非
欲胎卵濕生　初得二異熟　化生六七八　色六上唯命
正死滅諸根　無色三色八　欲頓十九八　漸四善增五
九得遍二果　七八九中二　十一阿羅漢　依一容有說
成就命意捨　各定成就三　若成就樂身　各定成就四
成眼等及喜　各定成就五　若成就苦根　彼定成就七
若成女男憂　信等各成八　二無漏十一　初無漏十三
極少八無善　成受身命意　愚生無色界　成善命意捨
極多成十九　二形除三淨　聖者未離欲　除二淨一形
欲微聚無聲　無根有八事　有身根九事　十事有餘根
心心所必俱　諸行相或得　心所且有五　大地法等異
受想思觸欲　慧念與作意　勝解三摩地　遍於一切心
信及不放逸　輕安捨慚愧　二根及不害　勤唯遍善心
癡逸怠不信　惛掉恒唯染　唯遍不善心　無慚及無愧
忿覆慳嫉惱　害恨諂誑憍　如是類名為　小煩惱地法
欲有尋伺故　於善心品中　二十二心所　有時增惡作
於不善不共　見俱唯二十　四煩惱忿等　惡作二十一
有覆有十八　無覆許十二　睡眠遍不違　若有皆增一
初定除不善　及惡作睡眠　中定除尋　上更除伺等
無慚愧不重　於罪不見怖　愛敬謂信慚　唯於欲色有
尋伺心麁細　慢對他心舉　憍由染自法　心高無所顧
心意識體一　心心所有依　有緣有行相　相應義有五
心不相應行　得非得同分　無想二定命　相名身等類
得謂獲成就　非得此相違　得非得唯於　自相續二滅
三世法各三　善等唯善等　有繫自界得　無繫得通四

BD14696 號　阿毗達磨俱舍論本頌　（17–2）

尋伺心麁細　慢對他心舉　憍由染自法　心高無所顧
心意識體一　心心所有依　有緣有行相　相應義有五
心不相應行　得非得同分　無想二定命　相名身等類
得謂獲成就　非得此相違　得非得唯於　自相續二滅
三世法各三　善等唯善等　有繫自界得　無繫得通四
非學無學三　非所斷二種　無記得俱起　除二通變化
有覆色亦俱　欲色無前起　非得淨無記　去來世各三
三界不繫三　許聖道非得　說名異生性　得法易地捨
同分有情等　無想無想中　心心所法滅　異熟居廣果
如是無想定　後靜慮求脫　善唯順生受　非聖得一世
滅盡定亦然　為靜住有頂　善二受不定　聖由加行得
成佛得非前　三十四念故　二定依欲色　滅定初人中
命根體即壽　能持煖及識　相謂諸有為　生住異滅性
此有生生等　於八一有能　生能生所生　非離因緣合
名身等所謂　想章字總說　欲色有情攝　等流無記性
亦亦如是　并無色異熟　得相通三類　非得定等流
能作及俱有　同類與相應　遍行并異熟　許因唯六種
除自餘能作　俱有互為果　如大相所相　心於心隨轉
心所二律儀　彼及心諸相　是心隨轉法　由時果善等
同類因相似　自部地前生　道展轉九地　唯等勝為果
加行生亦然　聞思所成等　相應因決定　心心所同依
遍行謂前遍　為同地染因　異熟因不善　及善唯有漏
遍行與同類　二世三世三　果有為離繫　無為無因果
後因果異熟　前因增上果　同類遍等流　俱相應士用
異熟無記法　有情有記生　等流似自因　離繫由慧盡
若因彼力生　是果名士用　除前有為法　有為增上果
五取果唯現　二與果亦然　過現與二因　一與唯過去
染汙異熟生　餘初聖如次　除異熟遍二　及同類餘生

BD14696 號　阿毗達磨俱舍論本頌　（17–3）

後因果異熟　前因增上果　同類遍等流　俱相應士用
異熟無記法　有情有記生　等流似自因　離繫由慧盡
若因彼力法　是果名士用　除前有為法　有為增上果
五取果唯現　二與果亦然　過現與二因　一與唯過去
染汙異熟生　餘初聖如次　除異熟遍二　及同類餘生
此謂心心所　餘及相應　說有四種緣　因緣五因性
等無間非後　心心所已生　所緣一切法　增上即作因
二因於正滅　三因於正生　餘二緣相違　而與於作用
心心所由四　二定俱由三　餘由二緣生　非天次等故
大為大二因　為所造五種　造為造三種　為大唯一因
欲界有四心　善惡覆無覆　色無色除惡　無漏有二心
欲界善生九　此復從八生　染從十生四　餘從五生七
色善生十一　此復從九生　有覆從八生　此復生於六
無覆從三生　此復能生六　無色善生九　此復從六生
有覆生從七　無覆如色辨　學從四生五　餘從五生四
十二為二十　謂三界善心　分加行生得　欲無覆分四
異熟威儀路　工巧處通果　色界除工巧　餘數如前說
三界染心中　得六六二種　色善三學四　餘皆自可得
九十九

分別世品第三

地獄傍生鬼　人及六欲天　名欲界二十　由地獄洲異
此上十七處　名色界於中　三靜慮各三　第四靜慮八
無色界無處　由生有四種　依同分及命　令心等相續
於中地獄等　自名說五趣　唯無覆無記　有情非中有
身異及想異　身異同一想　翻此身想一　并無色下三
故識住有七　餘非有損壞　應知兼有頂　及無想有情
是九有情居　餘非不樂住　四識住當知　四蘊唯自地
說獨識非住　有漏四句攝　於中有四生　有情謂卵等
人傍生具四　地獄及諸天　中有唯化生　鬼通胎化二

BD14696 號　阿毗達磨俱舍論本頌　（17–4）

故識住有七　餘非有損壞　應知兼有頂　及無想有情
是九有情居　餘非不樂住　四識住當知　四蘊唯自地
說獨識非住　有漏四句攝　於中有四生　有情謂卵等
人傍生具四　地獄及諸天　中有唯化生　鬼通胎化二
死生二有中　五蘊名中有　未至應至處　故中有非生
如穀等相續　處無間續生　像實有不成　不等故非譬
一處無二並　非相續二生　說有健達縛　及五七經故
此一業引故　如當本有形　本謂死前居　生剎那後
同淨天眼見　業通疾具根　無對不可轉　食香非久住
倒心趣欲境　濕化染香處　天首上三橫　地獄頭歸下
一於入正知　二三兼住出　四於一切位　及卵恆無知
前三種入胎　謂輪王二佛　業智俱勝故　如次四餘生
無我唯諸蘊　煩惱業所為　由中有相續　入胎如燈焰
如引次第增　相續由惑業　更趣於餘世　故有輪無初
如是諸緣起　十二支三際　前後際各二　中八據圓滿
宿惑位無明　宿諸業名行　識正結生蘊　六處前名色
從生眼等根　三和前六處　於三受因異　未了知名觸
在婬愛前受　貪資具婬愛　為得諸境界　遍馳求名取
有謂正能造　牽當有果業　結當有名生　至當受老死
傳許約位說　從勝立支名　於前後中際　為遣他愚惑
三煩惱二業　七事亦名果　略果及略因　由中可比二
從惑生惑業　從業生於事　從事事惑生　有支理唯此
此中意正說　因起果已生　明所治無明　如非親實等
說為結等故　非惡慧見故　與見相應故　說能染慧故
名色四蘊　觸六三和生　五相應有對　第六俱增語
明無明非二　無漏染汙餘　愛恚二相應　樂等順三受
從此生六受　五屬身餘心　此復成十八　由意近行異
欲緣欲十八　色十二上三　二緣欲十二　八自二無色
[illegible]

BD14696 號　阿毗達磨俱舍論本頌　（17–5）

說為結等故　非惡慧見故　與見相應故
名無色四蘊　觸六三和生　五相應有對　第六俱增語
明無明非二　無漏染汙餘　愛恚二相應　樂等順三受
從此生六受　五屬身餘心　此復成十八　由意近行異
欲緣欲十八　色十二上三　二緣欲十三　八自二無色
後二緣欲六　四自一上緣　初無色後六　緣色四自一
四本及三邊　唯一緣自境　十八唯有漏　餘已說當說
此中說煩惱　如種復如龍　如草根樹莖　及如糠裹米
業如有糠米　如草藥如花　諸異熟果事　如成熟飲食
於四種有中　生有唯染汙　由自地煩惱　餘三無色三
有情由食住　段欲體唯三　非色不能益　自根解脫故
觸思識三食　有漏通三界　意成及求生　食香中有起
前二益此世　所依及能依　後二於當有　引及起如次
斷善根與續　離染退死生　許唯意中　死生唯捨受
非定無心二　二無記涅槃　漸死足齊心　最後意識滅
下人天不生　斷末摩水等　正邪不定聚　聖造無間餘
安立器世間　風輪最居下　其量廣無數　厚十六洛叉
次上水輪深　十一億二万　下八洛叉水　餘凝結成金
此水金輪廣　徑十二洛叉　三千四百半　周圍此三倍
蘇迷盧處中　次踰健達羅　伊沙馱羅山　朅地洛迦山
蘇達梨舍那　頞濕縛羯拏　毗那怛迦山　尼民達羅山
於大洲等外　有鐵輪圍山　前七金所成　蘇迷盧四寶
於水皆八万　妙高出亦然　餘八半半下　廣皆等高量
山間有八海　前七名為內　最初廣八万　四邊各三倍
餘六半半陿　第八名為外　三洛叉二万　二千踰繕那
於中大洲相　南贍部如車　三邊各二千　南邊有三半
東毗提訶洲　其相如半月　三邊如贍部　東邊三百半
西瞿陁尼洲　其相圓無缺　徑二千五百　周圍此三倍
北俱盧畟方　面各二千等　中洲復有八　四洲邊各二

BD14696號　阿毗達磨俱舍論本頌　（17–6）

餘六半半陿　第八名為外　三洛叉二万　二千踰繕那
於中大洲相　南贍部如車　三邊各二千　南邊有三半
東毗提訶洲　其相如半月　三邊如贍部　東邊三百半
西瞿陁尼洲　其相圓無缺　徑二千五百　周圍此三倍
北俱盧畟方　面各二千等　中洲復有八　四洲邊各二
此北九黑山　雪香醉山內　無熱池縱廣　五十踰繕那
此下過二万　無間深廣同　上七㮈落迦　八增皆十六
謂煻煨屍糞　鋒刃烈河增　各住彼四方　餘八寒地獄
日月迷盧半　五十一五十　夜半日沒中　日出四洲等
西際第二月　後九夜漸增　寒第四亦然　夜減晝翻此
晝夜增臘縛　行南北路時　近日自影覆　故見月輪缺
妙高層有四　相去各十千　傍出十六千　八四二千量
堅手及持鬘　恒憍大王眾　如次居四級　亦住餘七山
妙高頂八万　三十三天居　四角有四峯　金剛手所住
中宮名善見　周万踰繕那　高一半金城　雜飾地柔耎
中有殊勝殿　周千踰繕那　外四苑莊嚴　眾車麁雜喜
妙地居四方　相去各二十　東北圓生樹　西南善法堂
此上有色天　住依空宮殿　六受欲交抱　執手笑視婬
初如五至十　色圓滿有衣　欲生三人天　樂生三九處
如彼去下量　去上數亦然　離通力依他　下無昇見上
四大洲日月　蘇迷盧欲天　梵世各一千　名一小千界
此小千千倍　說名一中千　此千倍大千　皆同成壞
贍部洲人量　三肘半四肘　東西北洲人　倍倍增如次
欲天俱盧舍　四分一一增　色天踰繕那　初四增半半
此上增倍倍　唯無雲減三　北洲定千年　西東半半減
此洲壽不定　後十初叵量　人間五十年　下天一晝夜
乘斯壽五百　此上倍倍增　色無晝夜殊　劫數等身量
無色初二万　後後二二增　少光上下天　大全半為劫
等活等上六　如次以欲天　壽為一晝夜　壽量亦同彼

BD14696號　阿毗達磨俱舍論本頌　（17–7）

山上增倍倍　唯無雲減三　北洲定千年　西東半半減
此洲壽不定　後十初叵量　人間五十年　下天一晝夜
乘斯壽五百　上上倍倍增　色無晝夜殊　劫數等身量
無色初二万　後後二二增　少光上下天　大全半為劫
等活等上六　如次以欲天　壽為一晝夜　壽量亦同彼
極熱半中劫　無間中劫全　傍生極一中　鬼月日五百
頞部陀壽量　如一婆訶麻　百年除一盡　後後倍二十
諸處有中夭　除北俱盧洲　極微字剎那　色名時極少
極微微金水　兔羊牛隙塵　蟣虱麦指節　後後增七倍
二十四指肘　四肘為弓量　五百俱盧舍　此八踰繕那
百二十剎那　為怛剎那量　臘縛此六十　此三十須臾
此三十晝夜　三十晝夜月　十二月為年　於中半減夜
應知有四劫　謂壞成中大　壞從獄不生　至外器都盡
成劫從風起　至地獄初生　中劫從無量　減至壽唯十
次增減十八　後增至八万　如是成已住　名中二十劫
成壞已壞空　時皆等住劫　八十中大劫　大劫三無數
減八万至百　諸佛現世間　獨覺增減時　麟角喻百劫
輪王八万上　金銀銅鐵輪　一二三四洲　逆次獨如佛
他迎自往伏　諍陣勝無害　相不正明圓　故與佛非等
劫初如色天　後漸增貪味　由惰貯賊起　為防雇守田
業道增壽減　至十二災現　刀疾飢如次　七日月年止
三災火水風　上三定為頂　如次內災等　四無不動故
然彼器非常　情俱生滅故　要七火一水　七水火後風

分別業品第四　一百卌一

世別由業生　思及思所作　思即是意業　所作謂身語
此身語二業　俱表無表性　身表許別形　非行動為體
以諸有為法　有剎那盡故　應無無因故　生因應能滅
形亦非實有　應二根取故　無別極微故　語表許言聲
說三無漏色　增非作等故　此能造大種　異於表所依
欲後念無表　作過大種生　有漏自他依　無漏隨生處

BD14696 號　阿毗達磨俱舍論本頌　（17–8）

世別由業生　思及思所作　思即是意業　所作謂身語
此身語二業　俱表無表性　身表許別形　非行動為體
以諸有為法　有剎那盡故　應無無因故　生因應能滅
形亦非實有　應二根取故　無別極微故　語表許言聲
說三無漏色　增非作等故　此能造大種　異於表所依
欲後念無表　作過大種生　有漏自他依　無漏隨生處
無表無執受　亦等流情數　散依等流性　有受異大生
定生依長養　無受無異大　表唯等流性　屬身有執受
無表記餘三　不善唯在欲　無表遍欲色　表唯有伺二
欲無有覆表　以無等起故　勝義善解脫　自性慚愧根
相應彼相應　等起色業等　翻此名不善　勝無記二常
等起有二種　因及彼剎那　如次第應知　名轉名隨轉
見斷識唯轉　唯隨轉五識　修斷意通二　無漏異熟非
於轉善等性　隨轉各容三　牟尼善必同　無記隨惑善
無表三律儀　不律儀非二　律儀別解脫　靜慮及道生
初律儀八種　實體唯有四　形轉名異故　各別不相違
受離五八十　一切所應離　立近事近住　勤策及苾芻
俱得名尸羅　妙行業律儀　唯初表無表　名別解業道
八成別解脫　得靜慮聖者　成靜慮道生　後二隨心轉
未至九無間　俱生二名斷　正知正念合　名意根律儀
住別解無表　未捨恒成現　剎那後成過　不律儀亦然
得靜慮律儀　恒成就過未　聖初除過去　住定道成中
住中有無表　初成中後二　住律不律儀　起染淨無表
初成中後二　至染淨勢終　表正作成中　後成過非未
有覆及無覆　唯成就現在　惡行惡戒業　業道不律儀
成表非無表　住中劣思作　捨未生表業　成無表非表
定生得定地　彼聖得道生　別解脫律儀　得由他教等
別解脫律儀　盡壽或晝夜　惡戒無晝夜　謂非如善受
近住於晨旦　下座從師受　隨教說具支　離嚴飾晝夜
[illegible]

BD14696 號　阿毗達磨俱舍論本頌　（17–9）

定生得定地　依聖得道生　別解脫律儀　得由他教等
別解脫律儀　盡壽或晝夜　惡戒無晝夜　謂非如善受
近住於晨旦　下座從師受　隨教說具支　離嚴飾晝夜
戒不逸禁支　四一三如次　為防諸性罪　失念及憍逸
近住餘亦有　不受三歸無　稱近事發戒　說如苾芻等
若皆具律儀　何言一分等　謂約能持說　下中上隨心
歸依成佛智　無學二種法　及涅槃擇滅　是說具三歸
邪行最可訶　易離得不作　得律儀皆誓　非捨於相續
以聞虛誑語　便越諸學處　遮中唯離酒　為護餘律儀
從一切二現　得欲界律儀　從根本恒時　得靜慮無漏
律從諸有情　支因說不定　不律從一切　有情支非因
諸得不律儀　由作及誓受　得所餘無表　由田受重行
捨別解調伏　由故捨命終　及二形俱生　斷善根夜盡
有說由犯重　餘說由法滅　迦濕彌羅說　犯二如負財
捨定生善法　由易地退等　捨聖由得果　練根及退失
捨惡戒由死　得戒二形生　捨中由受勢　作事壽根斷
捨欲非色善　由根斷上生　由對治道生　捨諸非色染
惡戒人除北　二黃門二形　律儀亦在天　唯人具三種
生欲天色界　有靜慮律儀　無漏并無色　除中定無想
安不安諸業　名善惡無記　福非福不動　欲善業名福
不善名非福　上界善不動　約自地處所　業果無動故
順樂苦非二　善至三順樂　諸不善順苦　上善順非二
餘說下亦有　由中招異熟　又許此三業　非前後熟故
順受總有五　謂自性相應　及所緣異熟　現前差別故
此有定不定　定三順現等　或說業有五　餘師說四句
四善容俱作　引同分唯三　諸處造四種　地獄善除現
堅於離染地　異生不造生　聖不造生後　并欲有頂退
欲中有能造　二十二種業　皆順現受攝　類同分一故
由重或淨心　及是恒所造　於功德田起　害父母業起

BD14696 號　阿毗達磨俱舍論本頌　（17–10）

此有定不定　定三順現等　或說業有五　餘師說四句
四善容俱作　引同分唯三　諸處造四種　地獄善除現
堅於離染地　異生不造生　聖不造生後　并欲有頂退
欲中有能造　二十二種業　皆順現受攝　類同分一故
由重或淨心　及是恒所造　於功德田起　害父母業起
由田意殊勝　及定招異熟　得永離地業　定招現法果
於佛上首僧　及滅定無諍　慈見脩道出　損益業即受
諸善無尋業　許唯感心受　惡唯感身受　是感受業異
心狂唯意識　由業異熟生　及怖害違憂　除北洲在欲
說曲穢濁業　依諂瞋貪生　依黑黑等殊　所說四種業
惡色欲界善　能盡彼無漏　應知如次第　名黑白俱非
四法忍離欲　前八無間俱　十二無漏思　唯盡純黑業
離欲四靜慮　第九無間思　一盡雜純黑　四令純白盡
有說地獄受　餘欲業黑雜　有說欲見滅　餘欲業黑俱
無學身語業　即意三牟尼　三清淨應知　即諸三妙行
惡身語意業　說名三惡行　及貪瞋邪見　三妙行翻此
所說十業道　攝惡妙行中　麤品為其性　如應成善惡
惡六定無表　彼自作為二　善七受生二　定生唯無表
加行定有表　無表或有無　後起此相違　加行三根起
彼無間生故　貪等三根生　善於三位中　皆三善根起
殺麤語瞋恚　究竟皆由瞋　盜邪行及貪　皆由貪究竟
邪見癡究竟　許所餘由三　有情具名色　名身等處起
俱死及前死　無根依別故　軍等若同事　皆成如作者
殺生由故思　他想不誤殺　不與取他物　力竊取屬己
欲邪行四種　行所不應行　染異想發言　解義虛誑語
由眼耳意識　并餘三所證　如次第名為　所見聞知覺
染心壞他語　說名離間語　非愛麤惡語　諸染雜穢語
餘說異三染　佞歌邪論等　惡欲他財貪　憎有情瞋恚
撥善惡等見　名邪見業道　此中三唯道　七業亦道故

BD14696 號　阿毗達磨俱舍論本頌　（17–11）

煞生由故思 他想不誤煞 不與取他物 力竊取屬己
欲邪行四種 行所不應行 染異想發言 解義虛誑語
由眼耳意識 并餘三所證 如次第名為 所見聞知覺
染心壞他語 說名離間語 非愛麁惡語 諸染雜穢語
餘說異三染 佞歌邪論等 惡欲他財貪 憎有情瞋恚
撥善惡等見 名邪見業道 此中三唯道 七業亦道故
唯邪見斷善 所斷欲生得 撥因果一切 漸斷二俱捨
人三洲男女 見行斷非得 續善疑有見 損現除逆者
業道思俱轉 不善一至八 善於閑至十 別遮一八五
不善地獄中 麁雜瞋通二 貪邪見成就 北洲成後二
雜語通現成 餘欲十通二 善三於一切 後三通現成
無色無想天 前七唯成就 餘處通成現 除地獄北洲
皆能招異熟 等流增上果 此令他受苦 斷命壞威故
貪生身語業 邪命難除故 執命資貪生 違經故非理
斷道有漏業 具足有五果 無漏業有四 謂唯除異熟
餘有漏善惡 亦四除離繫 餘無漏無記 三除前所除
善等於善等 初有四二三 中有二三四 後二三三果
過於三各四 現於未亦尒 現於現二果 未於未果三
同地有四果 異地二或三 學於三各三 無學一三二
非學非無學 有二二五果 見所斷業等 一一各於三
初有三四一 中二四二果 後有一三四 皆如次應知
染業不應作 有說亦壞軌 應作業翻此 俱相違第三
一業引一生 多業能圓滿 二無心定得 不能引餘道
三障無間業 及數行煩惱 并一切惡趣 北洲無想天
三洲有無間 非餘扇搋等 少恩少羞恥 餘障通五趣
此五無間中 四身一語業 三煞一誑語 一煞生加行
僧破不和合 心不相應行 無覆無記性 所破僧所成
能破者唯成 此虛誑語罪 無間一劫熟 隨罪增苦增
苾芻見淨行 破異處愚夫 忍異師道時 名破不經宿
贍部洲九等 方破法輪僧 唯破羯磨僧 通三洲八等
初後皰雙前 佛滅未結界 於如是六位 無破法輪僧

BD14696 號　阿毗達磨俱舍論本頌

（17–12）

此五無間中 四身一語業 三煞一誑語 一煞生加行
僧破不和合 心不相應行 無覆無記性 所破僧所成
能破者唯成 此虛誑語罪 無間一劫熟 隨罪增苦增
苾芻見淨行 破異處愚夫 忍異師道時 名破不經宿
贍部洲九等 方破法輪僧 唯破羯磨僧 通三洲八等
初後皰雙前 佛滅未結界 於如是六位 無破法輪僧
棄壞恩德田 轉形亦成逆 母謂因彼血 誤等無逆者
打心出佛血 害後無學無 造逆定加行 無離染得果
破僧虛誑語 於罪中最大 感第一有思 世善中大果
汙母無學尼 煞住定菩薩 及有學聖者 奪僧和合緣
破壞窣堵波 是無間同類 將得忍不還 無學業為障
從修妙相業 菩薩得定名 生善趣貴家 具男念堅故
贍部男對佛 佛思思所成 餘百劫方修 各百福嚴飾
於三無數劫 各供養七万 又如次供養 五六七千佛
三無數劫滿 逆次逢勝觀 然燈寶髻佛 初釋迦牟尼
俱由悲普施 被析身無忿 讚歎底沙佛 次無上菩提
六波羅蜜多 於如是四位 一二又一二 如次修圓滿
施戒修三類 各隨其所應 受福業事名 差別如業道
由此捨名施 謂為供為益 身語及能發 此招大富果
為益自他俱 不為二行施 由主財由異 故施果差別
主果信由等 行敬重等施 行尊重廣愛 應時難奪果
財異由色等 得妙色好名 衆愛柔軟身 有隨時樂觸
田異由趣苦 恩德有差別 脫於脫菩薩 第八施最勝
父母病法師 最後生菩薩 設非證聖者 施果亦無量
後起田根本 加行思意樂 由此下上故 業成下上品
由審思圓滿 無惡作對治 有伴異熟故 此業名增長
制多捨類福 如慈等無受 惡田有受果 種果無倒故
離犯戒及遮 名戒各有二 非犯戒因壞 依治滅淨等
等引善名修 極能熏心故 戒修勝如次 感生天解脫

BD14696 號　阿毗達磨俱舍論本頌

（17–13）

由當思圓滿　無惡作對治　有伴異熟故　此業名增長
制多捨類福　如慈等無受　惡田有愛果　種果無倒故
離犯戒及遮　名戒各有二　非犯戒因壞　依治滅淨等
等引善名脩　極能熏心故　戒脩勝如次　感生天解脫
感劫生天等　為一梵福量　法施謂如實　無染辯經等
順福順解脫　順決擇分三　感愛果涅槃　聖道善如次
諸如理所起　三業并能發　如次為書印　算文數自體
善無漏名妙　染有罪覆劣　善有為應習　解脫名無上

分別隨眠品第五　此卷別有六十九

隨眠諸有本　此差別有六　謂貪瞋亦慢　無明見及疑
六由貪異七　有貪上二界　於內門轉故　為遮解脫想
六見異十　異謂有身見　邊執見邪見　見取戒禁取
六行部界異　故成九十八　欲見苦等斷　十七七八四
色無色除瞋　餘等如欲說　謂如次具離　三二見見疑
忍所害隨眠　有頂唯見斷　餘通見脩斷　智所害唯脩
我我所斷常　撥無劣謂勝　非因道妄謂　是五見自體
於大自在等　非因執因　從常我倒生　故唯見苦斷
四顛倒自體　謂從於三見　想心隨見力　唯倒推增故
慢七九從三　皆通見脩斷　聖如殺纏等　有脩斷不行
慢類等我慢　惡作中不善　聖有而不起　見疑所增故
見苦集所斷　諸見疑相應　及不共無明　遍行自界地
於中除二見　餘九能上緣　除得餘隨行　亦是遍行攝
見滅道所斷　邪見疑相應　及不共無明　六能緣無漏
於中緣滅者　唯緣自地滅　緣道六九地　由別治相因
貪瞋慢二取　並非無漏緣　應離境非怨　靜淨勝性故
未斷遍隨眠　於自地一切　非遍於自部　所緣故隨增
非無漏上緣　無攝有違故　隨於相應法　相應故隨增
上二界隨眠　及欲身邊見　彼俱癡無記　此餘皆不善
不善根欲界　貪瞋不善癡　無記根有三　無記愛癡慧

BD14696 號　阿毗達磨俱舍論本頌　（17–14）

貪瞋慢二取　並非無漏緣　應離境非怨　靜淨勝性故
未斷遍隨眠　於自地一切　非遍於自部　所緣故隨增
非無漏上緣　無攝有違故　隨於相應法　相應故隨增
上二界隨眠　及欲身邊見　彼俱癡無記　此餘皆不善
不善根欲界　貪瞋不善癡　無記根有三　無記愛癡慧
非餘二高故　外方立四種　中愛見慢癡　三定皆癡故
應一向分別　反詰捨置記　如死生殊勝　我蘊一異等
若於此事中　未斷貪慢瞋　過現若已起　未來意遍行
五可生自世　不生亦遍行　餘過未遍行　現正緣能繫
三世有由說　二有境果故　說三世有故　許說一切有
此中有四種　類相位待異　第三約作用　立世最為善
何礙用云何　無異世便壞　有誰未生滅　此法性甚深
於見苦已斷　餘遍行隨眠　及前品已斷　餘緣此猶繫
見苦集脩斷　若欲界所繫　自界色一三　無漏識所行
色自下各三　上一淨識境　無色通三界　各三淨識行
見滅道所斷　皆增自識行　無漏三界中　後三淨識境
有隨眠心二　謂有染無染　有染心通二　無染局隨增
無明疑邪身　邊見戒見取　貪慢瞋如次　由前引後生
由未斷隨眠　及隨應境現　非理作意起　說惑具因緣
欲煩惱并纏　除癡名欲漏　有漏上二界　唯煩惱除癡
同無記內門　定地故合一　無明諸有本　故別為一漏
瀑流軛亦然　別立見利故　見不順住故　非於漏獨立
欲有軛并癡　見分二名取　無明不別立　以非能取故
微細二隨增　隨逐與隨縛　住流漂合執　是隨眠等義
由結等差別　復說有五種　結九物取等　立見取二結
由二唯不善　及自在起故　纏中唯嫉慳　建立為二結
或二數行故　為賤貧因故　遍顯隨惑故　惱亂二部故
又五順下分　由二不超欲　由三復還下　攝門根故三

BD14696 號　阿毗達磨俱舍論本頌　（17–15）

欲有軛并親 見分二名取 無明不別立 以非能取故
微細二隨增 隨逐與隨縛 住流漂合執 是隨眠等義
由結等差別 復說有五種 結九物取等 立見取二結
由二唯不善 及自在起故 纏中唯嫉慳 建立為二結
或二數行故 為賤貧因故 遍顯隨或故 惱亂二部故
又五順下分 由二不起欲 由三復還下 攝門根故三
或不欲發起 迷道及疑道 能障趣解脫 故唯說斷三
順上分亦五 色無色二貪 掉舉慢無明 令不超上故
縛三由三受 隨眠前已說 隨煩惱此餘 染心所行蘊
纏八無慚愧 嫉慳并悔眠 及掉舉惛沈 或十加忿覆
無慚慳掉舉 皆從貪所生 無愧眠惛沈 從無明所起
嫉忿從瞋起 悔從疑覆諍 煩惱垢六惱 害恨諂誑憍
誑憍從貪生 害恨從瞋起 惱從見取起 諂從諸見生
纏無慚愧眠 惛掉見脩斷 餘及煩惱垢 自在故唯脩
欲三二餘惡 上界皆無記 諂誑欲初定 三三界餘欲
見所斷慢眠 自在隨煩惱 皆唯意地起 餘通依六識
欲界諸煩惱 貪喜樂相應 瞋憂苦癡遍 邪見憂及喜
疑憂餘五喜 一切捨相應 上地皆隨應 遍自識諸受
諸隨煩惱中 嫉悔忿及惱 害恨憂俱起 慳喜受相應
諂誑及眠覆 通憂喜俱起 憍喜樂皆捨 餘四遍相應
蓋五唯在欲 食治用同故 雖二五一蓋 障蘊故唯五
遍知所緣故 斷彼能緣故 斷彼所緣故 對治起故斷
對治有四種 謂斷持遠厭 應知從所緣 可令諸或斷
遠性有四種 謂相治處時 如大種尸羅 異方二世等
諸或無再斷 離繫有重得 謂治生得果 練根六時中
斷遍知有九 欲初二斷一 二各一合三 上界三亦尒
餘五順下分 色一切斷三 於中忍果六 餘三是智果
未至果一切 根本五或八 無色邊果一 三根本亦尒
俗果二聖九 法智三類二 法智品果六 類智品果五

BD14696 號　阿毗達磨俱舍論本頌　（17–16）

見所斷慢眠 自在隨煩惱 皆唯意地起 餘通依六識
欲界諸煩惱 貪喜樂相應 瞋憂苦癡遍 邪見憂及喜
疑憂餘五喜 一切捨相應 上地皆隨應 遍自識諸受
諸隨煩惱中 嫉悔忿及惱 害恨憂俱起 慳喜受相應
諂誑及眠覆 通憂喜俱起 憍喜樂皆捨 餘四遍相應
蓋五唯在欲 食治用同故 雖二五一蓋 障蘊故唯五
遍知所緣故 斷彼能緣故 斷彼所緣故 對治起故斷
對治有四種 謂斷持遠厭 應知從所緣 可令諸或斷
遠性有四種 謂相治處時 如大種尸羅 異方二世等
諸或無再斷 離繫有重得 謂治生得果 練根六時中
斷遍知有九 欲初二斷一 二各一合三 上界三亦尒
餘五順下分 色一切斷三 於中忍果六 餘三是智果
未至果一切 根本五或八 無色邊果一 三根本亦尒
俗果二聖九 法智三類二 法智品果六 類智品果五
得無漏斷得 及證第一有 滅與因越界 故立九遍知
位見諦位無 或成一至五 脩成六一二 無學唯成一
越界得果故 二處集遍知 捨一二五六 得亦然除五

分別賢聖品第六 八十三

已說煩惱斷 由見諦脩故 見道唯無漏 脩道通二種
諦四名已說 謂苦集滅道 彼自體亦然 次第隨現觀
皆由三苦合 如所應一切 可意非可意 餘有漏行法

BD14696 號　阿毗達磨俱舍論本頌　（17–17）

淨故一切智智清淨何以故若苦聖諦清淨若
耳鼻舌身意處清淨若一切智智清淨无二
无二分无別无斷故善現苦聖諦清淨故色處
清淨色處清淨故一切智智清淨何以故若
苦聖諦清淨若色處清淨若一切智智清
淨无二无二分无別无斷故苦聖諦清淨故
聲香味觸法處清淨聲香味觸法處清淨
故一切智智清淨何以故若苦聖諦清淨若聲
香味觸法處清淨若一切智智清淨无二无
二分无別无斷故善現苦聖諦清淨故眼界
清淨眼界清淨故一切智智清淨何以故若
苦聖諦清淨若眼界清淨若一切智智清淨
无二无二分无別无斷故苦聖諦清淨故色
界眼識界及眼觸眼觸為緣所生諸受清淨
色界乃至眼觸為緣所生諸受清淨故一切

BD14697號　大般若波羅蜜多經卷二二三　（20–1）

苦聖諦清淨若眼界清淨若一切智智清淨
无二无二分无別无斷故苦聖諦清淨故色
界眼識界及眼觸眼觸為緣所生諸受清淨
色界乃至眼觸為緣所生諸受清淨故一切
智智清淨何以故若苦聖諦清淨若色界乃
至眼觸為緣所生諸受清淨若一切智智清
淨无二无二分无別无斷故善現苦聖諦清
淨故耳界清淨耳界清淨故一切智智清
淨何以故若苦聖諦清淨若耳界清淨若一切
智智清淨无二无二分无別无斷故苦聖諦
清淨故聲界耳識界及耳觸耳觸為緣所生
諸受清淨聲界乃至耳觸為緣所生諸受清
淨故一切智智清淨何以故若苦聖諦清淨
若聲界乃至耳觸為緣所生諸受清淨若一
切智智清淨无二无二分无別无斷故善現
苦聖諦清淨故鼻界清淨鼻界清淨故一切
智智清淨何以故若苦聖諦清淨若鼻界清
淨若一切智智清淨无二无二分无別无斷故
苦聖諦清淨故香界鼻識界及鼻觸鼻觸
為緣所生諸受清淨香界乃至鼻觸為緣所
生諸受清淨故一切智智清淨何以故若苦聖
諦清淨若香界乃至鼻觸為緣所生諸受
清淨若一切智智清淨无二无二分无別无
斷故善現苦聖諦清淨故舌界清淨舌界清
淨故一切智智清淨何以故若苦聖諦清淨若
舌界清淨若一切智智清淨无二无二分无
別无斷故苦聖諦清淨故味界舌識界及

BD14697號　大般若波羅蜜多經卷二二三　（20–2）

清淨若一切智智清淨无二无二分无別无
斷故善現苦聖諦清淨故舌界清淨舌界清
淨故一切智智清淨何以故若苦聖諦清淨若
舌界清淨若一切智智清淨无二无二分无
別无斷故苦聖諦清淨故味界舌識界及
舌觸舌觸爲緣所生諸受清淨味界乃至舌
觸爲緣所生諸受清淨故一切智智清淨何
以故若苦聖諦清淨若味界乃至舌觸爲緣
所生諸受清淨若一切智智清淨无二无二
分无別无斷故善現苦聖諦清淨故身界清
淨身界清淨故一切智智清淨何以故若苦
聖諦清淨若身界清淨若一切智智清淨无
二无二分无別无斷故苦聖諦清淨故觸界
身識界及身觸身觸爲緣所生諸受清淨觸
界乃至身觸爲緣所生諸受清淨故一切智
智清淨何以故若苦聖諦清淨若觸界乃至
身觸爲緣所生諸受清淨若一切智智清淨
无二无二分无別无斷故善現苦聖諦清淨
故意界清淨意界清淨故一切智智清淨何
以故若苦聖諦清淨若意界清淨若一切智
智清淨无二无二分无別无斷故苦聖諦清
淨故法界意識界及意觸意觸爲緣所生諸
受清淨法界乃至意觸爲緣所生諸受清淨
故一切智智清淨何以故若苦聖諦清淨若
法界乃至意觸爲緣所生諸受清淨一切
智智清淨无二无二分无別无斷故善現苦
聖諦清淨故地界清淨地界清淨故一切智
智清淨何以故若苦聖諦清淨若地界清淨

BD14697 號　大般若波羅蜜多經卷二二三　（20–3）

故一切智智清淨何以故若苦聖諦清淨若
法界乃至意觸爲緣所生諸受清淨一切
智智清淨无二无二分无別无斷故善現苦
聖諦清淨故地界清淨地界清淨故一切智
智清淨何以故若苦聖諦清淨若地界清淨
若一切智智清淨无二无二分无別无斷故
苦聖諦清淨故水火風空識界清淨水火風
空識界清淨故一切智智清淨何以故若苦
聖諦清淨若水火風空識界清淨若一切智
智清淨无二无二分无別无斷故善現苦聖
諦清淨故无明清淨无明清淨故一切智智
清淨何以故若苦聖諦清淨若无明清淨若
一切智智清淨无二无二分无別无斷故苦
聖諦清淨故行識名色六處觸受愛取有生
老死愁歎苦憂惱清淨行乃至老死愁歎
苦憂惱清淨故一切智智清淨何以故若苦聖
諦清淨若行乃至老死愁歎苦憂惱清淨若
一切智智清淨无二无二分无別无斷故
善現苦聖諦清淨故布施波羅蜜多清淨布
施波羅蜜多清淨故一切智智清淨何以故
若苦聖諦清淨若布施波羅蜜多清淨若
一切智智清淨无二无二分无別无斷故苦聖
諦清淨故淨戒安忍精進靜慮般若波羅蜜
多清淨淨戒乃至般若波羅蜜多清淨故一
切智智清淨何以故若苦聖諦清淨若淨戒
乃至般若波羅蜜多清淨若一切智智清淨
无二无二分无別无斷故善現苦聖諦清淨
故內空清淨內空清淨故一切智智清淨何

BD14697 號　大般若波羅蜜多經卷二二三　（20–4）

諦清淨故淨戒安忍精進靜慮般若波羅蜜
多清淨淨戒乃至般若波羅蜜多清淨故一
切智智清淨何以故若苦聖諦清淨若淨戒
乃至般若波羅蜜多清淨若一切智智清淨
无二无二分无別无斷故善現苦聖諦清淨
故內空清淨內空清淨故一切智智清淨何
以故若苦聖諦清淨若內空清淨若一切智
智清淨无二无二分无別无斷故苦聖諦清
淨故外空內外空空空大空勝義空有為空
无為空畢竟空无際空散空无變異空本性
空自相空共相空一切法空不可得空无性
空自性空无性自性空清淨外空乃至无性
自性空清淨故一切智智清淨何以故若苦
聖諦清淨若外空乃至无性自性空清淨若
一切智智清淨无二无二分无別无斷故善
現苦聖諦清淨故真如清淨真如清淨故一
切智智清淨何以故若苦聖諦清淨若真如
清淨若一切智智清淨无二无二分无別无
斷故苦聖諦清淨故法界法性不虛妄性不
變異性平等性離生性法定法住實際虛空
界不思議界清淨法界乃至不思議界清淨
故一切智智清淨何以故若苦聖諦清淨若
法界乃至不思議界清淨若一切智智清淨
无二无二分无別无斷故善現苦聖諦清淨
故集聖諦清淨集聖諦清淨故一切智智清
淨何以故若苦聖諦清淨若集聖諦清淨若
一切智智清淨无二无二分无別无斷故苦
聖諦清淨故滅道聖諦清淨滅道聖諦清

BD14697 號　大般若波羅蜜多經卷二二三　（20–5）

法界乃至不思議界清淨若一切智智清淨
无二无二分无別无斷故善現苦聖諦清淨
故集聖諦清淨集聖諦清淨故一切智智清
淨何以故若苦聖諦清淨若集聖諦清淨若
一切智智清淨无二无二分无別无斷故苦
聖諦清淨故滅道聖諦清淨滅道聖諦清
淨故一切智智清淨何以故若苦聖諦清淨若
滅道聖諦清淨若一切智智清淨无二无二
分无別无斷故善現苦聖諦清淨故四靜慮
清淨四靜慮清淨故一切智智清淨何以故
若苦聖諦清淨若四靜慮清淨若一切智智
清淨无二无二分无別无斷故苦聖諦清淨
故四无量四无色定清淨四无量四无色定
清淨故一切智智清淨何以故若苦聖諦清
淨若四无量四无色定清淨若一切智智清
淨无二无二分无別无斷故善現苦聖諦清
淨故八解脫清淨八解脫清淨故一切智智
清淨何以故若苦聖諦清淨若八解脫清淨
若一切智智清淨无二无二分无別无斷故
苦聖諦清淨故八勝處九次第定十遍處清
淨八勝處九次第定十遍處清淨故一切智
智清淨何以故若苦聖諦清淨若八勝處九
次第定十遍處清淨若一切智智清淨无二
无二分无別无斷故善現苦聖諦清淨故四
念住清淨四念住清淨故一切智智清淨何
以故若苦聖諦清淨若四念住清淨若一切
智智清淨無二無二分無別無斷故苦聖諦

BD14697 號　大般若波羅蜜多經卷二二三　（20–6）

无二分无別无斷故善現苦聖諦清淨故四
念住清淨四念住清淨故一切智智清淨何
以故若苦聖諦清淨若四念住清淨若一切
智智清淨無二無二分無別無斷故苦聖諦
清淨故四正斷四神足五根五力七等覺支
八聖道支清淨四正斷乃至八聖道支清淨
故一切智智清淨何以故若苦聖諦清淨若
四正斷乃至八聖道支清淨若一切智智清
淨無二無二分無別無斷故善現苦聖諦清
淨故空解脫門清淨空解脫門清淨故一切
智智清淨何以故若苦聖諦清淨若空解脫
門清淨若一切智智清淨無二無二分無別
無斷故苦聖諦清淨故無相無願解脫門清
淨無相無願解脫門清淨故一切智智清淨
何以故若苦聖諦清淨若無相無願解脫門
清淨若一切智智清淨無二無二分無別無
斷故善現苦聖諦清淨故菩薩十地清淨菩
薩十地清淨故一切智智清淨何以故若苦
聖諦清淨若菩薩十地清淨若一切智智清
淨無二無二分無別無斷故
善現苦聖諦清淨故五眼清淨五眼清淨故
一切智智清淨何以故若苦聖諦清淨若五
眼清淨若一切智智清淨無二無二分無別
無斷故苦聖諦清淨故六神通清淨六神通
清淨故一切智智清淨何以故若苦聖諦清
淨若六神通清淨若一切智智清淨無二無
二分無別無斷故善現苦聖諦清淨故佛十

一切智智清淨何以故若苦聖諦清淨若五
眼清淨若一切智智清淨無二無二分無別
無斷故苦聖諦清淨故六神通清淨六神通
清淨故一切智智清淨何以故若苦聖諦清
淨若六神通清淨若一切智智清淨無二無
二分無別無斷故善現苦聖諦清淨故佛十
力清淨佛十力清淨故一切智智清淨何以
故若苦聖諦清淨若佛十力清淨若一切智
智清淨無二無二分無別無斷故苦聖諦清
淨故四無所畏四無礙解大慈大悲大喜大
捨十八佛不共法清淨四無所畏乃至十八
佛不共法清淨故一切智智清淨何以故若
苦聖諦清淨若四無所畏乃至十八佛不共
法清淨若一切智智清淨無二無二分無別
無斷故善現苦聖諦清淨故無忘失法清淨
無忘失法清淨故一切智智清淨何以故若
苦聖諦清淨若無忘失法清淨若一切智智
清淨無二無二分無別無斷故苦聖諦清淨
故恒住捨性清淨恒住捨性清淨故一切智
智清淨何以故若苦聖諦清淨若恒住捨性
清淨若一切智智清淨無二無二分無別無
斷故善現苦聖諦清淨故一切智清淨一切
智清淨故一切智智清淨何以故若苦聖諦
清淨若一切智清淨若一切智智清淨無二
無二分無別無斷故苦聖諦清淨故道相智
一切相智清淨道相智一切相智清淨故一
切智智清淨何以故若苦聖諦清淨若道相
智一切相智清淨若一切智智清淨无二无

清淨若一切智智清淨若一切智智清淨無二
無二分無別無斷故苦聖諦清淨故道相智
一切相智清淨道相智一切相智清淨故一
切智智清淨何以故若苦聖諦清淨若道相
智一切相智清淨若一切智智清淨无二无
二分无別无斷故善現苦聖諦清淨故一切
陁羅尼門清淨一切陁羅尼門清淨故一切
智智清淨何以故若苦聖諦清淨若一切陁
羅尼門清淨若一切智智清淨無二無二分
無別無斷故苦聖諦清淨故一切三摩地門
清淨一切三摩地門清淨故一切智智清淨
何以故若苦聖諦清淨若一切三摩地門清
淨若一切智智清淨無二無二分無別無斷
故善現苦聖諦清淨故預流果清淨預流果
清淨故一切智智清淨何以故若苦聖諦清
淨若預流果清淨若一切智智清淨無二無
二分無別無斷故苦聖諦清淨故一來不還
阿羅漢果清淨一來不還阿羅漢果清淨故
一切智智清淨何以故若苦聖諦清淨若一
來不還阿羅漢果清淨若一切智智清淨無
二無二分無別無斷故善現苦聖諦清淨故
獨覺菩提清淨獨覺菩提清淨故一切智智
清淨何以故若苦聖諦清淨若獨覺菩提
清淨若一切智智清淨無二無二分無別無斷
故善現苦聖諦清淨故一切菩薩摩訶薩行
清淨一切菩薩摩訶薩行清淨故一切智智
清淨何以故若苦聖諦清淨若一切菩薩摩

BD14697號　大般若波羅蜜多經卷二二三　（20–9）

清淨若一切智智清淨無二無二分無別無斷
故善現苦聖諦清淨故一切菩薩摩訶薩行
清淨一切菩薩摩訶薩行清淨故一切智智
清淨何以故若苦聖諦清淨若一切菩薩摩
訶薩行清淨若一切智智清淨無二無二分
無別無斷故善現苦聖諦清淨故諸佛無上
正等菩提清淨諸佛無上正等菩提清淨故
一切智智清淨何以故若苦聖諦清淨若諸
佛無上正等菩提清淨若一切智智清淨
無二無二分無別無斷故
復次善現集聖諦清淨故色清淨色清淨故
一切智智清淨何以故若集聖諦清淨若色
清淨若一切智智清淨無二無二分無別無
斷故集聖諦清淨故受想行識清淨受想行
識清淨故一切智智清淨何以故若集聖諦
清淨若受想行識清淨若一切智智清淨無
二無二分無別無斷故善現集聖諦清淨故
眼處清淨眼處清淨故一切智智清淨何以
故若集聖諦清淨若眼處清淨若一切智智
清淨無二无二分无別无斷故集聖諦清淨
故耳鼻舌身意處清淨耳鼻舌身意處清淨
故一切智智清淨何以故若集聖諦清淨若
耳鼻舌身意處清淨若一切智智清淨無二
無二分無別無斷故善現集聖諦清淨故色
處清淨色處清淨故一切智智清淨何以故
若集聖諦清淨若色處清淨若一切智智清
淨無二無二分無別無斷故集聖諦清淨故
聲香味觸法處清淨聲香味觸法處清淨故

BD14697號　大般若波羅蜜多經卷二二三　（20–10）

無二分無别無斷故善現集聖諦清淨故色
處清淨色處清淨故一切智智清淨何以故
若集聖諦清淨若色處清淨若一切智智清
淨無二無二分無别無斷故集聖諦清淨故
聲香味觸法處清淨聲香味觸法處清淨故
一切智智清淨何以故若集聖諦清淨若聲
香味觸法處清淨若一切智智清淨無二無
二分无别无斷故善現集聖諦清淨故眼界
清淨眼界清淨故一切智智清淨何以故若
集聖諦清淨若眼界清淨若一切智智清淨
无二无二分无别无斷故集聖諦清淨故色
界眼識界及眼觸眼觸為緣所生諸受清淨
色界乃至眼觸為緣所生諸受清淨故一切
智智清淨何以故若集聖諦清淨若色界乃
至眼觸為緣所生諸受清淨若一切智智清
淨无二无二分无别无斷故善現集聖諦清
淨故耳界清淨耳界清淨故一切智智清淨
何以故若集聖諦清淨若耳界清淨若一切
智智清淨无二无二分无别无斷故集聖諦
清淨故聲界耳識界及耳觸耳觸為緣所生
諸受清淨聲界乃至耳觸為緣所生諸受清
淨故一切智智清淨何以故若集聖諦清淨
若聲界乃至耳觸為緣所生諸受清淨若一
切智智清淨无二无二分无别无斷故善現
集聖諦清淨故鼻界清淨鼻界清淨故一
切智智清淨何以故若集聖諦清淨若鼻界
清淨若一切智智清淨无二无二分无别无斷
故集聖諦清淨故香界鼻識界及鼻觸鼻

BD14697 號　大般若波羅蜜多經卷二二三　（20–11）

集聖諦清淨故鼻界清淨鼻界清淨故一
切智智清淨何以故若集聖諦清淨若鼻界
清淨若一切智智清淨无二无二分无别无斷
故集聖諦清淨故香界鼻識界及鼻觸鼻
觸為緣所生諸受清淨香界乃至鼻觸為緣
所生諸受清淨故一切智智清淨何以故若集
聖諦清淨若香界乃至鼻觸為緣所生諸
受清淨若一切智智清淨无二无二分无别无
斷故善現集聖諦清淨故舌界清淨舌界清
淨故一切智智清淨何以故若集聖諦清淨
若舌界清淨若一切智智清淨无二无二分
无别无斷故集聖諦清淨故味界舌識界及
舌觸舌觸為緣所生諸受清淨味界乃至舌
觸為緣所生諸受清淨故一切智智清淨何
以故若集聖諦清淨若味界乃至舌觸為觸
所生諸受清淨若一切智智清淨无二无二
分无别无斷故善現集聖諦清淨故身界清
淨身界清淨故一切智智清淨何以故若集
聖諦清淨若身界清淨若一切智智清淨无
二无二分无别无斷故集聖諦清淨故觸界
身識界及身觸身觸為緣所生諸受清淨觸
界乃至身觸為緣所生諸受清淨故一切智
智清淨何以故若集聖諦清淨若觸界乃至
身觸為緣所生諸受清淨若一切智智清淨
无二无二分无别无斷故善現集聖諦清淨
故意界清淨意界清淨故一切智智清淨何
以故若集聖諦清淨若意界清淨若一切智

BD14697 號　大般若波羅蜜多經卷二二三　（20–12）

智清淨何以故若集聖諦清淨若觸界乃至
身觸為緣所生諸受清淨若一切智智清淨
无二无二分无別无斷故善現集聖諦清淨
故意界清淨意界清淨故一切智智清淨何
以故若集聖諦清淨若意界清淨若一切智
智清淨无二无二分无別无斷故集聖諦清
淨故法界意識界及意觸意觸為緣所生
諸受清淨法界乃至意觸為緣所生諸受清
淨故一切智智清淨何以故若集聖諦清淨若
法界乃至意觸為緣所生諸受清淨若一切
智智清淨无二无二分无別无斷故善現集
聖諦清淨故地界清淨地界清淨故一切智
智清淨何以故若集聖諦清淨若地界清淨
若一切智智清淨无二无二分无別无斷故
集聖諦清淨故水火風空識界清淨水火風
空識界清淨故一切智智清淨何以故若集
聖諦清淨若水火風空識界清淨若一切智
智清淨无二无二分无別无斷故善現集聖
諦清淨故无明清淨无明清淨故一切智智
清淨何以故若集聖諦清淨若无明清淨若
一切智智清淨无二无二分无別无斷故集
聖諦清淨故行識名色六處觸受愛取有生
老死愁歎苦憂惱清淨行乃至老死愁歎苦
憂惱清淨故一切智智清淨何以故若集聖
諦清淨若行乃至老死愁歎苦憂惱清淨若
一切智智清淨无二无二分无別无斷故
善現集聖諦清淨故布施波羅蜜多清淨布
施波羅蜜多清淨故一切智智清淨何以故若

BD14697號　大般若波羅蜜多經卷二二三　（20–13）

憂惱清淨故一切智智清淨何以故若集聖
諦清淨若行乃至老死愁歎苦憂惱清淨若
一切智智清淨无二无二分无別无斷故
善現集聖諦清淨故布施波羅蜜多清淨布
施波羅蜜多清淨故一切智智清淨何以故若
集聖諦清淨若布施波羅蜜多清淨若一
切智智清淨无二无二分无別无斷故集聖
諦清淨故淨戒安忍精進靜慮般若波羅蜜
多清淨淨戒乃至般若波羅蜜多清淨故一
切智智清淨何以故若集聖諦清淨若淨戒
乃至般若波羅蜜多清淨若一切智智清淨
无二无二分无別无斷故善現集聖諦清淨
故內空清淨內空清淨故一切智智清淨何
以故若集聖諦清淨若內空清淨若一切智
智清淨无二无二分无別无斷故集聖諦清
淨故外空內外空空空大空勝義空有為空
无為空畢竟空无際空散空无變異空本性
空自相空共相空一切法空不可得空无性空
自性空无性自性空清淨外空乃至无性
自性空清淨故一切智智清淨何以故若集
聖諦清淨若外空乃至无性自性空清淨若
一切智智清淨无二无二分无別无斷故善
現集聖諦清淨故真如清淨真如清淨故一
切智智清淨何以故若集聖諦清淨若真如
清淨若一切智智清淨无二无二分无別无
斷故集聖諦清淨故法界法性不虛妄性不
變異性平等性離生性法定法住實際虛空
界不思議界清淨法界乃至不思議界清淨

BD14697號　大般若波羅蜜多經卷二二三　（20–14）

切智智清淨何以故若集聖諦清淨若真如
清淨若一切智智清淨无二无二分无別无
斷故集聖諦清淨故法界法性不虛妄性不
變異性平等性離生性法定法住實際虛空
界不思議界清淨法界乃至不思議界清淨
故一切智智清淨何以故若集聖諦清淨若
法界乃至不思議界清淨若一切智智清淨
无二无二分无別无斷故善現集聖諦清淨
故苦聖諦清淨苦聖諦清淨故一切智智清
淨何以故若集聖諦清淨若苦聖諦清淨若
一切智智清淨无二无二分无別无斷故集
聖諦清淨故滅道聖諦清淨滅道聖諦清淨
故一切智智清淨何以故若集聖諦清淨若滅
道聖諦清淨若一切智智清淨无二无二
分无別无斷故善現集聖諦清淨故四靜慮
清淨四靜慮清淨故一切智智清淨何以故
若集聖諦清淨若四靜慮清淨若一切智智
清淨无二无二分无別无斷故集聖諦清淨
故四无量四无色定清淨四无量四无色定
清淨故一切智智清淨何以故若集聖諦清
淨若四无量四无色定清淨若一切智智清
淨无二无二分无別无斷故善現集聖諦清
淨故八解脫清淨八解脫清淨故一切智智
清淨何以故若集聖諦清淨若八解脫清淨
若一切智智清淨无二无二分无別无斷故
集聖諦清淨故八勝處九次第定十遍處清
淨八勝處九次第定十遍處清淨故一切智

BD14697號　大般若波羅蜜多經卷二二三　（20–15）

淨故八解脫清淨八解脫清淨故一切智智
清淨何以故若集聖諦清淨若八解脫清淨
若一切智智清淨无二无二分无別无斷故
集聖諦清淨故八勝處九次第定十遍處清
淨八勝處九次第定十遍處清淨故一切智
智清淨何以故若集聖諦清淨若八勝處九
次第定十遍處清淨若一切智智清淨无二
无二分无別无斷故善現集聖諦清淨故四
念住清淨四念住清淨故一切智智清淨何
以故若集聖諦清淨若四念住清淨若一切
智智清淨无二无二分无別无斷故集聖諦
清淨故四正斷四神足五根五力七等覺支
八聖道支清淨四正斷乃至八聖道支清淨
故一切智智清淨何以故若集聖諦清淨若
四正斷乃至八聖道支清淨若一切智智清
淨无二无二分无別无斷故善現集聖諦清
淨故空解脫門清淨空解脫門清淨故一切
智智清淨何以故若集聖諦清淨若空解脫
門清淨若一切智智清淨无二无二分无別
无斷故集聖諦清淨故无相无願解脫門
清淨无相无願解脫門清淨故一切智智清
淨何以故若集聖諦清淨若无相无願解脫
門清淨若一切智智清淨无二无二分无別无
斷故善現集聖諦清淨故菩薩十地清淨菩
薩十地清淨故一切智智清淨何以故若集聖
諦清淨若菩薩十地清淨若一切智智清
淨无二无二分无別无斷故
善現集聖諦清淨故五眼清淨五眼清淨故

BD14697號　大般若波羅蜜多經卷二二三　（20–16）

門清淨若一切智智清淨无二无二分无別无
斷故善現集聖諦清淨故菩薩十地清淨菩
薩十地清淨故一切智智清淨何以故若集聖
諦清淨若菩薩十地清淨若一切智智清
淨无二无二分无別无斷故
善現集聖諦清淨五眼清淨五眼清淨故
一切智智清淨何以故若集聖諦清淨若五
眼清淨若一切智智清淨无二无二分无別
无斷故集聖諦清淨故六神通清淨六神通
清淨故一切智智清淨何以故若集聖諦清
淨若六神通清淨若一切智智清淨无二无
二分无別无斷故善現集聖諦清淨故佛十
力清淨佛十力清淨故一切智智清淨何以故
若集聖諦清淨若佛十力清淨若一切智
智清淨无二无二分无別无斷故集聖諦清
淨故四无所畏四无礙解大慈大悲大喜大
捨十八佛不共法清淨四无所畏乃至十八
佛不共法清淨故一切智智清淨何以故若
集聖諦清淨若四无所畏乃至十八佛不共
法清淨若一切智智清淨无二无二分无別
无斷故善現集聖諦清淨故无忘失法清淨
无忘失法清淨故一切智智清淨何以故若
集聖諦清淨若无忘失法清淨若一切智智
清淨无二无二分无別无斷故集聖諦清淨
故恒住捨性清淨恒住捨性清淨故一切智
智清淨何以故若集聖諦清淨若恒住捨性
清淨若一切智智清淨无二无二分无別无
斷故善現集聖諦清淨故一切智清淨一切

BD14697 號　大般若波羅蜜多經卷二二三　（20–17）

清淨无二无二分无別无斷故集聖諦清淨
故恒住捨性清淨恒住捨性清淨故一切智
智清淨何以故若集聖諦清淨若恒住捨性
清淨若一切智智清淨无二无二分无別无
斷故善現集聖諦清淨故一切智清淨一切
智清淨故一切智智清淨何以故若集聖諦
清淨若一切智清淨若一切智智清淨无二
无二分无別无斷故集聖諦清淨故道相智
一切相智清淨道相智一切相智清淨故一
切智智清淨何以故若集聖諦清淨若道
相智一切相智清淨若一切智智清淨无二无
二分无別无斷故善現集聖諦清淨故一切
陁羅尼門清淨一切陁羅尼門清淨故一切
智智清淨何以故若集聖諦清淨若一切陁
羅尼門清淨若一切智智清淨无二无二分
无別无斷故集聖諦清淨故一切三摩地門
清淨一切三摩地門清淨故一切智智清淨
何以故若集聖諦清淨若一切三摩地門清
淨若一切智智清淨无二无二分无別无斷
故
善現集聖諦清淨故預流果清淨預流果清
淨故一切智智清淨何以故若集聖諦清淨
若預流果清淨若一切智智清淨无二无二分
无別无斷故集聖諦清淨故一來不還阿
羅漢果清淨一來不還阿羅漢果清淨故一
切智智清淨何以故若集聖諦清淨若一來
不還阿羅漢果清淨若一切智智清淨无二
无二分无別无斷故善現集聖諦清淨故獨

BD14697 號　大般若波羅蜜多經卷二二三　（20–18）

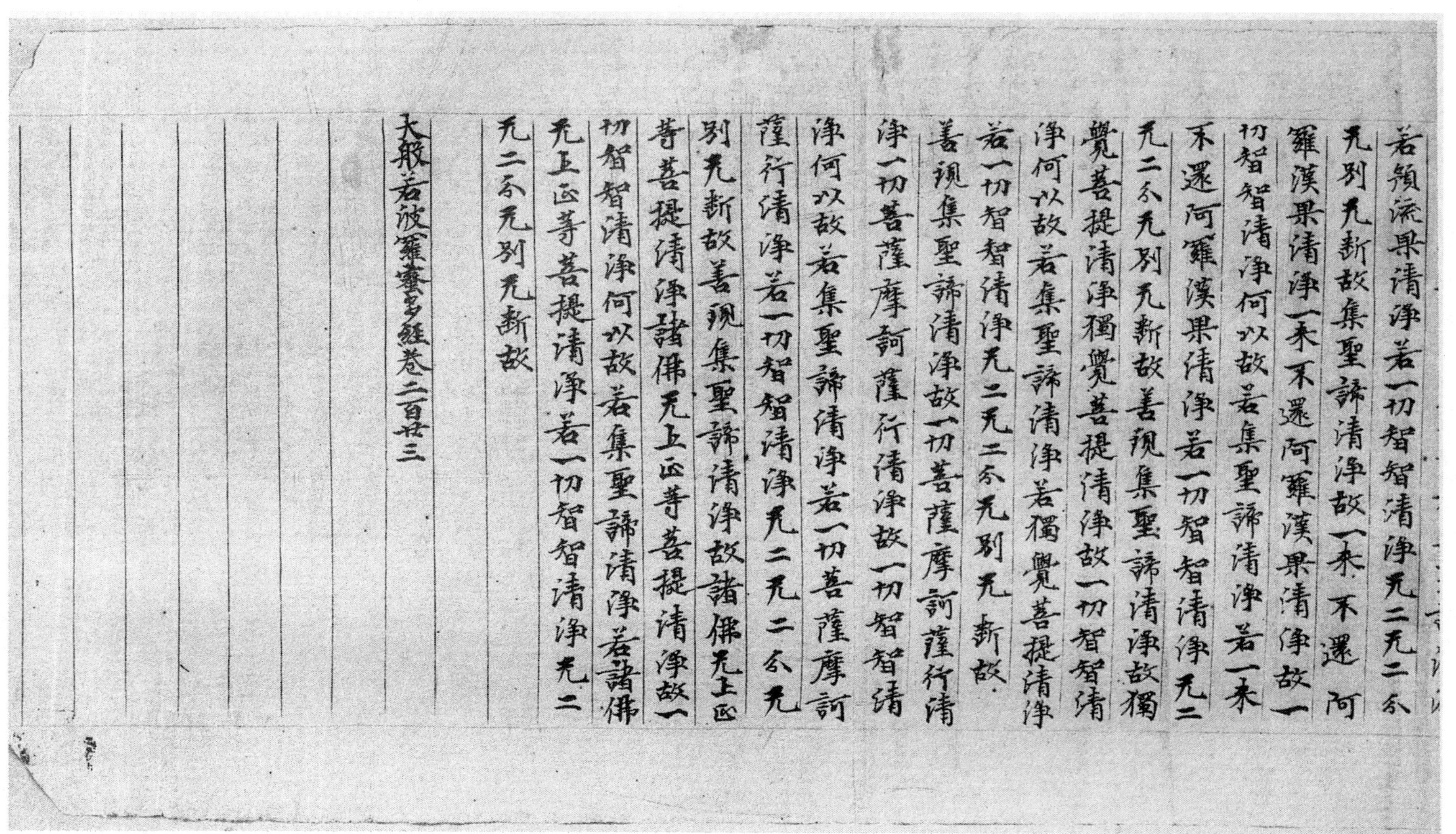

若預流果清淨若一切智智清淨无二无二分
无別无斷故集聖諦清淨故一來不還阿
羅漢果清淨一來不還阿羅漢果清淨故一
切智智清淨何以故若集聖諦清淨若一來
不還阿羅漢果清淨若一切智智清淨无二
无二分无別无斷故善現集聖諦清淨故獨
覺菩提清淨獨覺菩提清淨故一切智智清
淨何以故若集聖諦清淨若獨覺菩提清淨
若一切智智清淨无二无二分无別无斷故
善現集聖諦清淨故一切菩薩摩訶薩行清
淨一切菩薩摩訶薩行清淨故一切智智清
淨何以故若集聖諦清淨若一切菩薩摩訶
薩行清淨若一切智智清淨无二无二分无
別无斷故善現集聖諦清淨故諸佛无上正
等菩提清淨諸佛无上正等菩提清淨故一
切智智清淨何以故若集聖諦清淨若諸佛
无上正等菩提清淨若一切智智清淨无二
无二分无別无斷故

大般若波羅蜜多經卷二百廿三

BD14697 號　大般若波羅蜜多經卷二二三　（20–19）

善現集聖諦清淨故一切菩薩摩訶薩行清
淨一切菩薩摩訶薩行清淨故一切智智清
淨何以故若集聖諦清淨若一切菩薩摩訶
薩行清淨若一切智智清淨无二无二分无
別无斷故善現集聖諦清淨故諸佛无上正
等菩提清淨諸佛无上正等菩提清淨故一
切智智清淨何以故若集聖諦清淨若諸佛
无上正等菩提清淨若一切智智清淨无二
无二分无別无斷故

大般若波羅蜜多經卷二百廿三

BD14697 號　大般若波羅蜜多經卷二二三　（20–20）

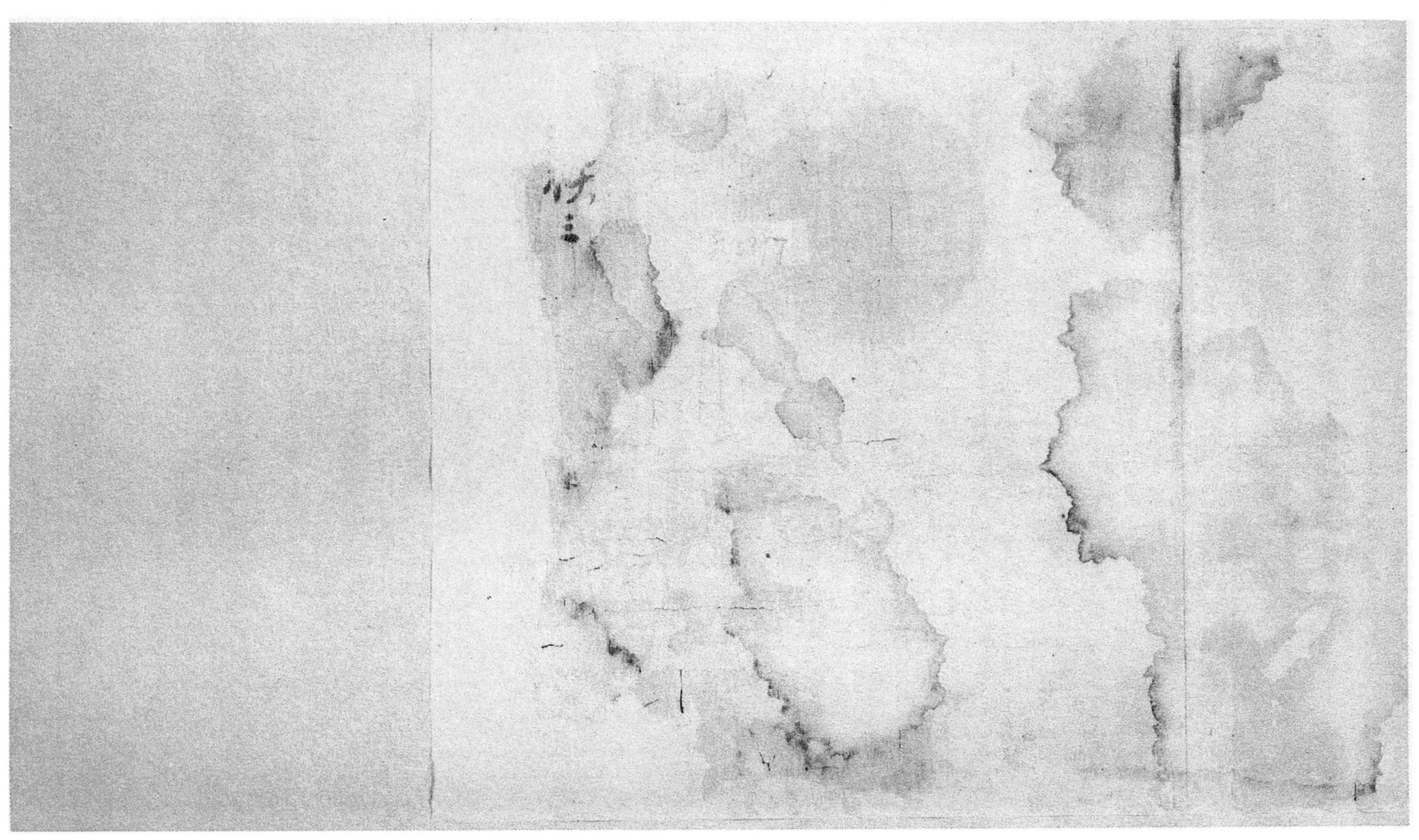

BD14697 號背　勘記　　（1–1）

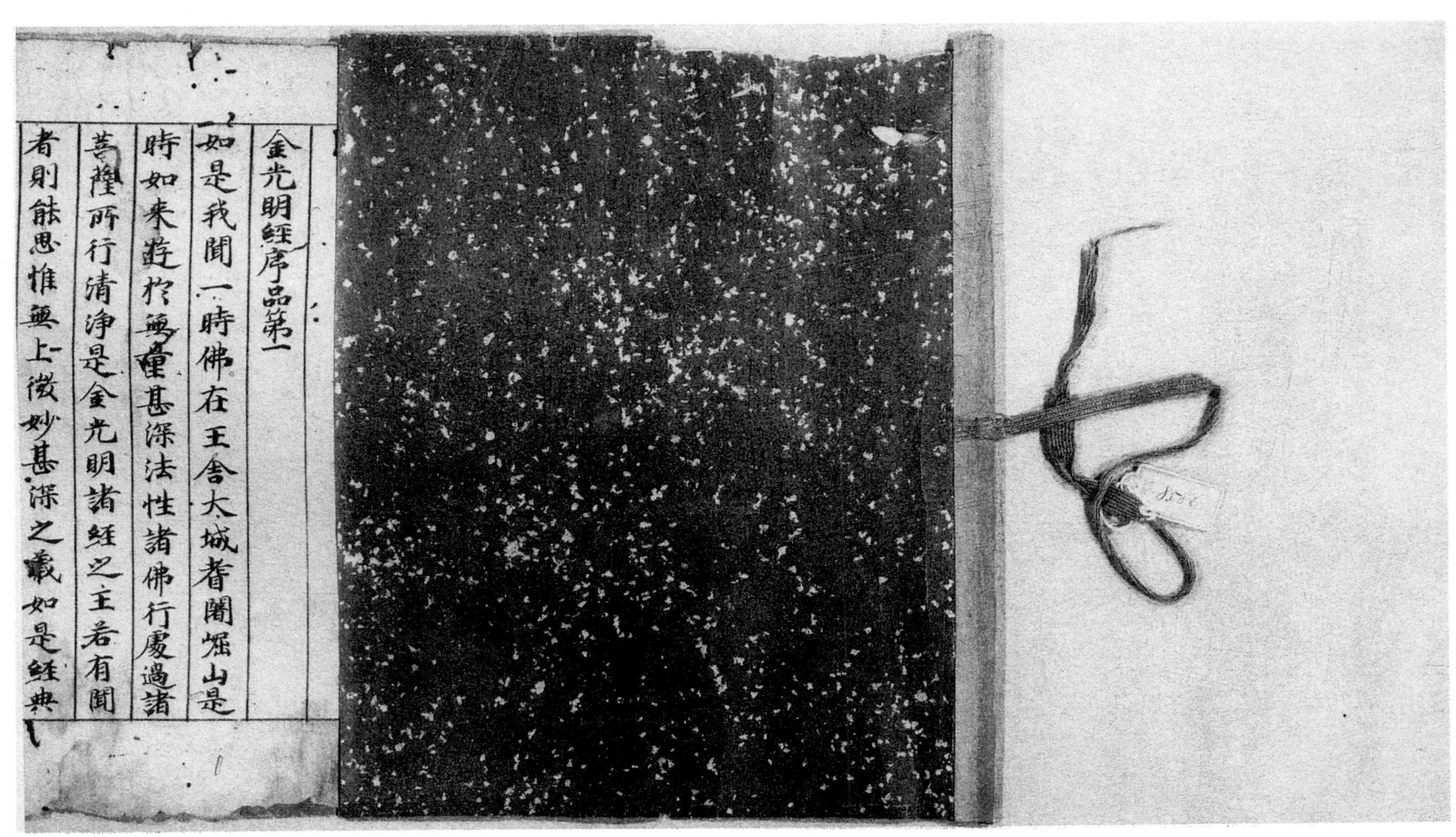

金光明經序品第一
如是我聞一時佛在王舍大城耆闍崛山是
時如來遊於無量甚深法性諸佛行處過諸
菩薩所行清淨是金光明諸經之主若有聞
者則能思惟無上微妙甚深之藏如是經典

BD14698 號　金光明經卷一　　（20–1）

金光明經序品第一
如是我聞一時佛在王舍大城耆闍崛山是
時如來遊於無量甚深法性諸佛行處過諸
菩薩所行清淨是金光明諸經之王若有聞
者則能思惟無上微妙甚深之義如是經典
常為四方四佛世尊之所護持東方阿閦南方
寶相西方無量壽北方微妙聲我今當說懺悔
等法所生功德為无有上能壞諸苦盡不善業
一切種智　而為根本　無量功德　之所莊嚴
滅除諸苦　與无量樂
諸根不具　壽命損減　貧窮困苦　諸天捨離
親厚鬪訟　王法所加　各各忿諍　財物損耗
愁憂恐怖　惡星災異　衆邪蠱道　變怪相續
卧見惡夢　晝則愁惱　當淨洗浴　聽是經典
至心清淨　著淨潔衣　專聽諸佛　甚深行處
是經威德　能悉消除　如是諸惡　令其殄滅
護世四王　將諸官屬　并及無量　夜叉之衆
悉來擁護　持是經者　大辯天神　尼連河神
鬼子母神　地神堅牢　大梵尊天　三十三天
大神龍王　緊那羅王　迦樓羅王　阿脩羅王
與其眷屬　悉共至彼　擁護是人　晝夜不離
我今當說　諸佛世尊　甚深秘密　微妙行處

悲來擁護　持是經者　大辯天神　尼連河神
鬼子母神　地神堅牢　大梵尊天　三十三天
大神龍王　緊那羅王　迦樓羅王　阿脩羅王
與其眷屬　悉共至彼　擁護是人　晝夜不離
我今當說　諸佛世尊　甚深秘密　微妙行處
億百千劫　甚難得值
若得聞經　若為他說　若心隨喜　若設供養
如是之人　於无量劫　常為諸天　八部所敬
如是修行　生功德者　得不思議　无量福聚
亦為十方　諸佛世尊　深行菩薩　之所護持
著淨衣服　以上妙香　慈心供養　常不遠離
身意清淨　無有垢穢　歡喜悅豫　深樂是典
若得聽聞　當知善得　人身人道　及以正命
若聞懺悔　執持在心　是上善根　諸佛所讚
金光明經壽量品第二
尒時王舍城中有菩薩摩訶薩名曰信相已曾
供養過去無量億那由他百千諸佛種諸善根
是信相菩薩作是思惟何因何緣釋迦如來壽命
短促方八十年復更念言如佛所說有二因緣壽
命得長何等為二一者不殺二者施食而我世尊
於无量百千億那由他阿僧祇劫修不殺戒具足
十善飲食惠施不可限量乃至以身骨髓肉血充
足飽滿飢餓衆生況餘飲食大士如是至心念佛恩
是義時其室自然廣博嚴事天紺瑠璃種種衆
寶雜廁間錯以成其地猶如如來所居淨土有

十善飲食惠施不可限量乃至以身骨髓肉血充
足飽滿飢餓衆生况餘飲食大士如是至心念佛恩
是義時其室自然廣博嚴事天紺瑠璃種種衆
寶雜廁間錯以成其地猶如如來所居淨土有
妙香氣過諸天香烟雲垂布遍滿其室其室
四面各有四寶上妙高座自然而出純以天
衣而為敷具是妙座上各有諸佛所受用華
衆寶合成於蓮華上有四如來東方名阿閦
南方名寶相西方名無量壽北方名微妙聲
是四如來自然而坐師子座上放大光明照
王舍城及此三千大千世界乃至十方恒河
沙等諸佛世界而諸天華作天妓樂尒時三
千大千世界所有衆生以佛神力受天快樂
諸根不具即得具足舉要言之一切世間所
有利益未曾有事悉具出現
尒時信相菩薩見是諸佛及希有事歡喜踊
躍恭敬合掌向諸世尊至心念佛作是思惟
釋迦如來无量功德唯壽命中心生疑惑云
何如來壽命如是方八十年尒時四佛以正
遍知告信相菩薩善男子汝今不應思量如
來壽命短促何以故善男子我等不見諸天
世人魔衆梵衆沙門婆羅門人及非人有能
思算如來壽量知其齊限唯除如來時四如
來將欲宣暢釋迦文佛所得壽命欲色界天
諸龍鬼神乾闥婆阿修羅迦婁羅緊那羅摩

遍知告信相菩薩善男子汝今不應思量如
來壽命短促何以故善男子我等不見諸天
世人魔衆梵衆沙門婆羅門人及非人有能
思算如來壽量知其齊限唯除如來時四如
來將欲宣暢釋迦文佛所得壽命欲色界天
諸龍鬼神乾闥婆阿修羅迦樓羅緊那羅摩
睺羅伽及无量百千億那由他菩薩摩訶薩
以佛神力悉來聚集信相菩薩摩訶薩室尒
時四佛於大衆中略以偈說釋迦如來所得
壽量而作頌曰

一切諸水　可知幾渧　無有能數　釋尊壽命
諸須彌山　可知斤兩　無有能量　釋尊壽命
一切大地　可知塵數　无有能算　釋尊壽命
虛空分界　尚可盡邊　無有能計　釋尊壽命
不可計劫　億百千萬　佛壽如是　无量无邊
以是因緣　故說二緣　不害物命　施食無量
是故大士　壽不可計　無量无邊　亦無齊限
是故汝今　不應於佛　無量壽命　而生疑惑

尒時信相菩薩摩訶薩聞是四佛宣說如來
壽命无量深心信解歡喜踊躍說是如來壽
命品時無量无邊阿僧祇衆生發阿耨多羅
三藐三菩提心時四如來忽然不見

金光明經懺悔品第三

尒時信相菩薩即於其夜夢見金鼓其狀殊
大其明普照喻如日光復於光中得見十方

三狼三菩提心時四如来忽然不見
金光明經懺悔品第三
尒時信相菩薩即於其夜夢見金鼓其狀殊
大其明普照喻如日光復於光中得見十方
無量無邊諸佛世尊衆寶樹下坐瑠璃座與
无量百千眷屬圍遶而為說法見有一人似
婆羅門以桴擊鼓出大音聲其聲演說懺悔
偈頌時信相菩薩從夢悟已至心憶念夢中
所聞懺悔偈頌過夜至旦出王舍城尒時亦
有無量無邊百千衆生與菩薩俱往耆闍崛
山至於佛所至佛所已頂礼佛足右繞三匝
却坐一面敬心合掌瞻仰尊顏以其夢中所
見金鼓及懺悔偈向如来說
昨夜所夢 至心憶持 夢見金鼓 妙色晃曜
其光大盛 明踰於日 遍照十方 恒沙世界
又因此光 得見諸佛 衆寶樹下 坐瑠璃座
無量大衆 圍繞說法
見婆羅門 擊是金鼓 其鼓音中 說如是偈
是大金鼓 所出妙音 悉能滅除 三世諸苦
地獄餓鬼 畜生等苦 貧窮困厄 及諸有苦
是鼓所出 微妙之音 能除衆生 諸惱所逼
断衆怖畏 令得無懼 猶如諸佛 得无所畏
諸佛聖人 所成功德 離於生死 到大智岸
如是衆生 所得功德 定及助道 猶如大海
是鼓所出 如是妙音 令衆生得 梵音深遠

BD14698號　金光明經卷一　（20-6）

是鼓所出 微妙之音 能除衆生 諸惱所逼
断衆怖畏 令得無懼 猶如諸佛 得无所畏
諸佛聖人 所成功德 離於生死 到大智岸
如是衆生 所得功德 定及助道 猶如大海
是鼓所出 如是妙音 令衆生得 梵音深遠
證佛無上 菩提勝果 轉無上輪 微妙清淨
住壽无量 不思議劫 演說正法 利益衆生
能害煩惱 消除諸苦 貪嗔癡等 悉令寂滅
若有衆生 處在地獄 大火熾然 燒炙其身
若聞金鼓 微妙音聲 所出言教 即尋礼佛
亦令衆生 得知宿命 百生千生 千萬億生
令心正念 諸佛世尊 亦聞无上 微妙之言
是金鼓中 所出妙音 復令衆生 值遇諸佛
遠離一切 諸惡業等 善修无量 白淨之業
諸天世人 及餘衆生 隨其所思 諸所念求
如是金鼓 所出之音 悉皆能令 成就具足
若有衆生 墮大地獄 猛火炎熾 熱爇其身
無有救護 流轉諸難 當令是等 悉滅諸苦
若有衆生 諸苦所切 三惡道報 及以人中
如是金鼓 所出之音 悉能滅除 一切諸苦
無依无歸 无有救護 我為是等 作歸依處
是諸世尊 今當證知 久已於我 生大悲心
在在處處 十方諸佛 現在世雄 兩足之尊
我本所作 惡不善業 今者懺悔 諸十力前
不識諸佛 及父母恩 不解善法 造作衆惡

BD14698號　金光明經卷一　（20-7）

是諸世尊　今當證知　久已於我　生大悲心
在在處處　十方諸佛　現在世雄　兩足之尊
我本所作　惡不善業　今者懺悔　諸十力前
不識諸佛　及父母恩　不解善法　造作衆惡
自恃種性　及諸財寶　盛年放逸　作諸惡行
心念不善　口作惡業　隨心所作　不見其過
凡夫愚行　无智闇覆　親近惡友　煩惱亂心
五欲因緣　心生忿恚　不知猒足　故作衆惡
親近非聖　因生慳嫉　貧窮因緣　姧諂作惡
繫屬於他　常有怖畏　不得自在　而造諸惡
貪欲恚癡　擾動其心　渴愛所逼　造作衆惡
依因衣食　及以女色　諸結惱熱　造作衆惡
身口意惡　所集三業　如是衆罪　今悉懺悔
或不恭敬　佛法聖衆　如是諸罪　今悉懺悔
或不恭敬　緣覺菩薩　如是衆罪　今悉懺悔
以無知故　誹謗正法　不知恭敬　父母尊長
如是衆罪　今悉懺悔
愚惑所覆　憍慢放逸　因貪恚故　造作諸惡
如是衆罪　今悉懺悔
我今供養　无量無邊　三千大千　世界諸佛
我當濟拔　十方一切　無量衆生　所有諸苦
我當安止　不可思議　阿僧祇衆　令住十地
已得安止　住十地者　悉令具足　如來正覺
為一衆生　億劫修行　使无量衆　令度苦海

BD14698號　金光明經卷一　（20–8）

我當濟拔　十方一切　無量衆生　所有諸苦
我當安止　不可思議　阿僧祇衆　令住十地
已得安止　住十地者　悉令具足　如來正覺
為一衆生　億劫修行　使无量衆　令度苦海
我當為是　諸衆生等　演說微妙　甚深悔法
所謂金光　滅除諸惡　千劫所作　極重惡業
若能至心　一懺悔者　如是衆罪　悉皆滅盡
我今已說　懺悔之法　是金光明　清淨微妙
速能滅除　一切苦障
我當安止　住於十地　十種珎寶　以為脚足
成佛无上　功德光明　令諸衆生　度三有海
諸佛所有　甚深法藏　不可思議　无量功德
一切種智　願悉具足　百千禪定　根力覺道
不可思議　諸陀羅尼　十力世尊　我當成就
諸佛世尊　有大慈悲　當證微誠　哀受我悔
若我百劫　所作衆惡　以是因緣　生大憂苦
貧窮困乏　愁惱驚懼　怖畏惡業　心常怯劣
在在處處　暫无歡喜
十方現在　大悲世尊　能除衆生　一切怖畏
願當受我　誠心懺悔　令我恐懼　悉得消除
我之所有　煩惱業垢　唯願現在　諸佛世尊
以大悲水　洗除令淨
過去諸惡　今悉悔過　現所作罪　誠心發露
所未作者　更不敢作　已作之業　不敢覆藏

BD14698號　金光明經卷一　（20–9）

我之所有　煩惱業垢　唯願現在　諸佛世尊
以大悲水　洗除令淨
過去諸惡　今悉悔過　現所作罪　誠心發露
所未作者　更不敢作　已作之業　不敢覆藏
身業三種　口業有四　意三業行　今悉懺悔
身口所作　及以意思　十種惡業　一切懺悔
遠離十惡　修行十善　安止十住　逮十力尊
所造惡業　應受惡報　今於佛前　誠心懺悔
若此國土　及餘世界　所有善法　悉以迴向
我所修行　身口意善　願於來世　證無上道
若在諸有　六趣險難　愚癡无智　造作諸惡
今於佛前　皆悉懺悔　世間所有　生死險道
種種婬欲　愚煩惱難　如是諸難　我今懺悔
心輕躁難　近惡友難　三有險難　及三毒難
遇無難難　值好時難　修功德難　值佛之難
如是諸難　今悉懺悔
諸佛世尊　我所依止　是故我今　敬礼佛海
金色晃曜　猶如須彌　是故我今　頂礼最勝
其色無上　猶如真金　眼目清淨　如紺琉璃
功德威神　名稱顯著　佛日大悲　滅一切暗
善淨無垢　離諸塵翳　無上佛日　大光普照
煩惱火熾　令心燋熱　唯佛能除　如月清涼
三十二相　八十種好　莊嚴其身　視之无猒
功德巍巍　明網顯耀　安住三界　如日照世
猶如琉璃　淨無瑕穢　妙色廣大　種種各異

BD14698 號　金光明經卷一　（20–10）

善淨無垢　離諸塵翳　無上佛日　大光普照
煩惱火熾　令心燋熱　唯佛能除　如月清涼
三十二相　八十種好　莊嚴其身　視之无猒
功德巍巍　明網顯耀　安住三界　如日照世
猶如琉璃　淨無瑕穢　妙色廣大　種種各異
其色紅赤　如日初出　頗梨白銀　校飾光網
如是種種　莊嚴佛日
三有之中　生死大海　老水波蕩　惱乱我心
其味苦毒　最為嚴惡　如來網明　能令枯涸
妙身端嚴　相好殊特　金色光明　遍照一切
智慧大海　彌滿三界　是故我今　稽首敬礼
如大海水　其量難知　大地微塵　不可稱計
諸須彌山　難可度量　虛空邊際　亦不可言
諸佛亦尒　功德無量　一切有心　無能知者
於无量劫　極心思惟　不能得知　佛功德邊
大地諸山　尚可知量　毛渧海水　亦可知數
諸佛功德　无能知者
相好莊嚴　名稱讚歎　如是功德　令衆皆得
我以善業　諸因緣故　來世不久　成於佛道
講宣妙法　利益衆生　度脫一切　无量諸苦
摧伏諸魔　及其眷屬　轉於无上　清淨法輪
住壽无量　不為識劫　充足衆生　甘露法味
我當具足　六波羅蜜　猶如過佛　之所成就
斷諸煩惱　除一切苦　悉滅貪欲　及恚癡等
我當憶念　宿命之事　百生千生　百千億生

BD14698 號　金光明經卷一　（20–11）

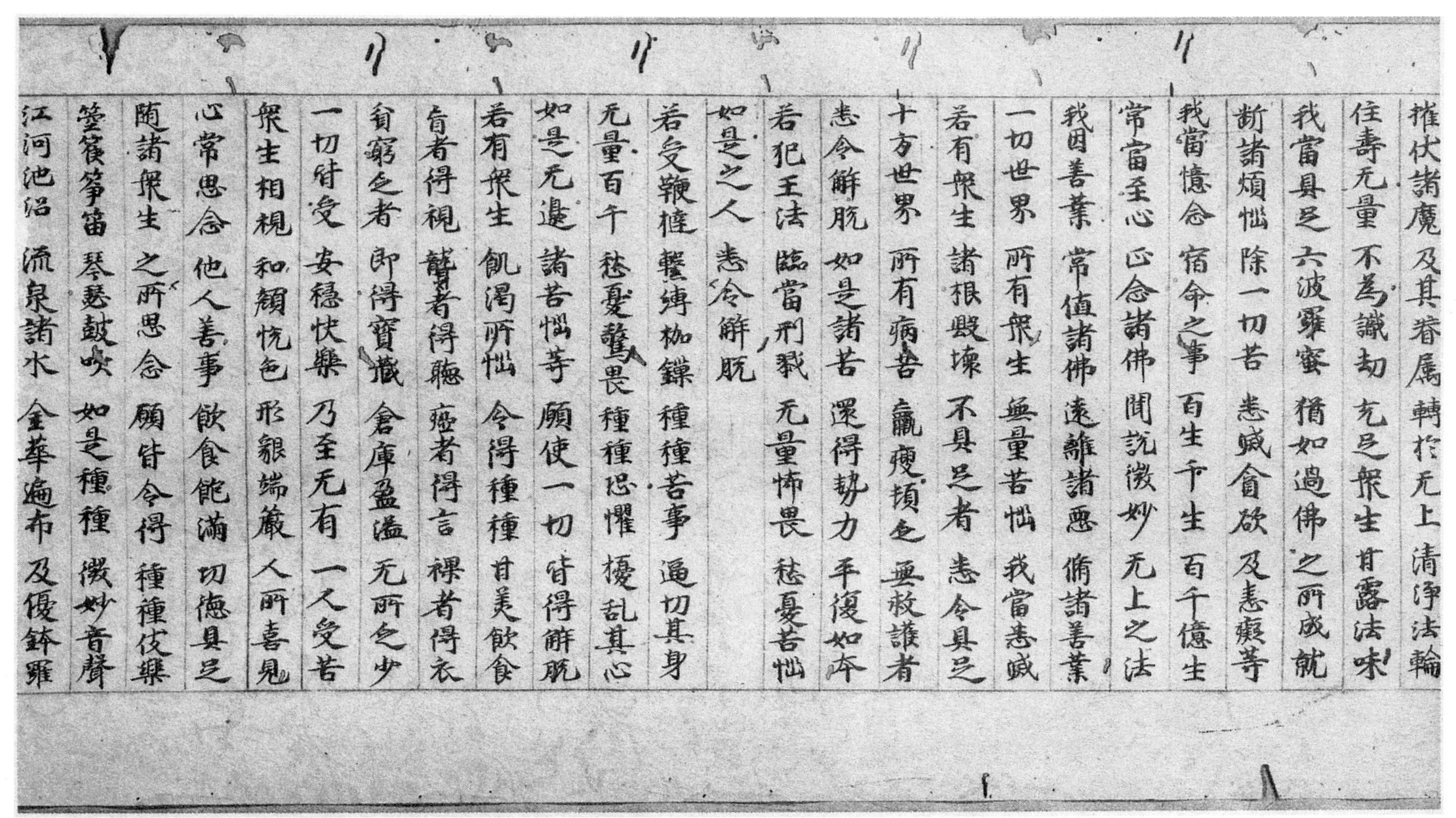
摧伏諸魔 及其眷屬 轉於无上 清淨法輪
住壽无量 不為識劫 充足衆生 甘露法味
我當具足 六波羅蜜 猶如過佛 之所成就
斷諸煩惱 除一切苦 悉滅貪欲 及恚癡等
我當憶念 宿命之事 百生千生 百千億生
常當至心 正念諸佛 聞說微妙 无上之法
我因善業 常值諸佛 遠離諸惡 脩諸善業
一切世界 所有衆生 無量苦惱 我當悉滅
若有衆生 諸根毀壞 不具足者 悉令具足
十方世界 所有病苦 羸瘦頓乏 無救護者
悉令解脫 如是諸苦 還得勢力 平復如本
若犯王法 臨當刑戮 无量怖畏 愁憂苦惱
如是之人 悉令解脫
若受鞭撻 繫縛枷鏁 種種苦事 逼切其身
无量百千 愁憂驚畏 種種恐懼 擾乱其心
如是无邊 諸苦惱等 願使一切 皆得解脫
若有衆生 飢渴所惱 令得種種 甘美飲食
盲者得視 聾者得聽 瘂者得言 裸者得衣
貧窮乏者 即得寶藏 倉庫盈溢 无所乏少
一切皆受 安穩快樂 乃至无有 一人受苦
衆生相視 和顏悅色 形貌端嚴 人所喜見
心常思念 他人善事 飲食飽滿 功德具足
隨諸衆生 之所思念 願皆令得 種種伎樂
箜篌箏笛 琴瑟鼓吹 如是種種 微妙音聲
江河池沼 流泉諸水 金華遍布 及優鉢羅

BD14698號　金光明經卷一　(20–12)

心常思念 他人善事 飲食飽滿 功德具足
隨諸衆生 之所思念 願皆令得 種種伎樂
箜篌箏笛 琴瑟鼓吹 如是種種 微妙音聲
江河池沼 流泉諸水 金華遍布 及優鉢羅
隨諸衆生 之所思念 即得種種 衣服飲食
錢財珍寶 金銀琉璃 真珠璧玉 雜廁瓔珞
願諸衆生 不聞惡聲 乃至無有 可惡見者
願諸衆生 色貌微妙 各各於彼 共相愛念
世間所有 資生之具 隨其所念 悉令具足
願諸衆生 諸所求索 如其所須 應念即得
香華諸樹 常於三時 雨細抹香 及塗身香
衆生受者 歡喜快樂
願諸衆生 常得供養 不可思議 十方諸佛
無上妙法 清淨無垢 及諸菩薩 聲聞大衆
願諸衆生 常得遠離 三惡八難 值無難處
覲覩諸佛 無上之王
願諸衆生 常生尊貴 多財饒寶 安隱豐樂
上妙色像 莊嚴其身 功德成就 有大名稱
願諸女人 皆成男子 具足智慧 精進不懈
一切皆得 菩薩之道 懃心修習 六波羅蜜
常見十方 無量諸佛 坐寶樹下 琉璃座上
安處禪定 自在快樂 演說正法 衆所樂聞
若我現在 及過去世 所作惡業 諸有嶮難
應得惡業 不適意者 願悉盡滅 令無有餘
若有衆生 三有繫縛 生死羅網 亦堅牢固

BD14698號　金光明經卷一　(20–13)

常見十方　無量諸佛　生寶樹下　瑠璃座上
安處禪定　自在快樂　演說正法　衆所樂聞
若我現在　及過去世　所作惡業　諸有嶮難
應得惡業　不適意者　願悉盡滅　令無有餘
若有衆生　三有纏縛　生死羅網　亦密牢固
願以智刀　割斷破壞　除諸苦惱　早成菩提
若此閻浮　及餘他方　無量世界　所有衆生
所作種種　善妙功德　我今深心　隨其歡喜
我今以此　隨喜功德　及身口意　所作善業
願於未世　成無上道　得淨無垢　吉祥果報
若有敬礼　讚歎十力　信心清淨　無諸疑惑
能作如是　所說懺悔　便得超越　六十劫罪
諸善男子　及善女人　諸王剎利　婆羅門等
若有恭敬　合掌向佛　稱歎如來　并讚此偈
在在生處　常識宿命　諸根具足　清淨端嚴
種種功德　悉皆成就
在在處處　常為國王　輔相大臣　之所恭敬
非於一佛　五佛十佛　種種功德　聞是懺悔
若於無量　百千萬億　諸佛如來　種諸善根
然後乃得　聞是懺悔

金光明經讚歎品第四

尒時佛告地神堅牢善女天過去有王名金
龍尊常以讚歎讚歎過去未來現在諸佛
我今尊重　敬礼讚歎　去來現在　十方諸佛
諸佛清淨　微妙寂滅　色中上色　金光照曜

BD14698號　金光明經卷一　（20–14）

尒時佛告地神堅牢善女天過去有王名金
龍尊常以讚歎讚歎過去未來現在諸佛
我今尊重　敬礼讚歎　去來現在　十方諸佛
諸佛清淨　微妙寂滅　色中上色　金光照曜
於諸聲中　佛聲最上　猶如大梵　深遠雷音
其髮紺黑　光螺旋起　蜂翠孔雀　色不得喻
其齒鮮白　猶如珂雪　顯發金顏　分齊分明
其目脩廣　清淨無垢　如青蓮華　映水開敷
舌相廣長　形色紅輝　光明照耀　如華初生
眉間毫相　白如珂月　右旋潤澤　如淨瑠璃
眉細脩揚　形如月初　其色黑耀　過於蜂王
鼻高圓直　如鑄金鋌　微妙柔軟　當于面門
如來脉相　次第宜上　得味直正　無與等者
一一毛孔　一毛旋生　軟細紺青　猶孔雀項
即於生時　身放大光　普照十方　無量國土
滅盡三界　一切諸苦　令諸衆生　悉受快樂
地獄畜生　及以餓鬼　諸人天等　安隱无患
悉除一切　無量惡趣
身色微妙　如融金聚　面貌清淨　如月盛滿
佛身光明　如日初出　進止威儀　猶如師子
脩臂下垂　立過千膝　猶如風動　娑羅樹枝
圓光一尋　能照無量　猶如聚集　百千日月
佛身淨妙　無諸垢穢　其明普照　一切佛剎
佛光魏魏　明炎大盛　悉能隱蔽　无量日月
佛日燈炬　照无量界　皆令衆生　尋光見佛

BD14698號　金光明經卷一　（20–15）

圓光一尋 能照無量 猶如聚集 百千日月
佛身淨妙 無諸垢穢 其明普照 一切佛剎
佛光魏魏 明炎大盛 悉能隱蔽 无量日月
佛日燈炬 照无量界 皆令衆生 尋光見佛
本所脩集 百千行業 聚集功德 莊嚴佛身
臂臑纖圓 如象王鼻 手足淨軟 敬愛无猒
去來諸佛 數如微塵 現在諸佛 亦復如是
如是如來 我今悉礼 身口清淨 意亦如是
以好華香 供養奉獻 百千功德 讚詠歌歎
設以百舌 於千劫中 歎佛功德 不能得盡
如來所有 現世功德 種種深固 微妙第一
設復千舌 欲讚一佛 尚不能盡 功德少分
況復歎美 諸佛功德
大地及天 以為大海 乃至有頂 滿其中水
尚以一毛 知其渧數 无有能知 佛一切德
我今已礼 讚歎諸佛 身口意業 悉皆清淨
一切所脩 无量善業 與諸衆生 證无上道
如是人王 讚歎佛已 復作如是 无量誓願
若我來世 无量无邊 阿僧祇劫 在在生處
常於夢中 見妙金鼓 得聞懺悔 深奧之聲
今所讚歎 面貌清淨 願我來世 亦得如是
諸佛功德 不可思議 於百千劫 甚難得值
願於當來 无量之義 夜則夢見 晝如實說
我當具足 脩行六度 濟拔衆生 越於苦海
然我後身 成无上道 令我世界 无與等者

BD14698號　金光明經卷一　（20–16）

今所讚歎 面貌清淨 願我來世 亦得如是
諸佛功德 不可思議 於百千劫 甚難得值
願於當來 无量之義 夜則夢見 晝如實說
我當具足 脩行六度 濟拔衆生 越於苦海
然我後身 成无上道 令我世界 无與等者
奉貢金鼓 讚佛因緣 以此果報 當來之世
值釋迦佛 得受記莂
并令二子 金龍金光 常生我家 共同受記
若有衆生 无救護者 衆苦逼切 无所依止
我於當來 為是等輩 作大救護 及依止處
能除衆苦 悉令滅盡 施與衆生 諸善安樂
我未來世 行菩提道 不計劫數 如盡无際
以此金光 懺悔因緣 使我惡海 及以業海
煩惱大海 悉竭无餘
我功德海 願悉成就 智慧大海 清淨具足
无量功德 助菩提道 猶如大海 珍寶具足
以此金光 懺悔力故 菩提功德 光明无嚴
慧光無垢 照徹清淨
我當來世 身光普照 功德威神 光明更盛
於王家中 最勝殊特 諸功德力 無所減少
當度衆生 越於苦海 并復安置 功德大海
來世多劫 行菩薩道 如昔諸佛 行菩提者
三世諸佛 淨妙國土 諸佛世尊 无量功德
令我來世 得此殊果 功德淨土 如佛世尊
信相當知 尒時國王 金龍尊者 則汝身是

BD14698號　金光明經卷一　（20–17）

三世諸佛　淨妙國土　諸佛世尊　无量功德
令我來世　得此殊果　功德淨土　如佛世尊
信相當知　尒時國王　金龍尊者　則汝身是
尒時二子　金龍金光　今汝二子　銀相等是

金光明經空品第五

无量餘經　已廣說空　是故此中　略而說解
衆生根鈍　尠於智慧　不能廣知　无量空義
故此尊經　略而說之
異妙方便　種種因緣　為鈍根故　起大悲心
我今演說　此妙經典　如我所解　知衆生意
是身虛偽　猶空聚落　六入村落　結賊所止
一切自住　各不相知
眼根受色　耳分別聲　鼻嗅諸香　舌嗜於味
所有身根　貪受諸觸　意根分別　一切諸法
六情諸根　各各因緣　諸塵境界　不行他緣
心如幻化　馳騁六情　而常妄想　分別諸法
猶如世人　馳走空聚　六賊所害　愚不知避
心常依止　六根境界　各各自知　所行之處
隨行色聲　香味觸法
心處六情　如鳥投網　其心有在　當處諸根
隨逐諸塵　无有暫捨　身虛空偽　不可長養
无有諍訟　亦无正主　從諸因緣　和合而有
无有堅實　妄想故起　業力機關　假偽空聚
地水火風　合集成立　隨時增長　共相殘害

BD14698號　金光明經卷一

(20–18)

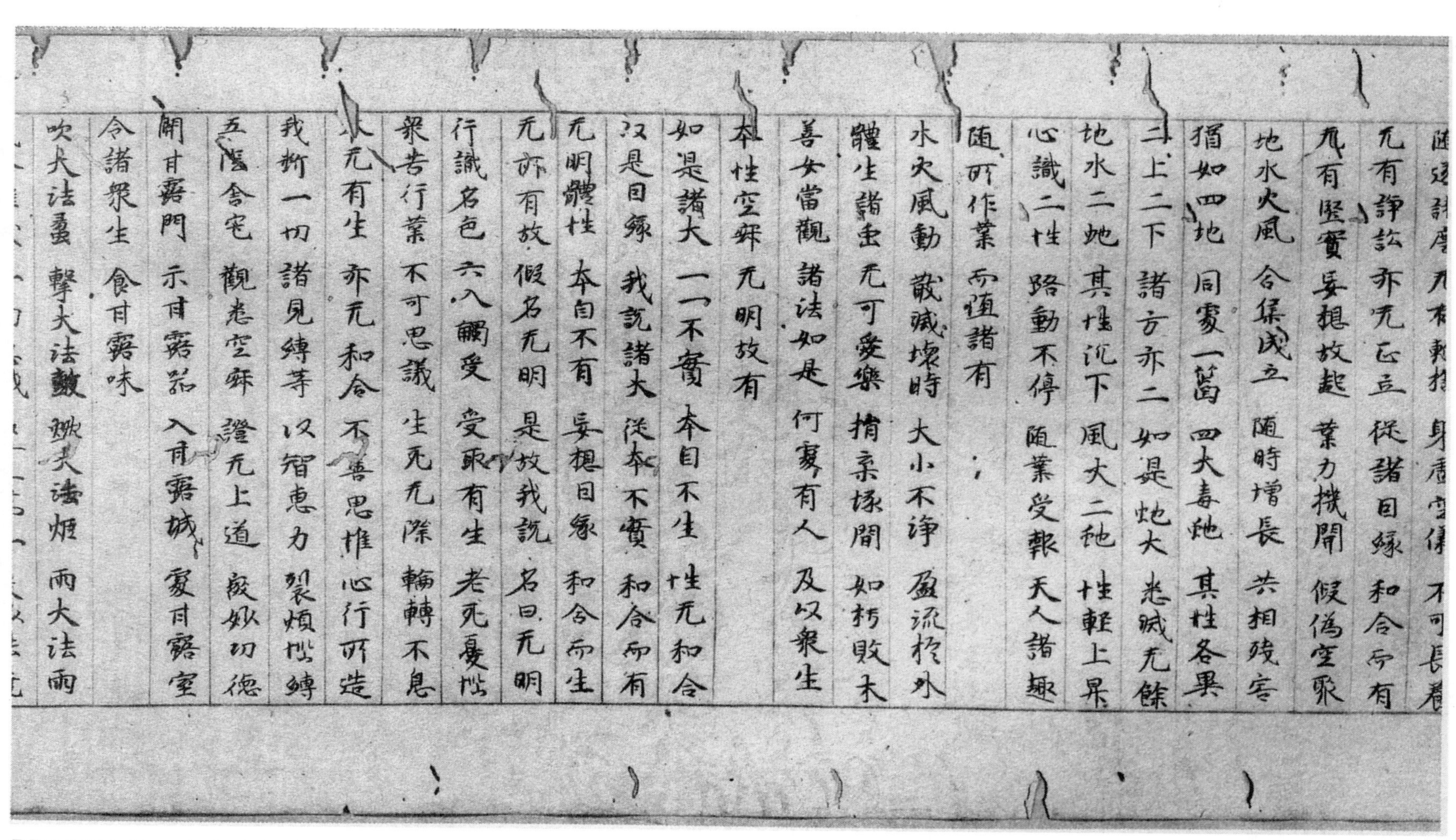

隨逐諸塵　无有暫捨　身虛空偽　不可長養
无有諍訟　亦无正主　從諸因緣　和合而有
无有堅實　妄想故起　業力機關　假偽空聚
地水火風　合集成立　隨時增長　共相殘害
猶如四蛇　同處一篋　四大毒蛇　其性各異
二上二下　諸方亦二　如是蛇大　悉滅无餘
地水二蛇　其性沉下　風火二蛇　性輕上昇
心識二性　躁動不停　隨業受報　天人諸趣
隨所作業　而墮諸有
水火風動　散滅壞時　大小不淨　盈流於外
體生諸虫　无可愛樂　捐棄塚間　如朽敗木
善女當觀　諸法如是　何處有人　及以衆生
本性空寂　无明故有
如是諸大　一一不實　本自不生　性无和合
以是因緣　我說諸大　從本不實　和合而有
无明體性　本自不有　妄想因緣　和合而生
无所有故　假名无明　是故我說　名曰无明
行識名色　六入觸受　愛取有生　老死憂惱
衆苦行業　不可思議　生死无際　輪轉不息
本无有生　亦无和合　不善思惟　心行所造
我斷一切　諸見纏等　以智慧力　裂煩惱縛
五陰舍宅　觀悉空寂　證无上道　微妙功德
開甘露門　示甘露器　入甘露城　處甘露室
令諸衆生　食甘露味
吹大法蠡　擊大法鼓　然大法炬　雨大法雨

BD14698號　金光明經卷一

(20–19)

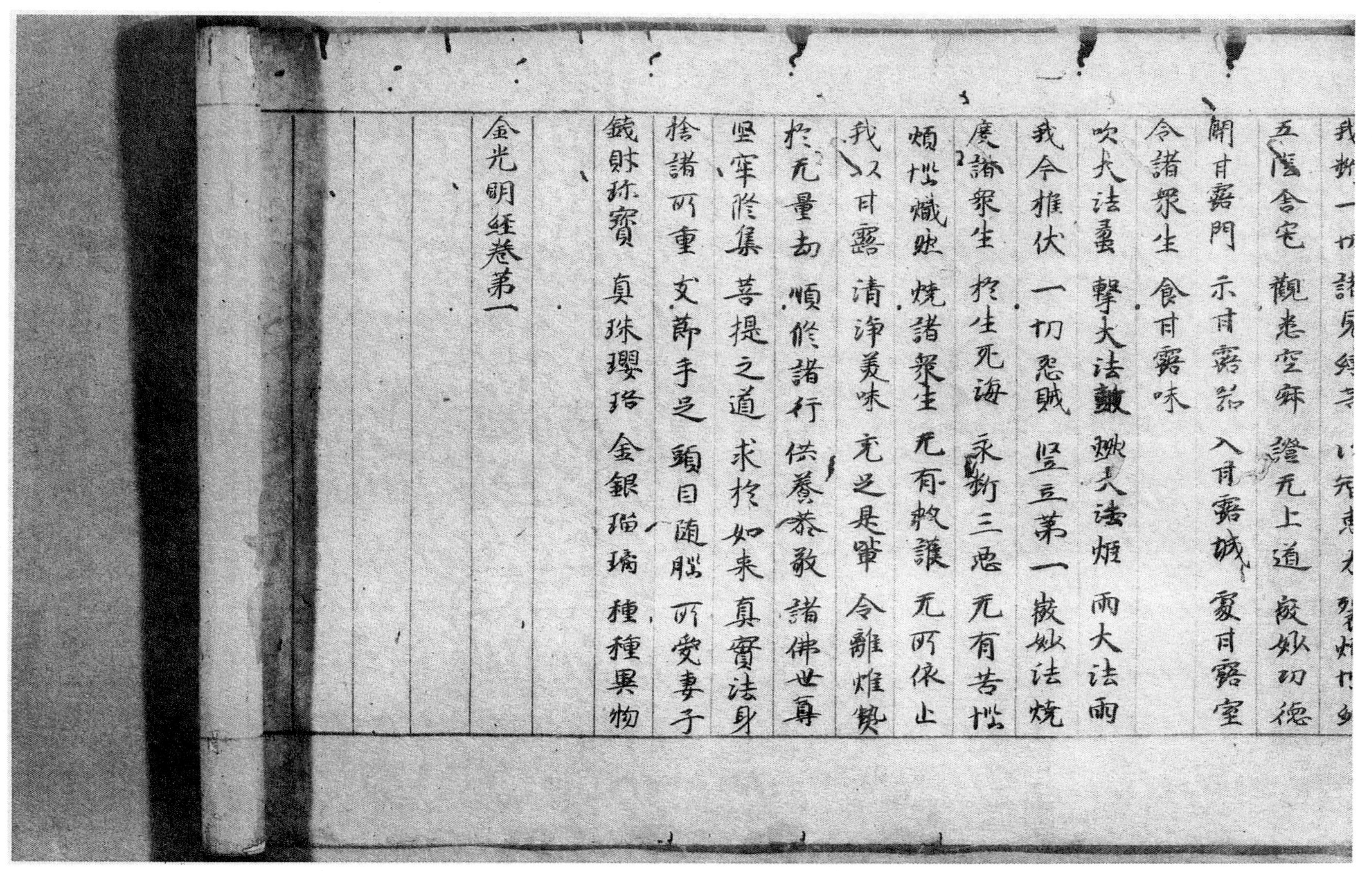
我斷一切諸見纏等　以智慧火　焚燒滅之
五陰舍宅　觀悉空寂　證无上道　微妙功德
開甘露門　示甘露器　入甘露城　處甘露室
令諸衆生　食甘露味
吹大法蠡　擊大法鼓　燃大法炬　雨大法雨
我今摧伏　一切怨賊　竪立第一　微妙法幢
度諸衆生　於生死海　永斷三惡　无有苦惱
煩惱熾然　燒諸衆生　无有救護　无所依止
我以甘露　清淨美味　充足是輩　令離燋熱
於无量劫　順修諸行　供養恭敬　諸佛世尊
堅牢修集　菩提之道　求於如來　真實法身
捨諸所重　支節手足　頭目髓腦　所愛妻子
錢財珎寶　真珠瓔珞　金銀瑠璃　種種異物

金光明經卷第一

BD14698 號　金光明經卷一　（20–20）

大方等大集經菩薩念佛三昧分說脩習三昧品之餘 第十
時彼慈行如來大化將末有一比丘名曰樹
王廣為衆生說此三昧亦教利喜於彼如來
應供等正覺滅度之後正法之際有轉輪王
名曰天王具足威德有大神通七寶金輪正
法治世不空見彼天王王所居大城名曰因
陁羅跋帝（隋名天主城亦名帝幢）縱廣正等十二由旬　其
城内外樓觀高殿皆以七寶雜色所成復以
金廊而覆城上不空見彼城四面各有三門
若說其城諸莊嚴事如上所說精進力王善
住大城莊嚴華麗殊妙无差也不空見後於
一時夜過半已彼天王王睡猶未覺有淨居
天下降王所令王夢見即於夢中為王說此

BD14699 號　大方等大集經菩薩念佛三昧分卷一〇　（19–1）

任大誠莊嚴華臘殊妙无差也不空見後於
一時夜過半已彼天王王睡猶未覺有淨居
天下降王所令王夢見即於夢中爲王說此
念佛三昧法門名字大王汝應求此念佛三
昧何以故若諸菩薩摩訶薩能得成就此三
昧者常不遠離諸佛世尊亦於世間出世間
文字章句音名語言皆悉明了具足辯才自
然速成阿耨多羅三藐三菩提不空見時天
王王夢見天已即便覺寤白彼天言諸天人
輩如是三昧誰能持者彼天報曰大王汝寧
不聞耶今有比丘名曰樹王現能受持如斯
三昧廣爲世間分別演說利益一切人天大
衆不空見彼天王王當得聞此三昧名時即
能受持思惟觀察并亦誦念彼比丘名過是
夜已即於晨朝捨四天下金輪王位亦復棄
捨八十億百千那由他後宮妃后女侍之屬
又盡放棄五欲衆具斯皆爲是三昧王故去
時復與九十六億百千那由他衆生求彼比
丘捨家出家不空見時彼樹王比丘與四部
衆天龍夜叉及人非人周帀圍繞復有九十
億欲界諸天左右聽法復有八十那由他諸
菩薩衆在前讚說是三昧王分別解釋顯其
[illegible]

衆天龍夜叉及人非人周帀圍繞復有九十
億欲界諸天左右聽法復有八十那由他諸
菩薩衆在前讚說是三昧王分別解釋顯其
義趣彼天王王至其所已即以衆寶散比丘
上然後方始五體投地一心頂礼彼比丘已
又以八十寶箱各容一斛盛滿金花奉散其
上復以天花所謂優鉢羅花鉢頭摩花拘物
頭花分陁利花曼陁羅花摩訶曼陁羅花用
散其上復以天諸妙香所謂天沉水香多伽
羅香多摩羅跋牛頭栴檀黑沉水栴檀末香
等用散其上廣設如是衆供具已然後請爲
比丘弟子即於是日與九十六億百千那由
他臣佐民人在比丘前剃除鬚髮服袈裟衣
歡世出家皆爲求此妙三昧故是後其天王
比丘常得與彼九十六億那由他百千眷屬
比丘親近供養恒河沙等諸佛世尊亦皆爲
此勝三昧故不空見介時彼天王比丘經八
十四億那由他百千歲以種種衆具供養事
彼樹王比丘求此三昧讀誦受持如說脩行
教諸弟子終不暫懈又彼眷屬比丘大衆勇
猛精進亦无倦心不空見彼天王比丘及其
眷屬於樹王法師生尊重心起諸佛想聞說
[illegible]

教諸弟子終不暫懈又彼眷屬比丘大衆勇
猛精進亦无倦心不空見彼天王比丘及其
眷屬於樹王法師生尊重心起諸佛想聞說
妙法一心受持長夜精勤初不休息彼樹王
比丘皆悉成就彼九十六億百千比丘行菩
薩行住不退地然後滅度彼諸眷屬皆亦命
終時復有佛名閻浮幢如来應供等正覺出
現於世而彼天王比丘與諸眷屬而更於彼
閻浮幢如来應供等正覺所勤求諮問如此深
三昧經典讀誦受持思惟其義如說脩行為
他解釋利益世間一切天人為證无上大
菩提故又彼天王比丘為此无上勝三昧故
廣分別說諸佛所宣甚深經典過三千劫已
然後作佛又能教化无量大衆皆得成熟畢
竟安住不退轉地悉受阿耨多羅三藐三菩
提記佛告不空見汝今當知尒時彼天王王
者豈異人乎即今之最上行如来應供等正
覺是也是故汝今不應疑惑
復次不空見汝當一心思惟觀察此三昧王
善根淺深功德少多吾今為汝少分說耳若
彼世間无量无邊億那由他百千衆生但能
耳聞此三昧名當来必定成等正覺何況此
衆菩薩摩訶薩親於我前在我後聞我廣

復次不空見汝當一心思惟觀察此三昧王
善根淺深功德少多吾今為汝少分說耳若
彼世間无量无邊億那由他百千衆生但能
耳聞此三昧名當来必定成等正覺何況此
衆菩薩摩訶薩親於我前在我後聞我廣
說此三昧王若讀誦若受持若思惟義若脩
行若能為他稱揚廣說也不空見若有菩薩
摩訶薩住菩薩乘聞此三昧經於心耳彼亦
不久必當成就阿耨多羅三藐三菩提復有
初住菩薩乘諸菩薩等即便速證不退轉地
於阿耨多羅三藐三菩提亦不為遠復次不
空見譬如夜分將盡其日欲出東方明相如
現之時閻浮提人莫不歡喜何以故知彼日
輪不久當現廣為世間作大照明令閻浮人
咸得覩見若善若惡淨穢諸色得有所作如
是不空見若有善男子善女人若但能聞此
念佛三昧經於耳者彼輩不久盡得成於阿
耨多羅三藐三菩提是故汝等於此三昧作
決定心起不壞信莫生異見勿懷疑網復次
不空見如劫將盡彼第六日現世間時如是
一切三千大千世界大地盡皆烟出烟既出
已當知不久第七日出一切世界皆悉烟然
如是不空見若有善男子善女人或已住彼

不虛見如去將盡彼第六日現世間時如是
一切三千大千世界大地盡皆烟出烟既出
已當知不久第七日出一切世界皆悉烟然
如是不空見若有善男子善女人或已住彼
菩薩乘中及未住者若曾聞此念佛三昧經
於耳者或時讀誦或有受持或思惟義或如
說行乃至或能為他廣說彼等决定速得成
就阿耨多羅三藐三菩提復次不空見如人
穿井若見濕土黏汙泥已或時復見水泥雜
和智者當知去水不遠如是不空見若有善
男子善女人聞此菩薩念佛三昧正意受持
誦善思惟分別義理廣為他人宣揚解釋當
知彼諸善男子善女人不久自成阿耨多羅
三藐三菩提復次不空見譬如有人吞金剛
丸當知是人不久必死何以故彼金剛丸不
可消故如是不空見若有善男子善女人但
能聽聞如是三昧或復思惟或常親近或亦
脩習或能宣說當知彼諸善男子善女人不
久必成阿耨多羅三藐三菩提何以故此三
昧者即是過去現在未來三世一切諸如來
應供等正覺思惟脩習清淨成就真實金剛
无有虛偽不可破壞復能教化諸菩薩輩令
其安住以諸菩薩必能安隱住於大衆故復

BD14699號　大方等大集經菩薩念佛三昧分卷一〇　（19–6）

昧者即是過去現在未來三世一切諸如來
應供等正覺思惟脩習清淨成就真實金剛
无有虛偽不可破壞復能教化諸菩薩輩令
其安住以諸菩薩必能安隱住於大衆故復
次不空見譬如三十三天見歡喜園皆生安
樂如是不空見彼一切菩薩摩訶薩皆因聞
此三昧名字故能速成阿耨多羅三藐三菩
提以是三昧法門名字往昔諸佛之所讚歎
為他廣說釋解理義開發顯示名味句身具
足圓滿安住法界擁護攝持諸大菩薩教化
增長令樂真道正直淳和常受安樂不空見
以是因緣汝應知此若諸菩薩聞此三昧暫
經心耳如是諸善男子善女人不久當證阿
耨多羅三藐三菩提不空見吾故語汝汝當
善知若諸菩薩摩訶薩聞此甚深念佛三昧
能愛持者彼等善男子善女人自然疾成阿
耨多羅三藐三菩提復次不空見汝應受持
如是三昧常念為彼一切世間比丘比丘尼
優婆塞優婆夷及諸國王大臣宰相剎利婆
羅門毗舍首陀一切乞士并餘種種外道尼
揵遮羅迦波利婆闍迦等輩宣廣說何以故
以此三昧大德威力能令彼等速成阿耨多
羅三藐三菩提故

BD14699號　大方等大集經菩薩念佛三昧分卷一〇　（19–7）

揵遮羅迦波利婆闍迦等舜宣廣說何以故
以此三昧大德威力能令彼等速成阿耨多
羅三藐三菩提故
復次不空見若有善男子善女人淨信敬心
分明知此念佛三昧過去諸佛之所讚歎一
切如來之所印可如是知已當即讀誦當即
受持當即脩行當即敷演復應當住如是思
惟令此三昧為不思議大功德聚如是思已
當更信敬當更尊重當更深入當更證知所
以者何令此三昧乃是一切諸佛之所說也
一切諸佛之所行處也一切諸佛之所印可
也一切諸佛之正教也一切諸佛之辯才也
一切諸佛之所覺也一切諸佛之選擇也一
切諸佛之所住也一切諸佛之財寶也一切
諸佛之府庫也一切諸佛之伏藏也一切諸
佛之倉稟也一切諸佛之印璽也一切諸佛
之舍利也一切諸佛之體性也不空見若彼
善男子善女人等能如是知即得无量无邊
善根緣此功德所生常處大剎利家大婆羅
門家及餘一切大威勢家大尊重家大德天
處乃至當證阿耨多羅三藐三菩提何以故
不空見由此三昧具足能得不思議出世間

BD14699號　大方等大集經菩薩念佛三昧分卷一〇　（19–8）

善男子善女人等能如是知即得无量无邊
善根緣此功德所生常處大剎利家大婆羅
門家及餘一切大威勢家大尊重家大德天
處乃至當證阿耨多羅三藐三菩提何以故
不空見由此三昧具足能得不思議出世間
果報聚於不空見彼善男子善女人若但耳
聞此三昧名當得无量无邊福聚亦復當住
无量无邊福行然彼所得福聚善根福行功
德廣大甚深不可挍計不可算數不可稱量
不可得知復次不空見言粗若此義尚未明
我今為汝更引譬喻令諸智者少分解之不
空見若有菩薩摩訶薩專心信樂脩行檀波
羅蜜日三昧施於日初分以神通力故即令
七寶及餘樂具充滿於彼恒沙世界還用奉
上恒沙如來應供等正覺及諸弟子聲聞衆
等如日初分如是行施日中後分行施亦然
日別如是三時行施乃至經彼无量无邊億
那由他恒河沙劫而常行是无有休廢亦復
求於阿耨多羅三藐三菩提不空見於意云
何彼菩薩摩訶薩能於如是長時行施所獲
功德可謂多不不空見言甚多世尊无量无
邊不可算數不可稱量不可思議也時佛復
告不空見菩薩言不空見吾更語汝汝宜諦

BD14699號　大方等大集經菩薩念佛三昧分卷一〇　（19–9）

何彼菩薩摩訶薩能於如是長時行所獲
功德可謂多不不空見言甚多世尊无量无
邊不可筭數不可稱量不可思議也時佛復
告不空見菩薩言不空見吾更語汝汝宜諦
聽假彼菩薩摩訶薩如是脩行檀波羅蜜所
種善根所獲福聚實爲廣大然猶不及斯善
男子善女人但能耳聞此三昧名或時書寫
或時讀誦或時信解如來所說深妙法門少
功德也不空見然此善男子善女人但以聞
名所獲功德尚超前福无量无邊不可稱量
不可校比何況彼善男子善女人具足得聞
是三昧能即書寫讀誦受持思惟義理善能
爲諸人天大衆宣揚廣釋也不空見汝今當
知我但略說三昧功德若欲廣說此之善根
假使多劫終不能盡
大方等大集經菩薩念佛三昧分諸菩薩本行品第十五
尒時不空見菩薩摩訶薩善現菩薩摩訶薩
善書光菩薩摩訶薩无邊見菩薩摩訶薩无
邊莊嚴菩薩摩訶薩无邊幢菩薩摩訶薩无
邊光明菩薩摩訶薩无邊稱菩薩摩訶薩无
邊禪菩薩摩訶薩无邊智菩薩摩訶薩无邊
發王菩薩摩訶薩无邊自在王菩薩摩訶薩
思惟寂勝无邊菩薩摩訶薩思惟一切法意

BD14699號　大方等大集經菩薩念佛三昧分卷一〇　（19–10）

邊光明菩薩摩訶薩无邊稱菩薩摩訶薩无
邊禪菩薩摩訶薩无邊智菩薩摩訶薩无邊
發王菩薩摩訶薩无邊自在王菩薩摩訶薩
思惟寂勝无邊菩薩摩訶薩思惟一切法意
菩薩摩訶薩思惟虛空意菩薩摩訶薩思惟
无礙意菩薩摩訶薩无邊寶意菩薩摩訶薩
能滅一切怖畏菩薩摩訶薩善淨意菩薩摩
訶薩如是等菩薩摩訶薩爲首與九十億那
由他百千菩薩摩訶薩俱從坐起偏袒右肩
右膝著地合掌恭敬而白佛言世尊我等從
佛聞是菩薩念佛三昧功德利益我等要當
躬自書寫讀誦受持思惟義理廣爲他說亦
令他人如說脩行何以故我等爲欲攝受阿
耨多羅三藐三菩提故世尊我等於此諸佛
世尊所說三昧甚深經典令諸衆生聞已歡
喜我等亦當盡其氣力與其安樂所以者何
彼等若能於是大乘脩多羅中次第脩行聞
已書寫讀誦受持分別思惟廣爲他說亦令
他人分別解說必得成就阿耨多羅三藐三
菩提故
尒時世尊知諸菩薩摩訶薩等一心忩求遂
便微咲諸佛世尊法如是故即微咲時世尊

BD14699號　大方等大集經菩薩念佛三昧分卷一〇　（19–11）

他人分別解說必得成就阿耨多羅三狼三
菩提故
尒時世尊知諸菩薩摩訶薩等一心念求遂
便微咲諸佛世尊法如是故即微咲時世尊
面門放種種光所謂金銀瑠璃頗黎馬瑙車
渠真珠如是一切諸寶光中各皆復出无量
百千異色光明皆自世尊面門而出遍遊十
方无量世界上至梵宮還住佛頂如天帝釋
迷五寶幢端真光華見者歡喜時此三千大
千世界莊嚴壯麗微妙无比
尒時彼諸菩薩摩訶薩衆見是神變莊嚴事
已咸皆驚歎奇哉希有世尊神通於是衆中
有一菩薩摩訶薩名如意定智神通即從坐
起正持威儀合掌恭敬頂礼世尊已雨天沉
水香多伽羅香多摩羅跋香牛頭栴檀末栴
檀等奉散佛上復以天曼陁羅花摩訶曼陁
羅花天優鉢羅花波頭摩花拘物頭花分陁
利華難婆羅華摩訶難婆羅花等供養世尊
已說偈請曰

世尊調御无倫匹　金色相好具足人
光明威德遍十方　狀若林間開華樹
妙行圓滿智无邊　大威能為世間益
最勝方便願演說　今復微咲有何緣

世尊調御无倫匹　金色相好具足人
光明威德遍十方　狀若林間開華樹
妙行圓滿智无邊　大威能為世間益
最勝方便願演說　今復微咲有何緣
世尊无等无邊智　超越衆類誰能加
无上威德今應宣　何因今日復微咲
令此世界遍大千　華數盡若帝天樹
一切衆生皆歡喜　今更微咲何所因
盲者能視聾得聞　瘂者得言蹇能步
狂亂失心獲本念　今復微咲何因緣
群獸善躍悉鳴叫　異鳥歡欣吐清音
衆樂不鼓自然鳴　今者何因復微咲
一切樂音同時作　本非天人之所鼓
而令人天獲安樂　今更微咲何所緣
彼天觀人明照此　斯人今亦見彼天
天人交發希有心　何緣今更現微咲
无上丈夫世依止　大尊今日為我宣
若聞大慈憐咲者　雅深慶幸豈能報
尒時世尊即為如意定智神通菩薩摩訶薩
宣說大士所有妙問亦即宣彼恒沙諸如來
應供等正覺名号其偈詞曰
諸善男子等　聞法王妙聲　彼六十八千　悉發菩提願

尒時世尊即為如意定智神通菩薩摩訶薩
宣說大士所有妙問亦即宣彼恒沙諸如來
應供等正覺名号其偈詞曰
諸善男子等　聞法王妙聲　彼六十八千　悉發菩提願
六於當來世　正法毀壞時　世尊自讚持　如是深妙典
我聞六名稱　終无有猒倦　不思議法門　諸佛之所說
汝聽我今說　斯諸菩薩衆　非但一佛所　發此誠敬心
我念往昔諸生處　六十六億那由他
尒時皆亦如斯起　唯為護持此深法
又復過去前於茲　无量恒沙諸佛所
於彼為首循虔敬　最上妙法我護持
斯諸大士為法故　能捨童命豈愛身
其何甘法不憚苦　獨求菩提无上證
不可思議恒沙數　无量威德諸如來
彼時上首皆敬起　亦唯愛樂斯法故
寶光火光大光佛　電光普光不思議
斯輩三等攝持法　為求菩提无上道
唯我神力能知汝　果報今日皆明現
不空汝久發斯願　經昔无量百千生
汝於諸佛大師前　不思議行悲圓滿
常業歌讚兩足尊　苦行董循諸大擔
由經積集勝因緣　今獲偈歎大法王
往昔世尊号善眼　亦名火幢无邊威

BD14699號　大方等大集經菩薩念佛三昧分卷一〇　（19–14）

汝於諸佛大師前　不思議行悲圓滿
常業歌讚兩足尊　苦行董循諸大擔
由往積集勝因緣　今獲偈歎大法王
往昔世尊号善眼　亦名火幢无邊威
斯輩彼時為上首　欲求无上正覺故
往昔有佛莊嚴王　剎若他化天宮所
斯輩〻是勝上士　彼時已就大菩提
過去有佛名放光　亦无邊光无量相
斯輩於彼已為首　初求如是妙三昧
大摩尼珠火光佛　普光明聚調御師
彼時攝法為首起　求於菩提安樂故
大光日光不思議　无量精進无邊意
於彼攝法上首起　為求安樂菩提故
善華香佛及金華　无漏如來无諍行
彼時皆為護法首　為求如是上菩提
如是過去諸如來　无邊智尊兩足尊
於彼三種攝持法　祈願最上佛菩提
八万丈夫道達士　為證第一妙菩提
斯輩因是勝善根　當來奉侍人中覺
所生常處尊勝家　一切永除諸惡道
斯等集會為法朋　終不遠離世間覺
長違一切外論師　亦捨一切耶智友

BD14699號　大方等大集經菩薩念佛三昧分卷一〇　（19–15）

所生常處尊勝家　一切永除諸惡道
斯等集會為法朋　終不遠離世間覺
長違一切外論師　亦捨一切耶智支
攝諸功德不可說　此福要登於菩提
當来得值弥勒尊　此輩尒時皆集會
於是三葉持護法　因此能成勝菩提
復於弥勒涅槃後　有佛師子調御師
亦求彼法三葉持　因此得成等正覺
當来千佛无上尊　即是賢劫衆生導
斯等法師世恒說　因證无礙妙色身
過是賢劫諸佛已　復有正覺无量威
更有如来嚴号賢　及以世尊毗婆尸
賢與毗婆尸滅後　復有佛出名婆羅
彼時智者皆攝持　廣設衆具興供養
婆羅世尊既涅槃　有佛如来名觀察
斯輩於彼求法故　而復供養妙法王
觀察如来涅槃已　有佛世尊名遍見
遍見如来涅槃已　有佛嚴名蓮華上
華上如来涅槃已　有佛稱号優鉢羅
尒時諸智還求法　兼事供養兩足尊
優鉢羅佛涅槃已　有佛世尊名曰華
彼華如来涅槃已　有佛世尊号莊嚴

BD14699號　大方等大集經菩薩念佛三昧分卷一〇　（19–16）

華上如来涅槃已　有佛稱号優鉢羅
尒時諸智還求法　兼事供養兩足尊
優鉢羅佛涅槃已　有佛世尊名曰華
彼華如来涅槃已　有佛世尊号莊嚴
莊嚴如来涅槃已　有佛世尊名勝智
斯輩於彼亦求法　興建供養无有邊
勝智如来涅槃已　有佛世尊名善見
善見如来涅槃已　有佛世尊名善持
善持如来涅槃已　有佛名曰具威儀
彼亦三種法攝持　唯求證斯菩提道
具威儀佛涅槃已　有佛世尊无量威
无量威佛涅槃已　有佛世尊名勝王
勝王如来涅槃已　有佛世尊名現前
現前如来涅槃已　有佛世尊㝡熾王
尒時此等為法故　廣設供養不思議
如是未来諸世尊　世間勝智超一切
於已身命无愛惜　但為求證佛菩提
因藉如斯勝善根　將来奉承勝威德
是佛人中㝡第一　如彼調御阿弥陀
於彼殊勝世尊所　即欲脩證上菩提
為求法故常精勤　當設无邊妙供養
彼方所有諸世界　遠離衆惱除五濁

BD14699號　大方等大集經菩薩念佛三昧分卷一〇　（19–17）

是佛人中㝡第一　如彼調御阿弥陁
於彼殊勝世尊所　即欲脩證上菩提
為求法故常精勤　當設无邊妙供養
彼方所有諸世界　遠離衰惱除五濁
唯求法樂利群生　供養億數恒沙佛
當來成佛无邊智　饒多利益滅衆苦
為求安樂諸衆生　供養无量无邊佛
當得成佛大名稱　彼刹莊嚴難思議
盡是衆寶人樂觀　猶安樂國殊廣大
多億那由諸菩薩　咸受佛記人中尊
以不思議諸佛智　如是讃稱大法王
我於今者為汝說　一切大衆諸天人
其有求於正覺真　終自同彼如來證
若能願樂勝菩提　彼号上人蒙威護
諸天守衛及龍鬼　鳩槃金鳥并夜叉
若欲祈願成菩提　心常樂脩佛勝道
世尊哀愍如一子　身金色力智多聞

菩薩念佛三昧經卷第十

BD14699號　大方等大集經菩薩念佛三昧分卷一〇　(19–18)

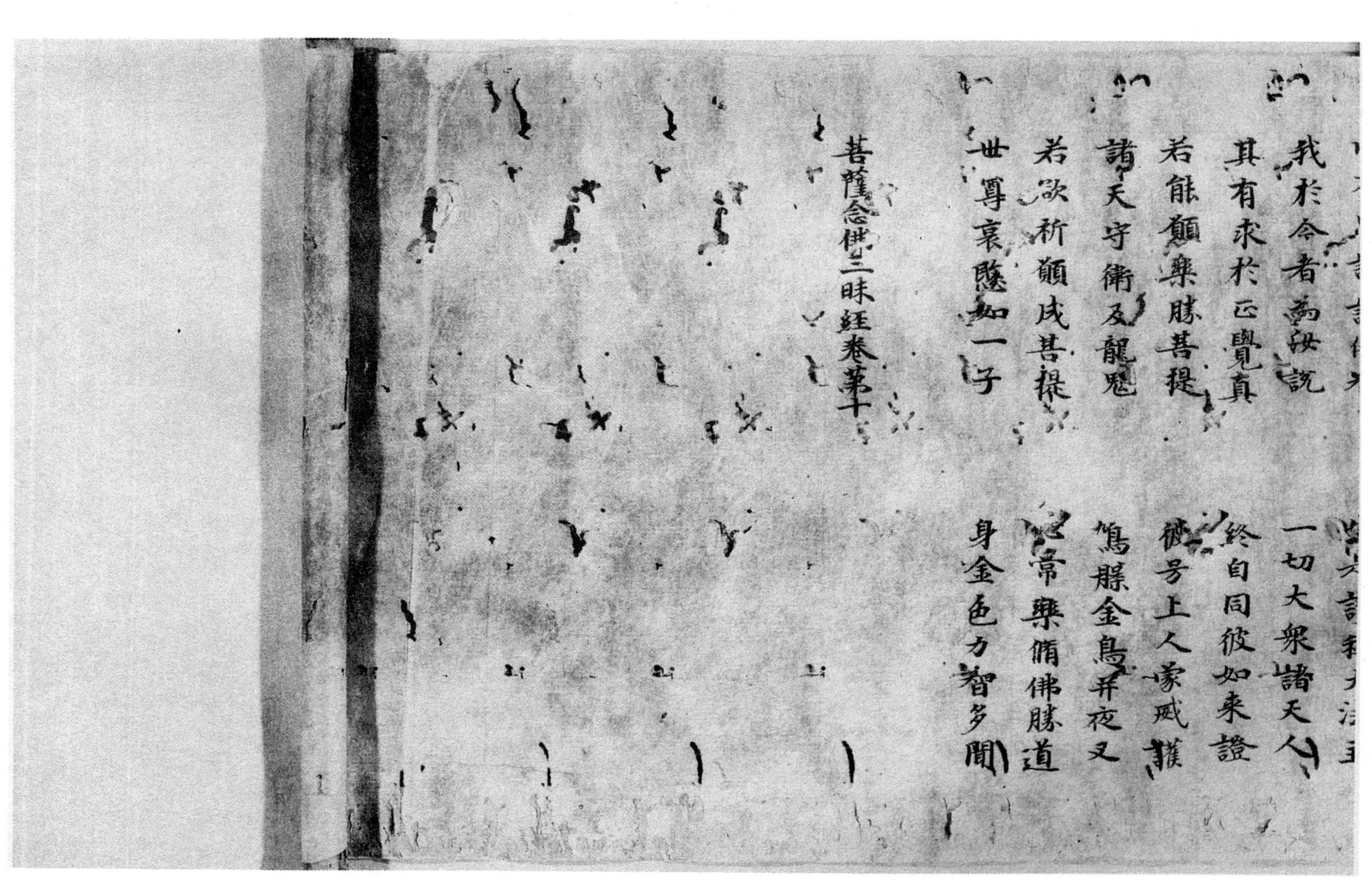

我於今者為汝說　一切大衆諸天人
其有求於正覺真　終自同彼如來證
若能願樂勝菩提　彼号上人蒙威護
諸天守衛及龍鬼　鳩槃金鳥并夜叉
若欲祈願成菩提　心常樂脩佛勝道
世尊哀愍如一子　身金色力智多聞

菩薩念佛三昧經卷第十

BD14699號　大方等大集經菩薩念佛三昧分卷一〇　(19–19)

佛說法王經一卷

於其光中現一切法尒時衆中有一菩薩名曰虛
空藏即從坐起繞佛三帀却住一面五體投地悲
泣流淚而白佛言天中尊如來欲入涅槃時欲
將至若滅度後千五百歲五濁衆生多作惡業
專行十惡如此衆生福德力薄於佛所說十二
部經甚深妙法多文廣義意趣難解於其法
中不可披攬願佛慈悲爲說大乘決定真實
令此衆生得真妙藥療諸毒病悉令得愈佛
讚虛空藏菩薩言善哉善哉善男子汝能爲
諸衆生問如是事得大利益不可思議我當爲
汝分別宣說真實大乘決定了義何以故度衆生
故令諸衆生離煩惱故出地獄苦生淨土故必定
解脫超生死故汝等皆當一心爲汝宣說尒時大
衆皆大歡喜踊躍異口同音俱發聲言願佛
慈悲爲我宣說佛言諸善男子欲求解脫當
斷攀緣一心无二捨有心相心性體空於心性中
无染无捨若无取捨即无所得若无所得即

BD14700號　法王經　（21–1）

故令諸衆生離煩惱故出地獄苦生淨土故必定
解脫超生死故汝等皆當一心爲汝宣說尒時大
衆皆大歡喜踊躍異口同音俱發聲言願佛
慈悲爲我宣說佛言諸善男子欲求解脫當
斷攀緣一心无二捨有心相心性體空於心性中
无染无捨若无取捨即无所得若无所得即
名菩提何以故衆多煩惱皆一心生心若不生煩
惱不生於諸境智即无取捨若无取捨則離諸
著即无攀緣虛空藏菩薩白佛言世尊衆生境
智能生善惡是緣起處內外二邊諸法相入云何
於中而不取捨佛告虛空藏菩薩言善男子入一
禪聚觀諸內外必竟不有何以故觀內顧內真性
不生觀外顧外无明不起无生无起即无涅槃
是爲清淨是妙良藥虛空藏菩薩白佛言世
尊如來所說大乘實相甚深微妙无上良藥入
一乘諦而後衆生三業不淨作十惡業行闡提
行根基狹劣難可心心藥病差別作何方便令
入大乘佛告虛空藏菩薩言我有方便令入大
乘虛空藏菩薩白佛言世尊我從昔聞如來爲
大乘人說六波羅蜜法爲中乘人說十二因緣法
爲小乘人說四諦法爲闡提人說十善法皆對病
根爲說良藥云何今日說一乘法以救四人佛告
虛空藏菩薩言我說一乘道法猶如一地能生万
物長養一切猶如法雨普潤一切在地生者皆得
潤澤猶如一米一味之飯在世衆生人及非人皆以
爲食者悉能長養身命辟如藥王善合妙丹衆
生病熱服者清涼衆生病冷服者溫熱諸下痢
者服之即斷諸下閉者服之即通无病不愈我

BD14700號　法王經　（21–2）

物長養一切猶如法雨普潤一切在地生者皆得
潤澤猶如一味之飯在世衆生人及非人皆以
爲食者悉能長養身命譬如藥王善合妙丹衆
生病熱服者清凉衆生病冷服者温熱諸下痢
者服之即斷諸下閉者服之即通无病不愈我
説一乘法於彼四人療諸疾病亦復如是虚空
藏菩薩白佛言世尊以何方便令彼十惡一闡
提衆生入一乘道佛告虚空藏菩薩言善男子
我一乘法即具三乘更无別説而作三乘汝當
諦聽爲汝宣説善男子妙道玄基一性无二以
方便故而説三乘諸法三乘皆符一觀一切衆生
雖有四種而於佛性亦无有二何以故一切諸佛
一切衆生同一性相一體无異衆生之心自起分別
佛是衆生衆生是佛一切衆生皆有佛性佛性
衆生性同一性平等等諸法故我有方便令入一
乘善男子令彼衆生牢固心城勿令賊入六識大
門金剛守護觀心住處知心住處於心住處即不
住心若不住心心則不住不住諸惡及以境界即
无攀緣離攀緣故心即无求心若无求心則无
住若无住處即名住心善男子衆生之心作諸
煩惱皆爲心神所起不住故其心若住即无煩惱
若无煩惱即是菩提虚空藏菩薩白佛言世
尊一切衆生作諸煩惱其心不住從何力起而作
攀緣願佛慈悲爲衆宣説佛言一切衆生作
諸緣起有二性力何等爲二一者緣外境界起是
緣性力二者不緣境界起自心自起是自性力善

尊一切衆生作諸煩惱其心不住從何力起而作
攀緣願佛慈悲爲衆宣説佛言一切衆生作
諸緣起有二性力何等爲二一者緣外境界起是
緣性力二者不緣境界起自心自起是自性力善
男子令諸衆生不起二性則无煩惱則无菩提若
无煩惱若无菩提入真實處是真菩提汝等菩
薩若化衆生當令心住虚空藏菩薩白佛言世尊
若化衆生令其心住住在何處而得菩提佛讃
虚空藏菩薩言善哉善哉善男子汝能善問如
是心義是大菩薩摩訶薩不可思議汝當諦聽
爲汝宣説善男子若化衆生令其心住住不在
内住不在外住不在中間諸佛乘法亦不在内
亦不在外亦不在中間住一心神於无住處故得
菩提若得菩提亦无菩提可得是名如如何以
故煩惱妄生爲妄空故諸法不自生法亦空故
此心但有空名心亦不可得心亦空故諸善男
子若知心空不應於一空心中妄見一切若見
一切即名心垢心垢若無即名漏盡眼色与心
三空常淨虚空藏菩薩白佛言世尊諸法若
然一切衆生應於一身一心一世界能入一佛世
界一佛世界能入邊滿虚空一切佛世界佛告
虚空藏菩薩言善男子如是如是一切世界入
一世界一一世界有一一蓮華座一一蓮華中各
有一如來座一一如來身充滿一切世界示現一
切世界皆悉虚空諸佛莊嚴一切世界有一一
菩薩一一菩薩身充滿一切世界有大神力於
一毛孔中安置一切世界一切世界入一衆生身

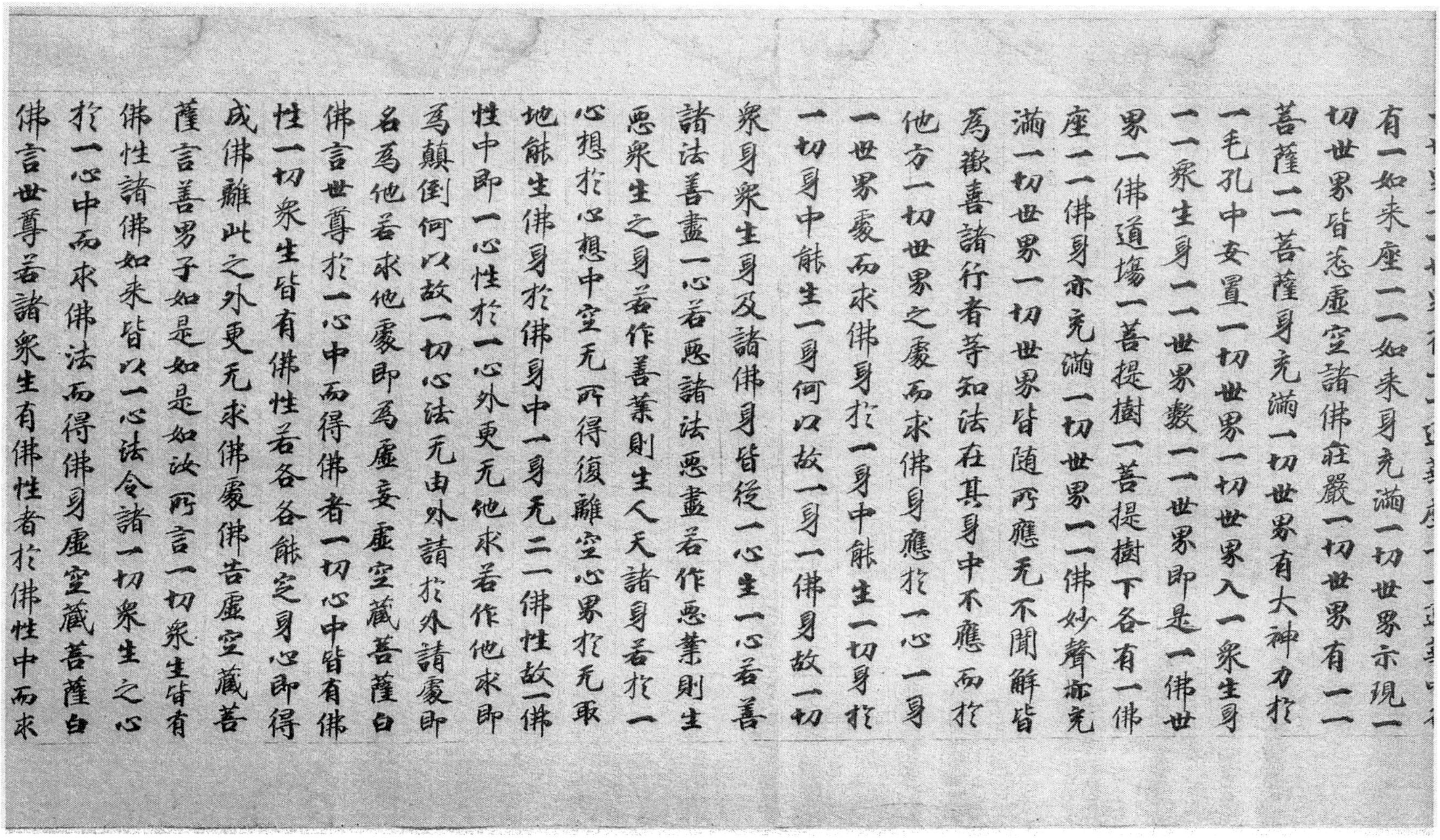

有一如来座一一如来身充滿一切世界示現一
切世界皆悉虛空諸佛莊嚴一切世界有一一
菩薩一一菩薩身充滿一切世界有大神力於
一毛孔中安置一切世界一切世界入一衆生身
一一衆生身一一世界數一一世界即是一佛世
界一佛道場一菩提樹一菩提樹下各有一佛
座一一佛身亦充滿一切世界一一佛妙聲亦充
滿一切世界一切世界皆隨所應无不聞解皆
為歡喜諸行者等知法在其身中不應而於
他方一切世界之處而求佛身應於一心一身
一世界處而求佛身於一身中能生一切身於
一切身中能生一身何以故一身一佛身故一切
衆身衆生身及諸佛身皆從一心生一心若善
諸法善盡一心若惡諸法惡盡若作惡業則生
惡衆生之身若作善業則生人天諸身若於一
心想於心想中空无所得復離空心界於无取
地能生佛身於佛身中一身无二一佛性故一佛
性中即一心性於一心外更无他求若作他求即
為顛倒何以故一切心法无由外請於外請處即
名為他若求他處即為虛妄虛空藏菩薩白
佛言世尊於一心中而得佛者一切心中皆有佛
性一切衆生皆有佛性若各各能定身心即得
成佛離此之外更无求佛處佛告虛空藏菩
薩言善男子如是如是如汝所言一切衆生皆有
佛性諸佛如来皆以一心法令諸一切衆生之心
於一心中而求佛法而得佛身虛空藏菩薩白
佛言世尊若諸衆生有佛性者於佛性中而求

BD14700號　法王經　（21–5）

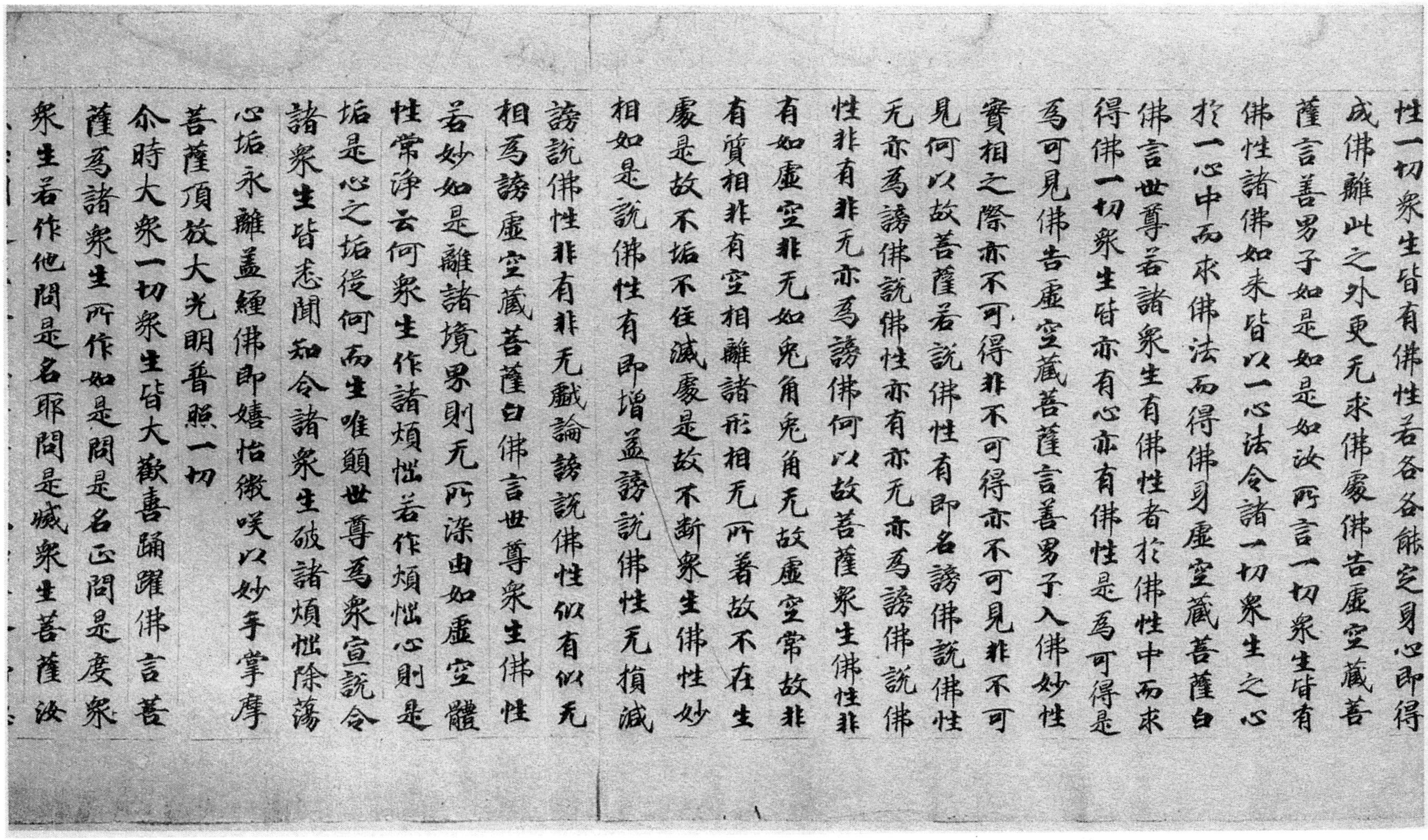

性一切衆生皆有佛性若各各能定身心即得
成佛離此之外更无求佛處佛告虛空藏菩
薩言善男子如是如是如汝所言一切衆生皆有
佛性諸佛如来皆以一心法令諸一切衆生之心
於一心中而求佛法而得佛身虛空藏菩薩白
佛言世尊若諸衆生有佛性者於佛性中而求
得佛一切衆生皆亦有心亦有佛性是為可得是
為可見佛告虛空藏菩薩言善男子入佛妙性
實相之際亦不可得非不可得亦不可見非不可
見何以故菩薩若說佛性有即名謗佛說佛性
无亦為謗佛說佛性亦有亦无亦為謗佛說佛
性非有非无亦為謗佛何以故菩薩衆生佛性非
有如虛空非无如兎角兎角无故虛空常故非
有質相非有空相離諸形相无所著故不在生
處是故不垢不住滅處是故不斷衆生佛性妙
相如是說佛性有即增益謗說佛性无損減
謗說佛性非有非无戲論謗說佛性似有似无
相為謗虛空藏菩薩白佛言世尊衆生佛性
若妙如是離諸境界則无所染由如虛空體
性常淨云何衆生作諸煩惱若作煩惱心則是
垢是心之垢從何而生唯願世尊為衆宣說令
諸衆生皆悉聞知令諸衆生破諸煩惱除蕩
心垢永離蓋纏佛即嬉怡微咲以妙手掌摩
菩薩頂放大光明普照一切
尒時大衆一切衆生皆大歡喜踊躍佛言菩
薩為諸衆生所作如是問是名正問是度衆
衆生若作他問是名邪問是賊衆生菩薩汝

BD14700號　法王經　（21–6）

菩薩頂放大光明普照一切
尒時大衆一切衆生皆大歡喜踊躍佛言菩
薩爲諸衆生所作如是問是名正問是度衆
衆生若作他問是名耶問是賊衆生菩薩汝
能正問是度衆生汝等皆當一心專念諦聽
除散乱想无營物外坐性堅志爲汝宣說若
聞說者一切十惡衆生皆得解脫虛空藏菩
薩白佛言世尊我等大衆一切衆生皆以一心
无餘乱想唯願世尊爲衆宣說佛告菩薩大
衆等一切煩惱從顛倒生一切顛倒從妄想生一
切妄想從有我生一切有我從无本生一切无本
即是无住无住无本即爲不有有則爲垢无
則爲淨於其淨處是常波羅蜜是樂波羅蜜
是我波羅蜜是淨波羅蜜若作是見名爲正
見若作餘見名爲邪見如是見者是人有恵
作他見者是人无恵若有恵者則方便解若
无恵者則方便縛虛空藏菩薩白佛言世尊
於其淨處若有衆生常起常想常起樂想常
起我想常起淨想即是有恵即非顛倒也
佛言菩薩若有衆生如是想者則名正想是人
正見是人有恵何以故如來法身常波羅蜜樂
波羅蜜我波羅蜜淨波羅蜜於清淨處是佛
法身作是見者是人佛真一弟子從正法生從
法化生從佛口生得佛四依雖曰凡夫是四依菩
薩善男子於我滅後若五百歲若千歲若千五
百歲後若復有人能於此經受持讀誦如說修
行於常樂我淨處信心正見復以此法教一衆

BD14700號　法王經　（21–7）

法化生從佛口生得佛四依雖曰凡夫是四依菩
薩善男子於我滅後若五百歲若千歲若千五
百歲後若復有人能於此經受持讀誦如說修
行於常樂我淨處信心正見復以此法教一衆
生則名菩薩雖是凡夫得受供養是名出家
人虛空藏菩薩白佛言世尊夫是出家之人剃
除鬚髮而披法服受持具戒不染於俗是名出
家得受供養如來今者說凡夫人是爲出家得
受供養不了其義願佛慈悲爲我宣說佛告
虛空藏菩薩言善男子剃除鬚髮者剃除名相
伏身无我而披法服者直心无諂欲離俗故持具
戒者不毀禁故我說彼人是名出家雖是凡夫能
伏身心不起我慢不染塵垢久離於俗心如金剛
不壞戒性雖是凡夫是真出家復於此教大乘經
中修行如說信佛語故見常樂我淨爲衆生宣
說雖曰凡夫是四依人是行菩薩行得受供養
名曰行者得恵方便說大乘法如是法性皆不
離心從心化生湛然常一一相无二於一相中亦无
內外亦无中間離一切故若離一切即无生滅若
无生滅即是真如真如常住法僧不滅三界衆
生自生自滅善男子是故我說衆生无我諸佛如
來是真實我能破生死流故汝等衆生若求常
住當離諸欲作无生行虛空藏菩薩白佛言世
尊作何行業名无生行白言諸善男子我不生他
則他不生我何以故體性清淨空非有非无境界
常空清淨非无非不斷菩薩諸佛如來恒以一味

BD14700號　法王經　（21–8）

住當離諸欲作无生行虛空藏菩薩白佛言世
尊作何行業名无生行白言諸善男子我不生他
則他不生我何以故體性清淨空非有非无境界
常空清淨非无非不斷菩薩諸佛如來恒以一味
之香燻諸衆生一心性淨而諸知者得會空解而
諸愚者入迷執縛何以故智者衆生无有疑故於
有覺性覺諸无明不起无覺不空不定入一清淨
永離諸惱愚者衆生為疑故於有覺性不覺无
明即起无覺作諸塵惱若悟有覺則无无覺若
无无覺則病不生若病不生則无有覺若无有
覺若无无覺即无疑心何以故一疑心中有二意
故若无疑心即不生病若有生處即入空舍一性
真空有為无相逢境緣起如空幻化菩薩令諸
衆生當斷疑心而作心師不師於心離諸可欲无
令放逸若生念處即須當斷若无念心前念後
念不相違即得順理不起无明不定有覺本不
動故若起念時止念前起虛空藏菩薩白佛言世尊念
若起作何法覺而能止之佛言菩薩令諸行者每觀心
住處知心住處即不住心以是覺故覺則止之念若不
起即无止觀若有起處安住虛空一性空中滌淨俱滅
自性清淨不取不捨念亦不生无生无行身行處滅言
語道斷一佛性覺更无餘覺妙性常存猶如虛空不著
一切菩薩若行此行猶如執杖以打虛空不滌而著是名
法行若有滌處即入方外遊行淨地一心无二入定正
性觀一實諦而以懺悔尒時衆中有一一闡提名
日多劫從昔以來多作惡業專行十惡為憎恚疾
始四蛇牽引為諸妄想二鼠嚙斷心根猶如有人
繩懸在樹四蛇在下吐毒向之樹上二鼠嚙繩欲
斷着心滅即三業淨心[illegible]

性觀一實諦而以懺悔尒時衆中有一一闡提名
日多劫從昔以來多作惡業專行十惡為憎恚疾
始四蛇牽引為諸妄想二鼠嚙斷心根猶如有人
繩懸在樹四蛇在下吐毒向之樹上二鼠嚙繩欲
斷着心滅即三業淨心着不滅眼色與心俱為妄
想為見所縛將墮地獄尒時闡提因佛聞法於
一念中心生慚愧欲聞如來懺悔之法心懷慚愧
不能發問於時如來以神通力即知其意欲令是
人離諸苦惱出地獄苦語虛空藏菩薩言善男
子於我滅後若有一闡提之人多作惡業滅佛
三寶誹正法作五逆重罪如是人等命終之後必
當墮落於諸地獄乃至十二大劫由不得出汝
等菩薩當發慈心令此衆生發露懺悔令其
心垢清淨心垢既淨即得解脫虛空藏菩薩白
佛言世尊作何法悔而得罪除願佛慈悲為分
別說佛言善薩若欲懺悔當觀實諦若見實
諦諸罪悉除佛說語已尒時衆中百千万億一切
衆生人及非人皆悉一心觀一實諦觀見見已罪垢
皆滅唯闡提人不見實諦其多欲即從座起五體
投地而白佛言世尊我心无明極重雖復學觀
不見實諦從无始以來乃至今日純行十惡作何
方便令我得見實諦罪垢消除佛告多欲汝等一
闡提皆悉一心為汝分別解說多欲汝等衆生當
觀身心一佛性法法身佛性即一无二若此二種
能作一觀是名正觀亦名一相正見若見有二即
名為邪若作邪見煩惱即生若无邪見煩惱不生
煩惱若斷即名清淨汝等衆生皆當一心觀一佛

闡提皆悉一心爲汝分別解說多欲汝等衆生當
觀身心一佛性法法身佛性即一无二若此二種
能作一觀是名正觀亦名一相正見若見有二即
名爲邪若作邪見煩惱即生若无邪見煩惱不生
煩惱若斷即名清淨汝等衆生皆當一心觀一佛
性佛性之外更无所見若有所見皆爲虛妄作是
虛妄則爲顛倒多欲一心淨則多法淨一心垢則多
法垢垢則爲罪淨則爲真心若離垢罪即不生
多欲白佛言世尊我從昔以來乃至今日作諸惡
業无量无邊歷千万劫今日發心觀一實諦无邊
之罪皆悉除不願佛世尊爲我解說令我无疑
佛言多欲若觀實諦諸罪悉除何以故多欲昔
日垢心今日淨心一心无二更无別心今日淨心昔心
亦淨是故當知從无數劫來所有諸罪皆悉除滅
譬如千年塵鏡以衣一拂其鏡即明諸塵皆盡无
有遺餘又如千年闇室然一炬燈諸闇皆盡汝
等衆生常應一心觀一實諦於諸法內作諸法行
去離世間一切諸法何以故多欲世間動不動法皆
是敗壞其法若壞行亦无常行若无常法則生滅離
生滅法即名真諦多欲譬如凡師作諸凡器隨心
所欲其器无定其器相貌及以名字皆悉生滅唯
有凡性一性是常諸餘體段悉皆生滅是生滅體
即不自生若不自生即是不有多欲佛性如凡衆
生性如器是生滅法若離諸業即是佛身觀一
佛身即无他業多欲白佛言世尊我觀實諦諸
罪已滅復作何業而生法身
佛告多欲若觀實諦諸病不起罪垢俱息心如

BD14700號　法王經　　（21–11）

即不自生若不自生即是不有多欲佛性如凡衆
生性如器是生滅法若離諸業即是佛身觀一
佛身即无他業多欲白佛言世尊我觀實諦諸
罪已滅復作何業而生法身
佛告多欲若觀實諦諸病不起罪垢俱息心如
金剛必竟不壞善能持戒心如虛空內外清淨
善入禪聚心如風火諸行悉散善依智惠即名
解脫以解脫故則能知見多欲汝能脩行是事即
得五分法身多欲白佛言世尊五分法身有何
因果佛言多欲佛性常因法身常果何以故因
心佛性緣法得果離因離果則无因果若无因
果是佛真身多欲於心淨國當住府淨當觀
實念則此念中即生淨國可爲衆生如如說法
入心真空離諸動說三識一性金剛不壞
尒時衆中復有菩薩名曰无行即從座起偏袒
右肩右膝著地合掌向佛而白佛言世尊若佛
滅後五百歲若千歲若千五百歲後若爲衆
生說法當何法說願佛慈悲爲衆宣說令我
无疑佛告无行菩薩善男子若一千五百歲後爲
衆生說法者說體不說相說義不說文如是說者
是真說法若說文相動口動皆是誹謗善男子若
於一切衆生處說法當如如相說平等相說何以
故當時一切衆生皆同一病一心一佛性一性平等
諸法故於中若說高下即名邪說其口當破其舌
當烈何以故一切衆生心垢同一切衆生心淨同
一淨何以故一切衆生一心淨則同一十善法淨一
切衆生一心垢則同一十惡垢衆生若病應同一

BD14700號　法王經　　（21–12）

故當時一切衆生皆同一病一心一佛性一性平等
諸法故於中若說高下即名耶說真口當破其舌
當烈何以故一切衆生心垢同一切衆生心淨同
一淨何以故一切衆生一心淨則同一十善法淨一
切衆生一心垢則同一十惡垢衆生若病應同一
病衆生須藥應須一藥若說多法即名顛倒何
以故為妄分別善惡法故破一切法故隨機說法
斷佛道故菩薩若當說法當如如相說无行菩
薩白佛言世尊云何如如相說佛告无行菩薩
言善男子說一體真法是如如說直心具說是如如
說无偏執說是如如說无分別說是如如說住心一
淨處說是如如說諸說不可說是如如說尒時无行
菩薩欲令大衆一切衆生悉皆明了重白佛言世
尊云何說不可說是如如說
佛告无行菩薩言善男子說一切諸法自相空故
即不可說一切諸法无相說即不可說一切諸法
无作說即不可說善男子若如是說者即不可
說是如如說无行菩薩白佛言世尊法若如是云
何直心具說佛告无行菩薩言善男子直心以信
如來義說不以自心說具者具十善義具四諦義
具十二因緣義具六波羅蜜義具三解脫門義具
如是等法於一心中一佛性地等一淨說是名具說
是如如說何以故一切諸法俱為一故菩薩等我此
一淨法猶如一大海水水性一味種種珍寶所有
求意隨心即得猶如一神丹種種諸雜藥和合而
以成之療治一切病服者一一除愈等一淨法一心
淨一佛性一性淨法亦復如是等諸法故如是說
者是名淨說若別說者是名穢說何以故一切衆

是如如說何以故一切諸法俱為一故菩薩等我此
一淨法猶如一大海水水性一味種種珍寶所有
求意隨心即得猶如一神丹種種諸雜藥和合而
以成之療治一切病服者一一除愈等一淨法一心
淨一佛性一性淨法亦復如是等諸法故如是說
者是名淨說若別說者是名穢說何以故一切衆
生皆有佛性无无佛性分但覺有遠近无无法
身分者若定根機為小乘人說小乘法為一闡
提人說一闡提法若如是說即名不說佛道法
是斷佛性是滅佛身是謗法人當歷百千万劫
隨諸地獄縱佛出世由不得出縱令得出若生人
中即生邊地下賤无有三寶歎脣无舌猶如是
報何以故菩薩衆生之性則是法性法性常淨
即具一切諸實相好從本以來无得无失无出
无沒性常真實亦无虛妄亦无煩惱亦无
涅槃亦无增減究竟清淨一性清淨即是菩提
清淨性菩提性一性无二平等清淨言語道斷
猶如虛空內外清淨是一清淨亦不處內外亦
不處中間无言无說云何於中分別病藥若无
分別是无分別智善男子離一心外一清淨外一
佛性外即无佛可求即无法可說即无僧可得
何以故佛是法故法是僧故僧是无為故无為
故无為即是佛性故佛性則是法身故是故我
說此經唯說一衆生身一心一清淨一佛性一佛
道場一菩提樹无滿一切世間入一切衆生身善
男子一切佛從此經生一切法從此經出一切僧
從此經見受持是經者即名受持三寶念此經

說此經唯說一衆生身一心一清淨一佛性一佛
道場一菩提樹无滿一切世間入一切衆生身善
男子一切佛從此經生一切法從此經出一切僧
從此經見受持是經者即名受持三寶念此經
者即名念三寶供養此經者即名供養三寶无
行菩薩白佛言世尊云何念三寶若念三寶得
幾多福
佛告无行菩薩言善男子若念三寶猶如虛
空其福无量不可思議若念三寶安住虛空
心中乃至不見佛法僧是則不見諸法若不見
諸法若不見諸法則於法中不生疑惑於清淨
處念一寶相一體三寶是念三寶无行菩薩白
佛言世尊於三寶中一心正念於煩惱處自心
不起對緣不起於諸善法亦復如是住一淨心
依一佛性不住不違法體救諸衆生如救己身
化諸衆生如化己身愛諸衆生由如護眼是菩
薩行非菩薩行願佛世尊爲我宣說
佛告无行菩薩言是菩薩行若化衆生當令持
心不持語持行不持法若爲說法說人不說字
說義不說文何以故離文相故若取文相爲虛
妄若捨佛性是爲失本善男子若失佛性而
求佛者由如影中覓人治病由如攢氷而欲求
火由如无翼鳥意欲高飛終无得法善男子於
此經中調心取義不得隨文當取其理若不取
理即名虛妄亦復不得於其理上悪取空相而
化衆生即名空見一闡提但令衆生於一心中一
佛性相觀知實有是實有相亦不在有亦不在

BD14700號　法王經　（21–15）

火由如无翼鳥意欲高飛終无得法善男子於
此經中調心取義不得隨文當取其理若不取
理即名虛妄亦復不得於其理上悪取空相而
化衆生即名空見一闡提但令衆生於一心中一
佛性相觀知實有是實有相亦不在有亦不在
无觀此妙有如如實相當即住心依此相處若
住相處即名清淨是清淨處住即无本住即是
動是故諸佛如來從无本處建立一切法尒時
无行菩薩欲重宣此義而說偈言
大聖大佛尊　欲入涅槃時　爲度衆生故　說實一乘經
我住慈悲地　憐愍衆生故　於諸好義處　闡佛一乘心
如來所說法　皆離於世間　入實說佛性　諸法皆清淨
離文離相處　亦不中內外　說即不可說　故名說如如
是故平等法　住在於一性　一性清淨法　本來不甦滅
於空不空中　妙性常无體　解脫非解脫　本淨不染故
諸染本不著　妄著如涅汙　是涅自爲汙　妙性常淨故
淨即无所淨　汙亦无所汙　涅性是爲涅　垢性本相空
垢性似狂花　落樹還如故　樹性无生滅　狂花自來去
佛性本无生　離諸生滅處　无有動不動　性本常尒故
一一不一一　不名不可說　亦復離諸見　不見處何見
常樂我淨故　見則是菩提　菩提妙覺性　不動无所覺
即是衆生身　一心一佛性　一佛一道場　一大菩提樹
能滿虛空界　普入衆生身　於真三寶中　同一无有二
不住形質處　亦不住空邊　入於妄有所　必竟空寂舍
本來无本處　建立一切法　教化諸衆生　使入如來藏
尒時佛見无行菩薩說偈語訖即以神力放大光
明遍照三千大千世界其光明中現十方淨土皆

BD14700號　法王經　（21–16）

本來无本處建立一切法 教化諸衆生 使入如來藏
尒時佛見无行菩薩說偈語訖即以神力放大光
明遍照三千大千世界其光明中現十方淨土皆
悉嚴淨具有一切園林池水其池中皆有五色蓮
花臺其一一蓮花上各有一大城其一一大城內皆
有一清淨大摩尼寶其一一摩尼寶內有一如來
座及一千二百五十人俱其諸佛等皆為大衆
說一乘法悉令衆生於一身中一佛一住一清淨
處住心不動不緣諸境不入諸智心如虛空不染
一切心如金剛不壞諸戒心如海水恒流智慧皆
悉解脫解脫知見得五分法身尒時无盡菩
薩及諸大衆一切衆生見是事已心大歡喜皆
住一心不緣一切入清淨處佛即收光語諸大衆
言諸行者等我欲入涅槃寂時欲將至我滅
後五濁惡世於此經中如說脩行觀一身心不住
諸惡不離菩提必得解脫得一乘道佛告无行
菩薩言若我滅後五濁惡世得見此經得聞此
義其人即如值佛若我滅後若有一人能於此
經受持讀誦如說脩行其心不動諸塵不觸過
无塵跡復以此經令諸衆生受持讀誦復說其
義而以教之是人雖是凡夫雖是凡夫即是菩薩
如師子吼尒時衆中復有菩薩名曰法王即從座
起繞三匝却住一面五體投地而白佛言世尊我
於滅後未來五濁惡世閻浮提中教化衆生說
此良藥療治衆病悉令除愈復以此經金剛
惠刀剪諸衆生无明之意復以此經清淨法杖
鞭除衆生三毒之垢復以此經大智力士解脫

BD14700 號　法王經　（21–17）

於滅後未來五濁惡世閻浮提中教化衆生說
此良藥療治衆病悉令除愈復以此經金剛
惠刀剪諸衆生无明之意復以此經清淨法杖
鞭除衆生三毒之垢復以此經大智力士解脫
衆生十纏之縛復以此經大智法船運度衆
生令至彼岸復以此經一住清淨令諸衆生皆
得一身一心一佛一住一清淨決定入一乘決定出
地獄世尊若我不能救度衆生令諸衆生入諸
地獄即為是我滅沒佛身唯願世尊以此佛
法付囑於我為我更說廣度衆生令諸衆生
少聞多解少見多知不求多文以取證義於少
法中必定解脫无餘疑悶願佛慈悲為我宣說
佛告大衆是法王菩薩已曾供養百千万億劫
諸佛善能方便救度衆生是菩薩能以一味甘
露接續衆生之命汝等衆生及未來者若當
受持是菩薩名者復令大善知識轉讀此經廣
說其義若有疾病皆悉得除諸惡獸神无能近
者菩薩汝有如是利益衆生我以此經付囑於
汝亦為汝說救度衆生之法少聞多解少見多
知不求多文以取證義汝等菩薩皆悉一心
諦聽為汝宣說一切衆生皆一心一佛一住一切
煩惱皆一心生皆從境智二處緣起何以故以緣
住自住二種住力起二種力住從一念妄心生是妄
心无本若一念動時煩惱即起當觀此念知念妄心
妄心无本无本即无住若知无住即覺心生由於
本覺淨心无念若心无念心即不動心若不動亦

BD14700 號　法王經　（21–18）

性自性二種性力起二種力性從一念妄心生是妄
心无本若一念動時煩惱即起當觀此念知念妄心
妄心无本无本即无住若知无住即覺心生由於
本覺淨心无念若心无念心即不動心若不動亦
无住心是名清淨清淨空心體性清淨无淨可
說離諸清淨故說清淨菩薩於清淨心中无
作无起无垢无淨无增无減必竟不染不在一
處離名數故常尒不尒由如金剛不壞一性猶
如虛空容受一切由如蓮花不著愛水若行此行
必定解脫超生死流出地獄苦菩薩此一心法一
名懺悔解脫見實諦故二名法行解脫住一處
故三名无行解脫无住著故此三解脫皆一心生一
切衆生无二心故一切衆生皆一乘故佛告法王
菩薩言善男子能知一法即知一切法一法不知
一切法亦不知何以故諸法无不一相故菩薩聞
是一者即是少聞无法不知是名多解何以故
一切法性歸一淨故見是一者即見一切佛身何
以故一切佛身從一清淨處生一淨之地是一切
佛身一切佛道場一切佛菩提樹善男子於此
法中斷諸煩惱由如伐樹唯斷一根不斷枝葉
何以故譬如有人身著毒箭為毒箭故身受
楚痛當即拔箭其痛即除若不拔箭痛則不
除待問箭毛羽是何鳥翼復問其竹是何山
出復問其箭是誰之射是人苦痛其命已終
然拔箭終知无益善男子心若有垢當即淨心
心若在淨即名清淨諸說清淨離諸有取能
入无取何以故无本无住處常樂我淨故无本

BD14700號　法王經

（21–19）

出復問其箭是誰之射是人苦痛其命已終
然拔箭終知无益善男子心若有垢當即淨心
心若在淨即名清淨諸說清淨離諸有取能
入无取何以故无本无住處常樂我淨故无本
无住真如真實不離一切本離離故性不離
道處住无住故与心等一无異不共故不在常
處本不行故不動不住性常一故一亦不一離名
數故善男子六風不動大樹恒安一性金剛二
見不起有无不在住妙常空无生患劒剪諸
煩惱空解无导降伏自心魔王不生惡賊不起
善男子於此經中求實諦者如種一栽不種
枝葉但養其根若得生者花菓自出我此少
法亦復如是由如一阿摩勒菓種此一菓即得
无窮之菓我說此經於諸法中最為第一於諸
乘中最為大乘王是故此經名為法王又以此
經付囑法王菩薩故名法王汝等大衆持是
經者即梲諸難若當持者如在在處處持何
以故佛性常於心中谿寮空窮內禪真實清
淨金剛六入城門常如如界在不在處在空處
中汝等大衆皆悲勿語時欲入涅槃是經名
涅槃莊嚴般若波羅蜜无导解脫

佛說語已尒時大衆皆得涅槃般若波羅蜜
空脫无导尒時法王菩薩從投地起即於本
處入大涅槃會空解脫於无著地舉足下足
皆遊清淨合掌向佛作禮而去

BD14700號　法王經

（21–20）

數故善男子六風不動大樹恒安一性金剛二
見不起有无不在住妙常空无生恵劒剪諸
煩惱空解无㝵降伏自心魔王不生惡賊不起
善男子於此經中求實諦者如種一栽不種
枝葉但養其根若得生者花葉自出我此少
法亦復如是由如一阿摩勒菓種此一菓即得
无窮之菓我說此經於諸法中㝡為苐一於諸
衆中最為大乘王是故此經名為法王又以此
經付囑法王菩薩故名法王汝等大衆持是
經者即悦諸難若當持者如在在處處持何
以故佛性常於心中谿寮空窮內禪真實清
淨金剛六入城門常如如界在不在處在空處
中汝等大衆皆悉勿語時欲入涅槃是經名
涅槃莊嚴般若波羅蜜无㝵解脫
佛說語已尒時大衆皆得涅槃般若波羅蜜
空脫无㝵尒時法王菩薩從授地起即於本
處入大涅槃會空解脫於无着地舉足下足
皆遊清淨合掌向佛作禮而去

BD14700號　法王經　（21–21）

千万億劫是菩薩摩訶薩從初發
波羅蜜供養无量无邊不可思議
佛來生是間舍利弗是菩薩摩訶薩
聞般若波羅蜜作是念我見佛從佛聞
弗是菩薩摩訶薩能隨順解深般若波
義以无相无二无所得故須菩提
尊是般若波羅蜜可聞可見耶佛告須菩提
是般若波羅蜜无有聞者无有見者般若波
羅蜜无聞无見諸法鈍故稱波羅蜜毗梨耶
波羅蜜羼提波羅蜜尸波羅蜜檀波羅蜜无
聞无見諸法鈍故內空无聞无見諸法鈍故
乃至无法有法空无聞无見諸法鈍故四念
處无聞无見諸法鈍故乃至八聖道分无聞
无見諸法鈍故佛十力乃至十八不共法无
聞无見諸法鈍故須菩提佛及佛道无聞无
見諸法鈍故須菩提白佛言世尊是菩薩摩
時行佛道能習行如是深般若波羅蜜佛告

BD14701號　摩訶般若波羅蜜經（三十卷本）卷一四　（36–1）

无見諸法鈍故佛十力乃至十八不共法无
聞无見諸法鈍故須菩提佛及佛道无聞无
見諸法鈍故須菩提白佛言世尊是菩薩欲
時行佛道能習行如是深般若波羅蜜佛告
須菩提是中應分别說須菩提有菩薩摩訶
薩初發意習行深般若波羅蜜禪波羅蜜毗
梨耶波羅蜜羼提波羅蜜尸波羅蜜檀波羅
蜜以方便力故於法无所破壞不見諸法无
利益者亦終不遠離行六波羅蜜亦不遠離
諸佛從一佛國至一佛國若欲以善根力供
養諸佛隨意即得終不生母人腹中終不離
諸神通終不生諸煩惱及聲聞辟支佛心從
一佛國至一佛國成就衆生淨佛國土須菩
提如是等諸菩薩摩訶薩能習行深般若波
羅蜜須菩提有菩薩摩訶薩多見諸佛若无
量百千万億從諸佛所行布施持戒忍辱精
進一心智慧皆以有所得故是菩薩聞說深般
若波羅蜜時便從衆中起去不恭敬深般若波
羅蜜及諸佛是菩薩今在此衆中以聞是甚
深般若波羅蜜不樂故便捨去何以故是善
男子善女人等先世聞深般若波羅蜜時棄
捨去今世聞深般若波羅蜜亦棄捨去身心
不和是人種愚癡因緣業種是愚癡因緣
罪故聞說深般若波羅蜜訾毀訾毀般若波

男子善女人等先世聞深般若波羅蜜時棄
捨去今世聞深般若波羅蜜亦棄捨去身心
不和是人種愚癡因緣業種是愚癡因緣
罪故聞說深般若波羅蜜訾毀訾毀般若波
羅蜜故訾毀過去未來現在諸佛一切智一
切種智是人訾毀三世諸佛一切智起破法
業因緣集故无量百千万億歲墮大地獄中
是破法人輩從一大地獄至一大地獄若火
劫起時至他方大地獄中生在彼間從一大
地獄至一大地獄若彼間火劫起時復至他
方大地獄中生在彼間從一大地獄至一大
地獄如是遍十方彼間若火劫起故從彼死
破法業因緣未盡故還來是間大地獄中生
此間亦從一大地獄至一大地獄受无量苦
此間火劫起故復至十方國土生畜生中受
破法罪若如地獄中說重罪漸薄或得人身
生盲人家生旃陁羅家生除廁擔死人種種
下賤家若无眼若一眼若眼瞎无舌无耳无
手所生處无佛无法无佛弟子處何以故種
破法業積集厚重故受是果報尒時舍利弗
白佛言世尊五逆罪與破法罪相似耶佛告
舍利弗不應言相似所以者何若有人聽說
是甚深般若波羅蜜時毀訾不信作是言不
應學是法是非法非善非佛教諸佛不說是

舍利弗不應言相似所以者何若有人聽說
是甚深般若波羅蜜時毀呰不信作是言不
應學是法是非法非善非佛教諸佛不說是
語是人自毀呰般若波羅蜜亦教他人毀呰
般若波羅蜜自壞其身亦壞他人身自飲毒
殺身亦飲他人毒自失其身亦失他人身自
不知不信毀呰深般若波羅蜜亦教他人令
不信不知舍利弗如是人我不聽聞其名字
何況眼見何以故當知是人名為汙法人為
墮裏濁黑性如是人若有聽其言信用其語
亦受如是若舍利弗若人破般若波羅蜜當
知是名為破法人舍利弗白佛言世尊世尊
說破法之人所受重罪不說是人所受身體
大小佛告舍利弗不須說是人受身大小何以
故是破法人若聞所受身大小便當吐熱血
若死若近死若是破法人聞如是身有如是
重罪是人便如箭入心漸漸干枯作是念破
法罪故得如是大醜身受如是无量若以是故
佛不聽舍利弗問是人所受身體大小舍利
弗白佛言願佛說之為未來世作明令知破
法業積集故得如是大醜身受如是若佛告
舍利弗後世人若聞是破法業積集厚重具
足受大地獄中久久无量若聞是久久无量
若時足為未來世作明舍利弗白佛言世尊

法業積集故得如是大醜身受如是若佛告
舍利弗後世人若聞是破法業積集厚重具
足受大地獄中久久无量若聞是久久无量
若時足為未來世作明舍利弗白佛言世尊
白淨性善男子善女人聞是法足作依止守
失身命不破法自念我若破法當受如是若
尒時須菩提白佛言世尊善男子善女人應
好攝身口意業无受如是諸若或不見佛或
不聞法或不親近僧或生无佛國土中或生
人中墮貧窮家或人不信受其言須菩提白
佛言世尊以積集口業故有如是破法重罪
耶佛告須菩提以積集口業故有是破法重
罪須菩提是愚癡人在佛法中出家受戒破
深般若波羅蜜毀呰不受須菩提若破般若
波羅蜜毀呰般若波羅蜜則為破十方諸佛
一切智一切智破故則為破佛寶破佛寶故
破法寶破法寶故破僧寶破三寶故則破世
間正見破世間正見故則破四念處乃至破
一切種智法破一切種智法故則得无量无
邊阿僧祇罪无量无邊阿僧祇罪已受无量
无邊阿僧祇憂若須菩提白佛言世尊是
愚癡人毀呰破壞是深般若波羅蜜有幾因
緣佛告須菩提有四因緣是愚癡人毀呰破
是深般若波羅蜜須菩提言世尊何等四是

无過阿惟祇憂苦須菩提白佛言世尊是
愚癡人毀呰破壞是深般若波羅蜜有幾因
緣佛告須菩提有四因緣是愚癡人毀呰破
是深般若波羅蜜須菩提言世尊何等四是
愚癡人為魔所使故毀呰破壞深般若波羅
蜜是名初因緣是愚癡人不信深法不信不
解心不得清淨是二因緣故是愚癡人毀呰
破壞深般若波羅蜜是愚癡人與惡知識相
隨心没懈怠堅著五受陰是第三因緣故是
愚癡人毀呰破壞深般若波羅蜜是愚癡人
多行瞋恚自高輕人是第四因緣故是愚癡
人毀呰破壞深般若波羅蜜須菩提以是四
因緣故愚癡人破壞深般若波羅蜜須菩提
白佛言世尊是深般若波羅蜜不懃精進種
不善根惡友相得人難信難解佛言如是如
是須菩提是深般若波羅蜜不懃精進種不
善根惡友相得人難信難解須菩提白佛言
世尊是般若波羅蜜云何甚深難信難解須
菩提色不縛不解何以故无所有性是色受
想行識不縛不解何以故无所有性是受想
行識檀波羅蜜不縛不解何以故无所有性
是檀波羅蜜尸波羅蜜不縛不解何以故无
所有性是尸波羅蜜羼提波羅蜜不縛不解
何以故无所有性是羼提波羅蜜毗梨耶波
羅蜜不縛不解何以故无所有性是毗梨耶

BD14701號　摩訶般若波羅蜜經（三十卷本）卷一四　（36–6）

行識檀波羅蜜不縛不解何以故无所有性
是檀波羅蜜尸波羅蜜不縛不解何以故无
所有性是尸波羅蜜羼提波羅蜜不縛不解
何以故无所有性是羼提波羅蜜毗梨耶波
羅蜜不縛不解何以故无所有性是毗梨耶
波羅蜜禪波羅蜜不縛不解何以故无所有
性是禪波羅蜜般若波羅蜜不縛不解何以故
无所有性是般若波羅蜜須菩提內空不縛
不解何以故无所有性是內空乃至无法有
法空不縛不解何以故无所有性是无法有
法空四念處不縛不解何以故无所有性是
四念處乃至一切智一切種智不縛不解何
以故无所有性是一切智一切種智須菩提
色本際不縛不解何以故本際无所有性是
色受想行識乃至一切種智本際不縛不解
何以故本際无所有性是一切種智須菩提
色後際不縛不解何以故後際无所有性是
色受想行識乃至一切種智後際不縛不解
何以故後際无所有性是一切種智須菩提
現在色不縛不解何以故現在无所有性是
色受想行識乃至現在一切種智不縛不解
何以故現在无所有性是一切種智須菩提
白佛言世尊是般若波羅蜜不懃精進不種
善根惡友相得懈怠少進喜忘无巧便慧如

BD14701號　摩訶般若波羅蜜經（三十卷本）卷一四　（36–7）

色受想行識乃至現在一切種智不縛不解何以故現在无所有性是一切種智須菩提白佛言世尊是般若波羅蜜不懃精進不種善根惡友相得懈怠少進善忘无巧便慧如此之人實難信難解如是如是須菩提是般若波羅蜜不懃精進不種善根惡友相得繫屬於魔懈怠少進善忘无巧便慧如此之人實難信難解何以故色淨果亦淨受想行識淨果亦淨乃至阿耨多羅三藐三菩提淨果亦淨復次須菩提色淨故即般若波羅蜜淨般若波羅蜜淨即是色淨受想行識淨即般若波羅蜜淨般若波羅蜜淨即受想行識淨乃至一切種智淨即般若波羅蜜淨般若波羅蜜淨即一切種智淨色淨般若波羅蜜淨无二无別无斷无壞乃至一切種智淨般若波羅蜜淨无二无別无斷无壞復次須菩提不二淨故色淨不二淨故乃至一切種智淨何以故是不二淨色淨乃至一切種智淨无二无无別故我衆生乃至知者見者淨故色受想行識淨乃至一切種智淨色淨乃至一切種智淨故我衆生乃至知者見者淨何以故我衆生乃至智者見者淨色淨乃至一切種智淨不二不別无斷无壞復次須菩提婬淨故色淨乃至一切種智淨何以故婬淨色淨乃

BD14701號　摩訶般若波羅蜜經（三十卷本）卷一四　　（36–8）

衆生乃至智者見者淨色淨乃至一切種智淨不二不別无斷无壞復次須菩提婬淨故色淨乃至一切種智淨何以故婬淨色淨乃至一切種智淨不二不別瞋癡淨故色淨乃至一切種智淨何以故瞋癡淨色淨乃至一切種智淨不二不別復次須菩提无明淨故諸行淨諸行淨故識淨識淨故名色淨名色淨故六入淨六入淨故觸淨觸淨故受淨受淨故愛淨愛淨故取淨取淨故有淨有淨故生淨生淨故老死淨老死淨故般若波羅蜜淨般若波羅蜜淨故乃至檀波羅蜜淨檀波羅蜜淨故內空淨內空淨故乃至无法有法空淨无法有法空淨故四念處淨四念處淨故乃至一切智淨一切智淨故一切種智淨何以故是一切智淨一切種智淨不二不別无斷无壞復次須菩提般若波羅蜜淨故色淨乃至般若波羅蜜淨故一切智淨是般若波羅蜜淨一切智淨不二不別故須菩提禪波羅蜜淨故乃至一切智淨毗梨耶波羅蜜羼提波羅蜜尸波羅蜜檀波羅蜜淨故乃至一切智淨內空淨故乃至一切智淨四念處淨故乃至一切智淨復次須菩提一切智淨故乃至般若波羅蜜淨如是一一如先說復次須菩提有

BD14701號　摩訶般若波羅蜜經（三十卷本）卷一四　　（36–9）

蜜尸波羅蜜檀波羅蜜淨故乃至一切智淨
內空淨故乃至一切智淨四念處淨故乃至一
切智淨復次須善提一切智淨故乃至般若
波羅蜜淨如是一一如先說復次須善提有
為淨故无為淨何以故有為淨无為淨不二
不別无斷无壞復次須善提過去淨故未來
現在淨未來淨故過去現在淨現在淨故過
去未來淨何以故現在淨過去未來淨不二
不別无斷无壞

摩訶般若波羅蜜淨甚深品第卌二

尒時舍利弗白佛言世尊是淨甚深佛言畢
竟淨故舍利弗言何法淨故是甚深淨佛言
色淨故是淨甚深受想行識淨故四念處淨
故乃至八聖道分淨故佛十力淨故乃至十
八不共法淨菩薩淨佛淨故一切智一切種
智淨故是淨甚深世尊淨明佛言畢竟淨故
舍利弗言何法淨故是淨明佛言般若波羅
蜜淨故是淨明乃種波羅蜜淨故是淨明四
念處乃至一切智淨故是淨明世尊是淨
不相續佛言畢竟淨故舍利弗言何法不相
續故是淨不相續佛言色不去不相續故是
淨不相續乃至一切種智不去不相續故是
淨不相續世尊是淨无垢佛言畢竟淨故舍
利弗言何法无垢故是淨无垢佛言色性常
淨故是淨无垢乃至一切種智性常淨故是

BD14701 號　摩訶般若波羅蜜經（三十卷本）卷一四　（36-10）

淨不相續乃至一切種智不去不相續故是
淨不相續世尊是淨无垢佛言畢竟淨故舍
利弗言何法无垢故是淨无垢佛言色性常
淨故是淨无垢乃至一切種智性常淨故是
淨无垢世尊是淨无得无著佛言畢竟淨故
舍利弗言何法无得无著故是淨无得无著
佛言色无得无著故是淨无得无著乃至一
切種智无得无著故是淨无得无著世尊是
淨无生佛言畢竟淨故舍利弗言何法无生
故是淨无生佛言色无生故是淨无生乃至
一切種智无生故是淨无生世尊是淨不生
欲界中佛言畢竟淨故舍利弗言云何是淨
不生欲界中佛言欲界性不可得故是淨不
生欲界中世尊是淨不生色界中佛言畢竟
淨故舍利弗言云何是淨不生色界中佛言
色界性不可得故是淨不生色界中世尊是
淨不生无色界中佛言畢竟淨故舍利弗言
云何是淨不生无色界中佛言无色界性不
可得故是淨不生无色界中世尊是淨无知
佛言畢竟淨故舍利弗言云何是淨无知佛
言諸法鈍故是淨无知世尊色无知是淨淨
佛言畢竟淨故舍利弗言云何色无知是淨
淨佛言色自性空故色无知是淨淨世尊受
想行識无知是淨淨佛言畢竟淨故舍利弗

BD14701 號　摩訶般若波羅蜜經（三十卷本）卷一四　（36-11）

言諸法鈍故是淨无知世尊色无知是淨淨
佛言畢竟淨故舍利弗言云何色无知是淨
淨佛言色自性空故色无知是淨淨世尊受
想行識无知是淨淨佛言畢竟淨故舍利弗
言云何受想行識无知是淨淨佛言受想行
識自性空故无知是淨淨世尊一切法淨故
是淨淨佛言畢竟淨故舍利弗言云何一切
法淨故是淨淨佛言一切生不可得故一切
法淨是淨淨世尊是般若波羅蜜於薩婆若
无益无損佛言畢竟淨故舍利弗言云何般
若波羅蜜於薩婆若无益无損佛言法住相
故般若波羅蜜於薩婆若无益无損世尊是
般若波羅蜜淨於諸法无所受佛言畢竟淨
故舍利弗言云何般若波羅蜜淨於諸法无
所受佛言法性不動故是般若波羅蜜淨於
諸法无所受尒時慧命須菩提白佛言世尊
我淨故色淨佛言畢竟淨故須菩提言以何
因緣我淨故色淨畢竟淨佛言我无所有故
色无所有畢竟淨世尊我淨故受想行識淨
佛言畢竟淨須菩提言何因緣故我淨受想
行識淨畢竟淨佛言我无所有故受想行識
无所有畢竟淨世尊我淨故檀波羅蜜淨我
淨故尸波羅蜜淨我淨故羼提波羅蜜淨我
淨故毗梨耶波羅蜜淨我淨故禪波羅蜜淨
世尊我淨故般若波羅蜜淨世尊我淨故四

BD14701號　摩訶般若波羅蜜經（三十卷本）卷一四　（36–12）

行識淨畢竟淨佛言我无所有故受想行識
无所有畢竟淨世尊我淨故檀波羅蜜淨我
淨故尸波羅蜜淨我淨故羼提波羅蜜淨我
淨故毗梨耶波羅蜜淨我淨故禪波羅蜜淨
世尊我淨故般若波羅蜜淨世尊我淨故四
念處淨世尊我淨故乃至八聖道分淨世尊
我淨故佛十力淨世尊我淨故乃至十八不
共法淨佛言畢竟淨故須菩提言何因緣故
我淨檀波羅蜜淨我淨乃至十八不共法淨
佛言我无所有故檀波羅蜜无所有淨乃至
十八不共法无所有故淨世尊我淨故須陁
洹果淨我淨故斯陁含果淨我淨故阿那含
果淨我淨故阿羅漢果淨我淨故辟支佛道
淨我淨故佛道淨佛言畢竟淨須菩提言何
因緣故我淨須陁洹果淨斯陁含果淨阿那
含果淨阿羅漢果淨辟支佛道淨佛道淨佛
言自相空故世尊我淨故一切智淨佛言畢
竟淨故須菩提言何因緣故我淨故一切智
淨佛言无相无念故世尊以二淨故无得无
著佛言畢竟淨須菩提言何因緣故以二淨
故无导无是畢竟淨佛言无垢无淨故世尊
我无邊故色淨受想行識淨佛言畢竟淨
須菩提言何因緣故我无邊故色淨受想行
識淨佛言畢竟空无始空故須菩提白佛言
世尊若菩薩摩訶薩能如是知是名菩薩摩

BD14701號　摩訶般若波羅蜜經（三十卷本）卷一四　（36–13）

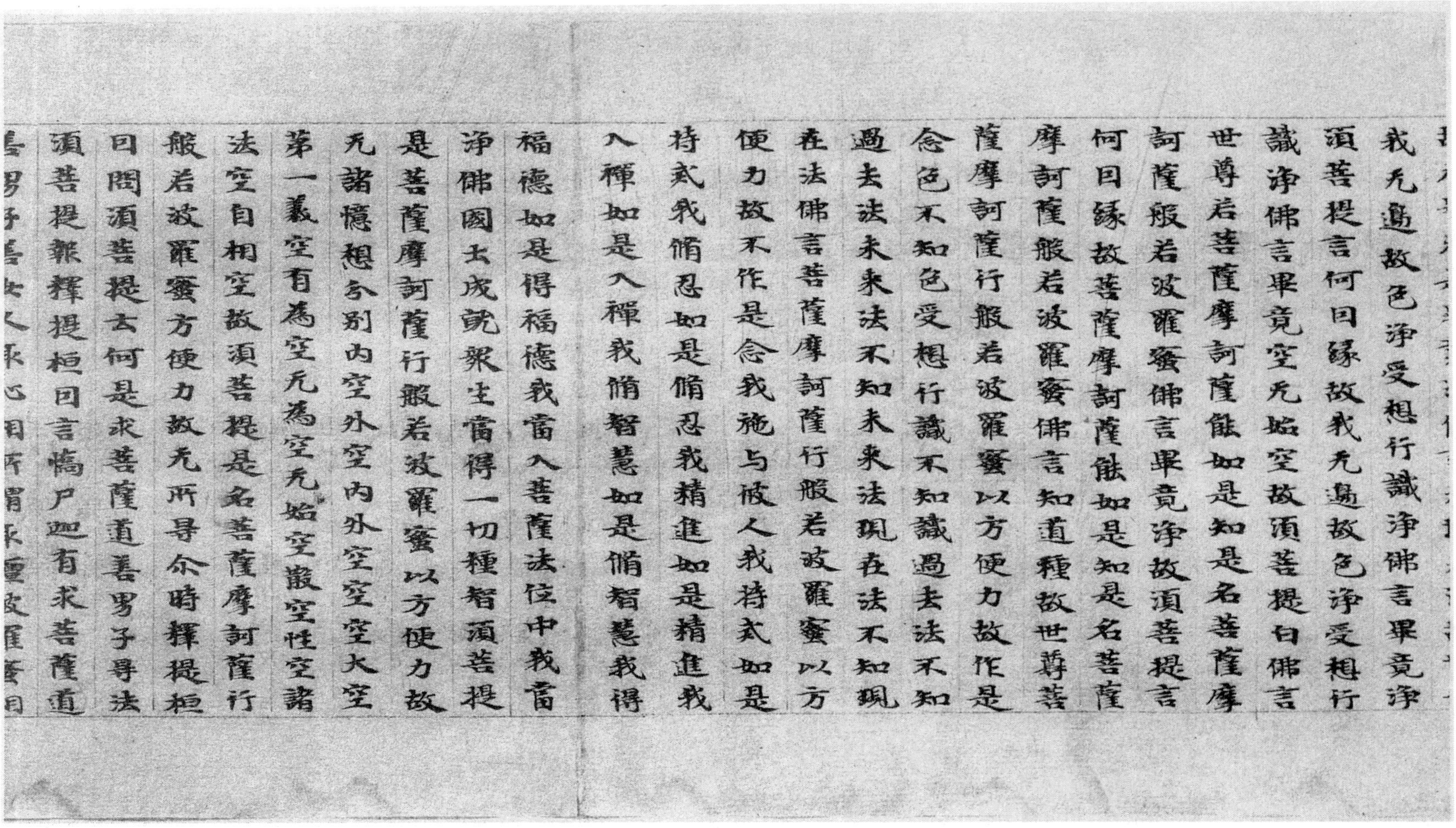

我无邊故色淨受想行識淨佛言畢竟淨
須菩提言何因緣故我无邊故色淨受想行
識淨佛言畢竟空无始空故須菩提白佛言
世尊若菩薩摩訶薩能如是知是名菩薩摩
訶薩般若波羅蜜佛言畢竟淨故須菩提言
何因緣故菩薩摩訶薩能如是知是名菩薩
摩訶薩般若波羅蜜佛言知道種故世尊菩
薩摩訶薩行般若波羅蜜以方便力故作是
念色不知色受想行識不知識過去法不知
過去法未來法不知未來法現在法不知現
在法佛言菩薩摩訶薩行般若波羅蜜以方
便力故不作是念我施与彼人我持戒如是
持戒我脩忍如是脩忍我精進如是精進我
入禪如是入禪我脩智慧如是脩智慧我得
福德如是得福德我當入菩薩法位中我當
淨佛國土成就衆生當得一切種智須菩提
是菩薩摩訶薩行般若波羅蜜以方便力故
无諸憶想分別内空外空内外空空空大空
第一義空有為空无為空无始空散空性空諸
法空自相空故須菩提是名菩薩摩訶薩行
般若波羅蜜方便力故无所得尒時釋提桓
因問須菩提云何是求菩薩道善男子得法
須菩提報釋提桓因言憍尸迦有求菩薩道
善男子善女人取心相所謂取檀波羅蜜相

BD14701 號　摩訶般若波羅蜜經（三十卷本）卷一四　（36–14）

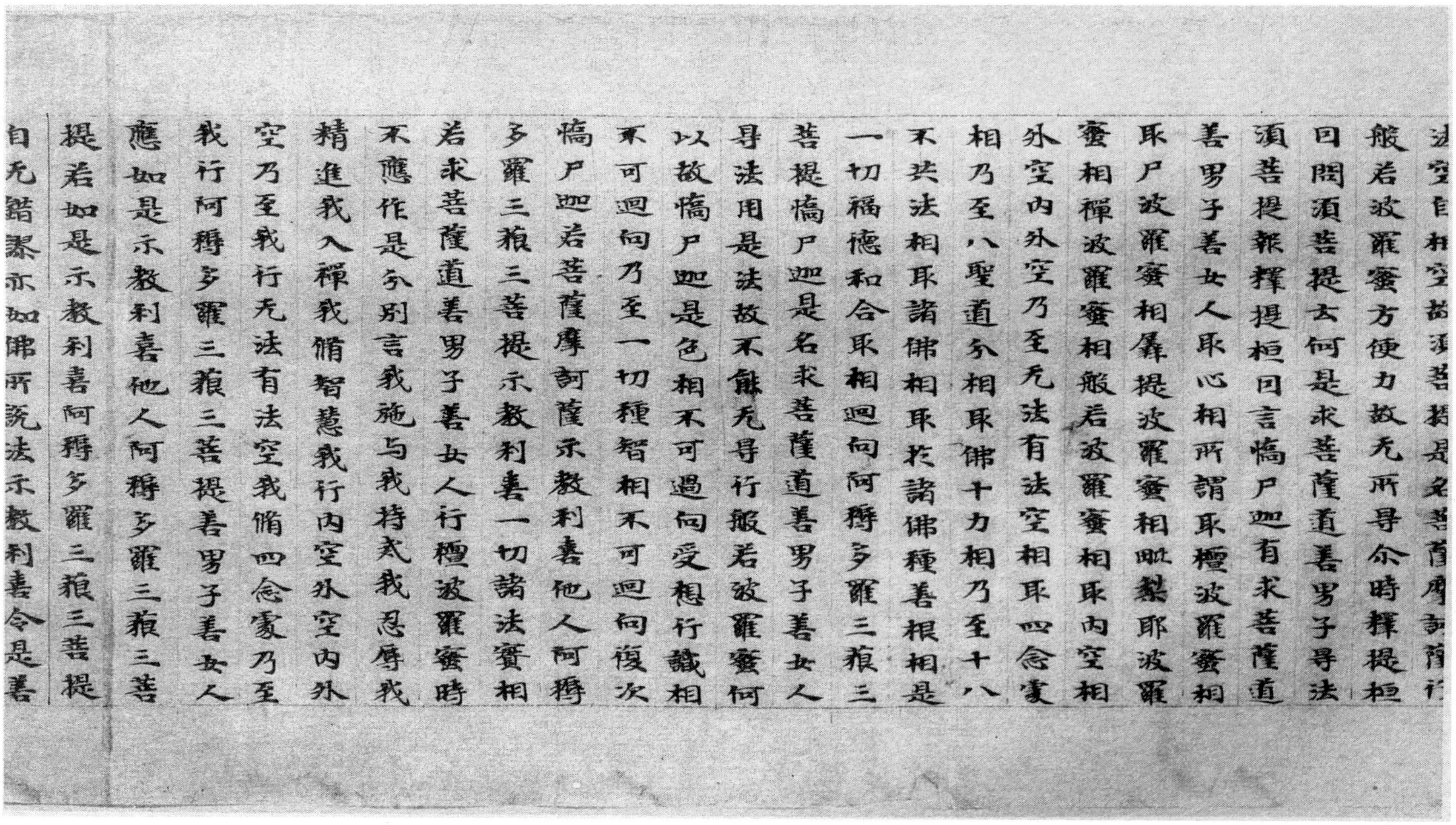

法空自相空故須菩提是名菩薩摩訶薩行
般若波羅蜜方便力故无所得尒時釋提桓
因問須菩提云何是求菩薩道善男子得法
須菩提報釋提桓因言憍尸迦有求菩薩道
善男子善女人取心相所謂取檀波羅蜜相
取尸波羅蜜相羼提波羅蜜相毗棃耶波羅
蜜相禪波羅蜜相般若波羅蜜相取内空相
外空内外空乃至无法有法空相取四念處
相乃至八聖道分相取佛十力相乃至十八
不共法相取諸佛相取於諸佛種善根相是
一切福德和合取相迴向阿耨多羅三藐三
菩提憍尸迦是名求菩薩道善男子善女人
得法用是法故不能无得行般若波羅蜜何
以故憍尸迦是色相不可過向受想行識相
不可迴向乃至一切種智相不可迴向復次
憍尸迦若菩薩摩訶薩示教利喜他人阿耨
多羅三藐三菩提示教利喜一切諸法實相
若求菩薩道善男子善女人行檀波羅蜜時
不應作是分別言我施与我持戒我忍辱我
精進我入禪我脩智慧我行内空外空内外
空乃至我行无法有法空我脩四念處乃至
我行阿耨多羅三藐三菩提善男子善女人
應如是示教利喜他人阿耨多羅三藐三菩
提若如是示教利喜阿耨多羅三藐三菩提
自无錯謬亦如佛所說法示教利喜令是善

BD14701 號　摩訶般若波羅蜜經（三十卷本）卷一四　（36–15）

我行阿耨多羅三藐三菩提善男子善女人
應如是示教利喜他人阿耨多羅三藐三菩
提若如是示教利喜阿耨多羅三藐三菩提
自无錯謬亦如佛所說法示教利喜令是善
男子善女人遠離一切㝵法尒時佛讚須菩
提善我善我如汝為諸菩薩說諸㝵法須菩
提汝今更聽我說微細㝵相汝須菩提一心
好聽佛告須菩提有善男子善女人發阿耨
多羅三藐三菩提心取相念諸佛須菩提所
可有相皆是㝵相又於諸佛從初發意乃至
法住於其中間所有善根取相憶念取相憶
念已迴向阿耨多羅三藐三菩提須菩提所
可有相皆是㝵相又於諸佛及弟子所有善
根及餘衆生善根取相迴向阿耨多羅三藐
三菩提須菩提所可有相皆是㝵相何以故不
應取相憶念諸佛亦不應取相念諸佛善根
須菩提白佛言世尊是般若波羅蜜甚深佛
言一切法常離故須菩提言世尊我當礼般
若波羅蜜佛告須菩提是般若波羅蜜无生
无作故无有能得者須菩提言世尊一切諸
法亦不可知不可得佛言一切法一性非一
性須菩提是一法性是亦无性是无性即是
性是性不起不起如是須菩提菩薩摩訶薩
若知諸法一性所謂无性无起无攱則遠離

BD14701號　摩訶般若波羅蜜經（三十卷本）卷一四　（36–16）

法亦不可知不可得佛言一切法一性非一
性須菩提是一法性是亦无性是无性即是
性是性不起不起如是須菩提菩薩摩訶薩
若知諸法一性所謂无性无起无攱則遠離
一切㝵須菩提白佛言世尊是般若波羅蜜
難知難解佛言如所言是般若波羅蜜无見
者无聞者无知者无識者无得者世尊是般
若波羅蜜不可思議佛言如所言是般若波
羅蜜不從心生不從色受想行識生乃至不
從十八不共法生

摩訶般若波羅蜜无所作品第卌三

須菩提白佛言是般若波羅蜜无所作佛言
作者不可得故色不可得乃至一切法不可
得故世尊若菩薩摩訶薩欲行般若波羅蜜
應云何行佛告須菩提菩薩摩訶薩欲行般
若波羅蜜不行色是行般若波羅蜜不行受
想行識是行般若波羅蜜乃至不行一切智
是行般若波羅蜜不行色常无常是行般若
波羅蜜乃至一切種智不行常无常是行般
若波羅蜜不行色若苦若樂是行般若波羅
蜜乃至不行一切種智若苦若樂是行般若
波羅蜜不行色是我非我是行般若波羅蜜
乃至不行一切智是我非我是行般若波羅
蜜不行色淨不淨是行般若波羅蜜乃至不

BD14701號　摩訶般若波羅蜜經（三十卷本）卷一四　（36–17）

若波羅蜜不行色若苦若樂是行般若波羅
蜜乃至不行一切種智若苦若樂是行般若
波羅蜜不行色是我非我是行般若波羅蜜
乃至不行一切智是我非我是行般若波羅
蜜不行色淨不淨是行般若波羅蜜乃至不
行一切智淨不淨是行般若波羅蜜何以故
是色无所有性云何有常无常苦樂我无我淨
不淨受想行識亦无所有性云何有常无常
至淨不淨乃至一切種智无所有性云何有
常无常至淨不淨復次須菩提菩薩摩訶薩
行般若波羅蜜時不行色不具足是行般若
波羅蜜不行受想行識不具足是行般若波
羅蜜乃至不行一切種智不具足是行般若
波羅蜜何以故色不具足者是不名色如是
亦不行為行般若波羅蜜受想行識不具足
者是不名識如是亦不行為行般若波羅蜜
乃至不行一切種智不具足者是不名一切
種智如是亦不行為行般若波羅蜜須菩提
白佛言未曾有也世尊善說求菩薩道善男
子善女人得不得相佛言如是如是須菩提
佛善說求菩薩道善男子善女人得不得相
復次須菩提若菩薩摩訶薩行般若波羅蜜
時不行色不得是行般若波羅蜜不行受想
行識不得是行般若波羅蜜不行眼不得是

BD14701號　摩訶般若波羅蜜經（三十卷本）卷一四　（36–18）

佛善說求菩薩道善男子善女人得不得相
復次須菩提若菩薩摩訶薩行般若波羅蜜
時不行色不得是行般若波羅蜜不行受想
行識不得是行般若波羅蜜不行眼不得是
行般若波羅蜜不行耳鼻舌身不得是行般
若波羅蜜不行意不得是行般若波羅蜜不
行檀波羅蜜不得是行般若波羅蜜不行尸
波羅蜜不得是行般若波羅蜜不行羼提波
羅蜜不得是行般若波羅蜜不行毗梨耶波
羅蜜不得是行般若波羅蜜不行禪波羅蜜
不得是行般若波羅蜜不行般若波羅蜜不
得是行般若波羅蜜乃至不行一切智不得
是行般若波羅蜜須菩提菩薩摩訶薩如是
行般若波羅蜜時知色是不得知受想行識
是不得乃至知一切智是不得知須陁洹果
不得知斯陁含果不得知阿那含果不得知
阿羅漢果不得知辟支佛道不得知阿耨多
羅三藐三菩提道不得尒時慧命須菩提白
佛言未曾有也世尊是甚深法若說亦不增
不減若不說亦不增不減佛語須菩提如是
如是甚深法若說亦不增不減若不說亦不
增不減譬如佛盡形壽若讚虛空時亦不增
不減不讚時亦不增不減須菩提如幻人若
讚時不增不減毀時亦不增不減讚時不喜
毀時不憂須菩提諸法法相亦如是若說亦如

BD14701號　摩訶般若波羅蜜經（三十卷本）卷一四　（36–19）

增不減譬如佛盡形壽若讚虛空時亦不增
不減不讚時亦不增不減須菩提如幻人若
讚時不增不減毀時亦不增不減讚時不喜
毀時不憂須菩提諸法法相亦如是若說亦如
本不異若不說亦如本不異須菩提白佛言世
尊讚菩薩摩訶薩所為甚難脩行是般若波
羅蜜時不憂不喜而能習般若波羅蜜於阿
耨多羅三藐三菩提亦不轉還何以故世尊
脩般若波羅蜜如脩虛空如虛空中无般若
波羅蜜无禪无毗梨耶无羼提无尸羅无檀
波羅蜜如虛空中无色无受想行識亦无內
空外空內外空乃至无法有法空无四念處
乃至无八聖道分无佛十力乃至无十八不
共法无須陁洹果斯陁含果阿那含果阿羅
漢果无辟支佛道无阿耨多羅三藐三菩提
脩般若波羅蜜亦如是世尊應礼是諸菩薩
摩訶薩能大誓莊嚴世尊是人為衆生大誓
莊嚴懃精進如為虛空大誓莊嚴懃精進世
尊是人欲度衆生如欲度虛空世尊是諸菩
薩摩訶薩大誓莊嚴為虛空等衆生大誓莊
嚴世尊是人大誓莊嚴欲度衆生為如舉虛
空世尊諸菩薩摩訶薩大精進力欲度衆生
故發阿耨多羅三藐三菩提心世尊諸菩薩
摩訶薩大誓莊嚴欲度衆生故發阿耨多羅

BD14701號　摩訶般若波羅蜜經（三十卷本）卷一四　（36–20）

嚴世尊是人大誓莊嚴欲度衆生為如舉虛
空世尊諸菩薩摩訶薩大精進力欲度衆生
故發阿耨多羅三藐三菩提心世尊諸菩薩
摩訶薩大誓莊嚴欲度衆生故發阿耨多羅
三藐三菩提心世尊諸菩薩摩訶薩大勇猛
為度如虛空等衆生故發阿耨多羅三藐三
菩提心何以故世尊若三千大千國土滿中
諸佛譬如竹葦甘蔗稻麻叢林諸佛若一劫
若減一劫常說法一一佛度无量无邊阿僧
祇衆生令入涅槃世尊是衆生性亦不減亦
不增何以故衆生无所有故衆生離故乃至
十方國土中諸佛所度衆生亦如是世尊以
是因緣故我如是說是人欲度衆生故發阿
耨多羅三藐三菩提心為欲度虛空是時有
一比丘作是言我礼般若波羅蜜般若波羅
蜜中雖无法生无法滅而有戒衆定衆慧衆
解脫衆解脫知見衆而有諸須陁洹諸斯陁
含諸阿那含諸阿羅漢諸辟支佛有諸佛而有
佛寶法寶比丘僧寶而有轉法輪尒時釋提
桓因語須菩提若菩薩摩訶薩習般若波羅
蜜為習何法須菩提語釋提桓因言憍尸迦是
菩薩摩訶薩習般若波羅蜜為習空釋提桓
因白佛言世尊若善男子善女人受持般若
波羅蜜親近讀誦說正憶念我當作何等護

BD14701號　摩訶般若波羅蜜經（三十卷本）卷一四　（36–21）

菩薩摩訶薩習般若波羅蜜為習空釋提桓
因白佛言世尊若善男子善女人受持般若
波羅蜜親近讀誦説正憶念我當作何等護
尒時須菩提語釋提桓因言憍尸迦汝頗見
是法可守護者不釋提桓因言不也須菩提
我不見是法可守護者須菩提言憍尸迦若
善男子善女人如般若波羅蜜中所説行即
是守護所謂如所説般若波羅蜜行不遠離
是善男子善女人若人若非人不得其便當
知是善男子善女人不遠離般若波羅蜜憍
尸迦若人欲護行般若波羅蜜菩薩為欲護
虛空憍尸迦於汝意云何汝能護夢炎影響
幻化不釋提桓因言不能護若人欲護行般
若波羅蜜諸菩薩摩訶薩亦如是徒自疲苦
憍尸迦於汝意云何能護佛所化不釋提桓
因言不能護若人欲護行般若波羅蜜諸菩
薩摩訶薩亦如是憍尸迦於汝意云何能護
法性實際如不可思議性不釋提桓因言不
能護若人欲護行般若波羅蜜諸菩薩摩訶
薩亦如是尒時釋提桓因問須菩提云何菩
菩摩訶薩行般若波羅蜜知見諸法如夢如
炎如影如響如幻如化諸菩薩摩訶薩如所
知見故不念夢不念是夢不念用夢不念我
夢炎影響幻化亦如是須菩提言憍尸迦若

炎如影如響如幻如化諸菩薩摩訶薩如所
知見故不念夢不念是夢不念用夢不念我
夢炎影響幻化亦如是須菩提言憍尸迦若
菩薩摩訶薩行般若波羅蜜不念色不念是
色不念用色不念我色是菩薩摩訶薩亦能
不念夢不念是夢不念用夢不念我夢乃至
化亦不念化不念是化不念用化不念我化
受想行識亦如是乃至一切智不念一切智
不念是一切智不念用一切智不念我一切
智是菩薩摩訶薩亦能不念夢不念是夢不
念用夢不念我夢乃至化亦如是如是憍尸
迦菩薩摩訶薩知諸法如夢如炎如影如響如
幻如化尒時佛神力故三千大千國土中諸
四天王天卅三天夜魔天兜率陁天化樂天
他化自在天梵身天梵輔天梵衆天大梵天
少光天乃至淨居天是一切諸天以天栴檀
遙散佛上來詣佛所頭面禮佛足却住一面
尒時四天王天釋提桓因及卅三天梵天王
乃至諸淨居天佛神力故見東方千佛說法
亦如是相如是名字説是般若波羅蜜品諸
比丘皆字須菩提問難般若波羅蜜品者皆
字釋提桓因南西北方四維上下亦如是各
千佛現尒時佛告須菩提弥勒菩薩摩訶薩
得阿耨多羅三藐三菩提時亦當於是處説

字釋提桓因南西北方四維上下亦如是各
千佛現尒時佛告須菩提弥勒菩薩摩訶薩
得阿耨多羅三藐三菩提時亦當於是處說
般若波羅蜜賢劫中諸菩薩摩訶薩得阿耨
多羅三藐三菩提時亦當於是處說般若波
羅蜜須菩提白佛言世尊弥勒菩薩摩訶薩
得阿耨多羅三藐三菩提用何相何因何義
說是般若波羅蜜佛告須菩提弥勒菩薩摩
訶薩得阿耨多羅三藐三菩提時色非常非
无常當如是說法色非苦非樂色非我非无
我色非淨非不淨當如是說法色非縛非解
當如是說法受想行識非常非无常乃至非
縛非解當如是說法色非過去色非未來非
現在當如是說法受想行識亦如是色畢竟
淨當如是說法受想行識畢竟淨當如是說
法乃至一切智畢竟淨當如是說法須菩提
白佛言世尊是般若波羅蜜清淨佛言色清
淨故般若波羅蜜清淨受想行識清淨故般
若波羅蜜清淨世尊云何色清淨故般若波
羅蜜清淨云何受想行識清淨故般若波羅
蜜清淨佛言若色不生不滅不垢不淨是名
色清淨受想行識不生不滅不垢不淨是名
受想行識清淨復次須菩提虛空清淨故般
若波羅蜜清淨世尊云何虛空清淨故般若

BD14701號　摩訶般若波羅蜜經（三十卷本）卷一四　（36–24）

蜜清淨佛言若色不生不滅不垢不淨是名
色清淨受想行識不生不滅不垢不淨是名
受想行識清淨復次須菩提虛空清淨故般
若波羅蜜清淨世尊云何虛空清淨故般若
波羅蜜清淨佛言虛空不生不滅故清淨般
若波羅蜜亦如是復次須菩提色不汙故般
若波羅蜜清淨受想行識不汙故般若波羅
蜜清淨世尊云何色不汙故般若波羅蜜清
淨受想行識不汙故般若波羅蜜清淨佛言
如虛空不可汙故虛空清淨世尊云何如虛
空不可汙故虛空清淨佛言虛空不可取故
虛空清淨虛空清淨故般若波羅蜜清淨復
次須菩提虛空可說故般若波羅蜜清淨世
尊云何虛空可說故般若波羅蜜清淨佛言
因虛空中二聲出般若波羅蜜亦如虛空可
說故清淨須菩提虛空不可說故般若波羅蜜
清淨世尊云何虛空不可說故般若波羅蜜
清淨佛言如虛空无可說故般若波羅蜜清
淨復次如虛空不可得故般若波羅蜜清淨
世尊云何如虛空不可得故般若波羅蜜清
淨佛言如虛空无所得相般若波羅蜜亦如
虛空无所得故清淨復次須菩提一切法不
生不滅不垢不淨故般若波羅蜜清淨世尊
云何一切法不生不滅不垢不淨故般若波

BD14701號　摩訶般若波羅蜜經（三十卷本）卷一四　（36–25）

虚空无所得故清淨復次須菩提一切法不
生不㲽不垢不淨故般若波羅蜜清淨世尊
云何一切法不生不㲽不垢不淨故般若波
羅蜜清淨佛言一切法畢竟清淨故般若波
羅蜜清淨須菩提白佛言世尊若善男子善
女人受持是般若波羅蜜親近正憶念者終
不病眼耳鼻舌身亦終不病身无形殘亦不
衰老終不横死无數百千万諸天四天王天
乃至淨居諸天皆悉隨從聽受六齋日月八
日廿三日十四日廿九日十五日卅日諸天
衆會善男子為法師者在所説般若波羅蜜
處皆悉来集是善男子善女人在大衆中説
是般若波羅蜜得无量无邊阿僧祇不可思
議不可稱量福德佛告須菩提如是如是
善男子善女人若六齋日月八日廿三日十
四日廿九日十五日卅日在諸天衆前説是
般若波羅蜜是善男子善女人得无量无邊
阿僧祇不可思議不可稱量福德何以故須
菩提般若波羅蜜是大珎寶何等是大珎寶
是般若波羅蜜能挍地獄畜生餓鬼及人中
貧窮能与剎利大姓婆羅門大姓居士大家
能与四天王天處乃至非有想非无想處能
与須陁洹果斯陁含果阿那含果阿羅漢果
辟支佛道阿耨多羅三藐三菩提何以故是

BD14701 號　摩訶般若波羅蜜經（三十卷本）卷一四　（36–26）

能与四天王天處乃至非有想非无想處能
与須陁洹果斯陁含果阿那含果阿羅漢果
辟支佛道阿耨多羅三藐三菩提何以故是
般若波羅蜜中廣説十善道四禪四无量心
四无色定四念處乃至八聖道分檀波羅蜜
尸波羅蜜羼提波羅蜜毗梨耶波羅蜜禪波
羅蜜般若波羅蜜廣説内空乃至无法有法
空廣説佛十力乃至一切智從是中學出生
剎利大姓婆羅門大姓居士大家出生四天
王天卅三天夜摩天兜率陁天化樂天他化
自在天梵身天梵輔天梵衆天大梵天光天
少光天无量光天光音天淨天少淨天无量
淨天遍淨天阿那婆伽天得福天廣果天无
想天阿浮呵那天不熱天快見天妙見天阿
迦尼吒天虛空无邊處天識无邊處天无所
有處天非有想非无想處天是法中學得須
陁洹果斯陁含果阿那含果阿羅漢果得辟
支佛道得阿耨多羅三藐三菩提以是故須
菩提般若波羅蜜名為大珎寶珎寶波羅蜜
中无有法可得若生若㲽若垢若淨若取若
捨珎寶波羅蜜亦无有法若善若不善若世
間若出世間若有漏若无漏若有為若无為
以是故須菩提是名无所得珎寶波羅蜜須
菩提是珎寶波羅蜜无有法能染汙何以故

BD14701 號　摩訶般若波羅蜜經（三十卷本）卷一四　（36–27）

間若出世間若有漏若无漏若有為若无為
以是故須菩提是名无所得珎寶波羅蜜須
菩提是珎寶波羅蜜无有法能染汙何以故
所用淨法不可得故須菩提以是故名无染
珎寶波羅蜜須菩提若菩薩摩訶薩行般若
波羅蜜時亦如是不知亦如是不分別亦如
是不得亦如是不戲論是為能脩行般若波
羅蜜亦能礼覲諸佛從一佛國至一佛國供
養恭敬尊重讃嘆諸佛遊諸佛剎成就衆生
淨佛國土須菩提是般若波羅蜜於諸法无
有力无非力亦无受亦无与不生不滅不垢
不淨不增不減是波羅蜜亦非過去非未來
非現在不捨欲界不住欲界不捨色界不住
色界不捨无色界不住无色界是般若波羅
蜜不与檀波羅蜜亦不捨不与尸波羅蜜亦
不捨不与羼提波羅蜜亦不捨不与毗梨耶
波羅蜜亦不捨不与禪波羅蜜亦不捨不与
般若波羅蜜亦不捨不与內空亦不捨乃至
不与无法有法空亦不捨不与四念處亦不
捨乃至不与八聖道分亦不捨不与佛十力
亦不捨乃至不与十八不共法亦不捨不与
須陁洹果亦不捨乃至不与阿羅漢果亦不
捨不与辟支佛道亦不捨乃至不与一切智
亦不捨是般若波羅蜜不与阿羅漢法不捨

須陁洹果亦不捨乃至不与阿羅漢果亦不
捨不与辟支佛道亦不捨乃至不与一切智
亦不捨是般若波羅蜜不与阿羅漢法不捨
凡人法不与辟支佛法不捨阿羅漢法不与
佛法不捨辟支佛法是般若波羅蜜亦不与
无為法不捨有為法何以故若有諸佛若无
諸佛是諸法相常住不異法相法住法位常
住不謬不失故尒時諸天子虛空中立發大
音聲踊躍歡喜以漚鉢羅華波頭薬拘物陁
分陁利華而散佛上如是言我等於閻浮提
見第二法輪轉是中无量百千天子得无生
法忍佛告須菩提是法輪轉非第一轉非第
二轉是般若波羅蜜不為轉不為還故出无
法有法空故須菩提白佛言世尊云何无法
有法空故般若波羅蜜不為轉不為還故出
佛言般若波羅蜜般若波羅蜜相空乃至檀
波羅蜜檀波羅蜜相空內空內空相空乃至
无法有法空无法有法空相空四念處四念處
相空乃至八聖道分八聖道分相空佛十力佛
十力相空乃至十八不共法十八不共法相空
須陁洹果須陁洹果相空斯陁含果阿那含果
斯陁含果阿那含果相空阿羅漢果阿羅漢
果相空辟支佛道辟支佛道相空一切種智
一切種智相空須菩提白佛言世尊諸善

十力相空乃至十八不共法十八不共法相空
須陁洹果須陁洹果相空斯陁含果阿那含果
斯陁含果阿那含果相空阿羅漢果阿羅漢
果相空辟支佛道辟支佛道相空一切種智
一切種智相空須菩提白佛言世尊諸菩
薩摩訶薩般若波羅蜜是摩訶波羅蜜何以
故離一切法自性空令諸菩薩摩訶薩因般
若波羅蜜得阿耨多羅三藐三菩提亦无法
可得轉法輪亦无法可轉亦无法可還是摩
訶波羅蜜中亦无有法可見何以故是法不
可得若轉若還一切法畢竟不生故何以故
是空相不能轉不能還无相相不能轉不能
還无作相不能轉不能還若能如是說般若
波羅蜜教照開示分別顯現解釋有能如是
教者是名清淨說般若波羅蜜亦无說者亦
无受者亦无證者若无說无受无證亦无滅
者是說法中亦无畢竟定福田
摩訶般若波羅蜜品第卌四
尒時慧命須菩提白佛言世尊无邊波羅蜜
是般若波羅蜜佛言如虛空无邊故世尊等
波羅蜜是般若波羅蜜佛言諸法等故世尊
離波羅蜜是般若波羅蜜佛言畢竟空故世
尊不壞波羅蜜是般若波羅蜜佛言一切法
不可得故世尊无彼岸波羅蜜是般若波羅
蜜佛言无名无身故世尊空種波羅蜜是般

BD14701號　摩訶般若波羅蜜經（三十卷本）卷一四　（36–30）

離波羅蜜是般若波羅蜜佛言畢竟空故世
尊不壞波羅蜜是般若波羅蜜佛言一切法
不可得故世尊无彼岸波羅蜜是般若波羅
蜜佛言无名无身故世尊空種波羅蜜是般
若波羅蜜佛言入出息不可得故世尊不可
說波羅蜜是般若波羅蜜佛言覺觀不可得
故世尊无名波羅蜜是般若波羅蜜佛言受
想行識不可得故世尊不去波羅蜜是般若
波羅蜜佛言一切法不來故世尊无移波羅
蜜是般若波羅蜜佛言一切法不可伏故世
尊盡波羅蜜是般若波羅蜜佛言一切法畢
竟盡故世尊不生波羅蜜是般若波羅蜜佛
言一切法不滅故世尊不滅波羅蜜是般若
波羅蜜佛言一切法不生故世尊无作波羅
蜜是般若波羅蜜佛言作者不可得故世尊
无知波羅蜜是般若波羅蜜佛言知者不可
得故世尊不到波羅蜜是般若波羅蜜佛言
生死不可得故世尊不失波羅蜜是般若波
羅蜜佛言一切法不失故世尊夢波羅蜜是
般若波羅蜜佛言乃至夢中所見不可得故
世尊響波羅蜜是般若波羅蜜佛言聞聲者
不可得故世尊影波羅蜜是般若波羅蜜佛
言鏡面不可得故世尊炎波羅蜜是般若波
羅蜜佛言水流不可得故世尊幻波羅蜜是
般若波羅蜜佛言術事不可得故世尊不垢

BD14701號　摩訶般若波羅蜜經（三十卷本）卷一四　（36–31）

不可得故世尊影波羅蜜是般若波羅蜜佛
言鏡面不可得故世尊炎波羅蜜是般若波
羅蜜佛言水流不可得故世尊幻波羅蜜是
般若波羅蜜佛言術事不可得故世尊不誑
波羅蜜是般若波羅蜜佛言諸煩惱不可得
故世尊无淨波羅蜜是般若波羅蜜佛言煩
惱虛誑故世尊不汙波羅蜜是般若波羅蜜
佛言處不可得故世尊不戲論波羅蜜是波
若波羅蜜佛言一切戲論破故世尊不念波
羅蜜是般若波羅蜜佛言一切念破故世尊
不動波羅蜜是般若波羅蜜佛言法性常住
故世尊无染波羅蜜是般若波羅蜜佛言知
一切法妄解故世尊不起波羅蜜是般若波
羅蜜佛言一切法无分別故世尊寂滅波羅
蜜是般若波羅蜜佛言一切法相不可得故
世尊无欲波羅蜜是般若波羅蜜佛言欲不
可得故世尊无瞋波羅蜜是般若波羅蜜佛
言瞋恚不實故世尊无癡波羅蜜是般若波
羅蜜佛言无明闇黑滅故世尊无煩惱波羅
蜜是般若波羅蜜佛言分別憶想虛妄故世
尊无衆生波羅蜜是般若波羅蜜佛言衆生
无所有故世尊斷波羅蜜是般若波羅蜜佛
言諸法不起故世尊无二邊波羅蜜是般若
波羅蜜佛言離二邊故世尊不破波羅蜜是

BD14701 號　摩訶般若波羅蜜經（三十卷本）卷一四　（36–32）

尊无衆生波羅蜜是般若波羅蜜佛言衆生
无所有故世尊斷波羅蜜是般若波羅蜜佛
言諸法不起故世尊无二邊波羅蜜是般若
波羅蜜佛言離二邊故世尊不破波羅蜜是
般若波羅蜜佛言一切法不相離故世尊不
取波羅蜜是般若波羅蜜佛言過聲聞辟支
佛地故世尊不分別波羅蜜是般若波羅蜜
佛言諸妄想不可得故世尊无量波羅蜜是
般若波羅蜜佛言諸法量不可得故世尊虛
空波羅蜜是般若波羅蜜佛言一切法无所
有故世尊无常波羅蜜是般若波羅蜜佛言
一切法破壞故世尊苦波羅蜜是般若波羅
蜜佛言一切法惱相故世尊无我波羅蜜是
般若波羅蜜佛言一切法不著故世尊空波
羅蜜是般若波羅蜜佛言一切法不可得故
世尊无相波羅蜜是般若波羅蜜佛言一切
法不生故世尊內空波羅蜜是般若波羅蜜
佛言內法不可得故世尊外空波羅蜜是般
若波羅蜜佛言外法不可得故世尊內外空
波羅蜜是般若波羅蜜佛言內外法不可得
故世尊空空波羅蜜是般若波羅蜜佛言空
空法不可得故世尊大空波羅蜜是般若波
羅蜜佛言一切法不可得故世尊第一義空
波羅蜜是般若波羅蜜佛言涅槃不可得故
世尊有爲空波羅蜜是般若波羅蜜佛言有

BD14701 號　摩訶般若波羅蜜經（三十卷本）卷一四　（36–33）

空法不可得故世尊大空波羅蜜是般若波
羅蜜佛言一切法不可得故世尊第一義空
波羅蜜是般若波羅蜜佛言涅槃不可得故
世尊有為空波羅蜜是般若波羅蜜佛言有
為去不可得故世尊无為空波羅蜜是般若
波羅蜜佛言无為法不可得故世尊畢竟空
波羅蜜是般若波羅蜜佛言諸法畢竟不可
得故世尊无始空波羅蜜是般若波羅蜜佛
言諸法无始不可得故世尊散空波羅蜜是
般若波羅蜜佛言散法不可得故世尊性空
波羅蜜是般若波羅蜜佛言有為无為法不
可得故世尊諸法空波羅蜜是般若波羅蜜
佛言一切法不可得故世尊自相空波羅蜜
是般若波羅蜜佛言自相離故世尊无法空
波羅蜜是般若波羅蜜佛言无法不可得故
世尊有法空波羅蜜是般若波羅蜜佛言有
法不可得故世尊无法有法空波羅蜜是般
若波羅蜜佛言无法有法不可得故世尊念
處波羅蜜是般若波羅蜜佛言身受心法不
可得故世尊正懃波羅蜜是般若波羅蜜佛
言善不善法不可得故世尊如意足波羅蜜
是般若波羅蜜佛言四如意足不可得故世
尊根波羅蜜是般若波羅蜜佛言五根不可
得故世尊力波羅蜜是般若波羅蜜佛言五

BD14701 號　摩訶般若波羅蜜經（三十卷本）卷一四　（36–34）

尊根波羅蜜是般若波羅蜜佛言五根不可
得故世尊力波羅蜜是般若波羅蜜佛言五
力不可得故世尊覺波羅蜜是般若波羅蜜
佛言七覺分不可得故世尊道波羅蜜是般
若波羅蜜佛言八聖道分不可得故世尊无
作波羅蜜是般若波羅蜜佛言无作不可得
故世尊空波羅蜜是般若波羅蜜佛言空相
不可得故世尊无相波羅蜜是般若波羅蜜
佛言寂滅相不可得故世尊背捨波羅蜜是
般若波羅蜜佛言八背捨不可得故世尊定
波羅蜜是般若波羅蜜佛言次第定不可得
故世尊檀波羅蜜是般若波羅蜜佛言慳貪
不可得故世尊尸波羅蜜是般若波羅蜜佛
言破戒不可得故世尊羼提波羅蜜是般若
波羅蜜佛言忍辱不可得故世尊毗梨耶波
羅蜜是般若波羅蜜佛言懈怠精進不可
得故世尊禪波羅蜜是般若波羅蜜佛言定
亂不可得故世尊般若波羅蜜是般若波羅
蜜佛言癡慧不可得故世尊十力波羅蜜是
般若波羅蜜佛言一切法不可伏故世尊无
所畏波羅蜜是般若波羅蜜佛言道種智不
沒故世尊无导智波羅蜜是般若波羅蜜佛
言一切法无鄣无导故世尊佛法波羅蜜是
般若波羅蜜佛言過一切法故世尊如實說
者波羅蜜是般若波羅蜜佛言一切語如實

BD14701 號　摩訶般若波羅蜜經（三十卷本）卷一四　（36–35）

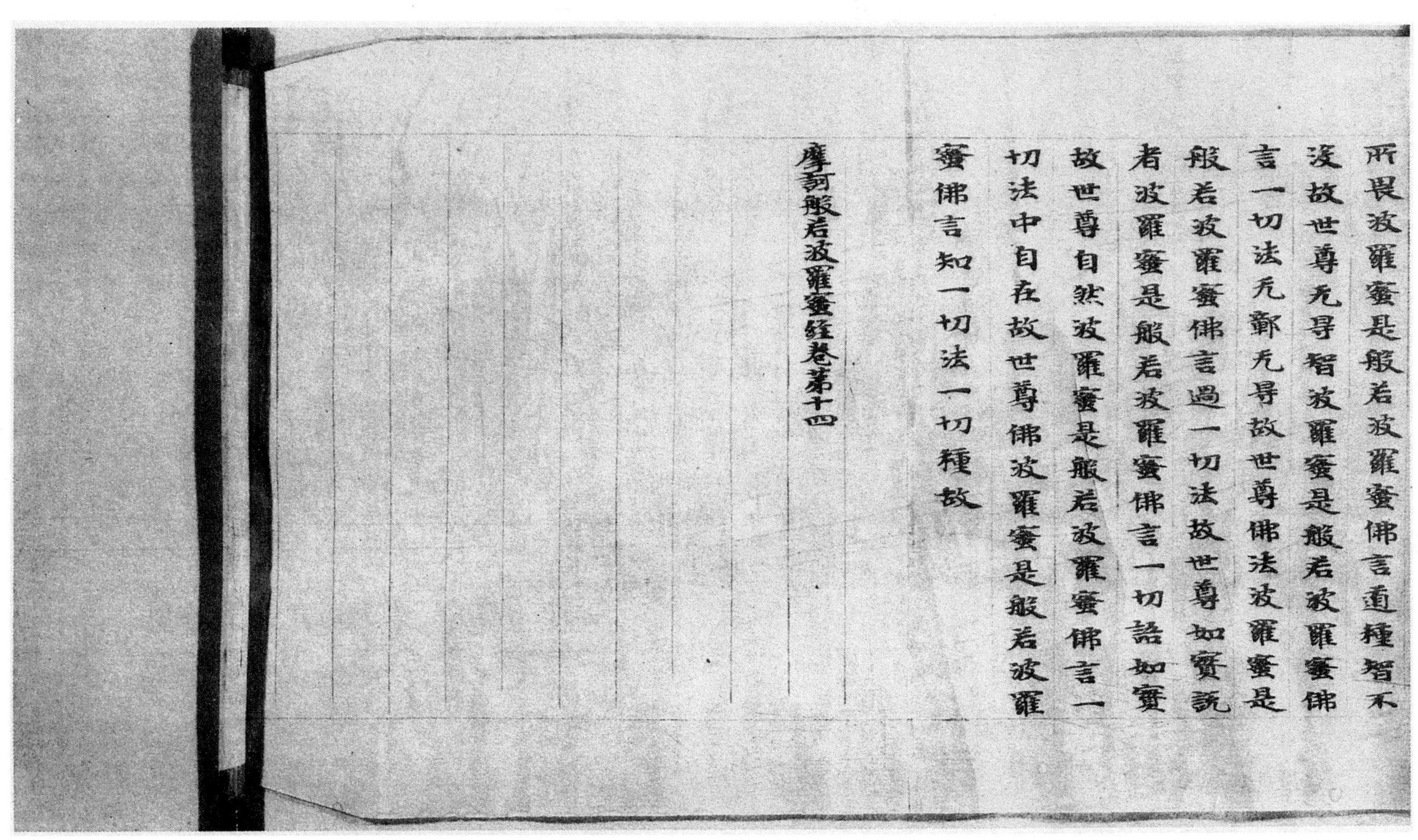
所畏波羅蜜是般若波羅蜜佛言遍種智不
沒故世尊无㝵智波羅蜜是般若波羅蜜佛
言一切法无鄣无㝵故世尊佛法波羅蜜是
般若波羅蜜佛言過一切法故世尊如實說
者波羅蜜是般若波羅蜜佛言一切語如實
故世尊自然波羅蜜是般若波羅蜜佛言一
切法中自在故世尊佛波羅蜜是般若波羅
蜜佛言知一切法一切種故

摩訶般若波羅蜜經卷第十四

BD14701 號　摩訶般若波羅蜜經（三十卷本）卷一四　（36–36）

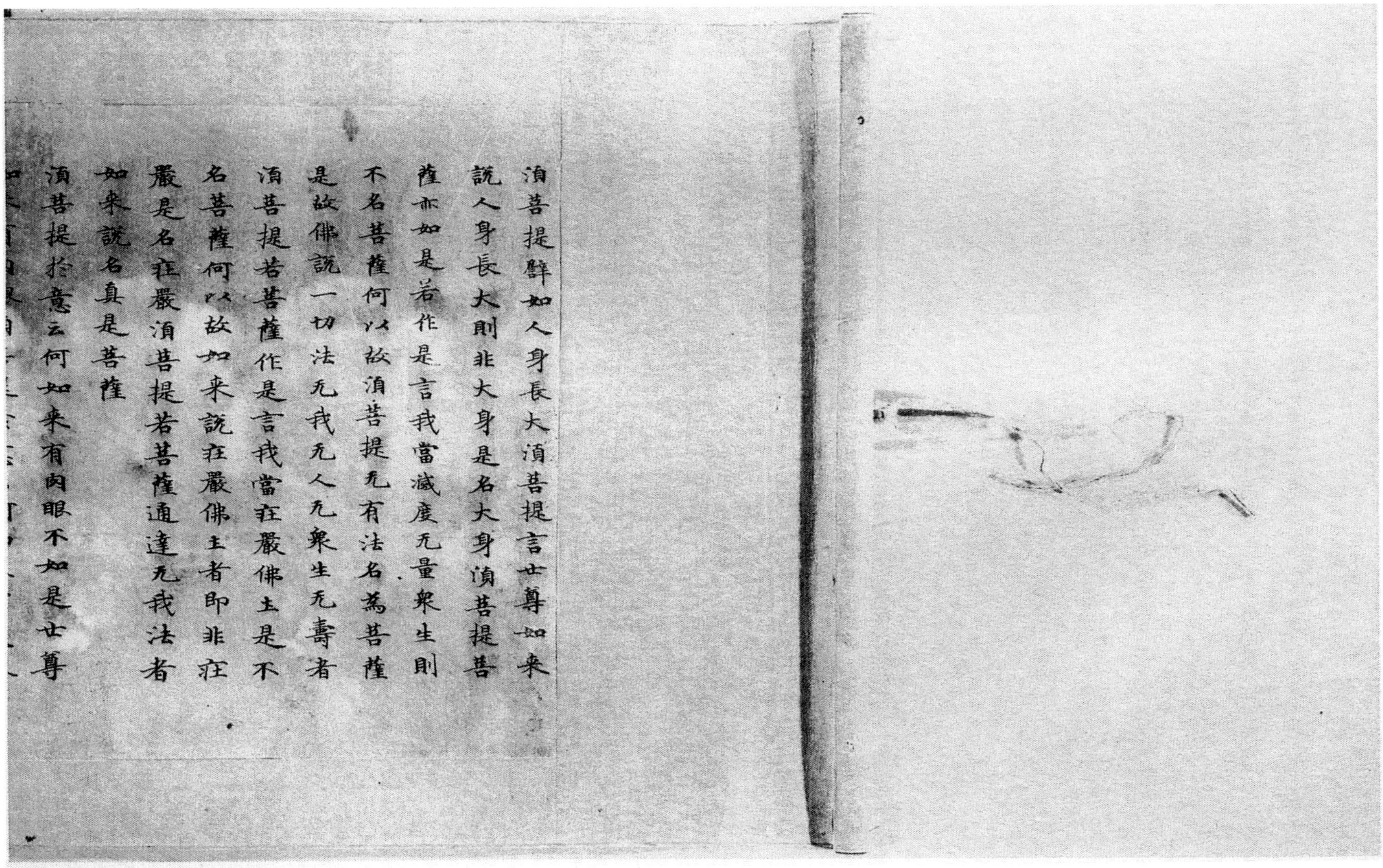

須菩提辟如人身長大須菩提言世尊如來
說人身長大則非大身是名大身須菩提菩
薩亦如是若作是言我當滅度无量衆生則
不名菩薩何以故須菩提无有法名爲菩薩
是故佛說一切法无我无人无衆生无壽者
須菩提若菩薩作是言我當莊嚴佛土是不
名菩薩何以故如來說莊嚴佛土者即非莊
嚴是名莊嚴須菩提若菩薩通達无我法者
如來說名真是菩薩
須菩提於意云何如來有肉眼不如是世尊

BD14702 號　金剛般若波羅蜜經　（6–1）

須菩提若菩薩作是言我當莊嚴佛土是不
名菩薩何以故如來說莊嚴佛土者即非莊
嚴是名莊嚴須菩提若菩薩通達无我法者
如來說名真是菩薩
須菩提於意云何如來有肉眼不如是世尊
如來有肉眼須菩提於意云何如來有天眼
不如是世尊如來有天眼須菩提於意云何
如來有慧眼不如是世尊如來有慧眼須菩
提於意云何如來有法眼不如是世尊如來
有法眼須菩提於意云何如來有佛眼不如
是世尊如來有佛眼須菩提於意云何恒河
中所有沙佛說是沙不如是世尊如來說是
沙須菩提於意云何如一恒河中所有沙有
如是等恒河是諸恒河所有沙數佛世界如
是寧為多不甚多世尊佛告須菩提尒所國
土中所有衆生若干種心如來悉知何以故
如來說諸心皆為非心是名為心所以者何
須菩提過去心不可得現在心不可得未來
心不可得須菩提於意云何若有人滿三千
大千世界七寶以用布施是人以是因緣得
福多不如是世尊此人以是因緣得福甚多
須菩提若福德有實如來不說得福德多以
福德无故如來說得福德多
須菩提於意云何佛可以具足色身見不不
也世尊如來不應以色身見何以故如來說
具足色身即非具足色身是名具足色身須

BD14702號　金剛般若波羅蜜經　（6–2）

福德无故如來說得福德多
須菩提於意云何佛可以具足色身見不不
也世尊如來不應以色身見何以故如來說
具足色身即非具足色身是名具足色身須
菩提於意云何如來可以具足諸相見不不
也世尊如來不應以具足諸相見何以故如
來說諸相具足即非具足是名諸相具足須
菩提汝勿謂如來作是念我當有所說法莫
作是念何以故若人言如來有所說法即為
謗佛不能解我所說故須菩提說法者无法
可說是名說法須菩提白佛言世尊佛得阿
耨多羅三藐三菩提為无所得耶如是如是
須菩提我於阿耨多羅三藐三菩提乃至无
有少法可得是名阿耨多羅三藐三菩提復
次須菩提是法平等无有高下是名阿耨多
羅三藐三菩提以无我无人无衆生无壽者
脩一切善法則得阿耨多羅三藐三菩提須
菩提所言善法者如來說非善法是名善法
須菩提若三千大千世界中所有諸須弥山
王如是等七寶聚有人持用布施若人以此
般若波羅蜜經乃至四句偈等受持為他人
說於前福德百分不及一百千万億分乃至
筭數譬喻所不能及須菩提於意云何汝等
勿謂如來作是念我當度衆生須菩提莫作
是念何以故實无有衆生如來度者若有衆
生如來度者如來則有我人衆生壽者須菩

BD14702號　金剛般若波羅蜜經　（6–3）

諸[illegible]
算數譬喻所不能及須菩提於意云何汝等
勿謂如来作是念我當度衆生須菩提莫作
是念何以故實无有衆生如来度者若有衆
生如来度者如来則有我人衆生壽者須菩
提如来說有我者則非有我而凡夫之人以
為有我須菩提凡夫者如来說則非凡夫須
菩提於意云何可以三十二相觀如来不須
菩提言如是如是以三十二相觀如来佛言
須菩提若以三十二相觀如来者轉輪聖王
則是如来須菩提白佛言世尊如我解佛所
說義不應以三十二相觀如来尒時世尊而
說偈言
若以色見我 以音聲求我 是人行耶道 不能見如来
須菩提汝若作是念如来不以具足相故得
阿耨多羅三藐三菩提須菩提莫作是念如
来不以具足相故得阿耨多羅三藐三菩提
須菩提汝若作是念發阿耨多羅三藐三菩
提者說諸法斷滅莫作是念何以故發阿耨
多羅三藐三菩提者於法不說斷滅相須菩
提若菩薩以滿恒河沙等世界七寶布施若
復有人知一切法无我得成於忍此菩薩勝
前菩薩所得功德須菩提以諸菩薩不受福
德故須菩提白佛言世尊云何菩薩不受福
德須菩提菩薩所作福德不應貪著是故說
不受福德須菩提若有人言如来若来若去
若坐若卧是人不解我所說義何以故如来

BD14702 號　金剛般若波羅蜜經　（6–4）

德故須菩提白佛言世尊云何菩薩不受福
德須菩提菩薩所作福德不應貪著是故說
不受福德須菩提若有人言如来若来若去
若坐若卧是人不解我所說義何以故如来
者无所從来亦无所去故名如来須菩提若
善男子善女人以三千大千世界碎為微塵
於意云何是微塵衆寧為多不甚多世尊何
以故若是微塵衆實有者佛則不說是微塵
衆所以者何佛說微塵衆則非微塵衆是名
微塵衆世尊如来所說三千大千世界則非
世界是名世界何以故若世界實有則是一
合相如来說一合相則非一合相是名一合
相須菩提一合相者則是不可說但凡夫之
人貪著其事須菩提若人言佛說我見人見
衆生見壽者見須菩提於意云何是人解我
所說義不世尊是人不解如来所說義何以
故世尊說我見人見衆生見壽者見即非我
見人見衆生見壽者見是名我見人見衆生
見壽者見須菩提發阿耨多羅三藐三菩提
心者於一切法應如是知如是見如是信解
不生法相須菩提所言法相如来說即非法
相是名法相須菩提若有人以滿无量阿僧
祇世界七寶持用布施若有善男子善女人
發菩薩心者持於此經乃至四句偈等受持
讀誦為人演說其福勝彼云何為人演說不
取於相如如不動何以故

BD14702 號　金剛般若波羅蜜經　（6–5）

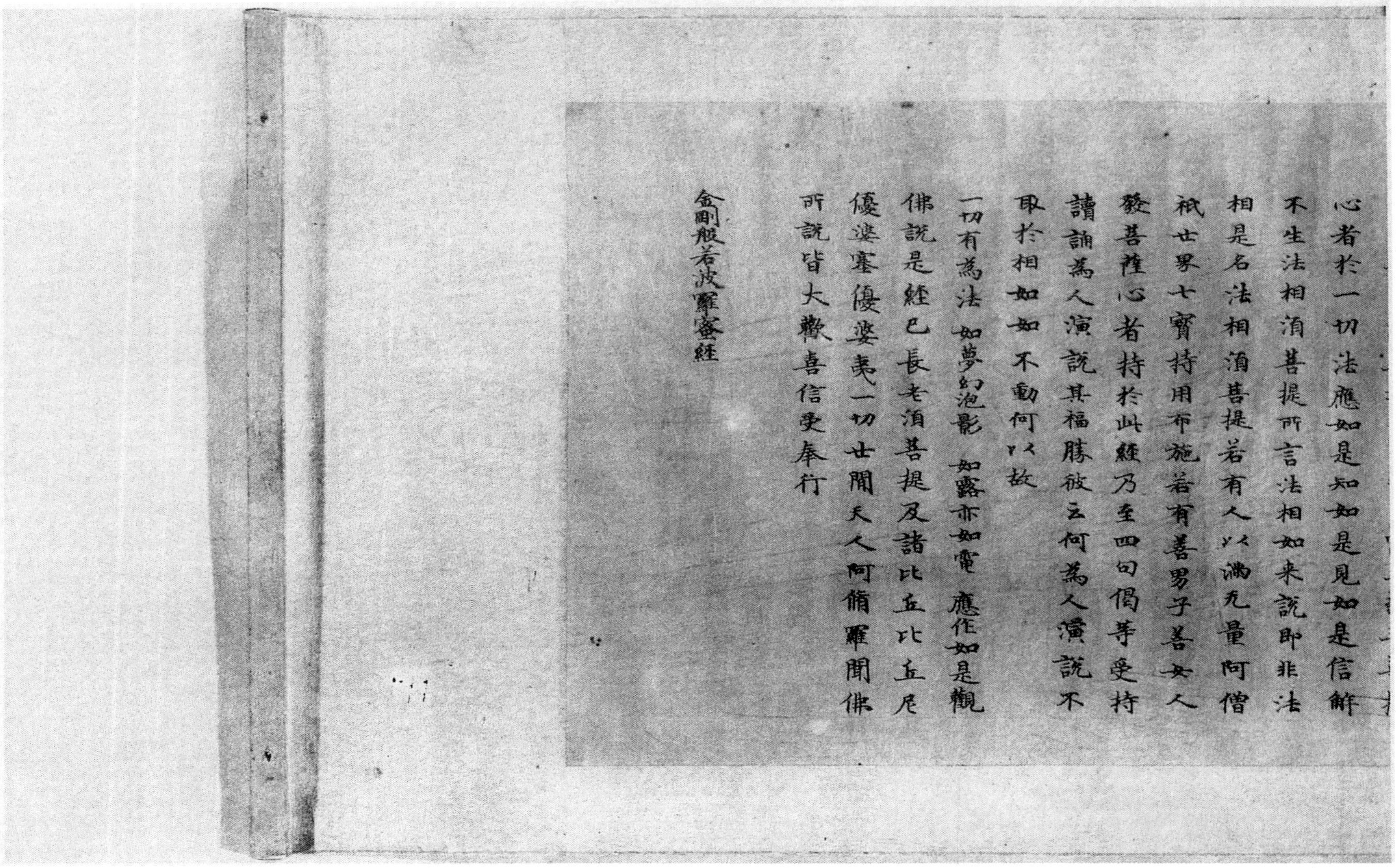

心者於一切法應如是知如是見如是信解
不生法相須菩提所言法相如來說即非法
相是名法相須菩提若有人以滿无量阿僧
祇世界七寶持用布施若有善男子善女人
發菩薩心者持於此經乃至四句偈等受持
讀誦為人演說其福勝彼云何為人演說不
取於相如如不動何以故
一切有為法 如夢幻泡影 如露亦如電 應作如是觀
佛說是經已長老須菩提及諸比丘比丘尼
優婆塞優婆夷一切世間天人阿脩羅聞佛
所說皆大歡喜信受奉行

金剛般若波羅蜜經

BD14702號　金剛般若波羅蜜經　（6–6）

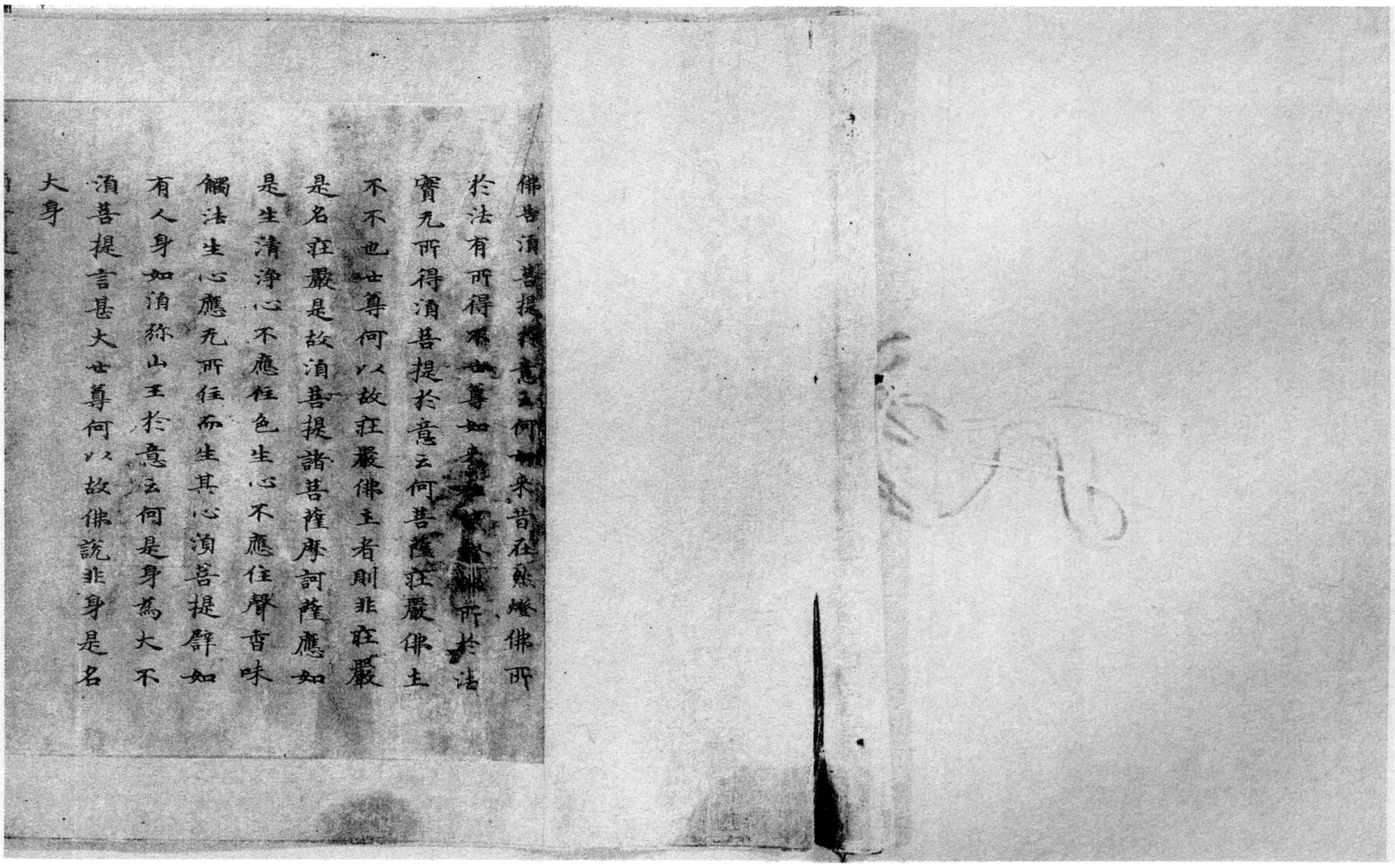

佛告須菩提於意云何如來昔在然燈佛所
於法有所得不不也世尊如來在然燈佛所於法
實无所得須菩提於意云何菩薩莊嚴佛土
不不也世尊何以故莊嚴佛土者則非莊嚴
是名莊嚴是故須菩提諸菩薩摩訶薩應如
是生清淨心不應住色生心不應住聲香味
觸法生心應无所住而生其心須菩提譬如
有人身如須彌山王於意云何是身為大不
須菩提言甚大世尊何以故佛說非身是名
大身

BD14703號　金剛般若波羅蜜經　（7–1）

是生清淨心不應住色生心不應住聲香味
觸法生心應无所住而生其心須菩提譬如
有人身如須弥山王於意云何是身為大不
須菩提言甚大世尊何以故佛說非身是名
大身
須菩提如恒河中所有沙數如是沙等恒河
於意云何是諸恒河沙寧為多不須菩提言
甚多世尊但諸恒河尚多无數何況其沙須
菩提我今實言告汝若有善男子善女人以
七寶滿尒所恒河沙數三千大千世界以用
布施得福多不須菩提言甚多世尊佛告須
菩提若善男子善女人於此經中乃至受持
四句偈等為他人說而此福德勝前福德復
次須菩提隨說是經乃至四句偈等當知此
處一切世間天人阿脩羅皆應供養如佛塔
廟何況有人盡能受持讀誦須菩提當知是
人成就最上第一希有之法若是經典所在
之處則為有佛若尊重弟子
尒時須菩提白佛言世尊當何名此經我等
云何奉持佛告須菩提是經名為金剛般若
波羅蜜以是名字汝當奉持所以者何須菩
提佛說般若波羅蜜則非般若波羅蜜須菩
提於意云何如來有所說法不須菩提白佛
言世尊如來无所說須菩提於意云何三千
大千世界所有微塵是為多不須菩提言甚
多世尊須菩提諸微塵如來說非微塵是名
微塵如來說世界非世界是名世界須菩提

BD14703號　金剛般若波羅蜜經　（7–2）

言世尊如來无所說須菩提於意云何三千
大千世界所有微塵是為多不須菩提言甚
多世尊須菩提諸微塵如來說非微塵是名
微塵如來說世界非世界是名世界須菩提
於意云何可以三十二相見如來不不也世
尊何以故如來說三十二相即是非相是名
三十二相須菩提若有善男子善女人以恒
河沙等身命布施若復有人於此經中乃至
受持四句偈等為他人說其福甚多
尒時須菩提聞說是經深解義趣涕淚悲泣
而白佛言希有世尊佛說如是甚深經典我
從昔來所得慧眼未曾得聞如是之經世尊
若復有人得聞是經信心清淨則生實相當
知是人成就第一希有功德世尊是實相者
則是非相是故如來說名實相世尊我今得
聞如是經典信解受持不足為難若當來世
後五百歲其有眾生得聞是經信解受持是
人則為第一希有何以故此人无我相人相
眾生相壽者相所以者何我相即是非相人
相眾生相壽者相即是非相何以故離一切
諸相則名諸佛
佛告須菩提如是如是若復有人得聞是經
不驚不怖不畏當知是人甚為希有何以故
須菩提如來說第一波羅蜜非第一波羅蜜
是名第一波羅蜜須菩提忍辱波羅蜜如來
說非忍辱波羅蜜何以故須菩提如我昔為

BD14703號　金剛般若波羅蜜經　（7–3）

須菩提如来說第一波羅蜜非第一波羅蜜
是名第一波羅蜜須菩提忍辱波羅蜜如来
說非忍辱波羅蜜何以故須菩提如我昔為
歌利王割截身體我於尒時无我相无人相
无衆生相无壽者相何以故我於往昔節節
支解時若有我相人相衆生相壽者相應生
瞋恨須菩提又念過去於五百世作忍辱仙
人於尒所世无我相无人相无衆生相无壽
者相是故須菩提菩薩應離一切相發阿耨
多羅三藐三菩提心不應住色生心不應住
聲香味觸法生心應生无所住心若心有住
則為非住是故佛說菩薩心不住色布施須
菩提菩薩為利益一切衆生應如是布施如
来說一切諸相即是非相又說一切衆生則
非衆生須菩提如来是真語者實語者如語
者不誑語者不異語者須菩提如来所得法
此法无實无虛須菩提若菩薩心住於法而
行布施如人入闇則无所見若菩薩心不住
法而行布施如人有目日光明照見種種色
須菩提當来之世若有善男子善女人能於
此經受持讀誦則為如来以佛智慧悉知是
人悉見是人皆得成就无量无邊功德
須菩提若有善男子善女人初日分以恒河
沙等身布施中日分復以恒河沙等身布施
後日分亦以恒河沙等身布施如是无量百
千万億劫以身布施若復有人聞此經典信

BD14703號　金剛般若波羅蜜經　（7–4）

人悉見是人皆得成就无量无邊功德
須菩提若有善男子善女人初日分以恒河
沙等身布施中日分復以恒河沙等身布施
後日分亦以恒河沙等身布施如是无量百
千万億劫以身布施若復有人聞此經典信
心不逆其福勝彼何況書寫受持讀誦為人
解說須菩提以要言之是經有不可思議不
可稱量无邊功德如来為發大乘者說為發
冣上乘者說若有人能受持讀誦廣為人說
如来悉知是人悉見是人皆得成就不可量
不可稱无有邊不可思議功德如是人等則
為荷擔如来阿耨多羅三藐三菩提何以故
須菩提若樂小法者著我見人見衆生見壽
者見則於此經不能聽受讀誦為人解說須
菩提在在處處若有此經一切世間天人阿
脩羅所應供養當知此處則為是塔皆應恭
敬作礼圍繞以諸華香而散其處
復次須菩提善男子善女人受持讀誦此經
若為人輕賤是人先世罪業應墮惡道以今
世人輕賤故先世罪業則為消滅當得阿耨
多羅三藐三菩提須菩提我念過去无量阿
僧祇劫於然燈佛前得值八百四千万億那
由他諸佛悉皆供養承事无空過者若復有
人於後末世能受持讀誦此經所得功德於
我所供養諸佛功德百分不及一千万億分
乃至算數譬喻所不能及須菩提若善男子
善女人於後末世有受持讀誦此經所得功

BD14703號　金剛般若波羅蜜經　（7–5）

人於後末世能受持讀誦此經所得功德於
我所供養諸佛功德百分不及一千万億分
乃至筭數譬喻所不能及須菩提若善男子
善女人於後末世有受持讀誦此經所得功
德我若具說者或有人聞心則狂亂狐疑不
信須菩提當知是經義不可思議果報亦不
可思議
尒時須菩提白佛言世尊善男子善女人發
阿耨多羅三藐三菩提心云何應住云何降
伏其心佛告須菩提善男子善女人發阿耨
多羅三藐三菩提者當生如是心我應滅度
一切衆生滅度一切衆生已而无有一衆生
實滅度者何以故若菩薩有我相人相衆生
相壽者相則非菩薩所以者何須菩提實无
有法發阿耨多羅三藐三菩提者須菩提於
意云何如來於然燈佛所有法得阿耨多羅
三藐三菩提不不也世尊如我解佛所說義
佛於然燈佛所无有法得阿耨多羅三藐三
菩提佛言如是如是須菩提實无有法如來
得阿耨多羅三藐三菩提須菩提若有法如
來得阿耨多羅三藐三菩提者然燈佛則不
與我受記汝於來世當得作佛号釋迦牟尼
以實无有法得阿耨多羅三藐三菩提是故
然燈佛與我受記作是言汝於來世當得作
佛号釋迦牟尼何以故如來者即諸法如義
若有人言如來得阿耨多羅三藐三菩提須
菩提實无有法佛得阿耨多羅三藐三菩提

BD14703號　金剛般若波羅蜜經　（7–6）

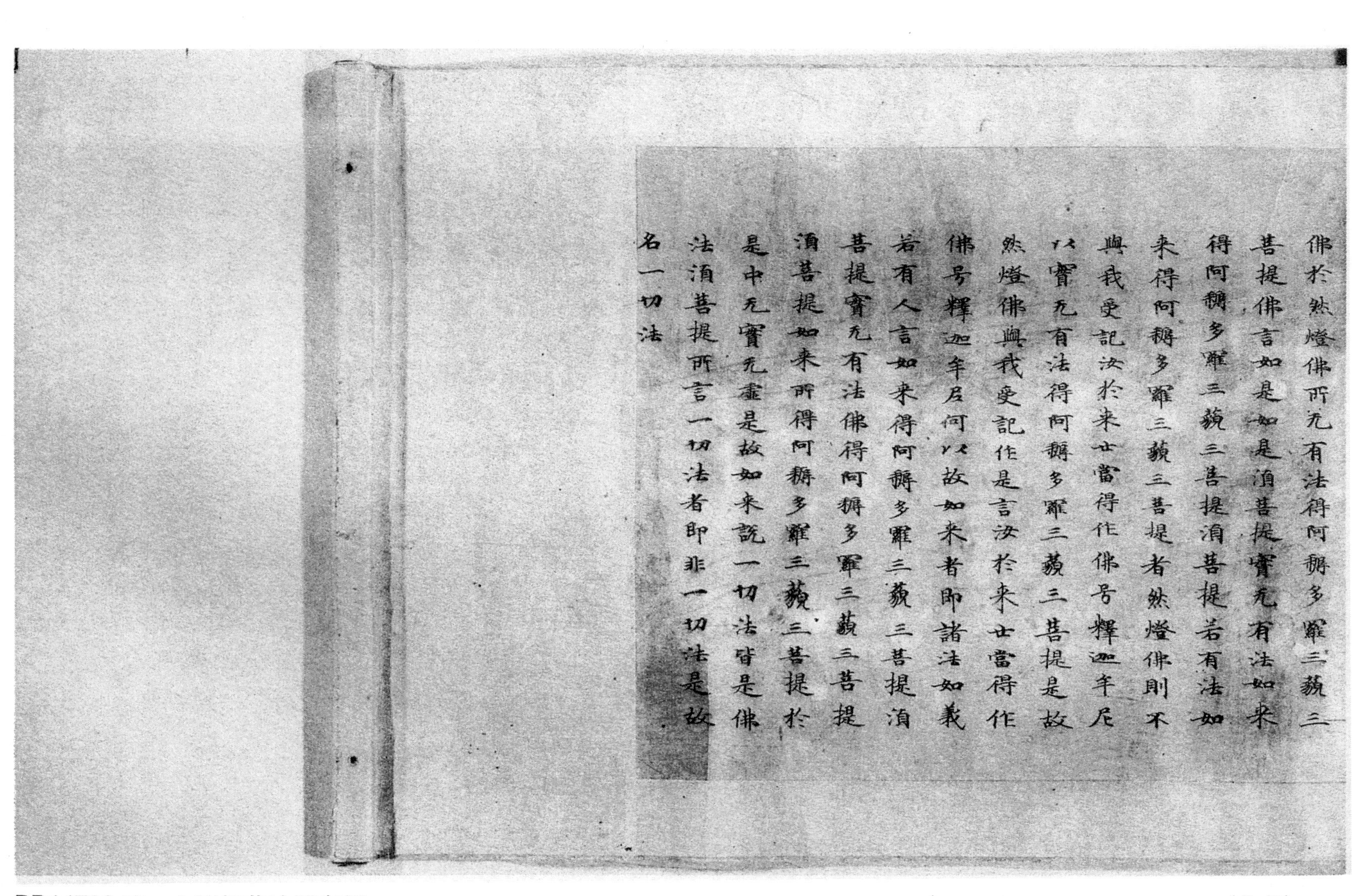
佛於然燈佛所无有法得阿耨多羅三藐三
菩提佛言如是如是須菩提實无有法如來
得阿耨多羅三藐三菩提須菩提若有法如
來得阿耨多羅三藐三菩提者然燈佛則不
與我受記汝於來世當得作佛号釋迦牟尼
以實无有法得阿耨多羅三藐三菩提是故
然燈佛與我受記作是言汝於來世當得作
佛号釋迦牟尼何以故如來者即諸法如義
若有人言如來得阿耨多羅三藐三菩提須
菩提實无有法佛得阿耨多羅三藐三菩提
須菩提如來所得阿耨多羅三藐三菩提於
是中无實无虛是故如來說一切法皆是佛
法須菩提所言一切法者即非一切法是故
名一切法

BD14703號　金剛般若波羅蜜經　（7–7）

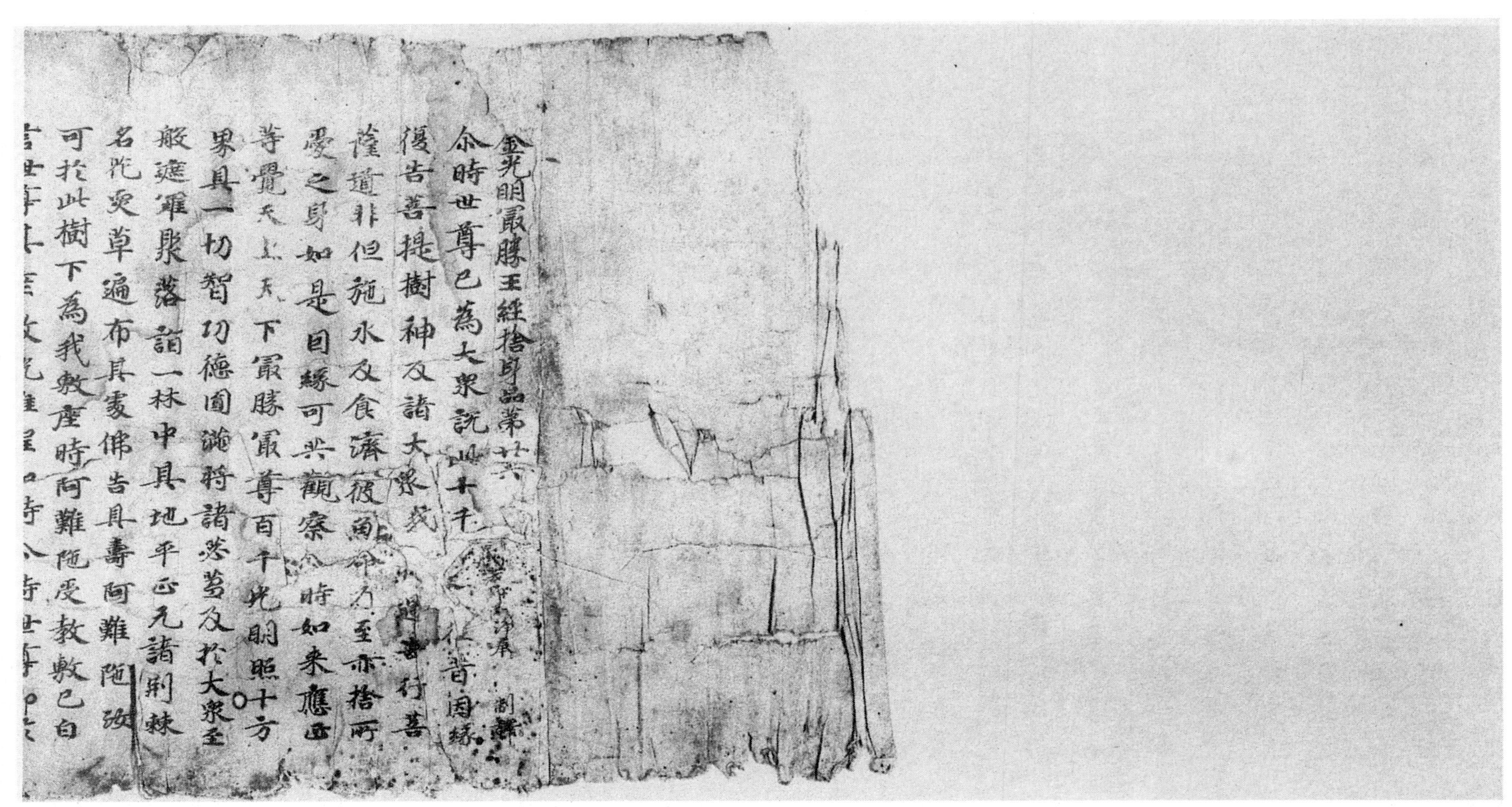

金光明最勝王經捨身品第廿六　三藏法師義淨奉　制譯
尒時世尊已為大衆說此十千天子往昔因緣
復告菩提樹神及諸大衆我於過去行菩
薩道非但施水及食濟彼魚命乃至亦捨所
愛之身如是因緣可共觀察尒時如來應正
等覺天上天下最勝最尊百千光明照十方
界具一切智功德圓滿將諸苾芻及於大衆至
般遮羅聚落詣一林中其地平正元諸荊棘
名花軟草遍布其處佛告具壽阿難陀汝
可於此樹下為我敷座時阿難陀受教敷已白

BD14704號　金光明最勝王經卷一〇　（18–1）

等覺天上天下最勝最尊百千光明照十方
界具一切智功德圓滿將諸苾芻及於大衆至
般遮羅聚落詣一林中其地平正元諸荊棘
名花軟草遍布其處佛告具壽阿難陀汝
可於此樹下為我敷座時阿難陀受教敷已白
言世尊其座敷訖唯聖知時尒時世尊即於
座上跏趺而坐端身正念告諸苾芻汝等樂
欲見彼往昔苦行菩薩本舍利不諸苾芻言
我等樂見世尊即以百福莊嚴相好之手而
按其地于時大地六種震動即便開裂七寶
制底忽然涌出衆寶羅網莊嚴其上大衆
見已生希有心尒時世尊即從座起作禮右
繞還就本座告阿難陀汝可開此制底之戶
時阿難陀即開其戶見七寶函奇珍間飾白
言世尊有七寶函衆寶莊挍佛言汝可開函
時阿難陀奉教開已見有舍利白如珂雪拘
物頭花即白佛言函有舍利色妙異常佛言
阿難陀汝可持此大士骨來時阿難陀即取
其骨奉授世尊世尊受已告諸苾芻汝等應
觀苦行菩薩遺身舍利而說頌曰
菩薩勝德相應慧　勇猛精勤六度圓
常脩不息為菩提　大捨堅固心元惓
汝等苾芻咸應禮敬菩薩本身此之舍利乃
是元量戒定慧香之所熏馥最上福田極難
逢遇時諸苾芻及諸大衆咸皆至心合掌恭
敬頂禮舍利歎未曾有時阿難陀前禮佛足
白言世尊如來大師出過一切為諸有情之
所恭敬何因緣故禮此身骨佛告阿難陀我
因此骨速得元上正等菩提為報往恩我今
致禮復告阿難陀吾今為汝及諸大衆斷除

BD14704號　金光明最勝王經卷一〇　（18–2）

所恭敬何因緣故礼此身骨佛告阿難陁我
因此骨速得无上正等菩提為報往恩我今
致礼復告阿難陁吾今為汝及諸大衆斷除
疑惑說是舍利往昔因緣汝等善思當一心
聽阿難陁曰我等樂聞願為開闡阿難陁過
去世時有一國王名曰大車巨冨多財庫藏盈
滿軍兵武勇衆所欽伏常以正法施化黔黎
人民熾盛无有怨敵國大夫人誕生三子顏
容端正人所樂觀太子名曰摩訶波羅次子
名曰摩訶提婆幼子名曰摩訶薩埵是時大
王為欲遊觀縱賞山林其三王子亦皆隨從
為求花果捨父周旋至大竹林於中憩息
第一王子作如是言我於今日心甚驚惶於
此林中將无猛獸損害於我第二王子復作
是言我於自身初无恡惜恐於所愛有別離
苦第三王子白二兄曰
此是神仙所居處　我无恐怖別離憂
身心无遍生歡喜　當獲殊勝諸功德
時諸王子各說本心所念之事次復前行見
有一虎產生七子纔經七日諸子圍繞飢渴
所逼身形羸瘦將死不久第一王子作如是
言哀哉此虎產來七日七子圍繞无暇求食
飢渴所逼必還噉子薩埵王子問言此虎每
常所食何物第一王子答曰
虎豹豺師子　唯噉熱血肉　更无餘飲食　可濟此盡羸
第二王子聞此語已作如是言此虎羸瘦飢渴
所逼餘命无幾我等何能為求如是難得
飲食誰復為斯自捨身命濟其飢苦第一
王子言一切難捨无過己身薩埵王子言我
等今者於自己身各生愛戀復无智慧不能

BD14704號　金光明最勝王經卷一〇　（18–3）

所逼餘命无幾我等何能為求如是難得
飲食誰復為斯自捨身命濟其飢苦第一
王子言一切難捨无過己身薩埵王子言我
等今者於自己身各生愛戀復无智慧不能
於他而興利益然有上士懷大悲心常為利他
忘身濟物復作是念我今此身於百千生虛
棄爛壞曾无所益云何今日而不能捨以濟
飢苦如捐涕唾時諸王子作是議已各起慈
心悽傷愍念共觀羸虎目不暫移徘徊久之
俱捨而去尒時薩埵王子便作是念我捨身
命今正是時何以故
我從久來持此身　臭穢膿流不可愛
供給敷具并衣食　象馬車乘及珍財
變壞之法體无常　恒求難滿難保守
雖常供養懷怨害　終歸棄我不知恩
復次此身不堅於无益可畏如賊不淨如
糞我於今日當使此身修廣大業於生死海
作大舟航棄捨輪迴令得出離復作是念若
捨此身則捨无量癰疽惡疾百千怖畏是身
唯有大小便利不堅如泡諸蟲所集血脉筋
骨共相連持甚可猒患是故我今應當棄捨
以求无上究竟涅槃永離憂患无常苦惱生
死休息斷諸塵累以定慧力圓滿熏脩百福
莊嚴成一切智諸佛所讚微妙法身既證得
已施諸衆生无量法樂是時王子興大勇猛
發弘誓願以大悲念增益其心慮彼二兄情
懷怖懼共為留難不果所祈即便白言二兄
前去我且於後尒時王子摩訶薩埵還入林
中至其虎所脫去衣服置於竹上作是誓言
我為法界諸衆生　志求无上菩提處

BD14704號　金光明最勝王經卷一〇　（18–4）

發弘誓願以大悲念增益其心慮彼二兄情
懷怖懼共為留難不果所祈即便白言二兄
前去我且於後尒時王子摩訶薩埵還入林
中至其虎所脫去衣服置於竹上作是誓言
我為法界諸眾生　志求无上菩提處
起大悲心不傾動　當捨凡夫所愛身
菩提无患无熱惱　諸有智者之所樂
三界苦海諸眾生　我今拔濟令安樂
是時王子作是言已於餓虎前委身而臥由
此菩薩慈悲威勢虎无能為菩薩見已即上
高山投身于地復作是念虎今羸瘦不能
食我即起求刀竟不能得即以乾竹刺頸出
血漸近虎邊是時大地六種震動如風激水涌
沒不安日无精明如羅睺障諸方闇蔽无復光
輝天雨名花及妙香末繽紛亂墜遍滿林中
尒時虛空有諸天眾見是事已生隨喜心
歎未曾有咸共讚言善哉大士即說頌曰
大士救護運悲心　等視眾生如一子
勇猛歡喜情无惓　捨身濟苦福難思
定至真常勝妙處　永離生死諸纏縛
不久當獲菩提果　寂靜安樂證无生
是時餓虎既見菩薩頸下血流即便舐血噉
肉皆盡唯留餘骨尒時第一王子見地動已
告其弟曰
大地山河皆震動　諸方闇蔽日无光
天花亂墜遍空中　定是我弟捨身相
第二王子聞兄語已說伽他曰
我聞薩埵作悲言　見彼餓虎身羸瘦
飢苦所纏恐食子　我今疑弟捨其身
時二王子生大愁苦啼泣悲歎即

BD14704號　金光明最勝王經卷一〇　（18–5）

天花亂墜遍空中　定是我弟捨身相
第二王子聞兄語已說伽他曰
我聞薩埵作悲言　見彼餓虎身羸瘦
飢苦所纏恐食子　我今疑弟捨其身
時二王子生大愁苦啼泣悲歎即
共相隨還至虎所見弟衣服在竹枝上
骸骨及髮在處縱橫流血成泥霑汙
其地見已悶絕不能自持投身骨
上久乃得穌即起舉手哀號大哭
俱時歎曰
我弟貌端嚴　父母偏愛念　云何俱共出　捨身而不歸
父母若問時　我等如何荅　寧可同捐命　豈復自存身
時二王子悲泣懊惱漸捨而去時小王子所將
侍從互相謂曰王子何在宜共推求
尒時國大夫人寢高樓上便於夢中見不祥
相被割兩乳牙齒墮落得三鴿鶵一為鷹奪
二被驚怖地動之時夫人遂覺心大愁惱作
如是言
何故今時大地動　江河林樹皆搖震
日无精光如覆蔽　目瞤乳動異常時
如箭射心憂苦逼　遍身戰掉不安隱
我之所夢不祥徵　必有非常災變事
夫人兩乳忽然流出念此必有變怪之事時
有侍女聞外人言求覓王子今猶未得心大
驚怖即入宮中白夫人曰大家知不外聞諸
人散覓王子遍求不得時彼夫人聞是語已
生大憂惱悲淚盈目至大王所白言大王我
聞外人作如是語失我最小所愛之子王聞
語已驚惶失所悲哽而言苦哉今日失我愛
子即便抆淚慰喻夫人告言賢首汝勿憂慼

BD14704號　金光明最勝王經卷一〇　（18–6）

人散覓王子遍求不得時彼夫人聞是語已生大憂惱悲淚盈目至大王所白言大王我聞外人作如是語失我最小所愛之子王聞語已驚惶失所悲哽而言苦哉今日失我愛子即便抆淚慰喻夫人告言賢首汝勿憂感吾今共出求覓愛子王與大臣及諸人衆即共出城各各分散隨處求覓未久之頃有一大臣前白王曰聞王子在願勿憂愁其最小者今猶未見王聞是語悲歎而言苦哉苦哉失我愛子

初有子時歡喜少　後失子時憂苦多
若使我兒重壽命　縱我身亡不為苦

夫人聞已憂惱纏懷如被箭中而嗟歎曰

我之三子并侍從　俱往林中共遊賞
最小愛子獨不還　定有乖離災厄事

次第二臣來至王所王問臣曰愛子何在第二大臣懊惱啼泣喉舌乾燥口不能言竟无所荅夫人問曰

速報小子今何在　我身熱惱遍燒然
悶亂荒迷失本心　勿使我胷今破裂

時第二臣即以王子捨身之事具白王知王及夫人聞其事已不勝悲噎望捨身處駕前行詣竹林所至彼菩薩捨身之地見其骸骨隨處交橫俱時投地悶絕將死猶如猛風吹倒大樹心迷失緒都无所知時大臣等以水遍灑王及夫人良久乃蘇舉手而生啼哭歎曰

禍哉愛子端嚴相　因何死苦先來逼
若我得在汝前亡　豈見如斯大苦事

BD14704號　金光明最勝王經卷一〇　（18–7）

吹倒大樹心迷失緒都无所知時大臣等以水遍灑王及夫人良久乃蘇舉手而生啼哭歎曰

禍哉愛子端嚴相　因何死苦先來逼
若我得在汝前亡　豈見如斯大苦事

尒時夫人迷悶稍止頭髮蓬亂兩手搥胷宛轉于地如魚處陸若牛失子悲泣而言

我子誰屠割　餘骨散于地　失我所愛子　憂悲不自勝
苦哉誰殺子　致斯憂惱事　我心非金剛　云何而不破
我夢中所見　兩乳皆被割　牙齒悉墮落　今遭大苦痛
又夢三鴿鶵　一被鷹擒去　今失所愛子　惡相表非虛

尒時大王及於夫人并二王子盡哀號哭瓔珞不御與諸人衆共收菩薩遺身舍利為於供養置窣堵波中阿難陁汝等應知此即是彼菩薩舍利復告阿難陁我於昔時雖具煩惱貪瞋癡等能於地獄餓鬼傍生五趣之中隨緣救濟令得出離何況今時煩惱都盡无復餘習号天人師具一切智而不能為一一衆生經於多劫在地獄中及於餘處代受衆苦令出生死煩惱輪迴尒時世尊欲重宣此義而說頌言

我念過去世　无量无數劫　或時作國王　或復為王子
常行於大施　及捨所愛身　願出離生死　至妙菩提處
昔時有大國　國王名大車　王子名勇猛　常施心无悋
王子有二兄　号大渠大天　三人同出遊　漸至山林所
見虎飢所逼　便生如是心　此虎飢火燒　更无餘可食
大士覩如斯　恐其將食子　捨身无所顧　救子不令傷
大地及諸山　一時皆震動　江海皆騰躍　驚波水逆流
天地失光明　昏冥无所見　林野諸禽獸　飛奔失所依

BD14704號　金光明最勝王經卷一〇　（18–8）

見虎飢所逼 便生如是心 此虎飢火燒 更无餘可食
大士觀如斯 恐其將食子 捨身无所顧 救子不令傷
大地及諸山 一時皆震動 江海皆騰躍 驚波水逆流
天地失光明 昏冥无所見 林野諸禽獸 飛奔亘所依
二兄怪不還 憂感生悲苦 即与諸侍從 林藪遍尋求
兄弟共籌議 復往深山處 四顧无所有 見虎處空林
其母并七子 口皆有血汙 殘骨并餘髮 縱橫在地中
復見有流血 散在竹林所 二兄既見已 心生大怖懼
悶絕俱投地 荒迷不覺知 塵土坌其身 六情皆失念
王子諸侍從 啼泣心憂惱 以水灑令蘇 舉手號咷哭
菩薩捨身時 慈母在宮內 五百諸婇女 共受於妙樂
夫人之兩乳 忽然自流出 遍體如針刺 苦痛不能安
欻生失子想 憂箭苦傷心 即白大王知 陳斯苦惱事
悲泣不堪忍 哀聲向王說 大王今當知 我生大苦惱
兩乳忽流出 禁止不隨心 如針遍刺身 煩冤胸欲破
我先夢惡徵 必當失愛子 願王濟我命 知兒在與亡
夢見三鴿鶵 小者是愛子 忽被鷹奪去 悲愁難具陳
我今沒憂海 趣死將不久 恐子命不全 願為速求覓
又聞外人語 小子求不得 我今意不安 願王哀愍我
夫人白王已 舉身而躃地 悲痛心悶絕 荒迷不覺知
婇女見夫人 悶絕在於地 舉聲皆大哭 憂惶失所依
王聞如是語 懷憂不自勝 因命諸群臣 尋求所愛子
皆共出城外 隨處而追覓 涕泣問諸人 王子今何在
今者為存亡 誰知所去處 云何令得見 適我憂惱心
諸人悉共傳 咸言王子无 聞者皆傷悼 悲歎苦難裁
尒時大車王 悲號從座起 即就夫人處 以水灑其身
夫人蒙水灑 久乃得醒悟 悲啼以問王 我兒今在不
王告夫人曰 我已使諸人 四面求王子 尚未有消息
王又告夫人 汝莫生煩惱 且當自安慰 可共出追尋

尒時大車王 悲號從座起 即就夫人處 以水灑其身
夫人蒙水灑 久乃得醒悟 悲啼以問王 我兒今在不
王告夫人曰 我已使諸人 四面求王子 尚未有消息
王又告夫人 汝莫生煩惱 且當自安慰 可共出追尋
王即与夫人 嚴駕而前進 號慟聲悽感 憂心若火然
士庶百千萬 亦隨王出城 各欲求王子 悲號聲不絕
王求愛子故 目視於四方 見有一人來 被髮身塗血
遍體蒙塵土 悲泣逆前來 王見是惡相 倍復生憂惱
王便舉兩手 哀號不自裁 初有一大臣 忽忙至王所
進白大王曰 幸願勿悲哀 王之所愛子 今雖求未獲
不久當來至 以釋大王憂 王復更前行 見次大臣至
其臣詣王所 流淚白王言 二子今見存 被憂火所逼
其第三王子 已被无常吞 見餓虎初生 將欲食其子
彼薩埵王子 見此起悲心 願求无上道 當度一切眾
繫想妙菩提 廣大深如海 即上高山頂 投身餓虎前
虎羸不能食 以竹自傷頸 遂噉王子身 唯有餘骸骨
時王及夫人 聞已俱悶絕 心沒於憂海 煩惱火燒然
臣以栴檀水 灑王及夫人 俱起大悲號 舉手椎胸臆
第三大臣來 白王如是語 我見二王子 悶絕在林中
臣以冷水灑 尒乃蹔蘇息 顧視於四方 如猛火周遍
蹔起而還伏 悲號不自勝 舉手以哀言 稱歎弟希有
王聞如是說 倍增憂火煎 夫人大號咷 高聲作是語
我之小子偏鍾愛 已為无常羅剎吞
餘有二子今現存 復被憂火所燒逼
我今速可之山下 安慰令其保餘命
即便馳駕望前路 一心詣彼捨身崖
路逢二子行啼泣 椎胸懊惱失容儀
父母見已抱憂悲 俱往山林捨身處

即便馳駕望前路　一心詣彼捨身崖
路逢二子行啼泣　椎胸懊惱失容儀
父母見已抱憂悲　俱往山林捨身處
既至菩薩捨身地　共聚悲號生大苦
脫去瓔珞盡哀心　収取菩薩身餘骨
与諸人衆同供養　共造七寶窣覩波
以彼舍利置函中　慗駕懷憂趣城邑
復告阿難陁　往時薩埵者　即我牟尼是　勿生於異念
王是父淨飯　后是母摩耶　太子謂慈氏　次子曼殊室利
虎是大世主　五兒五苾芻　一是大目連　一是舍利子
我為汝等說　往昔利他緣　如是菩薩行　成佛因當學
菩薩捨身時　發如是弘誓　願我身餘骨　來世益衆生
此是捨身處　七寶窣堵波　以經无量時　遂沉於厚地
由昔本願力　隨緣興濟度　為利於人天　從地而涌出
尒時世尊說是往昔因緣之時无量阿僧企
耶人天大衆皆大悲喜歎未曾有悉發阿耨
多羅三藐三菩提心復告樹神我為報恩故
致礼敬佛攝神力其窣堵波還沒于地
金光明最勝王經十方菩薩讚歎品第廿七
尒時釋迦牟尼如來說是經時於十方世界
有无量百千万億諸菩薩衆各從本土詣鷲
峯山至世尊所五輪著地礼世尊已一心合掌
異口同音而讚歎曰
佛身微妙真金色　其光普照等金山
清淨柔耎若蓮花　无量妙彩而嚴飾
三十二相遍莊嚴　八十種好皆圓備
光明晒著无与等　離垢猶如淨滿月
其聲清徹甚微妙　如師子吼震雷音

BD14704號　金光明最勝王經卷一〇　（18–11）

清淨柔耎若蓮花　无量妙彩而嚴飾
三十二相遍莊嚴　八十種好皆圓備
光明晒著无与等　離垢猶如淨滿月
其聲清徹甚微妙　如師子吼震雷音
八種微妙應群機　超勝迦陵頻伽音
百福妙相以嚴容　光明具足淨无垢
智慧澄明如大海　功德廣大若虛空
圓光遍滿十方界　隨緣普濟諸有情
煩惱愛染習皆除　法炬恒然不休息
哀愍利益諸衆生　現在未來能与樂
常為宣說第一義　令證涅槃真寂靜
佛說甘露殊勝法　能与甘露微妙義
引入甘露涅槃城　令受甘露无為樂
常於生死大海中　解脫一切衆生苦
令彼能住安隱路　恒与難思如意樂
如来德海甚深廣　非諸譬喻所能知
於衆常起大悲心　方便精勤恒不息
如来智海无邊際　一切人天共測量
假使千万億劫中　不能得知其少分
我今略讚佛功德　於德海中唯一滴
迴斯福聚施群生　皆願速證菩提果
尒時世尊告諸菩薩言善哉善哉汝等善能
如是讚佛功德利益有情廣興佛事能滅諸
罪生无量福
金光明最勝王經妙幢菩薩讚歎品第廿八
尒時妙幢菩薩即從座起偏袒右肩右膝著
地合掌向佛而說讚曰
牟尼百福相圓滿　无量功德以嚴身
廣大清淨人樂觀　猶如千日光明照

BD14704號　金光明最勝王經卷一〇　（18–12）

金光明最勝王經妙幢菩薩讚歎品第廿六
尒時妙幢菩薩即從座起偏袒右肩右膝著
地合掌向佛而説讚曰
牟尼百福相圓滿　无量功德以嚴身
廣大清淨人樂觀　猶如千日光明照
焰彩无邊光熾盛　如妙寶聚相端嚴
如日初出暎虛空　紅白分明間金色
亦如金山光普照　悉能周遍百千土
能滅衆生无量苦　皆与无邊勝妙樂
諸相具足悉嚴淨　衆生樂觀无猒足
頭髮柔耎紺青色　猶如黑蜂集妙花
大喜大捨淨莊嚴　大慈大悲皆具足
衆妙相好爲嚴飾　菩提分法之所成
如来能施衆福利　令彼常蒙大安樂
種種妙德共莊嚴　光明普照千万土
如来光明極圓滿　猶如赫日遍空中
佛如須弥功德具　示現能周於十方
如来金口妙端嚴　齒白齊密如珂雪
如来面貌无倫匹　眉間毫相常右旋
光潤鮮白等頗梨　猶如滿月居空界
佛告妙幢菩薩汝能如是讚佛功德不可思
議利益一切令未知者隨順脩學
金光明最勝王經菩提樹神讚歎品第廿九
尒時菩提樹神亦以伽他讚世尊曰
敬礼如来清淨慧　敬礼常求正法慧
敬礼能離非法慧　敬礼恒无分別慧
希有世尊无邊行　希有難見比優曇
希有如海鎮山王　希有善逝光无量
希有調御弘慈願　希有釋種明逾日

敬礼如来清淨慧　敬礼常求正法慧
敬礼能離非法慧　敬礼恒无分別慧
希有世尊无邊行　希有難見比優曇
希有如海鎮山王　希有善逝光无量
希有調御弘慈願　希有釋種明逾日
能説如是經中寶　哀愍利益諸群生
牟尼寂靜諸根定　能入寂靜涅槃城
能住寂靜等持門　能知寂靜深境界
兩足中尊住空寂　聲聞弟子身亦空
一切法體性皆無　一切衆生悉空寂
我常憶念於諸佛　我常樂見諸世尊
我常發起慇重心　常得值遇如来日
我常頂礼於世尊　願常渴仰心不捨
悲泣流淚情无間　常得奉事不知猒
唯願世尊起悲心　和顏常得令我見
佛及聲聞衆清淨　願常普濟於人天
佛身本淨若虛空　亦如幻焰及水月
願説涅槃甘露法　能生一切功德聚
世尊所有淨境界　慈悲正行不思議
聲聞獨覺非所量　大仙菩薩不能測
唯願如来哀愍我　常令覩見大悲身
三業无倦奉慈尊　速出生死歸真際
尒時世尊聞是讚已以梵音聲告樹神曰善
哉善哉善女天汝能於我真實无妄清淨法
身自利利他宣揚妙相以此功德令汝速證
最上菩提一切有情同所脩習若得聞者皆
入甘露无生法門
金光明最勝王經大辯才天女讚歎品第卅
尒時大辯才天女即從座起合掌恭敬以直

[illegible]
冣上菩提一切有情同所脩習若得聞者皆
入甘露无生法門
金光明冣勝王經大辯才天女讚歎品第卅
尒時大辯才天女即從座起合掌恭敬以直
言詞讚世尊曰
南謨釋迦牟尼如來應正等覺身真金色咽
如蠡貝面如滿月目類青蓮脣口赤好如頗
黎色鼻高脩直如截金鋌齒白齊密如拘物
頭花身光普照如百千日光彩暎徹如贍部
金所有言詞皆无謬失示三解脫門開三菩
提路心常清淨意樂亦然佛所住處及所行
境亦常清淨離非威儀進止无謬六年苦行
三轉法輪度苦衆生令歸彼岸身相圓滿如
枸陁樹六度薰脩三業无失具一切智自他
利滿所有宣說常為衆生言不虛設於釋種
中為大師子堅固勇猛具八解脫我今隨力
稱讚如來少分功德猶如蚊子飲大海水願
以此福廣及有情永離生死成无上道
尒時世尊告大辯天曰善哉善哉汝久修習
具大辯才今復於我廣陳讚歎令汝速證无
上法門相好圓明普利一切
金光明冣勝王經付囑品第卅一
尒時世尊普告无量菩薩及諸人天一切大
衆汝等當知我於无量无數大劫勤脩苦行
獲甚深法菩提正因已為汝說汝等誰能發
勇猛心恭敬守護我涅槃後於此法門廣宣
流布能令正法久住世間尒時衆中有六十
俱胝諸大菩薩六十俱胝諸天大衆異口同

BD14704號　金光明最勝王經卷一〇　（18–15）

獲甚深法菩提正因已為汝說汝等誰能發
勇猛心恭敬守護我涅槃後於此法門廣宣
流布能令正法久住世間尒時衆中有六十
俱胝諸大菩薩六十俱胝諸天大衆異口同
音作如是語世尊我等咸有欣樂之心於佛
世尊无量大劫勤修苦行所獲甚深微妙之
法菩提正因恭敬護持不惜身命佛涅槃後
於此法門廣宣流布當令正法久住世間尒
時諸大菩薩即於佛前說伽他曰
世尊真實語　安住於實法　由彼真實故　護持於此經
大悲為甲冑　安住於大慈　由彼慈悲力　護持於此經
福資糧圓滿　生起智資糧　由資糧滿故　護持於此經
降伏一切魔　破滅諸邪論　斷除惡見故　護持於此經
護世并釋梵　乃至阿蘇羅　龍神藥叉等　護持於此經
地上及虛空　久住於斯者　奉持佛教故　護持於此經
四梵住相應　四聖諦嚴飾　降伏四魔故　護持於此經
虛空成質礙　質礙成虛空　諸佛所護持　无能傾動者
尒時四大天王聞佛說此護持妙法各生隨
喜護正法心一時同聲說伽他曰
我今於此經　及男女眷屬　皆一心擁護　令得廣流通
若有持經者　能作菩提因　我常於四方　擁護而承事
尒時天帝釋合掌恭敬說伽他曰
諸佛證此法　為欲報恩故　饒益菩薩衆　出世演斯經
我於彼諸佛　報恩常供養　護持如是經　及以持經者
尒時覩史多天子合掌恭敬說伽他曰
佛說如是經　若有能持者　當住菩提位　來生覩史天
世尊我慶悅　捨天殊勝報　住於贍部洲　宣揚是經典
時索訶世界主梵天王合掌恭敬說伽他曰
諸靜慮无量　諸乘及解脫　皆從此經出　是故演斯經

BD14704號　金光明最勝王經卷一〇　（18–16）

佛說如是經　若有能持者　當往菩提位　來生覩史天
世尊我慶悅　捨天殊勝報　往於贍部洲　宣揚是經典
時索訶世界主梵天王合掌恭敬說伽他曰
諸靜慮无量　諸乘及解脫　皆從此經出　是故演斯經
若說是經處　我捨梵天樂　為聽如是經　亦常為擁護
尒時魔王子名曰商主合掌恭敬說伽他曰
若有受持此　正義相應經　不隨魔所行　淨除魔惡業
我等於此經　亦當勤守護　發大精進意　隨處廣流通
尒時魔王合掌恭敬說伽他曰
若有持此經　能伏諸煩惱　如是衆生類　擁護令安樂
若有說是經　諸魔不得便　由佛威神故　我當擁護彼
尒時妙吉祥天子亦於佛前說伽他曰
諸佛妙菩提　於此經中說　若持此經者　是供養如來
我當持此經　為俱胝天說　恭敬聽聞者　勸至菩提處
尒時慈氏菩薩合掌恭敬說伽他曰
若見住菩提　与為不請友　乃至捨身命　為護此經王
我聞如是法　當往覩史天　由世尊加護　廣為人天說
尒時上座大迦攝波合掌恭敬說伽他曰
佛於聲聞乘　說我少智慧　我今隨自力　護持如是經
若有持此經　我當攝受彼　授其詞辯力　常隨讚善哉
尒時具壽阿難陁合掌向佛說伽他曰
我親從佛聞　无量衆經典　未曾聞如是　深妙法中王
我今聞是經　親於佛前受　諸樂菩提者　當為廣宣通
尒時世尊見諸菩薩人天大衆各各發心於
此經典流通擁護勸進菩薩廣利衆生讚言
善哉善哉汝等能於如是微妙經王虔誠流
布乃至於我般涅槃後不令散滅即是无上
菩提正因所獲功德於恒沙劫說不能盡若
有苾芻苾芻尼鄔波索迦鄔波斯迦及餘善

BD14704號　金光明最勝王經卷一〇　（18–17）

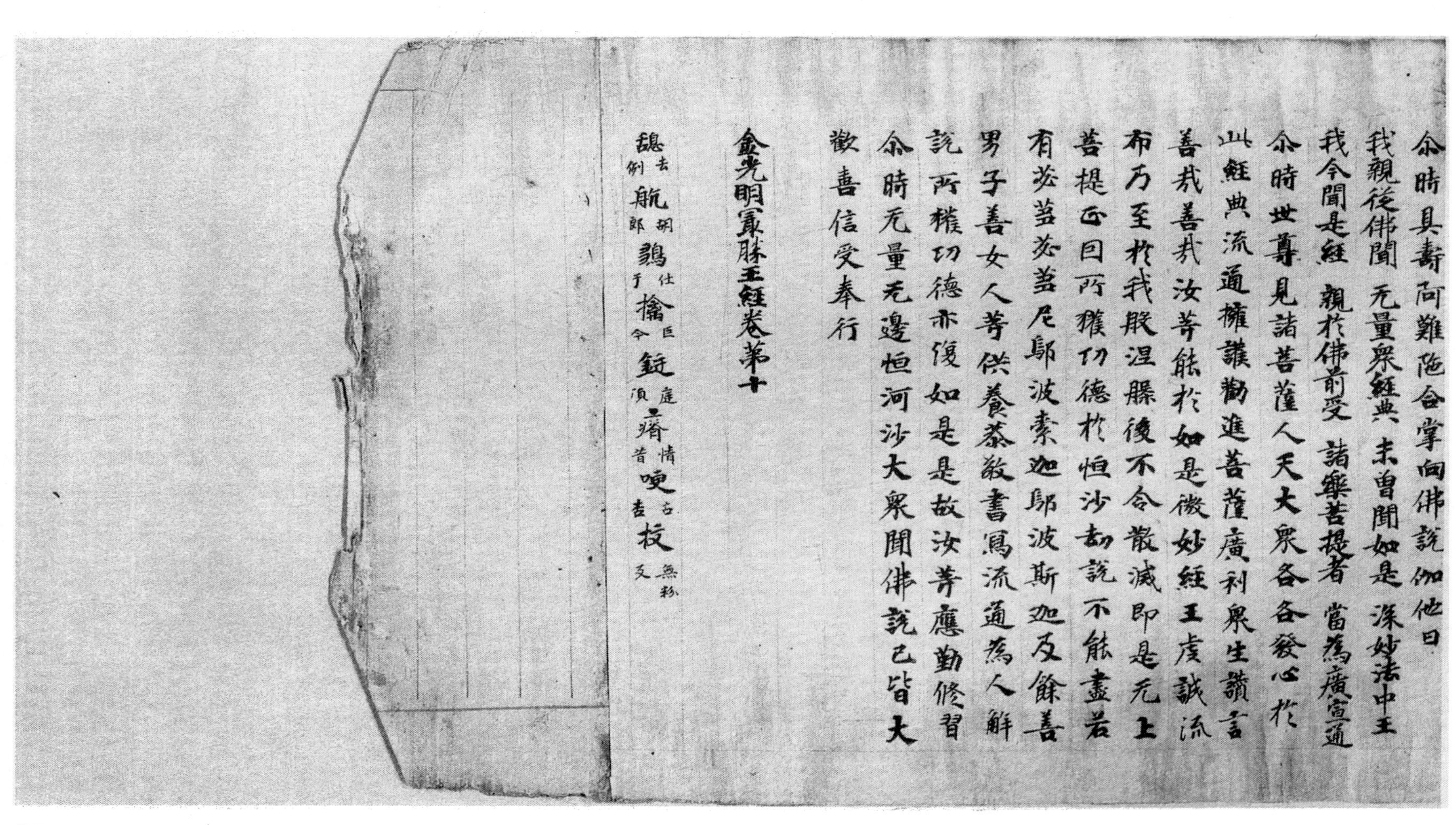
尒時具壽阿難陁合掌向佛說伽他曰
我親從佛聞　无量衆經典　未曾聞如是　深妙法中王
我今聞是經　親於佛前受　諸樂菩提者　當為廣宣通
尒時世尊見諸菩薩人天大衆各各發心於
此經典流通擁護勸進菩薩廣利衆生讚言
善哉善哉汝等能於如是微妙經王虔誠流
布乃至於我般涅槃後不令散滅即是无上
菩提正因所獲功德於恒沙劫說不能盡若
有苾芻苾芻尼鄔波索迦鄔波斯迦及餘善
男子善女人等供養恭敬書寫流通為人解
說所獲功德亦復如是是故汝等應勤修習
尒時无量无邊恒河沙大衆聞佛說已皆大
歡喜信受奉行

金光明最勝王經卷第十

憩去例　航胡郎　鶵仕于　擒巨今　鋌庭頂　瘠情昔　哽古杏　校[illegible]

BD14704號　金光明最勝王經卷一〇　（18–18）

相無願解脫門畢竟淨故說是清淨㝡為甚
深舍利子菩薩十地畢竟淨故說是清淨㝡
為甚深
舍利子五眼畢竟淨故說是清淨㝡為甚深
六神通畢竟淨故說是清淨㝡為甚深舍利
子佛十力畢竟淨故說是清淨㝡為甚深四
無所畏四無礙解大慈大悲大喜大捨十八佛
不共法畢竟淨故說是清淨㝡為甚深舍
利子無忘失法畢竟淨故說是清淨㝡為甚
深恒住捨性畢竟淨故說是清淨㝡為甚深
舍利子一切智畢竟淨故說是清淨㝡為甚深
道相智一切相智畢竟淨故說是清淨㝡為
甚深舍利子一切陀羅尼門畢竟淨故說是清
淨㝡為甚深一切三摩地門畢竟淨故說
是清淨㝡為甚深舍利子預流果畢竟淨
故說是清淨為㝡甚深一來不還阿羅漢果
畢竟淨故說是清淨㝡為甚深舍利子獨覺

BD14705號　大般若波羅蜜多經卷二八五　（19–1）

淨㝡為甚深一切三摩地門畢竟淨故說
是清淨㝡為甚深舍利子預流果畢竟淨
故說是清淨為㝡甚深一來不還阿羅漢果
畢竟淨故說是清淨㝡為甚深舍利子獨覺
菩提畢竟淨故說是清淨㝡為甚深舍利子
一切菩薩摩訶薩行畢竟淨故說是清淨㝡
為甚深舍利子諸佛無上正等菩提畢竟淨
故說是清淨㝡為甚深時舍利子復白佛言
世尊如是清淨極為明了佛言如是畢竟淨故
舍利子言何法畢竟淨故說是清淨極為明了
佛言舍利子般若波羅蜜多畢竟淨故說
是清淨極為明了靜慮精進安忍淨戒布施
波羅蜜多畢竟淨故說是清淨極為明了舍利
子內空畢竟淨故說是清淨極為明了外
空內外空空空大空勝義空有為空無為
空畢竟空無際空散空無變異空本性空自
相空共相空一切法空不可得空無性空自
性空無性自性空畢竟淨故說是清淨極
為明了舍利子真如畢竟淨故說是清淨極為
明了法界法性不虛妄性不變異性平等性
離生性法定法住實際虛空界不思議界畢
竟淨故說是清淨極為明了舍利子苦聖諦
畢竟淨故說是清淨極為明了集滅道聖諦
畢竟淨故說是清淨極為明了舍利子四靜慮
畢竟淨故說是清淨極為明了四無量四無
色定畢竟淨故說是清淨極為明了舍利子
八解脫畢竟淨故說是清淨極為明了八勝

BD14705號　大般若波羅蜜多經卷二八五　（19–2）

畢竟淨故說是清淨極爲明了舍利子四靜慮
畢竟淨故說是清淨極爲明了四無量四無
色定畢竟淨故說是清淨極爲明了舍利子
八解脫畢竟淨故說是清淨極爲明了八勝
處九次第定十遍處畢竟淨故說是清淨
極爲明了舍利子四念住畢竟淨故說是清
淨極爲明了四正斷四神足五根五力七等覺
支八聖道支畢竟淨故說是清淨極爲明了
舍利子空解脫門畢竟淨故說是清淨極
爲明了無相無願解脫門畢竟淨故說是清
淨極爲明了舍利子菩薩十地畢竟淨故說
是清淨極爲明了
舍利子五眼畢竟淨故說是清淨極爲明了
六神通畢竟淨故說是清淨極爲明了舍利
子佛十力畢竟淨故說是清淨極爲明了四
無所畏四無礙解大慈大悲大喜大捨十八佛
佛不共法畢竟淨故說是清淨極爲明了舍
利子無忘失法畢竟淨故說是清淨極爲明
了恒住捨性畢竟淨故說是清淨極爲明了
舍利子一切智畢竟淨故說是清淨極爲明
了道相智一切相智畢竟淨故說是清淨極爲
明了舍利子一切陀羅尼門畢竟淨故說是
清淨極爲明了一切三摩地門畢竟淨故
說是清淨極爲明了
舍利子預流果畢竟淨故說是清淨極爲明
了一來不還阿羅漢果畢竟淨故說是清淨

BD14705號　大般若波羅蜜多經卷二八五　（19–3）

清淨極爲明了一切三摩地門畢竟淨故
說是清淨極爲明了
舍利子預流果畢竟淨故說是清淨極爲明
了一來不還阿羅漢果畢竟淨故說是清淨
極爲明了舍利子獨覺菩提畢竟淨故說是
清淨極爲明了舍利子一切菩薩摩訶薩行
畢竟淨故說是清淨極爲明了舍利子諸佛
無上正等菩提畢竟淨故說是清淨極爲明
了
時舍利子復白佛言世尊如是清淨不轉不
續佛言如是畢竟淨故舍利子言何法畢竟
淨故說是清淨不轉不續佛言舍利子色畢
竟淨故說是清淨不轉不續受想行識畢竟
淨故說是清淨不轉不續舍利子眼處畢竟
淨故說是清淨不轉不續耳鼻舌身意處畢
竟淨故說是清淨不轉不續舍利子色處畢
竟淨故說是清淨不轉不續聲香味觸法處
畢竟淨故說是清淨不轉不續舍利子眼界
畢竟淨故說是清淨不轉不續色界眼識界
及眼觸眼觸爲緣所生諸受畢竟淨故說是
清淨不轉不續舍利子耳界畢竟淨故說是
清淨不轉不續聲香耳識界及耳觸耳觸爲
緣所生諸受畢竟淨故說是清淨不轉不續舍
利子鼻界畢竟淨故說是清淨不轉不續
香界鼻識界及鼻觸鼻觸爲緣所生諸受
畢竟淨故說是清淨不轉不續舍利子舌界畢
竟淨故說是清淨不轉不續味界舌識界及

BD14705號　大般若波羅蜜多經卷二八五　（19–4）

利子鼻界畢竟淨故說是清淨不轉不續
香界鼻識界及鼻觸鼻觸為緣所生諸受
畢竟淨故說是清淨不轉不續舍利子舌界畢
竟淨故說是清淨不轉不續味界舌識界及
舌觸舌觸為緣所生諸受畢竟淨故說是清
淨不轉不續舍利子身界畢竟淨故說是清
淨不轉不續觸界身識界及身觸身觸為緣
所生諸受畢竟淨故說是清淨不轉不續舍利
子意界畢竟淨故說是清淨不轉不續法界
意識界及意觸意觸為緣所生諸受畢竟
淨故說是清淨不轉不續舍利子地界畢竟
淨故說是清淨不轉不續水火風空識界畢
竟淨故說是清淨不轉不續舍利子無明畢竟
淨故說是清淨不轉不續行識名色六處
觸受愛取有生老死愁歎苦憂惱畢竟淨故
說是清淨不轉不續
舍利子布施波羅蜜多畢竟淨故說是清淨
不轉不續淨戒安忍精進靜慮般若波羅蜜
多畢竟淨故說是清淨不轉不續舍利子內空
畢竟淨故說是清淨不轉不續外空內外
空空空大空勝義空有為空無為空畢竟
空無際空散空無變異空本性空自相空共相
空一切法空不可得空無性空自性空無性自
性空畢竟淨故說是清淨不轉不續舍利
子真如畢竟淨故說是清淨不轉不續法界
法性不虛妄性不變異性平等性離生性法

BD14705號　大般若波羅蜜多經卷二八五　（19–5）

空一切法空不可得空無性空自性空無性自
性空畢竟淨故說是清淨不轉不續舍利
子真如畢竟淨故說是清淨不轉不續法界
法性不虛妄性不變異性平等性離生性法
定法住實際虛空界不思議界畢竟淨故
說是清淨不轉不續舍利子苦聖諦畢竟淨
故說是清淨不轉不續集滅道聖諦畢竟淨
故說是清淨不轉不續舍利子四靜慮畢竟淨
故說是清淨不轉不續四無量四無色定畢竟
淨故說是清淨不轉不續舍利子八解脫畢
竟淨故說是清淨不轉不續八勝處九次第
定十遍處畢竟淨故說是清淨不轉不續
舍利子四念住畢竟淨故說是清淨不轉不
續四正斷四神足五根五力七等覺支八聖道
支畢竟淨故說是清淨不轉不續舍利子
空解脫門畢竟淨故說是清淨不轉不續
無相無願解脫門畢竟淨故說是清淨不
轉不續舍利子菩薩十地畢竟淨故說是清
淨不轉不續
舍利子五眼畢竟淨故說是清淨不轉不續
六神通畢竟淨故說是清淨不轉不續舍利
佛子十力畢竟淨故說是清淨不轉不續四
無所畏四無礙解大慈大悲大喜大捨十八佛
不共法畢竟淨故說是清淨不轉不續舍
利子無忘失法畢竟淨故說是清淨不轉不
續恒住捨性畢竟淨故說是清淨不轉不續
舍利子一切智畢竟淨故說是清淨不轉不

BD14705號　大般若波羅蜜多經卷二八五　（19–6）

不共法畢竟淨故說是清淨不轉不續舍
利子無忘失法畢竟淨故說是清淨不轉不
續恒住捨性畢竟淨故說是清淨不轉不續
舍利子一切智畢竟淨故說是清淨不轉不
續道相智一切相智畢竟淨故說是清淨不
轉不續舍利子一切陁羅尼門畢竟淨故說
是清淨不轉不續一切三摩地門畢竟淨故
說是清淨不轉不續
舍利子預流果畢竟淨故說是清淨不轉不
續一來不還阿羅漢果畢竟淨故說是清淨
不轉不續舍利子獨覺菩提畢竟淨故說是
清淨不轉不續舍利子一切菩薩摩訶薩行畢
竟淨故說是清淨不轉不續舍利子諸佛無
上正等菩提畢竟淨故說是清淨不轉不續
時舍利子復白佛言世尊如是清淨本無雜
染佛言如是畢竟淨故舍利子言何法畢竟
淨故說是清淨本無雜染佛言舍利子色畢
竟淨故說是清淨本無雜染受想行識畢竟
淨故說是清淨本無染雜舍利子眼處畢
竟淨故說是清淨本無雜染耳鼻舌身意
處畢竟淨故是說是淨本無染雜舍利子色處
畢竟淨故說是清淨本無雜染聲香味觸法處
畢竟淨故說是清淨本無染雜舍利子眼界畢
竟淨故說是清淨本無雜染色界眼識界及
眼觸眼觸為緣所生諸受畢竟淨故說是
清淨本無雜染舍利子耳界畢竟淨故說是

畢竟淨故說是清淨本無雜染聲香味觸法處
畢竟淨故說是清淨本無染雜舍利子眼界畢
竟淨故說是清淨本無雜染色界眼識界及
眼觸眼觸為緣所生諸受畢竟淨故說是
清淨本無雜染舍利子耳界畢竟淨故說是
清淨本無雜染聲香耳識界耳觸耳觸為
緣所生諸受畢竟淨故說是清淨本無雜染
舍利子鼻界畢竟淨故說是清淨本無雜染
香界鼻識界及鼻觸鼻觸為緣所生諸受畢
竟淨故說是清淨本無雜染舍利子舌界畢
竟淨故說是清淨本無雜染味界舌識界及
舌觸舌觸為緣所生諸受畢竟淨故說是清
淨本無雜染舍利子意界畢竟淨故說是清
淨本無雜染法界意識界及意觸意觸為緣
所生諸受畢竟淨故說是清淨本無雜染舍
利子地界畢竟淨故說是清淨本無雜染水
火風空識界畢竟淨故說是清淨本無雜染
舍利子無明畢竟淨故說是清淨本無雜染
行識名色六處觸受愛取有生老死愁歎苦憂
惱畢竟淨故說是清淨本無雜染
舍利子布施波羅蜜多畢竟淨故說是清淨
本無雜染淨戒安忍精進靜慮般若波羅蜜
多畢竟淨故說是清淨本無雜染舍利子內
空畢竟淨故說是清淨本無雜染外空內外
空空空大空勝義空有為空無為空畢竟空
無際空散空無變異空本性空自相空共相
空一切法空不可得空無性空自性空無性

空畢竟淨故說是清淨本無雜染外空內外
空空空大空勝義空有為空無為空畢竟空
無際空散空無變異空本性空自相空共相
空一切法空不可得空無性空自性空無性
自性空畢竟淨故說是清淨本無雜染舍利
子真如畢竟淨故說是清淨本無雜染法界
法性不虛妄性不變異性平等性離生性法
定法住實際虛空界不思議界畢竟淨故說
是清淨本無雜染舍利子苦聖諦畢竟淨故
說是清淨本無雜染集滅道聖諦畢竟淨故
說是清淨本無雜染舍利子四靜慮畢竟淨
故說是清淨本無雜染四無量四無色定畢
竟淨故說是清淨本無雜染舍利子八解脫
畢竟淨故說是清淨本無染雜八勝處九次
第定十遍處畢竟淨故說是清淨本無雜染
舍利子四念住畢竟淨故說是清淨本無雜
染四正斷四神足五根五力七等覺支八聖
道支畢竟淨故說是清淨本無雜染舍利子
空解脫門畢竟淨故說是清淨本無雜染
無相無願解脫門畢竟淨故說是清淨本
無雜染舍利子菩薩十地畢竟淨故說是清
淨本無雜染
舍利子五眼畢竟淨故說是清淨本無雜染
六神通畢竟淨故說是清淨本無雜染舍利
子佛十力畢竟淨故說是清淨本無雜染四
無所畏四無礙解大慈大悲大喜捨大十八

BD14705號　大般若波羅蜜多經卷二八五　（19–9）

六神通畢竟淨故說是清淨本無雜染舍利
子佛十力畢竟淨故說是清淨本無雜染四
無所畏四無礙解大慈大悲大喜捨大十八
佛不共法畢竟淨故說是清淨本無雜染舍
利子無忘失法畢竟淨故說是清淨本無雜
染恒住捨性畢竟淨故說是清淨本無雜染
舍利子一切智畢竟淨故說是清淨本無雜
染道相智一切相智畢竟淨故說是清淨本無
雜染舍利子一切陀羅尼門畢竟淨故說是
清淨本無雜染一切三摩地門畢竟淨故說
是清淨本無雜染
舍利子預流果畢竟淨故說是清淨本無雜
染一來不還阿羅漢果畢竟淨故說是清淨
本無雜染舍利子獨覺菩提畢竟淨故說
是清淨本無雜染舍利子一切菩薩摩訶薩
行畢竟淨故說是清淨本無雜染舍利子諸佛
無上正等菩提畢竟淨故說是清淨本無
雜染
時舍利子復白佛言世尊如是清淨本性光
潔佛言如是畢竟淨故舍利子言何法畢竟
淨故說是清淨本性光潔佛言舍利子色畢
竟淨故說是清淨本性光潔受想行識畢竟
淨故說是清淨本性光潔舍利子眼處畢竟
淨故說是清淨本性光潔耳鼻舌身意處畢
竟淨故說是清淨本性光潔舍利子色處畢
竟淨故說是清淨本性光潔聲香味觸法處
畢竟淨故說是清淨本性光潔舍利子眼界

BD14705號　大般若波羅蜜多經卷二八五　（19–10）

淨故說是清淨本性光潔舍利子眼處畢竟
淨故說是清淨本性光潔耳鼻舌身意處畢
竟淨故說是清淨本性光潔舍利子色處畢
竟淨故說是清淨本性光潔聲香味觸法處
畢竟淨故說是清淨本性光潔舍利子眼界
畢竟淨故說是清淨本性光潔色界眼識界
及眼觸眼觸爲緣所生諸受畢竟淨故說是
清淨本性光潔舍利子耳界畢竟淨故說是
清淨本性光潔聲界耳識界及耳觸耳觸爲
緣所生諸受畢竟淨故說是清淨本性光潔
舍利子鼻界畢竟淨故說是清淨本性光潔
香界鼻識界及鼻觸鼻觸爲緣所生諸受
畢竟淨故說是清淨本性光潔舍利子舌界畢
竟淨故說是清淨本性光潔味界舌識界及
舌觸舌觸爲緣所生諸受畢竟淨故說是清
淨本性光潔舍利子身界畢竟淨故說是清
淨本性光潔觸界身識界及身觸身觸爲緣
所生諸受畢竟淨故說是清淨本性光潔舍
利子意界畢竟淨故說是清淨本性光潔法
界意識界及意觸意觸爲緣所生諸受畢竟
淨故說是清淨本性光潔舍利子地界畢竟
淨故說是清淨本性光潔水火風空識界畢
竟淨故說是清淨本性光潔舍利子无明畢
竟淨故說是清淨本性光潔行識名色六處
觸受愛取有生老死愁歎苦憂惱畢竟淨故
說是清淨本性光潔
舍利子布施波羅蜜多畢竟淨故說是清淨

BD14705號　大般若波羅蜜多經卷二八五　（19–11）

竟淨故說是清淨本性光潔行識名色六處
觸受愛取有生老死愁歎苦憂惱畢竟淨故
說是清淨本性光潔
舍利子布施波羅蜜多畢竟淨故說是清淨
本性光潔淨戒安忍精進靜慮般若波羅蜜
多畢竟淨故說是清淨本性光潔舍利子內
空畢竟淨故說是清淨本性光潔外空內外
空空空大空勝義空有爲空无爲空畢竟空
无際空散空无變異空本性空自相空共相空
一切法空不可得空无性空自性空无性
自性空畢竟淨故說是清淨本性光潔舍利
子真如畢竟淨故說是清淨本性光潔法界
法性不虛妄性不變異性平等性離生性法
定法住實際虛空界不思議界畢竟淨故說
是清淨本性光潔舍利子苦聖諦畢竟淨故
說是清淨本性光潔集滅道聖諦畢竟淨故
說是清淨本性光潔舍利子四靜慮畢竟淨
故說是清淨本性光潔四无量四无色定畢
竟淨故說是清淨本性光潔舍利子八解脫
畢竟淨故說是清淨本性光潔八勝處九次
第定十遍處畢竟淨故說是清淨本性光潔
舍利子四念住畢竟淨故說是清淨本性光
潔四正斷四神足五根五力七等覺支八聖
道支畢竟淨故說是清淨本性光潔舍利子
空解脫門畢竟淨故說是清淨本性光潔无
相无願解脫門畢竟淨故說是清淨本性光
潔舍利子菩薩十地畢竟淨故說是清淨本

BD14705號　大般若波羅蜜多經卷二八五　（19–12）

潔四正斷四神足五根五力七等覺支八聖
道支畢竟淨故說是清淨本性光潔舍利子
空解脫門畢竟淨故說是清淨本性光潔無
相無願解脫門畢竟淨故說是清淨本性光
潔舍利子菩薩十地畢竟淨故說是清淨本
性光潔
舍利子五眼畢竟淨故說是清淨本性光潔
六神通畢竟淨故說是清淨本性光潔舍利
子佛十力畢竟淨故說是清淨本性光潔四
無所畏四無礙解大慈大悲大喜大捨十八
佛不共法畢竟淨故說是清淨本性光潔舍利
子無忘失法畢竟淨故說是清淨本性光
潔恒住捨性畢竟淨故說是清淨本性光潔
舍利子一切智畢竟淨故說是清淨本性光
潔道相智一切相智畢竟淨故說是清淨本
性光潔舍利子一切陁羅尼門畢竟淨故說
是清淨本性光潔一切三摩地門畢竟淨故
說是清淨本性光潔
舍利子預流果畢竟淨故說是清淨本性光
潔一來不還阿羅漢果畢竟淨故說是清淨
本性光潔舍利子獨覺菩提畢竟淨故說是
清淨本性光潔舍利子一切菩薩摩訶薩行
畢竟淨故說是清淨本性光潔舍利子諸佛
無上正等菩提畢竟淨故說是清淨本性光
潔
時舍利子復白佛言世尊如是清淨無得無

BD14705號　大般若波羅蜜多經卷二八五　（19–13）

畢竟淨故說是清淨本性光潔舍利子諸佛
無上正等菩提畢竟淨故說是清淨本性光
潔
時舍利子復白佛言世尊如是清淨無得無
觀佛言如是畢竟淨故舍利子言何法畢竟
淨故說是清淨無得無觀佛言舍利子色畢
竟淨故說是清淨無得無觀受想行識畢竟
淨故說是清淨無得無觀舍利子眼處畢竟
淨故說是清淨無得無觀耳鼻舌身意處畢
竟淨故說是清淨無得無觀舍利子色處畢
竟淨故說是清淨無得無觀聲香味觸法處
畢竟淨故說是清淨無得無觀舍利子眼界
畢竟淨故說是清淨無得無觀色界眼識界
及眼觸眼觸為緣所生諸受畢竟淨故說是
清淨無得無觀舍利子耳界畢竟淨故說是
清淨無得無觀聲界耳識界及耳觸耳觸為
緣所生諸受畢竟淨故說是清淨無得無觀
舍利子鼻界畢竟淨故說是清淨無得無觀
香界鼻識界及鼻觸鼻觸為緣所生諸受畢
竟淨故說是清淨無得無觀舍利子舌界畢
竟淨故說是清淨無得無觀味界舌識界及
舌觸舌觸為緣所生諸受畢竟淨故說是清
淨無得無觀舍利子身界畢竟淨故說是清
淨無得無觀觸界身識界及身觸身觸為緣
所生諸受畢竟淨故說是清淨無得無觀舍
利子意界畢竟淨故說是清淨無得無觀法

BD14705號　大般若波羅蜜多經卷二八五　（19–14）

淨無得無觀舍利子身界畢竟淨故說是清
淨無得無觀觸界身識界及身觸身觸為緣
所生諸受畢竟淨故說是清淨無得無觀舍
利子意界畢竟淨故說是清淨無得無觀法
界意識界及意觸意觸為緣所生諸受畢竟
淨故說是清淨無得無觀舍利子地界畢竟淨
故說是清淨無得無觀水火風空識界畢
竟淨故說是清淨無得無觀舍利子無明畢
竟淨故說是清淨無得無觀行識名色六處
觸受愛取有生老死愁歎苦憂惱畢竟淨故
說是清淨無得無觀
舍利子布施波羅蜜多畢竟淨故說是清淨
無得無觀淨戒安忍精進靜慮般若波羅蜜
多畢竟淨故說是清淨無得無觀舍利子內
空畢竟淨故說是清淨無得無觀外空內外
空空空大空勝義空有為空無為空畢竟空
無際空散空無變異空本性空自性空共相
空一切法空不可得空無性空自性空無性
自性空畢竟淨故說是清淨無得無觀舍利
子真如畢竟淨故說是清淨無得無觀法界
法性不虛妄性不變異性平等性離生性法
定法住實際虛空界不思議界畢竟淨故說
是清淨無得無觀舍利子苦聖諦畢竟淨故
說是清淨無得無觀集滅道聖諦畢竟淨故
說是清淨無得無觀舍利子四靜慮畢竟淨
故說是清淨無得無觀四無量四無色定畢
竟淨故說是清淨無得無觀舍利子八解脫

BD14705號　大般若波羅蜜多經卷二八五　（19–15）

是清淨無得無觀舍利子苦聖諦畢竟淨故
說是清淨無得無觀集滅道聖諦畢竟淨故
說是清淨無得無觀舍利子四靜慮畢竟淨
故說是清淨無得無觀四無量四無色定畢
竟淨故說是清淨無得無觀舍利子八解脫
畢竟淨故說是清淨無得無觀八勝處九次
第定十遍處畢竟淨故說是清淨無得無觀
舍利子四念住畢竟淨故說是清淨無得無
觀四正斷四神足五根五力七等覺支八聖
道支畢竟淨故說是清淨無得無觀舍利子
空解脫門畢竟淨故說是清淨無得無觀無
相無願解脫門畢竟淨故說是清淨無得無
觀舍利子菩薩十地畢竟淨故說是清淨無
得無觀
舍利子五眼畢竟淨故說是清淨無得無觀
六神通畢竟淨故說是清淨無得無觀舍利
子佛十力畢竟淨故說是清淨無得無觀四
無所畏四無礙解大慈大悲大喜大捨十八
佛不共法畢竟淨故說是清淨無得無觀舍
利子無忘失法畢竟淨故說是清淨無得無
觀恒住捨性畢竟淨故說是清淨無得無觀
舍利子一切智畢竟淨故說是清淨無得無
觀道相智一切相智畢竟淨故說是清淨無
得無觀舍利子一切陀羅尼門畢竟淨故說
是清淨無得無觀一切三摩地門畢竟淨故
說是清淨無得無觀
舍利子預流果畢竟淨故說是清淨無得無

BD14705號　大般若波羅蜜多經卷二八五　（19–16）

觀道相智一切相智畢竟淨故說是清淨無
得無觀舍利子一切陀羅尼門畢竟淨故說
是清淨無得無觀一切三摩地門畢竟淨故
說是清淨無得無觀
舍利子預流果畢竟淨故說是清淨無得無
觀一來不還阿羅漢果畢竟淨故說是清淨
無得無觀舍利子獨覺菩提畢竟淨故說是
清淨無得無觀舍利子一切菩薩摩訶薩行
畢竟淨故說是清淨無得無觀舍利子諸佛
無上正等菩提畢竟淨故說是清淨無得無
觀
時舍利子復白佛言世尊如是清淨無生無
顯佛言如是畢竟淨故舍利子言何法畢竟
淨故說是清淨無生無顯佛言舍利子色畢
竟淨故說是清淨無生無顯受想行識畢竟
淨故說是清淨無生無顯舍利子眼處畢竟
淨故說是清淨無顯耳鼻舌身意處畢
竟淨故說是清淨無生無顯舍利子色處畢
竟淨故說是清淨無生無顯聲香味觸法處
畢竟淨故說是清淨無生無顯舍利子眼界
畢竟淨故說是清淨無生無顯色界眼識界
及眼觸眼觸為緣所生諸受畢竟淨故說是
清淨無生無顯舍利子耳界畢竟淨故說是
清淨無生無顯聲界耳識界及耳觸耳觸為
緣所生諸受畢竟淨故說是清淨無生無顯
舍利子鼻界畢竟淨故說是清淨無生無顯
香界鼻識界及鼻觸鼻觸為緣所生諸受畢

BD14705號　大般若波羅蜜多經卷二八五　　(19–17)

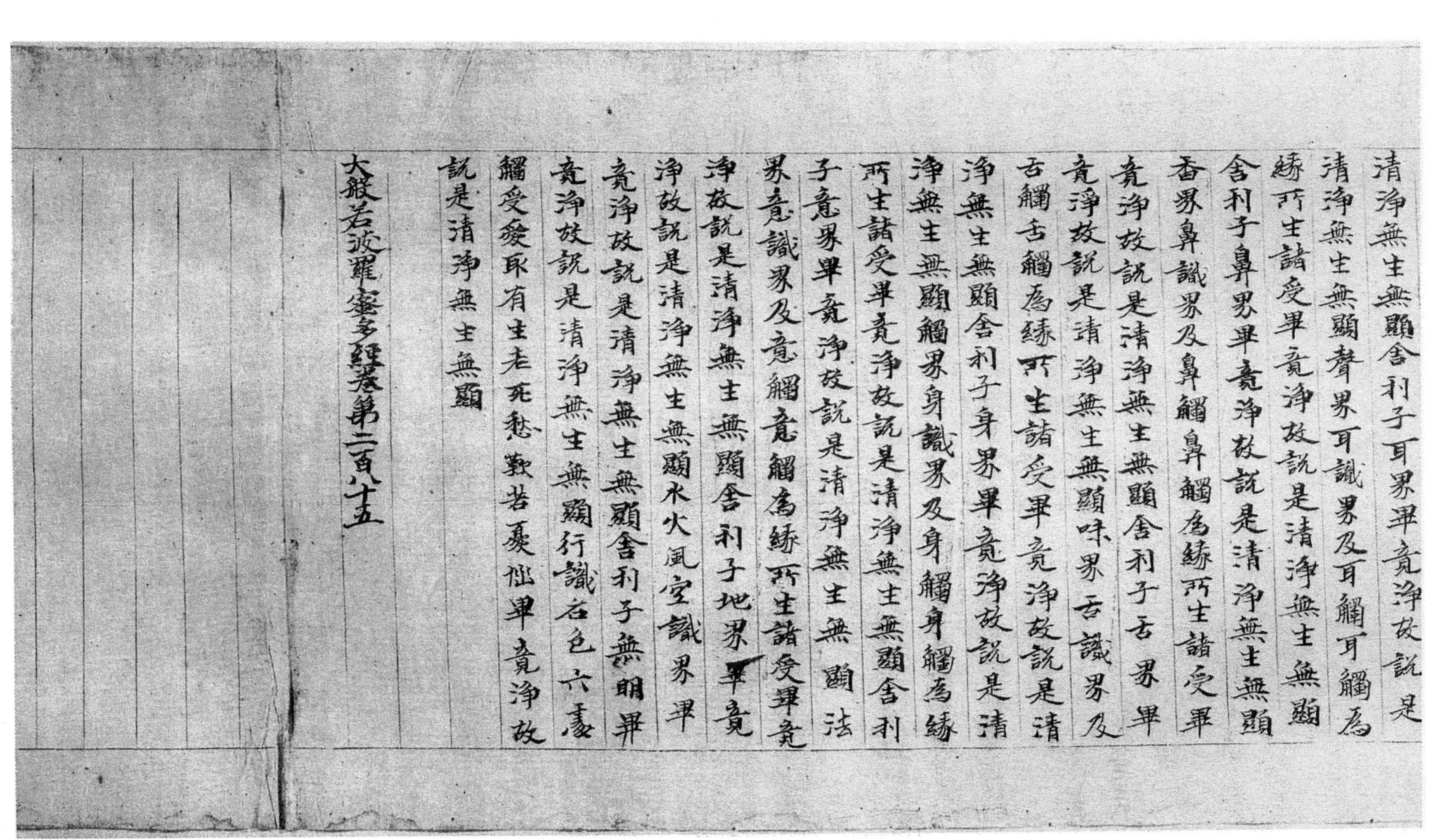

清淨無生無顯舍利子耳界畢竟淨故說是
清淨無生無顯聲界耳識界及耳觸耳觸為
緣所生諸受畢竟淨故說是清淨無生無顯
舍利子鼻界畢竟淨故說是清淨無生無顯
香界鼻識界及鼻觸鼻觸為緣所生諸受畢
竟淨故說是清淨無生無顯舍利子舌界畢
竟淨故說是清淨無生無顯味界舌識界及
舌觸舌觸為緣所生諸受畢竟淨故說是清
淨無生無顯舍利子身界畢竟淨故說是清
淨無生無顯觸界身識界及身觸身觸為緣
所生諸受畢竟淨故說是清淨無生無顯舍利
子意界畢竟淨故說是清淨無生無顯法
界意識界及意觸意觸為緣所生諸受畢竟
淨故說是清淨無生無顯舍利子地界畢竟
淨故說是清淨無生無顯水火風空識界畢
竟淨故說是清淨無生無顯舍利子無明畢
竟淨故說是清淨無生無顯行識名色六處
觸受愛取有生老死愁歎苦憂惱畢竟淨故
說是清淨無生無顯

大般若波羅蜜多經卷第二百八十五

BD14705號　大般若波羅蜜多經卷二八五　　(19–18)

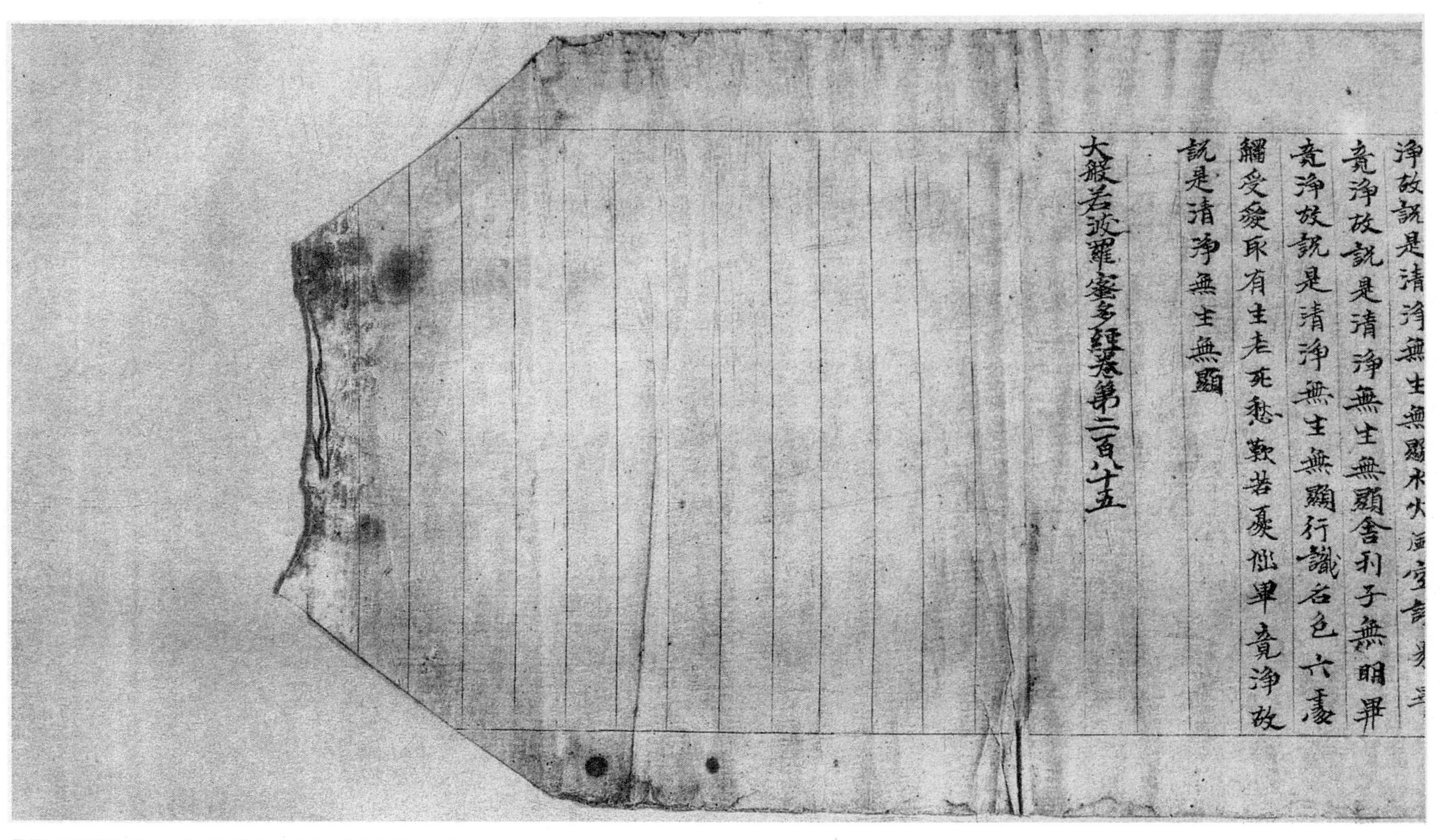

BD14705號　大般若波羅蜜多經卷二八五　（19–19）

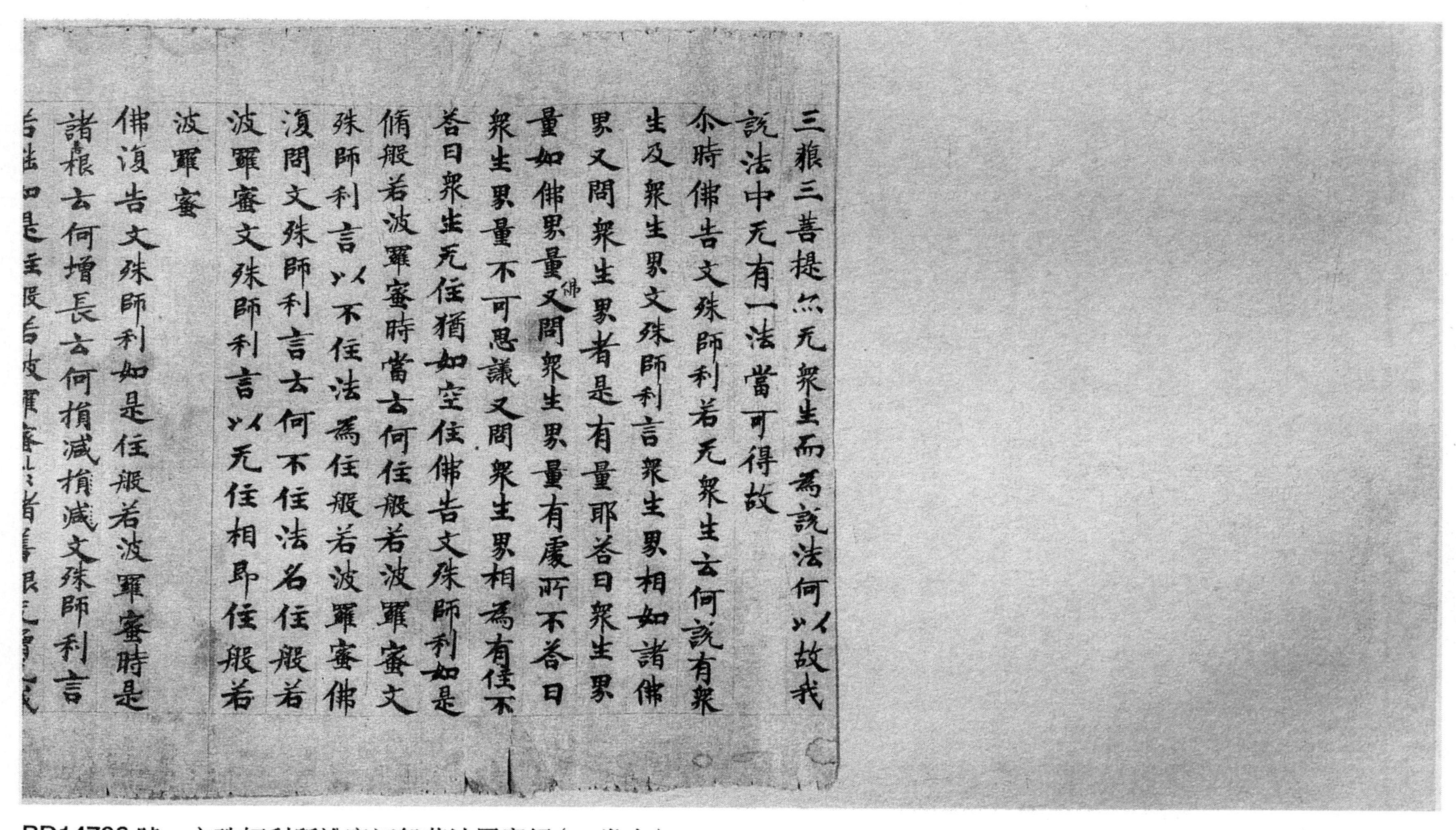

BD14706號　文殊師利所說摩訶般若波羅蜜經（一卷本）　（24–1）

波羅蜜文殊師利言以无住相即住般若
波羅蜜
佛復告文殊師利如是住般若波羅蜜時是
諸根云何增長云何損減文殊師利言
若能如是住般若波羅蜜於諸善根无增无減
於一切法亦无增无減是般若波羅蜜性相
亦无增无減世尊如是脩般若波羅蜜則不
捨凡夫法亦不取賢聖法何以故般若波羅
蜜不見有法可取可捨如是脩般若波羅蜜亦
不見涅槃可樂不見生死可猒何以故不見生
死况復猒離不見涅槃何况樂著如是脩般
若波羅蜜不見垢惱可捨亦不見功德可取
於一切法心无增減何以故不見法界有增減
故世尊若能如是是名脩般若波羅蜜世
尊不見諸法有生有滅是脩般若波羅蜜世
尊心无悕取不見法相有可求者是脩般
若波羅蜜世尊不見好醜不生高下不作
取捨何以故法无好醜離諸相故法无高下
等法性故法无取捨住實際故是脩般若波
羅蜜
佛告文殊師利是諸佛法得不勝乎文殊師
利言我不見諸法有勝如相如來自覺一切法
空是可證知佛告文殊師利如是如是如來
正覺自證空法文殊師利白佛言世尊是空
法中當有勝如而可得耶佛言善哉善哉
文殊師利如汝所說是真法乎謂文殊師
利言阿耨多羅是名佛法文殊師利言如佛所說

BD14706 號　文殊師利所說摩訶般若波羅蜜經（一卷本）　（24–2）

法中當有勝如而可得耶佛言善哉善哉
文殊師利如汝所說是真法乎謂文殊師
利言阿耨多羅是名佛法文殊師利言如佛所說
阿耨多羅是名佛法何以故无法可得名阿
耨多羅文殊師利言如是脩般若波羅蜜不
名法器非化凡夫法亦非佛法非增長法是
脩般若波羅蜜復次世尊脩般若波羅蜜時
不見有法可分別思惟
佛告文殊師利汝於佛法不思惟耶文殊師
利言不也世尊如我思惟不見佛法亦不可
分別是凡夫法是聲聞法是辟支佛法如
是名為无上佛法復次脩般若波羅蜜時不
見凡夫相不見佛法相不見諸法有決定相
是為脩般若波羅蜜復次脩般若波羅蜜時
不見欲界不見色界不見无色界不見寂滅
界何以故不見有法是盡滅相是脩般若波
羅蜜復次脩般若波羅蜜時不見作恩者
不見報恩者思惟二相心无分別是脩般若
波羅蜜復次脩般若波羅蜜時不見是佛法
可取不見是凡夫法可捨是脩般若波羅蜜
復次脩般若波羅蜜時不見凡夫法可滅亦不
見佛法而心證知是脩般若波羅蜜
佛告文殊師利善哉善哉汝能如是善說甚
深般若波羅蜜相是諸菩薩摩訶薩所學
法印乃至聲聞緣覺學无學人亦當不離是印
而脩道果佛告文殊師利若人得聞是法不
驚不畏者不從千佛所種諸善根乃至百千

BD14706 號　文殊師利所說摩訶般若波羅蜜經（一卷本）　（24–3）

深般若波羅蜜相是諸菩薩摩訶薩所學
法印乃至聲聞緣覺學无學人亦當不離是印
而修道果佛告文殊師利若人得聞是法不
驚不畏者不從千佛所種諸善根乃至百千
万億佛所久殖德本乃能於是甚深般若波
羅蜜不驚不怖文殊師利白佛言世尊我今
更說般若波羅蜜義佛言便說世尊修般
若波羅蜜時不見法是應住是不應住亦不
見境界可取捨相何以故如諸如來不見一切
法境界相故乃至不見諸佛境界況取聲聞
緣覺凡夫境界不取思議相亦不取不思議
相不見諸法有若干相自證空法不可思議
如是菩薩摩訶薩皆已供養无量百千万億
諸佛種諸善根乃能於是甚深般若波羅蜜
不驚不怖復次修般若波羅蜜時不見縛不
見解而於凡夫乃至三乘不見差別相是修
般若波羅蜜
佛告文殊師利汝已供養幾所諸佛文殊師
利言我及諸佛如幻化相不見供養及與受
者佛告文殊師利汝今可住佛乘耶文殊師
利言如我思惟不見一法云何當得住於佛乘
佛言文殊師利汝不得佛乘乎文殊師利言
如佛乘者但有名字非可得亦不可見我
云何得佛言文殊師利汝得无导智乎文殊
師利言我即无閡云何以无导而得无导佛
言汝坐道場乎文殊師利言一切如來不坐
道場我今云何獨坐道場何以故現見諸法

BD14706號　文殊師利所說摩訶般若波羅蜜經（一卷本）　（24–4）

云何得佛言文殊師利汝得无导智乎文殊
師利言我即无閡云何以无导而得无导佛
言汝坐道場乎文殊師利言一切如來不坐
道場我今云何獨坐道場何以故現見諸法
住實際故佛言云何名實際文殊師利言身
見等是實際佛言云何身見是實際文
殊師利言身見如相非實非不實不來不去
亦身非身是名實際舍利弗白佛言世尊若
於斯義諦了決定是名菩薩摩訶薩何以
故能聞如是甚深般若波羅蜜相心不驚不
怖不沒不悔
彌勒菩薩白佛言世尊得聞如是般若波羅
蜜具足法相是即近於佛坐何以故如來現
覺此法相故文殊師利白佛言世尊得聞甚
深般若波羅蜜能不驚不怖不沒不悔當知
此人即是見佛
尒時復有无相優婆夷白佛言世尊凡夫法
聲聞法辟支佛法佛法是諸法皆无相是故
於所從聞般若波羅蜜皆不驚不怖不沒不
悔何以故一切諸法本无相故佛告舍利弗
善男子善女人若聞如是甚深般若波羅蜜
心得決定不驚不怖不沒不悔當知是人即
住不退轉地若人聞是甚深般若波羅蜜不
驚不怖信樂聽受歡喜不厭是即具足檀波
羅蜜尸波羅蜜羼提波羅蜜毗梨耶波羅
蜜禪波羅蜜般若波羅蜜亦能為他顯示
分別如說修行

BD14706號　文殊師利所說摩訶般若波羅蜜經（一卷本）　（24–5）

驚不怖信樂聽受歡喜不猒是即具足檀波
羅蜜尸波羅蜜羼提波羅蜜毗梨耶波羅
蜜禪波羅蜜般若波羅蜜亦能為他顯示
分別如說脩行
佛告文殊師利汝觀何義為得阿耨多羅
三藐三菩提住阿耨多羅三藐三菩提文
殊師利言我无得阿耨多羅三藐三菩提我
不住佛乘云何當得阿耨多羅三藐三菩提
如我所說即菩提相佛讚文殊師利言善哉
善哉汝能於是甚深法中巧說斯義汝於先
佛久種善根以无相法淨脩梵行文殊師利言
若見有相則言无相我今不見有相亦不見无
相云何而言以无相法淨脩梵行佛告文殊師
利汝見聲聞戒耶荅曰見佛言汝云何見文
殊師利言我不作凡夫見不作聖人見不
作學見不作无學見不作大見不作小見不作
調伏見不作不調伏見非見非不見舍利弗語
文殊師利言汝今如是觀聲聞乘若觀佛
乘當復云何文殊師利言不見菩提法不
見脩行菩提及證菩提者舍利弗語文殊
師利言云何名佛云何觀佛文殊師利言云
何為我舍利弗言我者但有名字名字相
空文殊師利言如是如是如我但有名字佛
亦但有名字名字相空即是菩提不以名字
而求菩提菩提之相无言无說何以故言說菩
提二俱空故復次舍利弗汝問云何名佛云何
觀佛者不生不滅不來不去非名非相是名

BD14706 號　文殊師利所說摩訶般若波羅蜜經（一卷本）　（24–6）

亦但有名字名字相空即是菩提不以名字
而求菩提菩提之相无言无說何以故言說菩
提二俱空故復次舍利弗汝問云何名佛云何
觀佛者不生不滅不來不去非名非相是名
為佛如自觀身實相觀佛亦然唯有智者
乃能知耳是名觀佛
尒時舍利弗白佛言世尊如文殊師利所說
般若波羅蜜非初學菩薩所能了知文殊
師利言非但初學菩薩所不能知及諸二乘
所作已辦者亦未能了知如是說法无能知者何
以故菩提之相實无有法而可知故无見无
聞无得无念无生无滅无說无聽如是菩提
性相空寂无證无知无形无相云何當有得
菩提者舍利弗語文殊師利言佛於法界不
證阿耨多羅三藐三菩提耶文殊師利言不
也舍利弗何以故世尊即是法界若以法界
證法界者即是諍論舍利弗法界之相即是
菩提何以故是法界中无衆生相一切法空
故一切法空即是菩提无二无分別故舍利
弗无分別中則无知者若无知者即无言說无
言說相即非有非无非知非不知一切諸法亦
復如是何以故一切諸法不見處所決定性故
如逆罪相不可思議何以故諸法實相不可壞
故如是逆罪亦无本性不生天上不墮地獄
亦不入涅槃何以故一切業緣皆住實際
不來不去非因非果何以故法界无邊无前
无後故是故舍利弗若見犯重比丘不墮地

BD14706 號　文殊師利所說摩訶般若波羅蜜經（一卷本）　（24–7）

故如是逆罪亦无本性不生天上不墮地獄
亦不入涅槃何以故一切業緣皆住實際
不來不去非因非果何以故法界无邊无前
无後故是故舍利弗若見犯重比丘不墮地
獄清淨行者不入涅槃如是比丘非應供非
不應供非盡漏非不盡漏何以故於諸法中
住平等故舍利弗言云何名不退法忍
文殊師利言不見少法有生滅相名不退法
忍舍利弗言云何復名不調比丘文殊師利
言漏盡阿羅漢是名不調何以故諸結已盡
更无所調故名不調若過心行名爲凡夫何以
故凡夫衆生不順法界是故名過舍利弗言
善哉善哉汝今爲我善解漏盡阿羅漢義
文殊師利言如是如是我即漏盡真阿羅漢
何以故斷求聲聞欲及辟支佛欲以是因緣
故名漏盡得阿羅漢
佛告文殊師利諸菩薩等坐道場時覺悟
阿耨多羅三藐三菩提不文殊師利言菩薩
坐於道場无有覺悟阿耨多羅三藐三菩提
何以故如菩提相无有少法而可得者名阿
耨多羅三藐三菩提无相菩提誰能坐者亦无
起者以是因緣不見菩薩坐於道場亦不覺證
阿耨多羅三藐三菩提文殊師利白佛言世尊
菩提即五逆五逆即菩提何以故菩提五逆
无二相故无覺无覺者无見无見者无知无知
者无分別无分別者如是之相名爲菩提
見五逆相亦復如是若言見有菩提而取

BD14706號　文殊師利所說摩訶般若波羅蜜經（一卷本）　（24–8）

阿耨多羅三藐三菩提文殊師利白佛言世尊
菩提即五逆五逆即菩提何以故菩提五逆
无二相故无覺无覺者无見无見者无知无知
者无分別无分別者如是之相名爲菩提
見五逆相亦復如是若言見有菩提而取
證者當知此輩即是增上慢人
尒時世尊告文殊師利汝言我是如來亦謂
我爲如來乎文殊師利言不也世尊我不謂
如來爲如來耶无有如相可名爲如亦无如
來智能知於如何以故如來及智无二相故
空爲如來但有名字我當云何謂是如來佛
告文殊師利汝疑如來耶文殊師利言不也世尊
我觀如來无決定性无生无滅故无所疑
佛告文殊師利汝今不謂如來出現於世耶
文殊師利言若有如來出現世者一切法界
亦應出現佛告文殊師利汝謂恒沙諸佛入
涅槃耶文殊師利言諸佛一相不可思議佛
語文殊師利如是如是佛是一相不思議相文
殊師利白佛言世尊佛今住世耶佛語文殊
師利如是如是文殊師利言若佛住世恒沙
諸佛亦應住世何以故一切諸佛皆同一相
不思議相不思議相无生无滅若未來諸
佛出興於世一切諸佛亦皆出世何以故不思
議中无過去未來現在相但衆生取著謂
有出世謂佛滅度
佛告文殊師利此是如來阿羅漢阿惟越致
菩薩所解何以故是三種人聞甚深法能不
誹謗亦不讚歎文殊師利白佛言世尊如是不

BD14706號　文殊師利所說摩訶般若波羅蜜經（一卷本）　（24–9）

有出世謂佛滅度
佛告文殊師利此是如来阿羅漢阿惟越致
菩薩所解何以故是三種人聞甚深法能不
誹謗亦不讚嘆文殊師利白佛言世尊如是不
思議誰當誹謗誰當讚嘆佛言文殊師利
如来不思議凡夫亦不思議文殊師利白佛
言世尊凡夫亦不思議耶佛言亦不思議何
以故一切心相皆不思議文殊師利言若如是
說如来不思議凡夫亦不思議今无數諸佛求
於涅槃徒自疲勞何以故不思議法即是涅槃
等无異故文殊師利言如是凡夫不思議諸佛
不思議若善男子善女人久習善根近善知識
乃能了知佛告文殊師利汝欲使如来於衆生
中為最勝耶文殊師利言我欲使如来於諸衆
生為最第一但衆生相亦不可得佛言汝欲使
如来得不思議法耶文殊師利言欲使如来
得不可思議法而於諸法无成就者佛告文殊
師利欲使如来說法教化耶文殊師利白佛言
欲使如来說法教化而是說及聽者皆不可得
何以故住法界故法界衆生无差別相
佛告文殊師利汝欲使如来為上无福田耶文
殊師利言如来是无盡福田是无盡相无盡相
即无上福田非福田非不福田是名福田无有明
闇生滅等相是名福田若能如是解福田相深
殖善根亦无增无減佛告文殊師利云何殖種
不增不減文殊師利言福田之相不可思議若
人於中如法脩善亦不可思議如是殖種名无

闇生滅等相是名福田若能如是解福田相深
殖善根亦无增无減佛告文殊師利云何殖種
不增不減文殊師利言福田之相不可思議若
人於中如法脩善亦不可思議如是殖種名无
增无減亦是无上最勝福田尒時大地以佛神
力六種震動現无常相一万六千人皆得无生法忍
七百比丘三千優婆塞四万優婆夷六十億那由
他六欲諸天遠塵離垢於諸法中得法眼淨
尒時阿難從坐而起偏袒右肩右膝著地
白佛言世尊以何因緣故如是大地六種震動
佛告阿難我說福田无差別相故現斯瑞往昔
諸佛亦於此處作如是說福田之相利益衆
生一切世界六種震動舍利弗白佛言世尊
文殊師利是不可思議何以故所說法相不可
思議佛告文殊師利如是如是如舍利弗言
汝之所說實不思議文殊師利白佛言世尊
不思議不可說思議亦不可說如是思議不
思議性俱不可說一切聲相非思議亦非不
可思議佛言汝入不思議三昧耶文殊師利
言不也世尊我即不思議不見有心能思議
者云何而言入不思議三昧我初發心欲入
是定而今思惟實无心相而入三昧如人學
射久習則巧後雖无心以久習故箭發皆
中我亦如是初學不思議三昧繫心一緣若
久習成就更无心相恒與定合舍利弗語文
殊師利言更有勝妙寂滅定不文殊師利言
若有不思議定者汝可問言更有寂滅定

中我亦如是初學不思議三昧繫心一緣若
久習成就更无心相恒與定合舍利弗語文
殊師利言更有勝妙寂滅定不文殊師利言
若有不思議定者汝可問言更有寂滅定
不如我意解不可思議定尚不可得云何問
有寂滅定乎舍利弗言不思議定不可得耶
文殊師利言思議定者是可得相不可思議定
者不可得相一切衆生實成就不思議定何
以故一切心相即非心故是名不思議定是
故一切衆生相及不思議三昧相等无分別
佛讚文殊師利言善哉善哉汝於諸佛久殖
善根淨脩梵行乃能演說甚深三昧汝今安
住如是般若波羅蜜中文殊師利言若我住
般若波羅蜜中能作是說即是有想便住我
想若住有想我想中者般若波羅蜜便有處
所般若波羅蜜若住於无亦是我相亦名處
所離此二處住无所住如諸佛住安處寂滅
非思議境界如是不思議名般若波羅蜜住
處般若波羅蜜處一切法无相一切法无作
般若波羅蜜即不思議不思議即法界法界即
无相无相即不思議不思議即般若波羅蜜般
若波羅蜜法界无二无別无二无別即法界法界
即无相无相即般若波羅蜜界般若波羅蜜
即不思議界不思議界即无生无滅界无生
无滅界即不思議界文殊師利言如来界及
我界即不二相如是脩般若波羅蜜者則不
求菩提何以故菩提相離即是般若波羅蜜

即无相无相即般若波羅蜜界般若波羅蜜
即不思議界不思議界即无生无滅界无生
无滅界即不思議界文殊師利言如来界及
我界即不二相如是脩般若波羅蜜者則不
求菩提何以故菩提相離即是般若波羅蜜
故世尊若知我相而不可著无知无著是
佛所知不可思議无知无著即佛所知何
以故知體本性无所有相云何能轉法界若
知本性无體无著者即名无物若无有物
是无處所无依无住无依无住即无生无滅
无生无滅即是有為无為功德若如是知則
无心想无心想者云何當知有為无為功
德无知即不思議不思議者是佛所知亦无
取无不取不見三世去世来等相不取生
滅及諸起作亦不斷不常如是知者是名正
智不思議智如虛空无此无彼不可比類无
好惡无等等无相无貌佛告文殊師利若
如是知名不退智文殊師利言无作智名不
退智猶如金鋌先加搥打方知好惡若不治
打无能知者不退智相亦須如是善行境
界不念不著无起无作具足不動不生不滅
尒乃顯現尒時佛告文殊師利言如諸如来自
說己智誰當能信文殊師利言如是智者非
涅槃法非生死法是寂滅行是无動行不斷
貪欲瞋恚愚癡亦非不斷何以故无盡无滅
不離生死亦非不離不脩道非不脩是
解者名為正信佛告文殊師利言善哉善

涅槃法非生死法是寂滅行是无動行不斷
貪欲瞋恚愚癡亦非不斷何以故无盡无滅
不離生死亦非不離不脩道非不脩道是
解者名爲正信佛告文殊師利言善哉善
哉如汝所説深解斯義
尒時摩訶迦葉白佛言世尊於當來世若説
如是甚深正法誰能信解如聞受行佛告迦
葉今此會中比丘比丘尼優婆塞優婆夷得
聞此經者如是人等於未來世若聞是法必
能信解於甚深般若波羅蜜乃能讀誦信解
受持亦爲他人分別演説譬如長者失摩尼
寶憂愁苦惱後若還得心甚歡喜如是迦葉
比丘比丘尼優婆塞優婆夷等亦復如是有
信樂心若不聞法則生苦惱若得聞時信解
受持常樂讀誦甚大歡喜當知此人即是見
佛亦即親近供養諸佛
佛告迦葉譬如忉利天上波利質多羅樹皰
初出時是中諸天見是樹已皆大歡喜此樹
不久必當開敷若比丘比丘尼優婆塞優婆
夷得聞般若波羅蜜能生信解亦復如是此
人不久亦當開敷一切佛法於當來世有比丘
比丘尼優婆塞優婆夷聞般若波羅蜜信
解受持讀誦心不悔沒當知是人已從此會
聽受是經亦能爲人聚落城邑廣説流布當
知是人佛所護念如是甚深般若波羅蜜中
有能信樂无疑惑者是善男子善女人於過
去諸佛久已脩學殖諸善根譬如有人以手

BD14706 號　文殊師利所說摩訶般若波羅蜜經（一卷本）　（24–14）

解受持讀誦心不悔沒當知是人已從此會
聽受是經亦能爲人聚落城邑廣説流布當
知是人佛所護念如是甚深般若波羅蜜中
有能信樂无疑惑者是善男子善女人於過
去諸佛久已脩學殖諸善根譬如有人以手
穿珠忽遇无上真摩尼寶心大歡喜當知是
人必已曾見如是迦葉若善男子善女人脩學
餘法忽然得聞甚深般若波羅蜜能生歡喜
亦復如是當知此人已曾聞故若有衆生
得聞甚深般若波羅蜜心能信受生大歡喜
如是人等亦曾親近无數諸佛從聞般若波羅
蜜已脩學故譬如有人先所逕見城邑聚落
後若聞人讃嘆彼城所有薗苑種種池泉
華菓林樹男女人民皆可愛樂是人聞已即
大歡喜更勸令説是城薗苑衆好嚴餝雜華
池泉多諸甘菓種種珎妙一切愛樂是人得
聞重甚歡喜如是之人皆曾見故若善男子
善女人有聞般若波羅蜜信心聽受能生歡
喜樂聞不猒而更勸説當知此輩已從文殊
師利曾聞如是般若波羅蜜故迦葉白佛言
世尊若當來世善男子善女人得聞是甚深
般若波羅蜜信樂聽受以是相故當知此人亦
於過去佛所曾聞脩學文殊師利白佛言世
尊佛説諸法无作无相第一寂滅若善男子
善女人有能如是諦了斯義如聞而説爲諸
如來之所讃嘆不違法相是即佛説亦是

BD14706 號　文殊師利所說摩訶般若波羅蜜經（一卷本）　（24–15）

於過去佛所曾聞脩學文殊師利白佛言世
尊佛說諸法无作无相第一寂滅若善男子
善女人有能如是諦了斯義如聞而說為諸
如來之所讚嘆不違法相是即佛說亦是
熾然般若波羅蜜相亦名熾然具足佛法
通達實相不可思議
佛告文殊師利我本行菩薩道時脩諸善根
欲住阿惟越致地當學般若波羅蜜欲成阿
耨多羅三藐三菩提當學般若波羅蜜若善
男子善女人欲解一切法相欲知一切衆生心
界皆悉同等當學般若波羅蜜文殊師利欲
學一切佛法具足无㝵當學般若波羅蜜欲
學一切佛成阿耨多羅三藐三菩提時相好
威儀无量法式當學般若波羅蜜欲知一切
佛不成阿耨多羅三藐三菩提一切法式及
諸威儀當學般若波羅蜜何以故是空法中
不見諸佛菩提等故若善男子善女人欲知
如是等相无疑惑者當學般若波羅蜜何
以故般若波羅蜜不見諸法若生若滅若垢
若淨是故善男子善女人應作如是學般若
波羅蜜欲知一切法无過去未來現在等相
當學般若波羅蜜何以故法界性相无去來
現在故欲知一切法同入法界心无罣㝵當
學般若波羅蜜欲得三轉十二行法輪亦自
證知而不取著當學般若波羅蜜欲得慈
心遍覆一切衆生而无限齊亦不作念有衆生
相當學般若波羅蜜欲得於一切衆生不起

BD14706號　文殊師利所說摩訶般若波羅蜜經（一卷本）　（24-16）

現在故欲知一切法同入法界心无罣㝵當
學般若波羅蜜欲得三轉十二行法輪亦自
證知而不取著當學般若波羅蜜欲得慈
心遍覆一切衆生而无限齊亦不作念有衆生
相當學般若波羅蜜欲得於一切衆生不起
諍論亦復不取无諍論相當學般若波羅蜜
欲知是處非處十力无畏住佛智慧得无㝵
辯當學般若波羅蜜尒時文殊師利白佛言
世尊我觀正法无為无相无得无利无生无
滅无來无去无知者无見者无作者不見般
若波羅蜜亦不見般若波羅蜜境界非證非
不證不作戲論无有分別一切法无盡離盡
无凡夫法无聲聞法无辟支佛法佛法非得
非不得不捨生死不證涅槃非思議非不思
議非作非不作法相如是不知云何當學般
若波羅蜜
尒時佛告文殊師利若能如是知諸法相是
名學般若波羅蜜菩薩摩訶薩若欲學菩提
自在三昧得是三昧已照明一切甚深佛法
及知一切諸佛名字亦悉了達諸佛世界无
有鄣㝵當如文殊師利所說般若波羅蜜中
學文殊師利白佛言世尊何故名般若波羅
蜜佛言般若波羅蜜无邊无際无名无相非
思量无歸依无洲渚无犯无福无晦无明如
法界无有分齊亦无限數是名般若波羅蜜
亦名菩薩摩訶薩行處非行非不行處悉入
一乘名非行處何以故无念无作故文殊師利

BD14706號　文殊師利所說摩訶般若波羅蜜經（一卷本）　（24-17）

思量无歸依无洲渚无犯无福无晦无明如
法界无有分齊亦无限數是名般若波羅蜜
亦名菩薩摩訶薩行處非行非不行處悉入
一乘名非行處何以故无念无作故文殊師利
白佛言世尊當云何行能速得阿耨多羅
三藐三菩提佛言文殊師利如般若波羅
蜜所說行能速得阿耨多羅三藐三菩提復
有一行三昧若善男子善女人脩是三昧者亦
速得阿耨多羅三藐三菩提文殊師利言世
尊云何名一行三昧佛言法界一相繫緣法
界是名一行三昧若善男子善女人欲入一
行三昧當先聞般若波羅蜜如說脩學然後
能入一行三昧如法界緣不退不壞不思議
无㝵无相善男子善女人欲入一行三昧應處
空閑捨諸乱意不取相貌繫心一佛專稱名
字隨佛方所端身正向能於一佛念念相續
即是念中能見過去未來現在諸佛何以
故念一佛功德无量无邊亦與无量諸佛功
德无二不思議佛法等无分別皆乘一如成
最正覺悉具无量功德无量辯才如是入一
行三昧者盡知恒沙諸佛法界无差別相阿
難所聞佛法得念總持辯才智慧於聲聞中
雖為最勝猶住量數則有限㝵若得一行三
昧諸經法門一一分別皆悉了知決定无㝵晝
夜常說智慧辯才終不斷絕若比阿難多聞
辯才百千等分不及其一菩薩摩訶薩應
作是念我當云何逮得一行三昧不可思議

BD14706號　文殊師利所說摩訶般若波羅蜜經（一卷本）　（24–18）

夜常說智慧辯才終不斷絕若比阿難多聞
辯才百千等分不及其一菩薩摩訶薩應
作是念我當云何逮得一行三昧不可思議
功德无量名稱佛言菩薩摩訶薩當念一行
三昧常懃精進而不懈怠如是次第漸漸脩
學則能得入一行三昧不可思議功德作證
除謗正法不信惡業重罪鄣者所不能入
復次文殊師利譬如有人得摩尼珠示其文
珠師珠師荅言此是无價真摩尼寶即求師
言為我治磨勿失光色珠師治已隨其摩
時珠色光明映徹表裏
文殊師利若有善男子善女人脩學一行三
昧不可思議功德无量名稱隨脩學時知諸
法相明達无㝵功德增長亦復如是文殊師
利譬如日輪光明遍滿无有減相若得一行
三昧悉能具足一切功德无有缺少亦復如是
照明佛法如日輪光文殊師利我所說法皆
是一味離味解脫味寂滅味若善男子善
女人得是一行三昧者其所演說亦是一味
離味解脫味寂滅味隨順正法无錯謬相文
殊師利若菩薩摩訶薩得是一行三昧皆
悉滿足助道之法速得阿耨多羅三藐三菩
提復次文殊師利菩薩摩訶薩不見法界有
分別相及以一相速得阿耨多羅三藐三菩提
相不可思議是菩提中亦无得佛如是知者
速得阿耨多羅三藐三菩提若信一切法悉

BD14706號　文殊師利所說摩訶般若波羅蜜經（一卷本）　（24–19）

提須次文殊師利菩薩摩訶薩不見法界有
分別相及以一相速得阿耨多羅三藐三菩提
相不可思議是菩提中亦无得佛如是知者
速得阿耨多羅三藐三菩提若信一切法悉
是佛法不生驚怖亦不疑惑如是忍者速得
阿耨多羅三藐三菩提文殊師利白佛言世
尊以如是因速得阿耨多羅三藐三菩提耶
佛言得阿耨多羅三藐三菩提不以因得非
不因得何以故不思議界不以因得不以非因
得若善男子善女人聞如是說不生懈怠當
知是人以於先佛種諸善根是故比丘比丘
尼聞說是甚深般若波羅蜜不生驚怖即
是從佛出家若優婆塞優婆夷得聞如是
甚深般若波羅蜜心不驚怖即是成就真歸
依處文殊師利若善男子善女人不習甚深般
若波羅蜜即是不修佛乘譬如大地一切藥
木皆依地生長文殊師利菩薩摩訶薩亦須
如是一切善根皆依般若波羅蜜而得增長
於阿耨多羅三藐三菩提不相違背
尒時文殊師利白佛言世尊此閻浮提城邑
聚落當於何處演說如是甚深般若羅蜜
佛告文殊師利今此會中若有人聞般若波
羅蜜皆發誓言於未來世常得與般若波
羅蜜相應從是信解未來世中能聽是經
當知此人不從餘小善根中來所能堪受
聞已歡喜文殊師利若須有人從汝聽是般
若波羅蜜應作是言此般若波羅蜜中无聲

BD14706號　文殊師利所說摩訶般若波羅蜜經（一卷本）　（24–20）

羅蜜皆發誓言於未來世常得與般若波
羅蜜相應從是信解未來世中能聽是經
當知此人不從餘小善根中來所能堪受
聞已歡喜文殊師利若須有人從汝聽是般
若波羅蜜應作是言此般若波羅蜜中无聲
聞辟支佛法佛法亦无凡夫法生滅等法
文殊師利白佛言世尊若比丘比丘尼優婆
塞優婆夷來問我言云何如來說般若波羅
蜜我當荅言一切諸法无諍論相云何如來
當說般若波羅蜜何以故不見有法可與法
諍亦无衆生心識能知
須次世尊我當更說究竟實際何以故一切
法相同入實際阿羅漢无別勝法何以故阿
羅漢法凡夫法不一不異故須次世尊如是
說法无有衆生已得涅槃今得當得何以故
无有決定衆生相故文殊師利言若人欲聞
般若波羅蜜我當作如是說其有聽者不
念不著无聞无得當如幻人无所分別如是
說者是真說法是故聽者莫作二相不捨諸
見而修佛法不取佛法不捨凡夫法何以故
佛及凡夫二法相空无取捨故若人問我當
作是說如是安慰如是建立善男子善女人
應如是問作如是住心不退沒當如法相隨
順般若波羅蜜說
尒時世尊嘆文殊師利善哉善哉如汝所說
若善男子善女人欲見諸佛應學如是般若
波羅蜜欲親近諸佛如法供養應學如是般

BD14706號　文殊師利所說摩訶般若波羅蜜經（一卷本）　（24–21）

順般若波羅蜜說
尒時世尊嘆文殊師利善哉善哉如汝所說
若善男子善女人欲見諸佛應學如是般若
波羅蜜欲親近諸佛如法供養應學如是般
若波羅蜜若欲言如來是我世尊應學如是
般若波羅蜜若言如來非我世尊亦應學如
是般若波羅蜜若欲成阿耨多羅三藐三菩
提應學如是般若波羅蜜若欲不成阿耨
多羅三藐三菩提亦應學如是般若波羅蜜
若欲成就一切三昧應學如是般若波羅蜜
若欲不成就一切三昧亦應學如是般若波
羅蜜何以故无作三昧无異相故一切法无
出故若欲知一切法假名應學如是般若波
羅蜜若欲知一切衆生脩菩提道不求菩提
相心不退沒應學如是般若波羅蜜何以故一
切法皆菩提相故若欲知一切衆生行非行
相非行即菩提菩提即法界法界即實際心
不退沒應學如是般若波羅蜜若欲知一切
如來神通變化无相无㝵亦无方所應學
如是般若波羅蜜
佛告文殊師利若比丘比丘尼優婆塞優婆
夷欲得不墮惡趣當學般若波羅蜜一四
句偈受持讀誦爲他解說隨順[illegible]如是善男
子善女人當知決定得阿耨多羅三藐三菩提
則住佛國若聞如是般若波羅蜜不驚不畏
心生信解當知此輩佛所印可是佛所

BD14706號　文殊師利所說摩訶般若波羅蜜經（一卷本）

（24–22）

句偈受持讀誦爲他解說隨順[illegible]如是善男
子善女人當知決定得阿耨多羅三藐三菩提
則住佛國若聞如是般若波羅蜜不驚不畏
心生信解當知此輩佛所印可是佛所
行大乘法印若善男子善女人學此法印
超過惡趣不入聲聞辟支佛道以超過故
尒時帝釋卌三天以天妙華憂鉢羅華拘物
頭華分陁利華天曼陁羅華等天旃檀香及
餘末香種種金寶作天伎樂爲供養般若波
羅蜜并諸如來及文殊師利以散其上作是
供養已願我常聞般若波羅蜜法印釋提桓
因復作是願閻浮提善男子善女人常使得
聞是經決定佛法皆令信解受持讀誦爲人
演說一切諸天爲作擁護
尒時佛告釋提桓因言憍尸迦如是如是善
男子善女人當得決定諸佛菩提文殊師利白
佛言世尊如是受持善男子善女人得大利
益功德无量尒時以佛神力一切大地六反
震動佛時微咲放大光明遍照三千大千
世界文殊師利白佛言世尊即是如來印
般若波羅蜜相
佛告文殊師利如是如是說般若波羅蜜已皆
現此瑞爲印般若波羅蜜使故人受持令
无讚毀何以故无相法印不可讚毀我今以
是法印令諸天魔不能得便佛說是經已
尒時諸大菩薩及四部衆聞說般若波羅
蜜歡喜奉行

BD14706號　文殊師利所說摩訶般若波羅蜜經（一卷本）

（24–23）

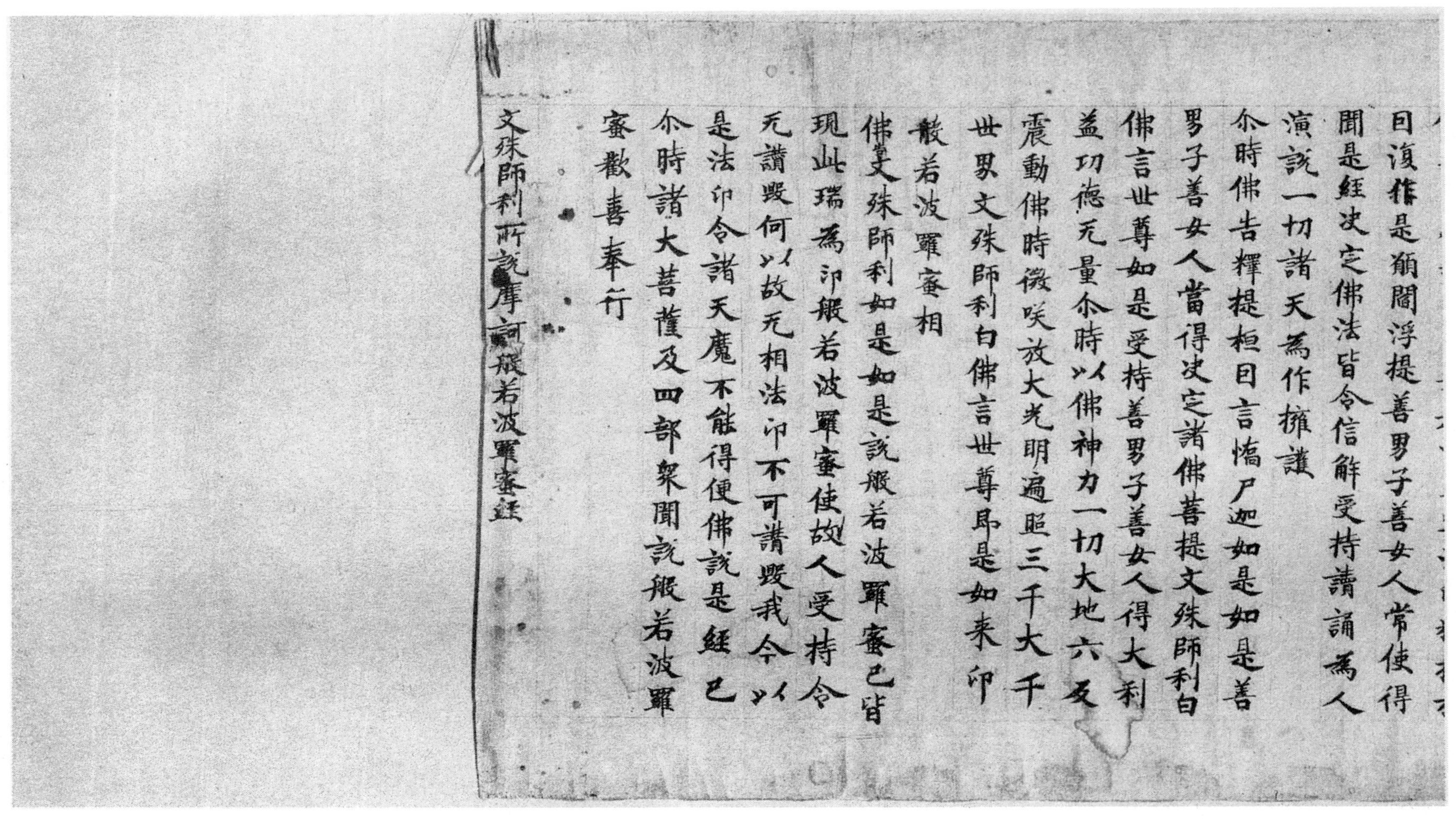
曰須作是願閻浮提善男子善女人常使得
聞是經決定佛法皆令信解受持讀誦爲人
演說一切諸天爲作擁護
尒時佛告釋提桓因言憍尸迦如是如是善
男子善女人當得決定諸佛菩提文殊師利白
佛言世尊如是受持善男子善女人得大利
益功德无量尒時以佛神力一切大地六反
震動佛時微咲放大光明遍照三千大千
世界文殊師利白佛言世尊是如來印
般若波羅蜜相
佛告文殊師利如是如是說般若波羅蜜已皆
現此瑞爲印般若波羅蜜使故人受持令
无讚毀何以故无相法印不可讚毀我今以
是法印令諸天魔不能得便佛說是經已
尒時諸大菩薩及四部衆聞說般若波羅
蜜歡喜奉行
文殊師利所說摩訶般若波羅蜜經

BD14706 號　文殊師利所說摩訶般若波羅蜜經（一卷本）　（24–24）

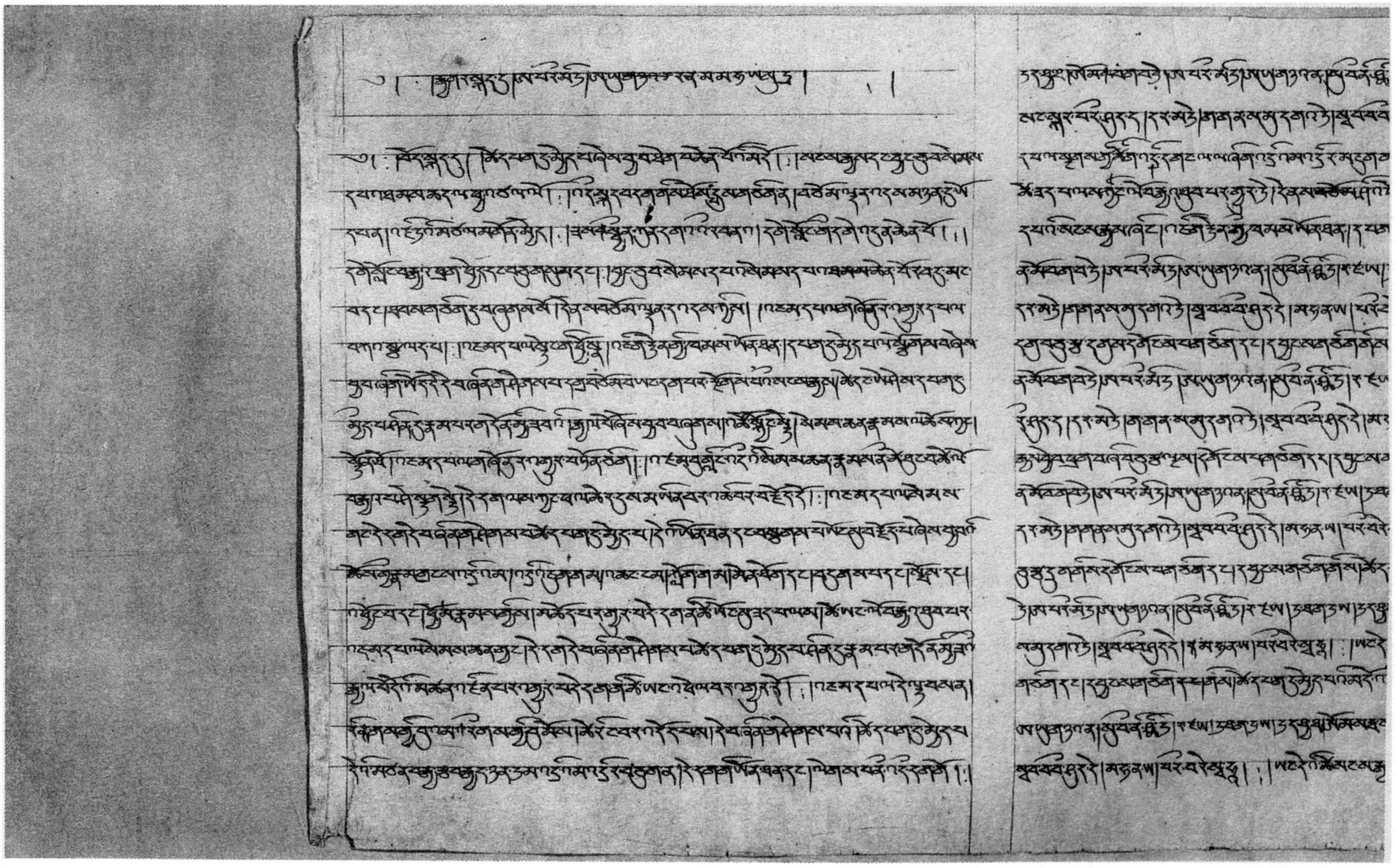

BD14707 號　藏文（無量壽宗要經甲本）　（6–1）

BD14707 號　藏文（無量壽宗要經甲本）　　（6–2）

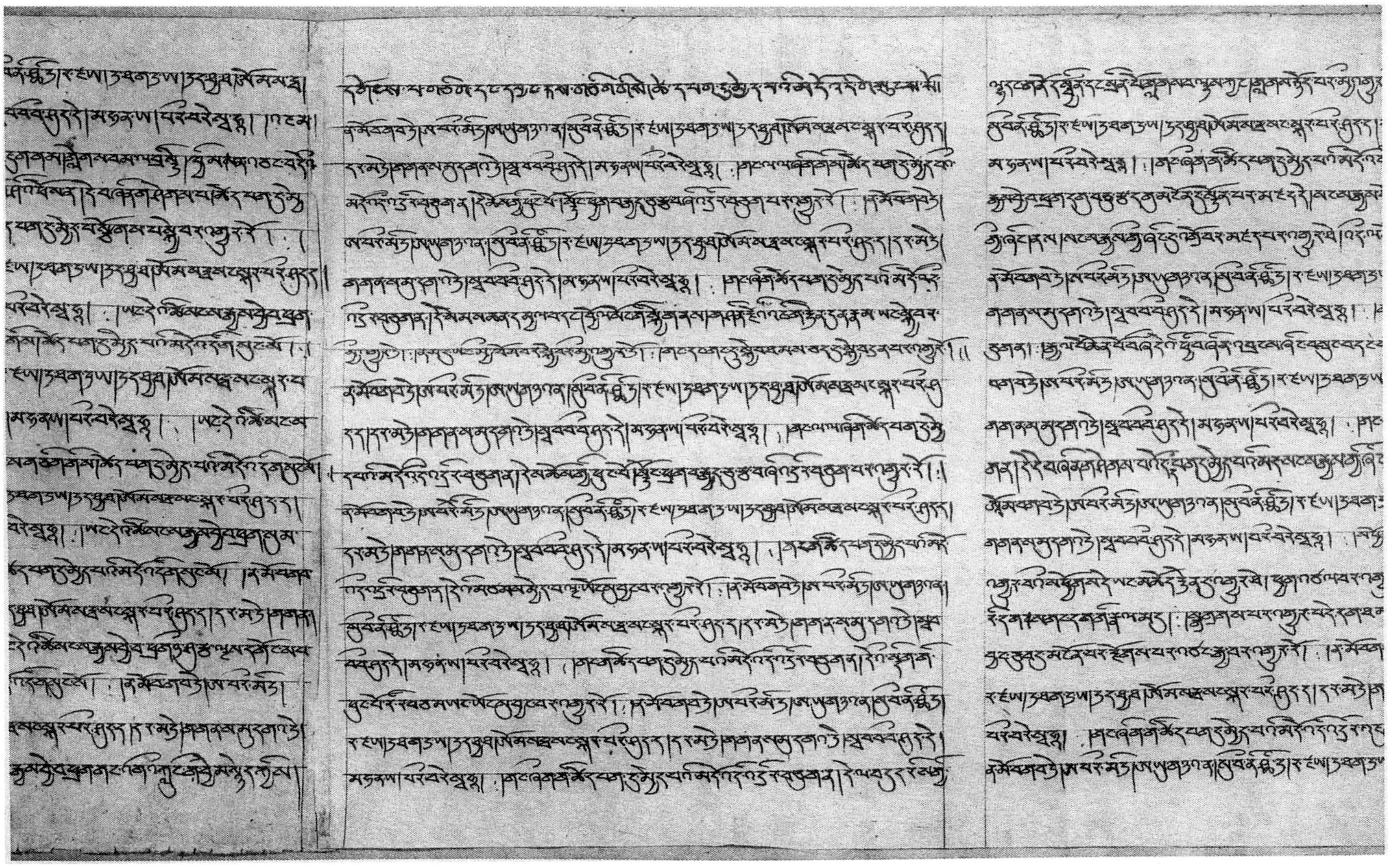

BD14707 號　藏文（無量壽宗要經甲本）　　（6–3）

BD14707 號　藏文（無量壽宗要經甲本）　　（6–4）

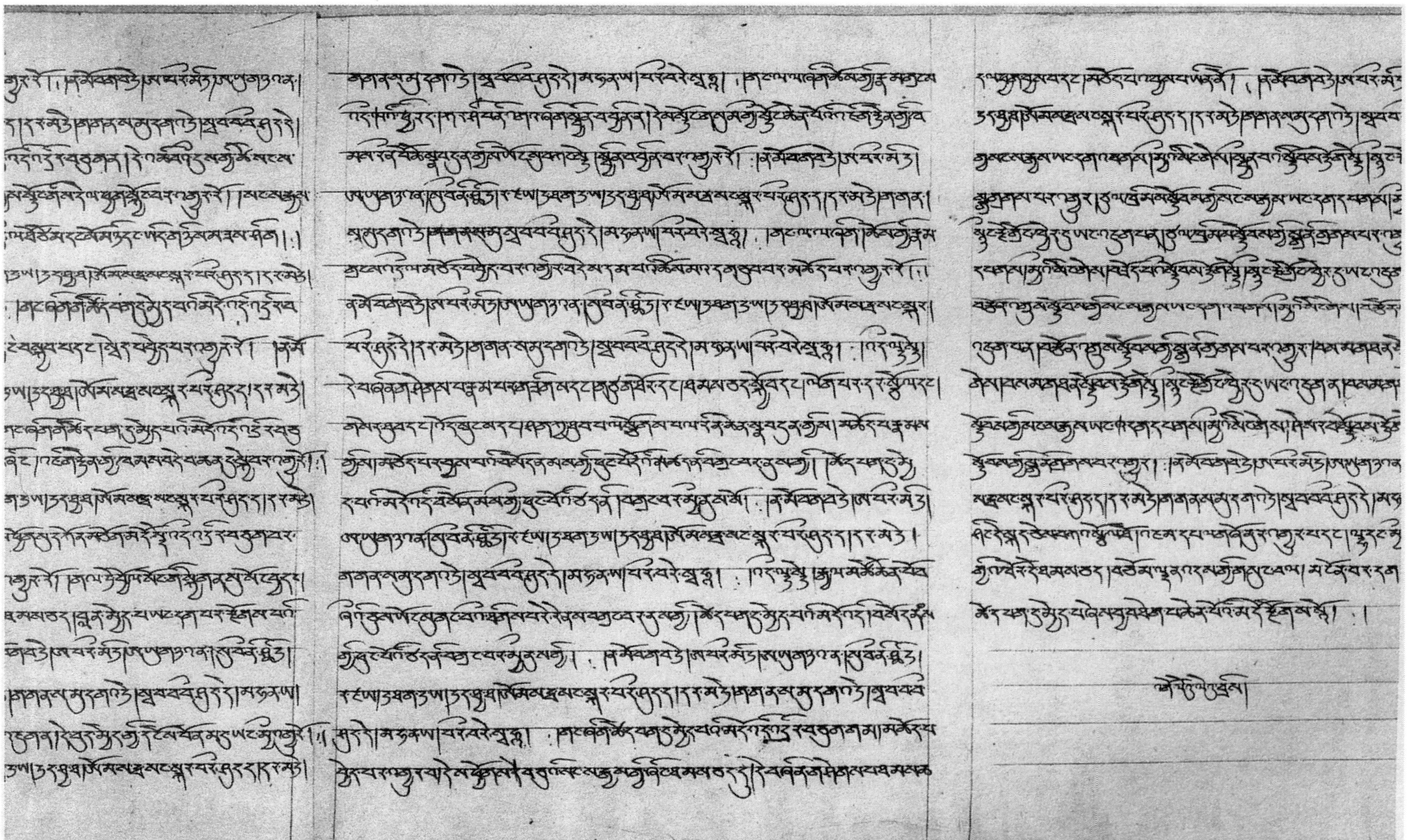

BD14707 號　藏文（無量壽宗要經甲本）　　（6–5）

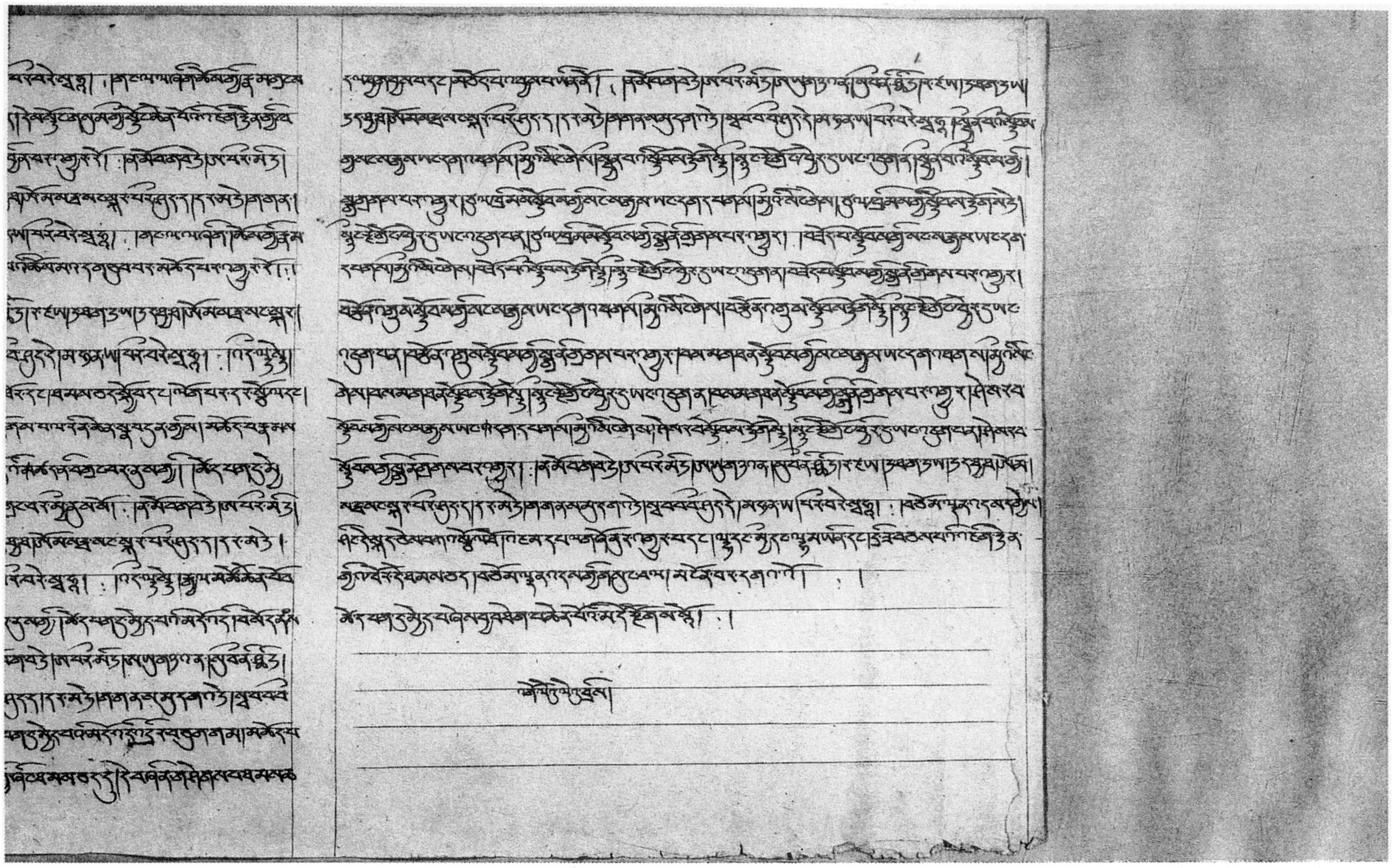

BD14707號　藏文（無量壽宗要經甲本）　（6–6）

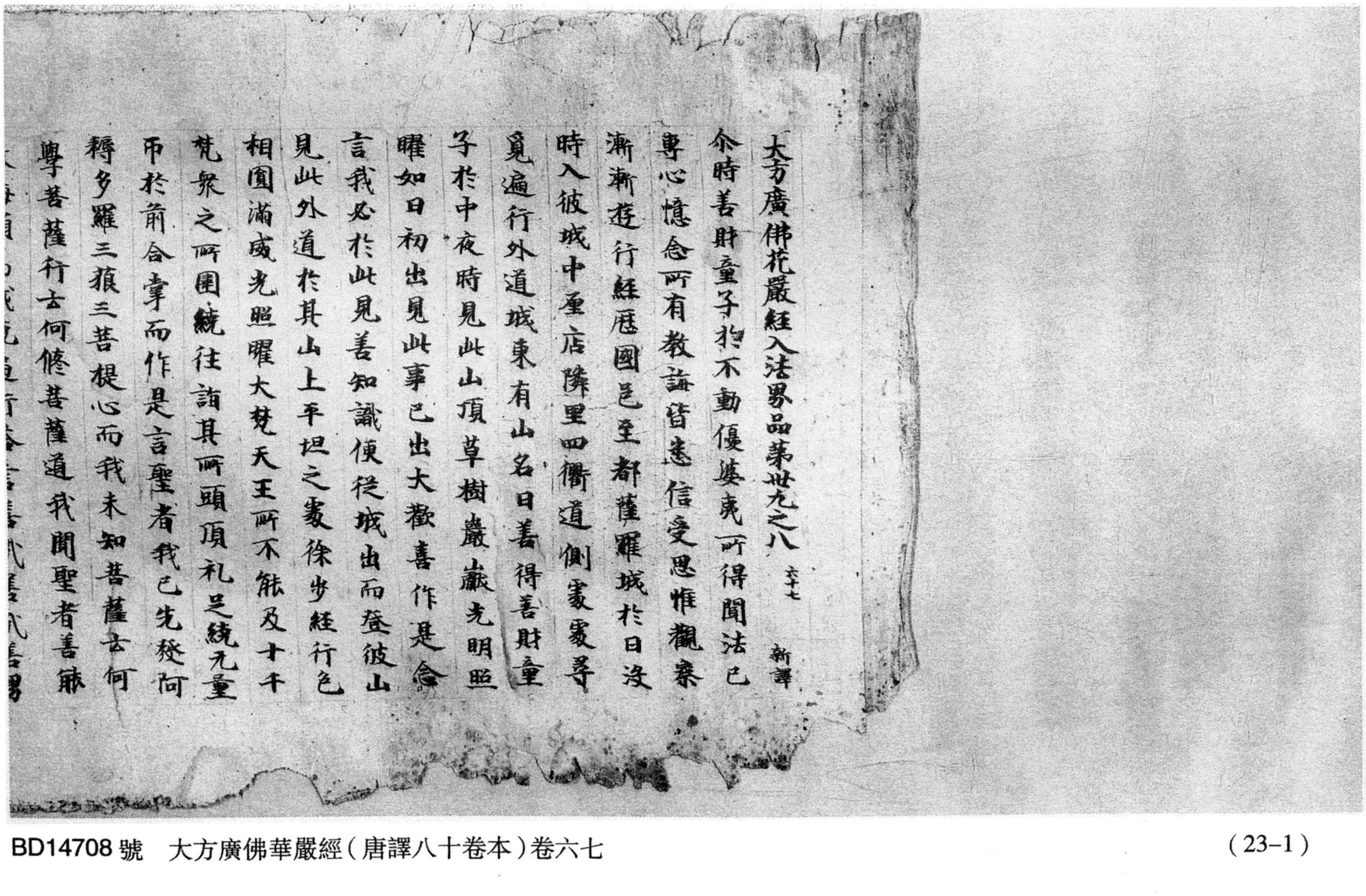

大方廣佛花嚴經入法界品第卅九之八　六十七　新譯
尒時善財童子於不動優婆夷所得聞法已
專心憶念所有教誨皆悉信受思惟觀察
漸漸遊行經歷國邑至都薩羅城於日沒
時入彼城中廛店鄰里四衢道側處處尋
覓遍行外道城東有山名曰善得善財童
子於中夜時見此山頂草樹巖巘光明照
曜如日初出見此事已生大歡喜作是念
言我必於此見善知識便從城出而登彼山
見此外道於其山上平坦之處徐步經行色
相圓滿威光照曜大梵天王所不能及十千
梵眾之所圍繞往詣其所頭頂礼足繞无量
帀於前合掌而作是言聖者我已先發阿
耨多羅三藐三菩提心而我未知菩薩云何
學菩薩行云何修菩薩道我聞聖者善能

BD14708號　大方廣佛華嚴經（唐譯八十卷本）卷六七　（23–1）

梵衆之所圍繞往詣其所頭頂礼足繞无量
帀於前合掌而作是言聖者我已先發阿
耨多羅三藐三菩提心而我未知菩薩云何
學菩薩行云何修菩薩道我聞聖者善能
教誨願為我說遍行答言善哉善哉善男
子我已安住至一切處菩薩行已成就普觀
世間三昧門已成就无依无作神通力已
成就普門般若波羅蜜善男子我普於世
間種種方所種種形貌種種行解種種殁
生一切諸趣所謂天趣龍趣夜叉趣乾闥婆
阿修羅迦樓羅緊那羅摩睺羅伽地獄畜
生閻羅王界人非人等一切諸趣或住諸見
或信二乘或復信樂大乘之道如是一切諸
衆生中我已種種方便種種智門而為利益
所謂或為演說一切世間種種伎藝令得具
足一切巧術陁羅尼智或為演說四攝方
便令得具足一切智道或為演說諸波羅蜜
令其迴向一切智位或為稱讚大菩提心令其
不失无上道意或為稱讚諸菩薩行令其滿
足淨佛國土度衆生願或為演說造諸惡行
受地獄等種種苦報令於惡業深生猒離
或為演說供養諸佛種諸善根決定獲得
一切種智果令其發起歡喜之心或為讚說
一切如來應正等覺所有功德令樂佛身求
一切智或為讚說諸佛威德令其願樂佛
不壞身或為讚說佛自在身令求如來无

BD14708號　大方廣佛華嚴經（唐譯八十卷本）卷六七　（23–2）

一切種智果令其發起歡喜之心或為讚說
一切如來應正等覺所有功德令樂佛身求
一切智或為讚說諸佛威德令其願樂佛
不壞身或為讚說佛自在身令求如來无
能映蔽大威德體又善男子此都薩羅城
中一切方所一切族類若男若女諸人衆中
我皆以方便示同其形隨其所應而為說
法諸衆生等悉不能知我是何人從何而
至唯令聞者如實修行善男子如於此城
利益衆生於閻浮提城邑聚落所有人衆
止住之處悉亦如是而為利益善男子閻
浮提內九十六種各起異見而生執著我
悉於中方便調伏令其捨離所有諸見如
閻浮提餘四天下亦復如是如四天下三千
大千世界亦復如是如三千大千世界如
是十方无量世界諸衆生海我悉於中
隨諸衆生心之所樂以種種方便種種法
門現種種色身以種種言音而為說法令
得利益善男子我唯知此至一切處菩
薩行如諸菩薩摩訶薩身與一切衆生
數等得與衆生无差別身以變化身普
入諸趣於一切處皆現受生普見一切衆
生之前清淨光明遍照世間以无㝵願住
一切劫得如帝網諸无等行常勤利益
一切衆生恒與共居而无所著普於三世
悉皆平等以无我智周遍照曜以大悲

BD14708號　大方廣佛華嚴經（唐譯八十卷本）卷六七　（23–3）

生之前清淨光明遍照世間以无㝵願住
一切刼得如帝網諸无等行常勤利益
一切衆生恒與共居而无所著普於世
悉皆平等以无我智周遍照曜以大悲
藏一切觀察而我云何能知能說彼功
德行善男子於此南方有一國土名為
廣大有鬻香長者名優鉢羅花汝詣
彼問菩薩云何學菩薩行修菩薩道
時善財童子頂礼其足繞无量帀殷勤
瞻仰辭退而去
尒時善財童子因善知識教不顧身命不
著財寶不樂人衆不耽五欲不戀眷屬
不重王位唯願化度一切衆生唯願嚴
淨諸佛國土唯願供養一切諸佛唯願
證知諸法實性唯願修集一切菩薩大
功德海唯願修行一切功德終无退轉唯
願恒於一切刼中以大願力修菩薩行唯
願普入一切諸佛衆會道場唯願入一三
昧門普現一切三昧門自在神力唯願於
佛一毛孔中見一切佛心无猒足唯願得
一切智法慧光明能持一切諸佛法藏專
求此等一切諸佛菩薩功德漸次遊行至
廣大國詣長者所頂礼其足繞无量帀合
掌而立白言聖者我已先發阿耨多羅三
藐三菩提心欲求一切佛平等智慧欲滿
一切佛无量大願欲淨一切佛冣上色身

BD14708號　大方廣佛華嚴經（唐譯八十卷本）卷六七　（23–4）

廣大國詣長者所頂礼其足繞无量帀合
掌而立白言聖者我已先發阿耨多羅三
藐三菩提心欲求一切佛平等智慧欲滿
一切佛无量大願欲淨一切佛冣上色身
欲見一切佛清淨法身欲知一切佛廣大
智身欲淨治一切菩薩諸行欲照明一切
菩薩三昧欲安住一切菩薩惣持欲除滅
一切所有障㝵欲遊行一切十方世界而
未知菩薩云何學菩薩行云何修菩薩道
而能出生一切智智長者告言善哉善哉
善男子汝乃能發阿耨多羅三藐三菩提心
善男子我善別知一切諸香亦知調合一切
香法所謂一切香一切燒香一切塗香一切
末香亦知如是一切香王所出之處又善了
知天香龍香夜叉香乾闥婆阿脩羅迦樓
羅緊那羅摩睺羅伽人非人等所有諸香
又善別知治諸病香斷諸惡香生歡喜
香增煩惱香滅煩惱香令於有爲生樂
著香令於有爲生猒離香捨諸憍逸香
發心念佛香證解法門香聖所受用香一
切菩薩差別香一切菩薩地位香如是等
香形相生起出現成就清淨安隱方便境
界威德業用及以根本如是一切我皆
了達善男子人間有香名曰象藏因龍
鬪生若燒一丸即起大香雲弥覆王都
於七日中雨細香雨若著身者身則金色

BD14708號　大方廣佛華嚴經（唐譯八十卷本）卷六七　（23–5）

男威德業用及以根本如是一切我皆
了達善男子人間有香名曰象藏因龍
闘生若燒一丸即起大香雲弥覆王都
於七日中雨細香雨若著身者身則金色
若著衣服宮殿樓閣亦皆金色若因風
吹入宮殿中衆生齅者七日七夜歡喜
充滿身心快樂无有諸病不相侵害離諸
憂苦不驚不怖不亂不恚慈心相向志意
清淨我知是已而爲說法令其決定發阿
耨多羅三藐三菩提心善男子摩羅耶山出
栴檀香名曰牛頭若以塗身設入火坑火不
能燒善男子海中有香名无能勝若以塗
鼓及諸螺貝其聲發時一切敵軍皆自退散
善男子阿那婆達多池邊出沉水香名蓮
花藏其香一丸如麻子大若以燒之香氣
普熏閻浮提界衆生聞者離一切罪戒品
清淨善男子雪山有香名阿盧那若有衆
生齅此香者其心決定離諸染著我爲
說法莫不皆得離垢三昧善男子羅剎
界中有香名海藏其香但爲轉輪王用
若燒一丸而以熏之王及四軍皆騰虛空
善男子善法天中有香名淨莊嚴若
燒一丸而以熏之普使諸天心念於佛善
男子須夜摩天有香名淨藏若燒一丸
而以熏之夜摩天衆莫不雲集彼天王所
而共聽法善男子兜率天中有名先陀婆

BD14708號　大方廣佛華嚴經（唐譯八十卷本）卷六七　（23-6）

善男子善法天中有香名淨莊嚴若
燒一丸而以熏之普使諸天心念於佛善
男子須夜摩天有香名淨藏若燒一丸
而以熏之夜摩天衆莫不雲集彼天王所
而共聽法善男子兜率天中有名先陀婆
於一生所繫菩薩座前燒其一丸興大香
雲遍覆法界普雨一切諸供養具供養
一切諸佛菩薩善男子善變化天有香
名曰奪意若燒一丸於七日中普雨一切
諸莊嚴具善男子我唯知此調和香法
如諸菩薩摩訶薩遠離一切諸惡習氣
不染世欲永斷煩惱衆魔羂索超諸有
趣以智慧香而自莊嚴於諸世間皆无
染著具足成就无所著戒淨无著智行
无著境於一切處悉无有著其心平等
无著无依而我何能知其妙行說其功
德顯其所有清淨戒門示其所作无過
失業辯其離染身語意行善男子於此
南方有一大城名曰樓閣中有船師名婆
施羅汝詣彼問菩薩云何學菩薩行修
菩薩道時善財童子頂禮其足遶无量
帀殷勤瞻仰辭退而去
尒時善財童子向樓閣城觀察道路所謂觀
道高卑觀道夷險觀道淨穢觀道曲直
漸次遊行作是思惟我當親近彼善知識
善知識者是成就修行諸菩薩道因是成
就修行波羅蜜道因是成就修行攝衆生

BD14708號　大方廣佛華嚴經（唐譯八十卷本）卷六七　（23-7）

尒時善財童向樓閣城觀察道路所謂觀
道高卑觀道夷險觀道淨穢觀道曲直
漸次遊行作是思惟我當親近彼善知識
善知識者是成就修行諸菩薩道因是成
就修行波羅蜜道因是成就修行攝衆生
道因是成就修行普入法界无障导道因
是成就修行令一切衆生除惡慧道因是成
就修行令一切衆生離憍慢道因是成就
修行令一切衆生滅煩惱道因是成就修行
令一切衆生捨諸見道因是成就修行令
一切衆生拔一切惡刺道因是成就修行令
一切衆生至一切智城道因何以故於善知
識處得一切善法故依善知識力得一切
智道故善知識者難見難遇如是思惟漸
次遊行既至彼城見其船師在城門外海岸
上住百千人商及餘无量大衆圍繞說大
海法方便開示佛功德海善財見已往詣
其所頂礼其足繞无量帀於前合掌
作是言聖者我已先發阿耨多羅三藐三
菩提心而未知菩薩云何學菩薩行云何
修菩薩道我聞聖者善能教誨願為我
說船師告言善哉善哉善男子汝已能
發阿耨多羅三藐三菩提心今復能問生
大智因斷除一切生死苦因往一切智大
寶洲因成就不壞摩訶衍因遠離二乘怖
畏生死住諸寂靜三昧旋因乘大願車遍

BD14708號　大方廣佛華嚴經（唐譯八十卷本）卷六七　（23–8）

說船師告言善哉善哉善男子汝已能
發阿耨多羅三藐三菩提心今復能問生
大智因斷除一切生死苦因往一切智大
寶洲因成就不壞摩訶衍因遠離二乘怖
畏生死住諸寂靜三昧旋因乘大願車遍
一切處行菩薩行无有障导清淨道因
以菩薩行莊嚴一切无能壞智清淨道因
普觀一切十方諸法皆无障导清淨道因
速能趣入一切智海清淨道因善男子我
在此城海岸路中淨修菩薩大悲幢行善
男子我觀閻浮提內貧窮衆生為饒益
故修諸苦行隨其所願悉令滿足先以世
物充滿其意復施法財令其歡喜令修福
行令生智道令增善根力令起菩提心令
淨菩提願令堅大悲力令修能滅生死
道令生不厭生死行令攝一切衆生海令
修一切功德海令照一切諸法海令見一切
諸佛海令入一切智智海善男子我住於
此如是思惟如是作意如是利益一切衆生
善男子我知海中一切寶洲一切寶處一
切寶類一切寶種我知淨一切寶鑽一切
寶出一切寶作一切寶我知一切寶器一切
寶用一切寶境界一切寶光明我知一切
寶龍宮處一切夜叉宮處一切部多宮
處皆善迴避免其諸難亦善別知旋澓淺
深波濤遠近水色好惡種種不同亦善別知
日月星宿運行度數晝夜晨晡晷漏延促

BD14708號　大方廣佛華嚴經（唐譯八十卷本）卷六七　（23–9）

寶用一切寶境界一切寶光明我知一切
寶龍宮處一切夜叉宮處一切部多宮
處皆善迴避免其諸難亦善別知旋洑淺
深波濤遠近水色好惡種種不同亦善別知
日月星宿運行度數晝夜晨晡晷漏延促
亦知其船鐵木堅脆機關澁滑水之大小
風之逆順如是一切安危之相无不明了
可行則行可止則止善男子我已成就如
是智慧常能利益一切衆生善男子我
以好船運諸商衆行安隱道復為說法令
其歡喜引至寶洲與諸珍寶咸使充足
然後將領還閻浮提善男子我將大船如
如往來未始令其一有損壞若有衆生得
見我身聞我法者令其永不怖生死海
必得入於一切智海必能銷竭諸愛欲海
能以智光照三世海能盡一切衆生苦海
能淨一切衆生心海速能嚴淨一切剎海
普能往詣十方大海普知一切衆生根海
普了一切衆生行海普順一切衆生心海
善男子我唯得此大悲幢行若有見我及
及以聞與我我同住憶念我者皆悉不空
如諸菩薩摩訶薩善能遊涉生死大海不
染一切諸煩惱海能捨一切諸妄見海能
觀一切諸法性海能以四攝攝衆生海已
善安住一切智海能滅一切衆生著海能
平等住一切時海能以神通度衆生海能
以其時調伏衆生海而我云何能知能

BD14708號　大方廣佛華嚴經（唐譯八十卷本）卷六七　（23–10）

觀一切諸法性海能以四攝攝衆生海已
善安住一切智海能滅一切衆生著海能
平等住一切時海能以神通度衆生海能
以其時調伏衆生海而我云何能知能
說彼功德行善男子於此南方有城名可
樂中有長者名无上勝汝詣彼問菩薩
云何學菩薩行修菩薩道時善財童子
頂禮其足遶无量帀殷勤瞻仰悲泣流
淚求善知識心无厭足辭退而去
爾時善財童子起大慈周遍心大悲潤澤
心相續不斷福德智慧二種莊嚴捨離一
切煩惱塵垢證法平等心无高下拔不善
刺滅一切障堅固精進以為牆塹甚深三
昧而作園苑以惠日光破无明暗以方便
風開智慧花以无量願充滿法界心常
現入一切智城如是而求菩薩之道漸次經
歷到彼城內見无上勝在於城東大莊
嚴幢无憂林中无量商人百千居士之
所圍遶理斷人間種種事務因為說法
令其永拔一切我慢離我我所捨所積
聚滅慳嫉垢心得清淨无諸穢濁獲得
淨信力常樂見佛受持佛法生菩薩力
起菩薩行入菩薩三昧得菩薩智慧住菩
薩正念增菩薩樂欲爾時善財童子觀彼
長者為衆說法已以身投地頂禮其足良
久乃起白言聖者我是善財我是善財專

BD14708號　大方廣佛華嚴經（唐譯八十卷本）卷六七　（23–11）

淨信力常樂見佛受持佛法生菩薩力
起菩薩行入菩薩三昧得菩薩智慧住菩
薩正念增菩薩樂欲尒時善財童子觀彼
長者為衆說法已以身投地頂礼其足良
久乃起白言聖者我是善財我是善財專
尋求菩薩之行菩薩云何學菩薩行菩薩
云何修菩薩道隨修學時常能化度一切衆
生常能現見一切諸佛常得聽聞一切佛
法常能住持一切佛法常能趣入一切法
門入一切剎學菩薩行住一切劫修菩薩道
能知一切如來神力能受一切如來護念
能得一切如來智慧時彼長者告善財言
善哉善哉善男子汝已能發阿耨多羅三
藐三菩提心善男子我成就至一切處菩
菩薩行門无依无作神通之力善男子云
何為至一切處菩薩行門善男子我於此
三千大千世界欲界一切諸衆生中所謂
一切三十三天一切須夜摩天一切兜率
陁天一切善變化天一切他化自在天一切
魔天及餘一切天龍夜叉羅剎娑鳩槃荼
乾闥婆阿修羅迦樓羅緊那羅摩睺羅伽
人與非人村營城邑一切住處諸衆生中
而為說法令捨非法令息諍論令除鬪戰
令止忿競令破怨結令解繫縛令出牢
獄令免怖畏令斷殺生乃至邪見一切惡
業不可作事皆令禁止令其順行一切善法

BD14708號　大方廣佛華嚴經（唐譯八十卷本）卷六七　（23–12）

而為說法令捨非法令息諍論令除鬪戰
令止忿競令破怨結令解繫縛令出牢
獄令免怖畏令斷殺生乃至邪見一切惡
業不可作事皆令禁止令其順行一切善法
令其修學一切伎藝於諸世間而作利益
為其分別種種諸論令生歡喜令漸成熟
隨順外道為說勝智令斷諸見令入佛法
乃至色界一切梵天我亦為其說超勝法
如於此三千大千世界乃至十方十不可
說百千億那由他佛剎微塵數世界中我
皆為說佛法菩薩法聲聞法獨覺法說地
獄說地獄衆生說向地獄道說畜生說畜生
差別說畜生受苦說向畜生道說閻羅王
世間說閻羅王世間苦說向閻羅王世間
道說天世間說天世間樂說向天世間道
說人世間說人世間苦樂說向人世間道
為欲開顯菩薩功德為令捨離生死過患
為令知見一切智人諸妙功德為欲令知
諸有趣中迷惑受苦為令知見无障导法
為欲顯示一切世間生起所因為欲顯示一
切世間寂滅為樂為令衆生捨諸想著
為令證得佛无依法為令永滅諸煩惱輪
為令能轉如來法輪我為衆生說如是法
善男子我唯知此至一切處修菩薩行清
淨法門无依无作神通之力如諸菩薩摩
訶薩具足一切自在神通悉能遍往一切佛

BD14708號　大方廣佛華嚴經（唐譯八十卷本）卷六七　（23–13）

為令能轉如來法輪我為衆生說如是法
善男子我唯知此達一切處修菩薩行清
淨法門无依无作神通之力如諸菩薩摩
訶薩具足一切自在神通悉能遍往一切佛
剎得普眼地悉聞一切音聲言說普入諸法
智慧自在无有乖諍勇健无比以廣長舌
出平等音其身妙好同諸菩薩與諸如來
究竟无二无有差別智身廣大普入三世
境界无際同於虛空而我云何能知能說
彼功德行善男子於此南方有一國土名
日輸那其國有城名迦陵迦林有比丘尼
名師子頻申汝詣彼問菩薩云何學菩薩
行修菩薩道時善財童子頂禮其足遶无
量帀殷勤瞻仰辭退而去
尒時善財童子漸次遊行至彼國城周遍推
求此比丘尼有无量人咸告之言善男子
此比丘尼在勝光王之所捨施日光園中說
法利益无量衆生時善財童子即詣彼園
周遍觀察見其園中有一大樹名為滿月
形如樓閣放大光明照一由旬見一葉樹
名為普覆其形如蓋放毗瑠璃紺青光
明見一花樹名曰花藏其形高大如雪山
王雨衆妙花无有窮盡如忉利天中波利
質多羅樹復見有一甘露果樹形如金
山常放光明種種衆果悉皆具足復見有
一摩尼寶樹名毗盧遮那藏其形无比心

BD14708號　大方廣佛華嚴經（唐譯八十卷本）卷六七　（23–14）

王雨衆妙花无有窮盡如忉利天中波利
質多羅樹復見有一甘露果樹形如金
山常放光明種種衆果悉皆具足復見有
一摩尼寶樹名毗盧遮那藏其形无比心
王摩尼寶冣在其上阿僧祇色相摩尼
寶周遍莊嚴復有衣樹名為清淨種種
色衣垂布嚴飾復有音樂樹名為歡喜
其音美妙過諸天樂復有香樹名普莊嚴
恒出妙香普熏十方无所障㝵園中復有
泉流陂池一切皆以七寶莊嚴黑栴檀泥
積其中上妙金沙彌布其底八功德水具
足盈滿優鉢羅花波頭摩花拘物頭花芬
陁利花遍覆其上无量寶樹周遍行列諸
寶樹下敷師子座種種妙寶以為莊嚴
布以天衣熏諸妙香垂諸寶繒施諸寶
帳閻浮金網彌覆其上寶鐸徐搖出妙音
聲或有樹下敷蓮花藏師子之座或有
樹下敷香王摩尼藏師子之座或有樹下
敷龍莊嚴摩尼王藏師子之座或有樹
下敷寶師子聚摩尼王師子之座或有
樹下敷毗盧遮那摩尼王藏師子之座
或有樹下敷十方毗盧遮那摩尼王師子
之座其一一座各有十万寶師子座周
帀圍繞一一皆具无量莊嚴此大園中衆
寶遍滿猶如好能生樂觸蹈則沒足舉則
還復无量諸鳥出和雅音寶栴檀林上

BD14708號　大方廣佛華嚴經（唐譯八十卷本）卷六七　（23–15）

或有樹下敷十方毗盧遮那摩尼王師子
之座具一一座各有十万寶師子座周
帀圍繞一一皆具无量莊嚴此大園中衆
寶遍滿猶如好能生樂觸蹈則沒足舉則
還復无量諸鳥出和雅音寶栴檀林上
妙莊嚴種種妙花常雨无盡猶如帝釋
雜花之園无比香王普熏一切猶如帝
釋善法之堂諸音樂樹寶多羅樹衆寶鈴
網出妙音聲如自在天善口天女所出歌
音諸如意樹種種妙衣垂布莊嚴猶如
大海有无量色百千樓閣衆寶莊嚴如
忉利天宮善見大城寶蓋遐張如須弥峯
光明普照如梵王宮尒時善財童子見此大
園无量功德種種莊嚴皆是菩薩業報成
就出世善根之所生起供養諸佛功德所
流一切世間无與等者如是皆從師子頻
申比丘尼了法如幻集廣大清淨福德善
業之所成就三千大千世界天龍八部无
量衆生皆入此園而不迫窄何以故此比丘
尼不可思議威神力故尒時善財見師子
頻申比丘尼遍坐一切諸寶樹下大師子
座身相端嚴威儀寂靜諸根調順如大象
王心无垢濁如清淨地普濟所求如如意寶
不染世法猶如蓮花心无所畏如師子王護
持淨戒不可傾動如須弥山能令見者心
得清涼如妙香王能除衆生諸煩惱熱如
雪山中妙栴檀香衆生見者諸苦消滅如

BD14708號　大方廣佛華嚴經（唐譯八十卷本）卷六七　（23–16）

不染世法猶如蓮花心无所畏如師子王護
持淨戒不可傾動如須弥山能令見者心
得清涼如妙香王能除衆生諸煩惱熱如
雪山中妙栴檀香衆生見者諸苦消滅如
善見藥王見者不空如婆樓那天能長一
切衆生善根牙如良沃田在一一座衆會
不同所說法門亦各差別或見處座淨居
天衆所共圍繞大自在天子而為上首此
比丘尼為說法門名无盡解脫或見處
座諸梵天衆所共圍繞愛樂梵王而為上
首此比丘尼為說法門名普門差別清
淨言音輪或見處座他化自在天天子天
女所共圍繞自在天王而為上首此比丘尼
為說法門名菩薩清淨心或見處座善變
化天子天女所共圍繞善化天王而為上首
此比丘尼為說法門名一切法善莊嚴或
見處座兜率陁天天子天女所共圍繞兜
率天王而為上首此比丘尼為說法門名心藏
旋或見處座須夜摩天天子天女所共圍
繞夜摩天王而為上首此比丘尼為說法
門名无邊莊嚴或見處座三十三天天子
天女所共圍繞釋提桓因而為上首此比丘
尼為說法門名猒離門或見處座百光明
龍王難陁龍王優波難陁龍王摩那斯龍
王伊羅跋難陁龍王阿那婆達多龍王等
龍子龍女所共圍繞娑伽羅龍王而為上

BD14708號　大方廣佛華嚴經（唐譯八十卷本）卷六七　（23–17）

尼為說法門名歡離門或見䖏座百光明
龍王難陁龍王優波難陁龍王摩那斯龍
王伊羅跋難陁龍王阿那婆達多龍王等
龍子龍女所共圍繞娑伽羅龍王而為上
首此比丘尼為說法門名佛神通境界光
明莊嚴或見䖏座諸夜叉衆所共圍繞毗
沙門天王而為上首此比丘尼為說法門名
救護衆生藏或見䖏座乾闥婆衆所共圍
繞持國乾闥婆王而為上首此比丘尼為說
法門名无盡喜或見䖏座阿脩羅衆所共
圍繞羅睺阿脩羅王而為上首此比丘尼為
說法門名速疾莊嚴法界智門或見䖏坐迦
樓羅衆所共圍繞捷持迦樓羅王而為上首
此比丘尼為說法門名怖動諸有海或見䖏
座緊那羅衆所共圍繞大樹緊那羅王而
為上首此比丘尼為說法門名佛行光明或
見䖏座摩睺羅伽衆所共圍繞菴羅林
摩睺羅伽王而為上首此比丘尼為說法門
名生佛歡喜心或見䖏座无量百千男子女
人所共圍繞此比丘尼為說法門名殊勝行或
見䖏座諸羅刹衆所共圍繞常奪精氣大
樹羅刹王而為上首此比丘尼為說法門名
發生悲愍心或見䖏座信樂聲聞乘衆生
所共圍繞此比丘尼為說法門名勝智光明
或見䖏座信樂緣覺乘衆生所共圍繞此
比丘尼為說法門名佛功德廣大光明或見

BD14708 號　大方廣佛華嚴經（唐譯八十卷本）卷六七　（23–18）

發生悲愍心或見䖏座信樂聲聞乘衆生
所共圍繞此比丘尼為說法門名勝智光明
或見䖏座信樂緣覺乘衆生所共圍繞此
比丘尼為說法門名佛功德廣大光明或見
䖏座信樂大乘衆生所共圍繞此比丘尼為
說法門名普門三昧智光明門或見䖏座初
發心諸菩薩所共圍繞此比丘尼為說法門名
一切佛願聚或見䖏座第二地諸菩薩所共圍
繞此比丘尼為說法門名離垢輪或見䖏座
第三地諸菩薩所共圍繞此比丘尼為說法
門名寂靜莊嚴或見䖏座第四地諸菩薩
所共圍繞此比丘尼為說法門名生一切智
境界或見䖏座第五地諸菩薩所共圍繞
此比丘尼為說法門名妙花藏或見䖏座
第六地諸菩薩所共圍繞此比丘尼為說法
門名毗盧遮那藏或見䖏座第七地諸菩
薩所共圍繞此比丘尼為說法門名普莊
嚴地或見䖏座第八地諸菩薩所共圍繞
此比丘尼為說法門名遍法界境界身
或見䖏座第九地諸菩薩所共圍繞此比
丘尼為說法門名无所得力莊嚴或見䖏
座第十地諸菩薩所共圍繞此比丘尼為
說法門名无㝵輪或見䖏座執金剛神所共
圍繞此比丘尼為說法門名金剛智那羅
延莊嚴善財童子見如是等一切諸趣所有
衆生已成熟者已調伏者堪為法器皆入此

BD14708 號　大方廣佛華嚴經（唐譯八十卷本）卷六七　（23–19）

說法門名无㝵輪或見處座執金剛神所共
圍繞此比丘尼為說法門名金剛智那羅
延莊嚴善財童子見如是等一切諸趣所有
衆生已成熟者已調伏者堪為法器皆入此
園各於座下圍繞而坐師子頻申比丘尼
隨其欲解勝劣差別而為說法令於阿耨
多羅三藐三菩提得不退轉何以故此比丘
尼入普眼捨得般若波羅蜜門說一切佛
法般若波羅蜜門法界差別般若波羅
蜜門散壞一切障㝵轉般若波羅蜜門生
一切衆生善心般若波羅蜜門殊勝莊嚴
般若波羅蜜門无㝵真實藏般若波羅
蜜門法界圓滿般若波羅蜜門心藏般若
波羅蜜門普出生藏般若波羅蜜門此
般若波羅蜜門為首入如是等无數百万
般若波羅蜜門此日光園中所有菩薩
及諸衆生皆是師子頻申比丘尼初勸發
心受持正法思惟修習於阿耨多羅三藐三
菩提得不退轉時善財童子見師子頻申
比丘尼如是園林如是床座如是經行如
是衆會如是神力如是辯才復聞不可思
議法門廣大法雲潤澤其心便生是念
我當右繞无量百千帀時比丘尼放大光
明普照其園衆會莊嚴善財童子即自
見身及園林中所有衆樹皆悉右繞此
比丘尼經於无量百千萬帀圍繞畢已
善財童子合掌而住白言聖者我已先發

BD14708號　大方廣佛華嚴經（唐譯八十卷本）卷六七　（23–20）

明普照其園衆會莊嚴善財童子即自
見身及園林中所有衆樹皆悉右繞此
比丘尼經於无量百千萬帀圍繞畢已
善財童子合掌而住白言聖者我已先發
阿耨多羅三藐三菩提心而未知菩薩云何
學菩薩行云何修菩薩道我聞聖者善
能誘誨願為我說比丘尼言善男子我
得解脫名成就一切智善財言聖者何
故名為成就一切智比丘尼言善男子此
智光明於一念中普照三世一切諸法善
財白言聖者此智光明境界云何比丘尼言
善男子我入此智光明門得出生一切法三
昧王以此三昧故得意生身往十方一切世
界兜率天宮一生所繫菩薩所一一菩薩
前現不可說佛剎微塵數身一一身作不
可說佛剎微塵數供養所謂現天王身乃
至人王身執持花雲執持鬘雲燒香塗
香及以末香衣服瓔珞幢幡繒蓋寶網
寶帳寶藏寶燈如是一切諸莊嚴具我
皆執持而以供養如於住兜率宮菩薩所
如是於住胎出胎在家往詣道場成等正
覺轉正法輪入於涅槃如是中間或住天
宮或住龍宮乃至或復住於人宮於彼一
一諸如來所我皆如是而為供養若有衆
生知我如是供養佛者皆於阿耨多羅三
藐三菩提得不退轉若有衆生來至我所我

BD14708號　大方廣佛華嚴經（唐譯八十卷本）卷六七　（23–21）

宮或住龍宮乃至或復住於人宮於彼一
一諸如來所我皆如是而為供養若有衆
生知我如是供養佛者皆於阿耨多羅三
藐三菩提得不退轉若有衆生來至我所我
即為說般若波羅蜜善男子我見一切衆
生不分別衆生相智眼明見故聽一切語言
不分別言相心无所著故見一切如來
不分別如來相了達法身故住持一切法
輪不分別法輪相悟法自性故一念遍知
一切法不分別諸法相知法如幻故善男子
我唯知此成就一切智解脫如諸菩薩摩
訶薩心无分別普知諸法一身端坐充滿法
界於自身中現一切諸佛神力詣一切佛所
於自身內普現一切諸佛神力一毛遍舉
不可言說諸佛世界於其自身一毛孔中現
不可說世界成壞於一念中與不可說不
可說衆生同住於一念中入不可說不可
說一切諸劫而我云何能知能說彼功
德行善男子於此南方有一國土名曰
險難此國有城名寶莊嚴中有女人名
婆須蜜多汝詣彼問菩薩云何學菩薩
行修菩薩道時善財童子頂禮其足遶
无數帀殷勤瞻仰辭退而去

大方廣佛花嚴經卷第六十七

BD14708號　大方廣佛華嚴經（唐譯八十卷本）卷六七　（23–22）

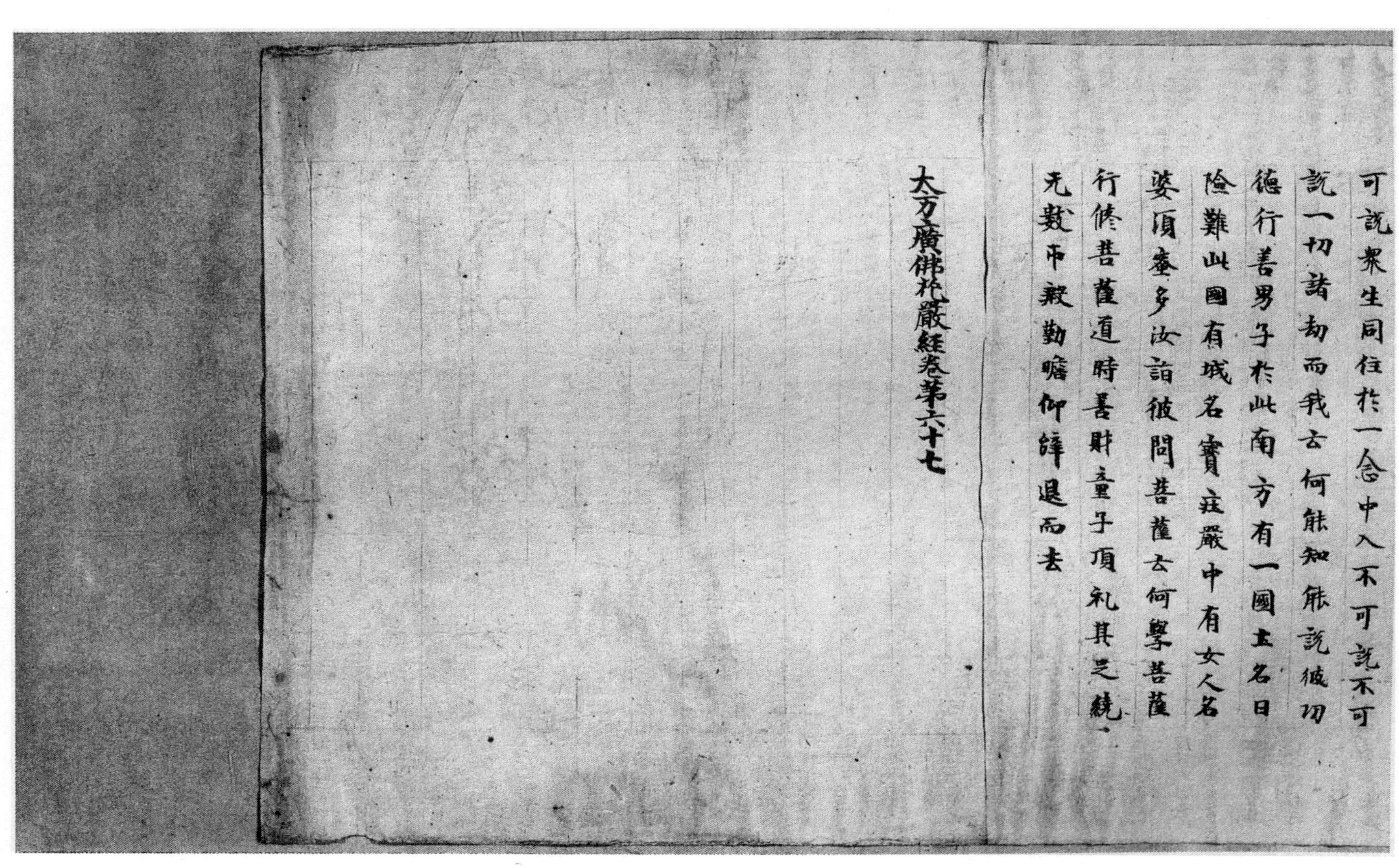
可說衆生同住於一念中入不可說不可
說一切諸劫而我云何能知能說彼功
德行善男子於此南方有一國土名曰
險難此國有城名寶莊嚴中有女人名
婆須蜜多汝詣彼問菩薩云何學菩薩
行修菩薩道時善財童子頂禮其足遶
无數帀殷勤瞻仰辭退而去

大方廣佛花嚴經卷第六十七

BD14708號　大方廣佛華嚴經（唐譯八十卷本）卷六七　（23–23）

子蓮日勿食兔肉乾薑立即霍
亂凡人空腹食菓子令人鬲上熱
爲作癰癤食桃末定作淋病婦
人月水下不用行房爲赤帶婦人
懷身不得食雀肉令子小目凡人
自絞死以小便灌鼻耳中口中即
活又自勒死取死人腳直下掘
地可深三尺已下必有死炭取之
和酒灌口中立驗麦芒入目以麦
汁内目中差刺在肉中不出取
乾牛糞塗上差凡人勿晴地喫食
令人瘦病及鬼疰恒以日翔日洗
頭大吉恒以日晦沐浴大吉每朝日
眼井華水四洗去万病卧訖勿着
燈燃人神不安夜間星月下勿露形
保躬一切黄起及鬼祟害人凡人大
汗勿奔床懸腳成氣病衝寒来
勿即臨火面上令作癎病喫熱食

BD14709號　不知名雜偏方（擬）　（2–1）

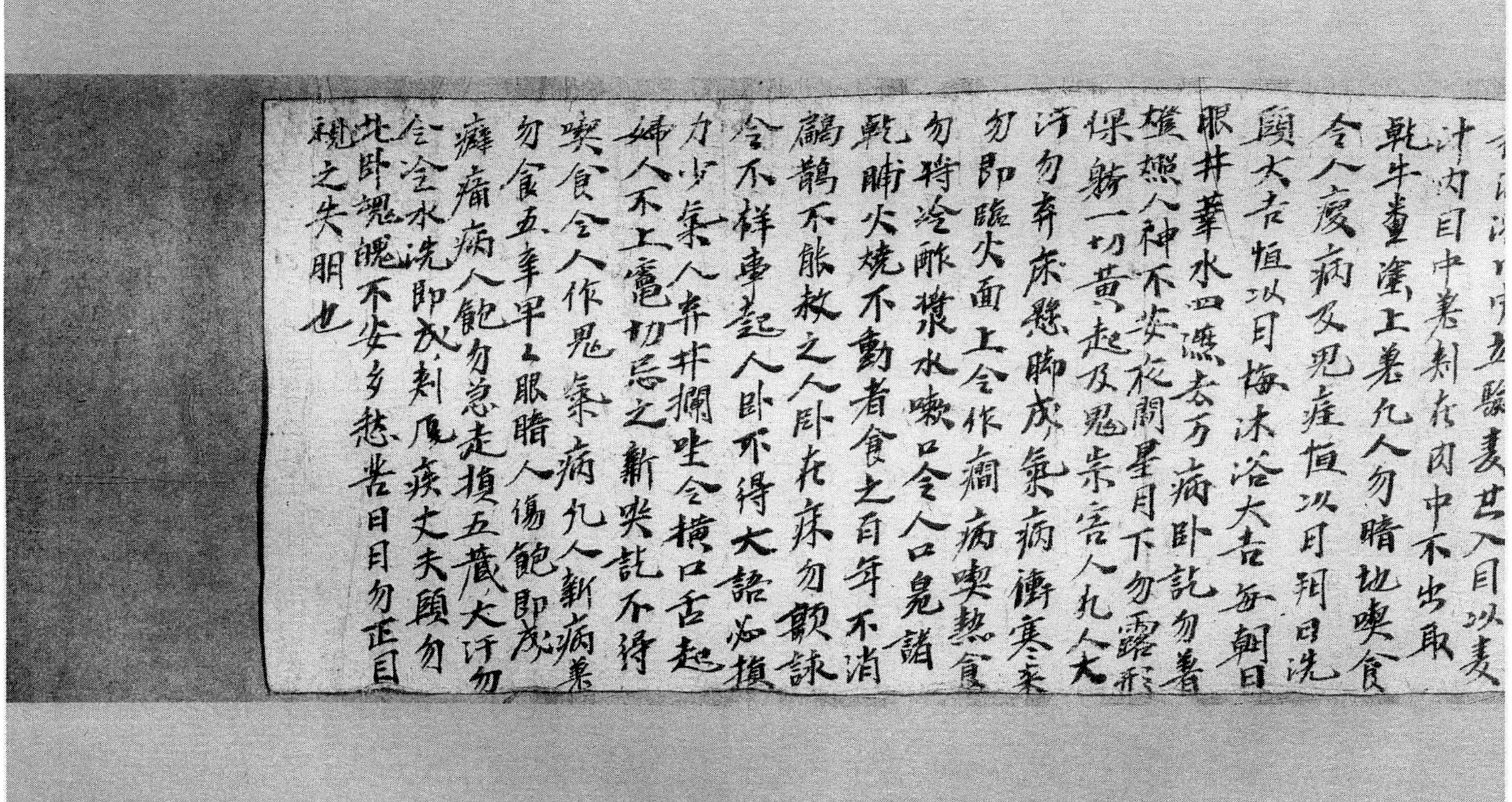
□□□□口中立驗麦芒入目以麦
汁内目中差刺在肉中不出取
乾牛糞塗上差凡人勿晴地喫食
令人瘦病及鬼疰恒以日翔日洗
頭大吉恒以日晦沐浴大吉每朝日
眼井華水四洗去万病卧訖勿着
燈燃人神不安夜間星月下勿露形
保躬一切黄起及鬼祟害人凡人大
汗勿奔床懸腳成氣病衝寒来
勿即臨火面上令作癎病喫熱食
乾晡火燒不動者食之百年不消
勿將冷酢漿水嗽口令人口臭諸
鷂鵲不能救之人卧在床勿歎詠
令不祥事起人卧不得大語必損
力少氣人弃井欄唑令横口舌起
婦人不上竈切忌之新哭訖不得
喫食令人作鬼氣病凡人新病差
勿食五辛甲乙眼晴人傷飽即成
癱瘺病人飽勿怠走損五藏大汗勿
令冷水洗即成刺風疾丈夫頭勿
北卧魂魄不安多愁苦日日勿正目
視之失明也

BD14709號　不知名雜偏方（擬）　（2–2）

BD14709 號背　曲子　　（1–1）

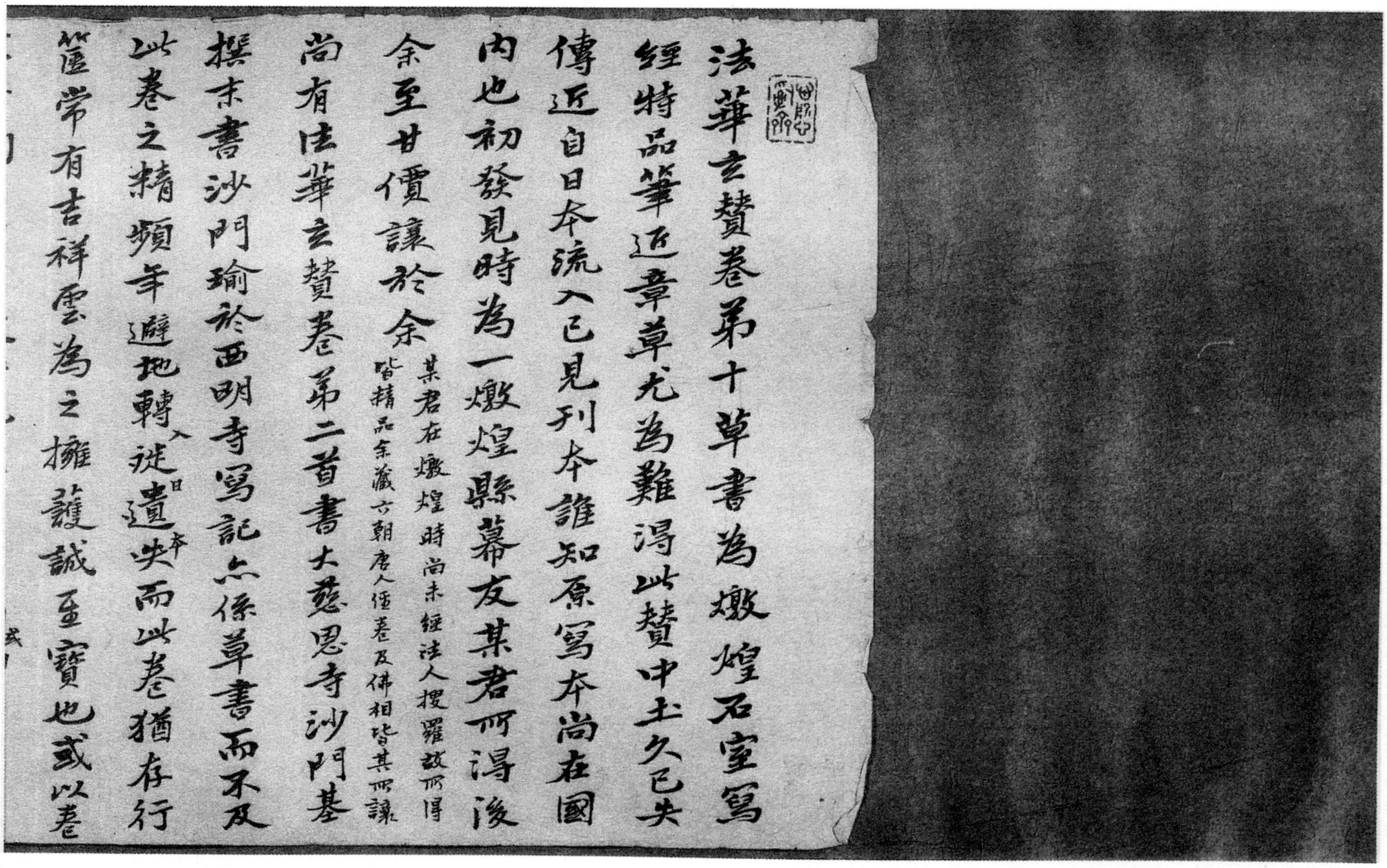

法華玄賛卷第十草書為燉煌石室寫
經特品筆迹章草尤為難淂此賛中土久已失
傳近自日本流入已見刊本誰知原寫本尚在國
内也初發見時為一燉煌縣幕友某君所淂後
余至甘價讓於余某君在燉煌時尚未經法人搜羅故所得皆精品余藏六朝唐人經卷及佛相皆其所讓
尚有法華玄賛卷第二首書大慈恩寺沙門基
撰末書沙門瑜於西明寺寫記亦係草書而不及
此卷之精頻年避地轉徙（入日本）遺失而此卷猶存行
篋常有吉祥雲為之擁護誠至寶也或以卷

BD14710 號　妙法蓮華經玄贊卷一〇　　（49–1）

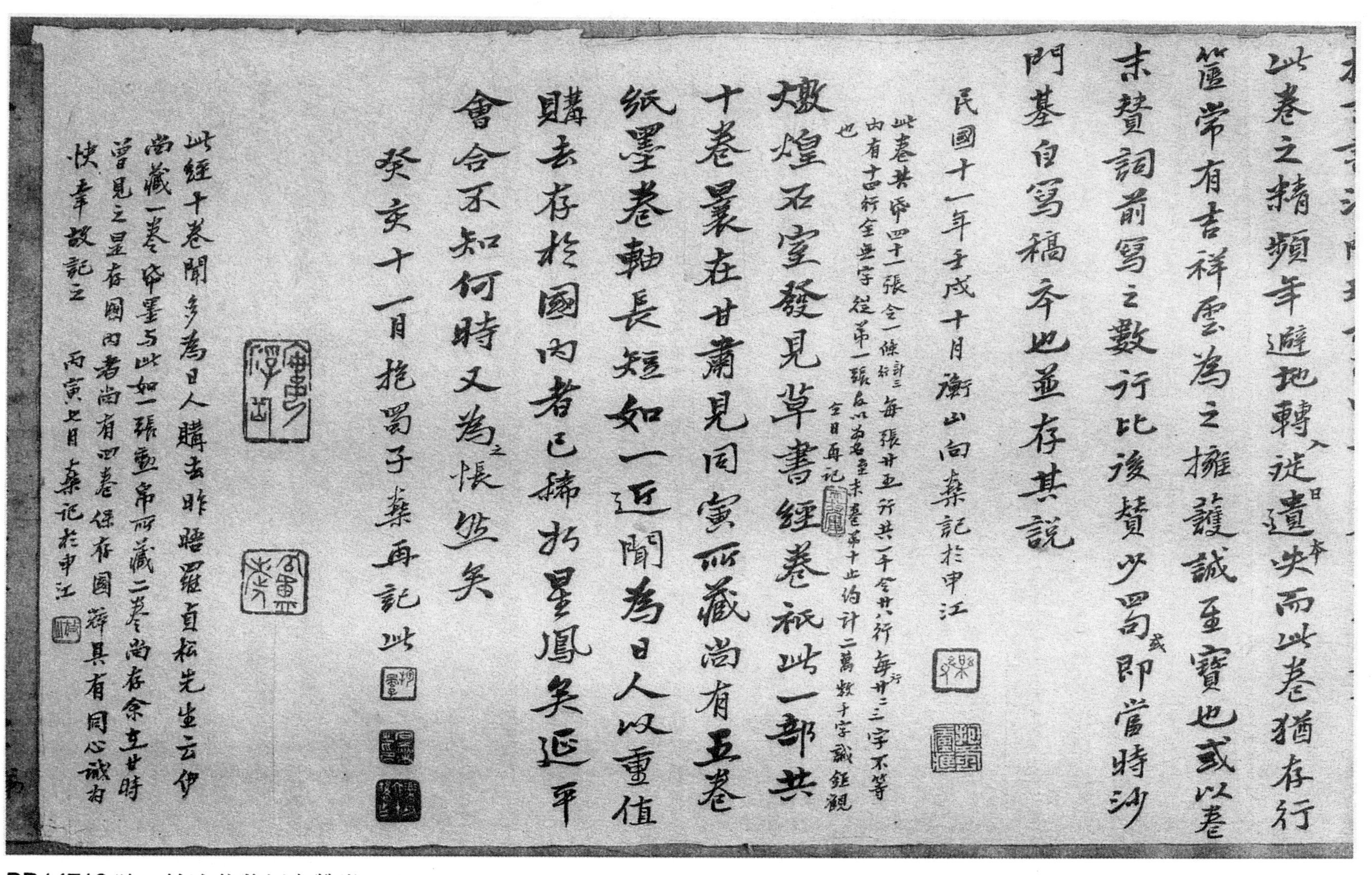

此卷之精類年避地轉入日本徙遺失而此卷猶存行
篋常有吉祥雲為之擁護誠至寶也或以卷
末贊詞前寫之數行比後贊少罰或即當時沙
門基自寫稿本也並存其說

民國十一年壬戌十月衡山向燊記於申江

此卷共計四十一張全一條計三每張廿五行共一千余廿八行每行廿三字不等內有十四行全無字從第一張至四十名至末卷第十止約計二萬數千字識鉅觀也　全日再記

燉煌石室發見草書經卷祇此一部共
十卷曩在甘肅見同寅所藏尚有五卷
紙墨卷軸長短如一近聞為日人以重值
購去存於國內者已歸於星鳳矣延平
會合不知何時又為之悵然矣

癸亥十一月抱蜀子燊再記此

此經十卷聞多為日人購去昨晤羅直松先生云伊
尚藏一卷紙墨與此如一張益帛所藏二卷尚存余在廿時
曾見之是存國內者尚有四卷保存國粹具有同心識而
快幸啟記之　丙寅七月燊記於申江

BD14710號　妙法蓮華經玄贊卷一〇　　（49–2）

敦煌石室草書法華經玄贊卷十第
沙門基撰不著寫經人名卅有古法且
近章也樂敦親家官龐同時所得也
戊午初伏日衡陽曾熙

BD14710號　妙法蓮華經玄贊卷一〇　　（49–3）

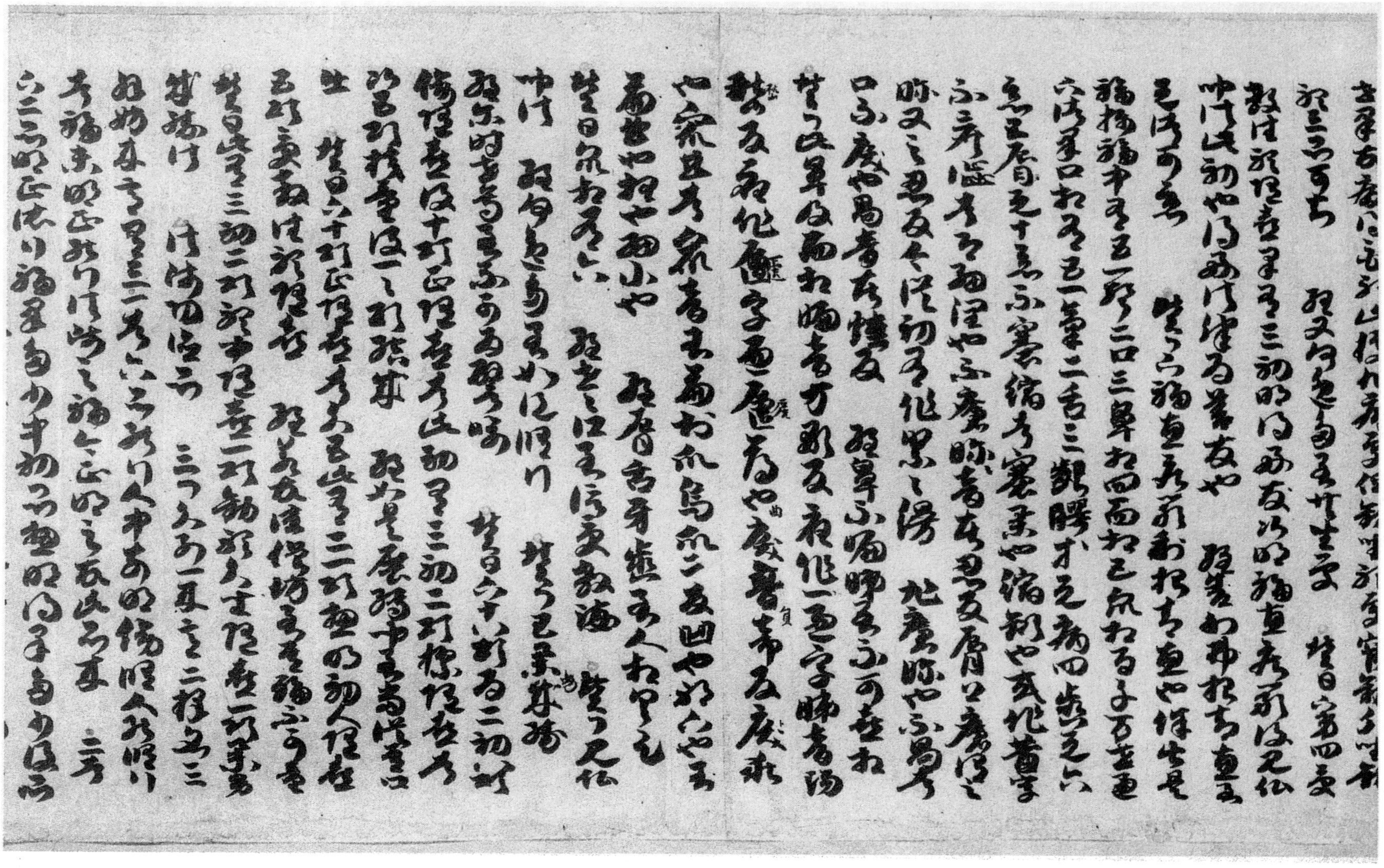

BD14710號　妙法蓮華經玄贊卷一〇

（49–4）

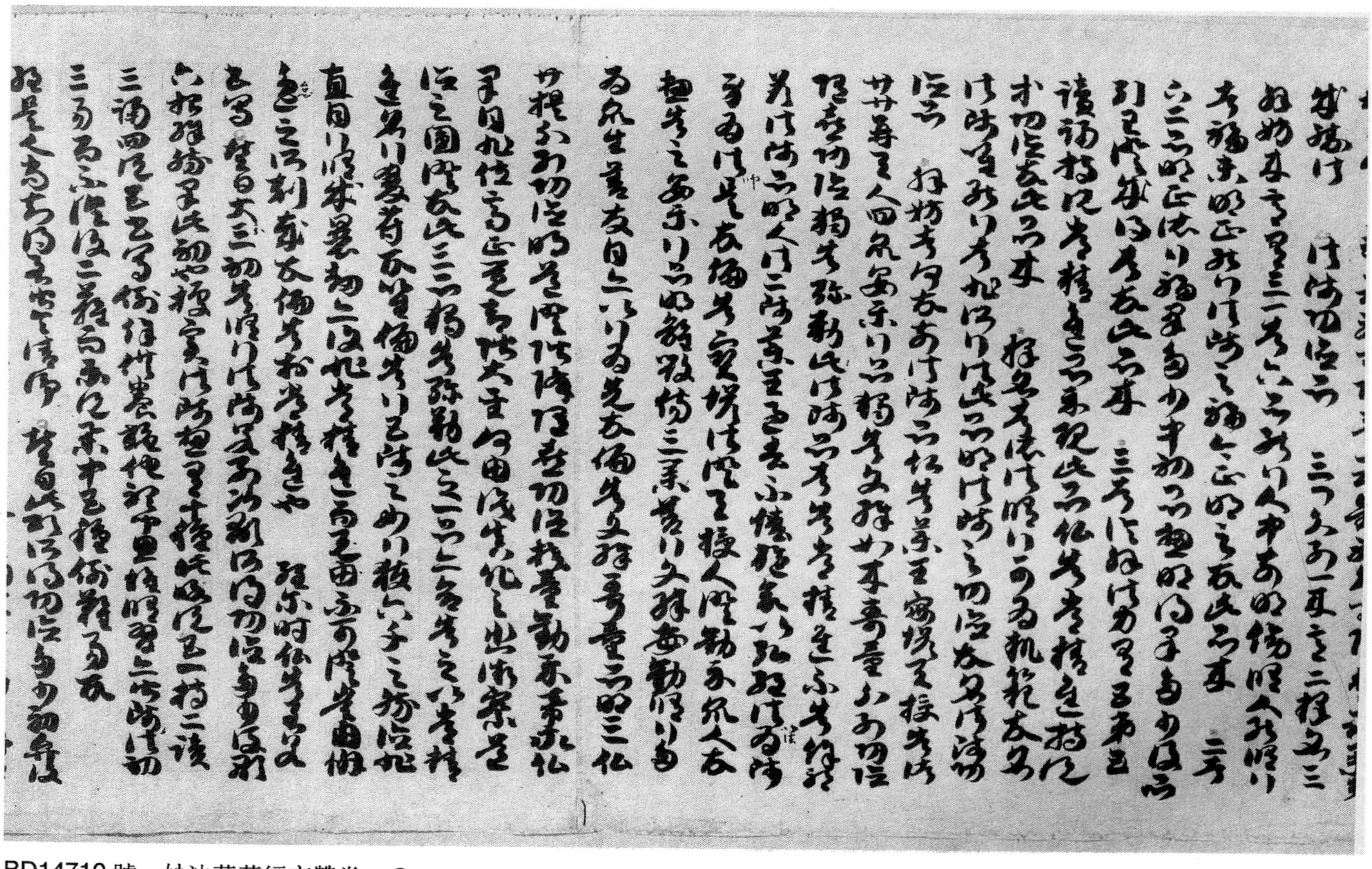

BD14710號　妙法蓮華經玄贊卷一〇

（49–5）

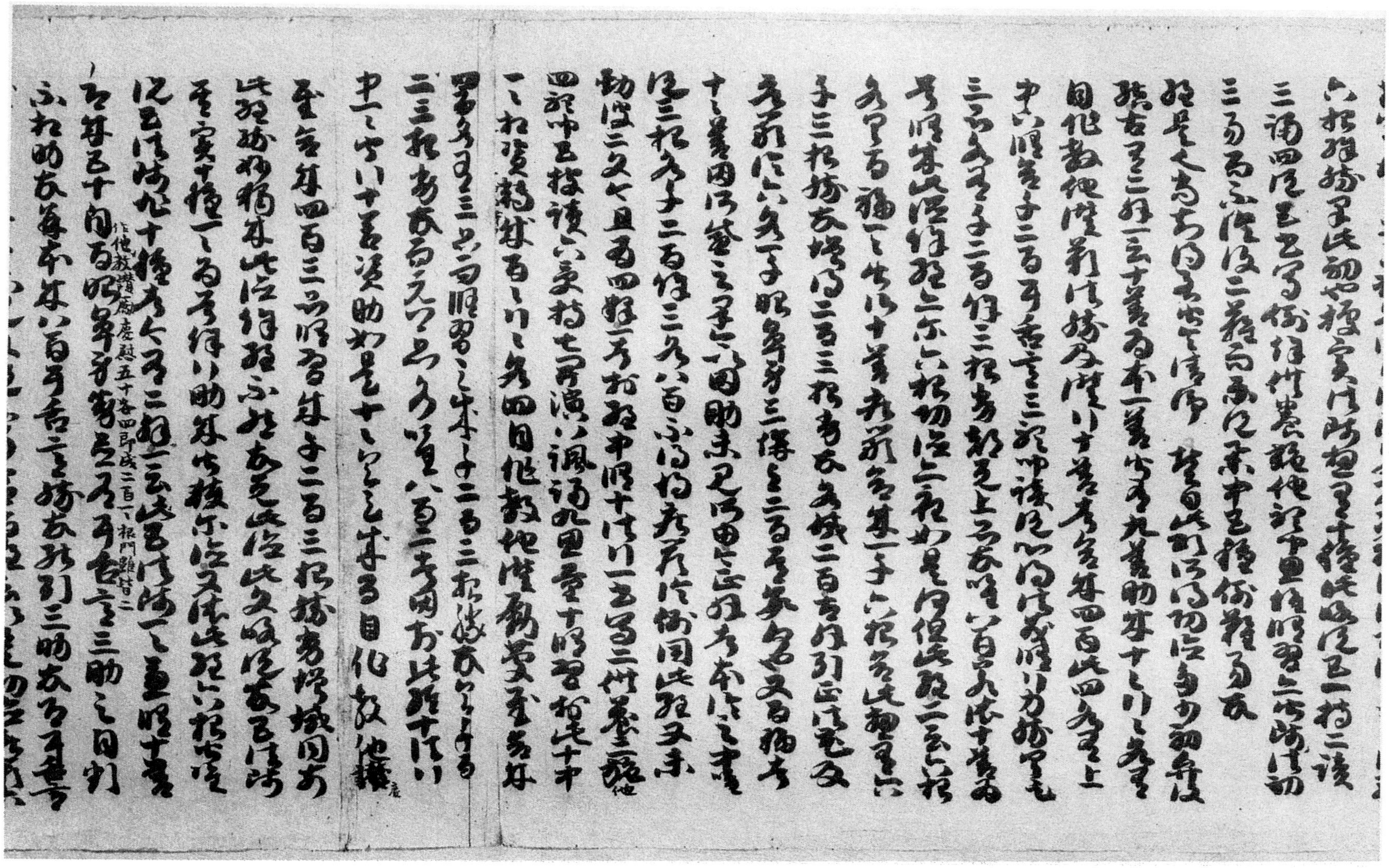

BD14710 號　妙法蓮華經玄贊卷一〇　　　（49–6）

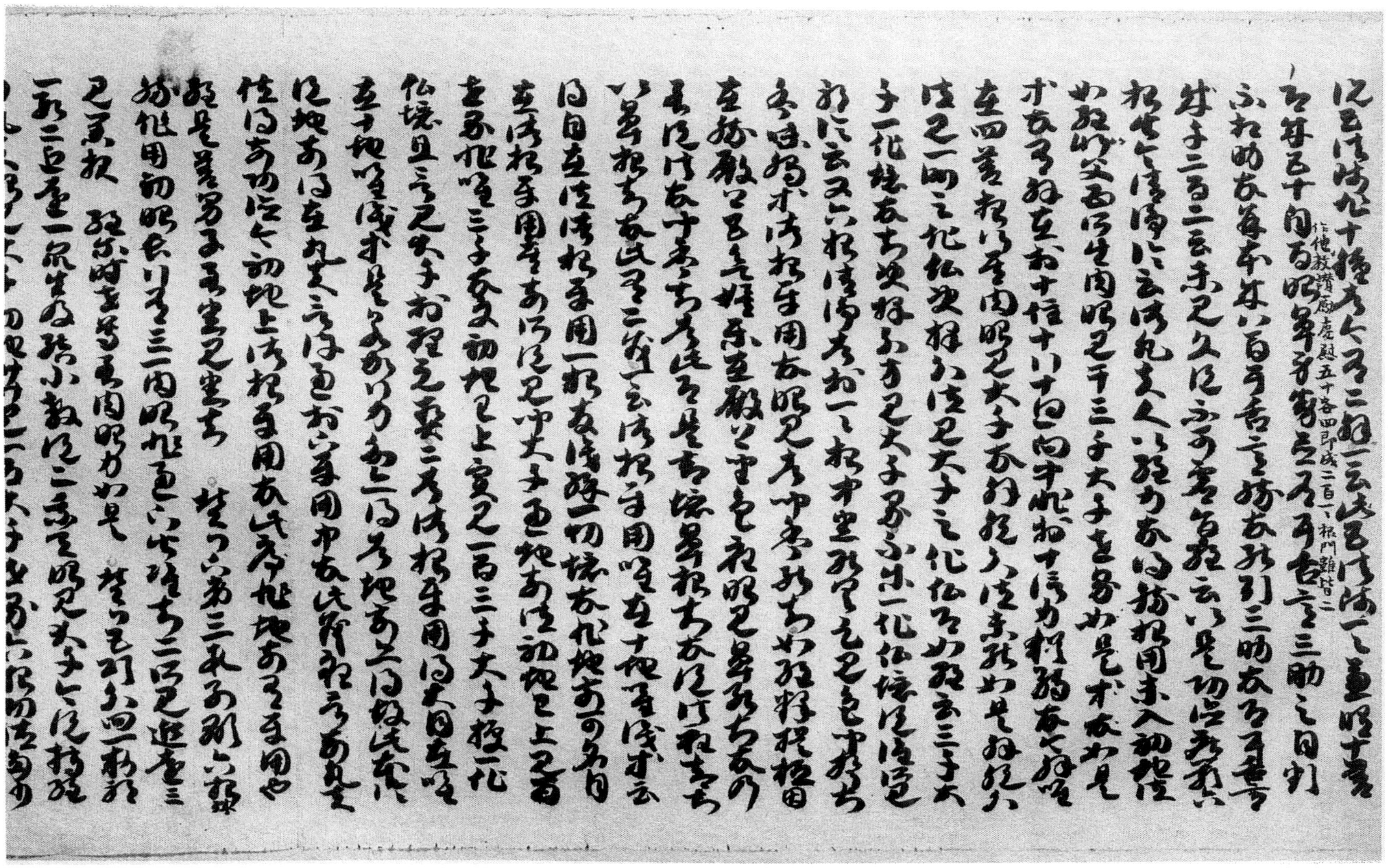

BD14710 號　妙法蓮華經玄贊卷一〇　　　（49–7）

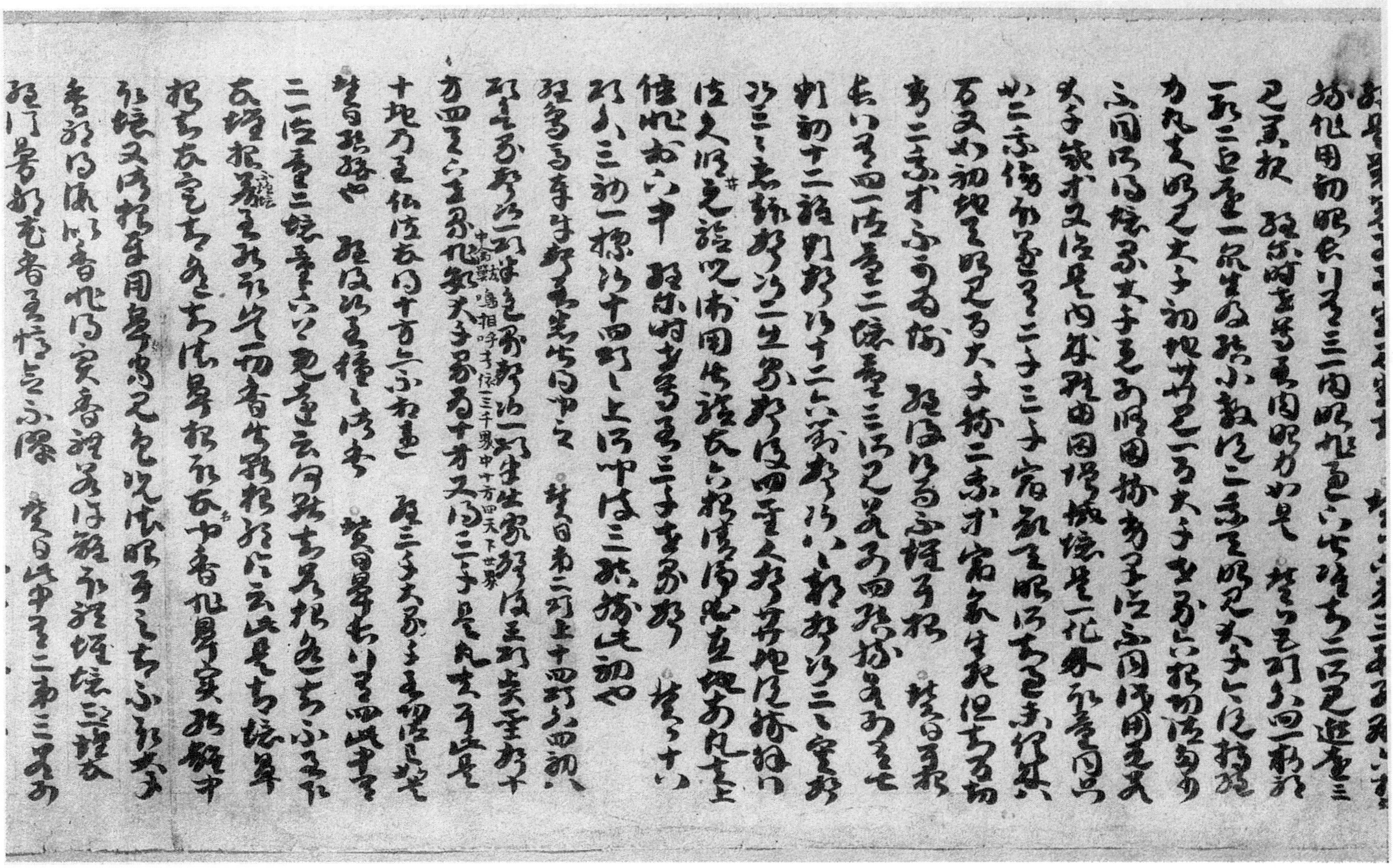

BD14710號　妙法蓮華經玄贊卷一○　（49–8）

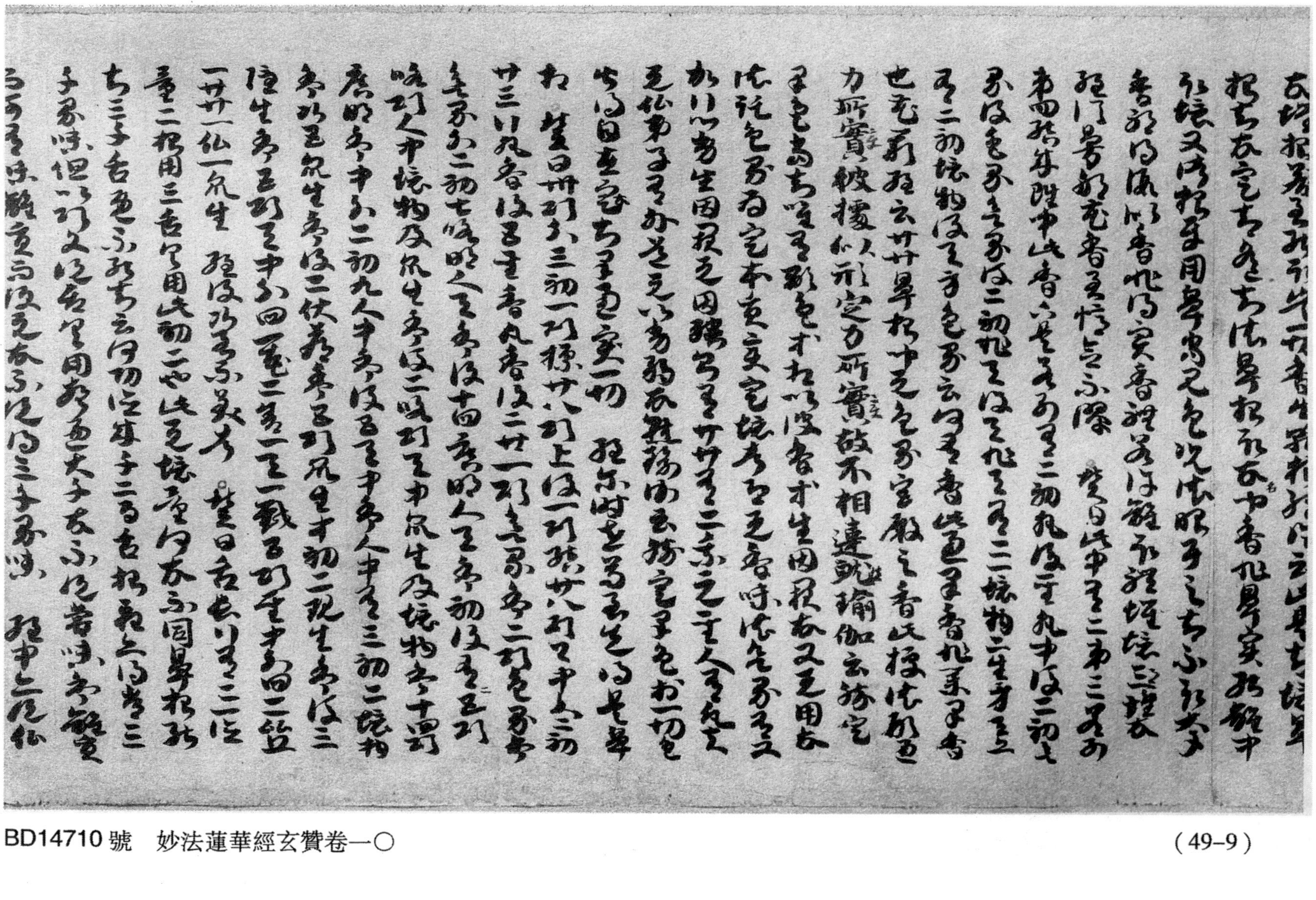

BD14710號　妙法蓮華經玄贊卷一○　（49–9）

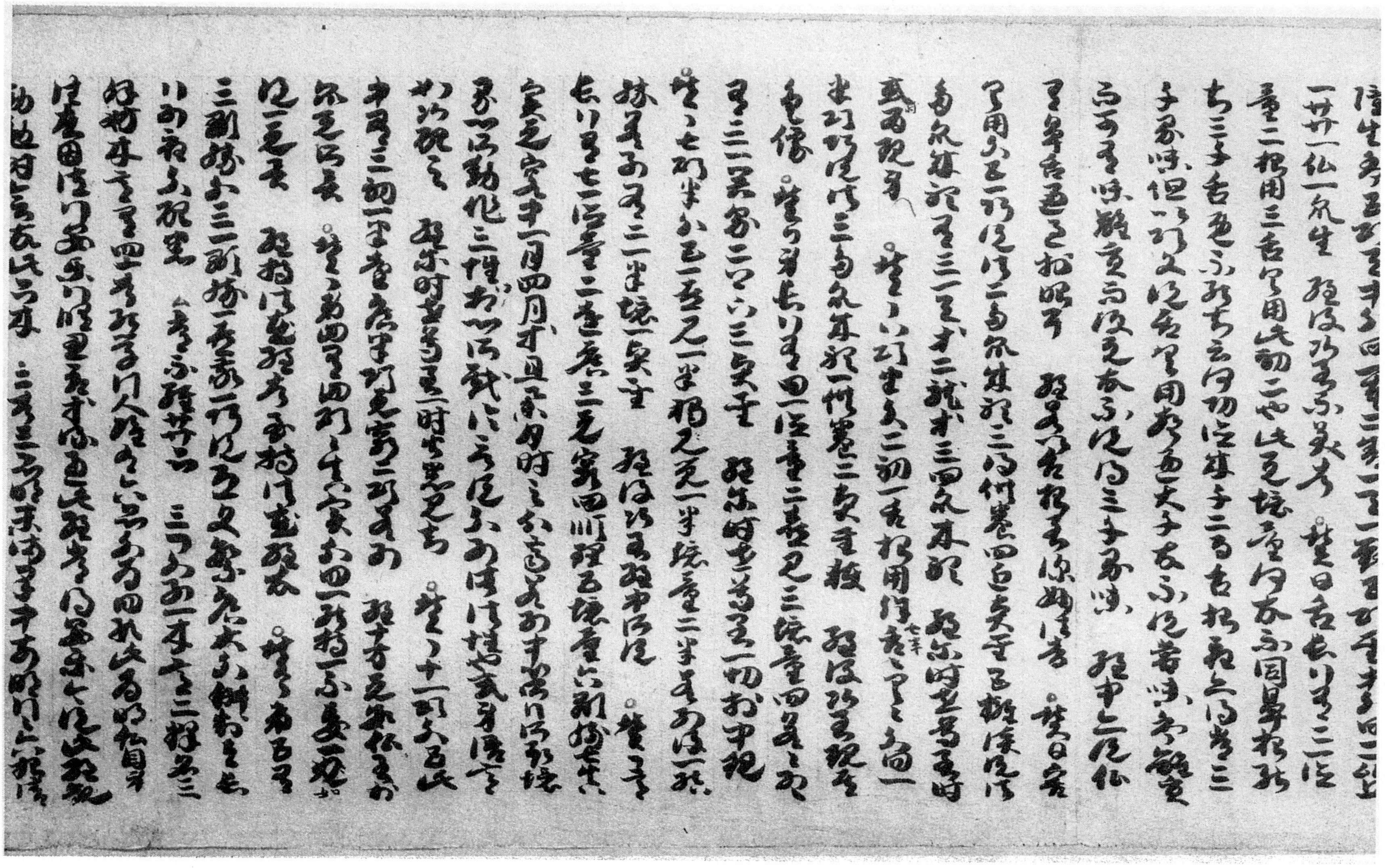

BD14710號　妙法蓮華經玄贊卷一〇　（49–10）

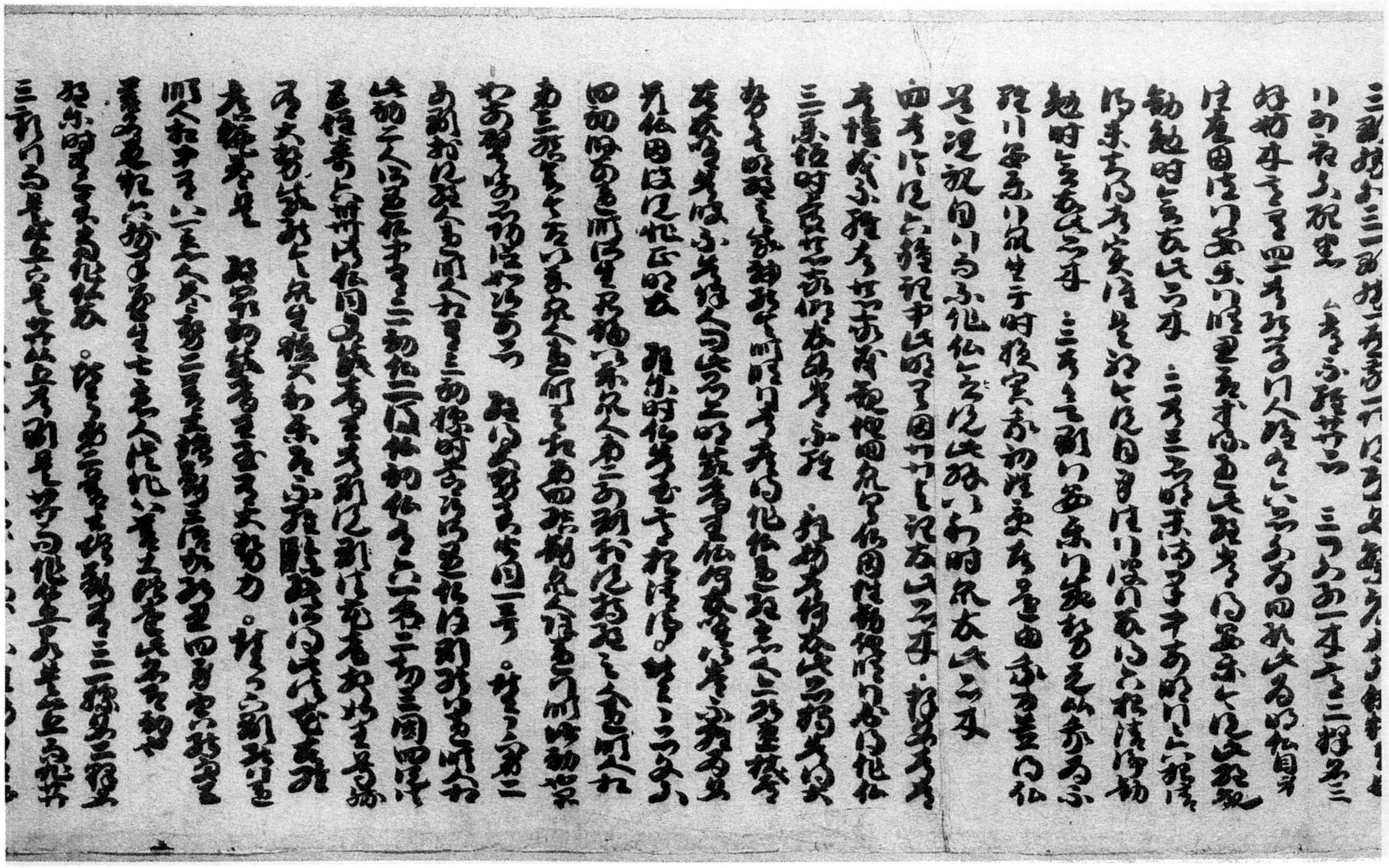

BD14710號　妙法蓮華經玄贊卷一〇　（49–11）

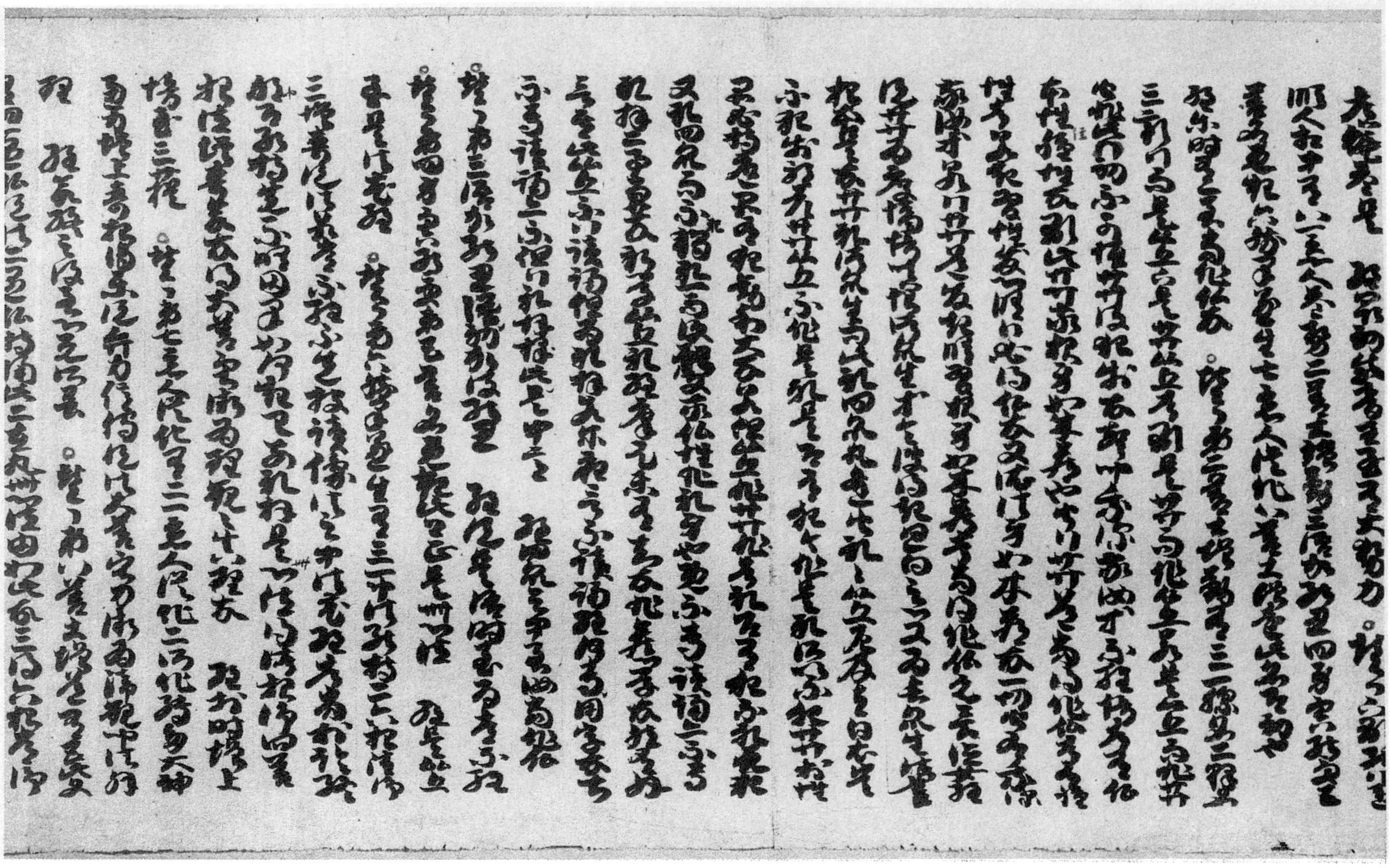

BD14710號　妙法蓮華經玄贊卷一〇　　（49–12）

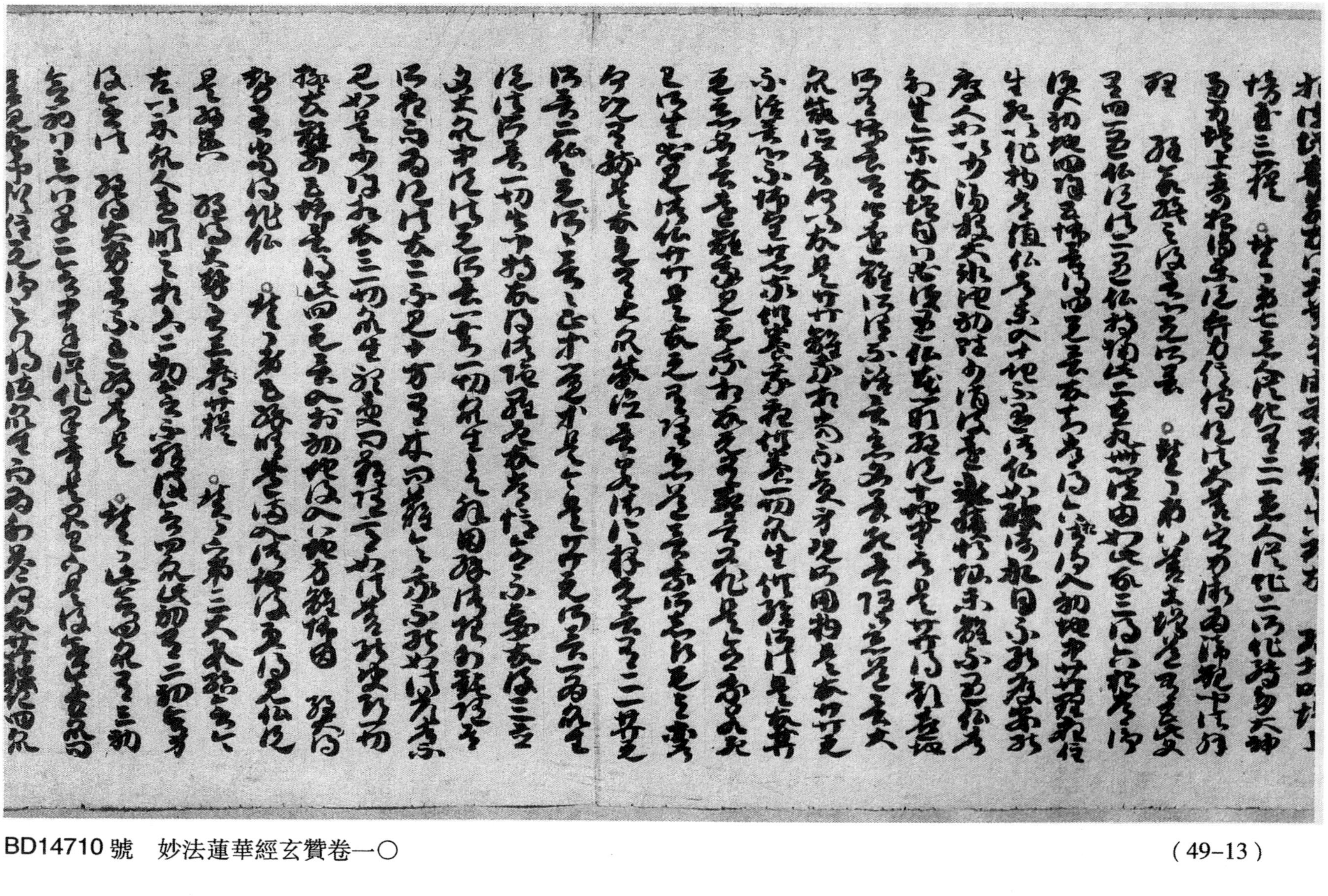

BD14710號　妙法蓮華經玄贊卷一〇　　（49–13）

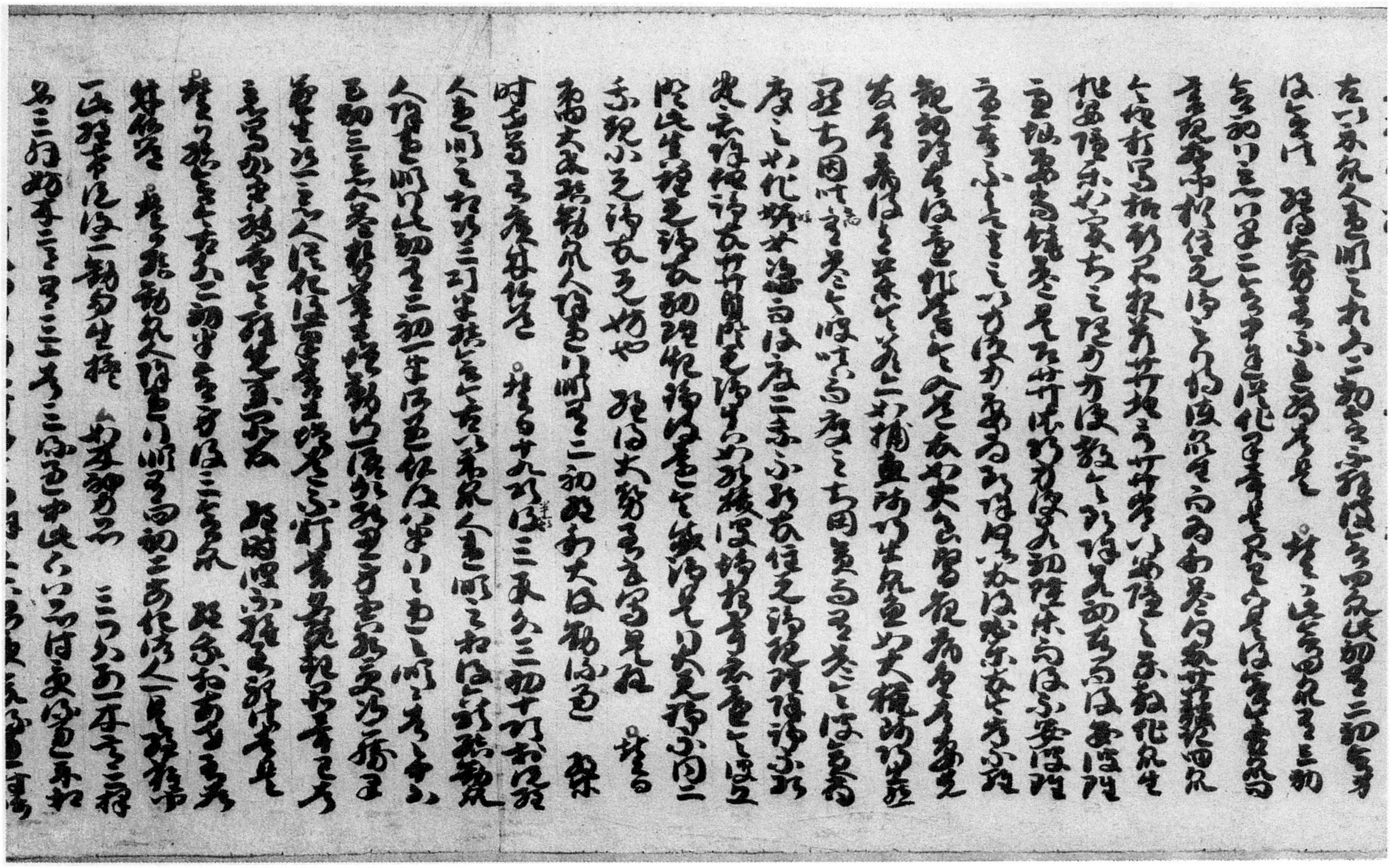

BD14710號　妙法蓮華經玄贊卷一〇　　（49–14）

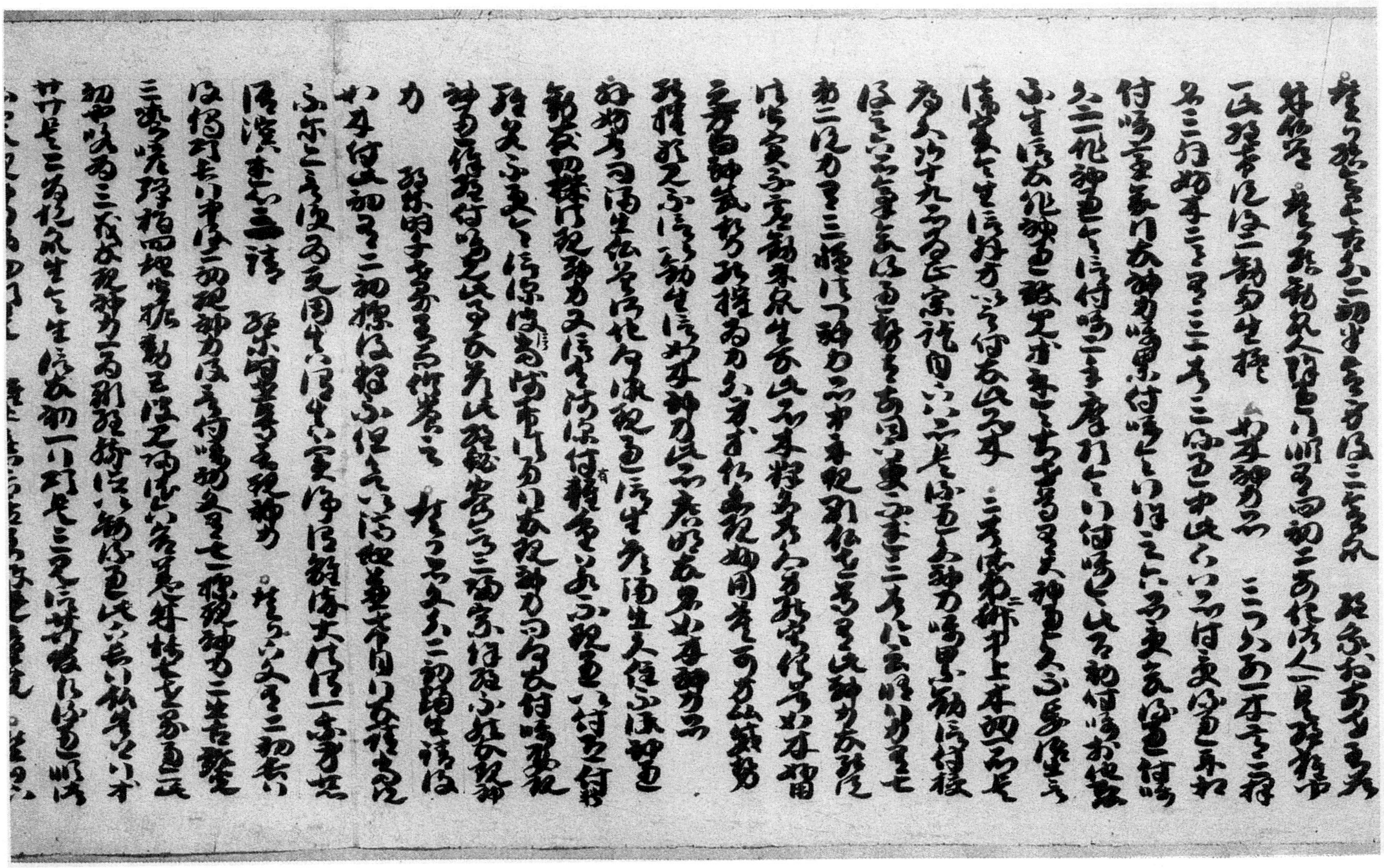

BD14710號　妙法蓮華經玄贊卷一〇　　（49–15）

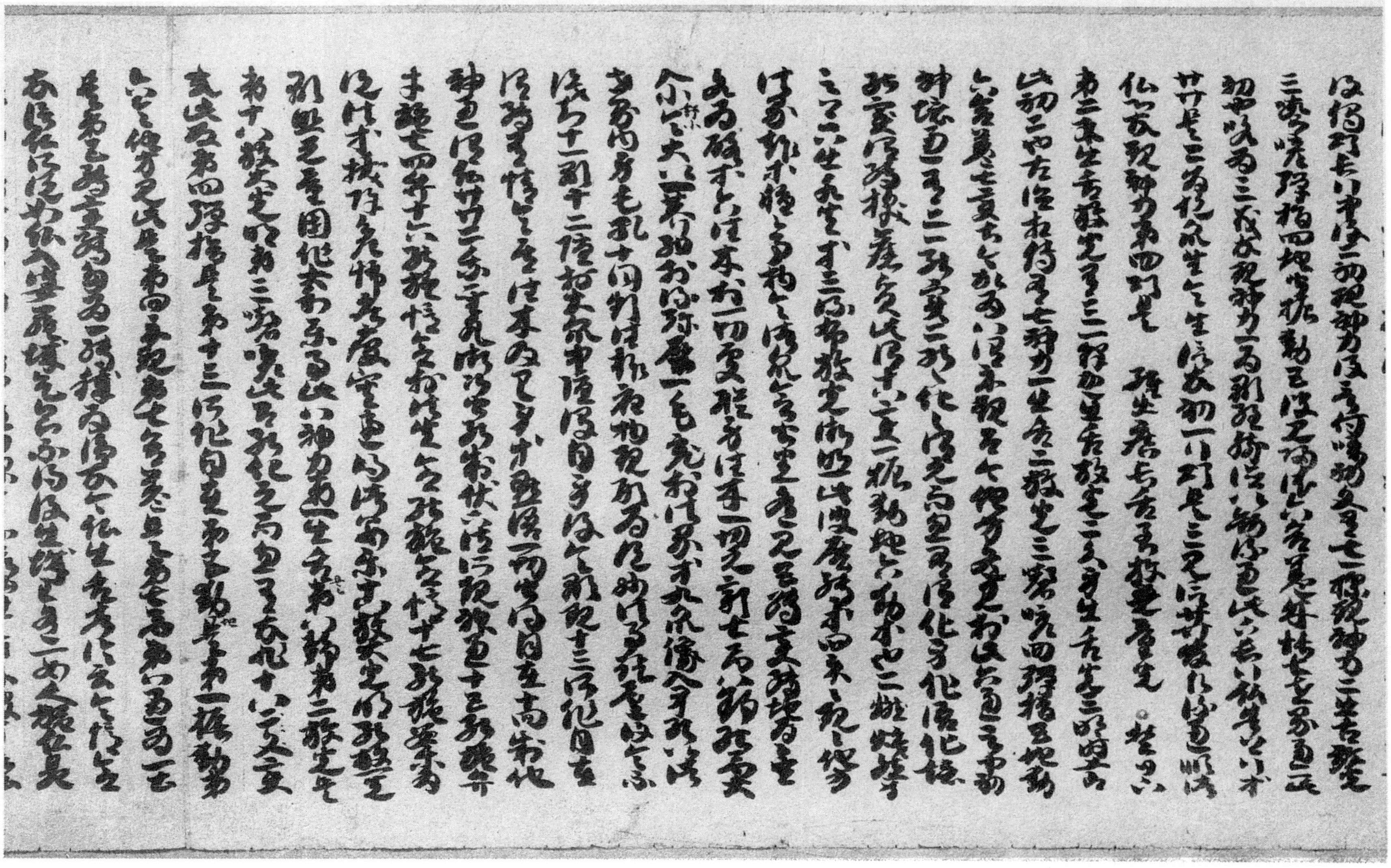

BD14710號　妙法蓮華經玄贊卷一〇　（49–16）

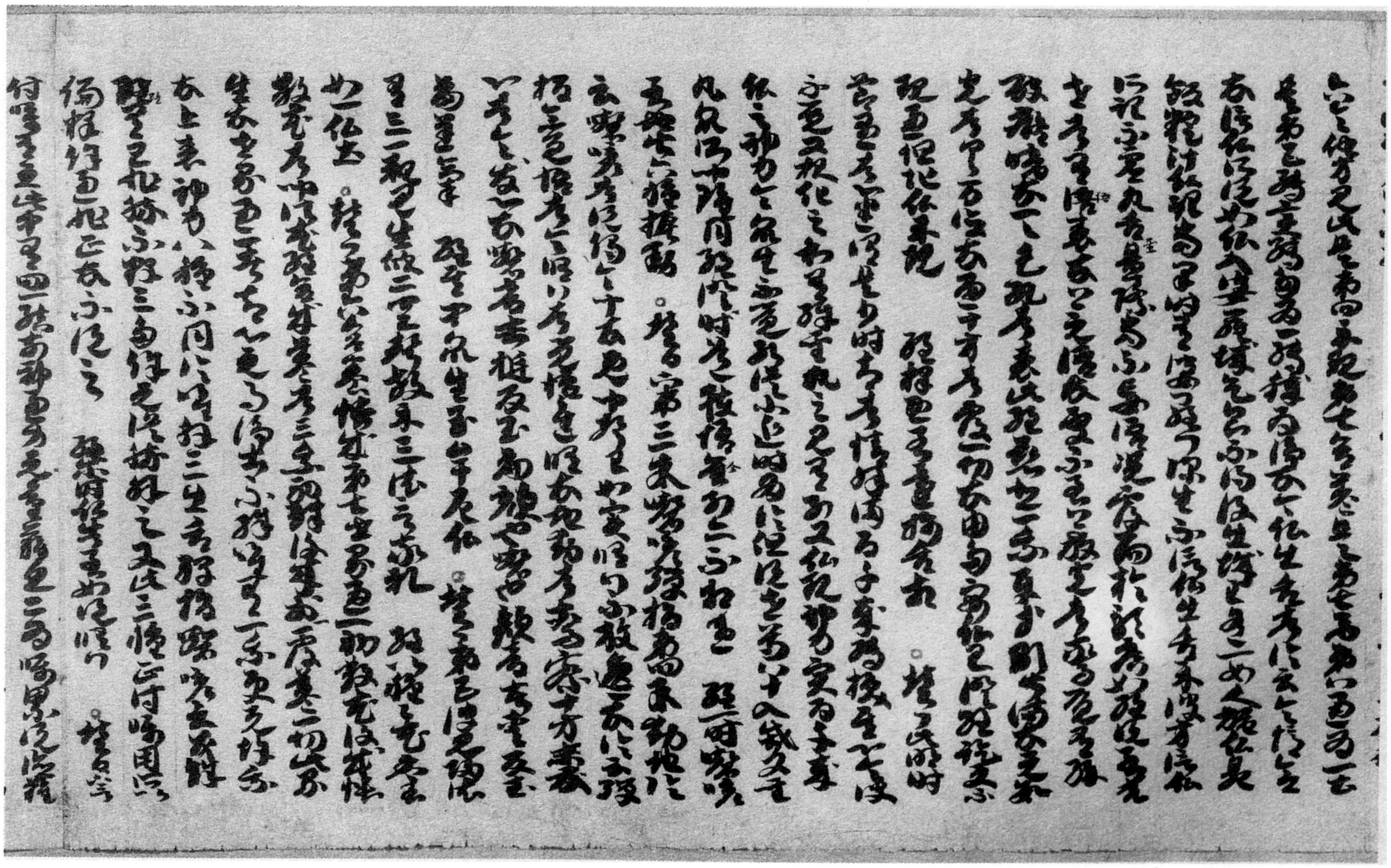

BD14710號　妙法蓮華經玄贊卷一〇　（49–17）

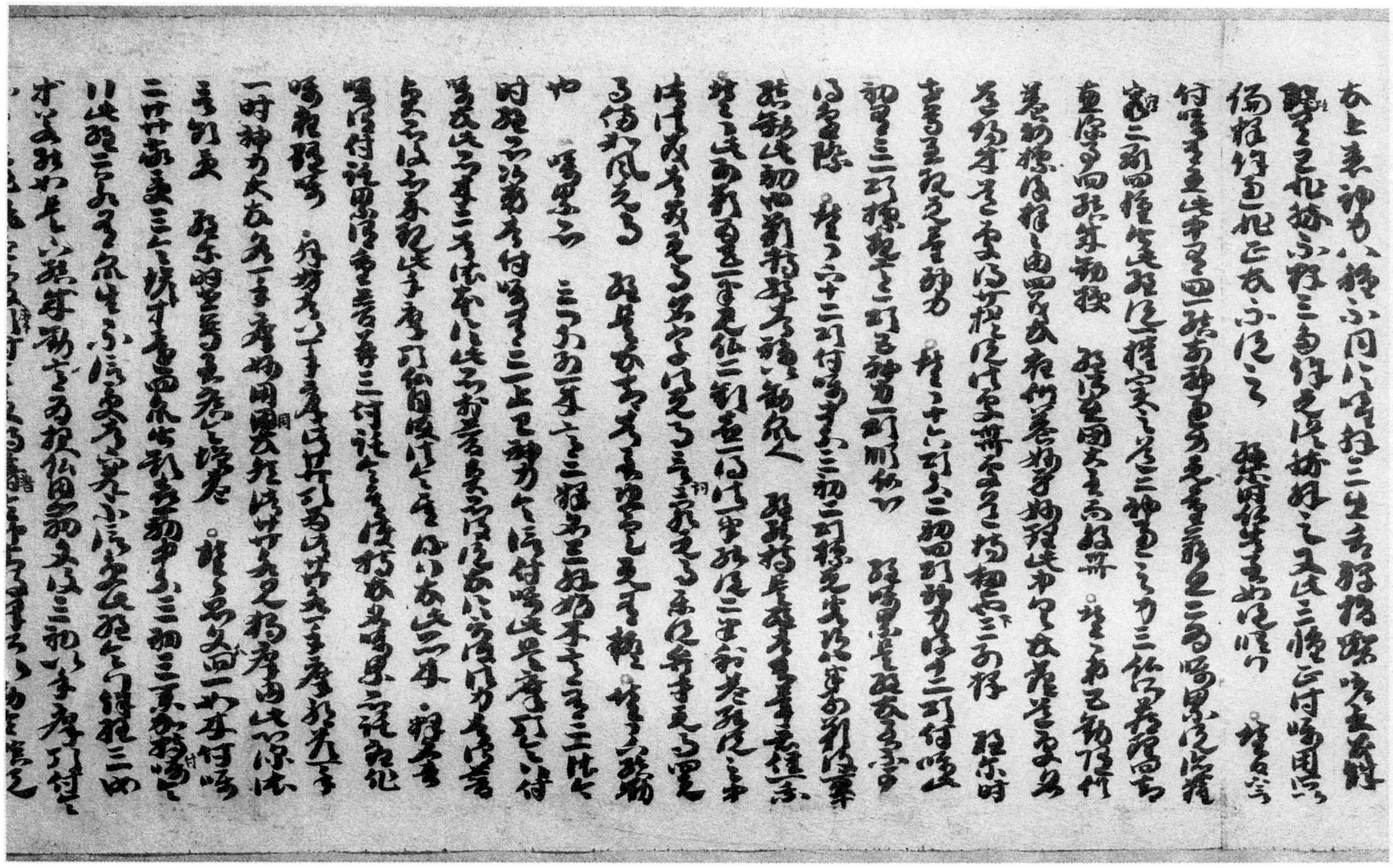

BD14710號　妙法蓮華經玄贊卷一〇　　（49–18）

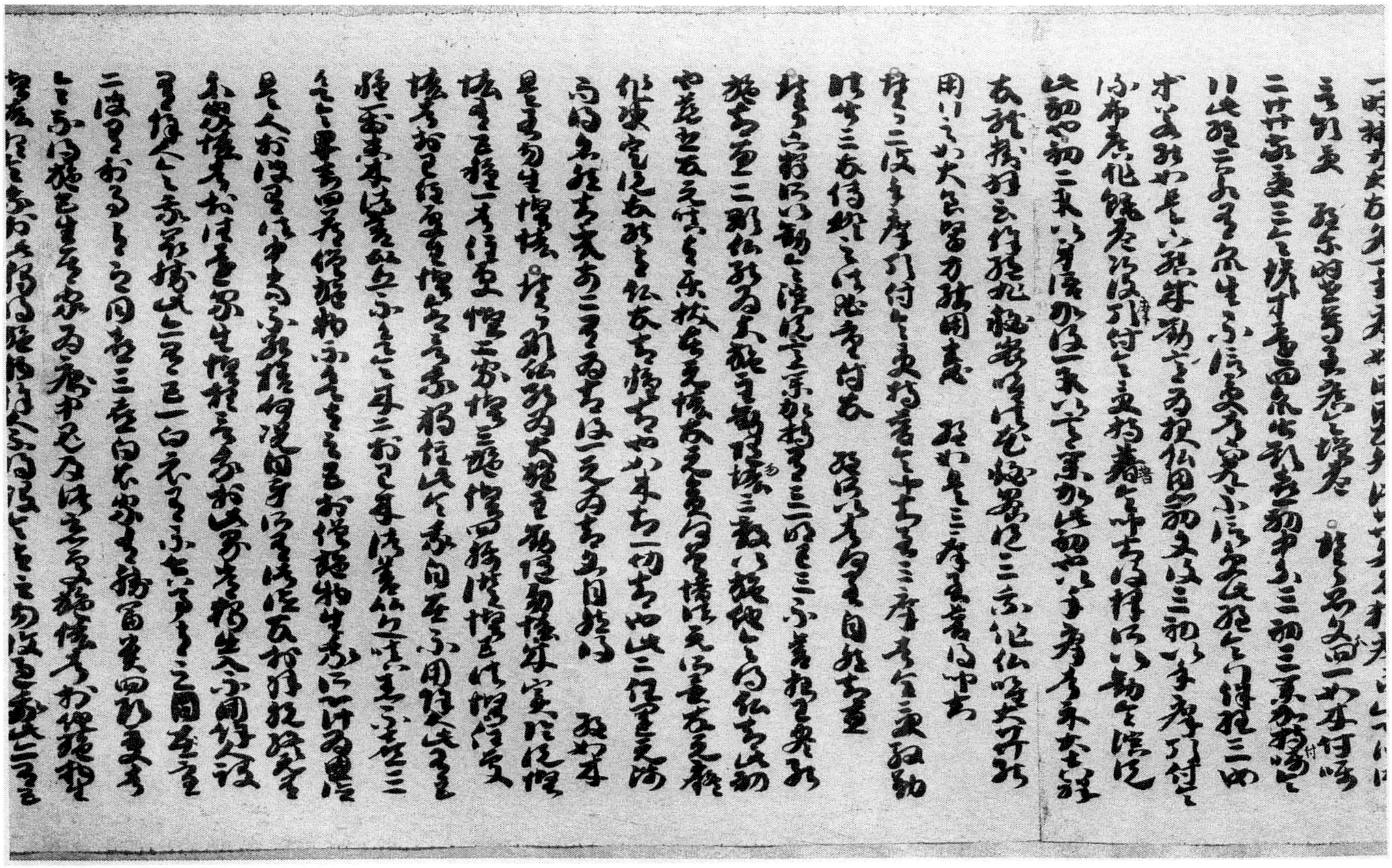

BD14710號　妙法蓮華經玄贊卷一〇　　（49–19）

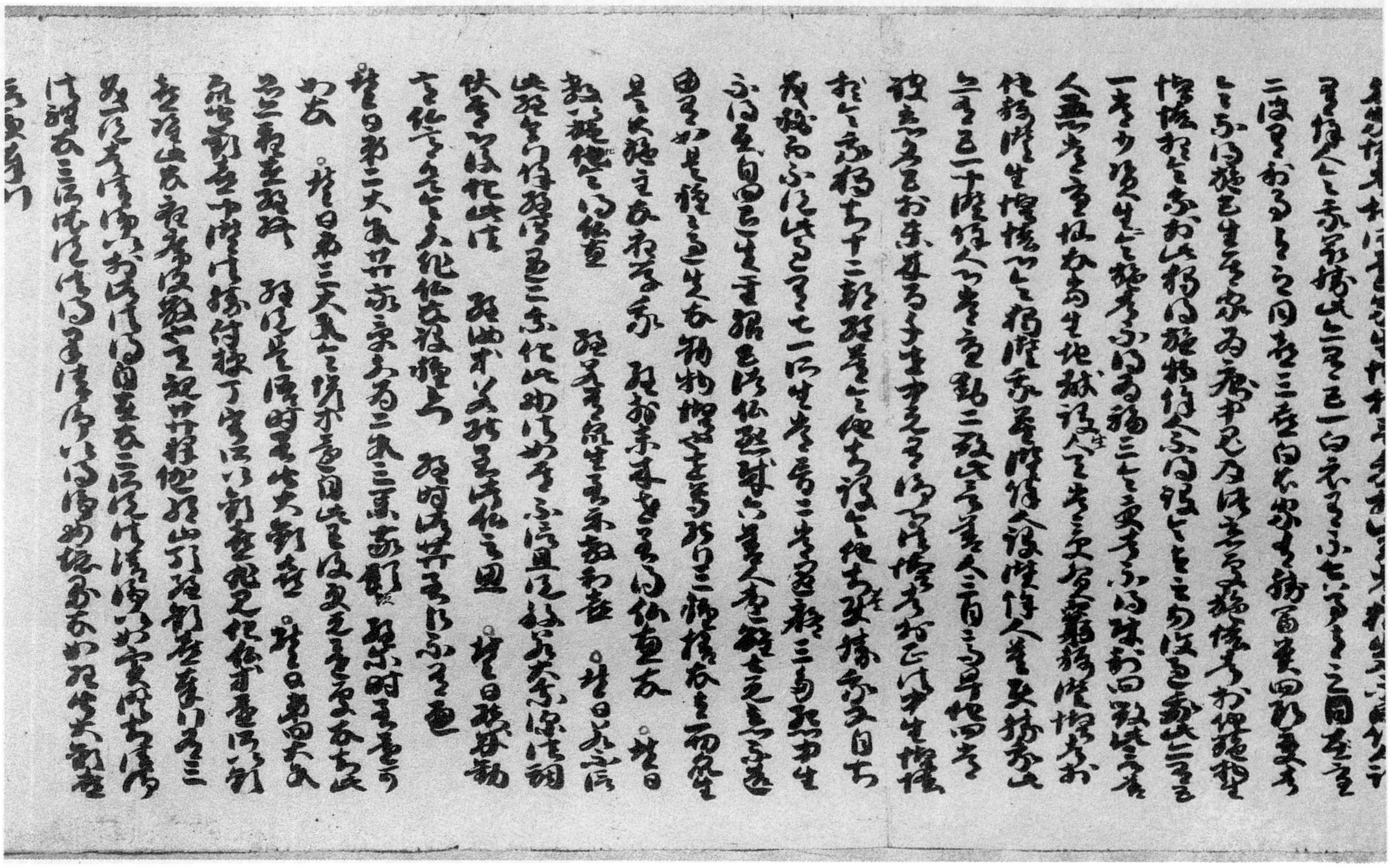

BD14710號　妙法蓮華經玄贊卷一〇　　（49–20）

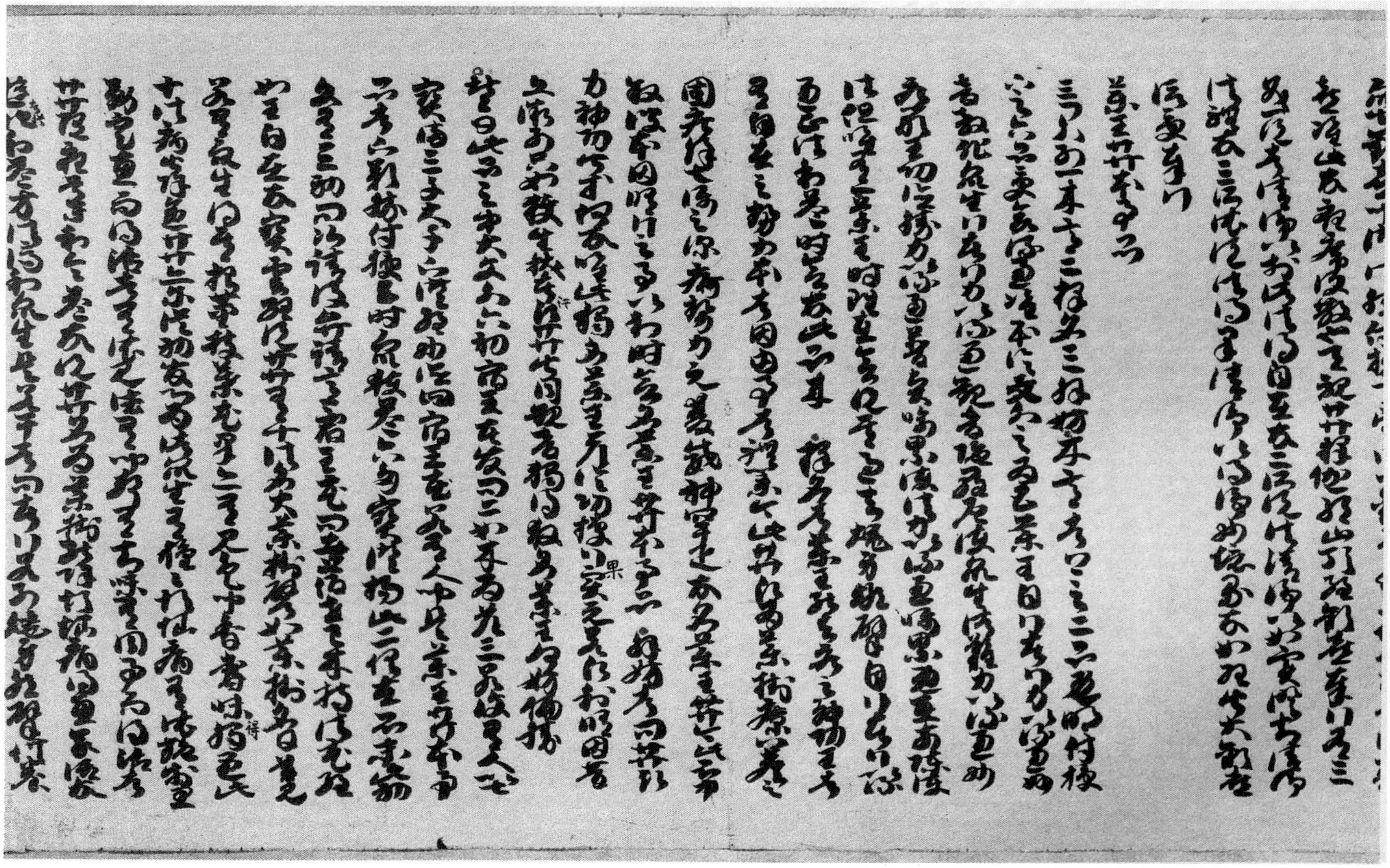

BD14710號　妙法蓮華經玄贊卷一〇　　（49–21）

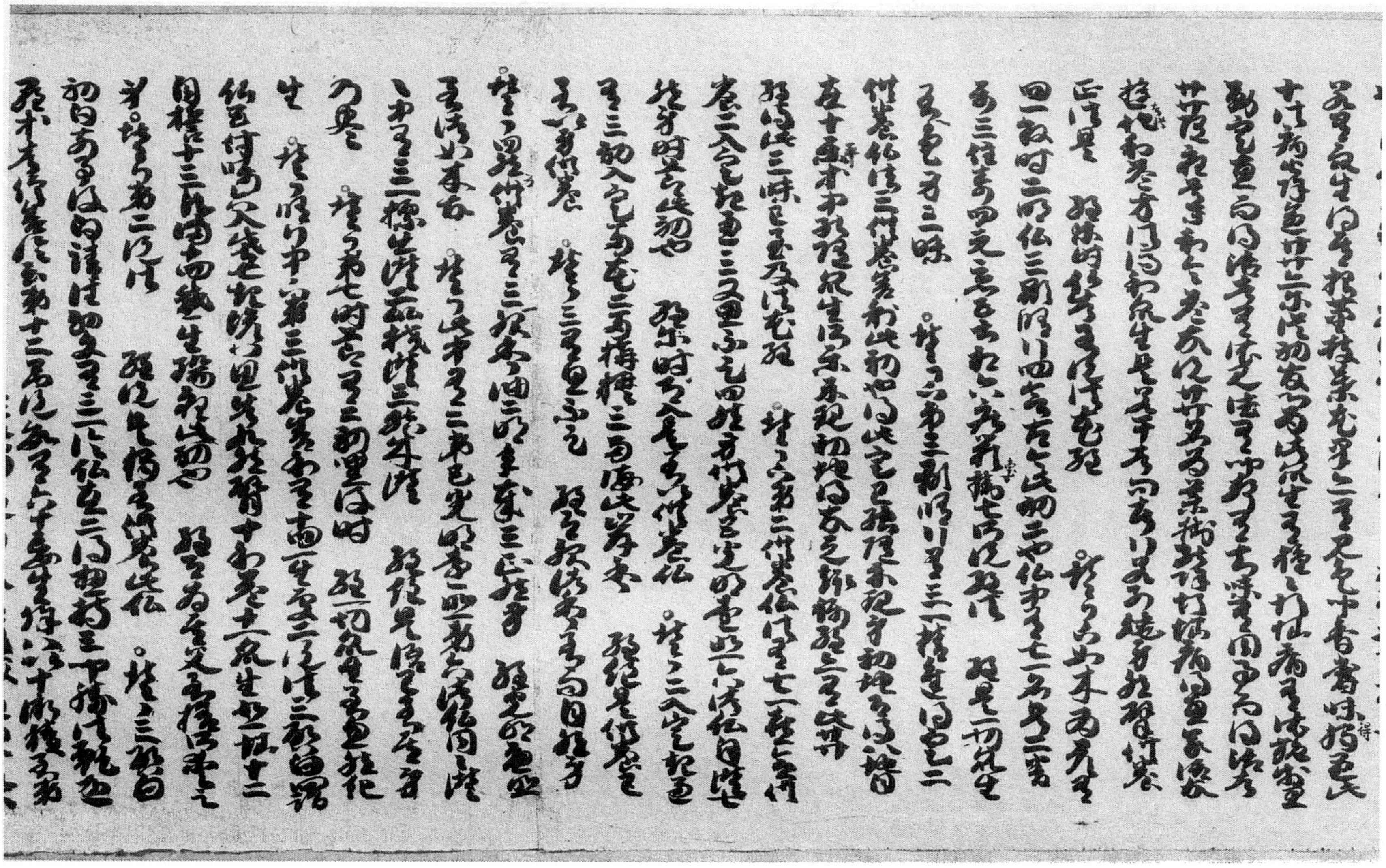

BD14710號　妙法蓮華經玄贊卷一〇　　（49–22）

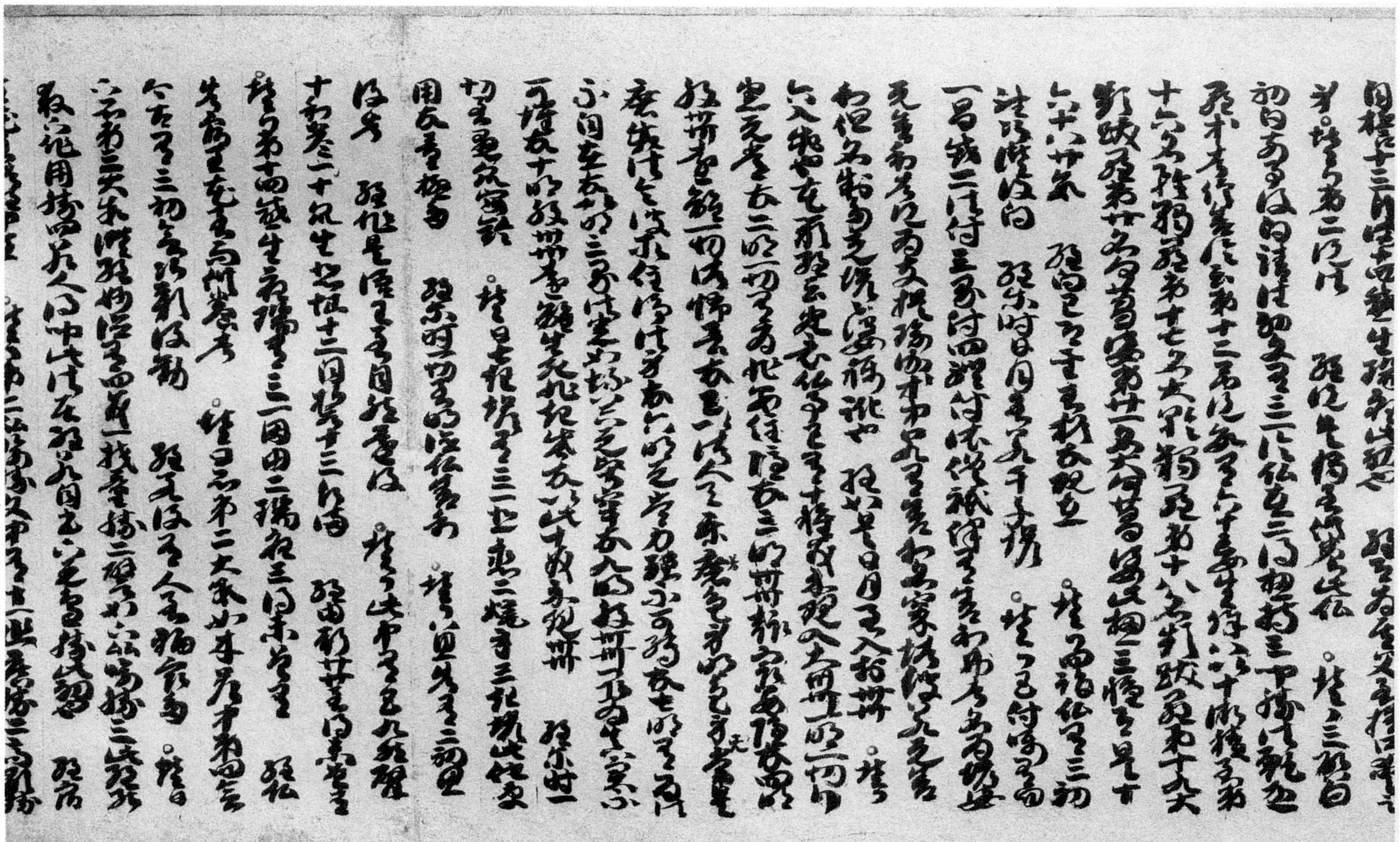

BD14710號　妙法蓮華經玄贊卷一〇　　（49–23）

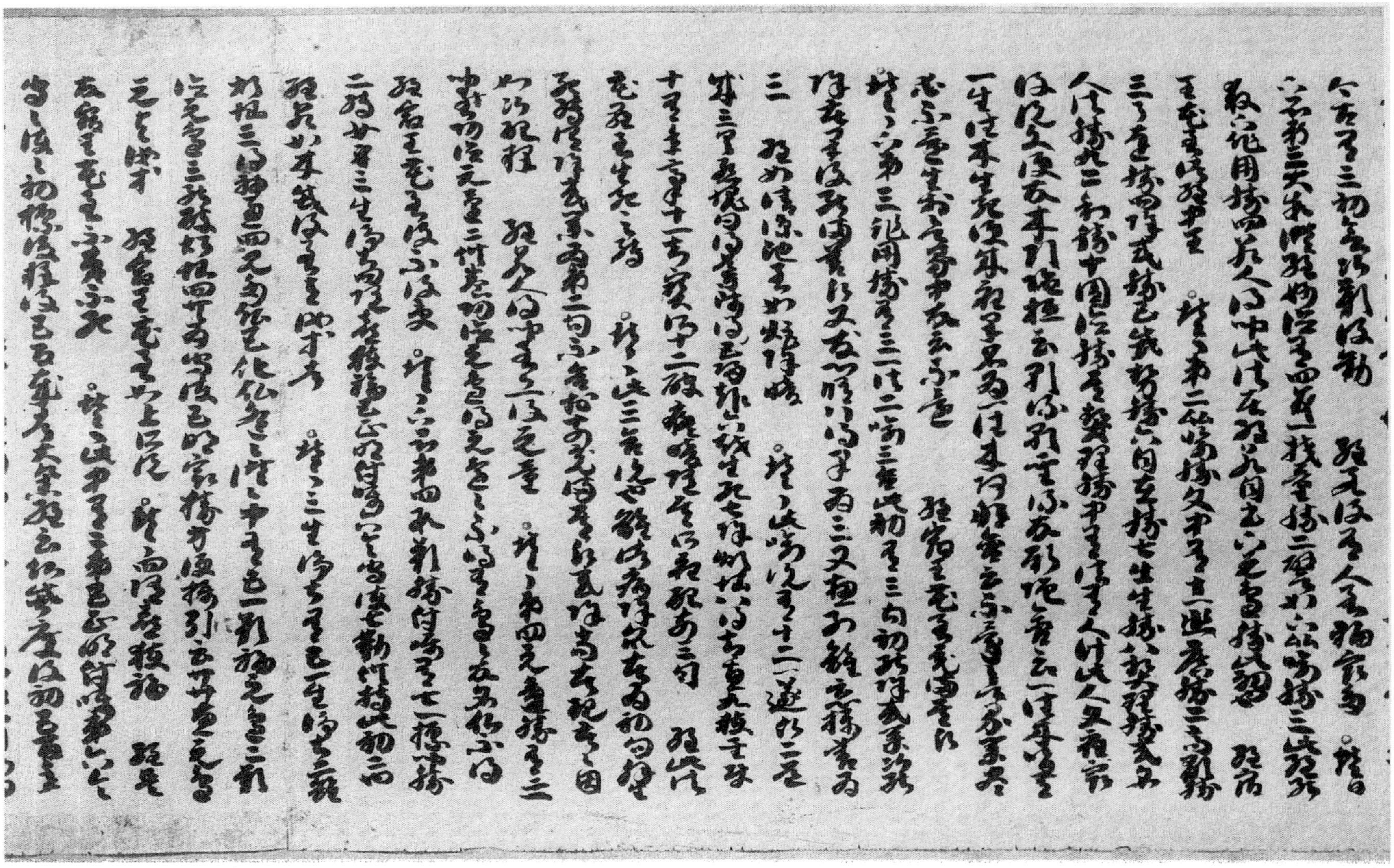

BD14710號　妙法蓮華經玄贊卷一〇　　（49–24）

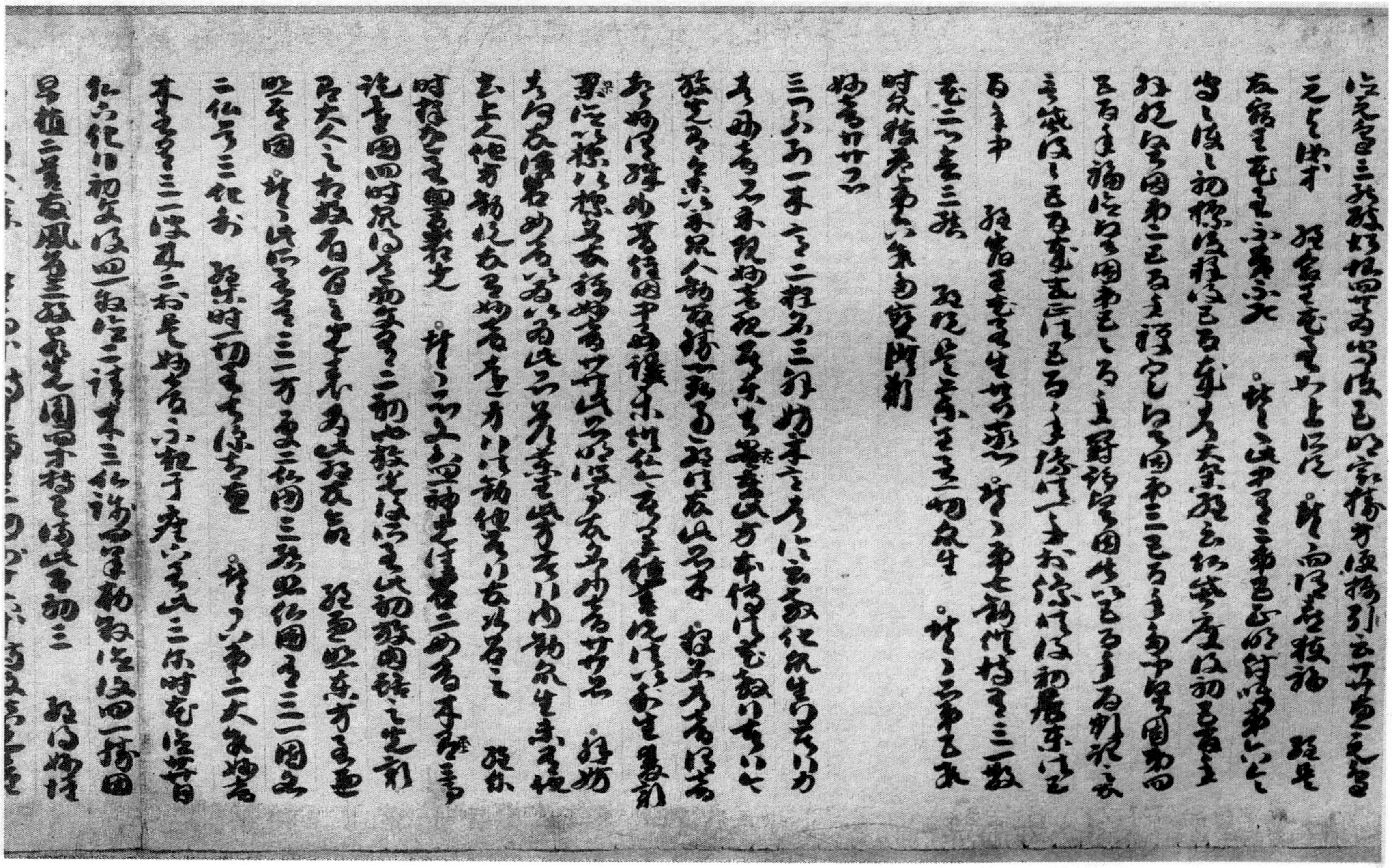

BD14710號　妙法蓮華經玄贊卷一〇　　（49–25）

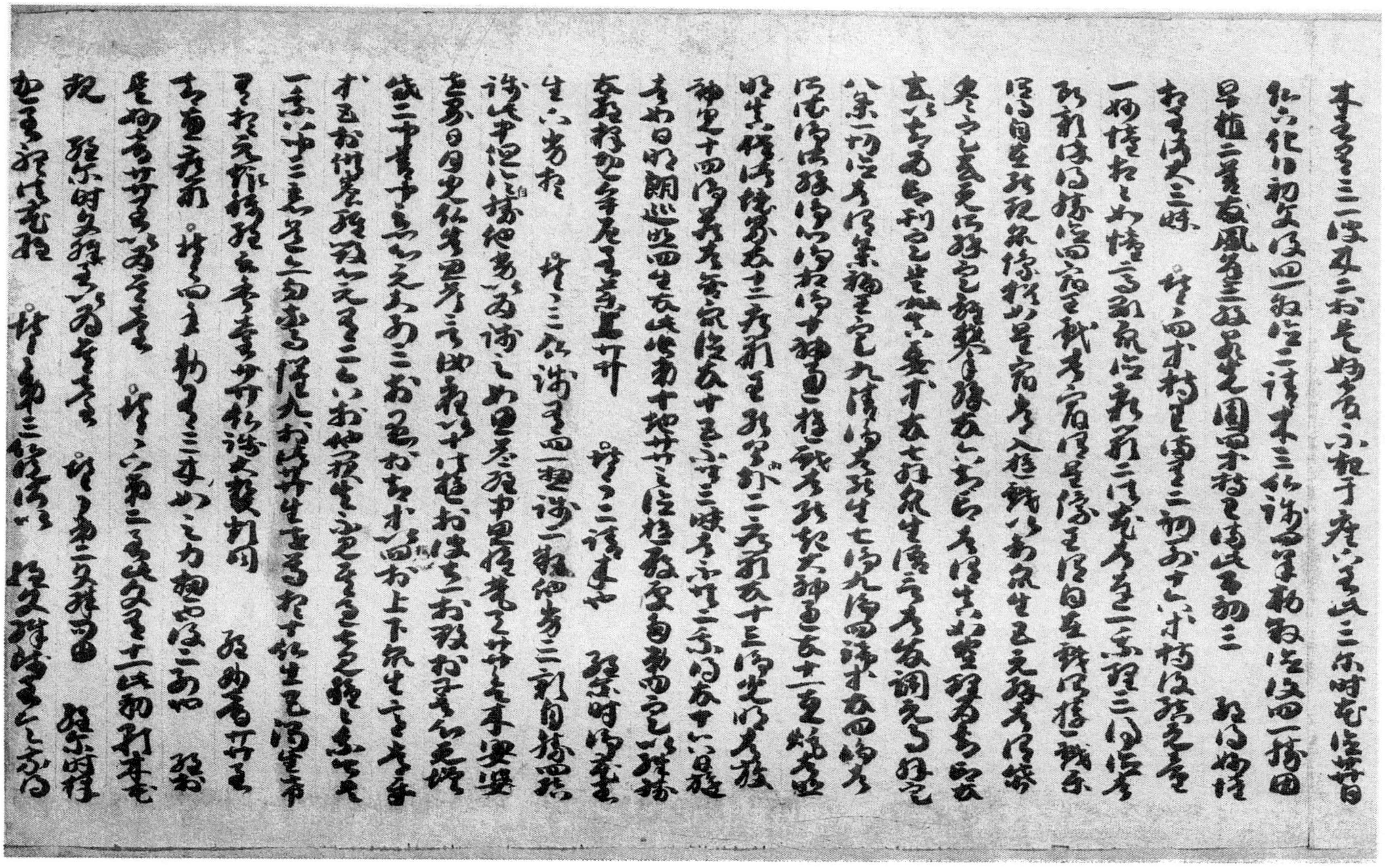

BD14710號　妙法蓮華經玄贊卷一〇　（49–26）

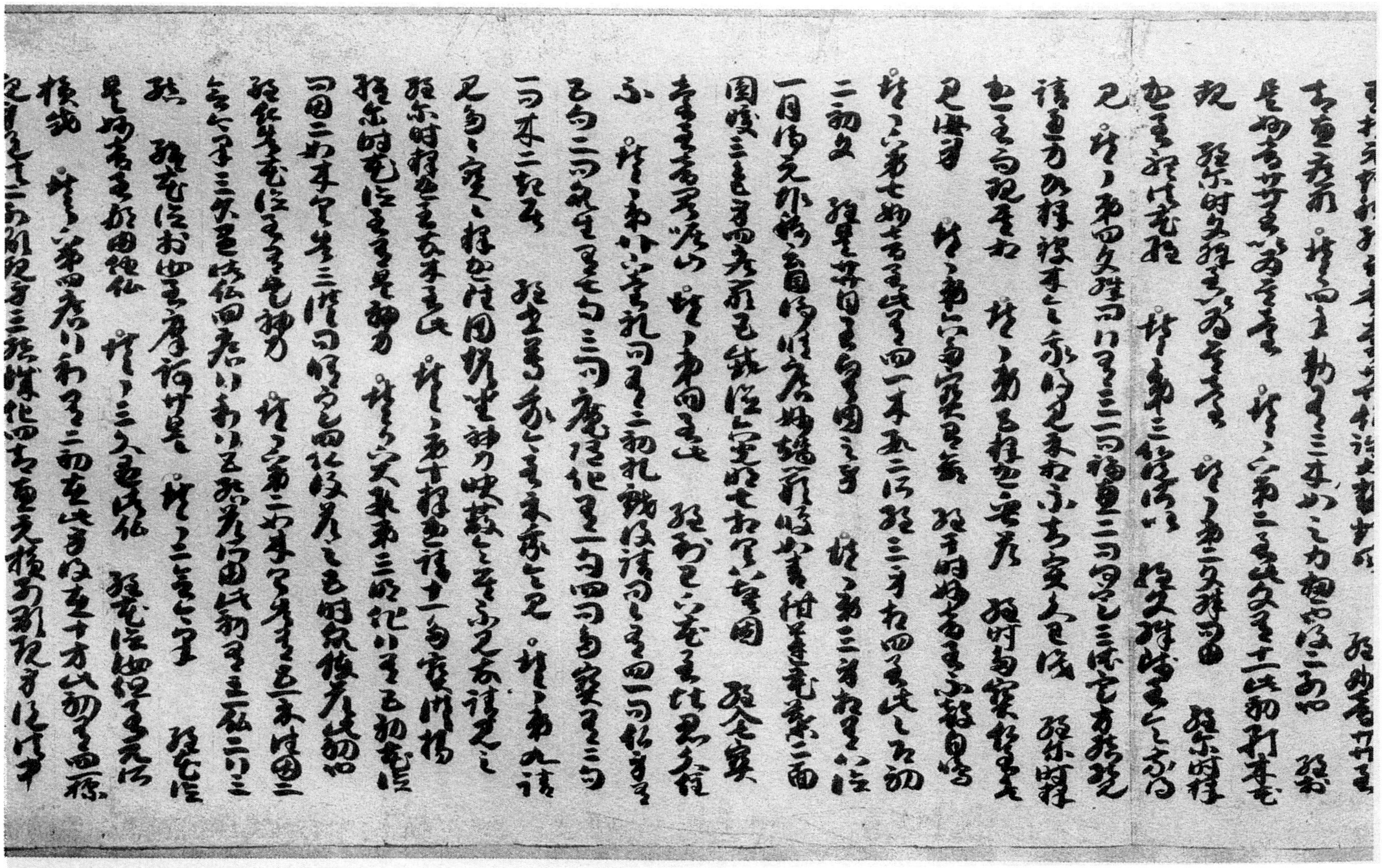

BD14710號　妙法蓮華經玄贊卷一〇　（49–27）

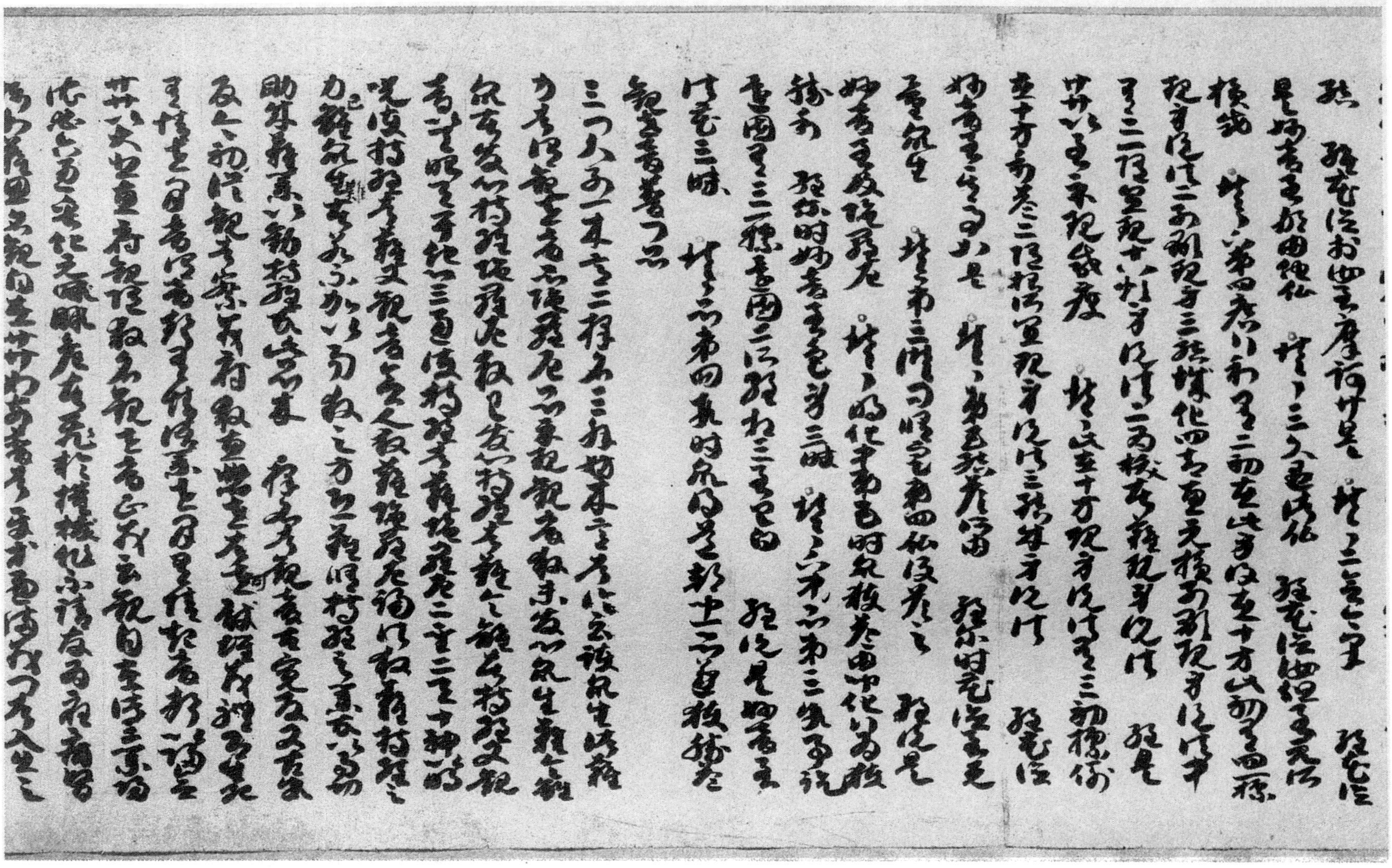

BD14710號　妙法蓮華經玄贊卷一〇　（49–28）

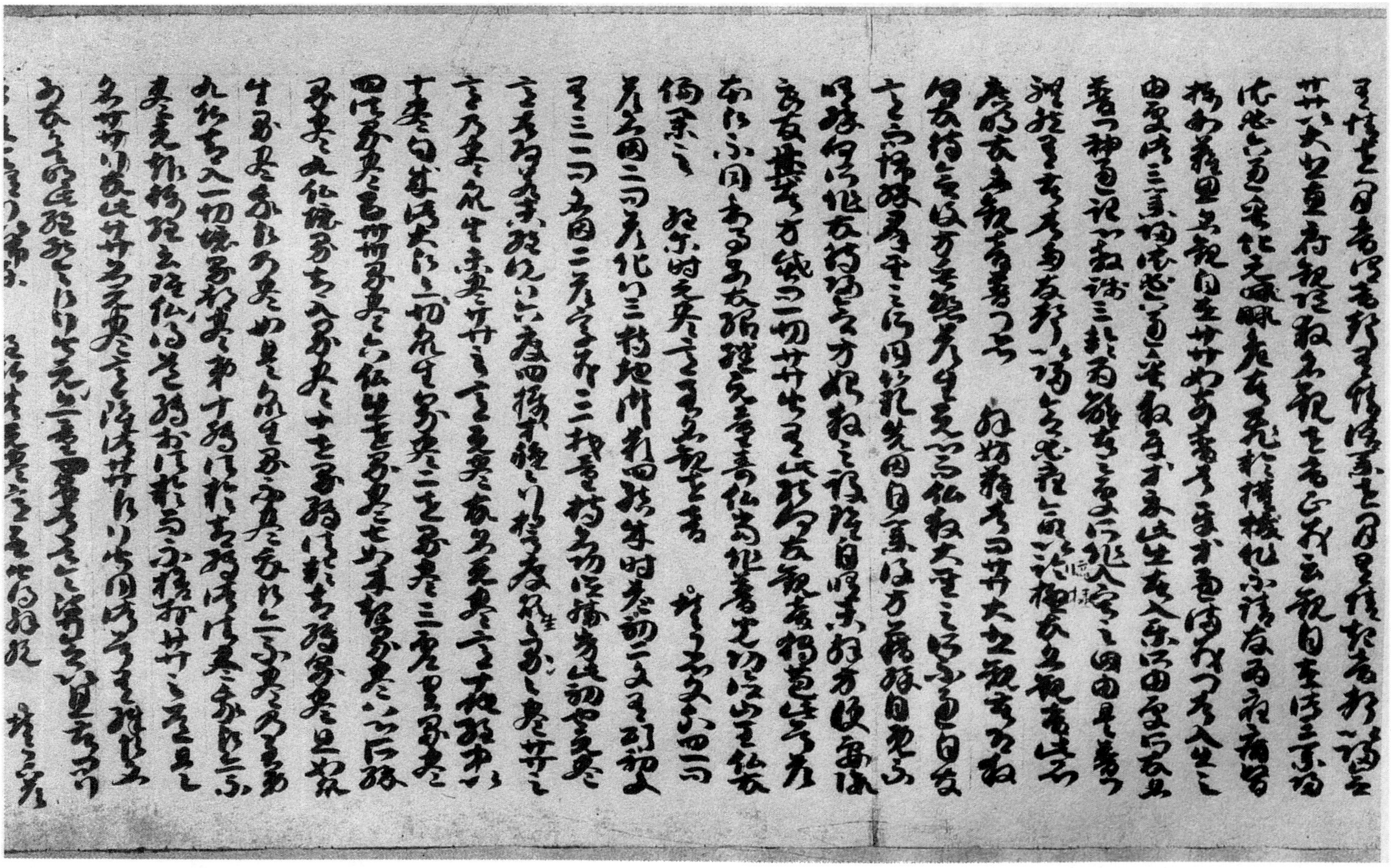

BD14710號　妙法蓮華經玄贊卷一〇　（49–29）

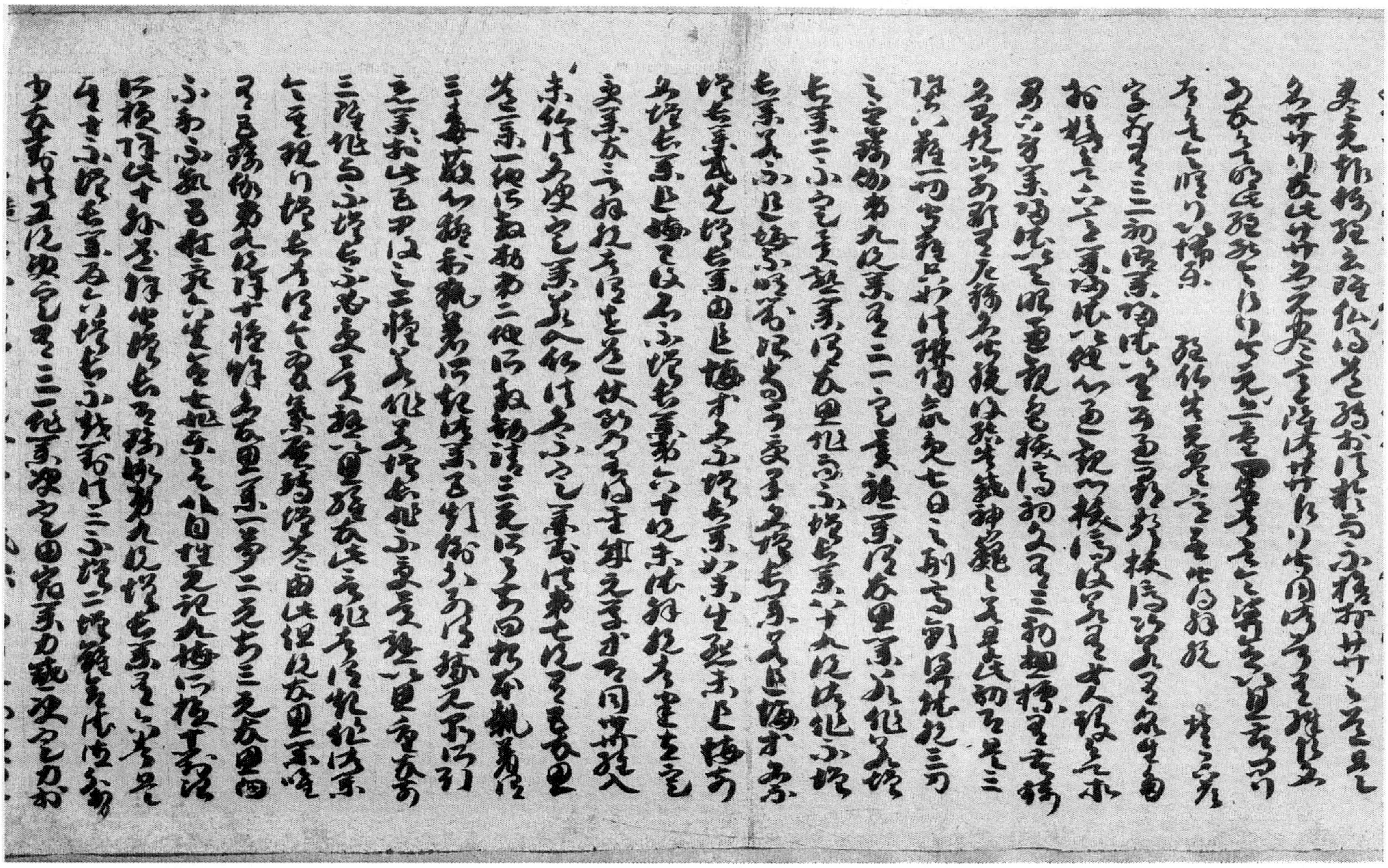

BD14710號　妙法蓮華經玄贊卷一〇　（49–30）

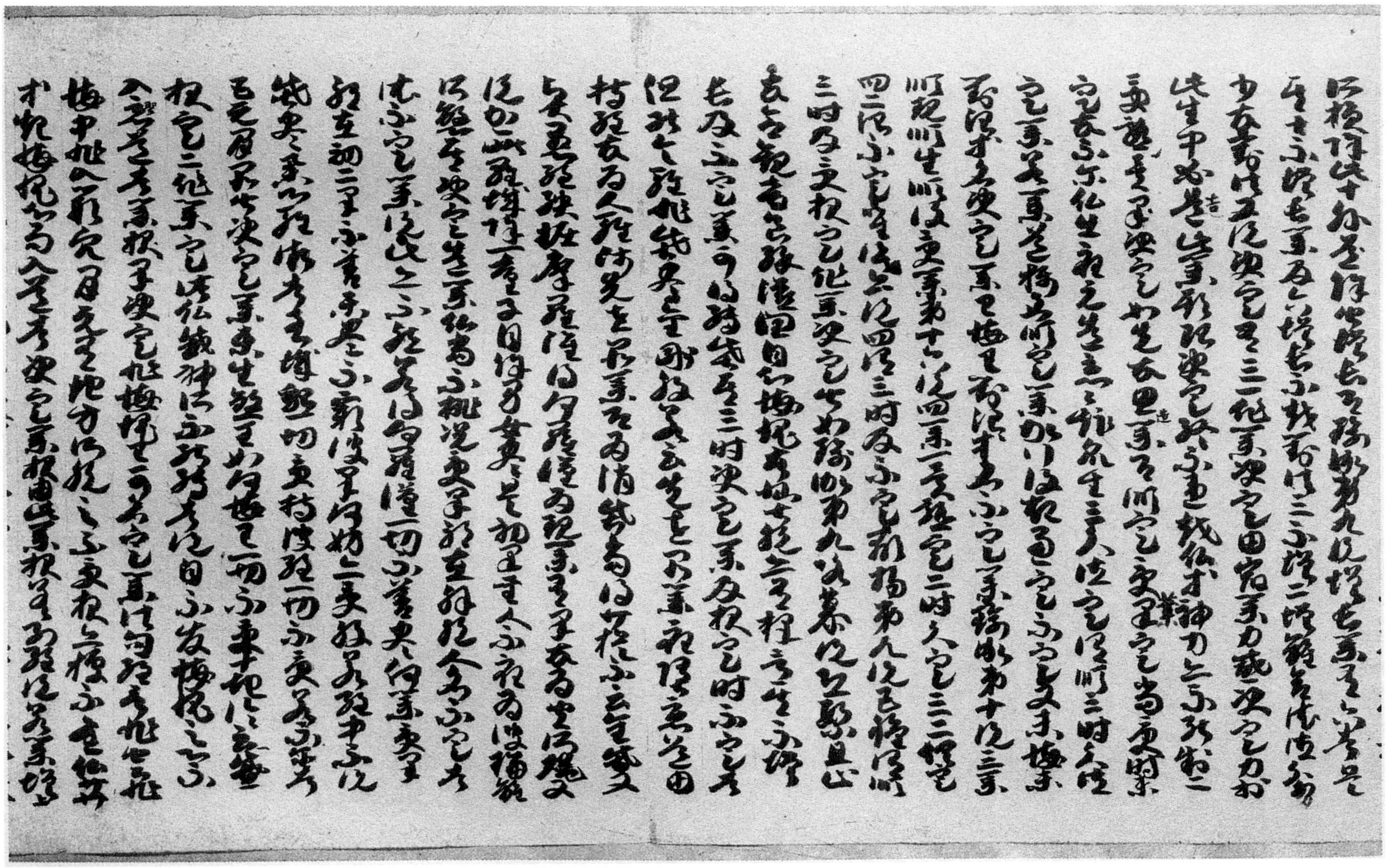

BD14710號　妙法蓮華經玄贊卷一〇　（49–31）

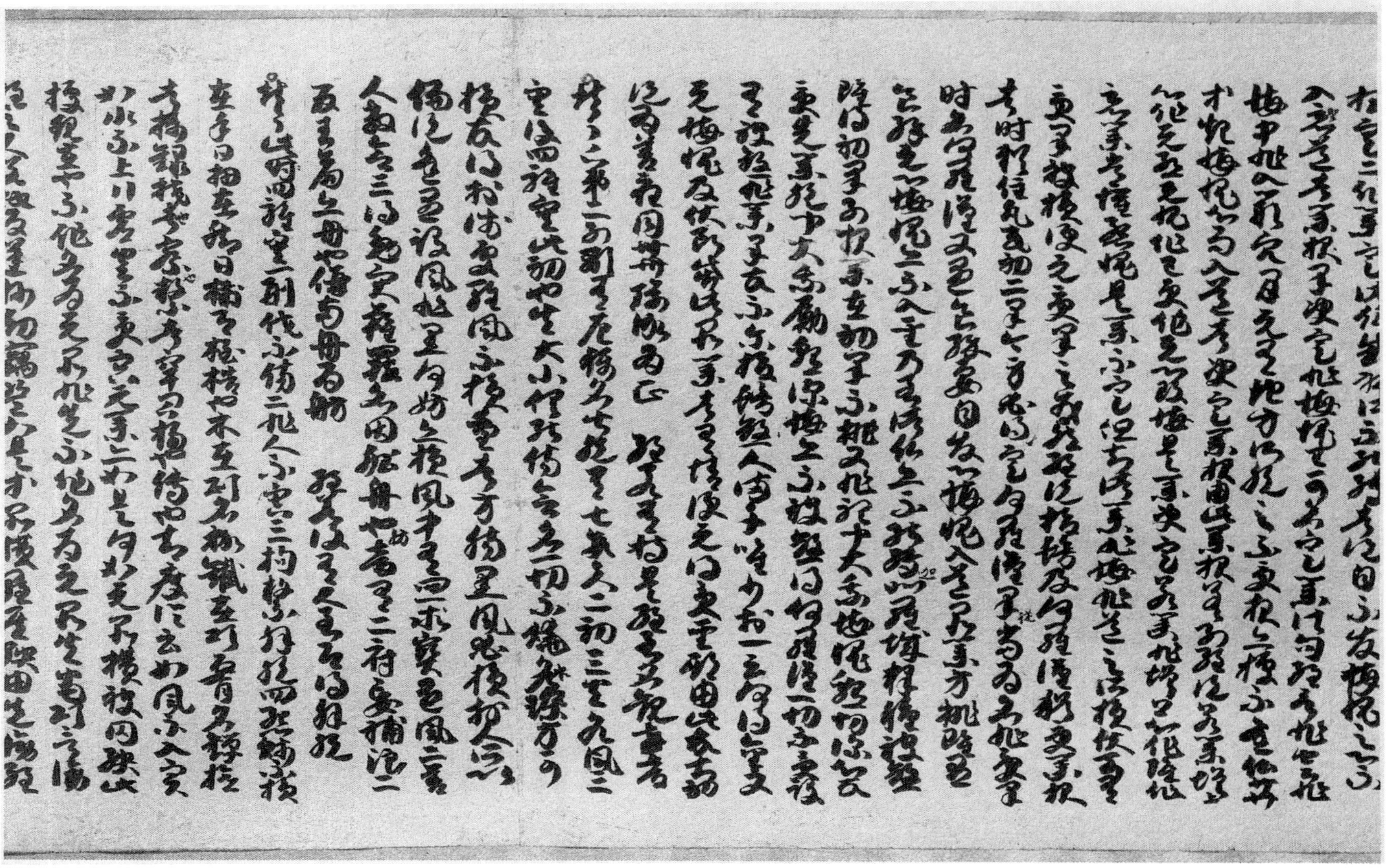

BD14710號　妙法蓮華經玄贊卷一〇　　　　（49–32）

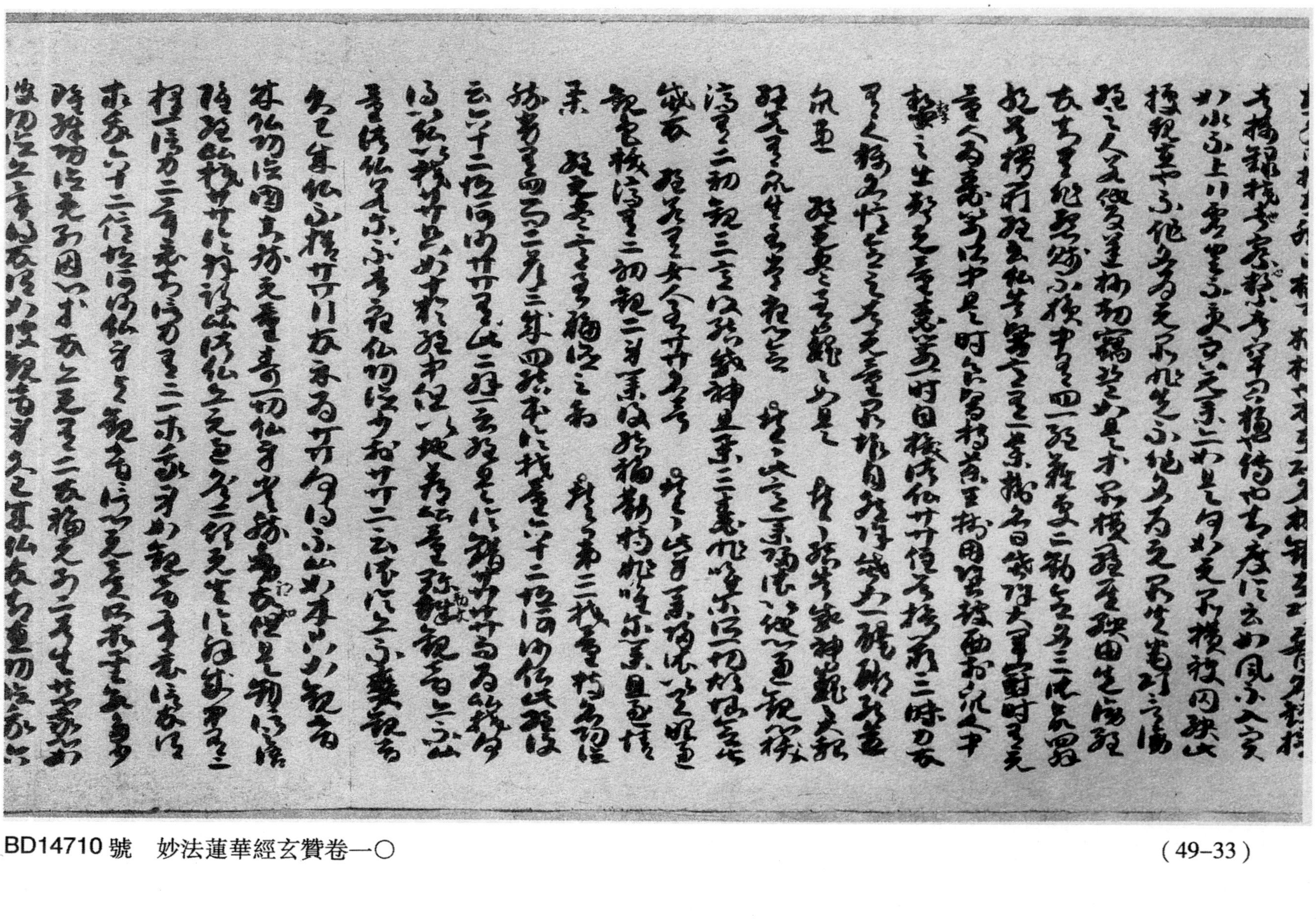

BD14710號　妙法蓮華經玄贊卷一〇　　　　（49–33）

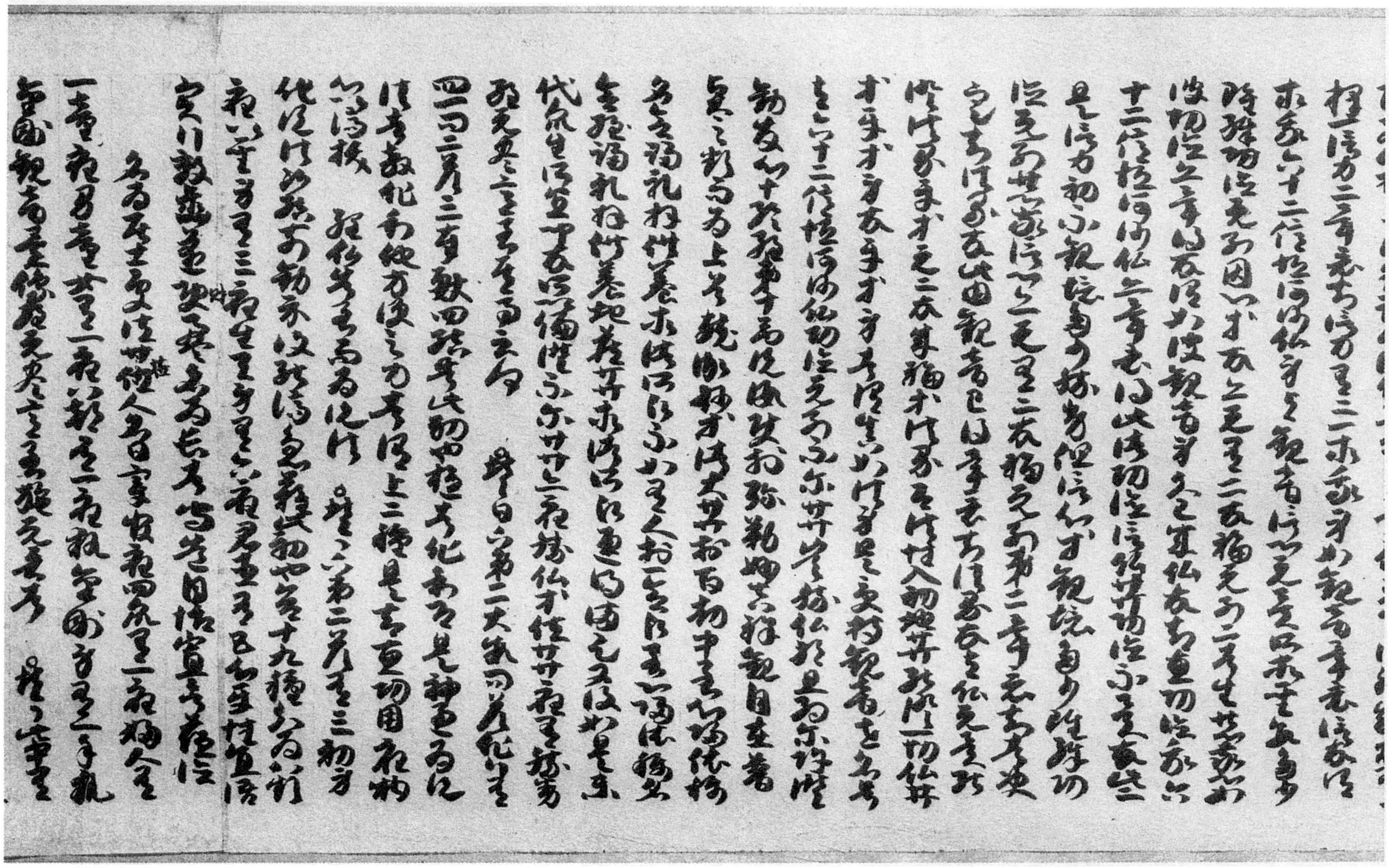

BD14710號　妙法蓮華經玄贊卷一〇　　（49–34）

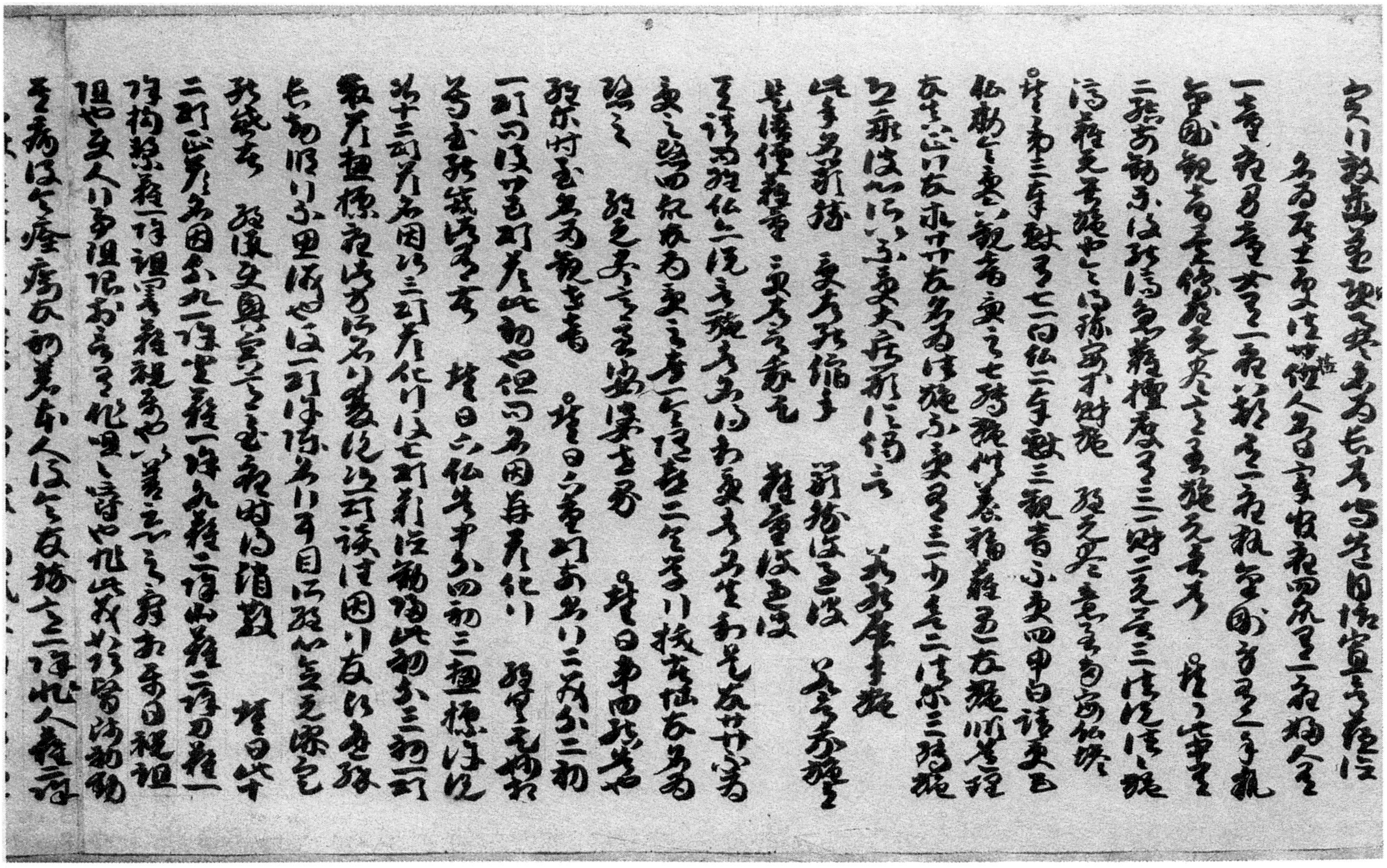

BD14710號　妙法蓮華經玄贊卷一〇　　（49–35）

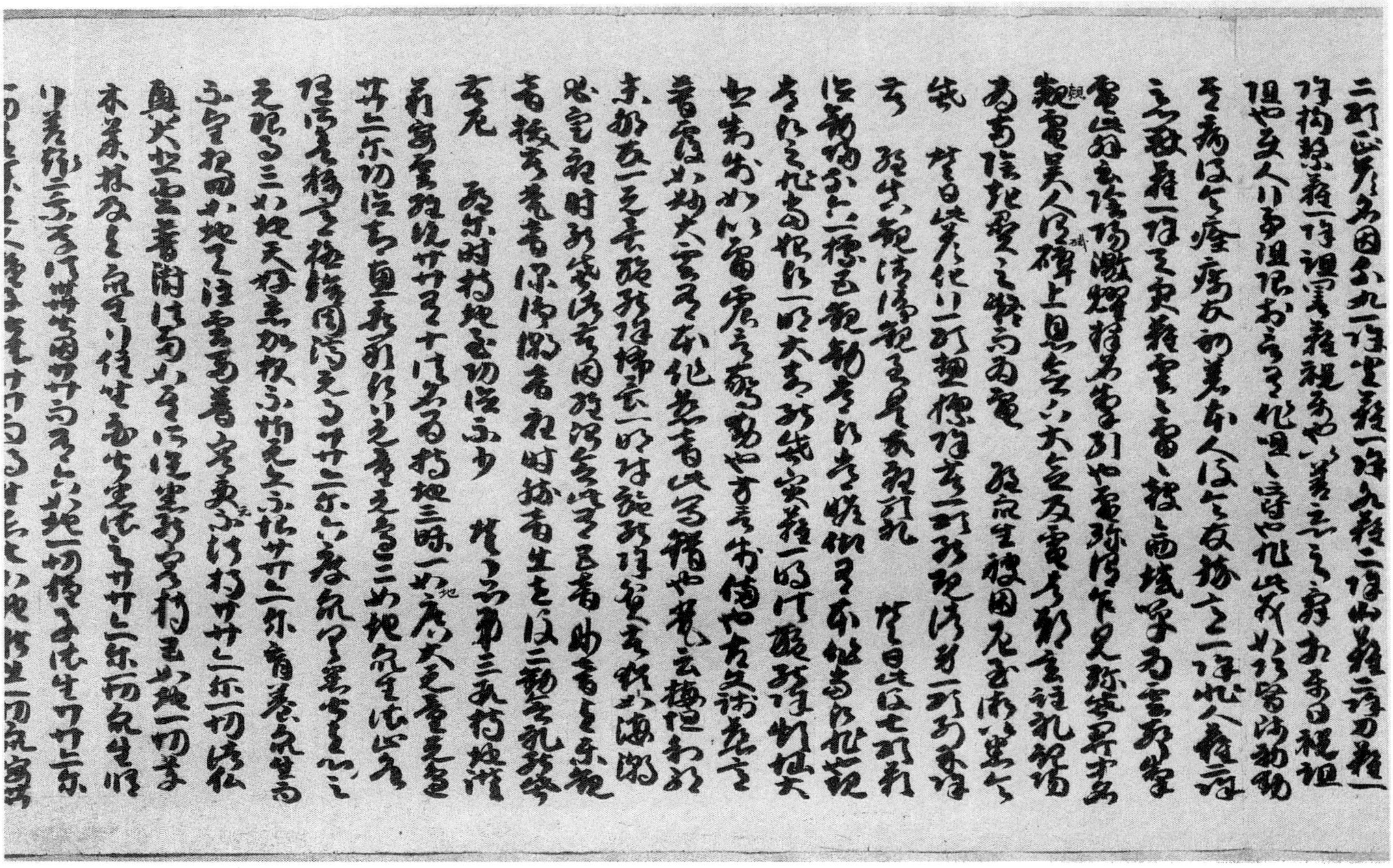

BD14710號　妙法蓮華經玄贊卷一〇　（49–36）

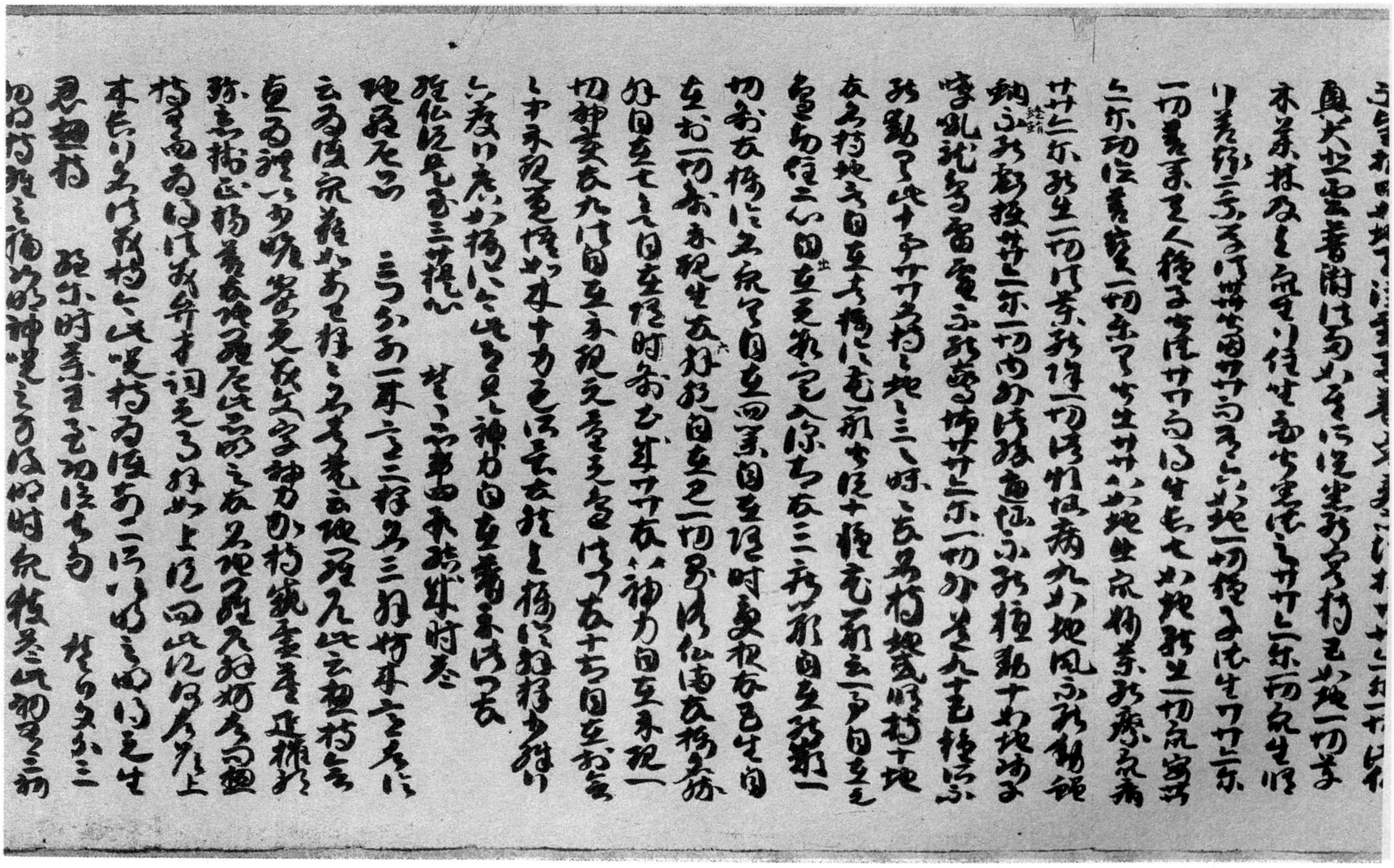

BD14710號　妙法蓮華經玄贊卷一〇　（49–37）

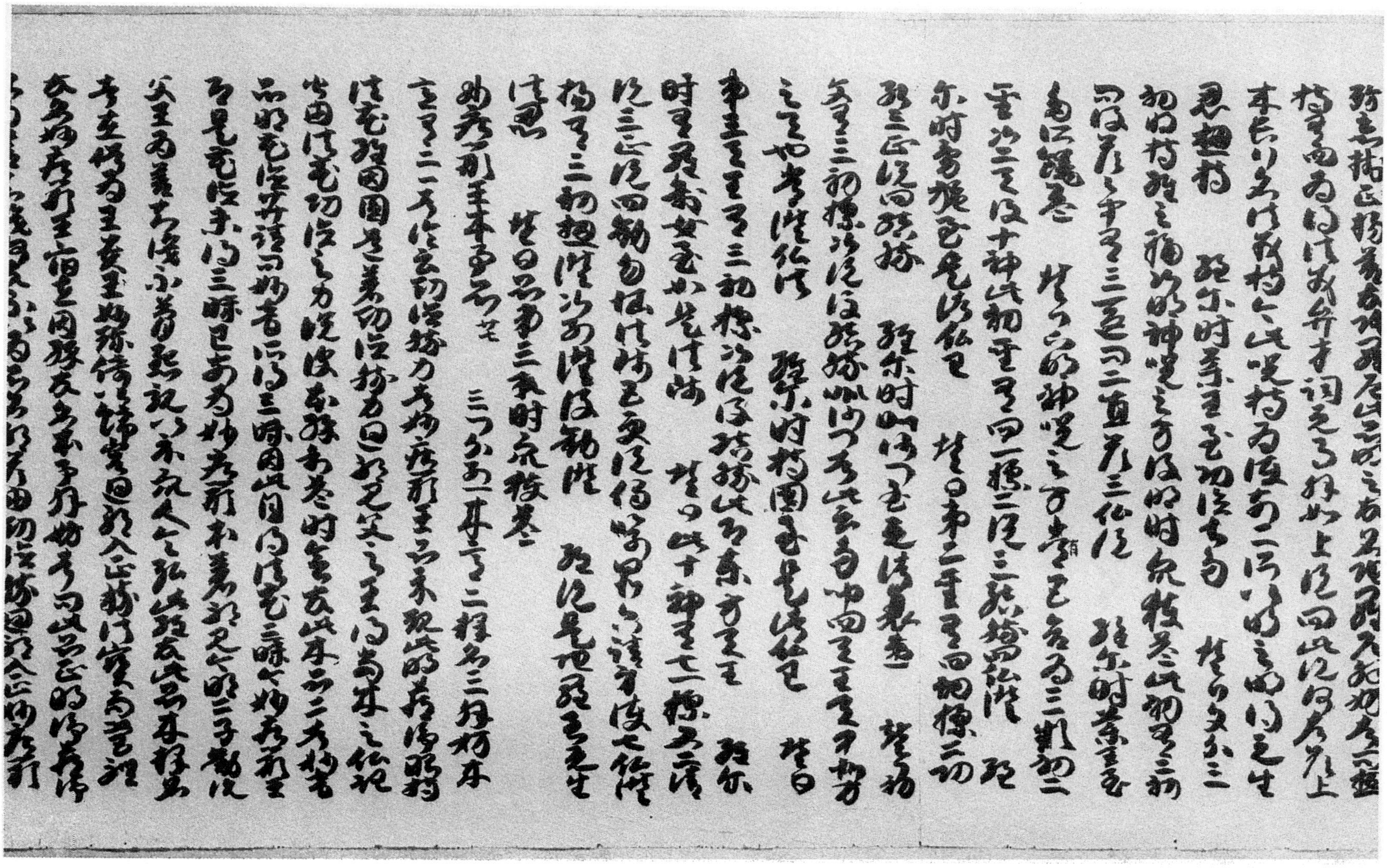

BD14710號　妙法蓮華經玄贊卷一〇　　（49–38）

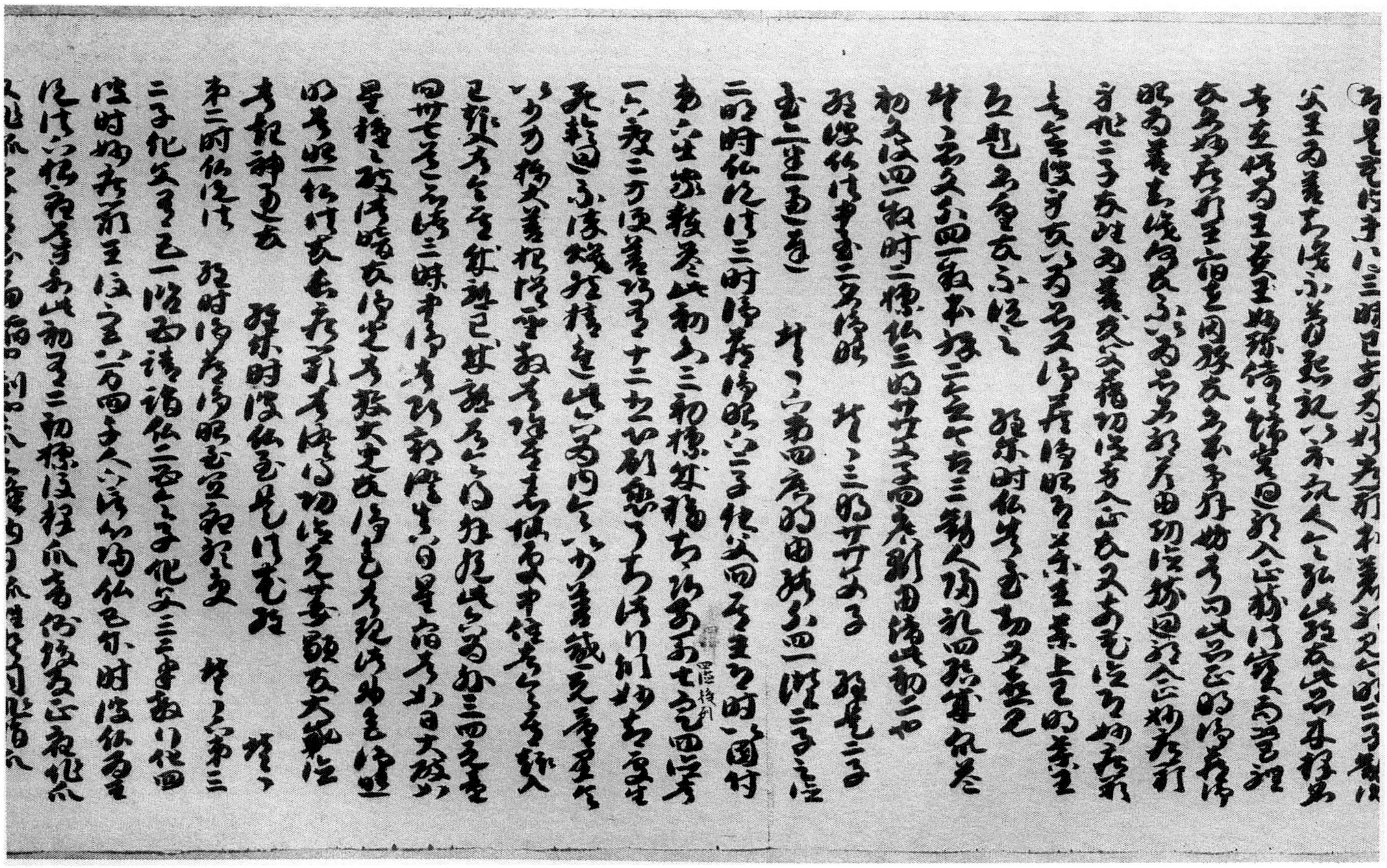

BD14710號　妙法蓮華經玄贊卷一〇　　（49–39）

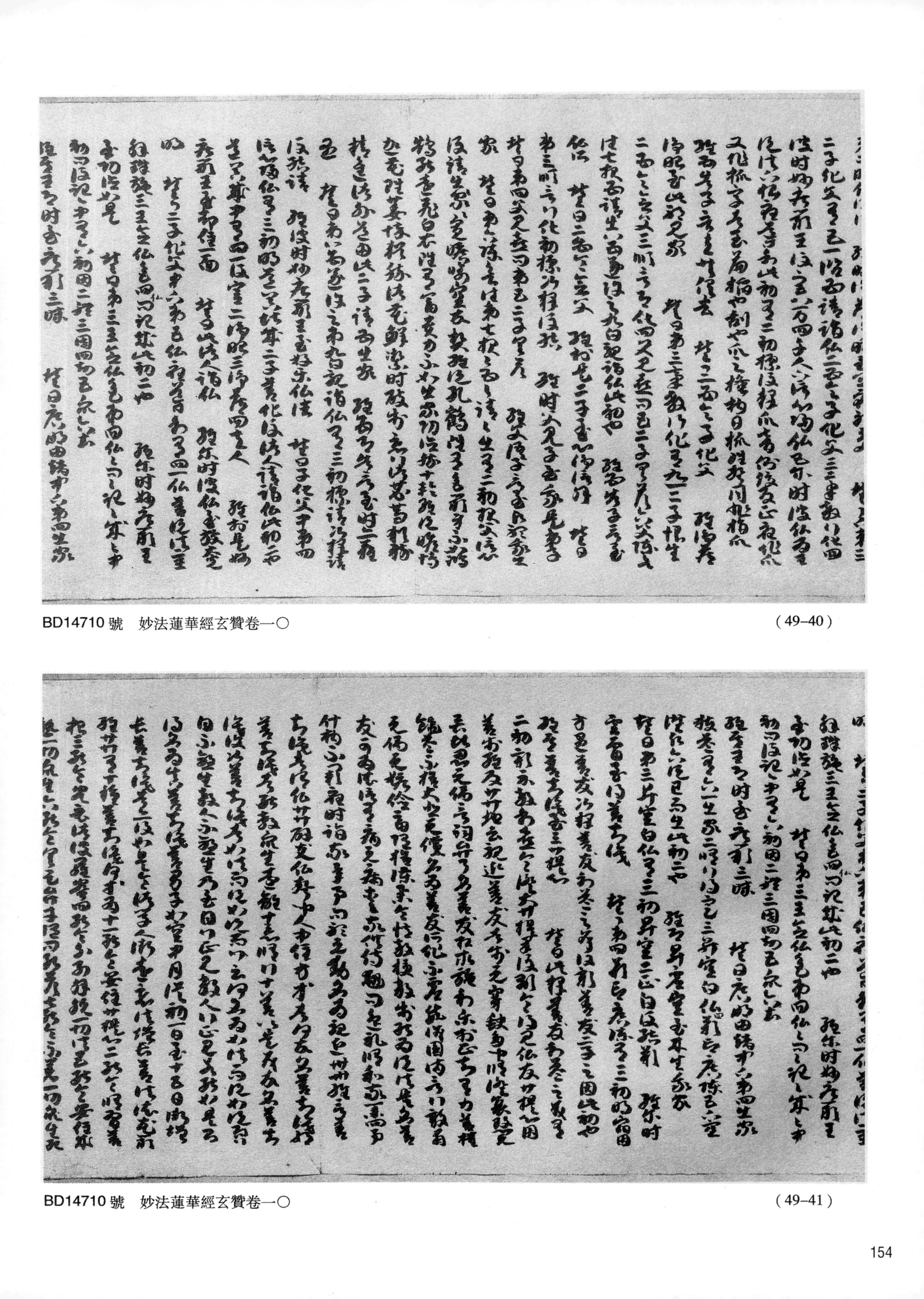

BD14710 號　妙法蓮華經玄贊卷一〇　　（49–40）

BD14710 號　妙法蓮華經玄贊卷一〇　　（49–41）

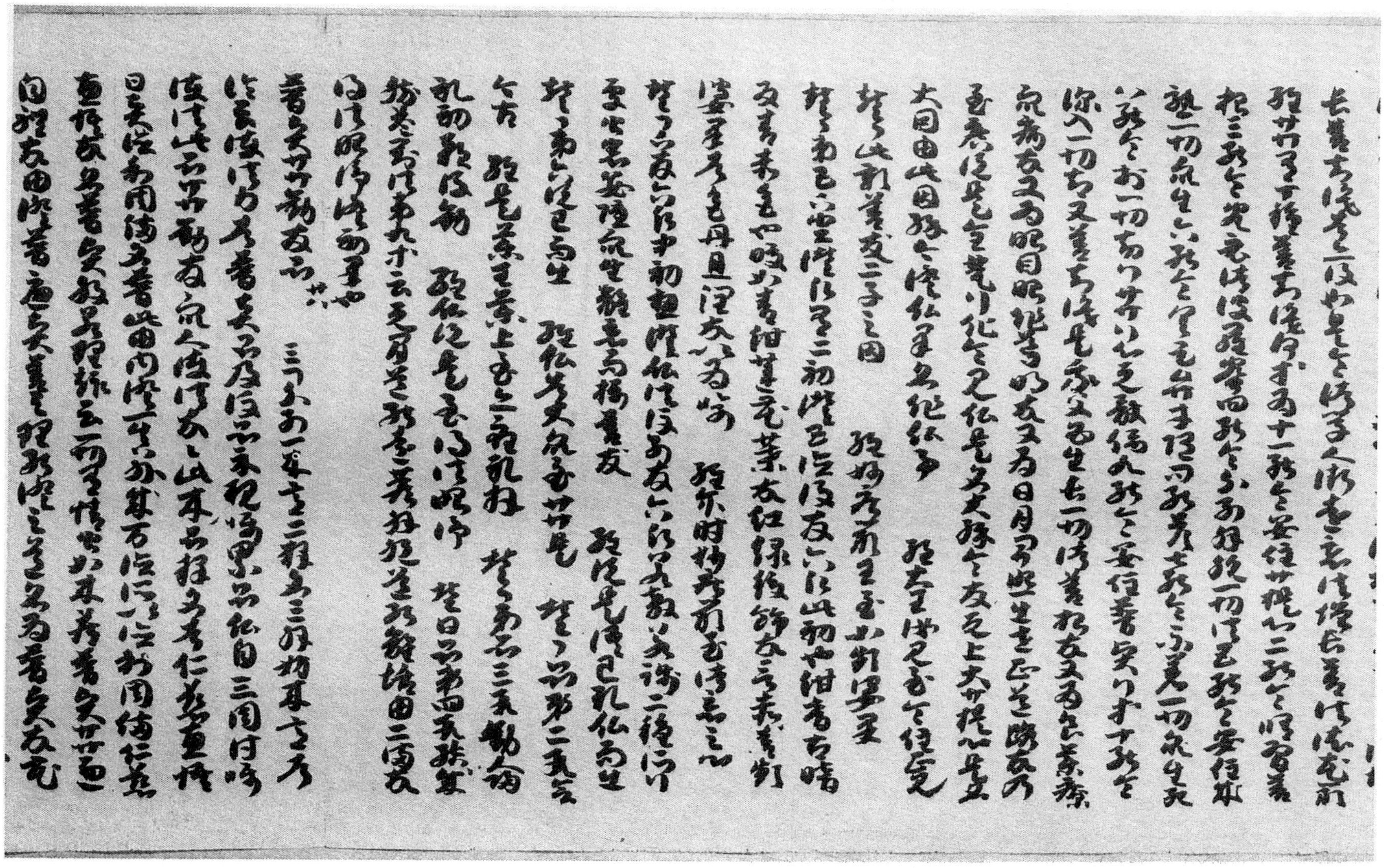

BD14710 號　妙法蓮華經玄贊卷一〇　　　　　　　　（49–42）

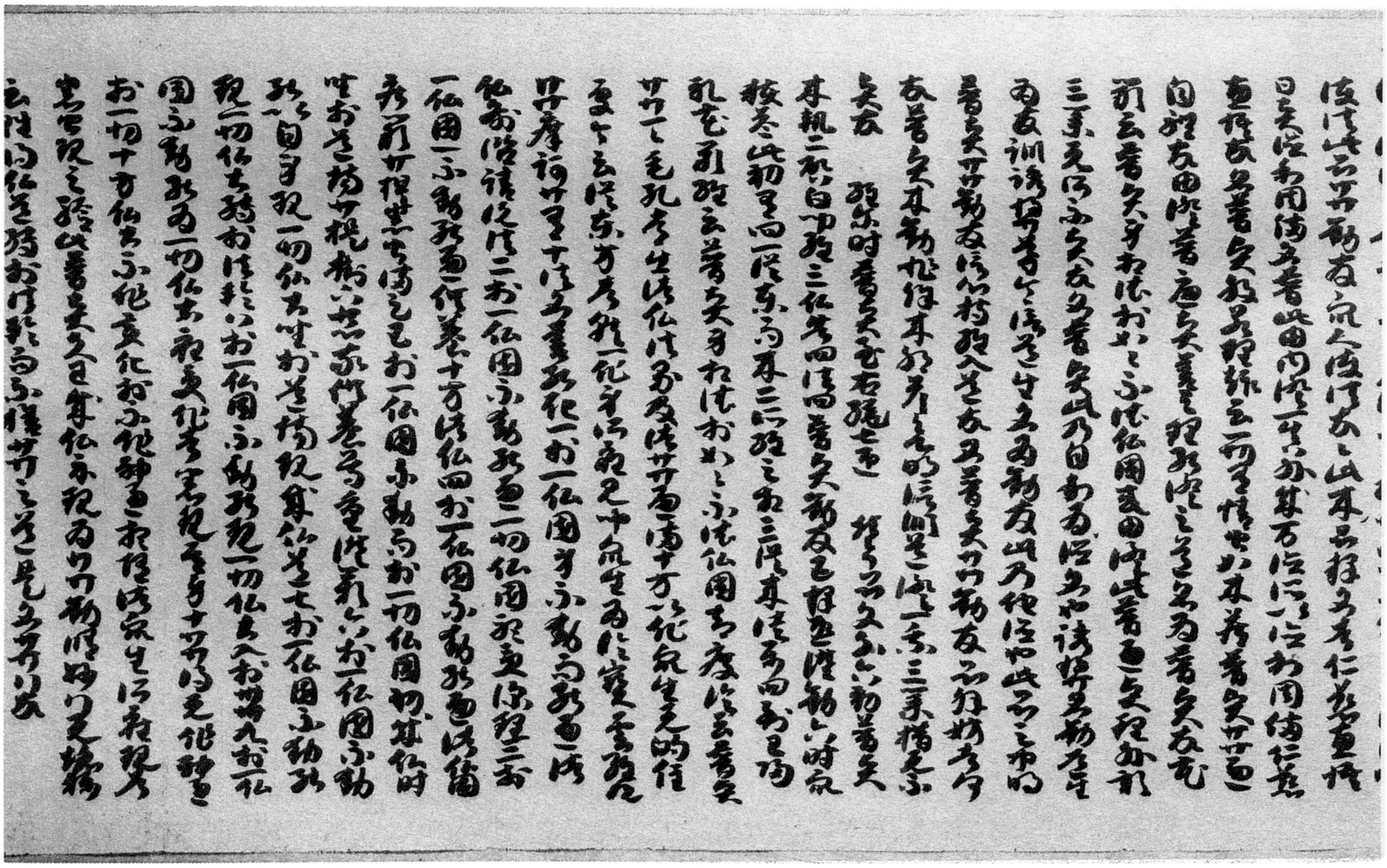

BD14710 號　妙法蓮華經玄贊卷一〇　　　　　　　　（49–43）

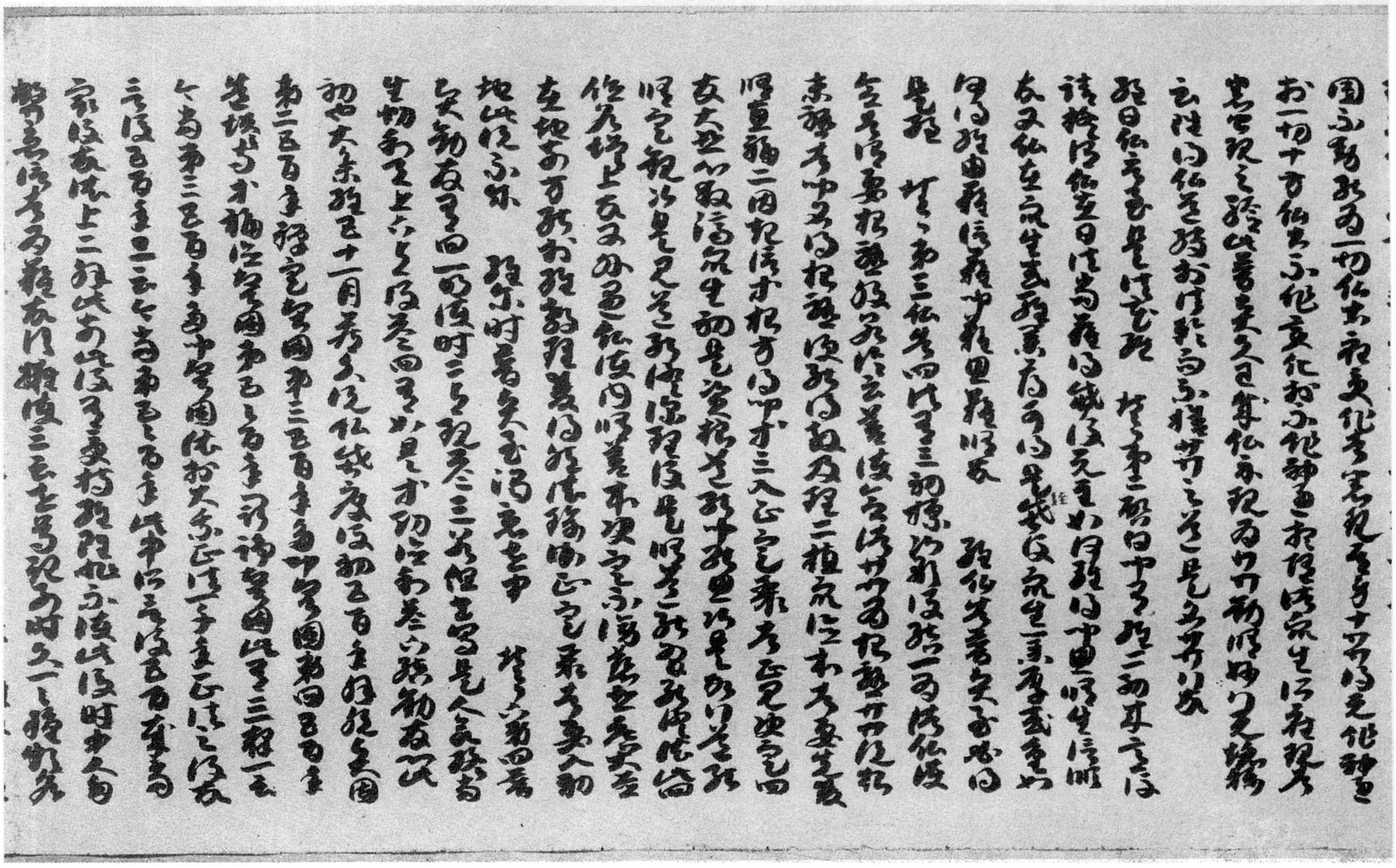

BD14710號　妙法蓮華經玄贊卷一〇　（49–44）

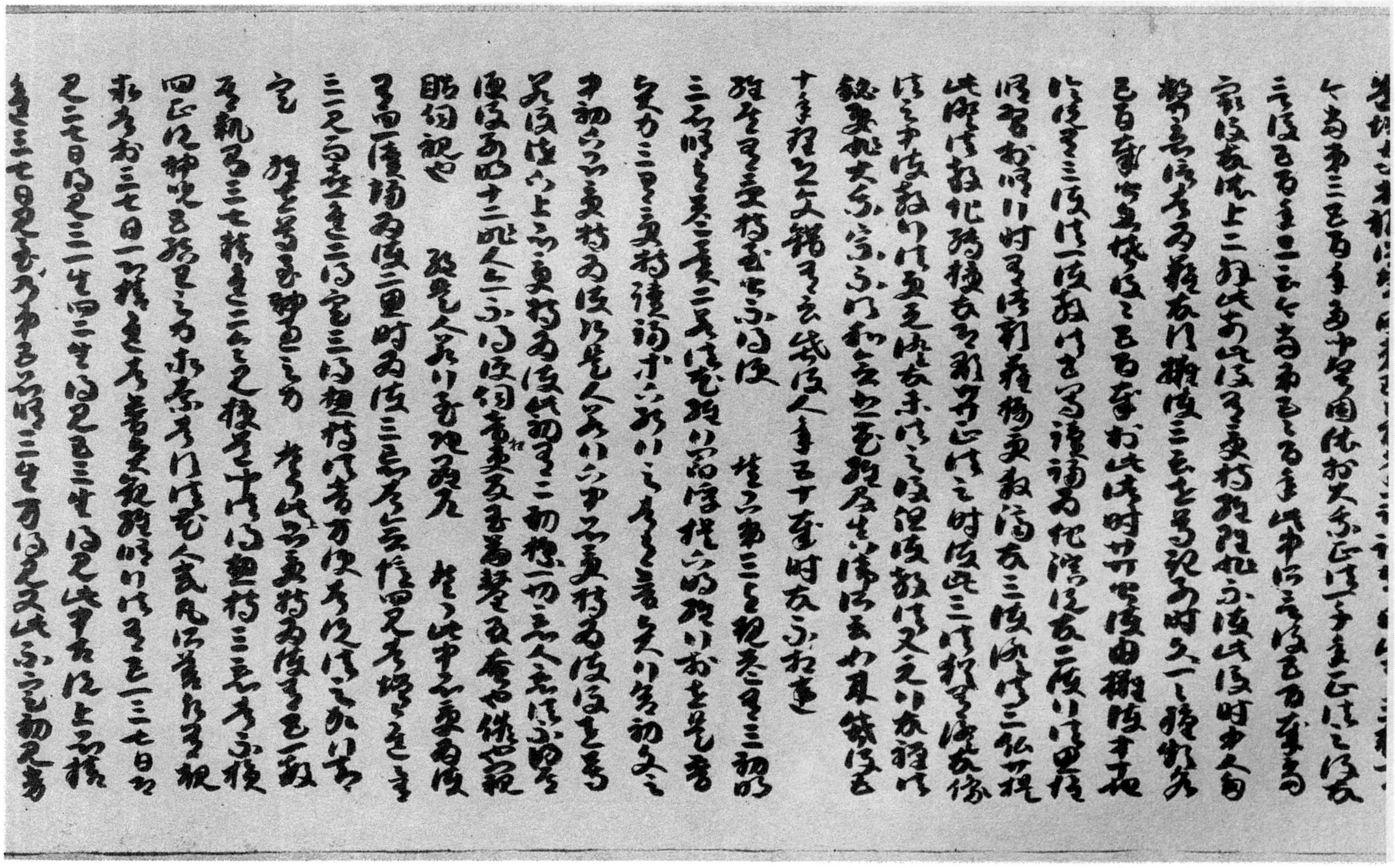

BD14710號　妙法蓮華經玄贊卷一〇　（49–45）

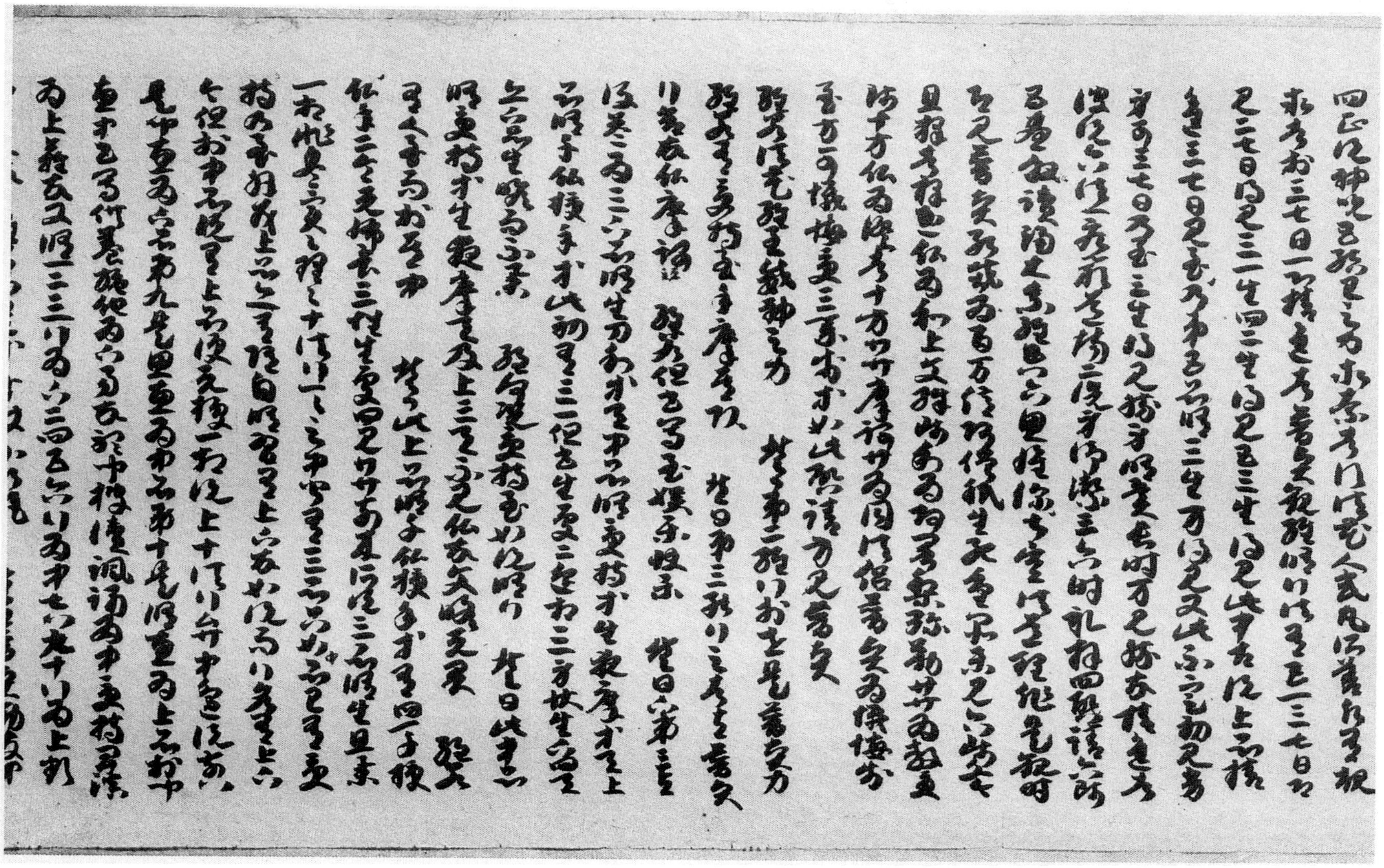

BD14710號　妙法蓮華經玄贊卷一〇 （49–46）

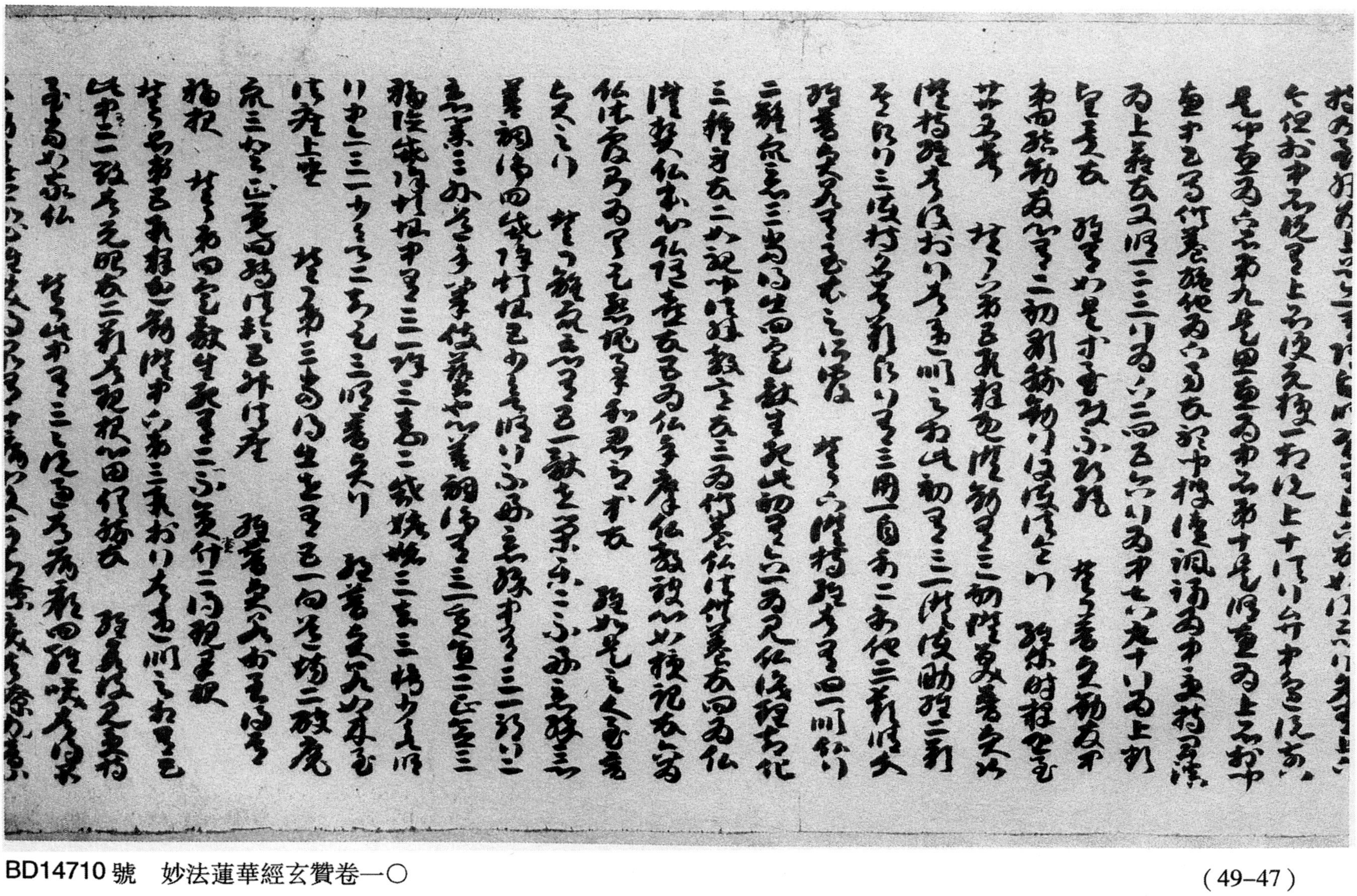

BD14710號　妙法蓮華經玄贊卷一〇 （49–47）

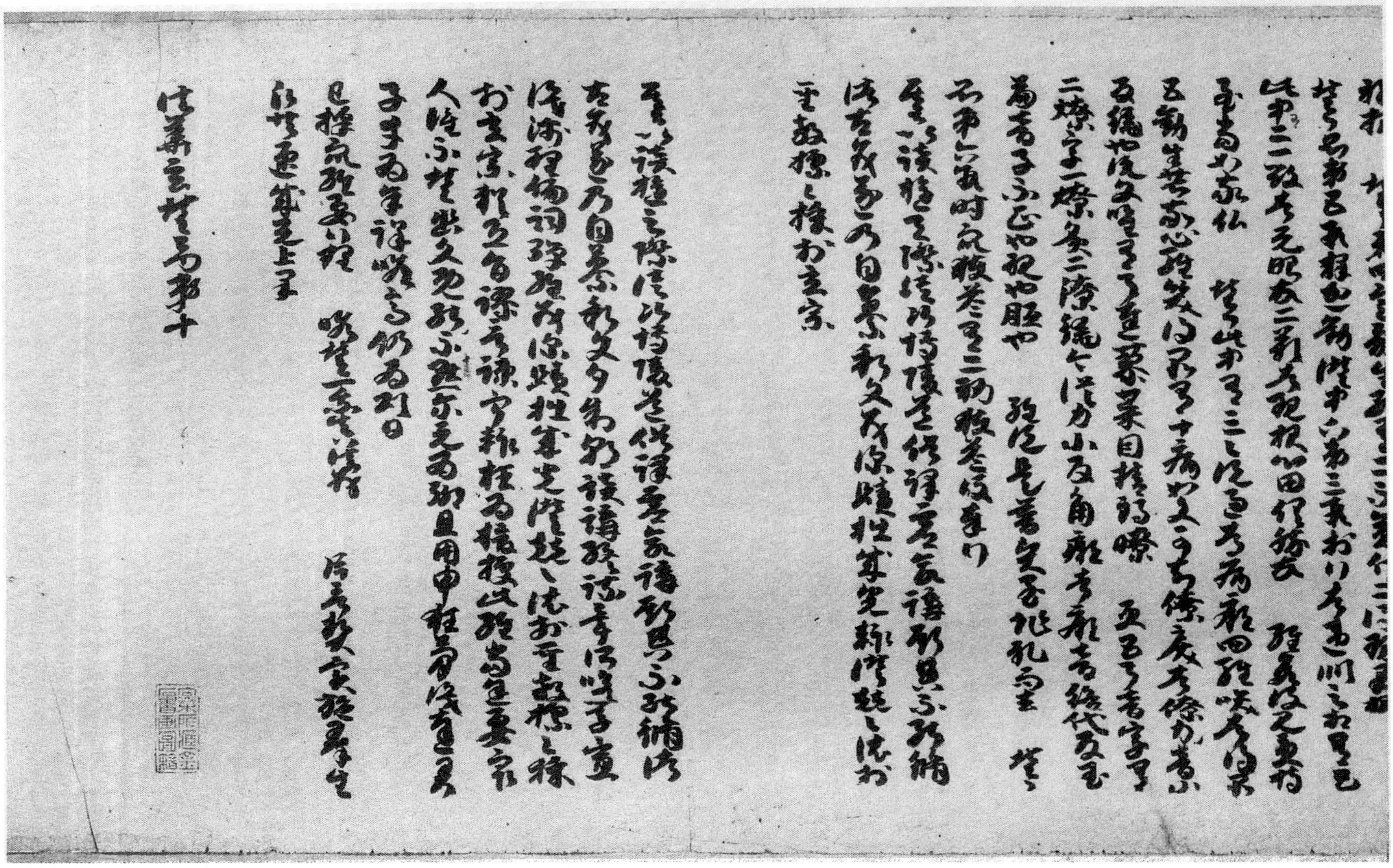

BD14710號　妙法蓮華經玄贊卷一〇　（49–48）

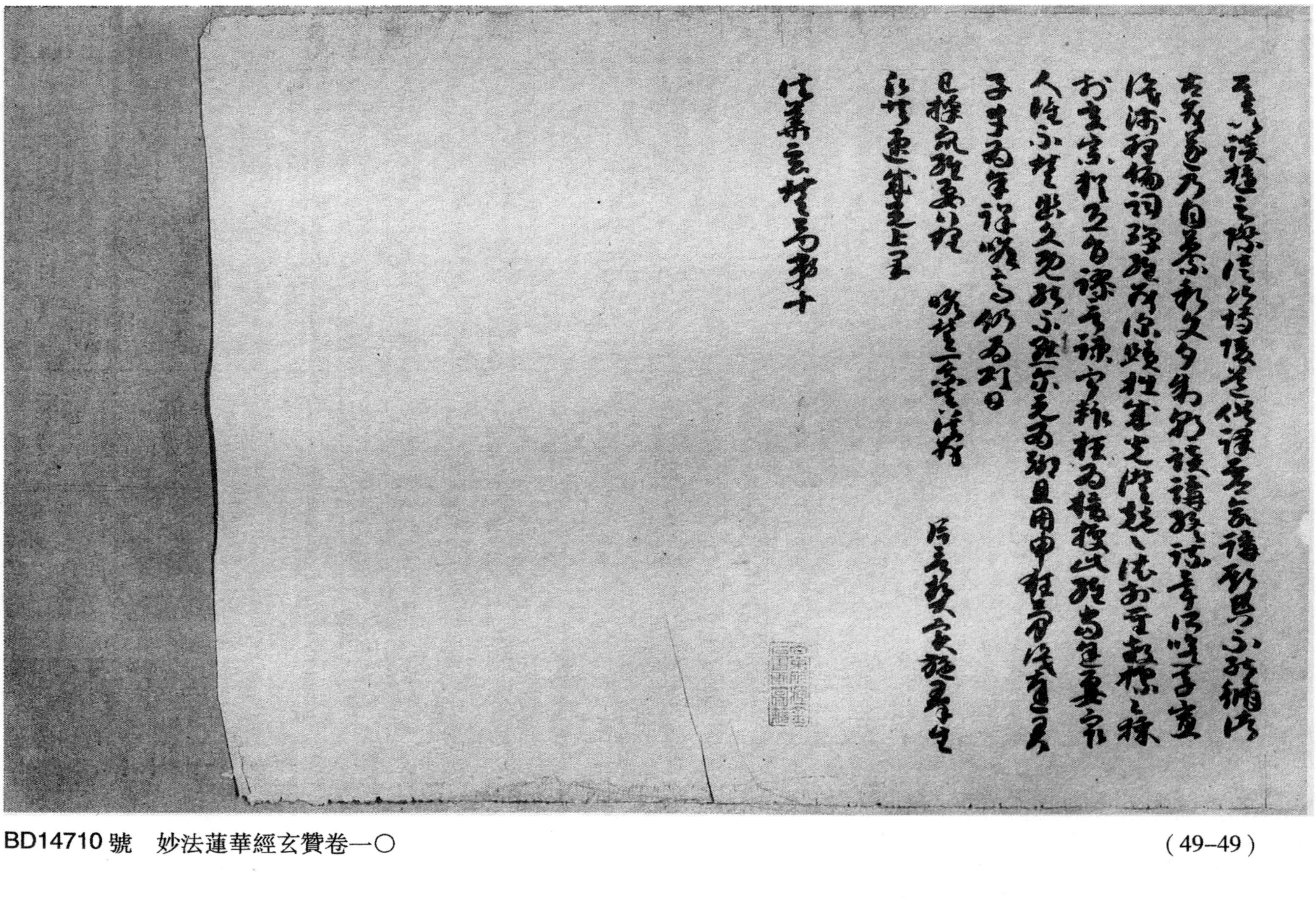

BD14710號　妙法蓮華經玄贊卷一〇　（49–49）

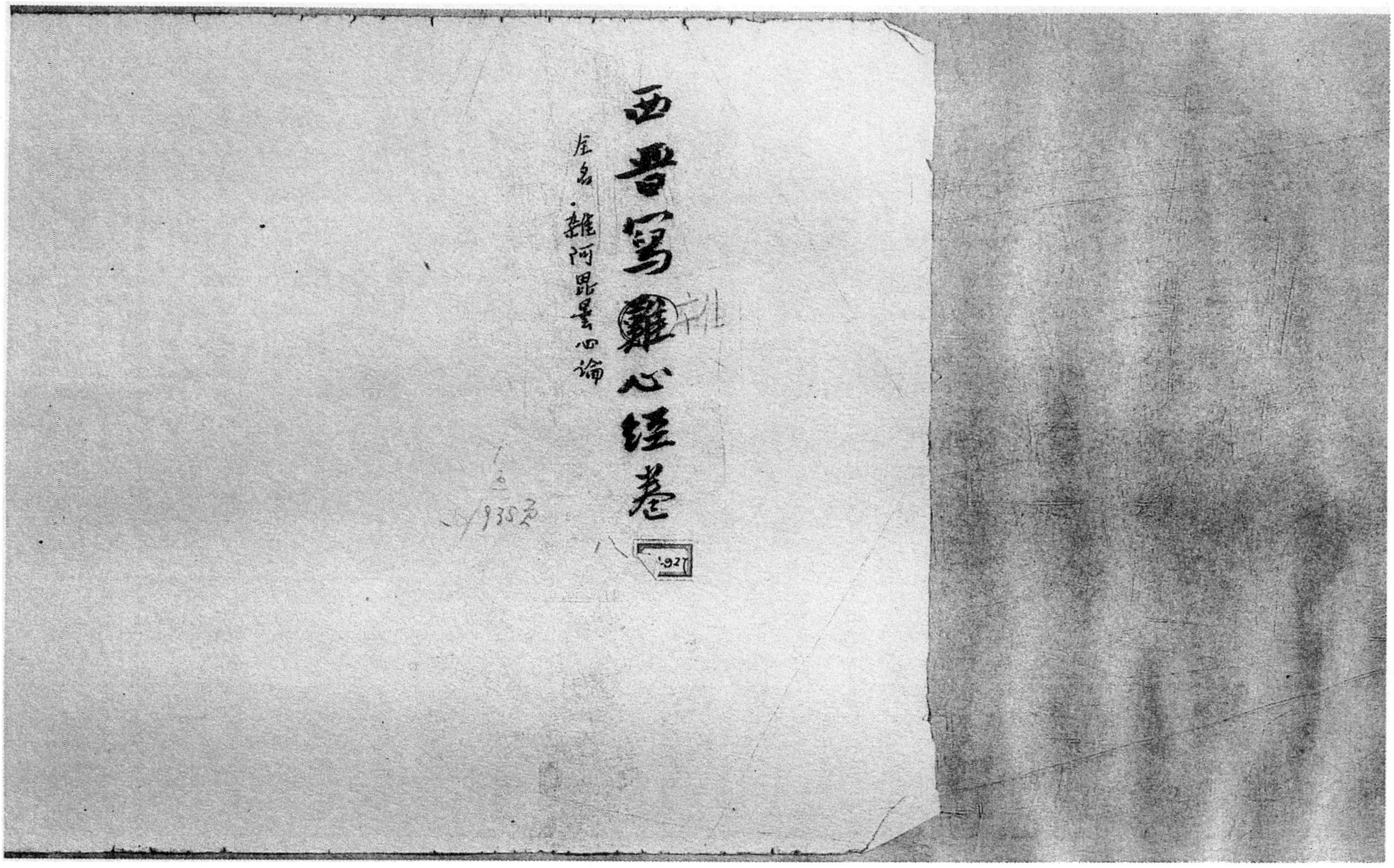

BD14711 號　雜阿毘曇心論（異卷）卷一〇　（17–1）

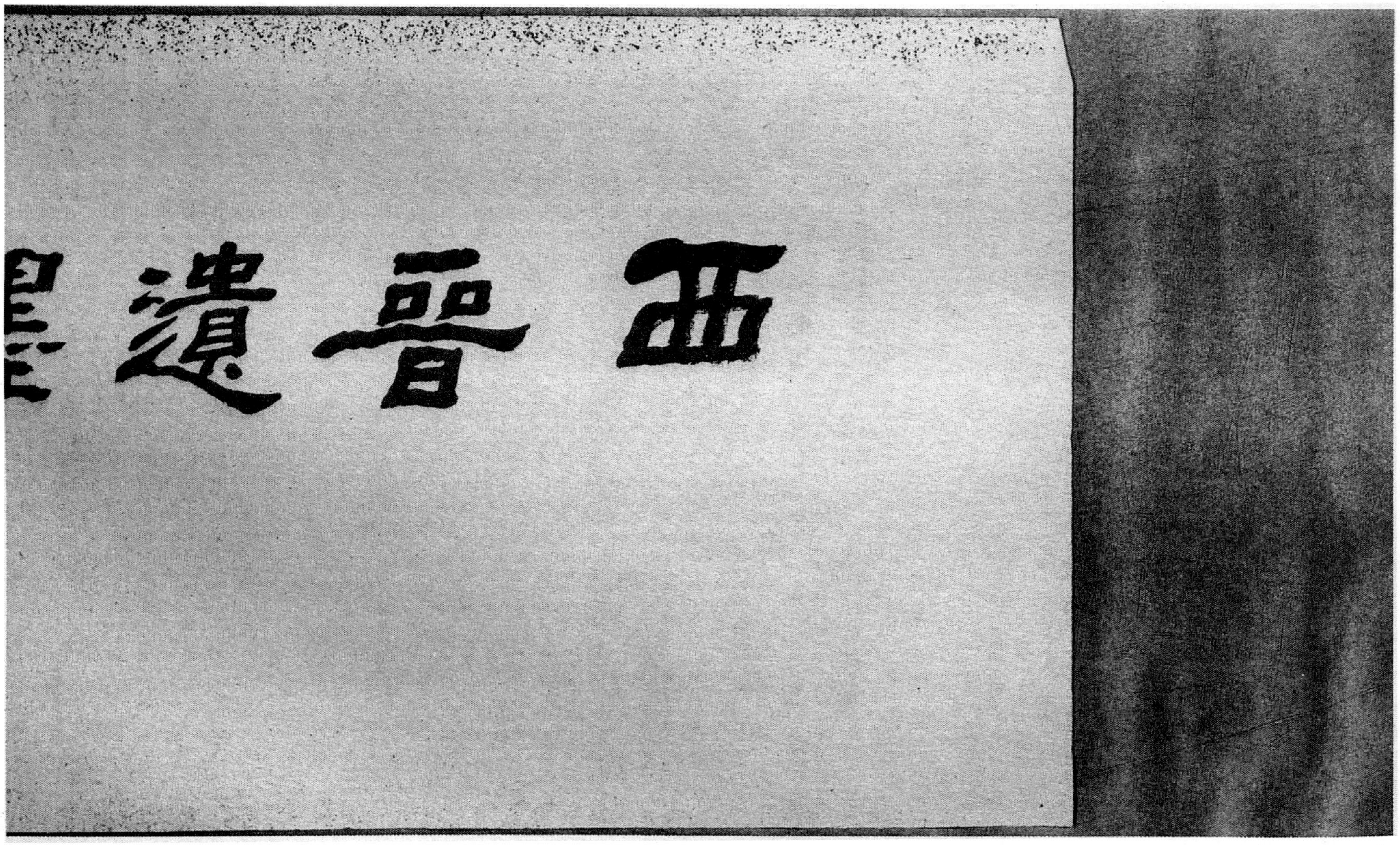

BD14711 號　雜阿毘曇心論（異卷）卷一〇　（17–2）

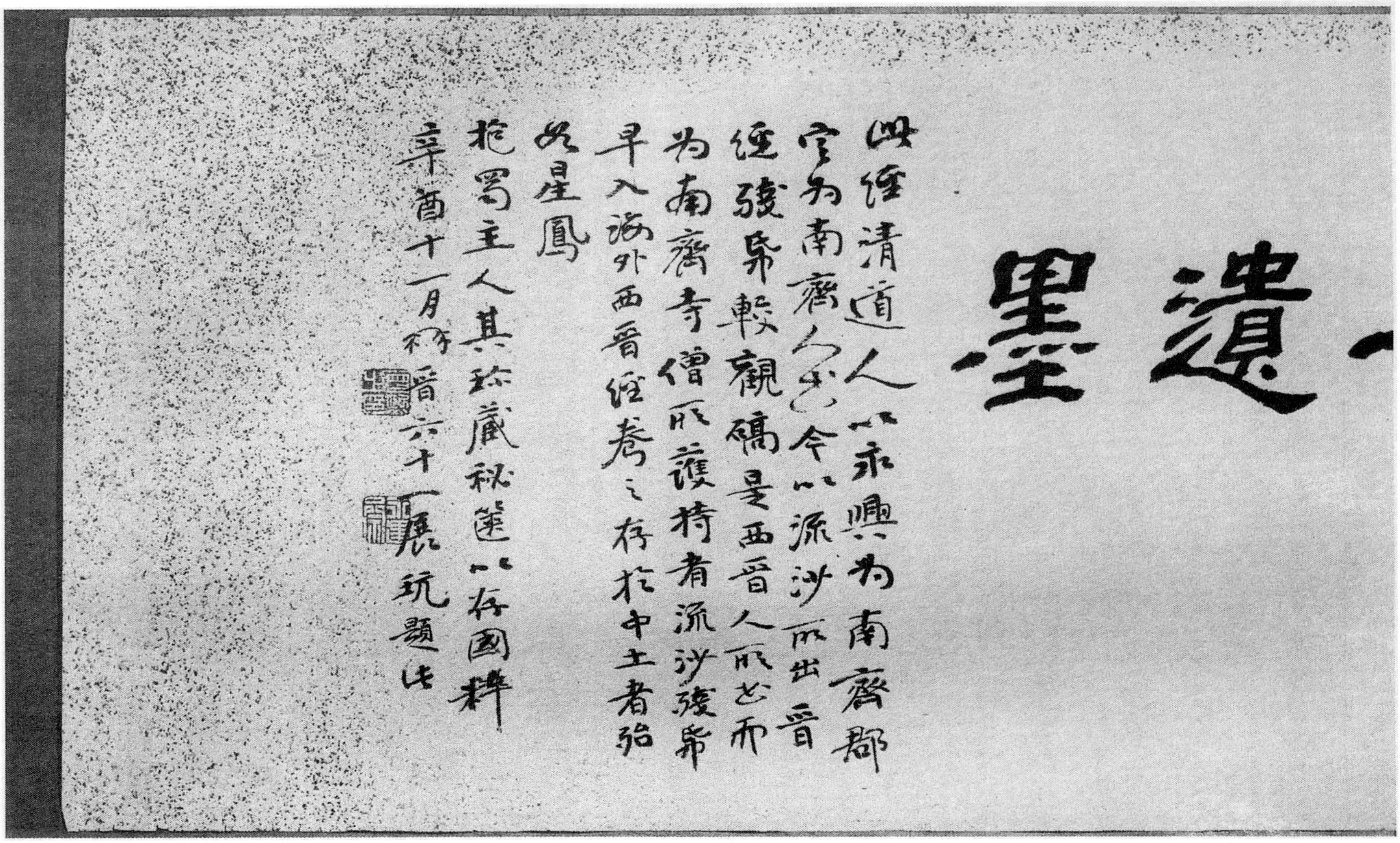

遺墨

此經清道人以永興爲南齊郡守，爲南齊人無疑。今以流沙所出晉經殘帋較觀，碻是西晉人所書，而爲南齊寺僧所獲持者。流沙殘帋早入海外，西晉經卷之存於中土者殆如星鳳。抱蜀主人其珍藏秘笈以存國粹。辛酉十一月存晉六十一展玩題此

BD14711 號　雜阿毘曇心論（異卷）卷一〇　　（17–3）

南齊

BD14711 號　雜阿毘曇心論（異卷）卷一〇　　（17–4）

BD14711號　雜阿毘曇心論（異卷）卷一〇　　（17–5）

方便現在前問不淨觀云何方便答
彼循不淨觀者至塚間極善取彼相取相已還坐處
洗足安坐柔濡其身心離諸蓋取彼外緣已方己身
髮心在足骨脛骨髀骨寬骨臏骨脊骨脇骨手骨髆
骨肩骨頸骨頭骨牙齒髑髏骨若髮心肩間若樂略
觀者先從身念處處若樂廣者從肩間觀髑髏乃至
足骨從此一坐一房一堂一僧伽藍一村一鄉一國若
復從想起者非有是處若周遍大地至眼光者能觀
彼處白骨充滿若復略者次第還至肩間髮心肩間
是名不淨觀成或有不淨觀緣少非自在少作四句緣
少非自在少者謂於自身髮毛入不淨觀自在少非緣少

中有永興郡印永興惟
南齊時郡稱郡書法古
峭故決其為南齊人書南碑
齊碑傳世者無有及此者况
墨迹乎誠鴻寶也
清道人

BD14711號　雜阿毘曇心論（異卷）卷一〇　　（17–6）

但從想起者非有是處若周遍大地至眼光者能觀
彼處白骨充滿若復略者次第還至眉間繫心眉間
是名不淨觀成或有不淨觀緣少非自在少作四句緣
少非自在少者謂於自身數數入不淨觀自在少非緣少
者謂周遍四海大地不淨一時觀察不能數數入不淨
觀緣少亦自在少者謂一時觀察自身不淨而不能
數數入不淨觀非緣少亦非自在少者周滿四海大地不
淨亦能數數入不淨觀復次不淨觀緣無量非自在無
量作四句緣無量非自在無量者謂周滿四海大地不
淨而不能數數入不淨觀自在無量非緣無量者謂於
自身數數入不淨觀緣無量亦自在無量者謂滿四海
大地不淨亦能數數入不淨觀非緣無量亦非自在無
量者謂於自身不能數數入不淨觀已說不淨觀安般
念今當說安那者持來般那者持去亦名阿濕婆娑
濕婆娑念者憶念於阿那般那審諦繫念心不重妄
脩習彼念故說脩安般念是慧性於彼品念增故說
安般念如念處如念宿命物起者於母胎中齊處所
業生風起或向下或向上向下者造下分身諸毛孔
向上者造上分身諸毛孔毛孔成已出息眾物乃至
命終出息俱後亞受亦命謂出物入寶入物出寶六因緣
得六種安般念所謂數隨止觀還淨數者脩行者巧便
繫念數出入息無一出入息而不覺知若心亂者或時減
數或時增數或時亂數減數者以二為一增數者以一為二
亂數者出作入想入作出想心不亂者名為善數出息出息
五入息此名十數若脩行者數時於十中間心亂者還從一
數起若十數滿已若亂不亂要還從一數起衆心散故不

BD14711號　雜阿毗曇心論（異卷）卷一〇　（17-7）

繫念數出入息無一出入息而不覺知若心亂者或時減
數或時增數或時亂數減數者以二為一增數者以一為二
亂數者出作入想入作出想心不亂者名為善數出息出息
五入息此名十數若脩行者數時於十中間心亂者還從一
數起若十數滿已若亂不亂要還從一數起衆心散故不
過十衆心匽故不減十於上無未曾數故隨者出入息去
無所行而隨為長所為短所為遍身所為在一處所所
入為遠為近脊何轉還所止者隨心所樂於一身分繫
心令住而觀察之彼息於身為益為損為冷為暖如是
尋觀者脩習極脩習如憶自己名隨其所欲而現在前
還者若依覺者少行依出離覺者勤行淨者淨諸蓋
彼脩行者於出入息住一想觀身如竹筒觀息如穿珠出
入息不動於身不散身識是名安般念成就有說亦起
身識但不傷於身又脩行者於出入息以極微塵是名身
觀受於出入息是名受即觀彼受是名受觀受識出入息
識即觀彼識是名識觀想出入息名想即觀彼想是
名想觀非入息未滅而有出息生非出息未滅而有入
想生是名因安般無常行度入息通迫故出息滅是
名苦行度此名得方便無損脫門種子出入息生住
滅不自在是名因出入息無我行度觀出入息離常
善因彼故空行度是名得方便空脫門種子依於出入
息生厭心向涅槃是名得方便無相脫門種子依彼濡
三三昧中依中增如是次第攝法乃至盡智無生智問
世尊說果此云何答
二十說數果　色果或十六　無色果有四　處所次第說
二十說數果者謂八大地獄畜生餓鬼四天下六欲天此二十

BD14711號　雜阿毗曇心論（異卷）卷一〇　（17-8）

息生厭心向涅槃是名得大[illegible]
三三昧中依中間如是次第修法乃至盡智无生智問
世尊說界此云何答
二十說欲界　色界或十六　无色界有四　處所次第說
二十說欲界者謂八大地獄畜生餓鬼四天下六欲天此二十
說欲界此諸衆生以欲受身乘具故說欲界色
界或十六者謂梵身富樓少光无量光光音少淨无量淨
遍淨无蔭福生果實无煩无熱善見善現色究竟此十
六處說色界有欲令十七如前十六及大梵彼衆生受色
俱身非乘具非第二是故說色界无色界有四者謂空處
識處无所有處非想非非想處此處衆生不受色身離
色欲故名无色界問云何立三界為受斷故為處所故若
受斷者應有九謂欲界受斷欲界如是初禪乃至非
想非非想處若處所故立者應有四十如前說答總受
斷故說謂欲界欲界受斷色界如是色受斷无色受斷无
色界欲界不定故一使色无色界定故不一使問云何建
立界答處所次第說有說從下次第上謂最下无擇地
獄次大熱地獄如是次第乃至色究竟究竟上復有无擇獄
次第乃至色究竟若離一欲界欲界則離一切欲界欲界若得
初禪神足能到一欲界及一梵世復次有欲令周遍淨立界
問世尊說七識住此云何答
善趣在欲界　及色界三地　无色亦如然　是說為識住
欲界善趣謂天及人色界前三地无色前三地此七地說
識住有色衆生者或欲色身種種身者種種色種種形種種
想者苦樂不苦不樂想是名初識住復次種種身者如
前說一想者染污想彼梵身天初生作是念我從大

BD14711號　雜阿毘曇心論（異卷）卷一〇　（17–9）

善趣在欲界　及色界三地　无色亦如然　是說為識住
欲界善趣謂天及人色界前三地无色前三地此七地說
識住有色衆生者或欲色身種種身者種種色種種形種種
想者苦樂不苦不樂想是名初識住復次種種身者如
前說一想者染污想彼梵身天初生作是念我從大
梵天生大梵天作是念我能生彼尊卑處所故及覺
觀識身故梵天有種種身是名第二識住一身者色身形
處量等種種想者與及不苦不樂想根本善根眷屬
捨根現在前捨處厭已喜復現在前是名第三識住一
身一想者一身如前說一想者樂想是名第四識住无色衆生
者不成就色身離色欲故度一切色想者行色故說以色
想眼識相應故若離初禪欲度欲受行離第四禪欲度
行色行以是義故說滅有對想五識身相應故不念種種
想者彼種種想謂第四禪地者散亂緣種種入故若染污
者緣十入不染污者緣十二入離散亂故說不念无
量者无量行故方便思惟空入空正受欲說空處入空
處入成就者得成就彼地四陰是名第五識住方便思惟
識入識處是名第六識住无量行非分故說无所有處
是名第七識住問何以故立七識住答識於彼樂住故是
故說識住惡道者逼迫故識不樂住淨居天向涅槃
故識不樂住无想衆生无心故餘第四禪或求无色或
求淨居或求无想故識不樂住第一有不捷疾故識不
樂住復次若彼有壞識法故不立識住惡道者苦根故
第四禪无想三昧故第一有滅盡三昧故不立識住問九衆
生居云何答
第一有无想　并前衆生居　[illegible]　[illegible]識住

BD14711號　雜阿毘曇心論（異卷）卷一〇　（17–10）

求淨居或求无想故識不樂住第一有不捷疾故識不
樂住復次若彼有壞識法故不立識住惡道者苦根故
弟四禪无想三昧故第一有滅盡三昧故不立識住問九衆
生居云何荅
第一有无想　是說衆生居　謂有漏四陰　是說四識住
第一有无想是說衆生居者說前七識住及无想天第
一有是說九衆生居問惡道何故不說衆生居耶荅樂
住非分故彼强苦故不樂住淨居天康向涅槃故不樂住
餘第四禪如前說問四識住云何荅謂有漏四陰是說
四識住除識陰餘有漏四陰說識住有說衆生數陰說
住者不然何以故依行緣相進分義故名為住无漏法亦
說識住者不然何以故壞染污識故不立識住識陰非
識住二非分故先後不俱故不須自性故自分識住自分陰
謂欲界住欲界如是比不異界不異地不異身問何故自
分陰識說住非不自分荅以自分陰攝識故問不自分心陰
及非心陰云何名識住荅得相故彼亦識住相成熟若彼自
分識生者彼則隨轉彼有住識義中間因緣闕故識不生非
識住非分　問世尊說緣起彼有何相荅
煩惱及業事　彼隨次第生　當知是有枝　衆生一切生
三分緣起枝謂煩惱業事此煩惱業及事於彼彼生次第
起名緣枝當知是緣起枝
此諸分差別　謂衆生受生　過二及未生　中間說於八
此諸分差別謂衆生受生者於此三分緣起說十二枝問
此云何荅過二及未生中間說八枝以彼過去生時諸煩惱
分說无明過去生時業說行現在相續名識彼相續已六
入未滿說名色諸根滿分說未能分別於苦樂不苦不樂

此諸分差別　謂衆生受生　過二及未生　中間說於八
此諸分差別謂衆生受生者於此三分緣起說十二枝問
此云何荅過二及未生中間說八枝以彼過去生時諸煩惱
分說无明過去生時業說行現在相續名識彼相續已六
入未滿說名色諸根滿分說未能分別於苦樂不苦不樂
根塵識合說觸分別苦樂分齊而未能分別煩惱分齊說
受樂受於可愛不可愛若離若合遇愛生說愛現在廣
生煩惱說取[illegible]有說有現在有種未來陰生說生未
來陰熟說老死
三有枝煩惱　二業事則七　七名前有枝　五則說後分
三有枝煩惱二業事則七者謂无明愛及取三有枝是煩
惱行及有二有枝是業餘枝說事七名前有枝五則說
後分者當知无明至受七枝是前緣起餘五枝說後緣起
前枝五說果　餘二則為因　後枝三說因　餘二則為果
前緣起從識乃至受是果无明行是因後緣起前三枝說
因後二枝說果問有枝前後得展轉合耶荅得此云何
前癡後愛取　行有合亦然　名色入觸受　是說同老死
謂初受身識　是則未來生
問已知自枝前後展轉相攝彼云何起荅
煩惱起惱業　彼業轉生事　事亦生於事　亦復生煩惱
緣煩惱生煩惱者謂緣愛生取緣煩惱生業者謂取生
有緣業生事者謂緣有生生緣事生事者謂緣生生老死緣
事復生煩惱者說前枝名色六入觸受即是後枝老死
以是故說緣受愛亦說緣老死明无如是名為无始有輪問
有四種緣起何等為四荅
謂彼相續轉　剎那與連縛　及前謂分散　此則說緣起

事復生煩惱者說前枝名色六入觸受即是後枝老死
以是故說緣受愛而說緣老死明无如是名為无始有輪問
有四種緣起何等為四答
謂彼相續轉　剎那与連縛　及前謂分散　此則說緣起
相續轉者是无始兼因果展轉相續故說緣起轉猶
如旋月始不可知是故脩丑羅說有變本際不可知應
說无不應說不可知自有〻而不可知者不然何以故无言
說因故言說无者若有問言何故无則不容言說因說
言不可知者若問何故不可知則答言无始何等如旋月輪
始不可知如是因緣相續緣起旋月輪始不可知是故言
不可知一剎那須一切有枝現在前故說剎那如身輪說
於莊嚴事无知故起貪无知者是无明貪者是行於事
知者是識〻共起四陰是名色名色建立諸根是〻六〻入〻所
著是觸隨覺是受受所喜樂是愛〻俱生纏是取受當
來業是有未來陰起是生陰熟故是老捨陰是死展轉
相縛故說連縛因緣相本展轉久遠義非唯十二枝說緣
起著生著所生一切有為法說緣起尊者富那耶舍說或
緣起非已緣起者謂未來法已緣起非緣起者謂過去現
在阿羅漢命終五陰緣起已緣起者除過去現在阿羅漢
命終五陰諸餘過去現在法非緣起非已緣起者謂无為
法分散聞可得故說分散彼過去生時煩惱分說无明餘如前
說問世尊說生及趣為生攝趣為趣攝生耶答
生攝一切趣　非趣攝於生　謂生中陰攝　當知非趣攝
生攝趣非趣生問何故答謂生中陰攝中陰者生所攝非
趣攝以到故說趣中陰者是去非到是故非趣生者四生
卵生胎生濕生化生欲界具四生色无色界一切化生地獄

BD14711 號　雜阿毘曇心論（異卷）卷一〇　（17–13）

生攝一切趣　非趣攝於生　謂生中陰攝　當知非趣攝
生攝趣非趣生問何故答謂生中陰攝中陰者生所攝非
趣攝以到故說趣中陰者是去非到是故非趣生者四生
卵生胎生濕生化生欲界具四生色无色界一切化生地獄
化生畜生四種餓鬼化生亦有胎生人四種天化生化生眾
廣以金二趣三趣少分故此亦眾勝問若眾勝世尊何不
故化生耶答時不須故若有化生時則无〻佛〻出〻世時則
无化生人復次一切勝故世尊一切勝所生種姓於一切眾生
眾勝說法信受故乃斷種姓貢高憍故趣者五趣地獄
畜生餓鬼人天不可樂故說地獄身橫行故說畜生從
他悕求故說餓鬼意寂靜故說人光明故說天有部今
阿脩羅与天同趣是故說言汝先是天問若然者何故不
見論耶答論由所護藍有說是大力餓鬼天趣不說故
所著介者釋天古何与相習近耶答貪色故負丑究槃柔
勒叉亦餓鬼趣攝毗那羅毗舍遮醯魯陀闍羅頻來羅
畜生趣攝

雜心卷第十

南齋雜心弟十殘卷白麻紙本長一丈高九寸
百七十餘行光緒十五年出燉煌石室後方有
佛相印邊皆藏文誼不能明又有永興郡印

BD14711 號　雜阿毘曇心論（異卷）卷一〇　（17–14）

南齊雜心第十殘卷白麻紙本長一丈高九寸
百七十餘行光緒十五年出燉煌石室後方有
佛相印邊皆藏文誼不能明又有永興郡印
按自秦改天下為郡縣至今以永興名縣者凡
數十見而以永興名郡者則僅南齊南齊書州
郡志隆昌元年置六郡永興為其一領於寧
州寧州在今雲南當時雖遠在邊徼而碑版文
字照灼千古如兩爨玉瓊皆為藝林寶重況墨
蹟乎歷今千四百餘年紙墨如新而佛相郡印
纍纍如貫珠不惟可致知寫經時代且可致知
當時郡印大小雕刻之精誠快意事也燉煌所
出藏經以唐代為最多而六朝則希如星鳳
每值晴明焚香展卷精神為爽頻年轉徙
兵間深懼失墜因為考定以質世之嗜古者
民國四年九月樂父向燊識於申江

是經纍援永興郡印定為南齊時人書後

BD14711號　雜阿毘曇心論（異卷）卷一〇　（17–15）

是經纍援永興郡印定為南齊時人書後
至京師與許君際唐考訂知為晉人所
書以校羅君振玉所景晉元康建初諸
經方勁樸茂同是晉代隸法晉至南齊
不久當是展轉流傳為永興郡所保存
而後入燉煌石室者也故多郡印纍纍
卷名雜心經諦閑師遍檢藏經無此
名或姚秦鳩摩羅什初譯梵本僻在一隅
因而遺出歟羅君所景各經皆假自異國
此卷猶存余篋誠吾中土第一墨皇也
癸亥立秋後一日衡山向燊重識於申江
時年六十距前跋又九年矣

BD14711號　雜阿毘曇心論（異卷）卷一〇　（17–16）

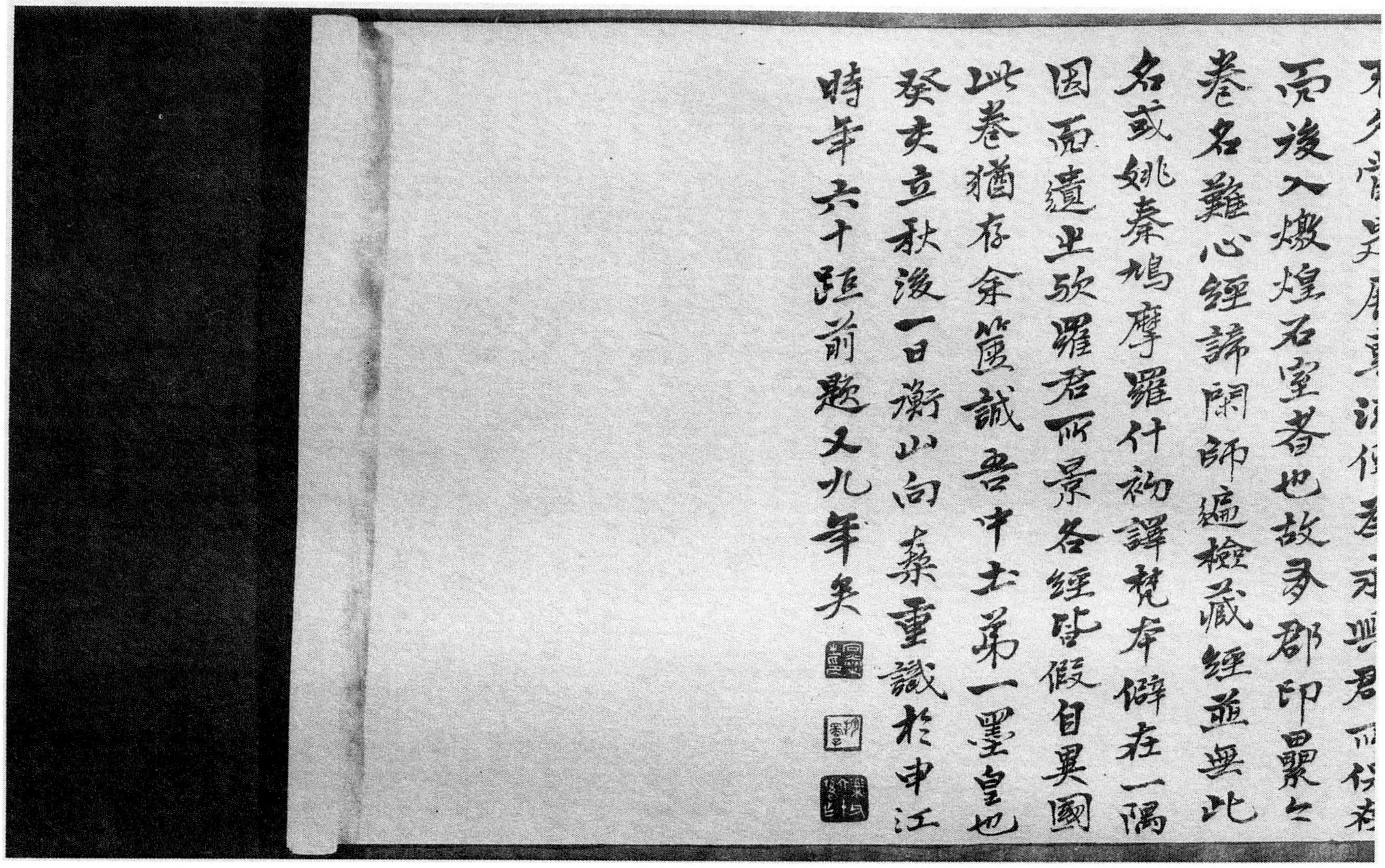

BD14711 號　雜阿毘曇心論（異卷）卷一〇　（17–17）

BD14711 號背　永興郡印　（5–1）

BD14711 號背　木捺佛像（擬）　　（5–2）

BD14711 號背　木捺佛像（擬）　　（5–3）

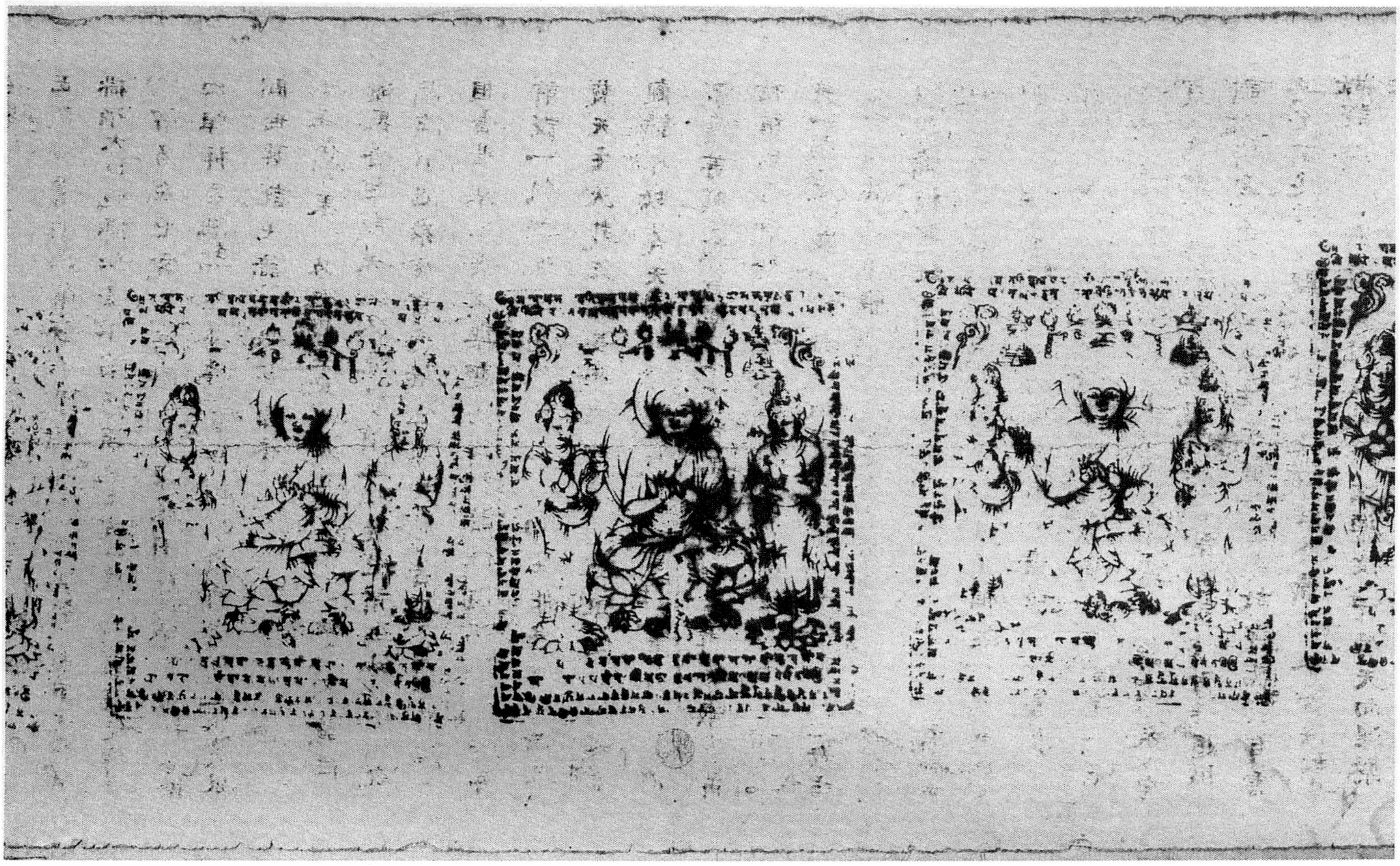

BD14711 號背　木捺佛像（擬）　（5–4）

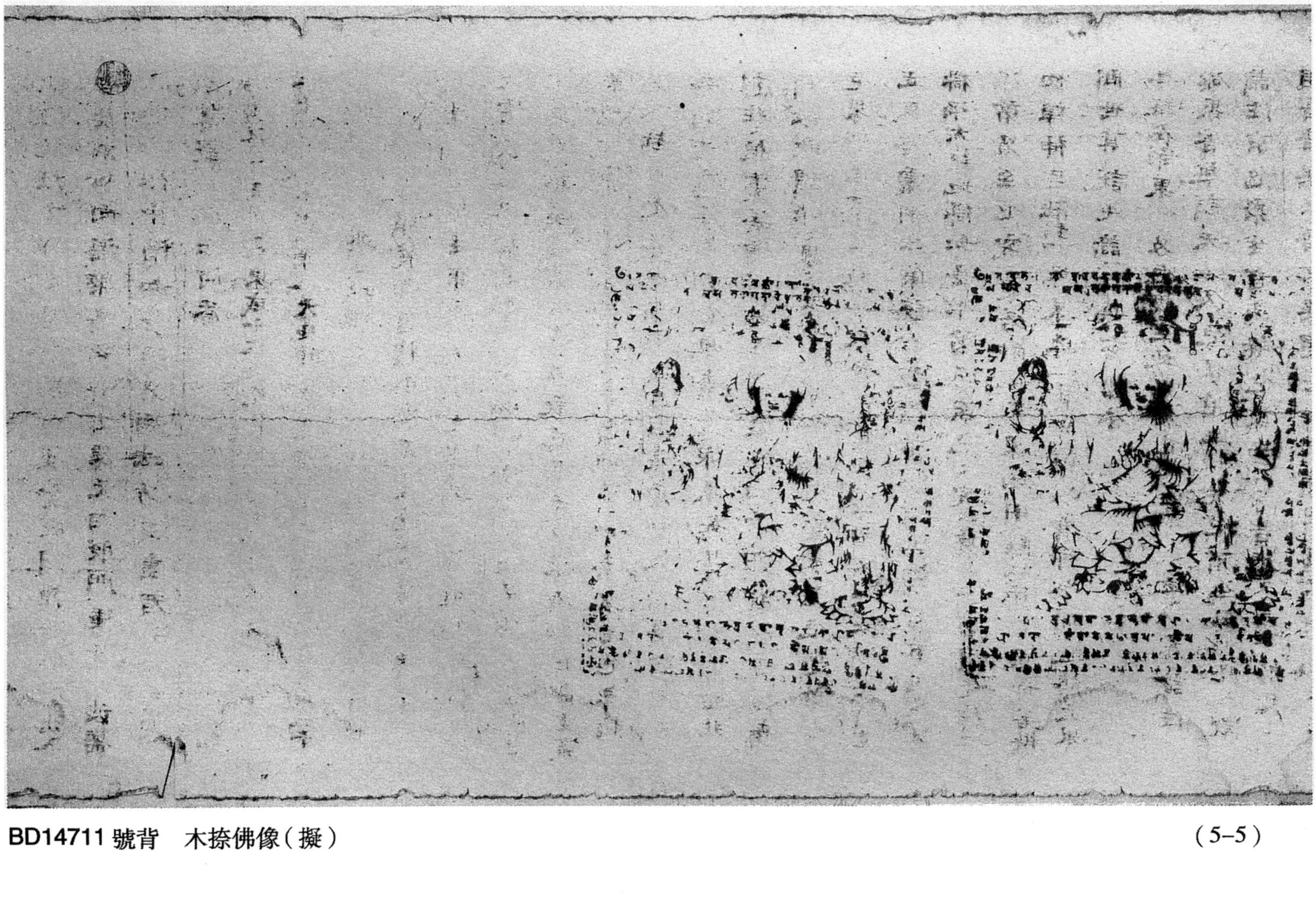

BD14711 號背　木捺佛像（擬）　（5–5）

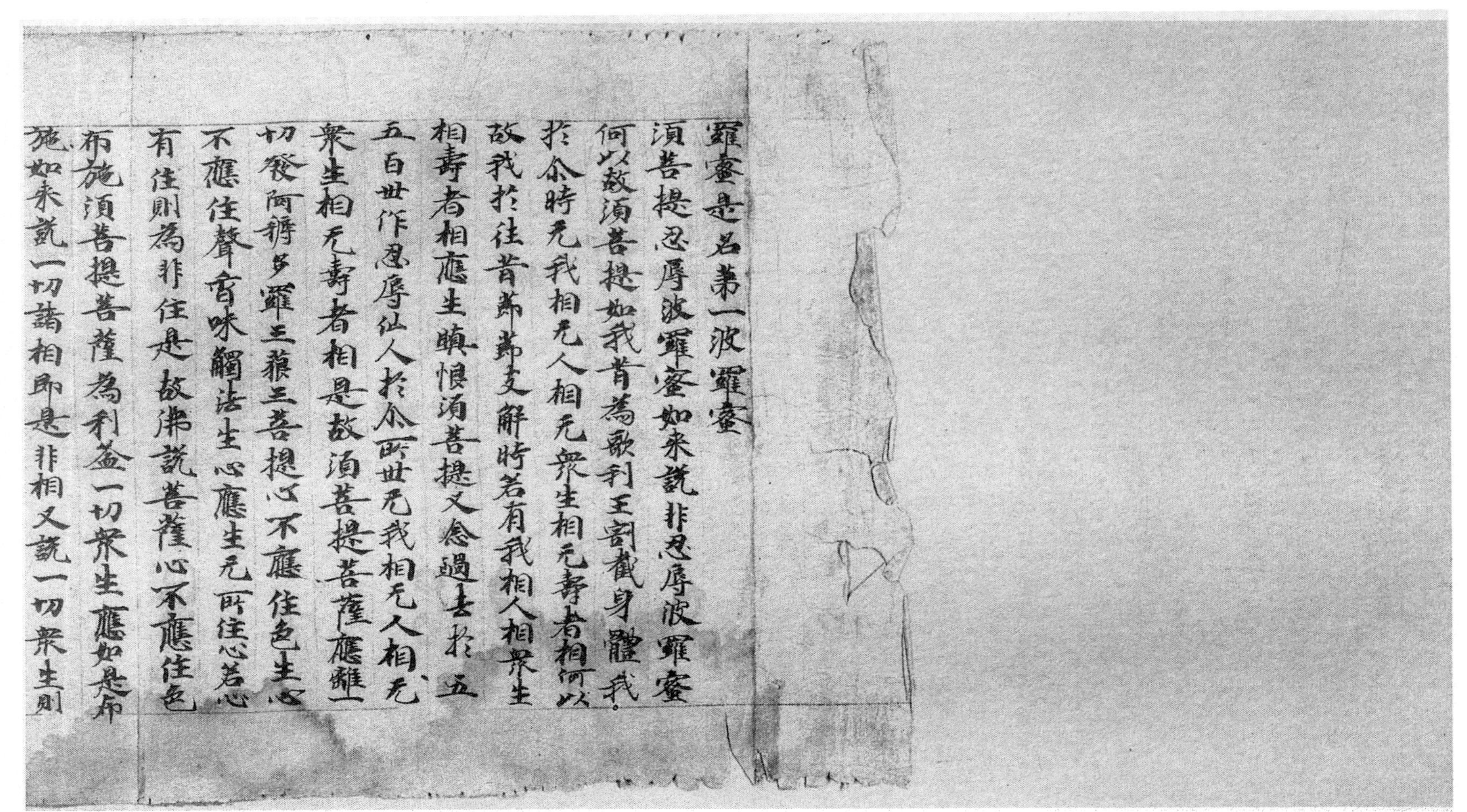
羅蜜是名第一波羅蜜
須菩提忍辱波羅蜜如來說非忍辱波羅蜜
何以故須菩提如我昔為歌利王割截身體我
於尒時无我相无人相无衆生相无壽者相何以
故我於往昔節節支解時若有我相人相衆生
相壽者相應生瞋恨須菩提又念過去於五
五百世作忍辱仙人於尒所世无我相无人相无
衆生相无壽者相是故須菩提菩薩應離一
切發阿耨多羅三藐三菩提心不應住色生心
不應住聲香味觸法生心應生无所住心若心
有住則為非住是故佛說菩薩心不應住色
布施須菩提菩薩為利益一切衆生應如是布
施如來說一切諸相即是非相又說一切衆生則

BD14712 號　金剛般若波羅蜜經　（13–1）

切發阿耨多羅三藐三菩提心不應住色生心
不應住聲香味觸法生心應生无所住心若心
有住則為非住是故佛說菩薩心不應住色
布施須菩提菩薩為利益一切衆生應如是布
施如來說一切諸相即是非相又說一切衆生則
非衆生須菩提如來是真語者實語者如語
者不誑語者不異語者須菩提如來所得
法此法无實无虛須菩提若菩薩心住於法
而行布施如人入闇則无所見若菩薩心不住
法而行布施如人有目日光明照見種種色須
菩提當來之世若有善男子善女人能於此
經受持讀誦則為如來以佛智慧悉知是人
悉見是人皆得成就无量无邊功德須菩提
若有善男子善女人初日分以恒河沙等身
布施中日分復以恒河沙等身布施後日分亦
以恒河沙等身布施如是无量百千万億劫
以身布施若復有人聞此經典信心不逆其
福勝彼何況書寫受持讀誦為人解說須
菩提以要言之是經有不可思議不可稱量
无邊功德如來為發大乘者說為發最上
乘者說若有人能受持讀誦廣為人說如來
悉知是人悉見是人皆得成就不可量不可稱
无有邊不可思議功德如是人等則為荷擔
如來阿耨多羅三藐三菩提何以故須菩提
若樂小法者著我見人見衆生見壽者

BD14712 號　金剛般若波羅蜜經　（13–2）

若有人能受持讀誦廣為人說如來
悉知是人悉見是人皆得成就不可量不可稱
无有邊不可思議功德如是人等則為荷擔
如來阿耨多羅三藐三菩提何以故須菩提
若樂小法者著我見人見眾生見壽者
見則於此經不能聽受讀誦為人解說須
菩提在在處處若有此經一切世間天人阿脩
羅所應供養當知此處則為是塔皆應恭
敬作禮圍繞以諸華香而散其處
復次須菩提若善男子善女人受持讀誦此經
若為人輕賤是人先世罪業應墮惡道以今
世人輕賤故先世罪業則為消滅當得阿耨
多羅三藐三菩提須菩提我念過去无量
阿僧祇劫於然燈佛前得值八百四千万億
那由他諸佛悉皆供養承事无空過者若復
有人於後末世能受持讀誦此經所得功德
於我所供養諸佛功德百分不及一千万億分
乃至筭數譬喻所不能及須菩提若善男子
善女人於後末世有受持讀誦此經所得功德
我若具說者或有人聞心則狂亂狐疑不信須
菩提當知是經義不可思議果報亦不可思議
尒時須菩提白佛言世尊善男子善女人發
阿耨多羅三藐三菩提心云何應住云何降伏
其心佛告須菩提善男子善女人發阿耨多
羅三藐三菩提者當生如是心我應滅度一
切眾生已而无有一眾生實度者何以故

BD14712 號　金剛般若波羅蜜經　（13–3）

尒時須菩提白佛言世尊善男子善女人發
阿耨多羅三藐三菩提心云何應住云何降伏
其心佛告須菩提善男子善女人發阿耨多
羅三藐三菩提者當生如是心我應滅度一
切眾生已而无有一眾生實度者何以故
若菩薩有我相人相眾生相壽者相則非
菩薩所以者何須菩提於意云何如來於然
燈佛所有法得阿耨多羅三藐三菩提不
不也世尊如我解佛所說義佛於然燈佛
所无有法得阿耨多羅三藐三菩提佛言如是如
是須菩提實无有法如來得阿耨多羅三
藐三菩提須菩提若有法如來得阿耨多羅三
藐三菩提者然燈佛則不與我受記汝於來
世當得作佛号釋迦牟尼以實无有法得阿
耨多羅三藐三菩提故然燈佛與我受記作
是言汝於來世當得作佛号釋迦牟尼何以
故如來者即諸法如義若有人言如來得阿
耨多羅三藐三菩提須菩提實无有法德
阿耨多羅三藐三菩提須菩提如來所得阿
耨多羅三藐三菩提於是中无實无虛
是故如來說一切法皆是佛法須菩提所言
一切法者即非一切法是故名一切法
須菩提譬如人身長大須菩提言世尊如來說
人身長大則為非大身是名大身須菩提
菩薩亦如是若作是言我當滅度无量眾
生則不名菩薩何以故須菩提實无有法名

BD14712 號　金剛般若波羅蜜經　（13–4）

一切法者即非一切法是故名一切法
須菩提譬如人身長大須菩提言世尊如來説
人身長大則為非大身是名大身須菩提
菩薩亦如是若作是言我當滅度无量衆
生則不名菩薩何以故須菩提實无有法名
為菩薩是故佛説一切法无我无人无衆生无
壽者須菩提若菩薩作是言我當莊嚴佛
土是不名菩薩何以故如來説莊嚴佛土者
即非莊嚴是名莊嚴須菩提若菩薩通達
无我法者如來説名真是菩薩
須菩提於意云何如來有肉眼不如是世尊
如來有肉眼須菩提於意云何如來有天眼
不如是世尊如來有天眼須菩提於意云何
如來有慧眼不如是世尊如來有慧眼須菩
提於意云何如來有法眼不如是世尊如來
有法眼須菩提於意云何如來有佛眼不如
是世尊如來有佛眼須菩提於意云何恒河
中所有沙佛説是沙不如是世尊如來説是
沙須菩提於意云何如一恒河中所有沙有
如是等恒河是諸恒河所有沙數佛世界如是
寧為多不甚多世尊佛告須菩提尒所國土
中所有衆生若干種心如來悉知何以故如來説
諸心皆為非心是名為心所以者何須菩提過
去心不可得見在心不可得未來心不可得須
菩提於意云何若有人滿三千大千世界七
寶以用布施是人以是因緣得福多不如是世

BD14712號　金剛般若波羅蜜經　（13–5）

諸心皆為非心是名為心所以者何須菩提過
去心不可得見在心不可得未來心不可得須
菩提於意云何若有人滿三千大千世界七
寶以用布施是人以是因緣得福多不如是世
尊此人以是因緣得福甚多須菩提若福德
有實如來不説得福德多以福德无故如來
説得福德多
須菩提於意云何佛可以具足色身見不不
也世尊如來不應以具足色身見何以故如來
説具足色身即非具足色身是名具足色身
須菩提於意云何如來可以具足諸相見不不
也世尊如來不應以具足諸相何以故如來説諸
相具足即非具足是名諸相具足須菩提汝
勿謂如來作是念我當有所説法莫作是念
何以故若人言如來有所説法即為謗佛不
能解我所説故須菩提説法者无法可説是
名説法
須菩提白佛言世尊佛得阿耨多羅三藐三
菩提為无所得耶如〻是〻須菩提我於阿耨多
羅三藐三菩提乃至无有少法可得是名阿
耨多羅三藐三菩提復次須菩提是法平
等无有高下是名阿耨多羅三藐三菩提以
无我无人无衆生无壽者脩一切善法則得阿
耨多羅三藐三菩提須菩提所言善法者如
來説非善法是名善法
須菩提若三千大千世界中所有諸須彌山

BD14712號　金剛般若波羅蜜經　（13–6）

无我无人无衆生无壽者脩一切善法則得阿
耨多羅三藐三菩提須菩提所言善法者如
来説非善法是名善法
須菩提若三千大千世界中所有諸須彌山
王如是等七寶聚有人持用布施若人以此
般若波羅蜜經乃至四句偈等受持為他人
説於前福德百分不及一百千万億分乃至
筭數譬喻所不能及
須菩提於意云何汝等勿謂如来作是念我
提言甚多世尊何以故是福德即非福德性
是故如来説福德多若復有人於此經中受
持乃至四句偈等為他人説其福勝彼何以故
須菩提一切諸佛及諸佛阿耨多羅三藐三菩
提法皆從此經出須菩提所謂佛法者即非佛
法須菩提於意云何須陁洹能作是念我得
須陁洹果不須菩提言不也世尊何以故須陁
洹名為入流而无所入不入色聲香味觸法是
名須陁洹須菩提於意云何斯陁含能作是念
我得斯陁含果不須菩提言不也世尊何以
故斯陁含名一往来而實无往来是名斯陁
含須菩提於意云何阿那含能作是念我得
阿那含果不須菩提言不也世尊何以故阿那
含名為不来而實无来是故名阿那含須菩
提於意云何阿羅漢能作是念我得阿羅漢
道不須菩提言不也世尊何以故實无有法名阿

BD14712號　金剛般若波羅蜜經　（13–7）

阿那含果不須菩提言不也世尊何以故阿那
含名為不来而實无来是故名阿那含須菩
提於意云何阿羅漢能作是念我得阿羅漢
道不須菩提言不也世尊何以故實无有法名阿
羅漢世尊若阿羅漢作是念我得阿羅漢道
即為著我人衆生壽者世尊佛説我得无諍
三昧人中最為第一是第一離欲阿羅漢我不
作是念我是離欲阿羅漢世尊我若作是
念我得阿羅漢道世尊則不説須菩提是樂
阿蘭那行者以須菩提實无所行而名須菩
提是樂阿蘭那行
佛告須菩提於意云何如来昔在然燈佛所
於法有所得不世尊如来在然燈佛所於法
實无所得須菩提於意云何菩薩莊嚴佛土
不不也世尊何以故莊嚴佛土者則非莊嚴
是故須菩提諸菩薩摩訶薩應如是生清
淨心不應住色生心不應住聲香味觸法生
心應无所住而生其心須菩提譬如有人身如須
彌山王於意云何是身為大不須菩提言甚
大世尊何以故佛説非身是名大身
須菩提如恒河中所有沙數如是沙等恒河於
意云何是諸恒河沙寧為多不須菩提言甚
多世尊但諸恒河尚多无數何況其沙須菩提
我今實言告汝若有善男子善女人以七寶
滿尒所恒河沙數三千大千世界以用布施得福

BD14712號　金剛般若波羅蜜經　（13–8）

意云何是諸恒河沙寧為多不須菩提言甚
多世尊但諸恒河尚多无數何況其沙須菩提
我今實言告汝若有善男子善女人以七寶
滿尒所恒河沙數三千大千世界以用布施得福
多不須菩提言甚多世尊佛告須菩提若善
男子善女人於此經中乃至受持四句偈等為
他人說而此福德勝前福德
復次須菩提隨說是經乃至四句偈等當知
此處一切世間天人阿脩羅皆應供養如佛塔廟
何況有人盡能受持讀誦須菩提當知是人成
就最上第一希有之法若是經典所在之處
則為有佛若尊重弟子
尒時須菩提白佛言世尊當何名此經我等
云何奉持佛告須菩提是經名為金剛般若
波羅蜜以是名字汝當奉持所以者何須菩提
佛說般若波羅蜜則非般若波羅蜜須菩提於
意云何如來有所說法不須菩提白佛言世尊
如來无所說須菩提於意云何三千大千世界
所有微塵是為多不須菩提言甚多世尊須
菩提諸微塵如來說非微塵是名微塵如來
說世界非世界是名世界須菩提於意云何可以
三十二相見如來不不也世尊何以故如來說
三十二相即是非相是名三十二相須菩提
若有善男子善女人以恒河沙等身命布施
若復有人於此經中乃至受持四句偈等為

BD14712號　金剛般若波羅蜜經　（13–9）

三十二相見如來不不也世尊何以故如來說
三十二相即是非相是名三十二相須菩提
若有善男子善女人以恒河沙等身命布施
若復有人於此經中乃至受持四句偈等為
他人說其福甚多
尒時須菩提聞說是經深解義趣涕淚悲泣
而白佛言希有世尊佛說如是甚深經典我
從昔來所得慧眼未曾得聞如是之經世尊
若復有人得聞是經信心清淨則生實相當
知是人成就第一希有功德世尊是實相者
則非相是故如來說名實相世尊我今得聞
如是經典信解受持不足為難若當來世後
五百歲其有眾生得聞是經信解受持是人
則為第一希有何以故此人无我相人相眾生
相壽者相所以者何我相即是非相人相眾生相壽
者相即是非相何以故離一切諸相則名諸
佛佛告須菩提如是如是若復有人得聞
是經不驚不怖不畏當知是人甚為希有何
以故須菩提如來說第一波羅蜜非第一波
當度眾生須菩提莫作是念何以故實无
有眾生如來度者若有眾生如來度者如來
則有我人眾生壽者須菩提如來說有我者
則非有我而凡夫之人以為有我須菩提凡夫
者如來說則非凡夫須菩提於意云何可以
卅二相觀如來不須菩提言如是如是不應

BD14712號　金剛般若波羅蜜經　（13–10）

當度衆生須菩提莫作是念何以故實无
有衆生如來度者若有衆生如來者如來
則有我人衆生壽者須菩提如來說有我者
則非有我而凡夫之人以為有我須菩提凡夫
者如來說則非凡夫須菩提於意云何可以
卅二相觀如來不須菩提言如是如是不應
以三十二相觀如來佛言須菩提若以三十二
相觀如來者轉輪聖王則是如來須菩提白
佛言世尊如我解佛所說義不應以三十二相
觀如來尒時世尊而說偈言
若以色見我　以音聲求我　是人行邪道　不能見如來
須菩提汝若作是念如來不以具足相故得
阿耨多羅三藐三菩提須菩提莫作是念如
來不應以具足相故得阿耨多羅三藐三菩
提須菩提汝若作是念發阿耨多羅三藐三
菩提者說諸法斷滅相莫作是念何以故發
阿耨多羅三藐三菩提者於法不說斷滅相
須菩提若菩薩以滿恒河沙等世界七寶布施
施若復有人於一切法无我得成於忍此菩薩
勝前菩薩所得功德須菩提以諸菩薩不受
福德故須菩提白佛言世尊云何菩薩不受
福德須菩提菩薩所作福德不應貪著是
故說不受福德
須菩提若有人言如來若來若去若坐若臥是
人不解我所說義何以故如來者无所從來亦

BD14712號　金剛般若波羅蜜經　（13–11）

福德故須菩提白佛言世尊云何菩薩不受
福德須菩提菩薩所作福德不應貪著是
故說不受福德
須菩提若有人言如來若來若去若坐若臥是
人不解我所說義何以故如來者无所從來亦
无所去故名如來
須菩提若善男子善女人以三千大千世界碎
為微塵於意云何是微塵衆寧為多不
甚多世尊何以故若是微塵衆實有者佛則
不說是微塵衆所以者何佛說微塵衆則
非微塵衆是名微塵衆世尊如來所說三千
大千世界則非世界是名世界何以故若世界
實有者則是一合相如來說一合相則非一合
相是名一合相須菩提一合相者則是不可
說但凡夫之人貪著其事須菩提若人言佛說
我見人見衆生見壽者見須菩提於意云
何是人解我所說不世尊是人不解如來所說
義何以故世尊說我見人見衆生見壽者
見即非我見人見衆生見壽者見是名我
見人見衆生見壽者見須菩提發阿耨多羅
三藐三菩提心者於一切法應如是知如是見
如是信解不生法相須菩提所言法相者如
來說即非法相是名法相
須菩提若有人以滿无量阿僧祇世界七寶
持用布施若有善男子善女人發菩薩心者

BD14712號　金剛般若波羅蜜經　（13–12）

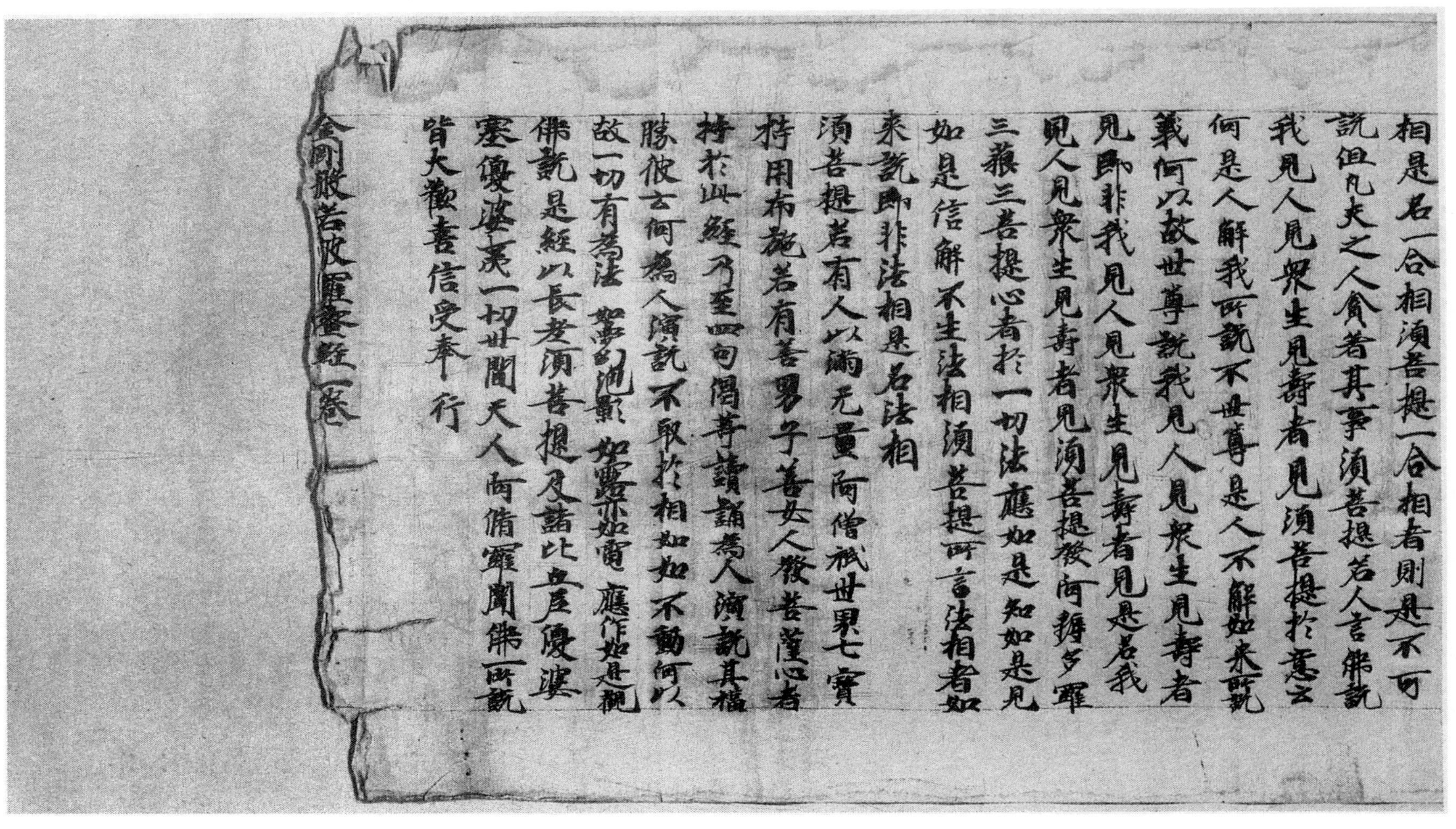
相是名一合相須菩提一合相者則是不可
說但凡夫之人貪著其事須菩提若人言佛說
我見人見衆生見壽者見須菩提於意云
何是人解我所說不世尊是人不解如來所說
義何以故世尊說我見人見衆生見壽者
見即非我見人見衆生見壽者見是名我
見人見衆生見壽者見須菩提發阿耨多羅
三藐三菩提心者於一切法應如是知如是見
如是信解不生法相須菩提所言法相者如
來說即非法相是名法相
須菩提若有人以滿无量阿僧祇世界七寶
持用布施若有善男子善女人發菩薩心者
持於此經乃至四句偈等讀誦爲人演說其福
勝彼云何爲人演說不取於相如如不動何以
故一切有爲法 如夢幻泡影 如露亦如電 應作如是觀
佛說是經已長老須菩提及諸比丘比丘尼優婆
塞優婆夷一切世間天人阿脩羅聞佛所說
皆大歡喜信受奉行
金剛般若波羅蜜經一卷

BD14712 號　金剛般若波羅蜜經　（13–13）

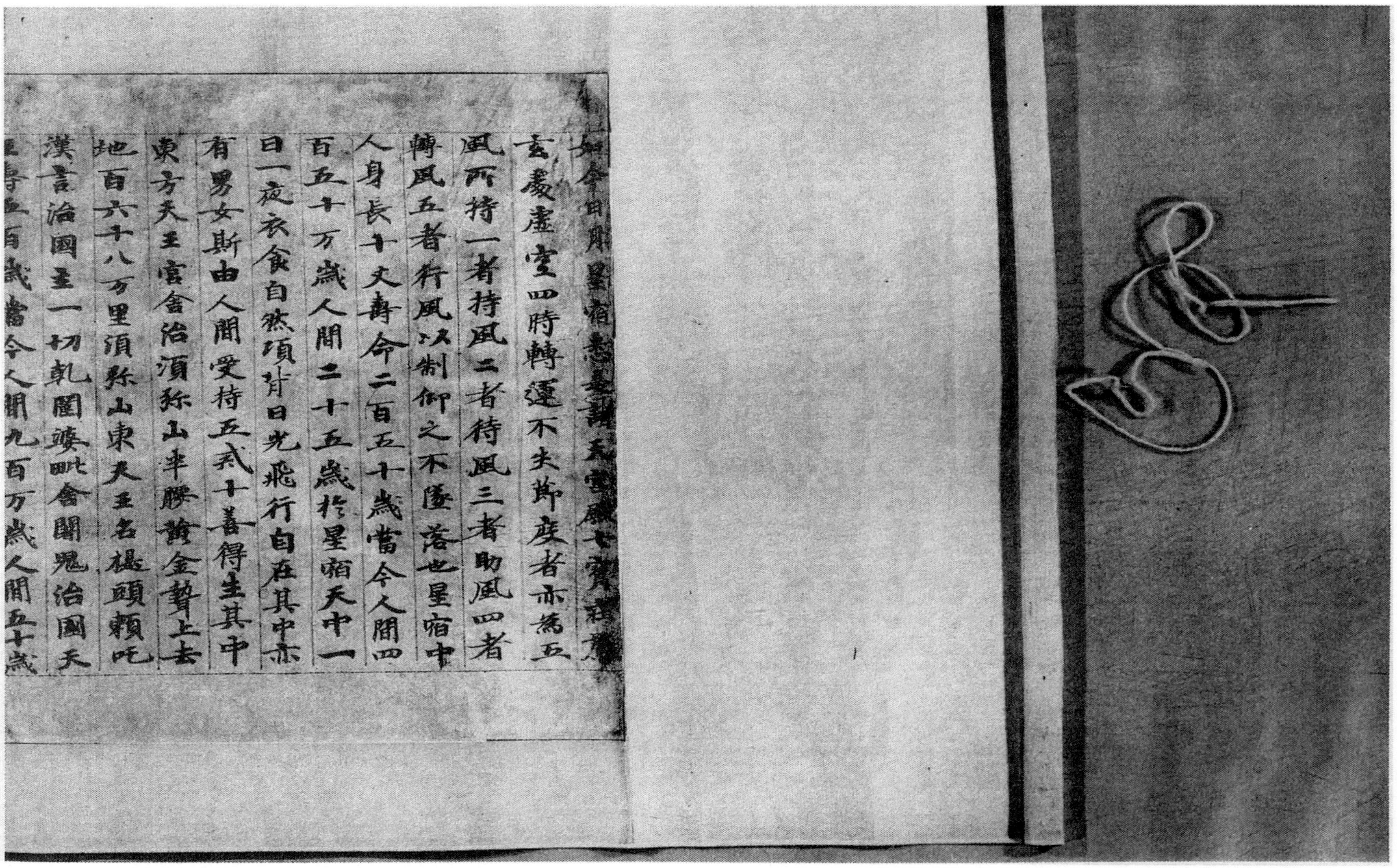

如今日月星宿悉是諸天宮殿七寶莊嚴
玄處虛空四時轉運不失節度者亦爲五
風所持一者持風二者待風三者助風四者
轉風五者行風以制御之不墜落也星宿中
人身長十丈壽命二百五十歲當今人間四
百五十万歲人間二十五歲於星宿天中一
日一夜衣食自然項背日光飛行自在其中亦
有男女斯由人間受持五戒十善得生其中
東方天王宮舍治須弥山半腰黃金替上去
地百六十八万里須弥山東天王名提頭賴吒
漢言治國主一切乾闥婆毗舍闍鬼治國天
壽五百歲當今人間九百万歲人間五十歲

BD14713 號　妙法蓮華經馬鳴菩薩品第三〇　（6–1）

有男女斯由人間受持五戒十善得生其中
東方天王宫舍治須弥山半腰黄金墪上去
地百六十八万里須弥山東天王名提頭賴吒
漢言治國主一切乹闥婆毗舍闍鬼治國天
王壽五百歲當令人間九百万歲人間五十歲
為四天王宫一日一夜三十日為一月十二月為
一歲衣食自然其中亦有男女身長二十
里行五戒十善得生其中南方天王宫舍
治須弥山半腰琉璃墪上去地百六十八万里
須弥山南方天王名毗樓博叉漢言增長主
一切龍及冨單那鬼增長天王壽五百歲當
令人間九百万歲人間五十歲為天王宫一日一
夜三十日為一月十二月為一歲衣食自然其
中亦有男女身長二十里行五戒十善得生
其中
西方天王宫舍治須弥山半腰白銀墪上去
地百六十八万里須弥山西天王名毗樓勒叉漢
言難過主一切鳩槃荼薜荔多鬼難語天王
壽五百歲當令人間九百万歲人間五十歲
為四天王宫一日一夜三十日為一月十二月為
一歲衣食自然其中亦有男女身長二十里
行五戒十善得生其中
北方天王宫舍治須弥山半腰水精墪上去
地百六十八万里須弥山北天王名毗沙漢言名
聞主一切夜叉羅刹鬼名聞天王壽五百歲
當令人間九百万歲人間五十歲為四天王宫
一日一夜三十日為一月十二月為一歲衣食自

北方天王宫舍治須弥山半腰水精墪上去
地百六十八万里須弥山北天王名毗沙漢言名
聞主一切夜叉羅刹鬼名聞天王壽五百歲
當令人間九百万歲人間五十歲為四天王宫
一日一夜三十日為一月十二月為一歲衣食自
然其中亦有男女身長二十里從五戒十善
得生其中四天王宫中雖有日月歲數之
名无有日月之形所以然者四天王宫諸天
等頂背光明展轉相照无有晝夜常明
不瞋也欲知天晝夜明者但看蓮華開合
即便知也蓮華敷時即名為晝蓮華合時即
名為夜四氣和適不寒不熱乃至三十二天
皆尒但彼日月年歲轉轉長倍不相類也四
天王各領一方天下常以月八日遣使者案行
天下伺察帝王臣民天龍鬼神蜎蜚蚑行蠕
動之類心念口言身行善惡疏善記惡毛
分不錯其行善者入天曹行惡業者名入四
真室十四日太子下十五日四天王自下二十三
日復遣使者下二十九日復遣太子下三十日
四天王復自下日月五星二十八宿其中諸天
天一切俱下徵伺世間帝王臣民諸龍鬼神
含血之類誰有孝養父母敬事三尊受持
三歸五戒十善八齋起塔造像脩諸功德
奉六度和慈四等布施持戒忍辱精進一心
智惠慈悲喜捨養育衆生者即條藏否上
奏天帝釋帝釋承書關下天曹增壽益筭
滿其百年臨命終時諸天伎樂導從寶車
五百天女散花燒香而来迎之上生天上天

三歸五戒十善八齋起塔造像供誦以德
奉六度和慈四等布施持戒忍辱精進一心
智惠慈悲喜捨養育衆生者即條藏否上
奏天帝釋帝釋承書聞下天曹增壽益筭
滿其百年臨命終時諸天伎樂導從寶車
五百天女散花燒香而來迎之上生天上天
王之宫衣則言妙食則餚饍行則陵虛任
止華闕目覩妙色耳聽妙香口甘百味鼻嗅
妙香身服文綫心遊淨壇斯之功德十善爲
良其行惡者帝釋永書閻下地獄閻羅大
王即遣地獄五官減壽筭名射死地獄長
士兵人持鐵索圍之所見不同口不能言各
隨所習受其殃福不可以財許求哀得脱天
無枉攬平直光二作罪得罪作福得福行道
得道自作自得非他授与尒時世尊即說偈言
十善得生天　五戒服人身　十惡墮地獄　偈実墮畜生
忍辱得端正　瞋恚得醜陋　布施得大富　慳貪貧窮
第二天名忉利天名釋提桓因其四鎮大臣者
四天王是也三十天者釋有三十二臣通釋之
身故有三十三天釋提桓因在摩尼寶殿上
坐時前面有八臣後面有八臣左面有八臣右
面有八臣四八三十二故有三十二輔臣三公者
司徒公司空公司馬公九卿者八大尚書八王
使者左社后稷風伯雨師雷公霹靂左將軍
右將軍前將軍後將軍四輔武衛四鎮天王五
羅大王太子使者日月五星二十八宿鬼神將
軍悉帝釋之官寮也釋有皇后名日悅意
其身左右各有八万四千資媚於其面上復

BD14713號　妙法蓮華經馬鳴菩薩品第三〇　（6–4）

右將軍前將軍後將軍四輔武衛四鎮天王五
羅大王太子使者日月五星二十八宿鬼神將
軍悉帝釋之官寮也釋有皇后名日悅意
其身左右各有八万四千資媚於其面上復
有八万四千資容此后資容於帝釋州二那
由他綵女衆爲第一須彌山頂去地高三百
三十六万里山頂縱廣三百三十六万里城
名喜見離四天王宫百六十八万里入海水復
深三百三十六万里下根亦縱廣正等三百
三十六万里其喜見城七寶莊嚴其城縱
廣正等八万四千由旬帝釋宫殿於其中
央七寶宫殿氍毹毾㲪金牀玉机繚綖軟
細以敷其上天繒寶蓐以藉其體劫波育
衣自然着身妙寶天衣以貫其首真珠瓔
珞以自莊嚴摩尼幢帳張施其上金鈴華鬘
周迊垂下身色淨好端政光曜頭紺青日
明星鼻如截銅口如含丹身毛孔中優鉢
華香八万四千天女以相娛樂喜見城中諸天
宫殿其數无量光滿中央街巷道陌行行相
當俠路寶殿堇堇相望俠路渠水底布沉香
衆鳥遊戲鵝鴨鴛鴦暢和雅音演妙宫商
彼諸宫殿池流華樹樓觀殿堂蘭苑浴池
八功德水盈滿其中其水香潔味如甘露何等
爲八一輕二冷三濡四美五清淨六不臰七飲
時調適八飲已无患八色蓮華青黃赤白紅
紫縹綠弥覆水上青色青光黃色黃光赤
色赤光白色白光玄黃朱紫各如其色帝釋
出遊觀時文露寶車駕千疋馬翾翔八方自

BD14713號　妙法蓮華經馬鳴菩薩品第三〇　（6–5）

八功德水盈滿其中其水香潔味如甘露何等
爲八一輕二冷三儒四美五清淨六不臭七飲
時調適八飲已无患八色蓮華青黃赤白紅
紫緗綠弥覆水上青色青光黃色黃光赤
色赤光白色白光玄黃朱紫各如其色帝釋
出遊觀時天路寶車駕千疋馬䮡翔八方自
在无有限㝵廣說其中快樂之事不可具說
人壽千歲當今人閒三千六百万歲人閒百歲
於忉利天宮一日一夜三十日爲一月十二月爲
一歲衣食自然揣食入口經七日之中即化
身長四十里行欲之法如人閒无異生之時
男從父膝生女從母膝化生如今四歲小兒許
眼能徹視耳能遁聽知他心念自識宿命
項背光明飛行自在行五戒十善得生其中

BD14713 號　妙法蓮華經馬鳴菩薩品第三〇　（6–6）

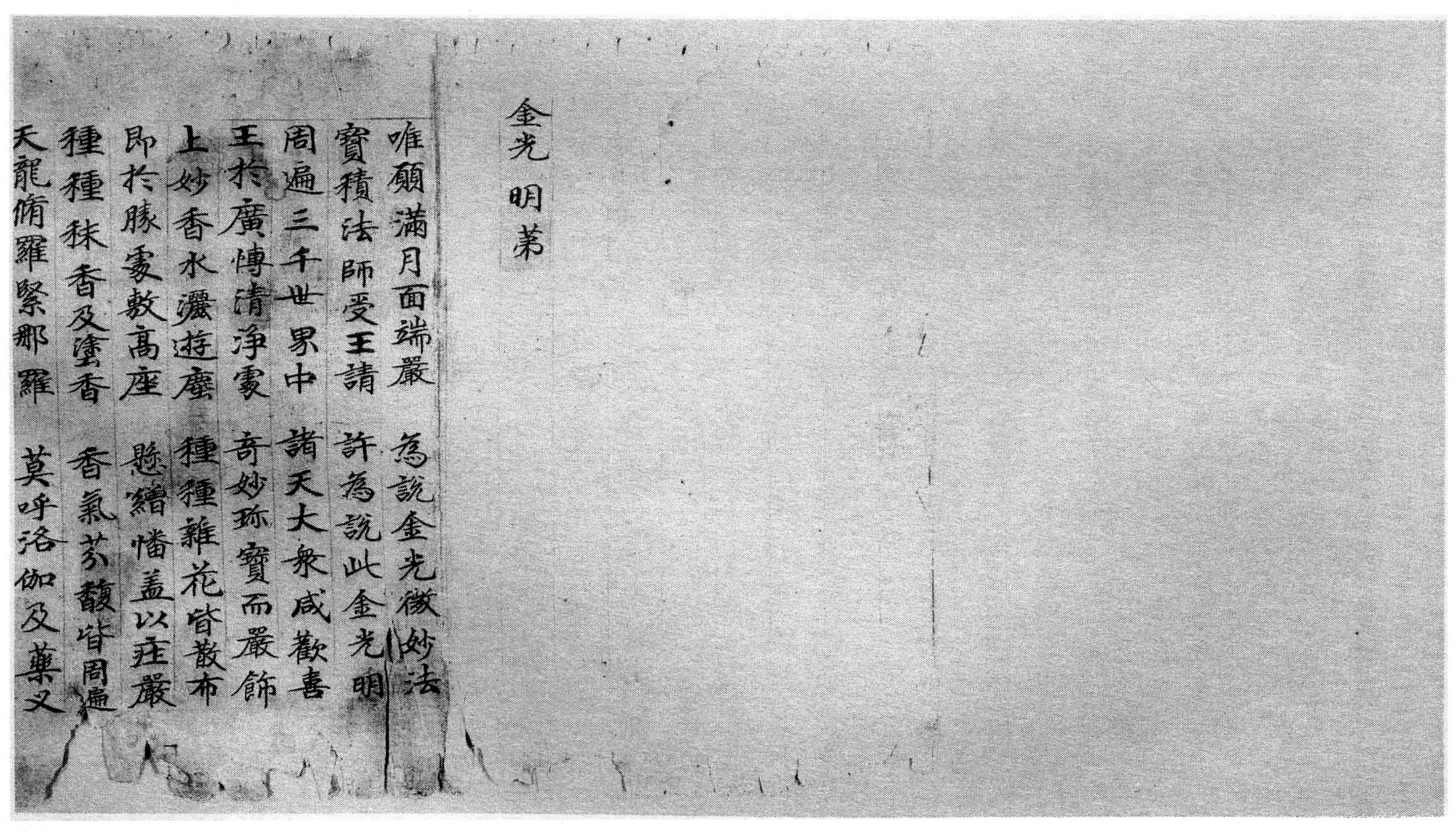
金光明第

唯願滿月面端嚴　爲說金光微妙法
寶積法師受王請　許爲說此金光明
周遍三千世界中　諸天大衆咸歡喜
王於廣博清淨處　奇妙珎寶而嚴飾
上妙香水灑遊塵　種種雜花皆散布
即於勝處敷高座　懸繒幡蓋以莊嚴
種種抹香及塗香　香氣芬馥皆周遍
天龍脩羅緊那羅　莫呼洛伽及藥叉

BD14714 號　金光明最勝王經卷九　（21–1）

周遍三千世界中　諸天大衆咸歡喜
王於廣博清淨處　奇妙珎寶而嚴飾
上妙香水灑埃塵　種種雜花皆散布
即於勝處敷高座　懸繒幡蓋以莊嚴
種種秣香及塗香　香氣芬馥皆周遍
天龍脩羅緊那羅　莫呼洛伽及藥叉
諸天悉雨曼陁花　咸来供養彼高座
復有千万億諸天　樂聞正法俱来集
法師初從本座起　咸悉供養以天花
是時寶積大法師　淨洗浴已着鮮服
詣彼大衆法座所　合掌虔心而礼敬
天主天衆及天女　悉皆共散曼陁花
百千天樂難思議　住在空中出妙響
尒時寶積大法師　即昇高座跏趺坐
念彼十方諸剎土　百千万億大慈尊
遍及一切苦衆生　皆起平等慈悲念
爲彼請主善生故　演說微妙金光明
王既得聞如是法　合掌一心唱隨喜
聞法希有淚交流　身心大喜皆充遍
于時國主善生王　爲欲供養此經故
手持如意末尼寶　發願咸爲諸衆生
今可於斯贍部洲　普雨七寶瓔珞具
所有匱乏資財者　皆得隨心受安樂
即便遍雨於七寶　悉皆充足四洲中
瓔珞嚴身隨所須　衣服飲食皆充足
尒時國主善生王　見此四洲雨珎寶
咸持供養寶髻佛　所有遺教苾芻僧

BD14714 號　金光明最勝王經卷九　（21-2）

所有匱乏資財者　皆得隨心受安樂
即便遍雨於七寶　悉皆充足四洲中
瓔珞嚴身隨所須　衣服飲食皆充足
尒時國主善生王　見此四洲雨珎寶
咸持供養寶髻佛　所有遺教苾芻僧
應知過去善生王　即我釋迦牟尼是
爲於昔時捨大地　及諸珎寶滿四洲
昔時寶積大法師　爲彼善生說妙法
因彼開演經王故　東方現成不動佛
以我曾聽此經王　合掌一言稱隨喜
及施七寶諸功德　獲此最勝金剛身
金光百福相莊嚴　所有見者皆歡喜
一切有情无不愛　俱胝天衆亦同然
過去曾經九十九　俱胝億劫作輪王
亦於小國爲人主　復經无量百千劫
於无量劫爲帝釋　亦復曾爲大梵王
供養十力大慈尊　彼之數量難窮盡
我昔聞經隨喜善　所有福聚量難知
由斯福故證菩提　獲得法身真妙智
尒時大衆聞是說已歎未曾有皆願
奉持金光明經流通不絕

金光明最勝王經諸天藥叉護持品第二十二

尒時世尊告大吉祥天女曰若有淨信善
男子善女人欲於過去未來現在諸佛
以不可思議廣大微妙供養之具而爲
奉獻及欲解了三世諸佛甚深行處是人應
當決定至心隨是經王所在之處城邑聚落

BD14714 號　金光明最勝王經卷九　（21-3）

男子善女人欲於過去未来現在諸佛
以不可思議廣大微妙供養之具而爲
奉獻及欲解了三世諸佛甚深行處是人應
當決定至心隨是經王所在之處城邑聚落
或山澤中廣爲衆生敷演流布其聽法者應
除亂想攝耳用心世尊即爲彼天及諸大衆說伽他曰
若欲於諸佛　不思議供養　復了諸如来　甚深境界者
若見演說此　最勝金光明　應親詣彼方　至其所住處
此經難思議　能生諸功德　无邊大苦海　解脫諸有情
我觀此經王　初中後皆善　甚深不可測　譬喻无能比
假使恒河沙　大地塵海水　虛空諸山石　无能喻少分
欲入深法界　應先聽是經　法性之制底　甚深善安住
於斯制底內　見我牟尼尊　悅意妙音聲　演說斯經典
由此俱胝劫　數量難思議　生在人天中　常受勝妙樂
若聽是經者　應作如是心　我得不思議　无邊功德蘊
假使大火聚　滿百踰繕那　爲聽此經王　直過无辭苦
既至彼住處　得聞如是經　能滅於罪業　及除諸惡夢
惡星諸變恠　蠱道邪魅等　得聞是經時　諸惡皆捨離
應嚴勝高座　淨妙若蓮花　法師處其上　猶如大龍坐
於斯安坐已　說此甚深經　書寫及誦持　并爲解其義
法師捨此座　往詣餘方所　於此高座中　神通非一相
或見法師像　猶在高座上　或時見世尊　及以諸菩薩
或作普賢像　或如妙吉祥　或見慈氏尊　身處於高座
或見希奇相　及以諸天像　暫得覩容儀　忽然還不現
成就諸吉祥　所作皆隨意　功德悉圓滿　世尊如是說
最勝有名稱　能滅諸煩惱　他國賊皆除　戰時常得勝

BD14714號　金光明最勝王經卷九　（21–4）

或見法師像　猶在高座上　或時見世尊　及以諸菩薩
或作普賢像　或如妙吉祥　或見慈氏尊　身處於高座
或見希奇相　及以諸天像　暫得覩容儀　忽然還不現
成就諸吉祥　所作皆隨意　功德悉圓滿　世尊如是說
最勝有名稱　能滅諸煩惱　他國賊皆除　戰時常得勝
惡夢悉皆无　及消諸毒害　所作三業罪　經力能除滅
於此贍部洲　名稱咸充滿　所有諸怨結　悉皆相捨離
設有怨敵至　聞名便退散　不假動兵戈　兩陣生歡喜
梵王帝釋主　護世四天王　及金剛藥叉　正了知大將
无熱池龍王　及以娑揭羅　緊那羅樂神　蘇羅金翅王
大辯才天女　并大吉祥天　斯等上首天　各領諸天衆
常供養諸佛　法寶不思議　恒生歡喜心　於經起恭敬
斯等諸天衆　皆悉共思惟　遍觀修福者　共作如是說
應觀此有情　咸是大福德　善根精進力　當来生我天
爲聽甚深經　敬心来至此　供養法制底　尊重正法故
憐愍於衆生　而作大饒益　於此深經典　能爲法寶器
入此法門者　能入於法性　於此金光明　至心應聽受
是人曾供養　无量百千佛　由彼諸善根　得聞此經典
如是諸天主　天女大辯才　并彼吉祥天　及此四王衆
无數藥叉衆　勇猛有神通　各於其四方　常来相擁護
日月天帝釋　風水火諸神　吠率怒大肩　閻羅辯才等
一切諸護世　勇猛具威神　擁護持經者　晝夜常不離
大力藥叉王　那羅延自在　正了知爲首　二十八藥叉
餘藥叉百千　神通有大力　恒於怨怖處　常来護此人
金剛藥叉王　并五百眷屬　諸大菩薩衆　常来護此人
寶王藥叉主　及以滿賢王　曠野金毗羅　賓度羅黃色
此等藥叉王　各五百眷屬　見聽此經者　皆来共擁護

BD14714號　金光明最勝王經卷九　（21–5）

大力藥叉王　那羅延自在　正了知為首　二十八藥叉
餘藥叉百千　神通有大力　恒於怖畏處　常來護此人
金剛藥叉王　并五百眷屬　諸大菩薩衆　常來護此人
寶王藥叉主　及以滿賢王　曠野金毗羅　賓度羅黃色
此等藥叉王　各五百眷屬　見聽此經者　皆來共擁護
彩軍乾闥婆　華王常戰勝　珠頸及青頸　并勃里沙王
大最勝大黑　蘇跋拏雞舍　半之迦羊足　及以大婆伽
小渠并護法　及以獼猴王　針毛及日支　寶髻皆來護
大渠諸拘羅　旃檀欲中勝　舍羅及雪山　及以娑多山
皆有大神通　雄猛具大力　見持此經者　皆來相擁護
阿那婆答多　及以娑揭羅　目真鄰陀羅葉　難陀小難陀
於百千龍中　神通具威德　共護持經人　晝夜常不離
婆稚羅睺羅　毗摩質多羅　母旨苫跋羅　大肩及歡喜
及餘蘇羅王　并无數天衆　大力有勇健　皆來護是人
訶利底母神　五百藥叉衆　於彼人睡覺　常來相擁護
旃荼旃荼利　藥叉旃稚女　昆帝拘吒齒　吸衆生精氣
如是諸神衆　大力有神通　常護持經者　晝夜恒不離
上首辯才天　无量諸天女　吉祥天為首　并餘諸眷屬
此大地神女　果實園林神　樹神江河神　制底諸神等
如是諸天神　心生大歡喜　彼皆來擁護　讀誦此經人
見有持經者　增壽命色力　威光及福德　妙相以莊嚴
星宿現災變　困厄當此人　夢見惡徵祥　皆悉令除滅
此大地神女　堅固有威勢　由此經力故　法味常充足
地肥若流下　過百踰繕那　地神令味上　滋潤於大地
此地厚六十　八億踰繕那　乃至金剛際　地味皆令上
由聽此經王　獲大功德蘊　能使諸天衆　悉蒙其利益

BD14714號　金光明最勝王經卷九　（21–6）

此大地神女　堅固有威勢　由此經力故　法味常充足
地肥若流下　過百踰繕那　地神令味上　滋潤於大地
此地厚六十　八億踰繕那　乃至金剛際　地味皆令上
由聽此經王　獲大功德蘊　能使諸天衆　悉蒙其利益
復令諸天衆　威力有光明　歡喜常安樂　捨離於衰相
於此南洲內　林果苗稼神　由此經威力　心常得歡喜
苗實皆成就　處處有妙花　果實並滋繁　充滿於大地
所有諸果樹　及以衆園林　悉皆生妙花　香氣常芬馥
衆草諸樹木　咸出微妙花　及生甘美果　隨處皆充遍
於此贍部洲　无量諸龍女　心生大歡喜　皆共入池中
種植鉢頭摩　及以分陀利　青白二蓮花　池中皆遍滿
由此經威力　虛空淨无翳　雲霧皆除遣　冥闇悉光明
日出放千光　无垢燄青淨　由此經王力　流暉遶四天
此經威德力　資助於天子　皆用贍部洲　而住於宮殿
日天子初出　見此洲歡喜　常以大光明　周遍皆照耀
於斯大地內　所有蓮花池　日光照及時　无不盡開發
於此贍部洲　田疇諸果藥　悉皆令善熟　充滿於大地
由此經威力　日月所照處　星辰不失度　風雨皆順時
遍此贍部洲　國土咸豐樂　隨有此經處　殊勝倍餘方
若此金光明　經典流布處　有能讀誦者　悉得如上福
尒時大吉祥天女及諸天等聞佛所說皆大
歡喜於此經王及受持者一心擁護令无憂
惱常得安樂
金光明最勝王經授記品第廿三
尒時如來於大衆中廣說法已欲為妙幢菩
薩及其二子銀幢銀光授阿耨多羅三藐三

BD14714號　金光明最勝王經卷九　（21–7）

歡喜於此經王及受持者一心擁護令无憂
惱常得安樂
金光明最勝王經授記品第廿三
尒時如来於大衆中廣說法已欲爲妙幢菩
薩及其二子銀幢銀光授阿耨多羅三藐三
菩提記時有十千天子最勝光明而爲上首
俱從三十三天来至佛所頂礼佛足却坐一
面聽佛說法尒時佛告妙幢菩薩言汝於来
世過无量无數百千万億那庾多劫已於金
光明世界當成阿耨多羅三藐三菩提号金
寶山王如来應供正遍知明行足善逝世間解
无上士調御丈夫天人師佛世尊出現於世時
時此如来般涅槃後所有教法亦皆滅盡時
彼長子名曰銀幢即於此界次補佛處世
界尒時轉名淨幢當得作佛名曰金幢光如来
應供正遍知明行足善逝世間解无上士調御
丈夫天人師佛世尊時此如来般涅槃後所
有教法亦皆滅盡次子銀光即補佛處還於
此界當得作佛号曰金光明如来應供正遍知
明行足善逝世間解无上士調御丈夫天人師
佛世尊是時十千天子聞三大士得授記已
復聞如是最勝王經心生歡喜清淨无垢猶
如虛空尒時如来知是十千天子善根成熟
即便与授大菩提記汝等天子於當来世過
无量无數百千万億那庾多劫於最勝因陁
羅高幢世界得成阿耨多羅三藐三菩提
同一種姓又同一名号曰面目清淨優鉢羅香

BD14714號　金光明最勝王經卷九

（21–8）

復聞如是最勝王經心生歡喜清淨无垢猶
如虛空尒時如来知是十千天子善根成熟
即便与授大菩提記汝等天子於當来世過
无量无數百千万億那庾多劫於最勝因陁
羅高幢世界得成阿耨多羅三藐三菩提
同一種姓又同一名号曰面目清淨優鉢羅香
山十号具足如是次第十千諸佛出現於世
尒時菩提樹神白佛言世尊是十千天子
從三十三天爲聽法故来詣佛所云何如来
便与授記當得成佛世尊我未曾聞是諸
天子具足修習六波羅蜜多難行苦行捨於手
足頭目髓腦眷属妻子象馬車乘奴僕使宮
殿園林金銀琉璃硨磲碼碯珊瑚虎魄璧玉
珂貝飲食衣服卧具醫藥如餘无量百千
菩薩以諸供具供養過去无數百千万億
那庾多佛如是菩薩各經无量无邊劫數然後
乃得受菩提記世尊是諸天子以何因緣修何
勝行種何善根從彼天来蹔時聞法便得授
記唯願世尊爲我解說斷除疑網佛告地神
善女天如汝所說皆從勝妙善根因緣勤苦
修已方得授記此諸天子於妙天宮捨五欲
樂故来聽是金光明經既聞法已於是經中
心生慇重如淨琉璃无諸瑕穢復得聞此三大
菩薩授記之事亦由去久修正行誓願因
緣是故我今皆与授記於未来世當成阿
耨多羅三藐三菩提時彼樹神聞佛記已
歡喜信受

BD14714號　金光明最勝王經卷九

（21–9）

心生慈重如淨琉璃无諸瑕穢復得聞此三大
菩薩授記之事亦由去久修正行誓願因
緣是故我今皆与授記於未来世當成阿
耨多羅三藐三菩提時彼樹神聞佛記已
歡喜信受

金光明最勝王經除病品第廿四

佛告菩提樹神善女天諦聽諦聽善思念之
是十千天子本願因緣今為汝說善女天過去
无量不可思議阿僧企耶劫尒時有佛出現
於世名曰寶髻如来應正遍知明行足善逝世
間解无上士調御丈夫天人師佛世尊善女天
時彼世尊般涅槃後正法滅已於像法中有
王名曰天自在光常以正法化於人民猶如
父母是王國中有一長者名曰持水善解醫明
妙通八術衆生病苦四大不調咸能救療善
女天尒時持水長者唯有一子名曰流水顏
容端正人所樂觀受性聰敏妙閑諸論書
畫筭印无不通達時王國內有无量百千諸
衆生類皆遇疫疾衆苦所逼乃至无有歡樂
之心善女天尒時長者子流水見是无量百
千衆生受諸病苦起大悲心作如是念无量
衆生為諸極苦之所逼迫我父長者雖善醫
方妙通八術能療衆病四大增損然已衰
邁老耄虛羸要假扶策方能進步不復能
往城邑聚落救諸病苦今有无量百千衆生
皆遇重病无能救者我今當至大醫父所諮
問治病醫方秘法若得解已當往城邑聚落

BD14714號　金光明最勝王經卷九　（21–10）

方妙通八術能療衆病四大增損然已衰
邁老耄虛羸要假扶策方能進步不復能
往城邑聚落救諸病苦今有无量百千衆生
皆遇重病无能救者我今當至大醫父所諮
問治病醫方秘法若得解已當往城邑聚落
之所救諸衆生種種疾病令於長夜得受安
樂時長者子作是念已即詣父所稽首礼足
合掌恭敬却住一面即以伽他請其父曰
慈父當哀愍　我欲救衆生　今請諸醫方　幸願為我說
云何身衰壞　諸大有增損　復在何時中　能生諸疾病
云何噉飲食　得受於安樂　能使內身中　火勢不衰損
衆生有四病　風黃熱痰癊　及以惣集病　云何而療治
何時風病起　何時熱病發　何時動痰癊　何時惣集生
時彼長者聞子請已復以伽他而荅之曰
我今依古仙　所有療病法　次第為汝說　善聽救衆生
三月是春時　三月名為夏　三月名秋分　三月謂冬時
此據一年中　三三而別說　二二為一節　便成歲六時
初二是花時　三四名熱際　五六名雨際　七八謂秋時
九十是寒時　後二名氷雪　既知如是別　授藥勿令差
當隨此時中　調息於飲食　入腹令消散　衆病則不生
節氣若變改　四大有推移　此時无藥資　必生於病苦
醫人解四時　復知其六節　明閑身七界　食藥使无差
謂味界血肉　膏骨及髓腦　病入此中時　知其可療不
病有四種別　謂風熱痰癊　及以惣集病　病知發動時
春中痰癊動　夏內風病生　秋時黃熱增　冬節三俱起
春食澀熱辛　夏膩熱鹹醋　秋時冷甜膩　冬酸澀膩甜
於此四時中　服藥及飲食　若依如是味　衆病无由生

BD14714號　金光明最勝王經卷九　（21–11）

謂味界血肉　膏骨及髓腦　病入此中時　知其可療不
病有四種別　謂風熱痰癊　及以總集病　病知發動時
春中痰癊動　夏內風病生　秋時黃熱增　冬節三俱起
春食澀熱辛　夏膩熱鹹醋　秋時冷甜膩　冬酸澀膩甜
於此四時中　服藥及飲食　若依如是味　眾病无由生
食後病由癊　食消時由熱　消後起由風　准時須識病
既識病源已　隨病而設藥　假令患狀殊　先須療其本
風病服油膩　患熱痢為良　癊病應變吐　總集須三藥
風熱癊俱有　是名為總集　雖知病起時　應觀其本性
如是觀知已　順時而授藥　飲食藥无差　斯名善醫者
復應知八術　總攝諸醫方　於此若明閑　可療眾生病
謂針刺傷破　身疾并鬼神　惡毒及孩童　延年增氣力
先觀彼形色　語言及性行　然後問其夢　知風熱癊殊
乾瘦少頭髮　其心无定住　多語夢飛行　斯人是風性
少年生白髮　多汗及多瞋　聰明夢見火　斯人是熱性
心定身平整　慮審頭津膩　夢見水白物　是癊性應知
總集性俱有　或二或具三　隨有一偏增　應知是其性
既知本性已　准病而授藥　驗其无死相　方名可救人
諸根倒取境　尊醫人起慢　親友生瞋恚　是死相應知
左眼白色變　舌黑鼻梁欹　耳輪与舊殊　下脣垂向下
訶梨勒一種　具足有六味　能除一切病　无忌藥中王
又三果三辛　諸藥中易得　砂糖蜜蘇乳　此能療眾病
自餘諸藥物　隨病可增加　先起慈愍心　莫規於財利
我以為汝說　療疾中要事　以此救眾生　當獲无邊果
善女天尒時長者子流水親問其父八術之
要四大增損時節不同餌藥方法既善了知

BD14714號　金光明最勝王經卷九　（21-12）

又三果三辛　諸藥中易得　砂糖蜜蘇乳　此能療眾病
自餘諸藥物　隨病可增加　先起慈愍心　莫規於財利
我以為汝說　療疾中要事　以此救眾生　當獲无邊果
善女天尒時長者子流水親問其父八術之
要四大增損時節不同餌藥方法既善了知
自忖堪能救療眾病即便遍至城邑聚落
所在之處隨有百千万億病苦眾生皆至
其所善言慰喻作如是語我是醫人我是醫人
善知方藥今為汝等療治眾病悉令除愈善
女天尒時眾人聞長者子善言慰喻許為治病
時有无量百千眾生遇極重病聞是語已身
心踊躍得未曾有以此因緣所有病苦悉得
蠲除氣力充實平復如本善女天尒時復有
无量百千眾生病苦深重難療治者即共往
詣長者子所重請醫療時長者子即以如藥
令服皆蒙除差善女天是長者子於此國內
百千万億眾生病苦悉得除差

金光明最勝王經長者子流水品第廿五

尒時佛告菩提樹神善女天尒時長者子
流水於往昔時在天自在光王國內療諸眾生
所有病苦令得平復受安隱樂時諸眾生以
病除故多修福業廣行惠施以自歡娛即
共往詣長者子所咸生尊敬作如是言善哉
善哉大長者子善能滋長福德之事增益
我等安隱壽命仁今實是力醫王慈悲菩
薩妙閑醫藥善療眾生无量病苦如是稱歎

BD14714號　金光明最勝王經卷九　（21-13）

病除故多修福業廣行惠施以自歡娛即
共往詣長者子所咸生尊敬作如是言善哉
善哉大長者子善能滋長福德之事增益
我等安隱壽命仁今實是力醫王慈悲菩
薩妙閑醫藥善療衆生无量病苦如是稱歎
周遍城邑善女天時長者子妻名水肩藏有
其二子一名水滿二名水藏是時流水將其二子
漸次遊行城邑聚落過空澤中深險之處見
諸禽獸犲狼狐玃鵰鷲之屬食血肉者皆悉
奔飛一向而去時長者子作如是念此諸禽
獸何因緣故一向飛走我當隨後蹔往觀之
即便隨去見有大池名曰野生其水將盡於
此池中多有衆魚流水見已生大悲心時有樹
神示現半身作如是語善哉善哉善男子
汝有實義名流水者可愍此魚應与其水有
二因緣名為流水一能流水二能与水汝今應
當隨名而作是時流水問樹神言此魚頭數
為有幾何樹神荅曰數滿十千善女天時長
者子聞是數已倍益悲心時此大池為日所
暴餘水无幾是十千魚將入死門旋身婉轉見
是長者心有所希隨逐瞻視目未曾捨時長
者子見是事已馳趣四方欲覓於水竟不
能得復望一邊見有大樹即便昇上折取
枝葉為作蔭涼復更推求是池中水從何處
来尋覓不已見一大河名曰水生時此河邊有
諸魚人為取魚故於河上流懸險之處決棄

BD14714 號　金光明最勝王經卷九　（21–14）

者子見是事已馳趣四方欲覓於水竟不
能得復望一邊見有大樹即便昇上折取
枝葉為作蔭涼復更推求是池中水從何處
来尋覓不已見一大河名曰水生時此河邊有
諸魚人為取魚故於河上流懸險之處決棄
其水不令下過於所決處卒難修補便作
是念此崖深峻設百千人時經三月亦未
能斷況我一身而堪濟辦時長者子速還本
城至大王所頭面礼足却住一面合掌恭敬
作如是言我為大王國土人民治種種病悉令
安隱漸次遊行至其空澤見有一池名曰野
生其水欲涸有十千魚為日所暴將死不久
唯願大王慈悲愍念与二十大象蹔往負
水濟彼魚命如我与諸病人壽命尒時大王
即勅大臣速疾与此醫王大象時彼大臣奉
王勅已白長者子善哉大士仁今自可至象
廐中隨意選取二十大象利益衆生令得安
樂是時流水及其二子將二十大象又從酒家
多借皮囊往決水處以囊盛水象負至池
瀉置池中水即彌滿還復如故善女天時長者
子於池四邊周旋而視時彼衆魚亦復隨逐
循岸而行時長者子復作是念衆魚何故
隨我而行必為飢火之所惱逼復欲從我求
索於食我今當与尒時長者子流水告其子言
汝取一象最大力者速至家中啓父長者家
中所有可食之物乃至父母食噉之分及以妻

BD14714 號　金光明最勝王經卷九　（21–15）

循岸而行時長者子流水作是念此魚何故
隨我而行必爲飢火之所惱逼復欲從我求
索於食我今當与尒時長者子流水告其子言
汝取一象最大力者速至家中啓父長者家
中所有可食之物乃至父母食噉之分及以妻
子奴婢之分悉皆收取即可持来尒時二子受
父教已乘最大象速往家中至祖父所說如
上事收取家中可食之物置於象上疾還父
所至彼池邊是時流水見其子来身心喜躍
遂取餅食遍散池中魚得食已悉皆飽足
便作是念我今施食令魚得命願於来世當
施法食充濟无邊復更思惟我先曾於空閑
林處見一苾芻讀大乘經說十二緣生甚深
法要又經中說若有衆生臨命終時得聞寶
髻如来名者即生天上我今當爲是十千
魚演說甚深十二緣起亦當稱說寶髻佛
名然贍部洲有二種人一者深信大乘二者
不信毀呰亦當爲彼增長信心時長者子
作如是念我入池中可爲衆魚說深妙法作是
念已即便入水唱言南謨過去寶髻如来應
正遍知明行足善逝世間解无上士調御丈
夫天人師佛世尊此佛往昔修菩薩行時
作是誓願於十方界所有衆生臨命終時聞
我名者命終之後得生三十三天尒時流水復
爲池魚演說如是甚深妙法此有故彼有此
生故彼生所謂无明緣行行緣識識緣名色
名色緣六處六處緣觸觸緣受受緣愛愛

BD14714號　金光明最勝王經卷九　（21–16）

我名者命終之後得生三十三天尒時流水復
爲池魚演說如是甚深妙法此有故彼有此
生故彼生所謂无明緣行行緣識識緣名色
名色緣六處六處緣觸觸緣受受緣愛愛
緣取取緣有有緣生生緣老死憂悲苦惱此
滅故彼滅所謂无明滅則行滅行滅則識滅識
滅則名色滅名色滅則六處滅六處滅則觸
滅觸滅則受滅受滅則愛滅愛滅則取滅取
滅則有滅有滅則生滅生滅則老死滅老死
滅則憂悲苦惱滅如是純極苦蘊悉皆除
滅說是法已復爲宣說十二緣起相應陀
羅尼曰
怛姪他　毗折你毗折你　毗折你
僧塞枳你　僧塞枳你　僧塞枳你
毗尒你毗尒你　毗尒你莎訶
怛姪他　那弭你那弭你　那弭你煞雉
你敎雉你　敎雉你
颯鉢哩設你　颯鉢哩設你莎訶　颯鉢哩設你
怛姪他　薜達你薜達你　薜達你
窒里瑟你你　窒里瑟你你　窒里瑟你你
鄔波地你　鄔波地你　鄔波地你莎訶
怛姪他　婆毗你婆毗你　婆毗你
闍底（丁里反下同）　闍底你闍底你　闍摩你你
闍摩你你　闍摩你你莎訶
尒時世尊爲諸大衆說長者子昔緣之時
諸人天衆歎未曾有時四大天王各於其處
異口同音而說

BD14714號　金光明最勝王經卷九　（21–17）

怛姪他　婆毗儞婆毗儞　婆毗儞
闍底丁里反下同　闍底儞闍底儞　闍摩儞儞
闍摩儞儞　闍摩儞儞莎訶
尒時世尊為諸大衆說長者子昔緣之時
諸人天衆歎未曾有時四大天王各於其處
異口同音作如是說
善哉釋迦尊　說妙法明呪　生福除衆惡　十二支相應
我等亦說呪　擁護如是法　若有生違逆　不善隨順者
頭破作七分　猶如蘭香梢　我等於佛前　共說其呪曰
怛姪他　呬里謎　揭睇　健　陁　哩
旃荼里地囉　騃伐囉　石　呬伐囉
補擺布囉矩矩末底　崎囉末底達地目契
窶嚕婆毋嚕婆　具荼毋嚕　健提
杜嚕杜嚕毗囉　贊涅悉涅沓徒洽反下同娓
達沓娓鄔悉怛哩　烏率吒囉伐底
頻賴婆伐底　鉢杜摩伐底
俱蘇摩伐底　莎訶
佛告善女天尒時長者子流水及其二子為
彼池魚施水施食并說法已俱共還家是
長者子流水復於後時因有衆會設衆伎樂
醉酒而卧時十千魚同時命過生三十三天起
如是念我等以何善業因緣生此天中便相謂
日我等先於贍部洲內墮傍生中共受魚身
長者子流水施我等水及以餅食復為我等
說甚深法十二緣起及陁羅尼復稱寶
髻如来名号以是因緣能令我等得生此天是
故我今咸應詣彼長者子所報恩供養尒時

日我等先於贍部洲內墮傍生中共受魚身
長者子流水施我等水及以餅食復為我等
說甚深法十二緣起及陁羅尼復稱寶
髻如来名号以是因緣能令我等得生此天是
故我今咸應詣彼長者子所報恩供養尒時
十千天子即於天沒至贍部洲大醫王所時
長者子在高樓上安隱而睡時十千天子共以十
千真珠瓔珞置其頭邊復以十千置其足處
復以十千置於右脅復以十千置左脅邊雨曼
陁羅花摩訶曼陁羅花積至于膝光明普
照種種天樂出妙音聲令贍部洲有睡眠
者皆悉覺悟長者子流水亦從睡寤是時
十千天子為供養已即於空中飛騰而去於
天自在光王國內處處皆雨天妙蓮花是諸
天子復至本處空澤池中雨衆天花便於此
沒還天宮殿隨意自在受五欲樂天自在光
王至天曉已問諸大臣昨夜何緣忽現如是希
有瑞相放大光明大臣荅言大王當知有諸
天衆於長者子流水家中雨四十千真珠瓔
珞及天曼陁羅花積至于膝王告臣曰詣長
者家喚取其子大臣受勅即至其家奉宣王
命喚長者子時長者子即至王所王曰何緣
昨夜示現如是希有瑞相長者子言如我思
忖定應是彼池內衆魚如經所說命終之後
得生三十三天彼来報恩故現如是希奇之相
王曰何以得知流水荅曰王可遣使并我二子
往彼池所驗其虛實彼十千魚為死為活

昨夜示現如是希有瑞相長者子言如我思
忖定應是彼池內衆魚如經所說命終之後
得生三十三天彼來報恩故現如是希奇之相
王曰何以得知流水答曰王可遣使并我二子
往彼池所驗其虛實彼十千魚爲死爲活
王聞是語即便遣使及子向彼池邊見其
中多有曼陁羅花積成大聚諸魚並死見
已馳還爲王廣說王聞是已心生歡喜歎未
曾有尒時佛告菩提樹神善女天汝今當
知昔時長者子流水者即我身是持水長者
即妙幢是彼之二子長子水滿即銀幢是次
子水藏即銀光是彼天自在光王者即汝菩
提樹神是十千魚者即十千天子是因我往
昔以水濟魚与食令飽爲說甚深十二緣起
并此相應陁羅尼呪又爲稱彼寶髻佛名
因此善根得生天上今來我所歡喜聽法我
皆當爲授於阿耨多羅三藐三菩提記說其
名号善女天如我往昔於生死中輪迴諸有
廣爲利益令无量衆生悉令次第成无上覺
与其授記汝等皆應勤求出離勿爲放逸尒時
大衆聞說是已悉皆悟解由大慈悲救護一切
勤修苦行方能證獲无上菩提咸發深心信
受歡喜

金光明最勝王經卷第九

毷毛報 疾徒甘 瘵長禁 羸俱縛 扠居佉 弭弥氏 娘普詣 睇諦計

BD14714號　金光明最勝王經卷九　（21–20）

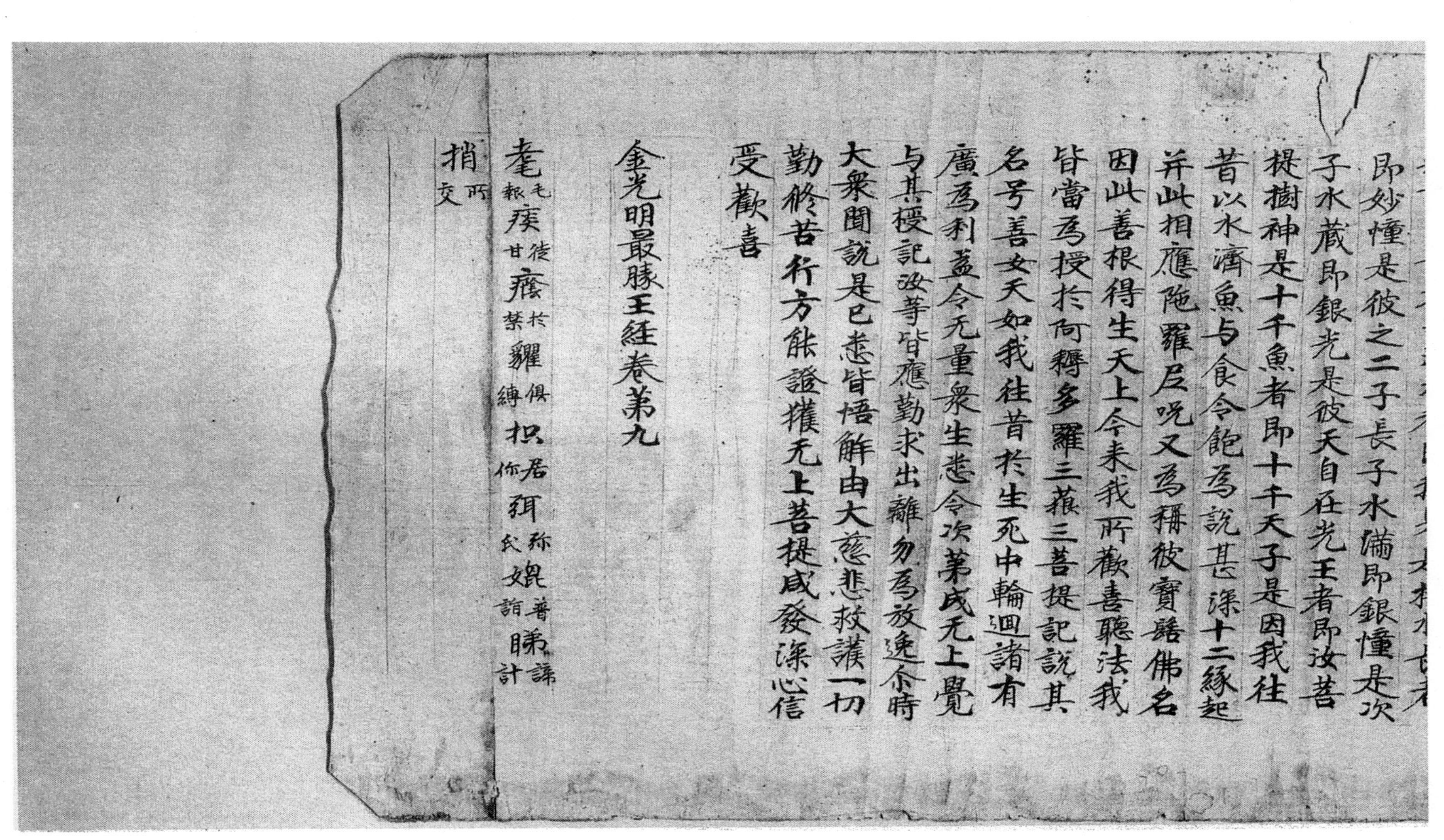

即妙幢是彼之二子長子水滿即銀幢是次
子水藏即銀光是彼天自在光王者即汝菩
提樹神是十千魚者即十千天子是因我往
昔以水濟魚与食令飽爲說甚深十二緣起
并此相應陁羅尼呪又爲稱彼寶髻佛名
因此善根得生天上今來我所歡喜聽法我
皆當爲授於阿耨多羅三藐三菩提記說其
名号善女天如我往昔於生死中輪迴諸有
廣爲利益令无量衆生悉令次第成无上覺
与其授記汝等皆應勤求出離勿爲放逸尒時
大衆聞說是已悉皆悟解由大慈悲救護一切
勤修苦行方能證獲无上菩提咸發深心信
受歡喜

金光明最勝王經卷第九

毷毛報 疾徒甘 瘵長禁 羸俱縛 扠居佉 弭弥氏 娘普詣 睇諦計

捐所交

BD14714號　金光明最勝王經卷九　（21–21）

BD14715 號背　護首　　　　　（1–1）

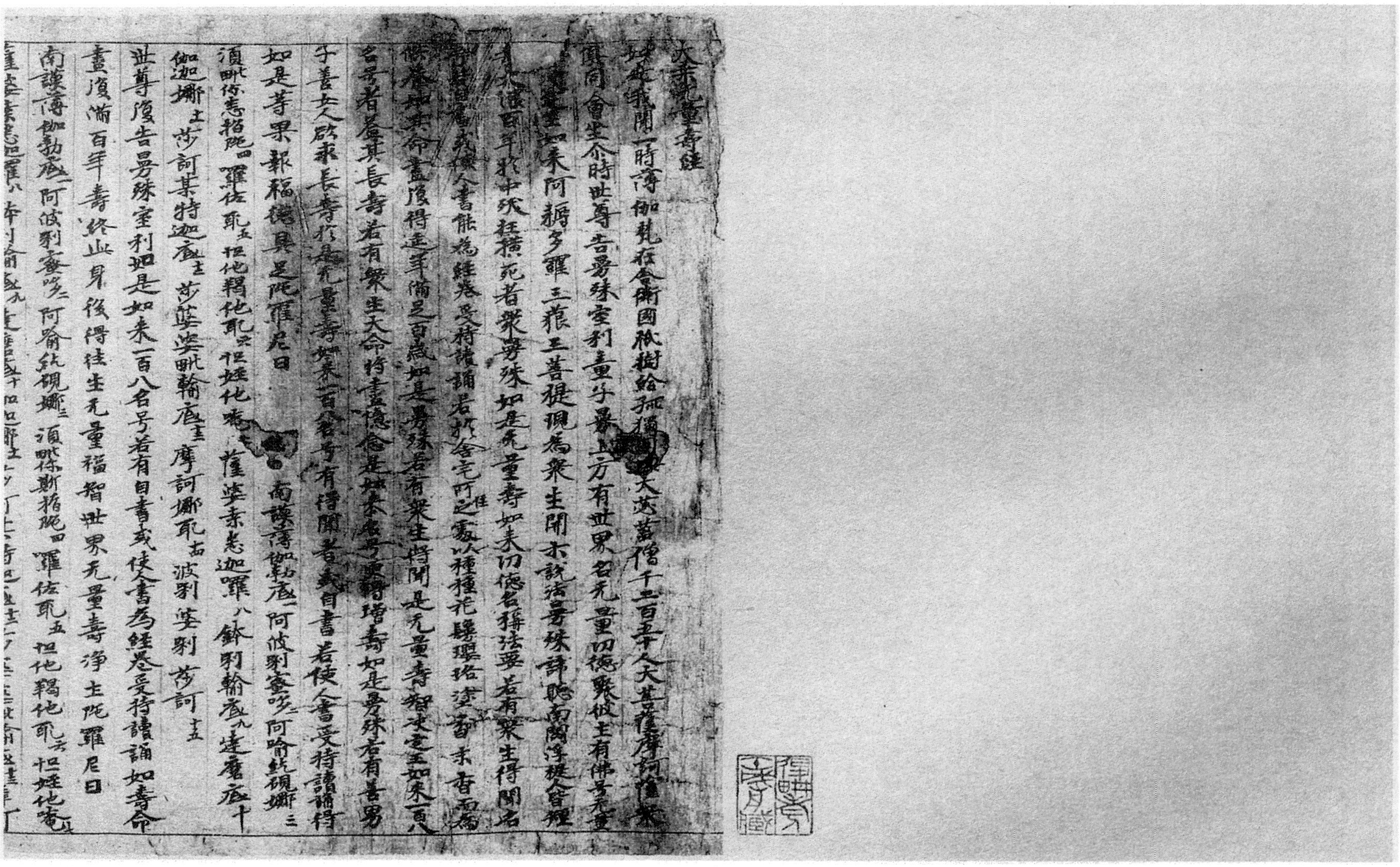

BD14715 號 A　無量壽宗要經　　　　　（10–1）

伽迦娜十一 莎訶某特迦底十二 莎婆婆毗輸底十三 摩訶娜耶十四 波剢婆剢莎訶十五
世尊復告曼殊室利 如是如來一百八名号 若有自書 或使人書 為經卷受持讀誦 如壽命
盡復滿百年壽 終此身後得往生无量福智世界无量壽淨土陁羅尼曰
南謨薄伽勃底一 阿波剢蜜哆二 阿喻紇硯娜三 須毗你斯指陁四 囉佐耶五 怛他羯他耶六 怛姪他唵七
薩婆桑悉迦羅八 鉢剢輸底九 達磨底十 伽迦娜十一 莎訶某特迦底十二 莎婆婆毗輸底十三 摩訶
娜耶十四 波剢婆嚫莎訶十五　尒時有九十九姟佛等一時同聲說是无量壽
宗要經陁羅尼曰　南謨薄伽勃底一 阿波剢蜜哆二 阿喻紇硯娜三 須毗你悉指陁四
囉佐耶五 怛他羯他耶六 怛姪他唵七 薩婆桑悉迦羅八 鉢剢輸底九 達磨底十 伽迦娜十一
莎訶某特迦底十二 莎婆婆毗輸底十三 摩訶娜耶十四 波剢婆嚫莎訶十五
尒時復有一百四姟佛一時同聲說是无量壽宗要經陁羅尼曰　南謨薄伽勃底一 阿波剢蜜哆二
阿喻紇硯娜三 須毗你悉指陁四 囉佐耶五 怛他羯他耶六 怛姪他唵七 薩婆桑悉迦羅八 鉢剢輸底九 達
磨底十 伽迦娜十一 莎訶某特迦底十二 薩婆婆毗輸底十三 摩訶娜耶十四 波剢婆嚫莎訶十五
尒時復有七姟佛一時同聲說是无量壽宗要經陁羅尼曰
南謨薄伽勃底一 阿波剢蜜哆二 阿喻紇硯娜三 須毗你悉指陁四 囉佐耶五 怛他羯他耶六 怛姪他唵七
薩婆桑悉迦羅八 波剢輸底九 達磨底十 伽迦娜十一 莎訶某特迦底十二 薩婆婆毗輸底十三 摩
訶娜耶十四 波剢婆嚫莎訶十五　尒時復有六十五姟佛一時同聲說是
无量壽宗要經陁羅尼曰　南謨薄伽勃底一 阿波剢蜜哆二 阿喻紇硯娜三
須毗你悉指陁四 囉佐耶五 怛他羯他耶六 怛姪他唵七 薩婆桑悉迦羅八 波剢輸底九 達磨底十 伽迦娜十一
莎訶某特迦底十二 薩婆婆毗輸底十三 摩訶娜耶十四 波剢婆嚫莎訶十五
尒時復有五十五姟佛一時同聲說是无量壽宗要經陁羅尼曰
南謨薄伽勃底一 阿波剢蜜哆二 阿喻紇硯娜三 須毗你悉指陁四 囉佐耶五 怛他羯他耶六 怛姪他唵七
薩婆桑悉迦羅八 波剢輸底九 達磨底十 伽迦娜十一 莎訶某特迦底十二 薩婆婆毗輸底十三 摩訶
娜耶十四 波剢婆嚫莎訶十五　尒時復有四十五姟佛一時同聲說是无量壽宗要經
陁羅尼曰　南謨薄伽勃底一 阿波剢蜜哆二 阿喻紇硯娜三 須毗你悉指陁四 囉佐耶五 怛他羯他耶六
怛姪他唵七 薩婆桑悉迦羅八 波剢輸底九 達磨底十 伽迦娜十一 莎訶某特迦底十二 薩婆婆毗輸底十三
摩訶娜耶十四 波剢婆嚫莎訶十五　尒時復有三十六姟佛一時同聲說是无量壽宗要經陁
羅尼曰　南謨薄伽勃底一 阿波剢蜜哆二 阿喻紇硯娜三 須毗你悉指陁四 囉佐耶五 怛他羯他耶六 怛
姪他唵七 薩婆桑悉迦羅八 波剢輸底九 達磨底十 伽迦娜十一 莎訶某特迦底十二 薩婆婆毗輸
底十三 摩訶娜耶十四 波剢婆嚫莎訶十五　尒時復有二十五姟佛一時同聲
說是无量壽宗要經陁羅尼曰　南謨薄伽勃底一 阿波剢蜜哆二 阿喻紇硯娜三

BD14715 號 A　無量壽宗要經　（10–2）

[illegible] 尒時[illegible]佛一時同聲說是无量壽宗要經陁
羅尼曰　南謨薄伽勃底一 阿波剢蜜哆二 阿喻紇硯娜三 須毗你悉指陁四 囉佐耶五 怛他羯他耶六 怛
姪他唵七 薩婆桑悉迦羅八 波剢輸底九 達磨底十 伽迦娜十一 莎訶某特迦底十二 薩婆婆毗輸
底十三 摩訶娜耶十四 波剢婆嚫莎訶十五　尒時復有二十五姟佛一時同聲
說是无量壽宗要經陁羅尼曰　南謨薄伽勃底一 阿波剢蜜哆二 阿喻紇硯娜三
須毗你悉指陁四 囉佐耶五 怛他羯他耶六 怛姪他唵七 薩婆桑悉迦羅八 波剢輸底九 達磨
底十 伽迦娜十一 莎訶某特迦底十二 薩婆婆毗輸底十三 摩訶娜耶十四 波剢婆嚫莎訶十五
尒時復有恒河沙姟佛一時同聲說是无量壽宗要經陁羅尼曰　南謨薄伽勃底一 阿波剢蜜
哆二 阿喻紇硯娜三 須毗你悉指陁四 囉佐耶五 怛他羯他耶六 怛姪他唵七 薩婆桑悉迦羅八 波剢輸底九
達磨底十 伽迦娜十一 莎訶某特迦底十二 薩婆婆毗輸底十三 摩訶娜耶十四 波剢婆嚫莎訶十五
善男子 若有自書寫教人書寫是无量壽宗要經 如其命盡 復得長壽 而滿年陁羅尼曰
南謨薄伽勃底一 阿波剢蜜哆二 阿喻紇硯娜三 須毗你悉指陁四 囉佐耶五 怛他羯他耶六 怛姪他唵七 薩婆
桑悉迦羅八 波剢輸底九 達磨底十 伽迦娜十一 莎訶某特迦底十二 薩婆婆毗輸底十三 摩訶娜
耶十四 波剢婆嚫莎訶十五　若有自書教人書寫是无量壽宗要經讀誦受持畢
竟不墮地獄 在在所生得宿命智陁羅尼曰　南謨薄伽勃底一 阿波剢蜜哆二 阿喻
紇硯娜三 須毗你悉指陁四 囉佐耶五 怛他羯他耶六 怛姪他唵七 薩婆桑悉迦羅八 波剢輸底九
達磨底十 伽迦娜十一 莎訶某特迦底十二 薩婆婆毗輸底十三 摩訶娜耶十四 波剢婆嚫莎訶十五
若有自書教人書寫是无量壽宗要經受持讀誦 如同書寫八万四千一切經典陁羅尼曰
南謨薄伽勃底一 阿波剢蜜哆二 阿喻紇硯娜三 須毗你悉指陁四 囉佐耶五 怛他羯他耶六 怛姪他唵七
薩婆桑悉迦羅八 波剢輸底九 達磨底十 伽迦娜十一 莎訶某特迦底十二 薩婆婆毗輸底十三 摩訶娜
耶十四 波剢婆嚫莎訶十五　若有自書寫教人書寫是无量壽宗要經 即是書寫八万四千部建立塔廟陁羅
尼曰　南謨薄伽勃底一 阿波剢蜜哆二 阿喻紇硯娜三 須毗你悉指陁四 囉佐耶五 怛他羯他耶六 怛姪他唵七 薩婆
桑悉迦羅八 波剢輸底九 達磨底十 伽迦娜十一 莎訶某特迦底十二 薩婆婆毗輸底十三 摩訶娜
耶十四 波剢婆嚫莎訶十五　若有自書寫教人書寫是无量壽宗要經 能消五无間等一切重罪陁羅尼曰
南謨薄伽勃底一 阿波剢蜜哆二 阿喻紇硯娜三 須毗你悉指陁四 囉佐耶五 怛他羯他耶六 怛姪他唵七
薩婆桑悉迦羅八 波剢輸底九 達磨底十 伽迦娜十一 莎訶某特迦底十二 薩婆婆毗輸底十三 摩訶
娜耶十四 波剢婆嚫莎訶十五　若有自書寫教人書寫是无量壽宗要經受持讀誦
設有重罪 猶如須弥 盡能除滅陁羅尼曰　南謨薄伽勃底一 阿波剢蜜哆二 阿喻
紇硯娜三 須毗你悉指陁四 囉佐耶五 怛他羯他耶六 怛姪他唵七 薩婆桑悉迦羅八 波剢輸底九
達磨底十 伽迦娜十一 莎訶某特迦底十二 薩婆婆毗輸底十三 摩訶娜耶十四 波剢婆嚫莎訶十五
若有自書寫教人書寫是无量壽宗要經受持讀誦 若魔魔之眷屬夜叉羅剎不得其便

BD14715 號 A　無量壽宗要經　（10–3）

娜耶十四 波唎婆黎莎訶十五 若有自書寫教人書寫是无量壽宗要經受持讀誦
設有重罪猶如須弥盡能除滅陀羅尼曰 南謨薄伽勃底一 阿波唎蜜多二 阿喻
紇硯娜三 須毗你悉指陀四 囉佐耶五 怛他羯他耶六 怛姪他唵七 薩婆桑悉迦囉八 波唎輸底九
達磨底十 伽伽娜十一 莎訶某特迦底十二 薩婆婆毗輸底十三 摩訶娜耶十四 波唎婆黎莎訶十五
若有自書寫教人書寫是无量壽宗要經受持讀誦若魔魔之眷屬夜叉羅刹不得其便
終无枉死陀羅尼曰 南謨薄伽勃底一 阿波唎蜜多二 阿喻紇硯娜三 須
毗你悉指陀四 囉佐耶五 怛他羯他耶六 怛姪他唵七 薩婆桑悉迦囉八 波唎輸底九 達磨底十
伽伽娜十一 莎訶某特迦底十二 薩婆婆毗輸底十三 摩訶娜耶十四 波唎婆黎莎訶十五
若有自書教人書寫是无量壽宗要經受持讀誦當命終時有九十九姟佛現其人前來千佛
授手能遊一切佛刹莫於此經生於疑惑陀羅尼曰 南謨薄伽勃底一 阿波唎蜜多二
阿喻紇硯娜三 須毗你悉指陀四 囉佐耶五 怛他羯他耶六 怛姪他唵七 薩婆桑悉迦囉八 波唎輸底九
達磨底十 伽伽娜十一 莎訶某特迦底十二 薩婆婆毗輸底十三 摩訶娜耶十四 波唎婆黎莎訶十五
若有自書寫教人書寫是无量壽宗要經受持讀誦常得四天大王隨其衛護陀羅尼曰
南謨薄伽勃底一 阿波唎蜜多二 阿喻紇硯娜三 須毗你悉指陀四 囉佐耶五 怛他羯他耶六 怛姪他唵七 薩婆
桑悉迦囉八 波唎輸底九 達磨底十 伽伽娜十一 莎訶某特迦底十二 薩婆婆毗輸底十三 摩訶娜
耶十四 波唎婆黎莎訶十五 若有自書教人書寫是无量壽宗要經受持讀
誦當得往生西方極樂世界阿弥陀淨土陀羅尼曰 南謨薄伽勃底一 阿波唎蜜多二 阿喻
紇硯娜三 須毗你悉指陀四 囉佐耶五 怛他羯他耶六 怛姪他唵七 薩婆桑悉迦囉八 波唎輸底九
達磨底十 伽伽娜十一 莎訶某特迦底十二 薩婆婆毗輸底十三 摩訶娜耶十四 波唎婆黎莎訶十五
若有方所自書寫使人書寫是无量壽經典之處則為是塔皆應恭敬作礼若是畜生禽鳥
獸得聞是經如是等類皆當不久得成一切種智陀羅尼曰 南謨薄伽勃底一 阿波唎蜜
多二 阿喻紇硯娜三 須毗你悉指陀四 囉佐耶五 怛他羯他耶六 怛姪他唵七 薩婆桑悉迦囉八 波唎輸底九
達磨底十 伽伽娜十一 莎訶某特迦底十二 薩婆婆毗輸底十三 摩訶娜耶十四 波唎婆黎莎訶十五
若有於是无量壽經自書寫若使人書畢竟不受女人之身陀羅尼曰 南謨薄伽勃底一
阿波唎蜜多二 阿喻紇硯娜三 須毗你悉指陀四 囉佐耶五 怛他羯他耶六 怛姪他唵七 薩婆桑悉迦囉八 波唎輸
底九 達磨底十 伽伽娜十一 莎訶某特迦底十二 薩婆婆毗輸底十三 摩訶娜耶十四 波唎婆黎莎訶十五
若有能於是經少分能惠施者等於三千大千世界滿中七寶布施陀羅尼曰 南謨薄伽勃底一
阿波唎蜜多二 阿喻紇硯娜三 須毗你悉指陀四 囉佐耶五 怛他羯他耶六 怛姪他唵七 薩婆桑悉迦囉八 波唎輸
底九 達磨底十 伽伽娜十一 莎訶某特迦底十二 薩婆婆毗輸底十三 摩訶娜耶十四 波唎婆黎莎訶十五
若有能供養是經者則是供養一切諸經等无有異陀羅尼曰 南謨薄伽勃底一 阿波唎蜜多二

BD14715號A　無量壽宗要經　（10-4）

若有能於是經少分能惠施者等於三千大千世界滿中七寶布施陀羅尼曰 南謨薄伽勃底一
阿波唎蜜多二 阿喻紇硯娜三 須毗你悉指陀四 囉佐耶五 怛他羯他耶六 怛姪他唵七 薩婆桑悉迦囉八 波唎輸
底九 達磨底十 伽伽娜十一 莎訶某特迦底十二 薩婆婆毗輸底十三 摩訶娜耶十四 波唎婆黎莎訶十五
若有能供養是經者則是供養一切諸經等无有異陀羅尼曰 南謨薄伽勃底一 阿波唎蜜多二
阿喻紇硯娜三 須毗你悉指陀四 囉佐耶五 怛他羯他耶六 怛姪他唵七 薩婆桑悉迦囉八 波唎輸底九
達磨底十 伽伽娜十一 莎訶某特迦底十二 薩婆婆毗輸底十三 摩訶娜耶十四 波唎婆黎莎訶十五
如是毗婆尸佛 尸弃佛 毗舍浮佛 俱留孫佛 俱那含牟尼佛 加葉佛 釋迦牟尼佛
若有人以七寶供養如是七佛其福有限書寫是无量壽經典所有功德不可限量陀羅尼曰
南謨薄伽勃底一 阿波唎蜜多二 阿喻紇硯娜三 須毗你悉指陀四 囉佐耶五 怛他羯他耶六 怛姪他唵七
薩婆桑悉迦囉八 波唎輸底九 達磨底十 伽伽娜十一 莎訶某特迦底十二 薩婆婆毗輸底十三 摩訶
娜耶十四 波唎婆黎莎訶十五 若有七寶等於須弥以用布施其福上能知其限量是
无量壽經典其福不可知數陀羅尼曰 南謨薄伽勃底一 阿波唎蜜多二 阿喻紇
硯娜三 須毗你悉指陀四 囉佐耶五 怛他羯他耶六 怛姪他唵七 薩婆桑悉迦囉八 波唎輸底九
達磨底十 伽伽娜十一 莎訶某特迦底十二 薩婆婆毗輸底十三 摩訶娜耶十四 波唎婆黎莎訶十五
如是四大海水可知渧數是无量壽經典所生果報不可數量陀羅尼曰 南謨薄伽勃底一
阿波唎蜜多二 阿喻紇硯娜三 須毗你悉指陀四 囉佐耶五 怛他羯他耶六 怛姪他唵七 薩婆桑悉迦囉八
波唎輸底九 達磨底十 伽伽娜十一 莎訶某特迦底十二 薩婆婆毗輸底十三 摩訶娜耶十四 波唎婆黎莎訶十五
若有自書使人書寫是无量壽經典又能護持供養即是恭敬供養一切十方佛土
如來无有別異陀羅尼曰 南謨薄伽勃底一 阿波唎蜜多二 阿喻紇硯娜三
須毗你悉指陀四 囉佐耶五 怛他羯他耶六 怛姪他唵七 薩婆桑悉迦囉八 波唎輸底九
達磨底十 伽伽娜十一 莎訶某特迦底十二 薩婆婆毗輸底十三 摩訶娜耶十四 波唎婆黎莎訶十五
布施力能成正覺　悟布施力人師子　布施力能聲普聞　慈悲階漸最能入
持戒力能成正覺　悟持戒力人師子　持戒力能聲普聞　慈悲階漸最能入
忍辱力能成正覺　悟忍辱力人師子　忍辱力能聲普聞　慈悲階漸最能入
精進力能成正覺　悟精進力人師子　精進力能聲普聞　慈悲階漸最能入
禪定力能成正覺　悟禪定力人師子　禪定力能聲普聞　慈悲階漸最能入

BD14715號A　無量壽宗要經　（10-5）

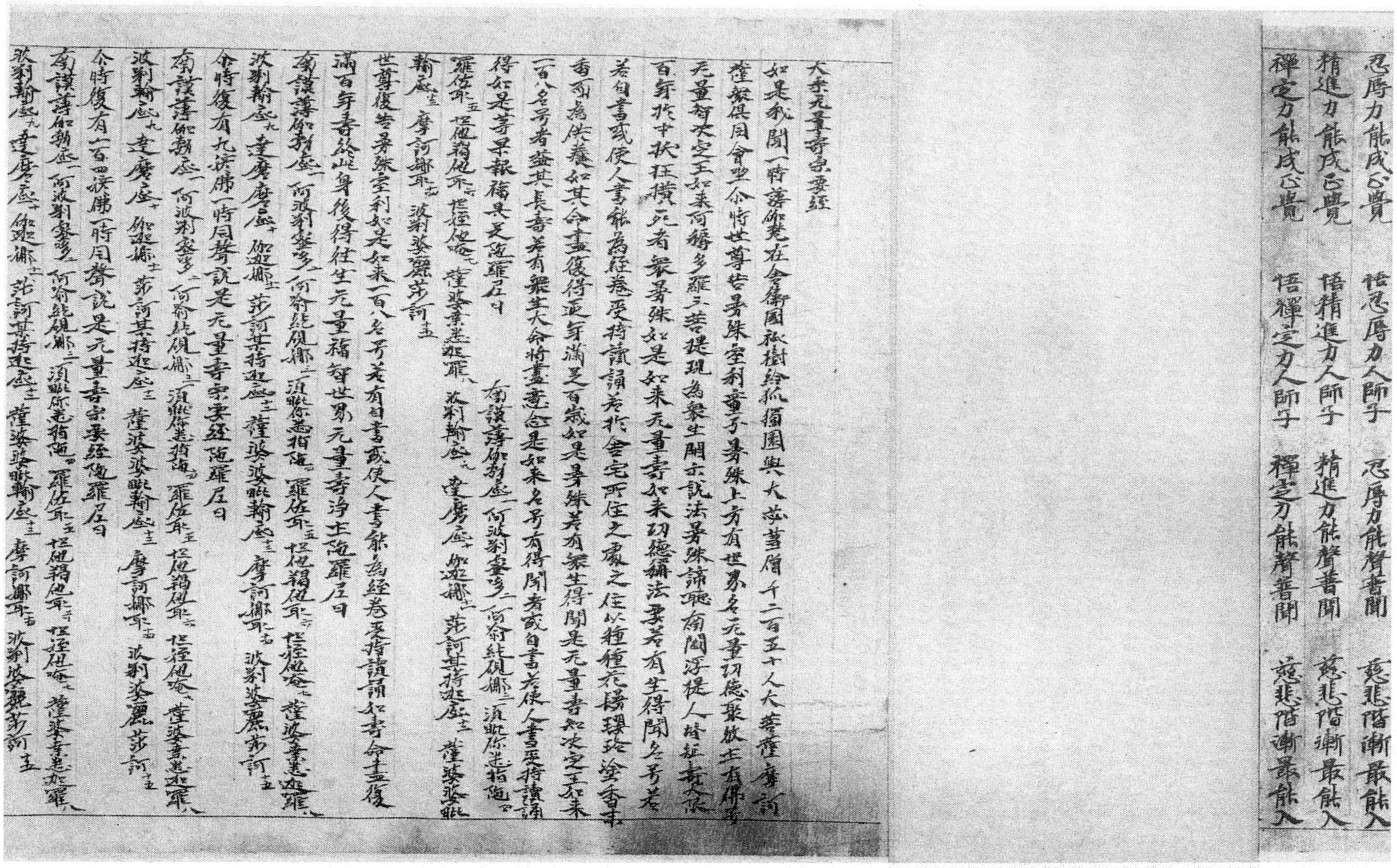

忍辱力能成正覺 悟忍辱力人師子 忍辱力能聲普聞 慈悲階漸最能入

精進力能成正覺 悟精進力人師子 精進力能聲普聞 慈悲階漸最能入

禪定力能成正覺 悟禪定力人師子 禪定力能聲普聞 慈悲階漸最能入

大乘无量壽宗要經

如是我聞一時薄伽梵在舍衛國祇樹給孤獨園與大苾芻僧千二百五十人大菩薩摩訶薩衆俱爾時世尊告曼殊室利童子曼殊上方有世界名无量功德聚彼土有佛号无量智決定王如來阿羅訶三藐三菩提現為衆生開示說法曼殊諦聽南閻浮提人壽百歲於中枉橫死者衆多曼殊如是如來无量壽如來功德稱法要若有生得聞名号若自書或使人書能為經卷受持讀誦若於舍宅所住之處以種種花鬘瓔珞塗香末香而為供養如其命盡復得延年滿足百歲如是曼殊若有衆生得聞是无量壽智決定王如來一百八名号者益其長壽若有衆生大命將盡憶念是如來名号更得增壽得如是等果報福是陀羅尼曰

南謨薄伽勃底一 阿波唎蜜多二 阿喻紇硯那三 須毗你悉指陀四 囉佐耶五 怛他羯他耶六 怛姪他七 薩婆桑悉迦囉八 波唎輸底九 達磨底十 伽伽那十一 莎訶娑特迦底十二 薩婆婆毗輸底十三 摩訶娜耶十四 波唎婆嚟莎訶十五

世尊復告曼殊室利如是如來一百八名号若有自書或使人書能為經卷受持讀誦如壽命盡復滿百年壽終此身後得往生无量福智世界无量壽淨土陀羅尼曰

南謨薄伽勃底一 阿波唎蜜多二 阿喻紇硯那三 須毗你悉指陀四 囉佐耶五 怛他羯他耶六 怛姪他七 薩婆桑悉迦囉八 波唎輸底九 達磨底十 伽伽那十一 莎訶娑特迦底十二 薩婆婆毗輸底十三 摩訶娜耶十四 波唎婆嚟莎訶十五

爾時復有九十九俱胝佛一時同聲說是无量壽宗要經陀羅尼曰

南謨薄伽勃底一 阿波唎蜜多二 阿喻紇硯那三 須毗你悉指陀四 囉佐耶五 怛他羯他耶六 怛姪他七 薩婆桑悉迦囉八 波唎輸底九 達磨底十 伽伽那十一 莎訶娑特迦底十二 薩婆婆毗輸底十三 摩訶娜耶十四 波唎婆嚟莎訶十五

爾時復有一百四俱胝佛一時同聲說是无量壽宗要經陀羅尼曰

南謨薄伽勃底一 阿波唎蜜多二 阿喻紇硯那三 須毗你悉指陀四 囉佐耶五 怛他羯他耶六 怛姪他七 薩婆桑悉迦囉八 波唎輸底九 達磨底十 伽伽那十一 莎訶娑特迦底十二 薩婆婆毗輸底十三 摩訶娜耶十四 波唎婆嚟莎訶十五

BD14715號B　無量壽宗要經　（10–6）

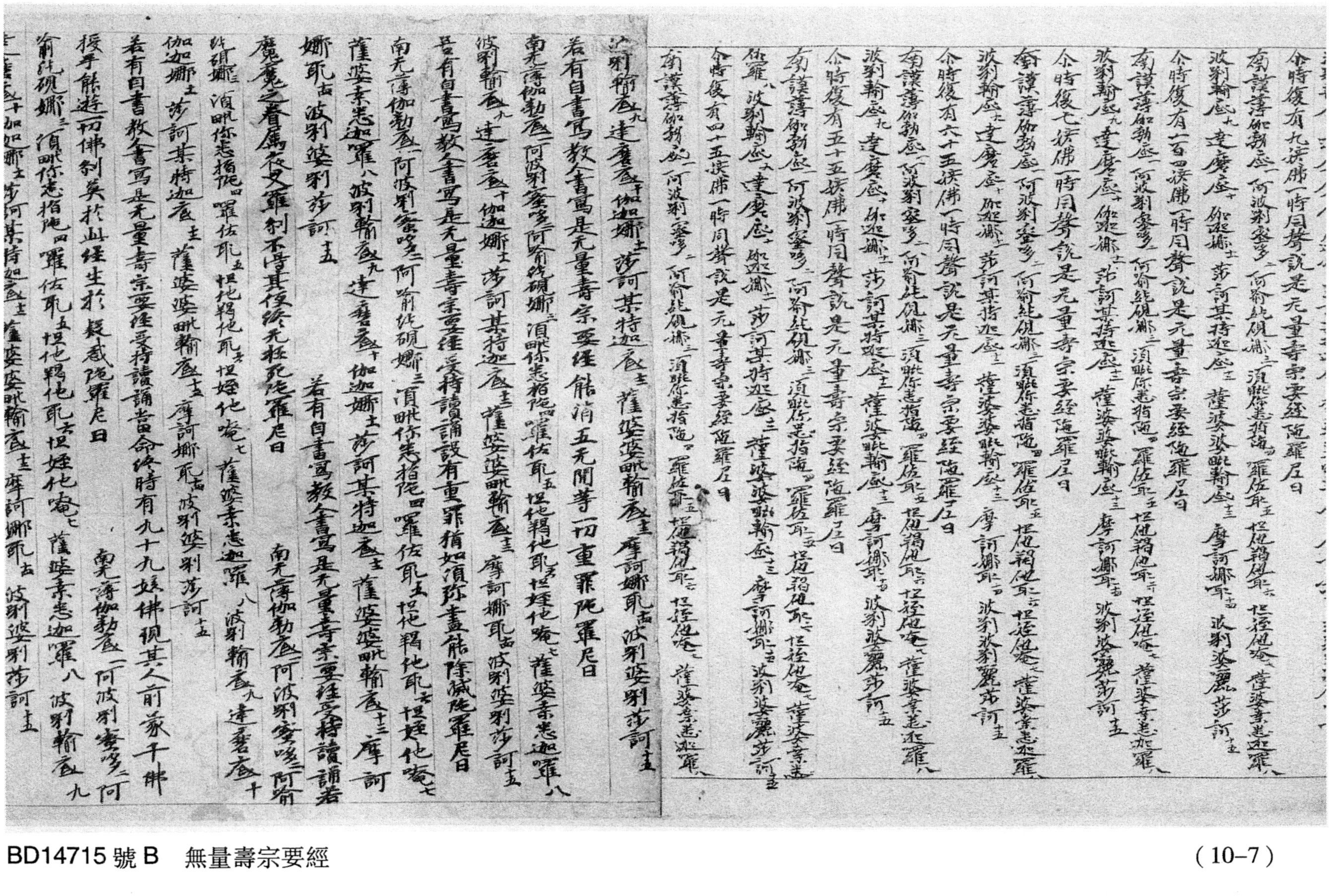

爾時復有九俱胝佛一時同聲說是无量壽宗要經陀羅尼曰

南謨薄伽勃底一 阿波唎蜜多二 阿喻紇硯那三 須毗你悉指陀四 囉佐耶五 怛他羯他耶六 怛姪他七 薩婆桑悉迦囉八 波唎輸底九 達磨底十 伽伽那十一 莎訶娑特迦底十二 薩婆婆毗輸底十三 摩訶娜耶十四 波唎婆嚟莎訶十五

爾時復有一百四俱胝佛一時同聲說是无量壽宗要經陀羅尼曰

南謨薄伽勃底一 阿波唎蜜多二 阿喻紇硯那三 須毗你悉指陀四 囉佐耶五 怛他羯他耶六 怛姪他七 薩婆桑悉迦囉八 波唎輸底九 達磨底十 伽伽那十一 莎訶娑特迦底十二 薩婆婆毗輸底十三 摩訶娜耶十四 波唎婆嚟莎訶十五

爾時復有七俱胝佛一時同聲說是无量壽宗要經陀羅尼曰

南謨薄伽勃底一 阿波唎蜜多二 阿喻紇硯那三 須毗你悉指陀四 囉佐耶五 怛他羯他耶六 怛姪他七 薩婆桑悉迦囉八 波唎輸底九 達磨底十 伽伽那十一 莎訶娑特迦底十二 薩婆婆毗輸底十三 摩訶娜耶十四 波唎婆嚟莎訶十五

爾時復有六十五俱胝佛一時同聲說是无量壽宗要經陀羅尼曰

南謨薄伽勃底一 阿波唎蜜多二 阿喻紇硯那三 須毗你悉指陀四 囉佐耶五 怛他羯他耶六 怛姪他七 薩婆桑悉迦囉八 波唎輸底九 達磨底十 伽伽那十一 莎訶娑特迦底十二 薩婆婆毗輸底十三 摩訶娜耶十四 波唎婆嚟莎訶十五

爾時復有五十五俱胝佛一時同聲說是无量壽宗要經陀羅尼曰

南謨薄伽勃底一 阿波唎蜜多二 阿喻紇硯那三 須毗你悉指陀四 囉佐耶五 怛他羯他耶六 怛姪他七 薩婆桑悉迦囉八 波唎輸底九 達磨底十 伽伽那十一 莎訶娑特迦底十二 薩婆婆毗輸底十三 摩訶娜耶十四 波唎婆嚟莎訶十五

爾時復有四十五俱胝佛一時同聲說是无量壽宗要經陀羅尼曰

南謨薄伽勃底一 阿波唎蜜多二 阿喻紇硯那三 須毗你悉指陀四 囉佐耶五 怛他羯他耶六 怛姪他七 薩婆桑悉迦囉八 波唎輸底九 達磨底十 伽伽那十一 莎訶娑特迦底十二 薩婆婆毗輸底十三 摩訶娜耶十四 波唎婆嚟莎訶十五

若有自書寫教人書寫是无量壽宗要經能消五无間等一切重罪陀羅尼曰

南无薄伽勃底一 阿波唎蜜多二 阿喻紇硯那三 須毗你悉指陀四 囉佐耶五 怛他羯他耶六 怛姪他七 薩婆桑悉迦囉八 波唎輸底九 達磨底十 伽伽那十一 莎訶娑特迦底十二 薩婆婆毗輸底十三 摩訶娜耶十四 波唎婆嚟莎訶十五

若有自書寫教人書寫是无量壽宗要經受持讀誦設有重罪猶如須彌盡能除滅陀羅尼曰

南无薄伽勃底一 阿波唎蜜多二 阿喻紇硯那三 須毗你悉指陀四 囉佐耶五 怛他羯他耶六 怛姪他七 薩婆桑悉迦囉八 波唎輸底九 達磨底十 伽伽那十一 莎訶娑特迦底十二 薩婆婆毗輸底十三 摩訶娜耶十四 波唎婆嚟莎訶十五

若有自書寫教人書寫是无量壽宗要經受持讀誦若魔魔之眷屬夜叉羅剎不得其便終无枉死陀羅尼曰

南无薄伽勃底一 阿波唎蜜多二 阿喻紇硯那三 須毗你悉指陀四 囉佐耶五 怛他羯他耶六 怛姪他七 薩婆桑悉迦囉八 波唎輸底九 達磨底十 伽伽那十一 莎訶娑特迦底十二 薩婆婆毗輸底十三 摩訶娜耶十四 波唎婆嚟莎訶十五

若有自書教人書寫是无量壽宗要經受持讀誦者命終時有九十九俱胝佛現其人前來千佛授手能遊一切佛剎莫於此經生於疑惑陀羅尼曰

南无薄伽勃底一 阿波唎蜜多二 阿喻紇硯那三 須毗你悉指陀四 囉佐耶五 怛他羯他耶六 怛姪他七 薩婆桑悉迦囉八 波唎輸底九

BD14715號B　無量壽宗要經　（10–7）

伽迦娜十二莎訶某特迦底十三薩婆婆毗輸底十四摩訶娜耶十五波唎婆唎莎訶十六
若有自書教人書寫是无量壽宗要經受持讀誦當命終時有九十九殑伽佛現其人前來千佛
授手能遊一切佛刹莫於此經生於疑惑陀羅尼曰　南无薄伽勃底一阿波唎蜜哆二阿
喻紇硯娜三須毗你悉指陀四囉佐耶五怛他羯他耶六怛姪他唵七薩婆桑悉迦囉八波唎輸底九
達磨底十伽迦娜十一莎訶某特迦底十二薩婆婆毗輸底十三摩訶娜耶十四波唎婆唎莎訶十五
若有自書寫教人書寫是无量壽宗要經受持讀誦常得四天大王隨其衛護陀羅尼曰
南无薄伽勃底一阿波唎蜜哆二阿喻紇硯娜三須毗你悉指陀四囉佐耶五怛他羯他耶六怛姪他唵七
薩婆桑悉迦囉八波唎輸底九達磨底十伽迦娜十一莎訶某特迦底十二薩婆婆毗輸底十三摩訶
娜耶十四波唎婆唎莎訶十五　若有自書教人書寫是无量壽宗要經受持讀誦當
得往生西方極樂世界阿彌陀淨土陀羅尼曰　南无薄伽勃底一阿波唎蜜哆二阿喻紇硯
娜三須毗你悉指陀四囉佐耶五怛他羯他耶六怛姪他唵七薩婆桑悉迦囉八波唎輸底九達磨
底十伽迦娜十一莎訶某特迦底十二薩婆婆毗輸底十三摩訶娜耶十四波唎婆唎莎訶十五
若有方所自書寫使人書寫是无量壽經典之處則為是塔皆應恭敬作禮若是畜生禽鳥獸
得聞是經如是等類皆當不久得成一切種智陀羅尼曰　南无薄伽勃底一阿波唎蜜哆二
阿喻紇硯娜三須毗你悉指陀四囉佐耶五怛他羯他耶六怛姪他唵七薩婆桑悉迦囉八波唎輸底
達磨底十伽迦娜十一莎訶某特迦底十二薩婆婆毗輸底十三摩訶娜耶十四波唎婆唎莎訶十五
若有於是无量壽經自書寫若使人書畢竟不受女人之身陀羅尼曰
南无薄伽勃底一阿波唎蜜哆二阿喻紇硯娜三須毗你悉指陀四囉佐耶五怛他羯他耶六怛姪他唵七
薩婆桑悉迦囉八波唎輸底九達磨底十伽迦娜十一莎訶某特迦底十二薩婆婆毗輸底十三摩訶
娜耶十四波唎婆唎莎訶十五　若有能於是經少分能惠施者等於三千大千
世界滿中七寶布施陀羅尼曰　南无薄伽勃底一阿波唎蜜哆二阿喻紇硯娜三
須毗你悉指陀四囉佐耶五怛他羯他耶六怛姪他唵七薩婆桑悉迦囉八波唎輸底九達磨底十
伽迦娜十一莎訶某特迦底十二薩婆婆毗輸底十三摩訶娜耶十四波唎婆唎莎訶十五
若有能供養是經者則是供養一切諸經等无有別陀羅尼曰　南无薄伽勃底一阿波唎蜜哆二
阿喻紇硯娜三須毗你悉指陀四囉佐耶五怛他羯他耶六怛姪他唵七薩婆桑悉迦囉八波唎輸底九
達磨底十伽迦娜十一莎訶某特迦底十二薩婆婆毗輸底十三摩訶娜耶十四波唎婆唎莎訶十五
如是毗婆尸佛　尸棄佛　毗舍浮佛　俱留孫佛　俱那含牟尼佛　迦葉佛　釋迦牟尼佛
若有人以七寶供養如是七佛其福有限書寫受持是无量壽經典所有功德不可限量陀羅尼曰
南无薄伽勃底一阿波唎蜜哆二阿喻紇硯娜三須毗你悉指陀四囉佐耶五怛他羯他耶六怛姪他唵七
薩婆桑悉迦囉八波唎輸底九達磨底十伽迦娜十一莎訶某特迦底十二薩婆婆毗輸底十三摩

BD14715號B　無量壽宗要經　（10-8）

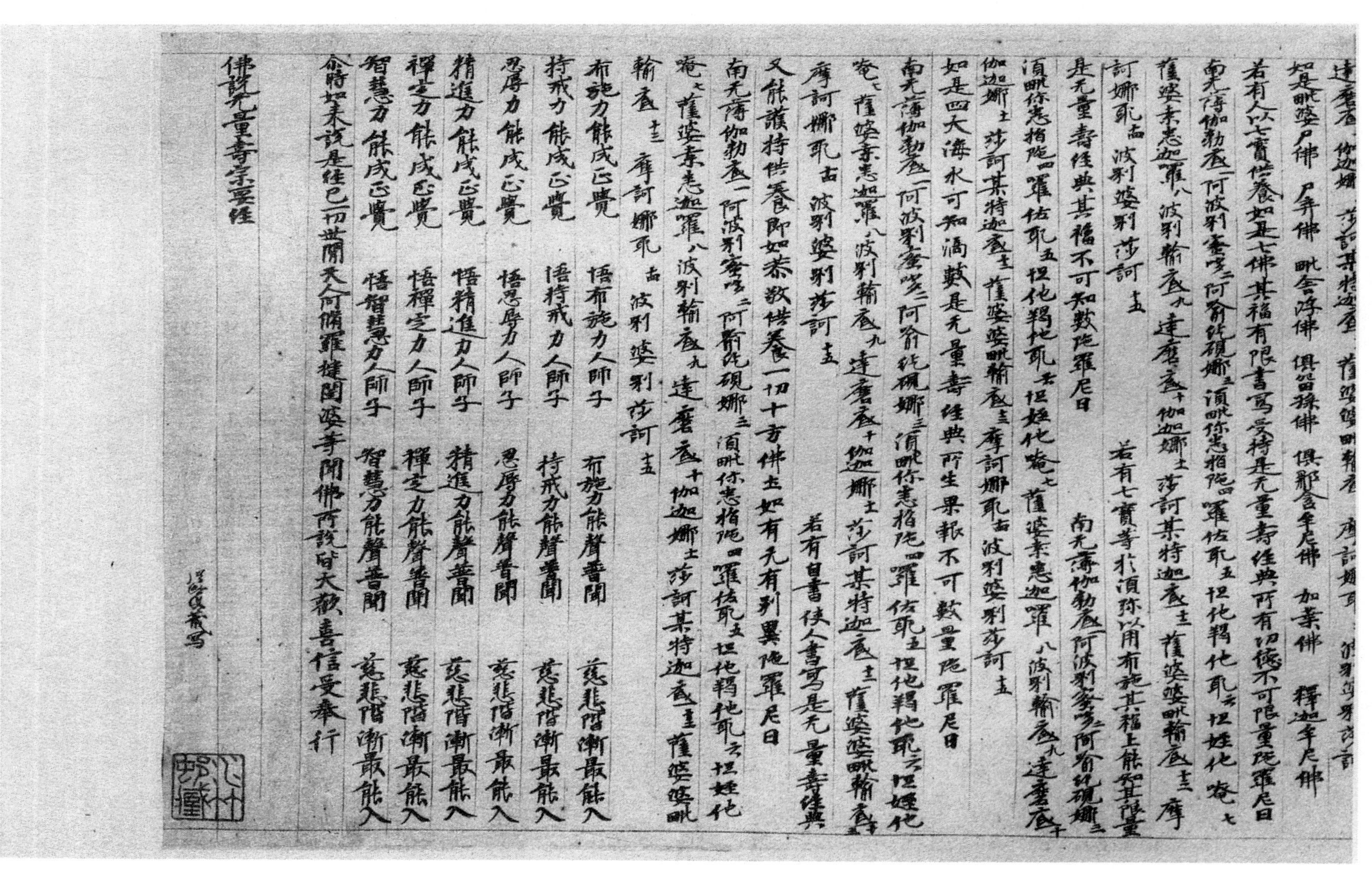
達磨底十伽迦娜十一莎訶某特迦底十二薩婆婆毗輸底十三摩訶娜耶十四波唎婆唎莎訶十五
如是毗婆尸佛　尸棄佛　毗舍浮佛　俱留孫佛　俱那含牟尼佛　迦葉佛　釋迦牟尼佛
若有人以七寶供養如是七佛其福有限書寫受持是无量壽經典所有功德不可限量陀羅尼曰
南无薄伽勃底一阿波唎蜜哆二阿喻紇硯娜三須毗你悉指陀四囉佐耶五怛他羯他耶六怛姪他唵七
薩婆桑悉迦囉八波唎輸底九達磨底十伽迦娜十一莎訶某特迦底十二薩婆婆毗輸底十三摩
訶娜耶十四波唎婆唎莎訶十五　若有七寶等於須彌以用布施其福上能知其限量
是无量壽經典其福不可知數陀羅尼曰　南无薄伽勃底一阿波唎蜜哆二阿喻紇硯娜三
須毗你悉指陀四囉佐耶五怛他羯他耶六怛姪他唵七薩婆桑悉迦囉八波唎輸底九達磨底十
伽迦娜十一莎訶某特迦底十二薩婆婆毗輸底十三摩訶娜耶十四波唎婆唎莎訶十五
如是四大海水可知渧數是无量壽經典所生果報不可數量陀羅尼曰
南无薄伽勃底一阿波唎蜜哆二阿喻紇硯娜三須毗你悉指陀四囉佐耶五怛他羯他耶六怛姪他
唵七薩婆桑悉迦囉八波唎輸底九達磨底十伽迦娜十一莎訶某特迦底十二薩婆婆毗輸底十三
摩訶娜耶十四波唎婆唎莎訶十五　若有自書使人書寫是无量壽經典
又能讀持供養即如恭敬供養一切十方佛土如有无有別異陀羅尼曰
南无薄伽勃底一阿波唎蜜哆二阿喻紇硯娜三須毗你悉指陀四囉佐耶五怛他羯他耶六怛姪他
唵七薩婆桑悉迦囉八波唎輸底九達磨底十伽迦娜十一莎訶某特迦底十二薩婆婆毗
輸底十三摩訶娜耶十四波唎婆唎莎訶十五
布施力能成正覺　悟布施力人師子　布施力能聲普聞　慈悲階漸最能入
持戒力能成正覺　悟持戒力人師子　持戒力能聲普聞　慈悲階漸最能入
忍辱力能成正覺　悟忍辱力人師子　忍辱力能聲普聞　慈悲階漸最能入
精進力能成正覺　悟精進力人師子　精進力能聲普聞　慈悲階漸最能入
禪定力能成正覺　悟禪定力人師子　禪定力能聲普聞　慈悲階漸最能入
智慧力能成正覺　悟智慧力人師子　智慧力能聲普聞　慈悲階漸最能入
爾時如來說是經已一切世間天人阿脩羅揵闥婆等聞佛所說皆大歡喜信受奉行
佛說无量壽宗要經

BD14715號B　無量壽宗要經　（10-9）

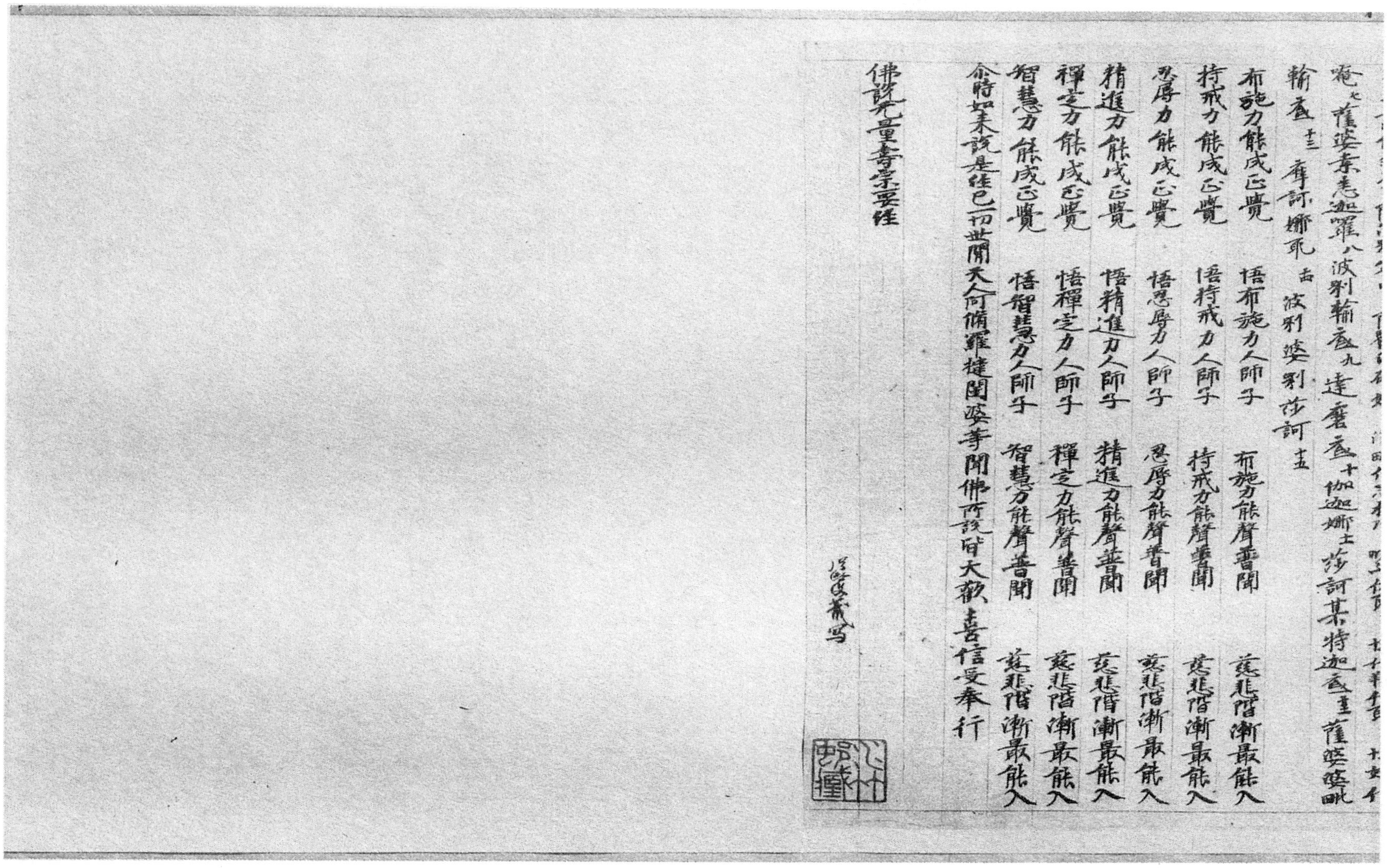
唵七 薩婆桑悉迦羅八 波唎輸底九 達磨底十 伽迦娜十一 莎訶某特迦底十二 薩婆婆毗
輸底十三 摩訶娜耶十四 波唎婆唎莎訶十五
布施力能成正覺 悟布施力人師子 布施力能聲普聞 慈悲階漸最能入
持戒力能成正覺 悟持戒力人師子 持戒力能聲普聞 慈悲階漸最能入
忍辱力能成正覺 悟忍辱力人師子 忍辱力能聲普聞 慈悲階漸最能入
精進力能成正覺 悟精進力人師子 精進力能聲普聞 慈悲階漸最能入
禪定力能成正覺 悟禪定力人師子 禪定力能聲普聞 慈悲階漸最能入
智慧力能成正覺 悟智慧力人師子 智慧力能聲普聞 慈悲階漸最能入
尒時如來說是經已一切世間天人阿脩羅揵闥婆等聞佛所說皆大歡喜信受奉行
佛說無量壽宗要經
張良友寫

BD14715 號 B　無量壽宗要經　（10–10）

BD14716 號背　護首　（1–1）

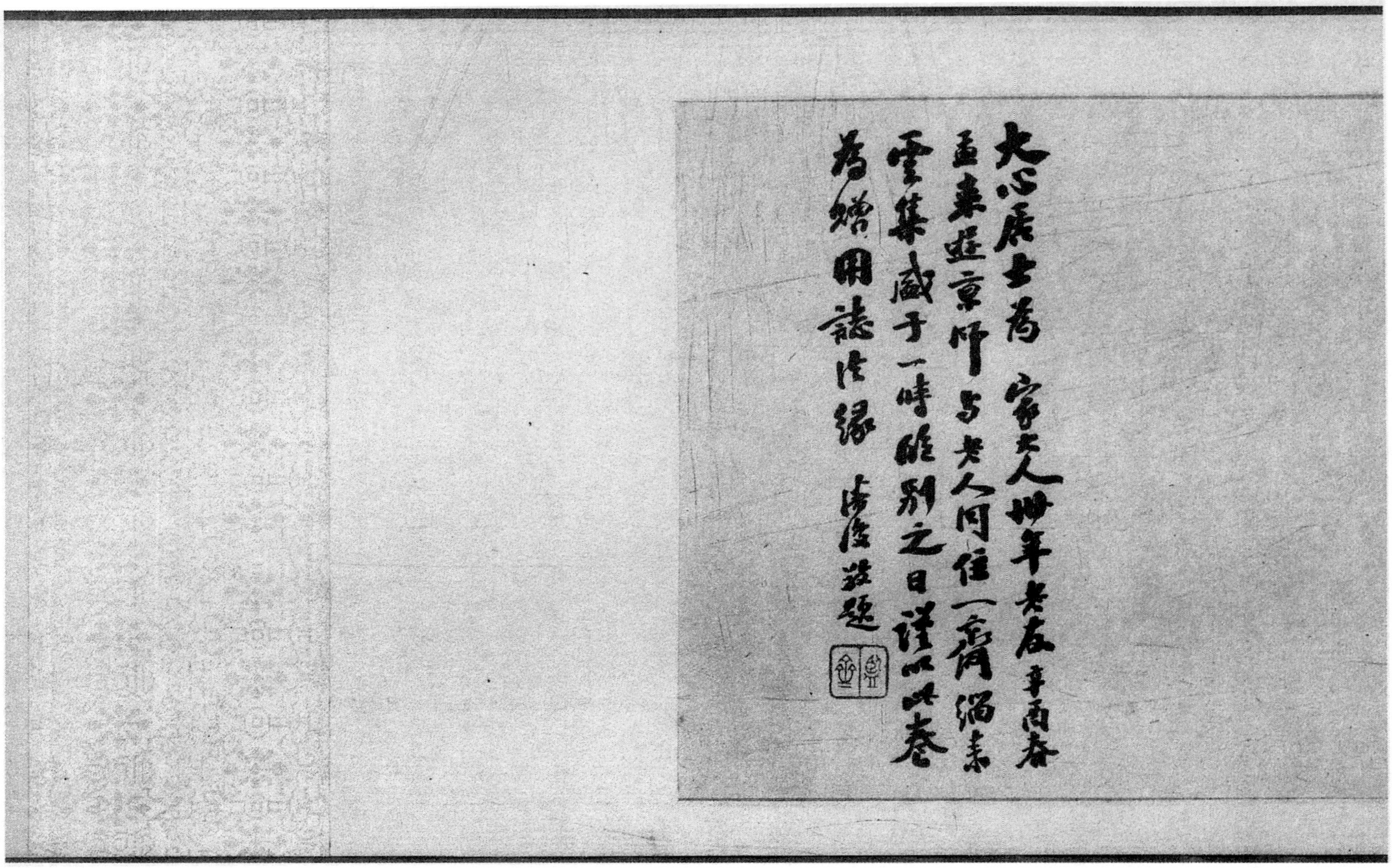

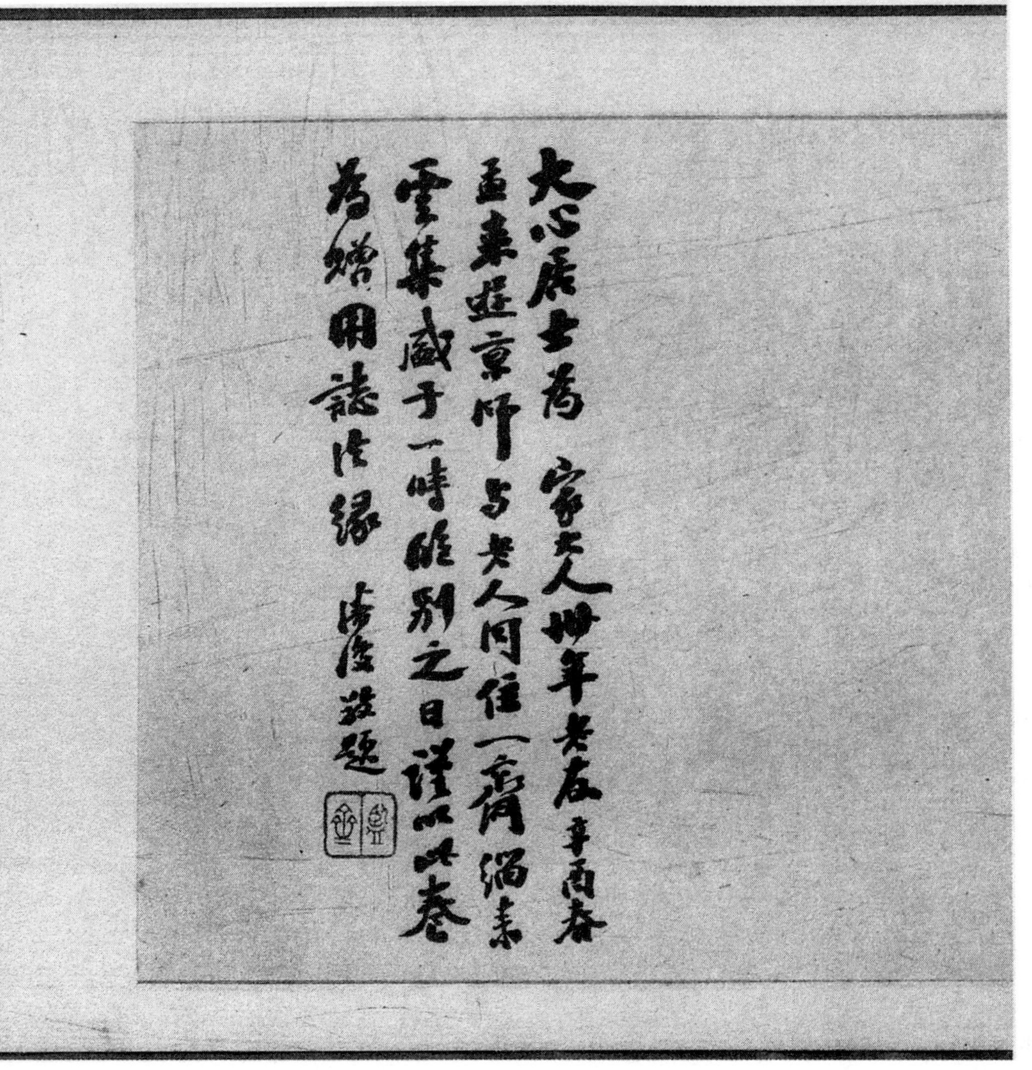

大心居士為　家大人卅年老友辛酉春
重來遊京師與老人同住一齋緇素
雲集盛于一時臨別之日謹以此卷
爲贈用誌法緣　溥僡敬題

BD14716 號　大般若波羅蜜多經卷六八　　（22–1）

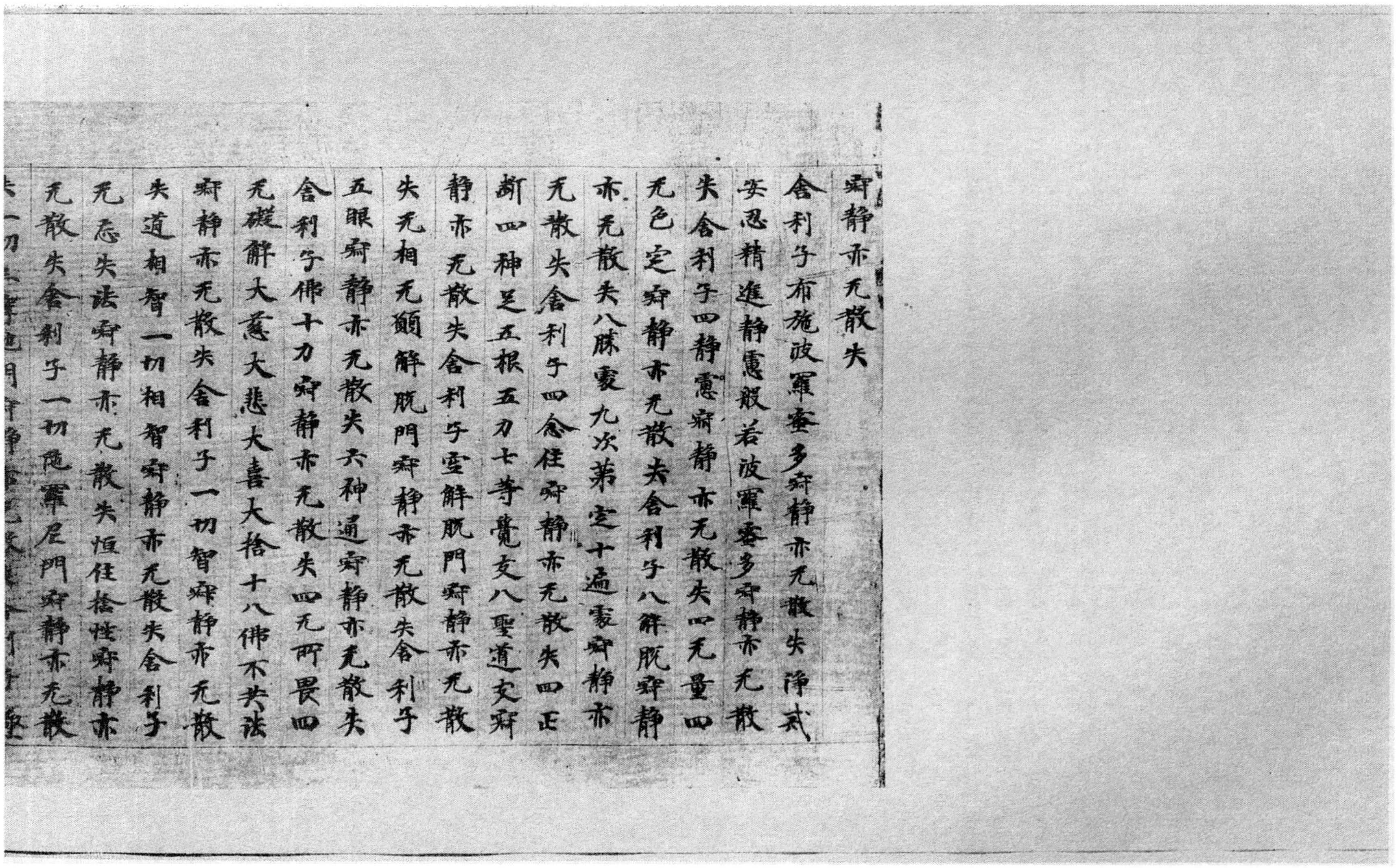

寂静亦无散失
舍利子布施波羅蜜多寂静亦无散失淨戒
安忍精進静慮般若波羅蜜多寂静亦无散
失舍利子四静慮寂静亦无散失四无量四
无色定寂静亦无散失舍利子八解脫寂静
亦无散失八勝處九次第定十遍處寂静亦
无散失舍利子四念住寂静亦无散失四正
斷四神足五根五力七等覺支八聖道支寂
静亦无散失舍利子空解脫門寂静亦无散
失无相无願解脫門寂静亦无散失舍利子
五眼寂静亦无散失六神通寂静亦无散失
舍利子佛十力寂静亦无散失四无所畏四
无礙解大慈大悲大喜大捨十八佛不共法
寂静亦无散失舍利子一切智寂静亦无散
失道相智一切相智寂静亦无散失舍利子
无忘失法寂静亦无散失恒住捨性寂静亦
无散失舍利子一切陁羅尼門寂静亦无散
失一切三摩地門寂静亦无散失

BD14716 號　大般若波羅蜜多經卷六八　　（22–2）

无礙解大慈大悲大喜大捨十八佛不共法
寂靜亦无散失舍利子一切智寂靜亦无散
失道相智一切相智寂靜亦无散失舍利子
无忘失法寂靜亦无散失恒住捨性寂靜亦
无散失舍利子一切陁羅尼門寂靜亦无散
失一切三摩地門寂靜亦无散失舍利子極
喜地寂靜亦无散失離垢地發光地焰慧地
極難勝地現前地遠行地不動地善慧地法
雲地寂靜亦无散失舍利子異生地寂靜亦
无散失種姓地第八地具見地薄地離欲地
已辦地獨覺地菩薩地如來地寂靜亦无散
失舍利子聲聞乘寂靜亦无散失獨覺乘大
乘寂靜亦无散失舍利子由此緣故我作是
說諸法亦尒都无自性
復次舍利子諸法遠離亦无散失何以故若
法遠離无盡性故時舍利子問善現言何法
遠離亦无散失善現答言舍利子色遠離亦
无散失受想行識遠離亦无散失舍利子眼
處遠離亦无散失耳鼻舌身意處遠離亦无
散失舍利子色處遠離亦无散失聲香味觸
法處遠離亦无散失舍利子眼界遠離亦无
散失色界眼識界及眼觸眼觸為緣所生諸
受遠離亦无散失舍利子耳界遠離亦无散
失聲界耳識界及耳觸耳觸為緣所生諸受
遠離亦无散失舍利子鼻界遠離亦无散失
香界鼻識界及鼻觸鼻觸為緣所生諸受遠
離亦无散失舍利子舌界遠離亦无散失味
界舌識界及舌觸舌觸為緣所生諸受遠離

BD14716號　大般若波羅蜜多經卷六八　（22–3）

失聲界耳識界及耳觸耳觸為緣所生諸受
遠離亦无散失舍利子鼻界遠離亦无散失
香界鼻識界及鼻觸鼻觸為緣所生諸受遠
離亦无散失舍利子舌界遠離亦无散失味
界舌識界及舌觸舌觸為緣所生諸受遠離
亦无散失舍利子身界遠離亦无散失觸界
身識界及身觸身觸為緣所生諸受遠離亦
无散失舍利子意界遠離亦无散失法界意
識界及意觸意觸為緣所生諸受遠離亦无
散失舍利子地界遠離亦无散失水火風空
識界遠離亦无散失舍利子苦聖諦遠離亦
无散失集滅道聖諦遠離亦无散失舍利子
无明遠離亦无散失行識名色六處觸受愛
取有生老死愁歎苦憂惱遠離亦无散失舍
利子內空遠離亦无散失外空內外空空空
大空勝義空有為空无為空畢竟空无際空
散空无變異空本性空自相空共相空一切
法空不可得空无性空自性空无性自性空
遠離亦无散失
舍利子布施波羅蜜多遠離亦无散失淨戒
安忍精進靜慮般若波羅蜜多遠離亦无散
失舍利子四靜慮遠離亦无散失四无量四
无色定遠離亦无散失舍利子八解脫遠離
亦无散失八勝處九次第定十遍處遠離亦
无散失舍利子四念住遠離亦无散失四正
斷四神足五根五力七等覺支八聖道支遠
離亦无散失舍利子空解脫門遠離亦无散
失无相无願解脫門遠離亦无散失一切

BD14716號　大般若波羅蜜多經卷六八　（22–4）

亦无散失八勝處九次第定十遍處遠離亦
无散失舍利子四念住遠離亦无散失四正
斷四神足五根五力七等覺支八聖道支遠
離亦无散失舍利子空解脫門遠離亦无散
失无相无願解脫門遠離亦无散失舍利子
五眼遠離亦无散失六神通遠離亦无散失
舍利子佛十力遠離亦无散失四无所畏四
无礙解大慈大悲大喜大捨十八佛不共法
遠離亦无散失舍利子一切智遠離亦无散
失道相智一切相智遠離亦无散失舍利子
无忘失法遠離亦无散失恒住捨性遠離亦
无散失舍利子一切陁羅尼門遠離亦无散
失一切三摩地門遠離亦无散失舍利子極
喜地遠離亦无散失離垢地發光地焰慧地
極難勝地現前地遠行地不動地善慧地法
雲地遠離亦无散失舍利子異生地遠離亦
无散失種姓地第八地具見地薄地離欲地
已辦地獨覺地菩薩地如來地遠離亦无散
失舍利子聲聞乘遠離亦无散失獨覺乘大
乘遠離亦无散失舍利子由此緣故我作是
說諸法亦尒都无自性
復次舍利子諸法空亦无散失何以故若法
空无盡性故時舍利子問善現何法空亦
无散失善現荅言舍利子色空亦散失受
想行識空亦无散失舍利子眼處空亦无散
失耳鼻舌身意處空亦无散失舍利子色處
空亦无散失聲香味觸法處空亦无散失舍

BD14716號　大般若波羅蜜多經卷六八　（22–5）

空无盡性故時舍利子問善現何法空亦
无散失善現荅言舍利子色空亦散失受
想行識空亦无散失舍利子眼處空亦无散
失耳鼻舌身意處空亦无散失舍利子色處
空亦无散失聲香味觸法處空亦无散失舍
利子眼界空亦无散失色界眼識界及眼觸
眼觸為緣所生諸受空亦无散失舍利子耳
界空亦无散失聲界耳識界及耳觸耳觸為
緣所生諸受空亦无散失舍利子鼻界空亦
无散失香界鼻識界及鼻觸鼻觸為緣所生
諸受空亦无散失舍利子舌界空亦无散失味
界舌識界及舌觸舌觸為緣所生諸受空亦
无散失舍利子身界空亦无散失觸界身識
界及身觸身觸為緣所生諸受空亦无散
失舍利子意界空亦无散失法界意識界及
意觸意觸為緣所生諸受空亦无散失舍利
子地界空亦无散失水火風空識界空亦无
散失舍利子苦聖諦空亦无散失集滅道聖
諦空亦无散失舍利子无明空亦无散失行
識名色六處觸受愛取有生老死愁歎苦憂
惱空亦无散失舍利子內空空亦无散失外
空內外空空空大空勝義空有為空无為空
畢竟空无際空散空无變異空本性空自性
空共相空一切法空不可得空无性空自性
空无性自性空空亦无散失
舍利子布施波羅蜜多空亦无散失淨戒安
忍精進靜慮般若波羅蜜多空亦无散失舍
利子四靜慮空亦无散失四无量四无色定

BD14716號　大般若波羅蜜多經卷六八　（22–6）

空无性自性空空亦无散失
舍利子布施波羅蜜多空亦无散失淨戒安
忍精進靜慮般若波羅蜜多空亦无散失舍
利子四靜慮空亦无散失四无量四无色定
空亦无散失舍利子八解脫空亦无散失八
勝處九次第定十遍處空亦无散失舍利子
四念住空亦无散失四正斷四神足五根五
力七等覺支八聖道支空亦无散失舍利子
空解脫門空亦无散失无相无願解脫門空
亦无散失舍利子五眼空亦无散失六神通
空亦无散失舍利子佛十力空亦无散失四
无所畏四无礙解大慈大悲大喜大捨十八
佛不共法空亦无散失舍利子一切智空亦
无散失道相智一切相智空亦无散失舍利
子无忘失法空亦无散失恒住捨性空亦无
散失舍利子一切陁羅尼門空亦无散失一
切三摩地門空亦无散失舍利子極喜地空
亦无散失離垢地發光地焰慧地極難勝地
現前地遠行地不動地善慧地法雲地空亦
无散失舍利子異生地空亦无散失種姓地
第八地具見地薄地離欲地已辨地獨覺地
菩薩地如來地空亦无散失舍利子聲聞乘
空亦无散失獨覺乘大乘空亦无散失舍利
子由此緣故我作是說諸法亦尒都无自性
復次舍利子諸法无相亦无散失何以故若
法无相无盡性故時舍利子問善現言何法
无相亦无散失善現荅言舍利子色无相亦

BD14716號　大般若波羅蜜多經卷六八　（22–7）

子由此緣故我作是說諸法亦尒都无自性
復次舍利子諸法无相亦无散失何以故若
法无相无盡性故時舍利子問善現言何法
无相亦无散失善現荅言舍利子色无相亦
无散失受想行識无相亦无散失舍利子眼
處无相亦无散失耳鼻舌身意處无相亦无
散失舍利子色處无相亦无散失聲香味觸
法處无相亦无散失舍利子眼界无相亦无
散失色界眼識界及眼觸眼觸爲緣所生諸
受无相亦无散失舍利子耳界无相亦无散
失聲界耳識界及耳觸耳觸爲緣所生諸受
无相亦无散失舍利子鼻界无相亦无散失香
界鼻識界及鼻觸鼻觸爲緣亦无散失味界
相亦无散失舍利子舌界无相亦无散失味
界舌識界及舌觸舌觸爲緣所生諸受无相
亦无散失舍利子身界无相亦无散失觸界
身識界及身觸身觸爲緣所生諸受无相亦
无散失舍利子意界无相亦无散失法界意
識界及意觸意觸爲緣所生諸受无相亦无
散失舍利子地界无相亦无散失水火風空
識界无相亦无散失舍利子苦聖諦无相亦
无散失集滅道聖諦无相亦无散失舍利子
无明无相亦无散失行識名色六處觸受愛
取有生老死愁歎苦憂惱无相亦无散失舍
利子内空无相亦无散失外空内外空空空
大空勝義空有爲空无爲空畢竟空无際空
散空无變異空本性空自相空共相空一切

BD14716號　大般若波羅蜜多經卷六八　（22–8）

取有生老死愁歎苦憂惱无相亦无散失舍
利子内空无相亦无散失外空内外空空空
大空勝義空有為空无為空畢竟空无際空
散空无變異空本性空自相空共相空一切
法空不可得空无性空自性空无性自性空
无相亦无散失
舍利子布施波羅蜜多无相亦无散失淨戒
安忍精進靜慮般若波羅蜜多无相亦无散
失舍利子四靜慮无相亦无散失四无量四
无色定无相亦无散失舍利子八解脫无相
亦无散失八勝處九次第定十遍處无相亦
无散失舍利子四念住无相亦无散失四正
斷四神足五根五力七等覺支八聖道支无
相亦无散失舍利子空解脫門无相亦无散
失无相无願解脫門无相亦无散失舍利子
五眼无相亦无散失六神通无相亦无散失
舍利子佛十力无相亦无散失四无所畏四
无礙解大慈大悲大喜大捨十八佛不共法
无相亦无散失舍利子一切智无相亦无散
失道相智一切相智无相亦无散失舍利子
无忘失法无相亦无散失恒住捨性无相亦
无散失舍利子一切陁羅尼門无相亦无散
失一切三摩地門无相亦无散失舍利子極
喜地无相亦无散失離垢地發光地焰慧地
極難勝地現前地遠行地不動地善慧地法
雲地无相亦无散失舍利子異生地无相亦无
散失種姓地第八地具見地薄地離欲地已

BD14716號　大般若波羅蜜多經卷六八　（22–9）

極難勝地現前地遠行地不動地善慧地法
雲地无相亦无散失舍利子異生地无相亦无
散失種姓地第八地具見地薄地離欲地已
辦地獨覺地菩薩地如來地无相亦无散失
舍利子聲聞乘无相亦无散失獨覺乘大乘
无相亦无散失舍利子由此緣故我作是說
諸法亦尒都无自性
復次舍利子諸法无願亦无散失何以故若
法无願无盡性故時舍利子問善現言何法
无願亦无散失善現答言舍利子色无願亦
无散失受想行識无願亦无散失舍利子眼
處无願亦无散失耳鼻舌身意處无願亦无
散失舍利子色處无願亦无散失聲香味觸
法處无願亦无散失舍利子眼界无願亦无散
失色界眼識界及眼觸眼觸為緣所生諸受
无願亦无散失舍利子耳界无願亦无散失
聲界耳識界及耳觸耳觸為緣所生諸受无
願亦无散失舍利子鼻界无願亦无散失香
界鼻識界及鼻觸鼻觸為緣所生諸受无願
亦无散失舍利子香界无願亦无散失味界
舌識界及舌觸舌觸為緣所生諸受无願亦
无散失舍利子身界无願亦无散失觸界身
識界及身觸身觸為緣所生諸受无願亦无
散失舍利子意界无願亦无散失法界意識
界及意觸意觸為緣所生諸受无願亦无散
失舍利子地界无願亦无散失水火風空識
界无願亦无散失舍利子苦聖諦无願亦无

BD14716號　大般若波羅蜜多經卷六八　（22–10）

散失舍利子意界无願亦无散失法界意識
界及意觸意觸為緣所生諸受无願亦无散
失舍利子地界无願亦无散失水火風空識
界无願亦无散失舍利子苦聖諦无願亦无
散失集滅道聖諦无願亦无散失舍利子无
明无願亦无散失行識名色六處觸受愛取
有生老死愁歎苦憂惱无願亦无散失舍利
子內空无願亦无散失外空內外空空空大
空勝義空有為空无為空畢竟空无際空散
空无變異空本性空自相空共相空一切法
空不可得空无性空自性空无性自性空无
願亦无散失
舍利子布施波羅蜜多无願亦无散失淨戒
安忍精進靜慮般若波羅蜜多无願亦无散
失舍利子四靜慮无願亦无散失四无量四
无色定无願亦无散失舍利子八解脫无願
亦无散失八勝處九次第定十遍處无願亦
无散失舍利子四念住无願亦无散失四正
斷四神足五根五力七等覺支八聖道支无
願亦无散失舍利子空解脫門无願亦无散
失无相无願解脫門无願亦无散失舍利子
五眼无願亦无散失六神通无願亦无散失
舍利子佛十力无願亦无散失四无所畏四
无礙解大慈大悲大喜大捨十八佛不共法
无願亦无散失舍利子一切智无願亦无散
失道相智一切相智无願亦无散失舍利子
无忘失法无願亦无散失恒住捨性无願亦

BD14716 號　大般若波羅蜜多經卷六八　（22–11）

无礙解大慈大悲大喜大捨十八佛不共法
无願亦无散失舍利子一切智无願亦无散
失道相智一切相智无願亦无散失舍利子
无忘失法无願亦无散失恒住捨性无願亦
无散失舍利子一切陀羅尼門无願亦无散
失一切三摩地門无願亦无散失舍利子極
喜地无願亦无散失離垢地發光地焰慧地
極難勝地現前地遠行地不動地善慧地法
雲地无願亦无散失舍利子異生地无願亦
无散失種姓地第八地具見地薄地離欲地
已辦地獨覺地菩薩地如來地无願亦无散
失舍利子聲聞乘无願亦无散失獨覺乘大
乘无願亦无散失舍利子由此緣故我作是
說諸法亦尒都无自性
復次舍利子諸法善亦無散失何以故若法
善无盡性故時舍利子問善現言何法善亦
无散失善現答言舍利子色善亦无散失受
想行識善亦无散失舍利子眼處善亦无散
失耳鼻舌身意處善亦无散失舍利子色處
善亦无散失聲香味觸法處善亦无散失舍
利子眼界善亦无散失色界眼識界及眼觸
眼觸為緣所生諸受善亦无散失舍利子耳
界善亦无散失聲界耳識界及耳觸耳觸為
緣所生諸受善亦无散失舍利子鼻界善亦
无散失香界鼻識界及鼻觸鼻觸為緣所生
諸受善亦无散失舍利子舌界善亦无散失
味界舌識界及舌觸舌觸為緣所生諸受善

BD14716 號　大般若波羅蜜多經卷六八　（22–12）

緣所生諸受善亦无散失舍利子鼻界善亦
无散失香界鼻識界及鼻觸鼻觸為緣所生
諸受善亦无散失舍利子舌界善亦无散失
味界舌識界及舌觸舌觸為緣所生諸受善
亦无散失舍利子身界善亦无散失觸界身
識界及身觸身觸為緣所生諸受善亦无散
失舍利子意界善亦无散失法界意識界及
意觸意觸為緣所生諸受善亦无散失舍利
子地界善亦无散失水火風空識界善亦无
散失舍利子苦聖諦善亦无散失集滅道聖
諦善亦无散失舍利子无明善亦无散失 行
識名色六處觸受愛取有生老死愁歎苦憂
惱善亦无散失舍利子內空善亦无散失外
空內外空空空大空勝義空有為空无為空
畢竟空无際空散空无變異空本性空自相
空共相空一切法空不可得空无性空自性
空无性自性空善亦无散失
舍利子布施波羅蜜多善亦无散失淨戒安
忍精進靜慮般若波羅蜜多善亦无散失舍
利子四靜慮善亦无散失四无量四无色定
善亦无散失舍利子八解脫善亦无散失八
勝處九次第定十遍處善亦无散失舍利子
四念住善亦无散失四正斷四神足五根 五
力七等覺支八聖道支善亦无散失舍利子
空解脫門善亦无散失无相无願解脫門善
亦无散失舍利子五眼善亦无散失六神通
善亦无散失舍利子佛十力善亦无散失四无

BD14716號　大般若波羅蜜多經卷六八　（22–13）

力七等覺支八聖道支善亦无散失舍利子
空解脫門善亦无散失无相无願解脫門善
亦无散失舍利子五眼善亦无散失六神通
善亦无散失舍利子佛十力善亦无散失四无
所畏四无礙解大慈大悲大喜大捨十八
佛不共法善亦无散失舍利子一切智善亦
无散失道相智一切相智善亦无散失舍利
子无忘失法善亦无散失恒住捨性善亦无
散失舍利子一切陀羅尼門善亦无散失一
切三摩地門善亦无散失舍利子極喜地善
亦无散失離垢地發光地焰慧地極難勝地
現前地遠行地不動地善慧地法雲地善亦
无散失舍利子異生地善亦无散失種姓地
第八地具見地薄地離欲地已辦地獨覺地
菩薩地如來地善亦无散失舍利子聲聞乘
善亦无散失獨覺乘大乘善亦无散失舍利
子由此緣故我作是說諸法亦尒都无自性
復次舍利子諸法无罪亦无散失何以故若
法无罪无盡性故時舍利子問善現言何法
无罪亦无散失善現答言舍利子色无罪亦
无散失受想行識无罪亦无散失舍利子眼
處无罪亦无散失耳鼻舌身意處无罪亦无
散失舍利子色處无罪亦无散失聲香味觸
法處无罪亦无散失舍利子眼界无罪亦无
散失色界眼識界及眼觸眼觸為緣所生諸
受无罪亦无散失舍利子耳界无罪亦无散
失聲界耳識界及耳觸耳觸為緣所生諸受

BD14716號　大般若波羅蜜多經卷六八　（22–14）

散失色界眼識界及眼觸眼觸為緣所生諸
受无罪亦无散失舍利子耳界无罪亦无散
失聲界耳識界及耳觸耳觸為緣所生諸受
无罪亦无散失舍利子鼻界无罪亦无散失
香界鼻識界及鼻觸鼻觸為緣所生諸受无罪
亦无散失舍利子舌界无罪亦无散失味界
舌識界及舌觸舌觸為緣所生諸受无罪亦
无散失舍利子身界无罪亦无散失觸界身
識界及身觸身觸為緣所生諸受无罪亦
无散失舍利子意界无罪亦无散失法界意
識界及意觸意觸為緣所生諸受无罪亦无
散失舍利子地界无罪亦无散失水火風空
識界无罪亦无散失舍利子苦聖諦无罪亦
无散失集滅道聖諦无罪亦无散失舍利子
无明无罪亦无散失行識名色六處觸受愛
取有生老死愁歎苦憂惱无罪亦无散失舍
利子內空无罪亦无散失外空內外空空空
大空勝義空有為空无為空畢竟空无際空
散空无變異空本性空自相空共相空一切
法空不可得空无性空自性空无性自性空
无罪亦无散失
舍利子布施波羅蜜多无罪亦无散失淨戒
安忍精進靜慮般若波羅蜜多无罪亦无散
失舍利子四靜慮无罪亦无散失四无量四
无色定无罪亦无散失舍利子八解脫无罪
亦无散失八勝處九次第定十遍處无罪亦
无散失舍利子四念住无罪亦无散失四正

无色定无罪亦无散失舍利子八解脫无罪
亦无散失八勝處九次第定十遍處无罪亦
无散失舍利子四念住无罪亦无散失四正
斷四神足五根五力七等覺支八聖道支无
罪亦无散失舍利子空解脫門无罪亦无散
失无相无願解脫門无罪亦无散失舍利子
五眼无罪亦无散失六神通无罪亦无散失
舍利子佛十力无罪亦无散失四无所畏四
无礙解大慈大悲大喜大捨十八佛不共法
无罪亦无散失舍利子一切智无罪亦无散
失道相智一切相智无罪亦无散失舍利子
无忘失法无罪亦无散失恒住捨性无罪亦
无散失舍利子一切陁羅尼門无罪亦无散
失一切三摩地門无罪亦无散失舍利子極
喜地无罪亦无散失離垢地發光地焰慧地
極難勝地現前地遠行地不動地善慧地法
雲地无罪亦无散失舍利子異生地无罪亦无
散失種姓地第八地具見地薄地離欲地已
辦地獨覺地菩薩地如來地无罪亦无散失
舍利子聲聞乘无罪亦无散失獨覺乘大乘
无罪亦无散失舍利子由此緣故我作是說
諸法亦尒都无自性
復次舍利子諸法无漏亦无散失何以故若
法无漏无盡性故時舍利子問善現言何法
无漏亦无散失善現荅言舍利子色无漏亦
无散失受想行識无漏亦无散失舍利子眼處
无漏亦无散失耳鼻舌身意處无漏亦无散

法无漏无盡性故時舍利子問善現言何法
无漏亦无散失善現荅言舍利子色无漏亦
无散失受想行識无漏亦无散失舍利子眼處
无漏亦无散失耳鼻舌身意處无漏亦无散
失舍利子色處无漏亦无散失聲香味觸法
處无漏亦无散失舍利子眼界无漏亦无散
失色界眼識界及眼觸眼觸為緣所生諸受
无漏亦无散失舍利子耳界无漏亦无散失
聲界耳識界及耳觸耳觸為緣所生諸受无
漏亦无散失舍利子鼻界无漏亦无散失香
界鼻識界及鼻觸鼻觸為緣所生諸受无漏
亦无散失舍利子舌界无漏亦无散失味界
舌識界及舌觸舌觸為緣所生諸受无漏亦
无散失舍利子身界无漏亦无散失觸界身
識界及身觸身觸為緣所生諸受无漏亦无
散失舍利子意界无漏亦无散失法界意識
界及意觸意觸為緣所生諸受无漏亦无散
失舍利子地界无漏亦无散失水火風空識
界无漏亦无散失舍利子苦聖諦无漏亦无
散失集滅道聖諦无漏亦无散失舍利子无
明无漏亦无散失行識名色六處觸受愛取
有生老死愁歎苦憂惱无漏亦无散失舍利
子内空无漏亦无散失外空内外空空空大
空勝義空有為空无為空畢竟空无際空散
空无變異空本性空自相空共相空一切法
空不可得空无性空自性空无性自性空无
漏亦无散失

BD14716號　大般若波羅蜜多經卷六八　（22–17）

空无變異空本性空自相空共相空一切法
空不可得空无性空自性空无性自性空无
漏亦无散失
舍利布施波羅蜜多无漏亦无散失淨戒
安忍精進靜慮般若波羅蜜多无漏亦无散
失舍利子四靜慮无漏亦无散失四无量四
无色定无漏亦无散失舍利子八解脫无漏
亦无散失八勝處九次第定十遍處无漏亦
无散失舍利子四念住无漏亦无散失四正
斷四神足五根五力七等覺支八聖道支无
漏亦无散失舍利子空解脫門无漏亦无散
失无相无願解脫門无漏亦无散失舍利子
五眼无漏亦无散失六神通无漏亦无散失
舍利子佛十力无漏亦无散失四无所畏四
无礙解大慈大悲大喜大捨十八佛不共法
无漏亦无散失舍利子一切智无漏亦无散
失道相智一切相智无漏亦无散失舍利子
无忘失法无漏亦无散失恒住捨性无漏亦
无散失舍利子一切陁羅尼門无漏亦无散失
一切三摩地門无漏亦无散失舍利子極喜
地无漏亦无散失離垢地發光地焰慧地極
難勝地現前地遠行地不動地善慧地法雲
地无漏亦无散失舍利子異生地无漏亦无
散失種姓地第八地具見地薄地離欲地已
辦地獨覺地菩薩地如來地无漏亦无散失
舍利子聲聞乘无漏亦无散失獨覺乘大乘
无漏亦无散失舍利子由此緣故我作是說

BD14716號　大般若波羅蜜多經卷六八　（22–18）

散失種姓地第八地具見地薄地離欲地已
辦地獨覺地菩薩地如來地无漏亦无散失
舍利子聲聞乘无漏亦无散失獨覺乘大乘
无漏亦无散失舍利子由此緣故我作是說
諸法亦尒都无自性
復次舍利子諸法无染亦无散失何以故若法
无染无盡性故時舍利子聞善現言何法无
染亦无散失善現荅言舍利子色无染亦无
散失受想行識无染亦无散失舍利子眼處
无染亦无散失耳鼻舌身意處无染亦无
散失舍利子色處无染亦无散失聲香味觸
法處无染亦无散失舍利子眼界无染亦无
散失色界眼識界及眼觸眼觸爲緣所生諸
受无染亦散失舍利子耳界无染亦无散
失聲界耳識界及耳觸耳觸爲緣所生諸受
无染亦无散失舍利子鼻界无染亦无散失
香界鼻識界及鼻觸鼻觸爲緣所生諸受无
染亦无散失舍利子舌界无染亦无散失味
界舌識界及舌觸舌觸爲緣所生諸受无染
亦无散失舍利子身界无染亦无散失觸界
身識界及身觸身觸爲緣所生諸受无染亦
无散失舍利子意界无染亦无散失法界意
識界及意觸意觸爲緣所生諸受无染亦无
散失舍利子地界无染亦无散失水火風空
識界无染亦无散失舍利子苦聖諦无染亦
无散失集滅道聖諦无染亦无散失舍利子
无明无染亦无散失行識名色六處觸受愛

BD14716 號　大般若波羅蜜多經卷六八

（22–19）

散失舍利子地界无染亦无散失水火風空
識界无染亦无散失舍利子苦聖諦无染亦
无散失集滅道聖諦无染亦无散失舍利子
无明无染亦无散失行識名色六處觸受愛
取有生老死愁歎苦憂惱无染亦无散失舍
利子內空无染亦无散失外空內外空空空
大空勝義空有爲空无爲空畢竟空无際空
散空无變異空本性空自相空共相空一切
法空不可得空无性空自性空无性自性空
无染亦无散失

大般若波羅蜜多經卷第六十八

BD14716 號　大般若波羅蜜多經卷六八

（22–20）

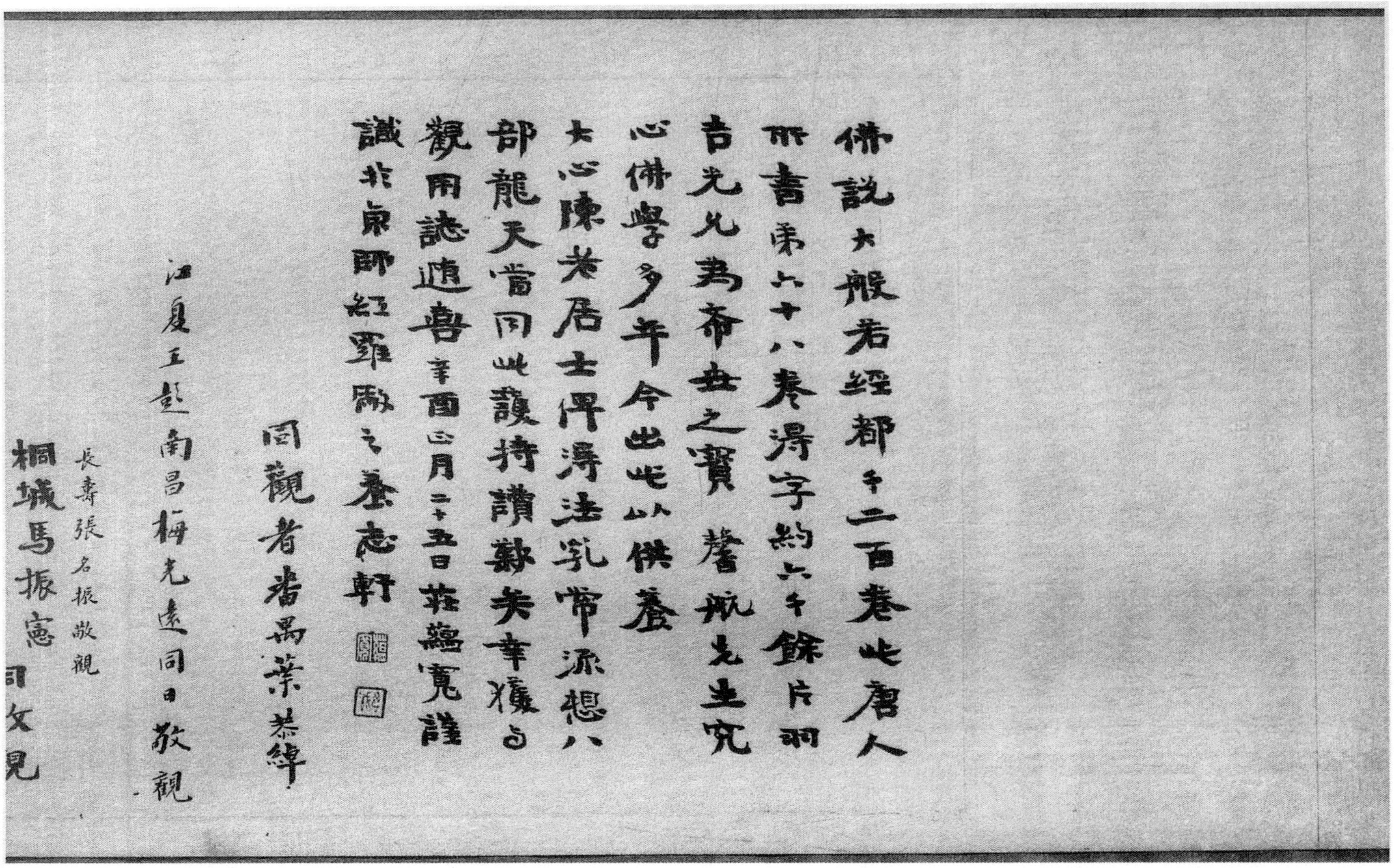

佛說大般若經都千二百卷此唐人
所書第六十八卷得字約六千餘片羽
吉光允爲希世之寶　蓉舫先生究
心佛學多年今出此以供養
大心陳老居士俾得法乳常流想八
部龍天當同此護持讚歎矣幸獲與
觀用誌遭遇　辛酉正月二十五日莊蘊寬謹
識於京師紅羅廠之養志軒

同觀者番禺葉恭綽

江夏王彭　南昌梅光遠同日敬觀

長壽張名振敬觀

桐城馬振憲同敬觀

BD14716號　大般若波羅蜜多經卷六八　（22–21）

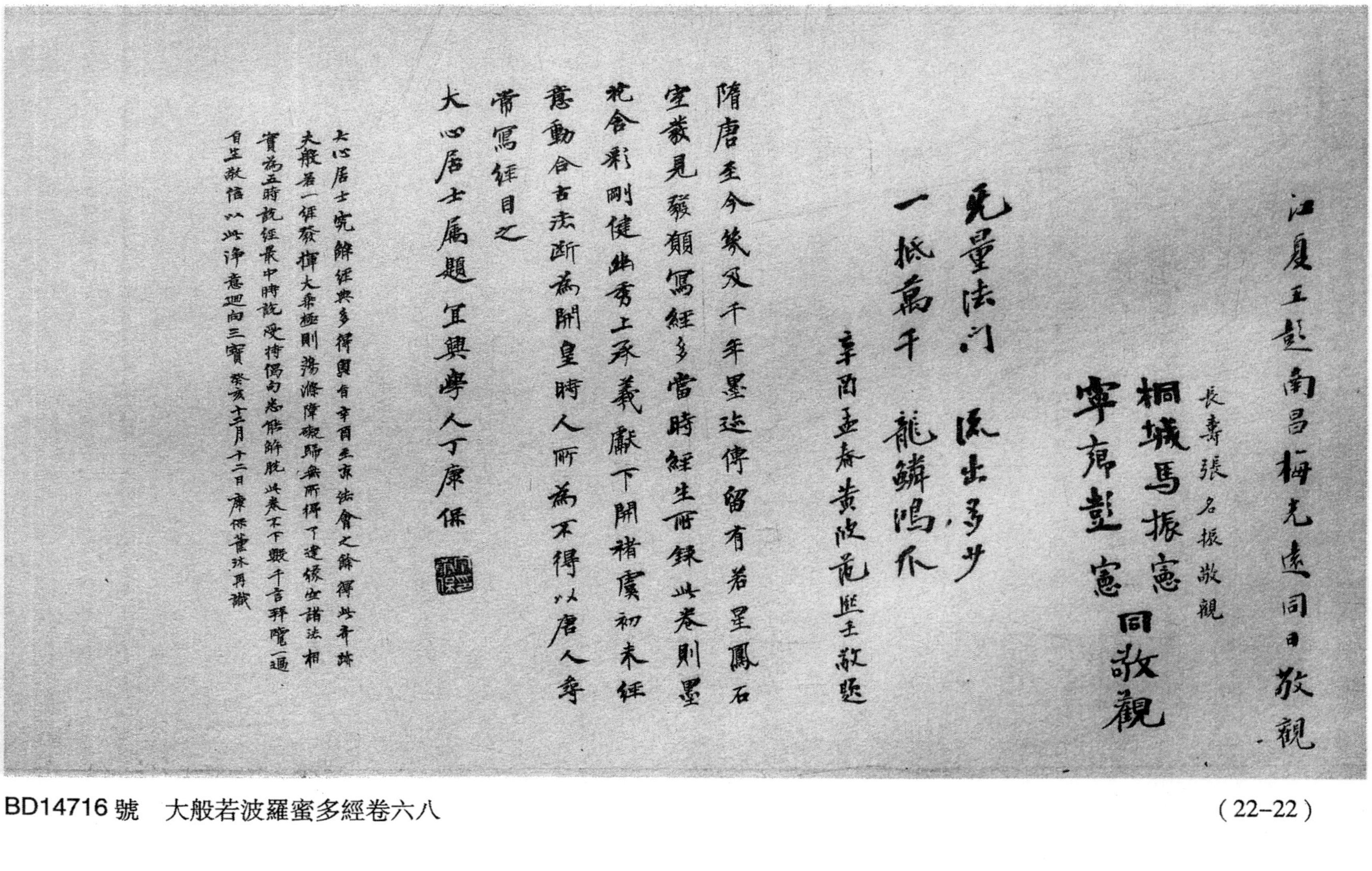

江夏王彭　南昌梅光遠同日敬觀

長壽張名振敬觀

桐城馬振憲

寧鄉彭憲　同敬觀

無量法門　流出多少
一抵萬千　龍鱗鴻爪
辛酉孟春黃陂范熙壬敬題

隋唐至今幾及千年墨迹傳留有若星鳳石
室藏見類頗寫經多當時經生所錄此卷則墨
花舍彩剛健婀秀上承羲獻下開褚虞初未經
意動合古法斷爲開皇時人所爲不得以唐人寫
常寫經目之
大心居士屬題　宜興學人丁康保

大心居士究錄經典多得奧旨辛酉在京法會之餘得此奇跡
夫般若一經發揮大乘極則蕩滌障礙歸無所得了達緣生諸法相
實爲五時說經最中時說受持偈句悉能解脫此卷不下數千言拜讀一過
自生歡喜以此淨意迴向三寶　癸亥十二月十二日康保薰沐再識

BD14716號　大般若波羅蜜多經卷六八　（22–22）

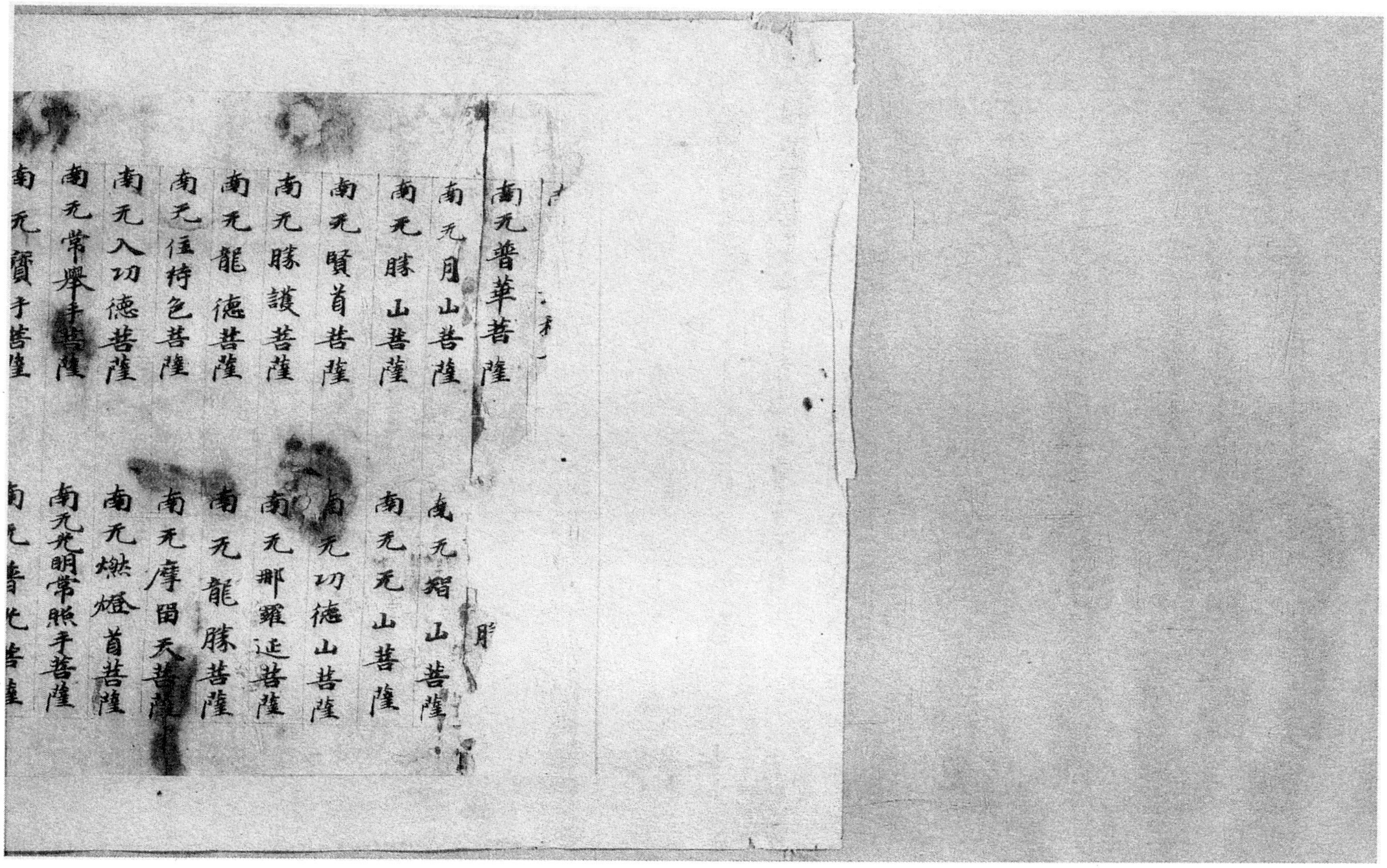

南无普華菩薩
南无月山菩薩
南无勝山菩薩
南无賢首菩薩
南无勝護菩薩
南无龍德菩薩
南无住持色菩薩
南无入功德菩薩
南无常舉手菩薩
南无寶手菩薩

南无智山菩薩
南无无山菩薩
南无功德山菩薩
南无那羅延菩薩
南无龍勝菩薩
南无摩留天菩薩
南无燃燈首菩薩
南无光明常照手菩薩
南无普光菩薩

BD14717號　佛名經（十二卷本）卷一二　（5–1）

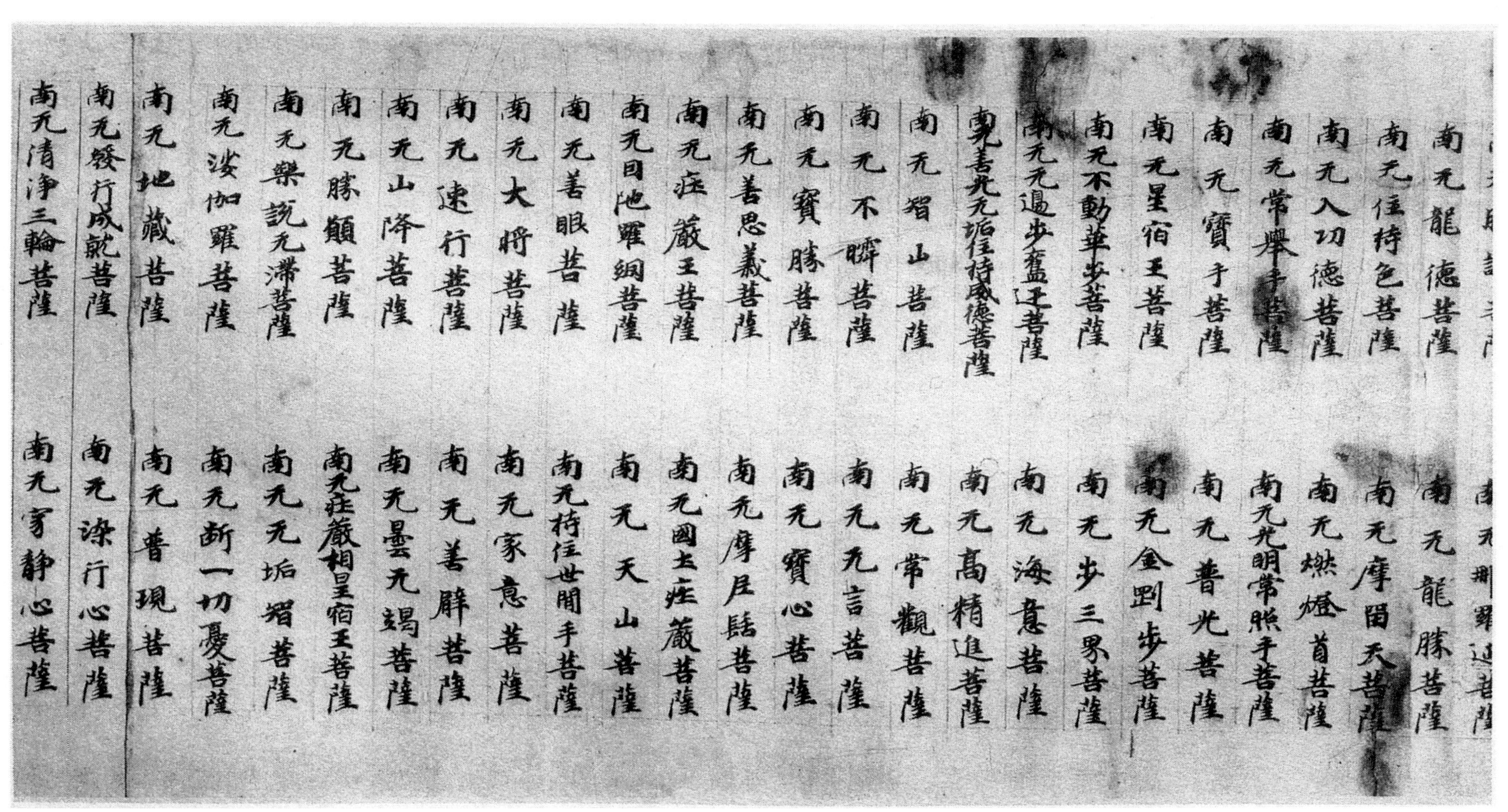

南无龍德菩薩
南无住持色菩薩
南无入功德菩薩
南无常舉手菩薩
南无寶手菩薩
南无星宿王菩薩
南无不動華步菩薩
南无无邊步盡迮菩薩
南无善光无垢住持威德菩薩
南无智山菩薩
南无不瞬菩薩
南无寶勝菩薩
南无善思義菩薩
南无莊嚴王菩薩
南无因陀羅網菩薩
南无善眼菩薩
南无大將菩薩
南无速行菩薩
南无山降菩薩
南无勝願菩薩
南无樂說无滯菩薩
南无婆伽羅菩薩
南无地藏菩薩
南无發行成就菩薩
南无清淨三輪菩薩

南无龍勝菩薩
南无摩留天菩薩
南无燃燈首菩薩
南无光明常照手菩薩
南无普光菩薩
南无金剛步菩薩
南无步三界菩薩
南无海意菩薩
南无高精進菩薩
南无常觀菩薩
南无无言菩薩
南无寶心菩薩
南无摩尼髻菩薩
南无國土莊嚴菩薩
南无天山菩薩
南无持住世間手菩薩
南无家意菩薩
南无善髀菩薩
南无曇无竭菩薩
南无莊嚴相星宿王菩薩
南无无垢智菩薩
南无斷一切憂菩薩
南无普現菩薩
南无深行心菩薩
南无寂靜心菩薩

BD14717號　佛名經（十二卷本）卷一二　（5–2）

南无[illegible]諸[illegible]菩薩　南无无垢[illegible]菩薩
南无娑伽羅菩薩　南无斷一切憂菩薩
南无地藏菩薩　南无普現菩薩
南无發行成就菩薩　南无淨行心菩薩
南无清淨三輪菩薩　南无寂靜心菩薩
南无无邊功德菩薩　南无虛空平等智菩薩
南无波頭摩眼菩薩　南无金剛幢菩薩
南无波頭摩華嚴菩薩　南无寶莊嚴菩薩
南无寶路菩薩　南无功德王慧菩薩
南无莊嚴王菩薩　南无斷諸莊嚴王菩薩
南无清淨光明莊嚴菩薩　南无深聲菩薩
南无妙鼓聲菩薩　南无尼民陀羅菩薩
南无大自在菩薩　南无諸功德身菩薩
南无光明意菩薩　南无善見菩薩
南无不取諸法菩薩　南无轉女根菩薩
南无思惟大悲菩薩　南无寶蓋山菩薩
南无雲山吼聲菩薩　南无羅網莊嚴菩薩
南无寶藏菩薩　南无法雞兜菩薩
南无日雞兜菩薩　南无无邊雞兜菩薩
南无无垢藏菩薩　南无山菩薩
南无山降伏持菩薩　南无須弥山燈王菩薩
南无須弥幢菩薩　南无須弥山聲菩薩
南无弥留王菩薩　南无寶杖菩薩
南无寶尸棄菩薩　南无寶来菩薩
南无寶天菩薩　南无法樂莊嚴菩薩
南无莊嚴王菩薩　南无山相莊嚴菩薩

BD14717號　佛名經（十二卷本）卷一二　（5–3）

南无須弥幢菩薩　南无須弥山聲菩薩
南无弥留王菩薩　南无寶杖菩薩
南无寶尸棄菩薩　南无寶来菩薩
南无寶天菩薩　南无法樂莊嚴菩薩
南无莊嚴王菩薩　南无山相莊嚴菩薩
南无金嚴明菩薩　南无清淨聲光明菩薩
南无寶髻菩薩　南无天吉菩薩
南无百光菩薩　南无火光菩薩
南无尼俱律王菩薩　南无无畏菩薩
南无淨勝菩薩　南无勝眼菩薩
南无藥王菩薩　南无无鄣受記菩薩
南无甘露光菩薩　南无无邊光菩薩
南无斷諸魔菩薩　南无過一切道菩薩
舍利弗若有善男子善女人比丘比丘尼優
婆塞優婆夷能受持讀誦此諸佛菩薩名
者終不墮惡道生天人中常值諸佛菩薩善
知識遠離諸煩惱乃至得大菩提佛說此佛
名經已慧命舍利弗及摩訶男比丘及諸比
丘比丘尼優婆塞優婆夷天龍夜叉乾闥
婆阿脩羅迦樓羅緊那羅摩睺羅伽人非人
及諸菩薩摩訶薩皆大歡喜頂受奉行

佛說佛名經卷第十二

BD14717號　佛名經（十二卷本）卷一二　（5–4）

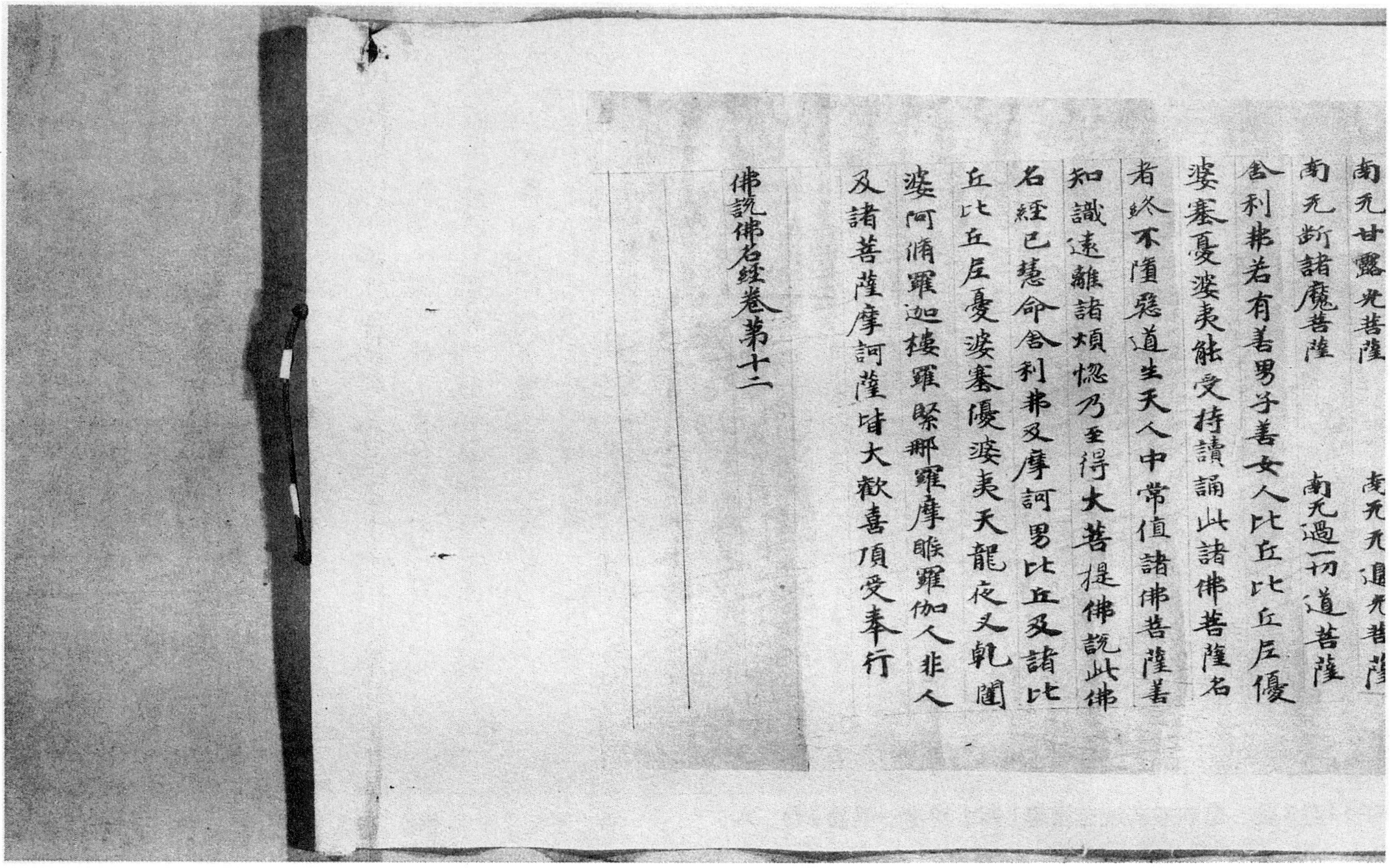

南无甘露光菩薩　南无無邊光菩薩
南无斷諸魔菩薩　南无過一切道菩薩
舍利弗若有善男子善女人比丘比丘尼優
婆塞優婆夷能受持讀誦此諸佛菩薩名
者終不墮惡道生天人中常值諸佛菩薩善
知識遠離諸煩惱乃至得大菩提佛說此佛
名經已慧命舍利弗及摩訶男比丘及諸比
丘比丘尼優婆塞優婆夷天龍夜叉乾闥
婆阿脩羅迦樓羅緊那羅摩睺羅伽人非人
及諸菩薩摩訶薩皆大歡喜頂受奉行

佛說佛名經卷第十二

BD14717 號　佛名經（十二卷本）卷一二　（5–5）

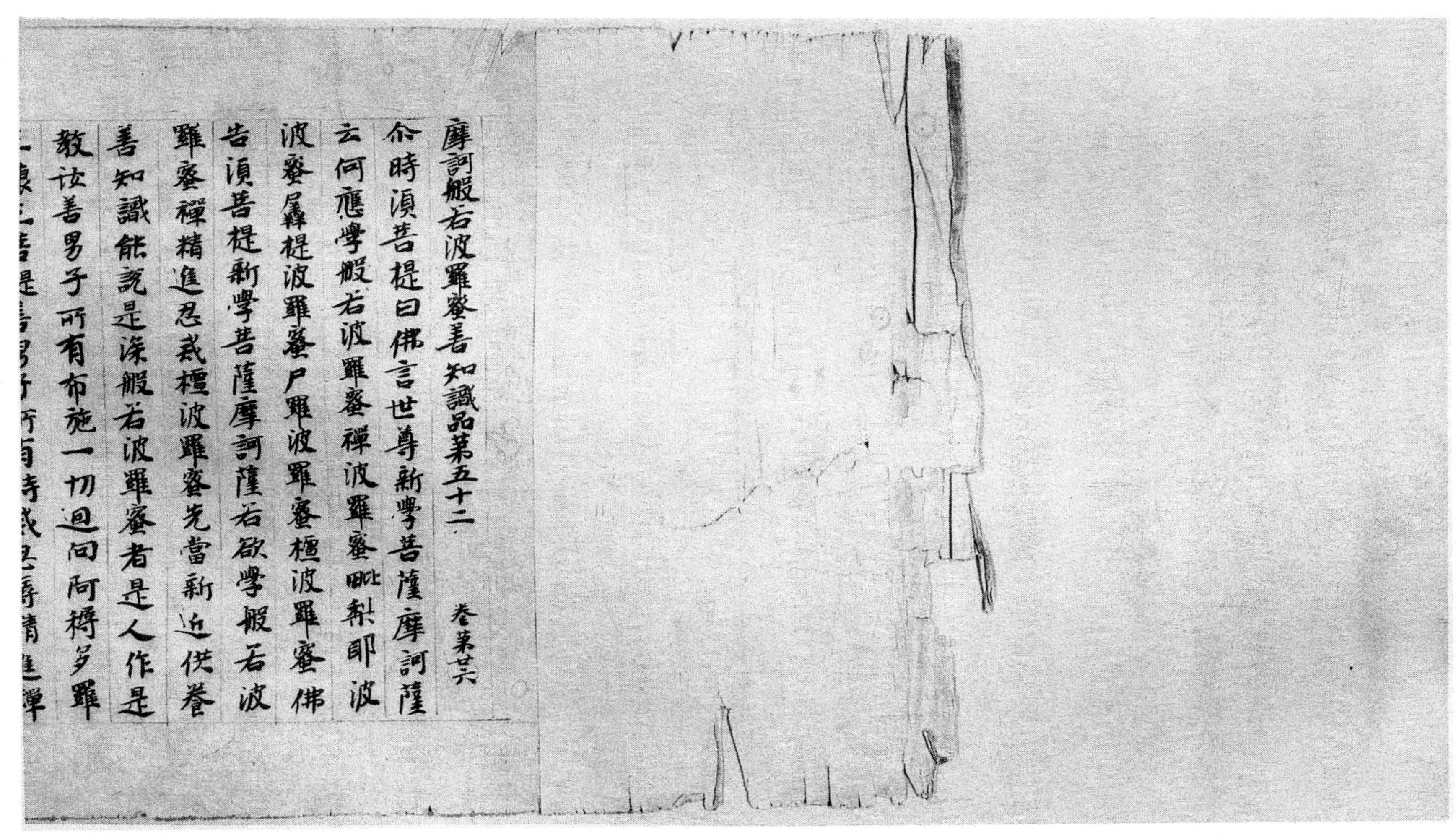
摩訶般若波羅蜜善知識品第五十二　卷第廿六
尒時須菩提白佛言世尊新學菩薩摩訶薩
云何應學般若波羅蜜禪波羅蜜毗梨耶波
羅蜜羼提波羅蜜尸羅波羅蜜檀波羅蜜佛
告須菩提新學菩薩摩訶薩若欲學般若波
羅蜜禪精進忍戒檀波羅蜜先當親近供養
善知識能說是深般若波羅蜜者是人作是
教汝善男子所有布施一切迴向阿耨多羅
三藐三菩提善男子所有持戒忍辱精進禪

BD14718 號　摩訶般若波羅蜜經（四十卷本　異卷）卷二六　（14–1）

羅蜜禪精進忍戒檀波羅蜜先當新近供養
善知識能說是深般若波羅蜜者是人作是
教汝善男子所有布施一切迴向阿耨多羅
三藐三菩提善男子所有持戒忍辱精進禪
定智慧一切迴向阿耨多羅三藐三菩提汝
莫以色是阿耨多羅三藐三菩提莫以受想
行識是阿耨多羅三藐三菩提莫以檀波羅
蜜是阿耨多羅三藐三菩提莫以尸羅波羅
蜜羼提波羅蜜毗梨耶波羅蜜禪波羅蜜般
若波羅蜜是阿耨多羅三藐三菩提莫以內
空乃至无法有法空是阿耨多羅三藐三菩
提莫以四念處四正勤四如意足五根五力
七覺分八聖道分是阿耨多羅三藐三藐提莫
以四禪四无量心四无色定五神通是阿
耨多羅三藐三菩提莫以佛十力乃至十八
不共法是阿耨多羅三藐三菩提所以者何
不取色便得阿耨多羅三藐三菩提不取受
想行識便得阿耨多羅三藐三菩提不取檀
波羅蜜乃至般若波羅蜜便得阿耨多羅三
藐三菩提不取內空乃至无法有法空四念
處乃至十八不共法便得阿耨多羅三藐三
菩提善男子行是深般若波羅蜜時莫貪色
何以故善男子是色非可貪者莫貪受想行
識何以故受想行識非可貪者善男子莫貪
檀波羅蜜尸羅波羅蜜羼提波羅蜜毗梨耶

BD14718號　摩訶般若波羅蜜經（四十卷本　異卷）卷二六　（14–2）

何以故善男子是色非可貪者莫貪受想行
識何以故受想行識非可貪者善男子莫貪
檀波羅蜜尸羅波羅蜜羼提波羅蜜毗梨耶
波羅蜜禪波羅蜜般若波羅蜜莫貪內空乃
至无法有法空莫貪四念處乃至八聖道分
莫貪四禪四无量心四无色定五神通莫貪
佛十力乃至一切種智何以故一切種智非
可貪者善男子莫貪須陁洹果乃至阿羅漢
果莫貪辟支佛道莫貪菩薩法位莫貪阿耨
多羅三藐三菩提何以故阿耨多羅三藐三
菩提非可貪者所以者何諸法性空故須菩
提白佛言世尊諸菩薩摩訶薩能為難事於
一切性空法中求阿耨多羅三藐三菩提欲
得阿耨多羅三藐三菩提佛言如是如是須
菩提菩薩摩訶薩能為難事於一切性空法
中求阿耨多羅三藐三菩提欲得阿耨多羅
三藐三菩提須菩提諸菩薩摩訶薩為安隱
世間故發阿耨多羅三藐三菩提心為樂世
間故為救世間故為世間歸故為世間依處
故為世間洲故為世間將導故為世間究竟
道故為世間趣故發阿耨多羅三藐三菩提
須菩提云何菩薩摩訶薩為安隱世間故發
阿耨多羅三藐三菩提心須菩提菩薩摩訶
薩得阿耨多羅三藐三菩提時拔出六道衆

BD14718號　摩訶般若波羅蜜經（四十卷本　異卷）卷二六　（14–3）

道故爲世間趣故發阿耨多羅三藐三菩提
須菩提云何菩薩摩訶薩爲安隱世間故發
阿耨多羅三藐三菩提心須菩提菩薩摩訶
薩得阿耨多羅三藐三菩提時拔出六道衆
生著无畏岸涅槃處須菩提是爲菩薩摩訶
薩爲安隱世間故發阿耨多羅三藐三菩提
心云何菩薩摩訶薩爲樂世間故發阿耨多
羅三藐三菩提心須菩提菩薩摩訶薩得阿
耨多羅三藐三菩提時拔出衆生種種憂苦
愁惱著无畏岸涅槃處須菩提是爲菩薩摩
訶薩爲樂世間故發阿耨多羅三藐三菩提心
云何菩薩摩訶薩爲救世間故發阿耨多羅
三藐三菩提心須菩提菩薩摩訶薩得阿
耨多羅三藐三菩提時救衆生生死中種種
苦不爲斷是苦故而爲說法衆生聞法漸以
三乘而得度脫須菩提是爲菩薩摩訶薩爲
救世間故發阿耨多羅三藐三菩提心云何
菩薩摩訶薩爲世間歸故發阿耨多羅三藐
三菩提心須菩提菩薩摩訶薩得阿耨多羅
三藐三菩提時拔出衆生生老病死憂悲
愁惱法著无畏岸涅槃處須菩提是爲菩薩
摩訶薩爲世間歸故發阿耨多羅三藐三菩
提心云何菩薩摩訶薩爲世間依處故發阿
耨多羅三藐三菩提心須菩提菩薩摩訶薩
得阿耨多羅三藐三菩提時爲衆生說一切

BD14718號　摩訶般若波羅蜜經（四十卷本　異卷）卷二六　（14–4）

摩訶薩爲世間歸故發阿耨多羅三藐三菩
提心云何菩薩摩訶薩爲世間依處故發阿
耨多羅三藐三菩提心須菩提菩薩摩訶薩
得阿耨多羅三藐三菩提時爲衆生說一切
法无依處須菩提是爲菩薩摩訶薩爲世間
依處故發阿耨多羅三藐三菩提心須菩提
白佛言世尊云何一切法无依處佛言色不
相續即是色无生色无生即是色不滅色不
滅即是色无依處受想行識乃至一切種智
亦如是須菩提是爲菩薩摩訶薩爲世間依
處故發阿耨多羅三藐三菩提心云何菩薩
摩訶薩爲世間究竟道故發阿耨多羅三藐
三菩提心須菩提菩薩摩訶薩得阿耨多羅
三藐三菩提時爲衆生說如是法色究竟相
非是色受想行識乃至一切種智究竟相非
是一切種智須菩提如究竟相一切法相亦
如是須菩提言世尊若一切法如究竟相者
諸菩薩摩訶薩皆應得阿耨多羅三藐三菩
提何以故世尊色究竟相中无有分別受想
行識究竟相中无有分別乃至一切種智究
竟相中无有分別所謂是色是受想行識乃
至是一切種智佛告須菩提如是如是色究
竟相中无有分別受想行識乃至一切種智
究竟相中无有分別所謂是色乃至是一切
種智須菩提是爲菩薩摩訶薩難事如是觀

BD14718號　摩訶般若波羅蜜經（四十卷本　異卷）卷二六　（14–5）

至是一切種智佛告須菩提如是如是色究
竟相中无有分別受想行識乃至一切種智
究竟相中无有分別所謂是色乃至是一切
種智須菩提是為菩薩摩訶薩難事如是觀
諸法寂滅相而心不沒不却何以故菩薩摩
訶薩作是念是諸深法我應如是知得阿耨
多羅三藐三菩提如是寂滅微妙法當為衆
生說是為菩薩摩訶薩為世間究竟道故發
阿耨多羅三藐三菩提心云何菩薩摩訶薩
為世間州故發阿耨多羅三藐三菩提心須
菩提若江河大海四邊水斷是名為州須菩
提色亦如是前後際斷受想行識前後際斷
乃至一切種智前後際斷以是前後際斷故
一切法亦斷須菩提一切法前後際斷故即
是寂滅即是妙寶所謂空无所得愛盡无餘
離欲涅槃須菩提菩薩摩訶薩得阿耨多羅
三藐三菩提時以寂滅微妙法為衆生說須
菩提是為菩薩摩訶薩為世間州故發阿耨
多羅三藐三菩提心云何菩薩摩訶薩為世
間將導故發阿耨多羅三藐三菩提須菩提
菩薩摩訶薩得阿耨多羅三藐三菩提時為
衆生說色不生不滅不垢不淨說受想行識
不生不滅不垢不淨說十二處十八界四念
處乃至八聖道分四禪四无量心四无色定
五神通不生不滅不垢不淨說須陁洹果乃

BD14718號　摩訶般若波羅蜜經（四十卷本　異卷）卷二六　（14-6）

衆生說色不生不滅不垢不淨說受想行識
不生不滅不垢不淨說十二處十八界四念
處乃至八聖道分四禪四无量心四无色定
五神通不生不滅不垢不淨說須陁洹果乃
至阿羅漢果辟支佛道不生不滅不垢不淨
說佛十力乃至一切種智不生不滅不垢不
淨須菩提是為菩薩摩訶薩為世間將導故
發阿耨多羅三藐三菩提心云何菩薩摩訶
薩為世間趣故發阿耨多羅三藐三菩提心
須菩提菩薩摩訶薩得阿耨多羅三藐三菩
提時為衆生說色趣空說受想行識趣空乃
至說一切種智趣空為衆生說色非趣非不
趣何以故是色空相非趣非不趣說受想行
識非趣非不趣何以故是受想行識空相非
故是一切種智空相非趣非不趣如是須菩
提菩薩摩訶薩為世間趣故發阿耨多羅三
藐三菩提心何以故一切法趣空是趣不過
何以故空中趣非趣不可得故須菩提一切法
趣无相是趣不過何以故无相中趣非趣不
可得故須菩提一切法趣无作是趣不過
何以故无作中趣非趣不可得故須菩提一
切法趣无起是趣不過何以故无起中趣非
趣不可得故須菩提一切法趣无所有不生
不滅不垢不淨是趣不過何以故无所有不
生不滅不垢不淨中趣非趣不可得故須菩
提一切法趣夢是趣不過何以故夢中趣非

BD14718號　摩訶般若波羅蜜經（四十卷本　異卷）卷二六　（14-7）

切法趣无趣是趣不遍何以故无趣中趣非
趣不可得故須菩提一切法趣无所有不生
不滅不垢不淨是趣不遍何以故无所有不
生不滅不垢不淨中趣非趣不可得故須菩
提一切法趣夢是趣不遍何以故夢中趣非
趣不可得故須菩提一切法趣幻趣響趣影
趣化是趣不遍何以故是化等中趣非趣不
可得故須菩提一切法趣无量无邊是趣不
遍何以故无量无邊中趣非趣不可得故須
菩提一切法趣不與不取是趣不遍何以故
不與不取中趣非趣不可得故須菩提一切
法趣无憎无減是趣不遍何以故无憎无減
中趣非趣不可得故須菩提一切法趣不来
不去是趣不遍何以故趣非趣中无来无去
故須菩提一切法趣不入不出不合不散不
著不斷是趣不遍何以故不著不斷中趣非
趣不可得故須菩提一切法趣我衆生壽命
人起使起作使作知者見者是趣不遍何以
故我乃至知者見者畢竟不可得何況有趣
非趣須菩提一切法趣常是趣不遍何以故
常畢竟不可得云何當有趣非趣須菩提一
切法趣樂淨我是趣不遍何以故樂淨我畢
竟不可得云何當有趣非趣須菩提一切法
趣无常苦不淨无我是趣不遍何以故无常
苦不淨无我畢竟不可得云何當有趣非趣
須菩提一切法趣欲事是趣不遍何以故欲

BD14718號　摩訶般若波羅蜜經（四十卷本　異卷）卷二六　（14–8）

趣无常苦不淨无我是趣不遍何以故无常
苦不淨无我畢竟不可得云何當有趣非趣
須菩提一切法趣欲事是趣不遍何以故欲
事畢竟不可得何況當有趣非趣須菩提一切
法趣瞋事癡事見事是趣不遍何以故瞋事
癡事見事畢竟不可得何況當有趣非趣須
菩提一切法趣如是趣不遍何以故如中无
来无去故須菩提一切法趣法性實際不可
思議性是趣不遍何以故法性實際不可思
議性中无来无去故須菩提一切法趣平等
是趣不遍何以故平等中趣非趣不可得故
須菩提一切法趣不動相是趣不遍何以故
不動相中趣不趣不可得故須菩提一切法
趣色是趣不遍何以故色畢竟不可得云何
當有趣非趣須菩提一切法趣受想行識是
趣不遍何以故受想行識畢竟不可得云何
當有趣非趣十二處十八界亦如是須菩提
一切法趣檀波羅蜜是趣不遍何以故檀畢
竟不可得云何當有趣非趣須菩提一切法
趣尸羅波羅蜜是趣不遍何以故尸羅畢竟
不可得故云何當有趣非趣須菩提一切法
趣羼提波羅蜜是趣不遍何以故羼提畢竟
不可得故云何當有趣非趣須菩提一切法
趣毗梨耶波羅蜜是趣不遍何以故毗梨耶
畢竟不可得故云何當有趣非趣須菩提一

BD14718號　摩訶般若波羅蜜經（四十卷本　異卷）卷二六　（14–9）

趣羼提波羅蜜是趣不過何以故羼提畢竟
不可得故云何當有趣非趣須菩提一切法
趣毗梨耶波羅蜜是趣不過何以故毗梨耶
畢竟不可得故云何當有趣非趣須菩提一
切法趣禪波羅蜜是趣不過何以故禪畢竟
不可得故云何當有趣非趣須菩提一切法
趣般若波羅蜜是趣不過何以故般若畢竟
不可得故云何當有趣非趣須菩提一切法
趣內空是趣不過何以故內空畢竟不可得
故云何當有趣非趣須菩提一切法趣外空
是趣不過何以故外空畢竟不可得云何當
有趣非趣須菩提一切法趣內外空是趣不
過何以故內外空畢竟不可得故云何當有
趣非趣乃至一切法趣无法有法空是趣不
過何以故无法有法空畢竟不可得故云何
當有趣非趣須菩提一切法趣四念處乃至
八聖道分是趣不過何以故四念處乃至八
聖道分畢竟不可得故云何當有趣非趣須
菩提一切法趣佛十力乃至一切種智是趣
不過何以故一切種智中趣非趣不可得故
須菩提一切法趣須陁洹果斯陁含果阿那
含果阿羅漢果辟支佛道是趣不過何以故
須陁洹果乃至辟支佛道中趣非趣不可得
故須菩提一切法趣阿耨多羅三藐三菩提
是趣不過何以故阿耨多羅三藐三菩提中

BD14718號　摩訶般若波羅蜜經（四十卷本　異卷）卷二六　（14–10）

含果阿羅漢果辟支佛道是趣不過何以故
須陁洹果乃至辟支佛道中趣非趣不可得
故須菩提一切法趣阿耨多羅三藐三菩提
是趣不過何以故阿耨多羅三藐三菩提中
趣非趣不可得故須菩提一切法趣須陁洹
乃至佛是趣不過何以故須陁洹乃至佛中
趣非趣不可得故須菩提白佛言世尊是深
般若波羅蜜誰能信解者佛告須菩提有菩
薩摩訶薩先於諸佛所久行六波羅蜜善根
純熟供養无數百千万億諸佛與善知識相
隨是輩人能信解深般若波羅蜜須菩提白
佛言世尊能信解是深般若波羅蜜者有何
等性何等相何等貌佛言欲瞋癡斷離是性
相貌是菩薩摩訶薩則能信解深般若波羅蜜

摩訶般若波羅蜜趣一切智品第五十三

須菩提白佛言世尊是諸菩薩摩訶薩解深
般若波羅蜜者當趣何所佛告須菩提是菩
薩摩訶薩解深般若波羅蜜當趣一切種智
須菩提白佛言世尊是菩薩摩訶薩能趣一
切種智者為一切衆生所歸趣脩般若波羅
蜜故世尊脩般若波羅蜜即是脩一切法世
尊无所脩是脩般若波羅蜜不受脩壞脩是
脩般若波羅蜜佛告須菩提何等法壞故般
若波羅蜜為壞脩世尊色壞故般若波羅蜜
為壞脩受想行識十二處十八界壞故般若

BD14718號　摩訶般若波羅蜜經（四十卷本　異卷）卷二六　（14–11）

尊无所脩是脩般若波羅蜜不受脩壞脩是
脩般若波羅蜜佛告須菩提何等法壞故般
若波羅蜜為壞脩世尊色壞故般若波羅蜜
為壞脩受想行識十二處十八界壞故般若
波羅蜜為壞脩我乃至知者見者壞故般若
波羅蜜為壞脩世尊檀波羅蜜壞故般若波
羅蜜為壞脩內空乃至无法有法空四念處
乃至十八不共法須陁洹果乃至一切種智
壞故般若波羅蜜為壞脩佛言如是如是須
菩提色壞故般若波羅蜜為壞脩乃至一切
種智壞故般若波羅蜜為壞脩尒時佛告須
菩提是深般若波羅蜜中阿鞞跋致菩薩摩
訶薩應當驗知若菩薩摩訶薩是深般若波
羅蜜中不著當知是阿鞞跋致禪波羅蜜乃
至檀波羅蜜中不著四念處乃至一切種智
中不著當知是阿鞞跋致若阿鞞跋致菩薩
摩訶薩行深般若波羅蜜時不以他語為堅
要亦不隨他教行阿鞞跋致菩薩摩訶薩不
為欲心瞋心癡心所牽若阿鞞跋致菩薩摩
訶薩聞說深般若波羅蜜時心不驚不沒不怖
不畏不悔歡喜樂聞受持讀誦正憶念如說
行須菩提當知是菩薩先世已聞是深般若
波羅蜜中事已受持讀誦說正憶念何以故
是菩薩摩訶薩有大威德故聞是深般若波
羅蜜心不驚不怖不畏不沒不悔歡喜樂聞

BD14718號 摩訶般若波羅蜜經（四十卷本 異卷）卷二六 （14–12）

行須菩提當知是菩薩先世已聞是深般若
波羅蜜中事已受持讀誦說正憶念何以故
是菩薩摩訶薩有大威德故聞是深般若波
羅蜜心不驚不怖不畏不沒不悔歡喜樂聞
受持讀誦正憶念須菩提白佛言世尊若菩
薩摩訶薩聞深般若波羅蜜不驚不怖乃至
正憶念世尊是菩薩摩訶薩云何行般若波
羅蜜佛言隨順一切種智心是菩薩摩訶薩
應如是行般若波羅蜜世尊云何名隨順一
切種智心是菩薩摩訶薩應如是行般若波
羅蜜佛言以空隨順是為菩薩摩訶薩行深
般若波羅蜜以无相无作无所有不生不滅
不垢不淨隨順是菩薩摩訶薩應如是行般
若波羅蜜以如夢幻炎響化隨順是行般若
波羅蜜須菩提白佛佛說以空隨順乃至如
夢如幻隨順是以行般若波羅蜜世尊是菩
薩摩訶薩觀何法若色若受想行識乃至一
切種智佛告須菩提菩薩摩訶薩不行色不
行受想行識乃至不行一切種智何以故是
菩薩无行處无作法无壞法无所從來亦无
所去无住處是法不可數无有量若无數无
量是法不可得不可以色得乃至不可以一
切種智得何以故色即是薩婆若乃至一切
種智即是薩婆若色相如乃至一切種智如

BD14718號 摩訶般若波羅蜜經（四十卷本 異卷）卷二六 （14–13）

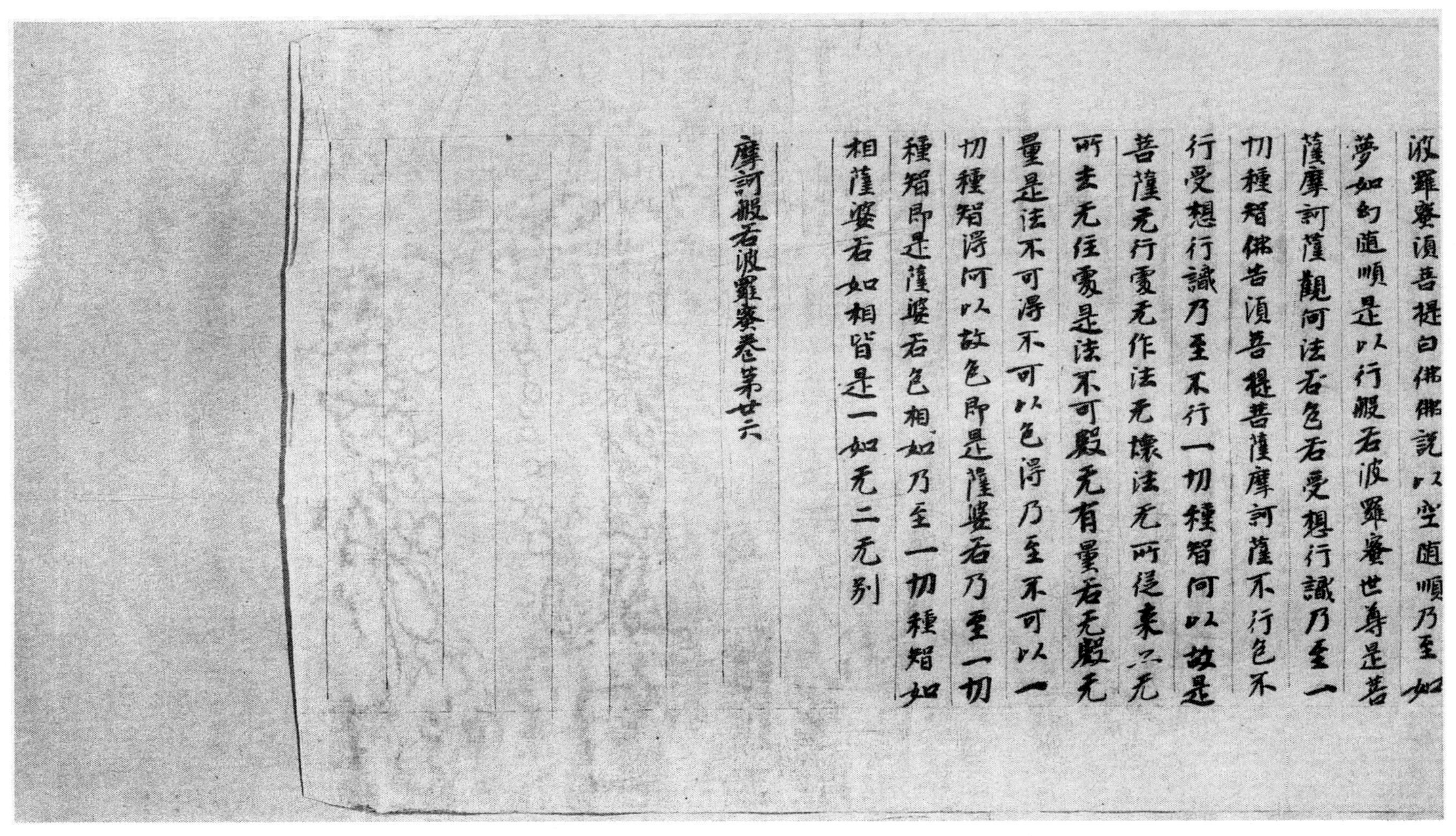
波羅蜜須菩提白佛佛説以空隨順乃至如
夢如幻隨順是以行般若波羅蜜世尊是菩
薩摩訶薩觀何法若色若受想行識乃至一
切種智佛告須菩提菩薩摩訶薩不行色不
行受想行識乃至不行一切種智何以故是
菩薩无行處无作法无壞法无所從來亦无
所去无住處是法不可數无有量若无數无
量是法不可得不可以色得乃至不可以一
切種智得何以故色即是薩婆若乃至一切
種智即是薩婆若色相如乃至一切種智如
相薩婆若如相皆是一如无二无別
摩訶般若波羅蜜卷第廿六

BD14718號　摩訶般若波羅蜜經（四十卷本　異卷）卷二六　　（14–14）

BD14719號 1　藏文（無量壽宗要經甲本）　　（18–1）

BD14719 號 1　藏文（無量壽宗要經甲本）　　（18–2）

BD14719 號 1　藏文（無量壽宗要經甲本）　　（18–3）

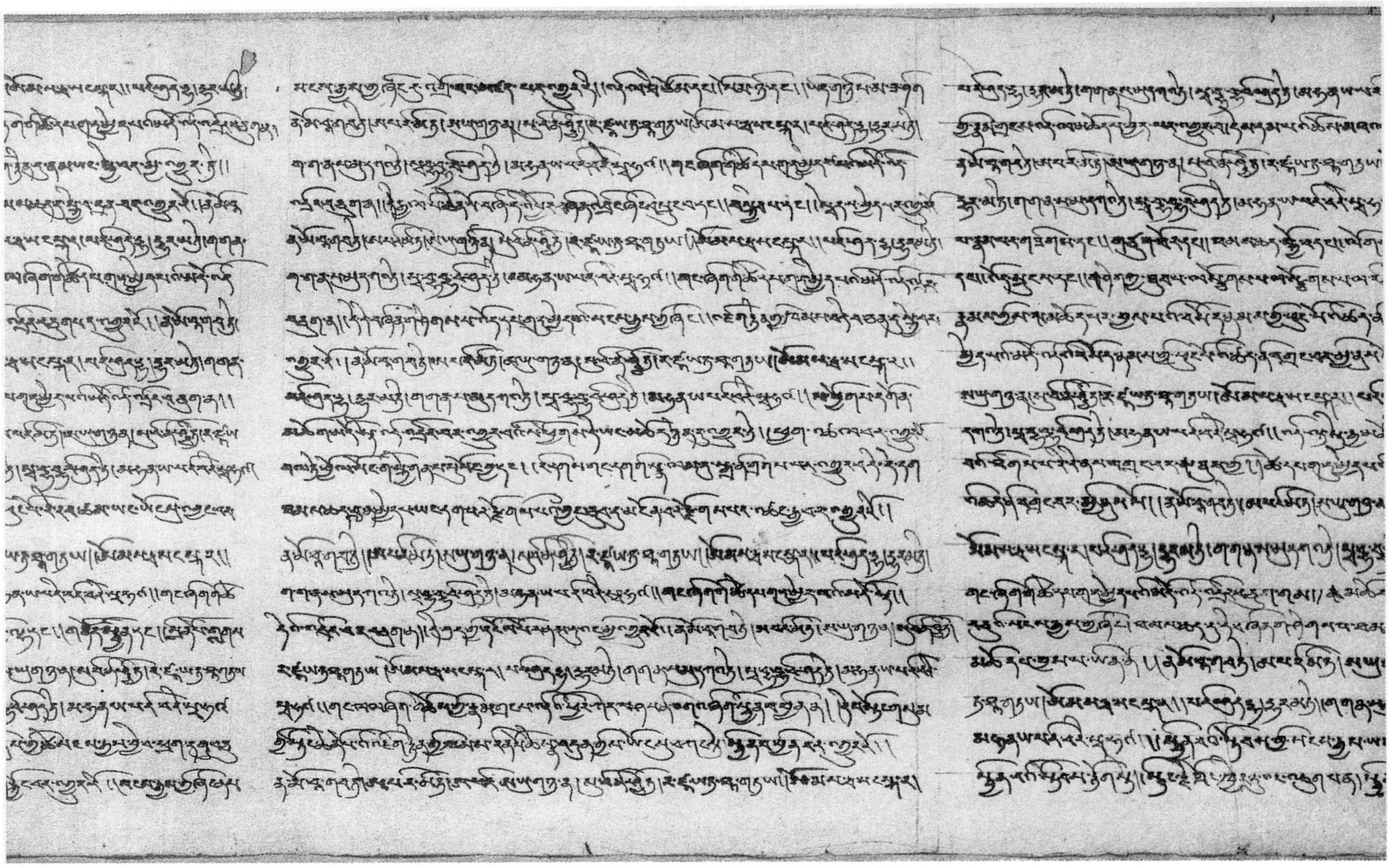

BD14719 號 1　藏文（無量壽宗要經甲本）　　（18–4）

BD14719 號 1　藏文（無量壽宗要經甲本）　　（18–5）

BD14719 號 1　藏文（無量壽宗要經甲本）　　（18–6）

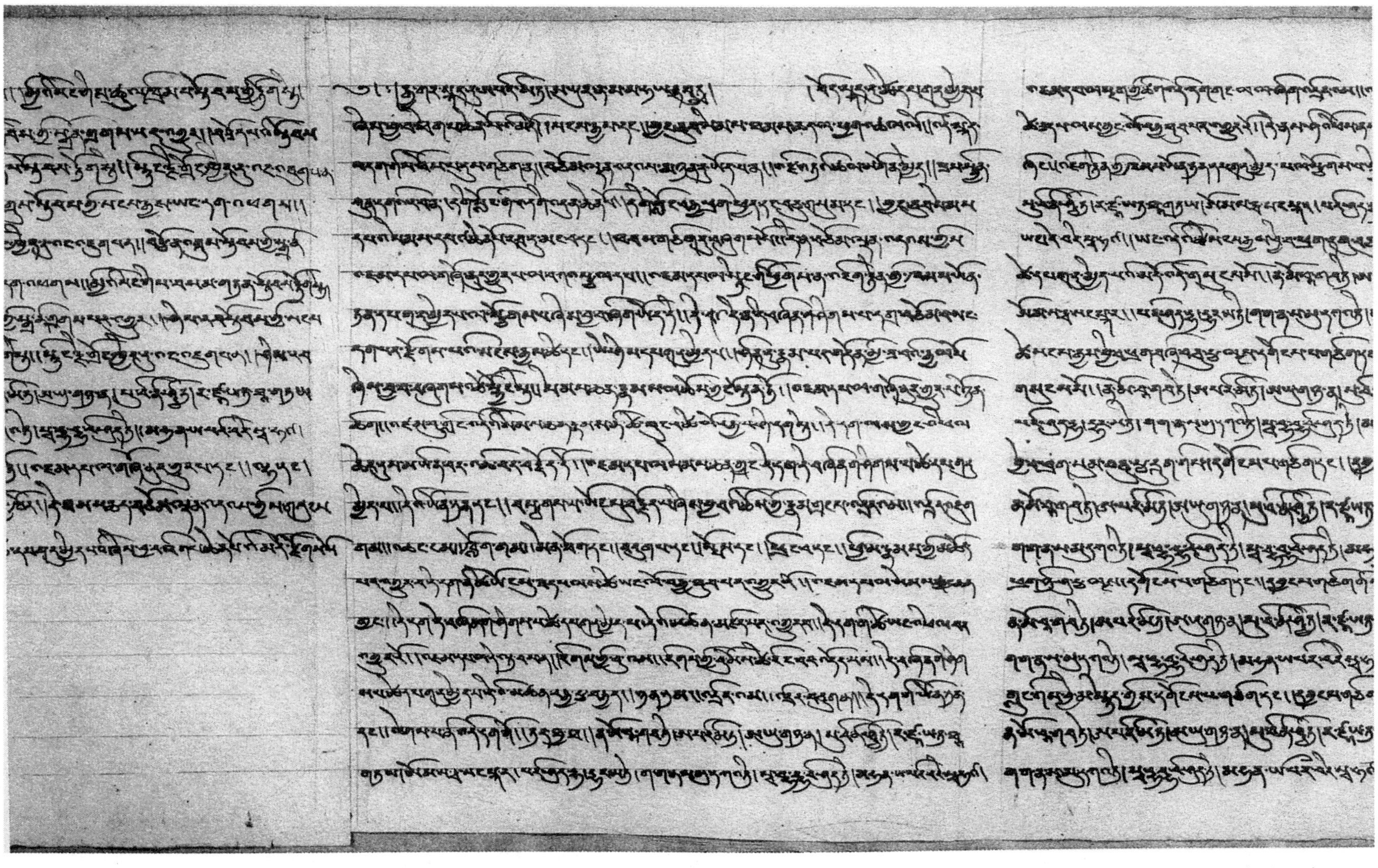

BD14719 號 2　藏文（無量壽宗要經甲本）　　（18–7）

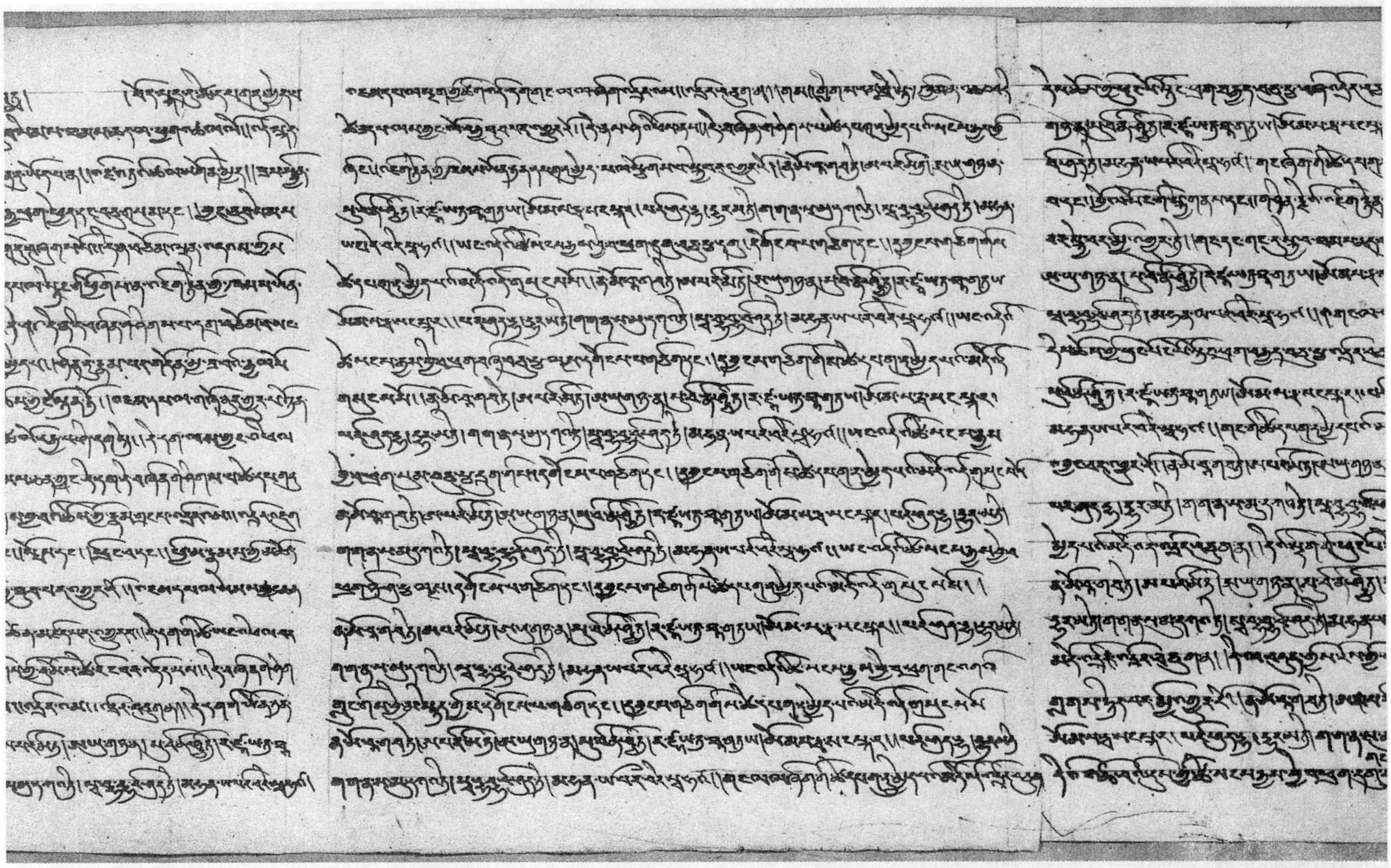

BD14719 號 2　藏文（無量壽宗要經甲本）　　（18–8）

BD14719 號 2　藏文（無量壽宗要經甲本）　　（18–9）

BD14719 號 2　藏文（無量壽宗要經甲本）　　（18–10）

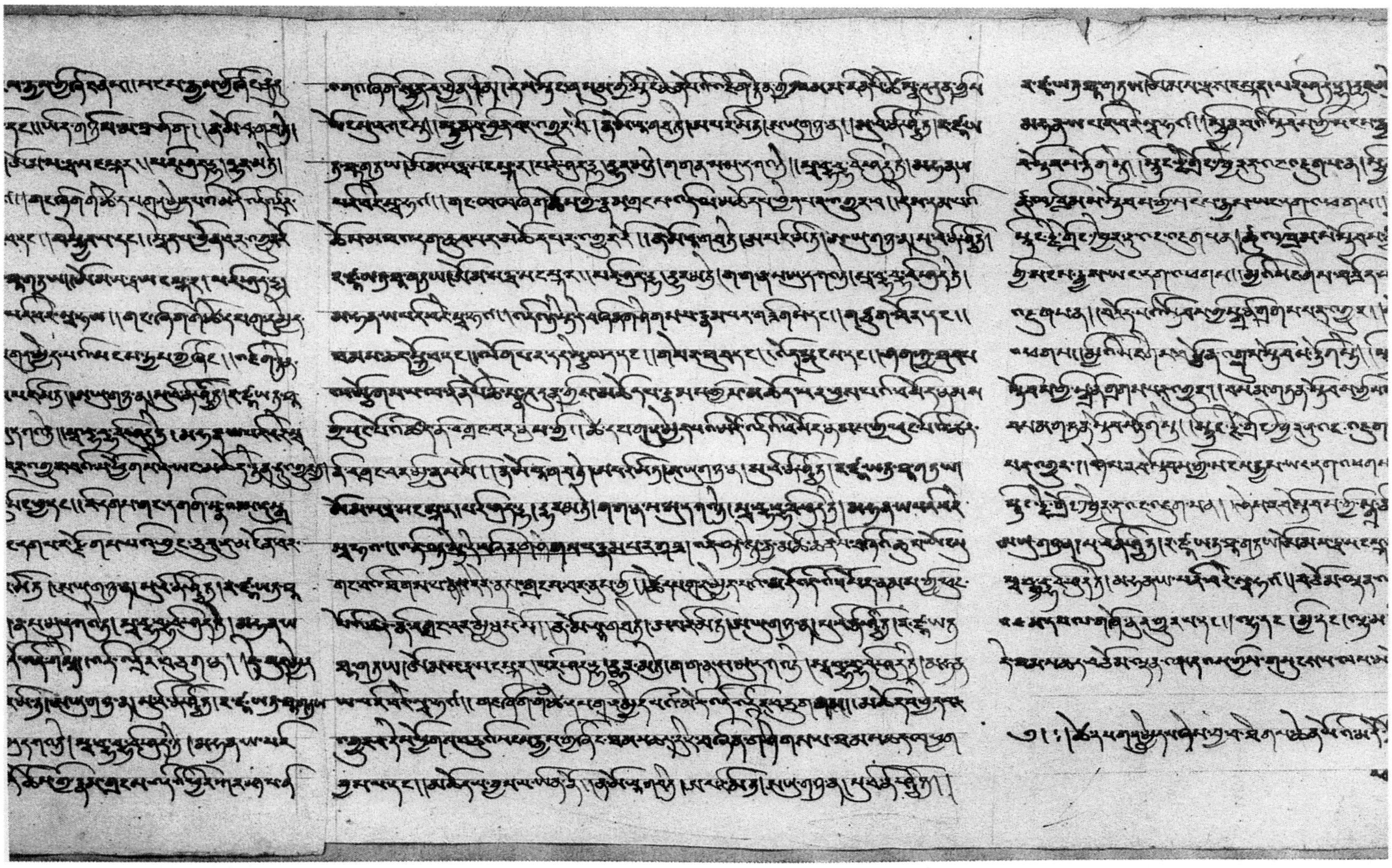

BD14719 號 2　藏文（無量壽宗要經甲本）　　（18–11）

BD14719 號 2　藏文（無量壽宗要經甲本）　　（18–12）

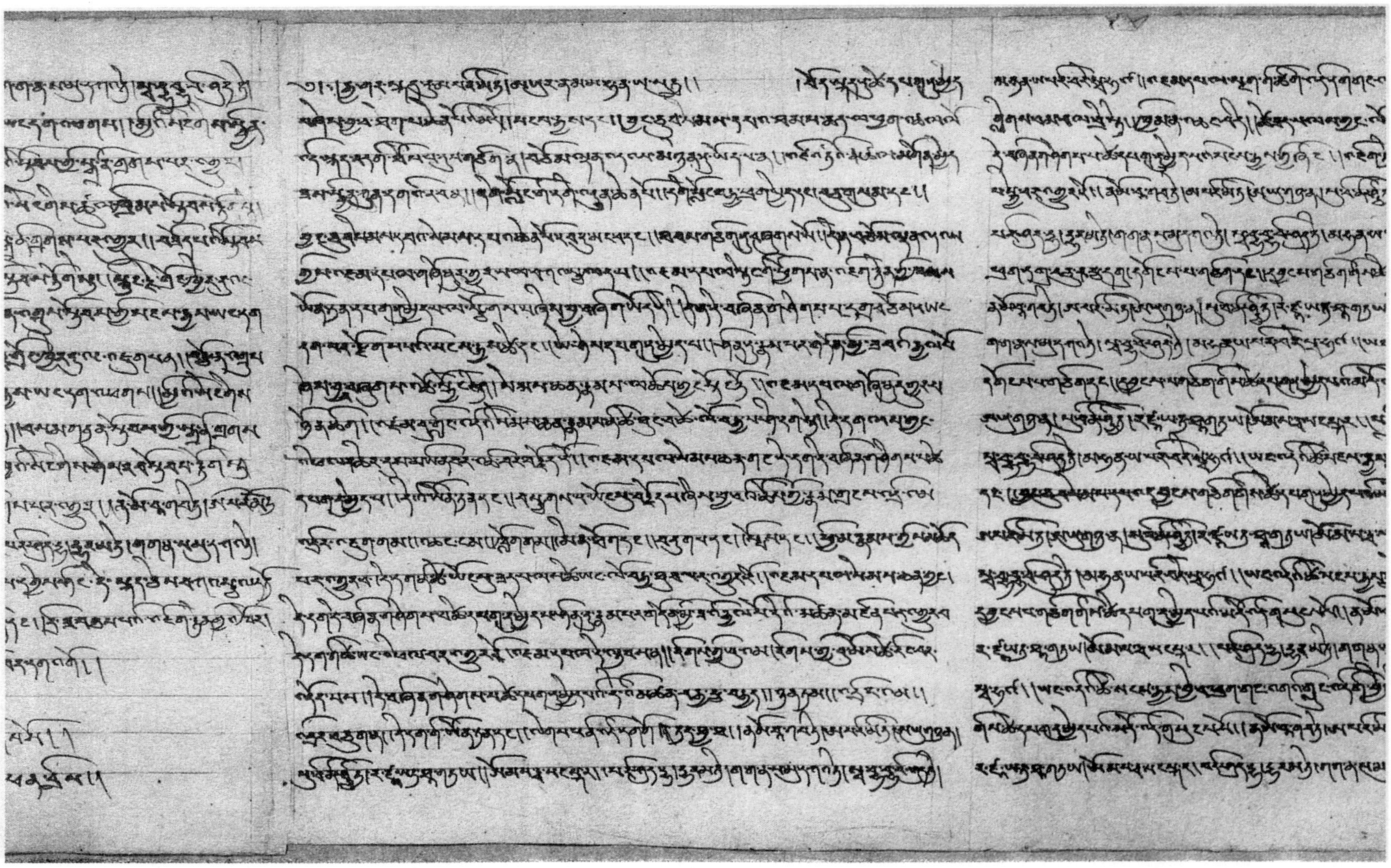

BD14719 號 3　藏文（無量壽宗要經甲本）　　（18–13）

BD14719 號 3　藏文（無量壽宗要經甲本）　　（18–14）

BD14719 號 3　藏文（無量壽宗要經甲本）　　（18–15）

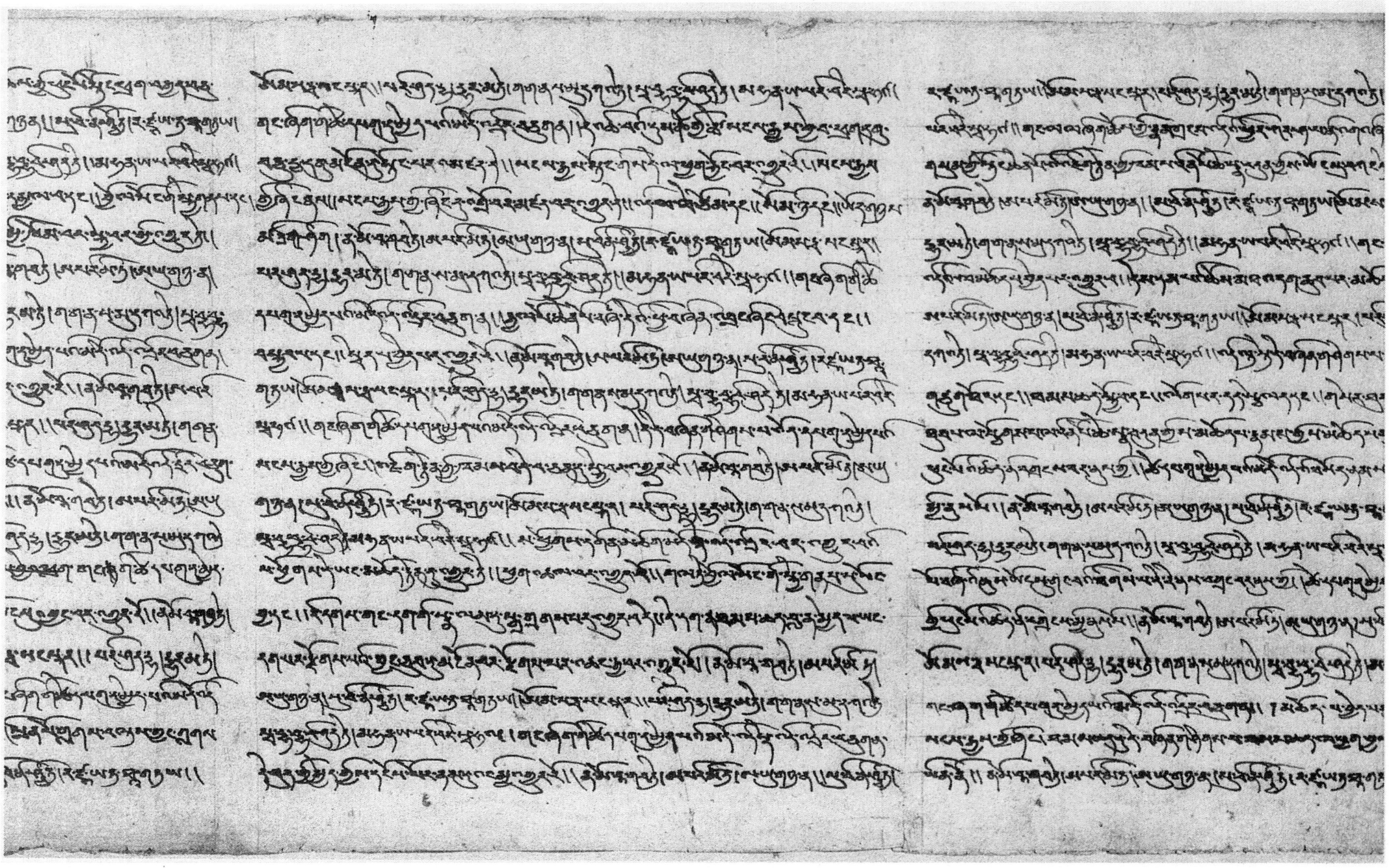

BD14719 號 3　藏文（無量壽宗要經甲本）　　　　（18–16）

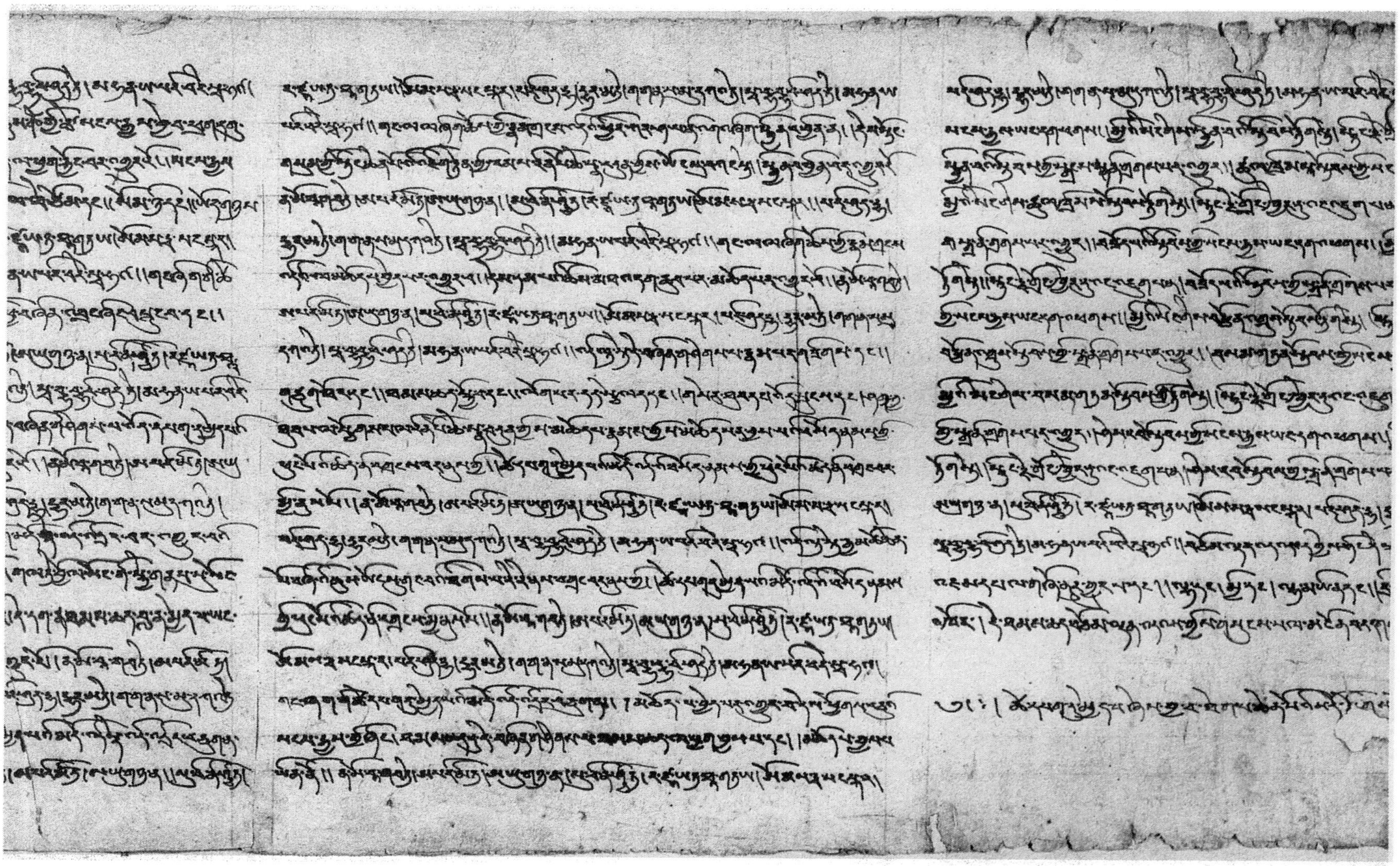

BD14719 號 3　藏文（無量壽宗要經甲本）　　　　（18–17）

BD14719 號 3　藏文（無量壽宗要經甲本）　　（18–18）

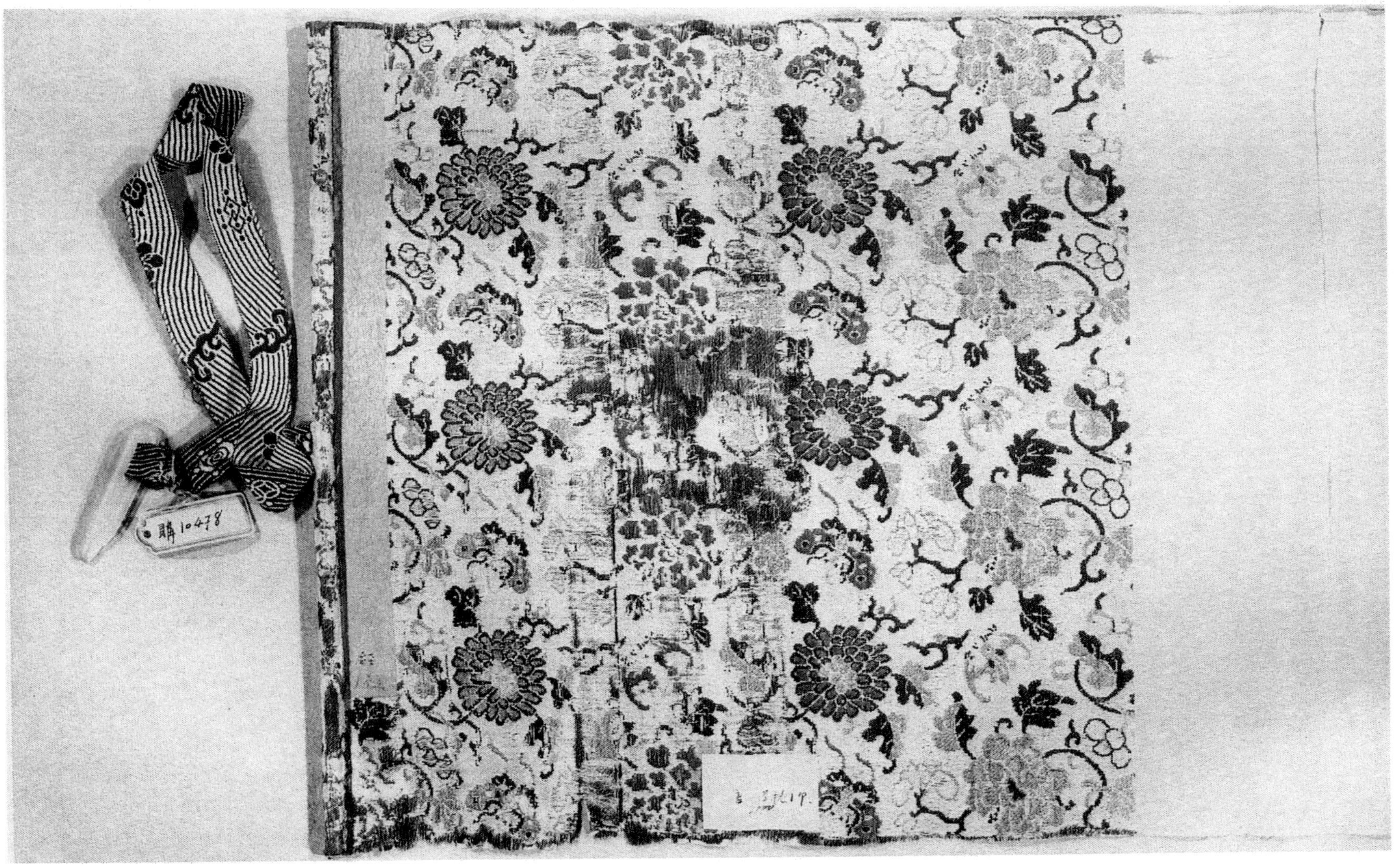

BD14720 號背　護首　　（1–1）

BD14720 號 A　佛本行經卷一（護首）　（5–1）

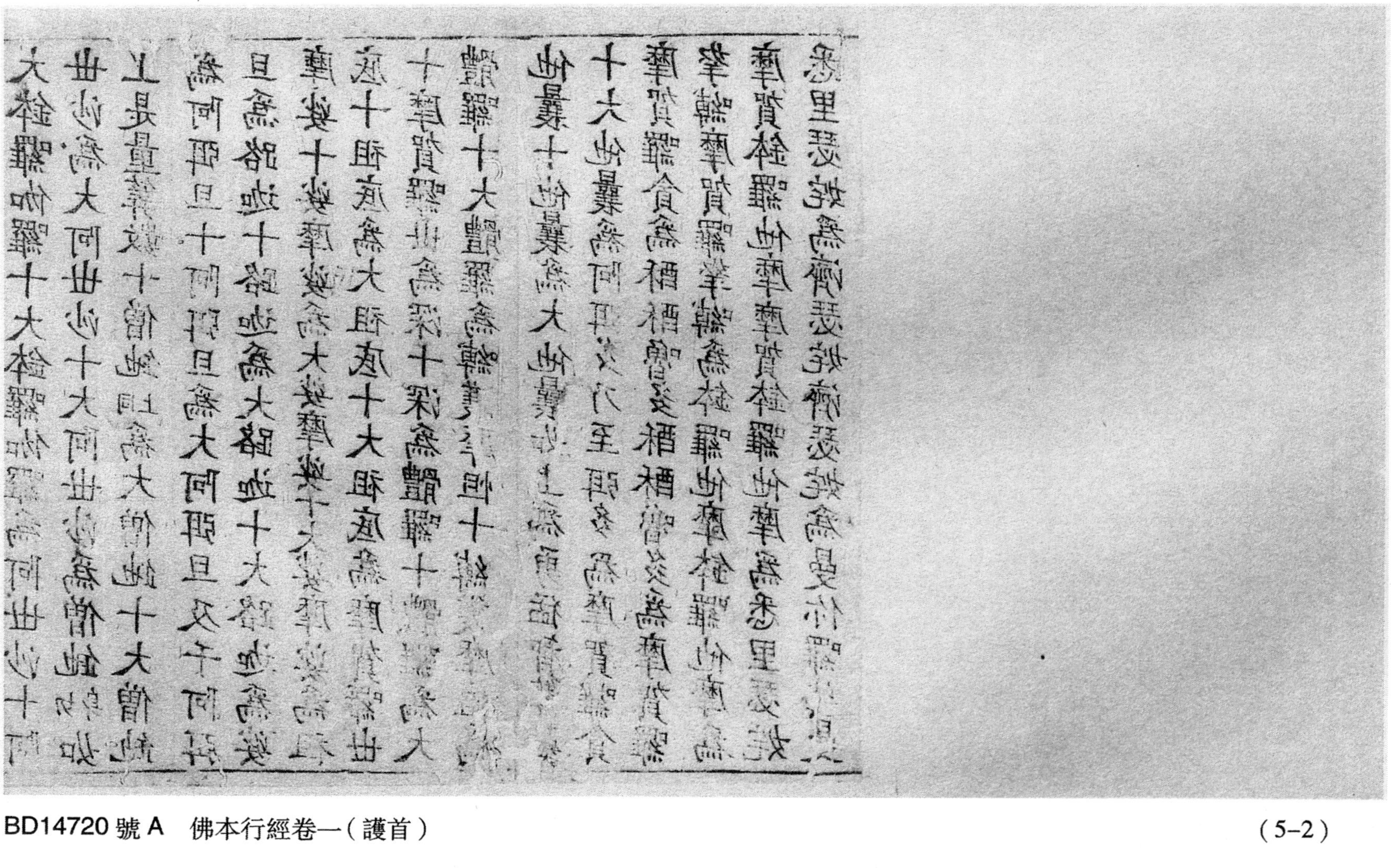

BD14720 號 A　佛本行經卷一（護首）　（5–2）

BD14720 號 A　佛本行經卷一（護首）　（5-3）

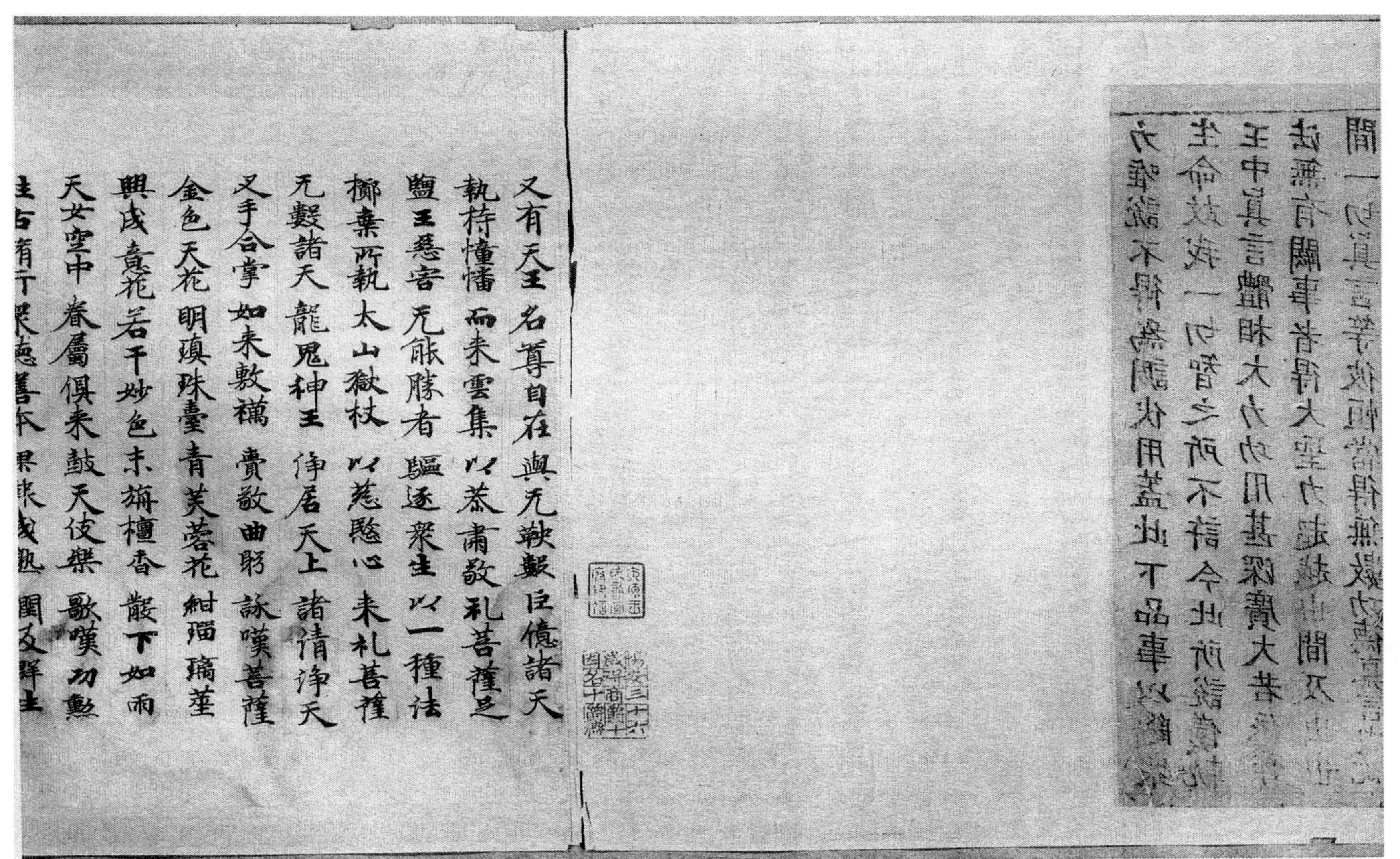

又有天王名尊自在與无鞅數百億諸天
執持幢幡而來雲集以恭肅敬礼菩薩足
盥王悉害无能勝者驅逐衆生以一種法
擲棄所執太山獄杖以慈愍心來礼菩薩
无數諸天龍鬼神王淨居天上諸請淨天
又手合掌如來敷禰貴敬曲躬詠嘆菩薩
金色天花明頭珠臺青芙蓉花紺瑠璃莖
興戍意花若干妙色末旃檀香散下如雨
天女空中眷屬俱來鼓天伎樂歌嘆功勳

BD14720 號 A　佛本行經卷一　（5-4）

无數諸天　龍鬼神王　住居天上　諸清淨天
叉手合掌　如來數稱　貴敬曲躬　詠嘆菩薩
金色天花　明顛珠臺　青芙蓉花　紺瑠璃莖
興成意花　若干妙色　末旃檀香　散下如雨
天女空中　眷屬俱來　鼓天伎樂　歌嘆功勳
往古脩行　衆德善本　果報成熟　圍及群生
慶雲震樂　諸天散花　身放光明　晃晃昱昱
諸天吒嘆　衆生觀者　蒙佛神德　普嚴世界
金烏諸龍　俱懷和協　天阿須倫　棄捨惡慊
從白淨月　出清涼光　普爲世間　滅愛憎火
佛本行經梵志占相品第五
當尒之時　衆善普會　殃患消滅　快樂无極
王因是喜　政除天下　欣慶來集　如衆川流
如天帝釋　生子瞿或　如安摩天　生子童男
如此沙門　生子寶飄　菩薩誕育　王亦歡喜
菩薩體便　如天初生　乳母收養　如育嬰孩
請諸舊德　曉事母人　圍衛擁護　不離左右
光相明照　如梵中尊　諸母速疾　將詣天祀

BD14720 號 A　佛本行經卷一　（5–5）

无相是爲菩薩摩訶薩常應圓滿證无相世
尊云何菩薩摩訶薩常應圓滿知无願善現
若菩薩摩訶薩於三界法心无所住是爲菩
薩摩訶薩常應圓滿知无願世尊云何菩薩
摩訶薩常應圓滿三輪清淨善現若菩薩摩
訶薩圓滿清淨十善業道是爲菩薩摩訶薩
常應圓滿三輪清淨世尊云何菩薩摩訶薩
常應圓滿悲愍有情及於有情无所執着善
現若菩薩摩訶薩已得大悲及嚴淨土都无
所執是爲菩薩摩訶薩常應圓滿悲愍有情
及於有情无所執着世尊云何菩薩摩訶薩
常應圓滿於一切法平等性見及於此中无
所執着善現若菩薩摩訶薩於一切法不增
不減及於此中无取无住是爲菩薩摩訶薩

BD14720 號 B　大般若波羅蜜多經卷五四　（3–1）

所執著善現若菩薩摩訶薩於一切法不增
不減及於此中无取无住是為菩薩摩訶薩
常應圓滿於一切法平等性見及於此中无
所執著世尊云何菩薩摩訶薩常應圓滿於
諸有情平等性見及於此中无所執著善現
若菩薩摩訶薩於諸有情不增不減及於此
中无取无住是為菩薩摩訶薩常應圓滿於
諸有情平等性見及於此中无所執著世尊
云何菩薩摩訶薩常應圓滿於真理趣究竟
通達及於此中无所執著善現若菩薩摩訶
薩於一切法真實理趣雖如實通達而无所
通達及於此中无取无住是為菩薩摩訶薩

光緒二十五年己亥春正月十日潘志萬
敬觀合十署款

BD14720 號 B　大般若波羅蜜多經卷五四　（3–2）

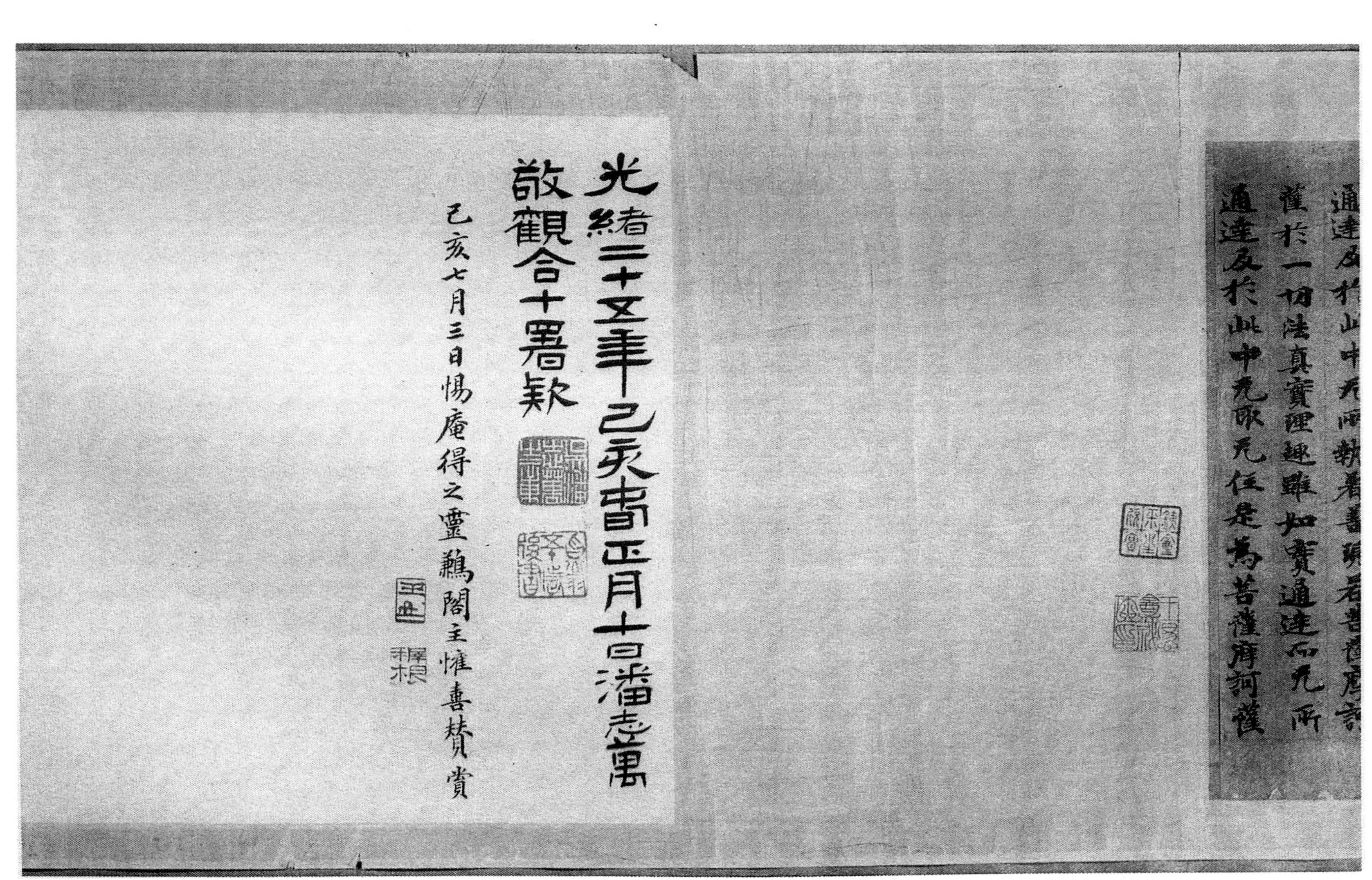
通達及於此中无所執著善現若菩薩摩訶
薩於一切法真實理趣雖如實通達而无所
通達及於此中无取无住是為菩薩摩訶薩

光緒二十五年己亥春正月十日潘志萬
敬觀合十署款

乙亥七月三日惕庵得之靈鶼閣主惟喜贊賞
釋根

BD14720 號 B　大般若波羅蜜多經卷五四　（3–3）

雨大法雨吹大法螺擊大法鼓演大法義諸
善男子我於過去諸佛曾見此瑞放斯光已
即說大法是故當知今佛現光亦復如是欲
令衆生咸得聞知一切世間難信之法故現
斯瑞諸善男子如過去无量无邊不可思議
阿僧祇劫尒時有佛号日月燈明如來應供
正遍知明行足善逝世間解无上士調御丈
夫天人師佛世尊演說正法初善中善後善
其義深遠其語巧妙純一无雜具足清白梵
行之相為求聲聞者說應四諦法度生老病
死究竟涅槃為求辟支佛者說應十二因緣
法為諸菩薩說應六波羅蜜令得阿耨多羅
三藐三菩提成一切種智次復有佛亦名日
月燈明次復有佛亦名日月燈明如是二万
佛皆同一字号日月燈明又同一姓姓頗羅
墮弥勒當知初佛後佛皆同一字名日月燈
明十号具足所可說法初中後善其最後佛
未出家時有八子一名有意二名善意三名

BD14721號　妙法蓮華經卷一　（5–1）

月燈明次復有佛亦名日月燈明如是二万
佛皆同一字号日月燈明又同一姓姓頗羅
墮弥勒當知初佛後佛皆同一字名日月燈
明十号具足所可說法初中後善其最後佛
未出家時有八子一名有意二名善意三名
无量意四名寶意五名增意六名除疑意七
名響意八名法意是八王子威德自在各領
四天下是諸王子聞父出家得阿耨多羅三
藐三菩提悉捨王位亦隨出家發大乘意常
脩梵行皆為法師已於千万佛所殖諸善本
是時日月燈明佛說大乘經名无量義教菩
薩法佛所護念說是經已即於大衆中結跏
趺坐入於无量義處三昧身心不動是時天
雨曼陁羅華摩訶曼陁羅華曼殊沙華摩訶
曼殊沙華而散佛上及諸大衆普佛世界六
種震動尒時會中比丘比丘尼優婆塞優婆
夷天龍夜叉乾闥婆阿脩羅迦樓羅緊那羅
摩睺羅伽人非人及諸小王轉輪聖王等是
諸大衆得未曾有歡喜合掌一心觀佛尒時
如來放眉間白毫相光照東方万八千佛土
靡不周遍如今所見是諸佛土弥勒當知尒
時會中有二十億菩薩樂欲聽法是諸菩薩
見此光明普照佛土得未曾有欲知此光所
為因緣時有菩薩名曰妙光有八百弟子是
時日月燈明佛從三昧起因妙光菩薩說大
乘經名妙法蓮華教菩薩法佛所護念六十
小劫不起于座時會聽者亦坐一處六十小

BD14721號　妙法蓮華經卷一　（5–2）

見此光明普照佛土得未曾有欲知此光所
為因緣時有菩薩名曰妙光有八百弟子是
時日月燈明佛從三昧起因妙光菩薩說大
乘經名妙法蓮華教菩薩法佛所護念六十
小劫不起于座時會聽者亦坐一處六十小
劫身心不動聽佛所說謂如食頃是時衆中
无有一人若身若心而生懈惓日月燈明佛
於六十小劫說是經已即於梵魔沙門婆羅
門及天人阿脩羅衆中而宣此言如來於今
日中夜當入无餘涅槃時有菩薩名曰德藏
日月燈明佛即授其記告諸比丘是德藏菩
薩次當作佛号曰淨身多陀阿伽度阿羅訶
三藐三佛陀佛授記已便於中夜入无餘涅
槃佛滅度後妙光菩薩持妙法蓮華經滿八
十小劫為人演說日月燈明佛八子皆師妙
光妙光教化令其堅固阿耨多羅三藐三菩
提是諸王子供養无量百千万億佛已皆成
佛道其最後成佛者名曰然燈八百弟子中
有一人号曰求名貪著利養雖復讀誦衆經
而不通利多所忘失故号求名是人亦以種
諸善根因緣故得值无量百千万億諸佛供
養恭敬尊重讚歎弥勒當知尒時妙光菩薩
豈異人乎我身是也求名菩薩汝身是也今
見此瑞與本无異是故惟忖今日如來當說
大乘經名妙法蓮華教菩薩法佛所護念尒
時文殊師利於大衆中欲重宣此義而說偈
言
我念過去世　无量无數劫　有佛人中尊　号日月燈明

BD14721號　妙法蓮華經卷一　（5-3）

大乘經名妙法蓮華教菩薩法佛所護念尒
時文殊師利於大衆中欲重宣此義而說偈
言
我念過去世　无量无數劫　有佛人中尊　号日月燈明
世尊演說法　度无量衆生　无數億菩薩　令入佛智慧
佛未出家時　所生八王子　見大聖出家　亦隨脩梵行
時佛說大乘　經名无量義　於諸大衆中　而為廣分別
佛說此經已　即於法座上　跏趺坐三昧　名无量義處
天雨曼陀華　天鼓自然鳴　諸天龍鬼神　供養人中尊
一切諸佛土　即時大震動　佛放眉間光　現諸希有事
此光照東方　万八千佛土　示一切衆生　生死業報處
又見諸佛土　以衆寶莊嚴　瑠璃頗梨色　斯由佛光照
又見諸天人　龍神夜叉等　乾闥緊那羅　各供養其佛
又見諸如來　自然成佛道　身色如金山　端嚴甚微妙
如淨瑠璃中　內現真金像　世尊在大衆　敷演深法義
一一諸佛土　聲聞衆无數　因佛光所照　悉見彼大衆
或有諸比丘　在於山林中　精進持淨戒　猶如護明珠
又見諸菩薩　行施忍辱等　其數如恒沙　斯由佛光照
又見諸菩薩　深入諸禪定　身心寂不動　以求无上道
又見諸菩薩　知法寂滅相　各於其國土　說法求佛道
尒時四部衆　見日月燈佛　現大神通力　其心皆歡喜
各各自相問　是事何因緣　天人所奉尊　適從三昧起
讚妙光菩薩　汝為世間眼　一切所歸信　能奉持法藏
如我所說法　唯汝能證知　世尊既讚歎　令妙光歡喜
說是法華經　滿六十小劫　不起於此座　所說上妙法
是妙光法師　悉皆能受持　佛說是法華　令衆歡喜已
尋即於是日　告於天人衆　諸法實相義　已為汝等說

BD14721號　妙法蓮華經卷一　（5-4）

如我所說法　唯汝能證知　世尊既讚歎　令妙光歡喜
說是法華經　滿六十小劫　不起於此座　所說上妙法
是妙光法師　悉皆能受持　佛說是法華　令衆歡喜已
尋即於是日　告於天人衆　諸法實相義　已為汝等說
我今於中夜　當入於涅槃　汝一心精進　當離於放逸
諸佛甚難值　億劫時一遇　世尊諸子等　聞佛入涅槃
各各懷悲惱　佛滅一何速　聖主法之王　安慰无量衆
我若滅度時　汝等勿憂怖　是德藏菩薩　於无漏實相
心已得通達　其次當作佛　號曰為淨身　亦度无量衆
佛此夜滅度　如薪盡火滅　分布諸舍利　而起无量塔
比丘比丘尼　其數如恒沙　倍復加精進　以求无上道
是妙光法師　奉持佛法藏　八十小劫中　廣宣法華經
是諸八王子　妙光所開化　堅固无上道　當見无數佛
供養諸佛已　隨順行大道　相繼得成佛　轉次而授記
最後天中天　號曰然燈佛　諸仙之導師　度脫无量衆
是妙光法師　時有一弟子　心常懷懈怠　貪著於名利
求名利无猒　多遊族姓家　棄捨所習誦　廢忘不通利
以是因緣故　號之為求名　亦行衆善業　得見无數佛
供養於諸佛　隨順行大道　具六波羅蜜　今見釋師子
其後當作佛　號名曰彌勒　廣度諸衆生　其數无有量
彼佛滅度後　懈怠者汝是　妙光法師者　今則我身是
我見燈明佛　本光瑞如此　以是知今佛　欲說法華經
今相如本瑞　是諸佛方便　今佛放光明　助發實相義
諸人今當知　合掌一心待　佛當雨法雨　充足求道者
諸求三乘人　若有疑悔者　佛當為除斷　令盡无有餘

BD14721 號　妙法蓮華經卷一　（5–5）

BD14722 號背　護首　（1–1）

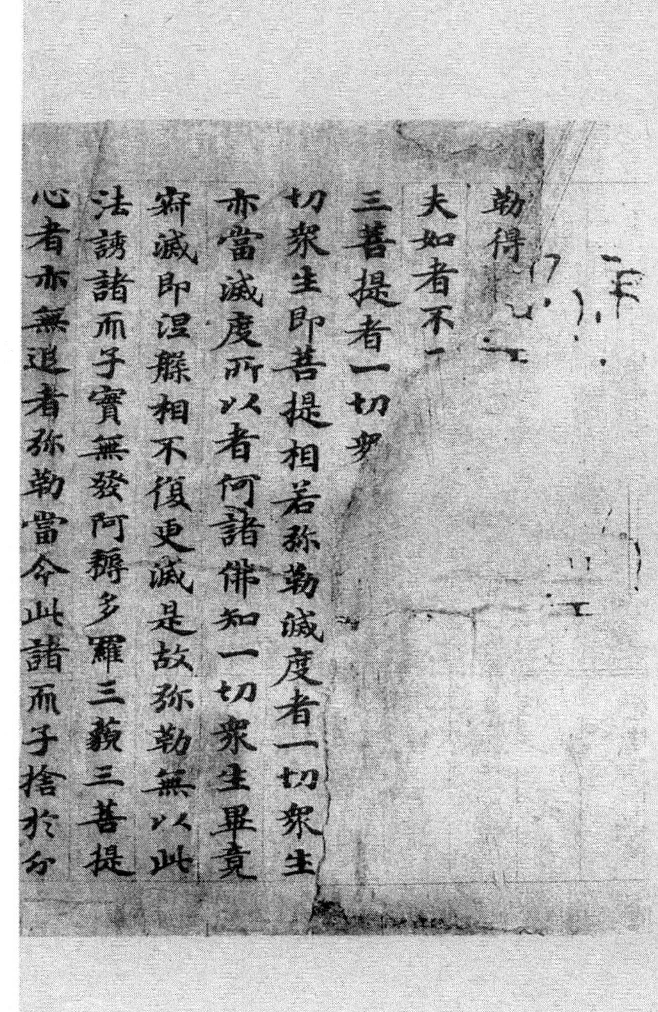
勒得
夫如者不二
三菩提者一切衆
切衆生即菩提相若弥勒滅度者一切衆生
亦當滅度所以者何諸佛知一切衆生畢竟
寂滅即涅槃相不復更滅是故弥勒無以此
法誘諸天子實無發阿耨多羅三藐三菩提
心者亦無退者弥勒當令此諸天子捨於分

BD14722 號　維摩詰所說經卷上　（8–1）

切衆生即菩提相若弥勒滅度者一切衆生
亦當滅度所以者何諸佛知一切衆生畢竟
寂滅即涅槃相不復更滅是故弥勒無以此
法誘諸天子實無發阿耨多羅三藐三菩提
心者亦無退者弥勒當令此諸天子捨於分
別菩提之見所以者何菩提者不可以身得
不可以心得寂滅是菩提滅諸相故不観是
菩提離諸縁故不行是菩提無憶念故斷是
菩提捨諸見故離是菩提離諸妄想故鄣是
菩提鄣諸願故不入是菩提無貪著故順是
菩提順於如故住是菩提住法性故至是菩
提至實際故不二是菩提離意法故等是菩
提等虚空故無為是菩提無生住滅故智是
菩提了衆生心行故不會是菩提諸入不會
故不合是菩提離煩惱習故無處是菩提無
形色故假名是菩提名字空故如化是菩提
無取捨故無亂是菩提常自靜故善寂是菩
提性清淨故無取是菩提離攀縁故無異是
菩提諸法等故無比是菩提無可喻故微妙
是菩提諸法難知故世尊維摩詰說是法時
二百天子得無生法忍故我不任詣彼問疾
佛告光嚴童子汝行詣維摩詰問疾光嚴白
佛言世尊我不堪任詣彼問疾所以者何憶
念我昔出毗耶離大城時維摩詰方入城我
即為作礼而問言居士從何所来荅我言吾
從道場来我問道場者何所是荅曰直心是

BD14722 號　維摩詰所說經卷上　（8–2）

佛告光嚴童子汝行詣維摩詰問疾光嚴白
佛言世尊我不堪任詣彼問疾所以者何憶
念我昔出毗耶離大城時維摩詰方入城我
即為作礼而問言居士從何所來荅我言吾
從道場來我問道場者何所是荅曰直心是
道場無虛假故發行是道場能辨事故深心
是道場增益功德故菩提心是道場無錯謬
故布施是道場不望報故持戒是道場得願
具故忍辱是道場於諸衆生心無礙故精進
是道場不懈退故禪定是道場心調柔故智
慧是道場現見諸法故慈是道場等衆生故
悲是道場忍疲苦故喜是道場悅樂法故捨
是道場憎愛斷故神通是道場成就六通故
解脫是道場能背捨故方便是道場教化衆
生故四攝是道場攝衆生故多聞是道場如
聞行故伏心是道場正觀諸法故卅七品是
道場捨有為法故諦是道場不誑　聞故緣
起是道場無明乃至老死皆無盡故諸煩惱
是道場知如實故衆生是道場知無我故一
切法是道場知諸法空故降魔是道場不傾
動故三界是道場無所趣故師子吼是道場
無所畏故力無畏不共法是道場無諸過故
三明是道場無餘礙故一念知一切法是道
場成就一切智故如是善男子菩薩若應諸
波羅蜜教化衆生諸有所作舉足下足當知
皆從道場來住於佛法矣說是法時五百而

BD14722號　維摩詰所說經卷上　（8–3）

道場無諸過故
三明是道場無餘礙故一念知一切法是道
場成就一切智故如是善男子菩薩若應諸
波羅蜜教化衆生諸有所作舉足下足當知
皆從道場來住於佛法矣說是法時五百而
玉皆發阿耨多羅三藐三菩提心故我不任
詣彼問疾
佛告持世菩薩汝行詣維摩詰問疾持世白
佛言世尊我不堪任詣彼問疾所以者何憶
念我昔住於靜室時魔波旬從萬二千而女
狀如帝釋鼓樂絃歌來詣我所與其眷屬稽
首我足合掌恭敬於一面立我意謂是帝釋
而語之言善來憍尸迦雖福應有不當自恣
當觀五欲無常以求善本於身命財而脩堅
法即語我言正士受是萬二千而女可備掃
灑我言憍尸迦無以此非法之物要我沙門
釋子此非我宜所言未訖時維摩詰來謂我
言非帝釋也是為魔來嬈固汝耳即語魔言
是諸女等可以與我如我應受魔即驚懼念
維摩詰將無惱我欲隱形去而不能隱盡其
神力亦不得去即聞空中聲曰波旬以女與
之乃可得去魔以畏故俛仰而與尒時維摩
詰語諸女言魔以汝等與我今汝皆當發阿
耨多羅三藐三菩提心即隨所應而為說法
令發道意復言汝等已發道意有法樂可以
自娛不應復樂五欲樂也而女即問何謂法

BD14722號　維摩詰所說經卷上　（8–4）

之乃可得去魔以畏故俛仰而與尒時維摩
詰語諸女言魔以汝等與我今汝皆當發阿
耨多羅三藐三菩提心即隨所應而為說法
令發道意復言汝等已發道意有法樂可以
自娛不應復樂五欲樂也尒女即問何謂法
樂荅言樂常信佛樂欲聽法樂供養眾樂離
五欲樂觀五陰如怨賊樂觀四大如毒虵樂
觀內入如空聚樂隨護道意樂饒益眾生樂
敬養師樂廣行施樂堅持戒樂忍辱柔和樂
勤集善根樂禪定不亂樂離垢明慧樂廣菩
提心樂降伏眾魔樂斷諸煩惱樂淨佛國土
樂成就相好故脩諸功德樂嚴道場樂聞深
法不畏樂三脫門不樂非時樂近同學樂於
非同學中心無恚礙樂將護惡知識樂近善
知識樂心喜清淨樂脩無量道品之法是為
菩薩法樂於是波旬告諸女言我欲與汝俱
還天宮諸女言以我等與此居士有法樂我
等甚樂不復樂五欲樂也魔言居士可捨此
女一切所有施於彼者是為菩薩維摩詰言
我已捨矣汝便將去令一切眾生得法願具
足於是諸女問維摩詰我等云何止於魔宮
維摩詰言諸姊有法門名無盡燈汝等當學
無盡燈者譬如一燈然百千燈冥者皆明明
終不盡如是諸姊夫一菩薩開導百千眾生
令發阿耨多羅三藐三菩提心於其道意亦
不滅盡隨所說法而自增益一切善法是名

BD14722號　維摩詰所說經卷上　（8–5）

維摩詰言諸女有法門名無盡燈汝等當學
無盡燈者譬如一燈然百千燈冥者皆明明
終不盡如是諸姊夫一菩薩開導百千眾生
令發阿耨多羅三藐三菩提心於其道意亦
不滅盡隨所說法而自增益一切善法是名
無盡燈也汝等雖住魔宮以是無盡燈令無
數天子天女發阿耨多羅三藐三菩提心者
為報佛恩亦大饒益一切眾生尒時天女頭
面礼維摩詰足隨魔還宮忽然不現世尊維
摩詰有如是自在神力智慧辯才故我不任
詣彼問疾
佛告長者子善得汝行詣維摩詰問疾善得
白佛言世尊我不堪任詣彼問疾所以者何
憶念我昔自於父舍設大施會供養一切沙
門婆羅門及諸外道貧窮下賤孤獨乞丐期
滿七日時維摩詰來入會中謂我言長者子
夫大施會不當如汝所設當為法施之會何
用是財施會為我言居士何謂法施之會法
施會者無前無後一時供養一切眾生是名
法施之會何謂也謂以菩提起於慈心以救
眾生起大悲心以持正法起於喜心以攝智
慧行於捨心以攝慳貪起檀波羅蜜以化犯
戒起尸波羅蜜以無我法起羼提波羅蜜以
離身心相起毗梨耶波羅蜜以菩提相起禪
波羅蜜以一切智起般若波羅蜜教化眾生
而起於空不捨有為法而起無相示現受生

BD14722號　維摩詰所說經卷上　（8–6）

離身心相起毗梨耶波羅蜜以菩提相起禪
波羅蜜以一切智起般若波羅蜜教化衆生
而起於空不捨有為法而起無相示現受生
而起無作護持正法起方便力以度衆生起
四攝法以敬事一切起除慢法於身命財起
三堅法於六念中起思念法於六和敬起質
直心正行善法起於淨命心淨歡喜起近賢
聖不憎惡聖起調伏心以出家法起於深心
以如說行起於多聞以無諍法起空閑處趣
向佛慧起於宴坐解衆生縛起脩行坐以具
相好及淨佛土起福德業知一切衆生心念
如應說法起於智業知一切法不取不捨入
一相門起於慧業斷一切煩惱一切鄣礙一
切不善法起一切善業以得一切智慧一切
善法起於一切助佛道法如是善男子是為
法施之會若菩薩住是法施會者為大施主
亦為一切世間福田世尊維摩詰說是法時
婆羅門衆中二百聖皆發阿耨多羅三藐三
菩提心我時心得清淨嘆未曾有稽首礼維
摩詰足即解瓔珞價直百千以上之不肯取
我言居士願必納受隨意所與維摩詰乃受
瓔珞分作二分持一分施此會中一最下乞
聖持一分奉彼難勝如來一切衆會皆見光
明國土難勝如來又見珠瓔在彼佛上變成
四柱寶臺四面嚴飾不相鄣蔽時維摩詰現
神變已作是言若施主等心施一最下乞聖

BD14722 號　維摩詰所說經卷上　（8–7）

瓔珞分作二分持一分施此會中一最下乞
聖持一分奉彼難勝如來一切衆會皆見光
明國土難勝如來又見珠瓔在彼佛上變成
四柱寶臺四面嚴飾不相鄣蔽時維摩詰現
神變已作是言若施主等心施一最下乞聖
猶如如來福田之相無所分別等乎大悲不
求果報是則名曰具足法施城中一最下乞
聖見是神力聞其所說即發阿耨多羅三藐
三菩提心故我不任詣彼問疾如是諸菩薩
各各向佛說其本緣稱述維摩詰所言皆曰
不任詣彼問疾

維摩詰經卷上

BD14722 號　維摩詰所說經卷上　（8–8）

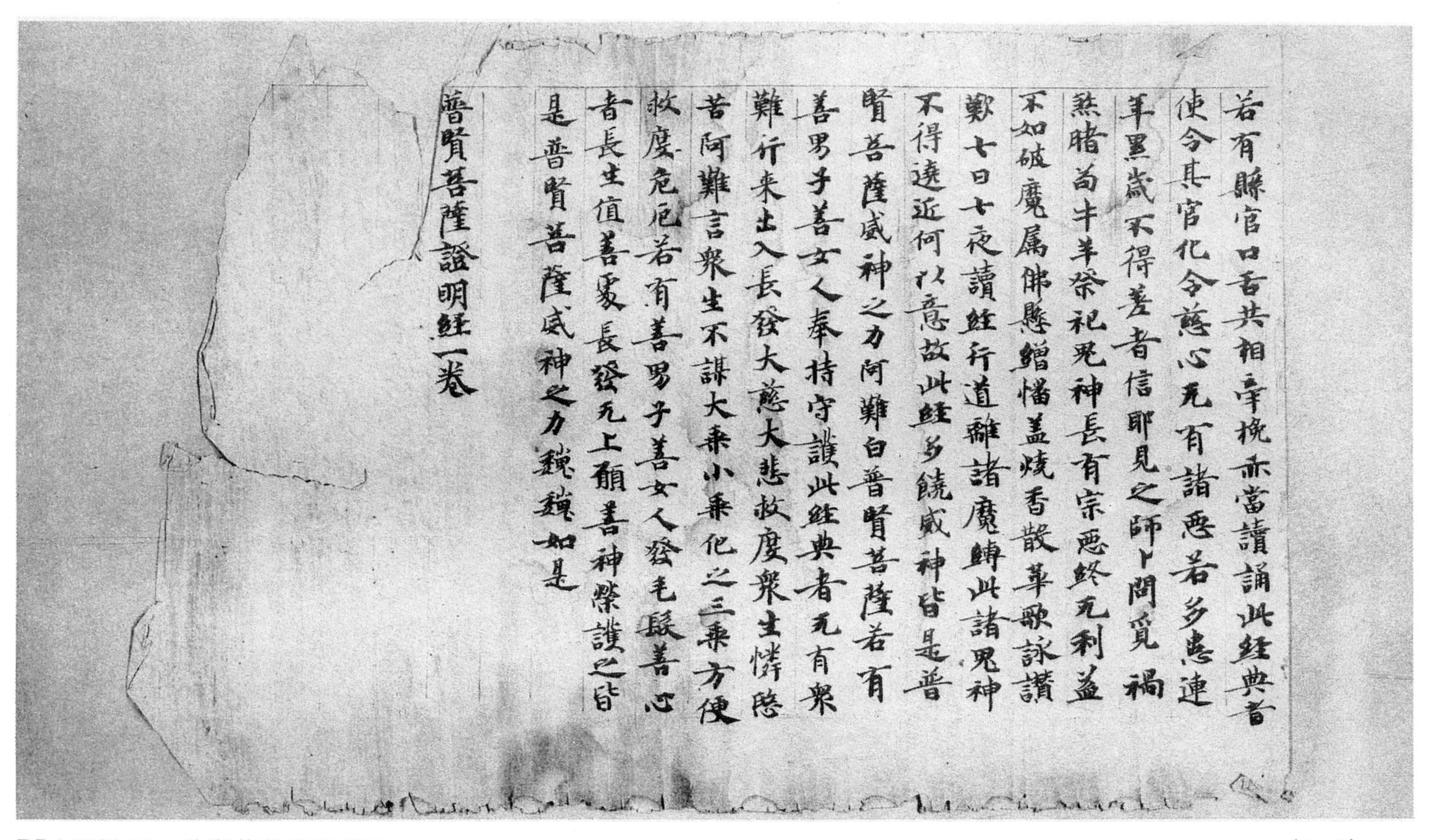

若有縣官口舌共相牵挽亦當讀誦此經典者
使令其官化令慈心无有諸惡若多患連
年累歲不得差者信耶見之師卜問覓禍
煞豬狗牛羊祭祀鬼神長有宗惡終无利益
不如破魔屬佛懸繒幡蓋燒香散華歌詠讚
歎七日七夜讀經行道離諸魔縛此諸鬼神
不得遠近何以意故此經多饒威神皆是普
賢菩薩威神之力阿難白普賢菩薩若有
善男子善女人奉持守護此經典者无有衆
難行來出入長發大慈大悲救度衆生憐愍
苦阿難言衆生不識大乘小乘化之三乘方便
救度危厄若有善男子善女人發毛髮善心
者長生值善處長發无上願善神衛護之皆
是普賢菩薩威神之力巍巍如是
普賢菩薩證明經一卷

BD14723號　普賢菩薩說證明經　（1-1）

住甚久佛滅度後起七寶塔遍滿其國尒時
世尊欲重宣此義而說偈言
諸比丘諦聽　佛子所行道　善學方便故　不可得思議
知衆樂小法　而畏於大智　是故諸菩薩　作聲聞緣覺
以无數方便　化諸衆生類　自說是聲聞　去佛道甚遠
度脫无量衆　皆悉得成就　雖小欲懈怠　漸當令作佛
内祕菩薩行　外現是聲聞　少欲猒生死　實自淨佛土
示衆有三毒　又現耶見相　我弟子如是　方便度衆生
若我具足說　種種現化事　衆生聞是者　心則懷疑惑
今此富樓那　於昔千億佛　勤脩所行道　宣護諸佛法
為求无上慧　而於諸佛所　現居弟子上　多聞有智慧
所說无所畏　能令衆歡喜　未曾有疲惓　而以助佛事
已度大神通　具四无礙智　知衆根利鈍　常說清淨法
演暢如是義　教諸千億衆　令住大乘法　而自淨佛土
未來亦供養　无量无數佛　護助宣正法　亦自淨佛土

BD14724號　妙法蓮華經卷四　（2-1）

度脱无量衆 皆悉得成就 雖小欲懈怠 漸當令作佛
内祕菩薩行 外現是聲聞 少欲猒生死 實自淨佛土
示衆有三毒 又現邪見相 我弟子如是 方便度衆生
若我具足説 種種現化事 衆生聞是者 心則懷疑惑
今此富樓那 於昔千億佛 勤脩所行道 宣護諸佛法
爲求无上慧 而於諸佛所 現居弟子上 多聞有智慧
所説无所畏 能令衆歡喜 未曾有疲惓 而以助佛事
已度大神通 具四无礙智 知衆根利鈍 常説清淨法
演暢如是義 教諸千億衆 令住大乘法 而自淨佛土
未來亦供養 无量无數佛 護助宣正法 亦自淨佛土
常以諸方便 説法无所畏 度不可計衆 成就一切智
供養諸如來 護持法寶藏 其後得成佛 号名曰法明
其國名善淨 七寶所合成 劫名爲寶明 菩薩衆甚多
其數无量億 皆度大神通 威德力具足 充滿其國土
聲聞亦無數 三明八解脱 得四无礙智 以是等爲僧
其國諸衆生 婬欲皆已斷 純一變化生 具相莊嚴身
法喜禪悦食 更无餘食想 无有諸女人 亦无諸惡道
富樓那比丘 功德悉成滿 當得斯淨土 賢聖甚衆多
如是无量事 我今但略説

BD14724號　妙法蓮華經卷四　（2–2）

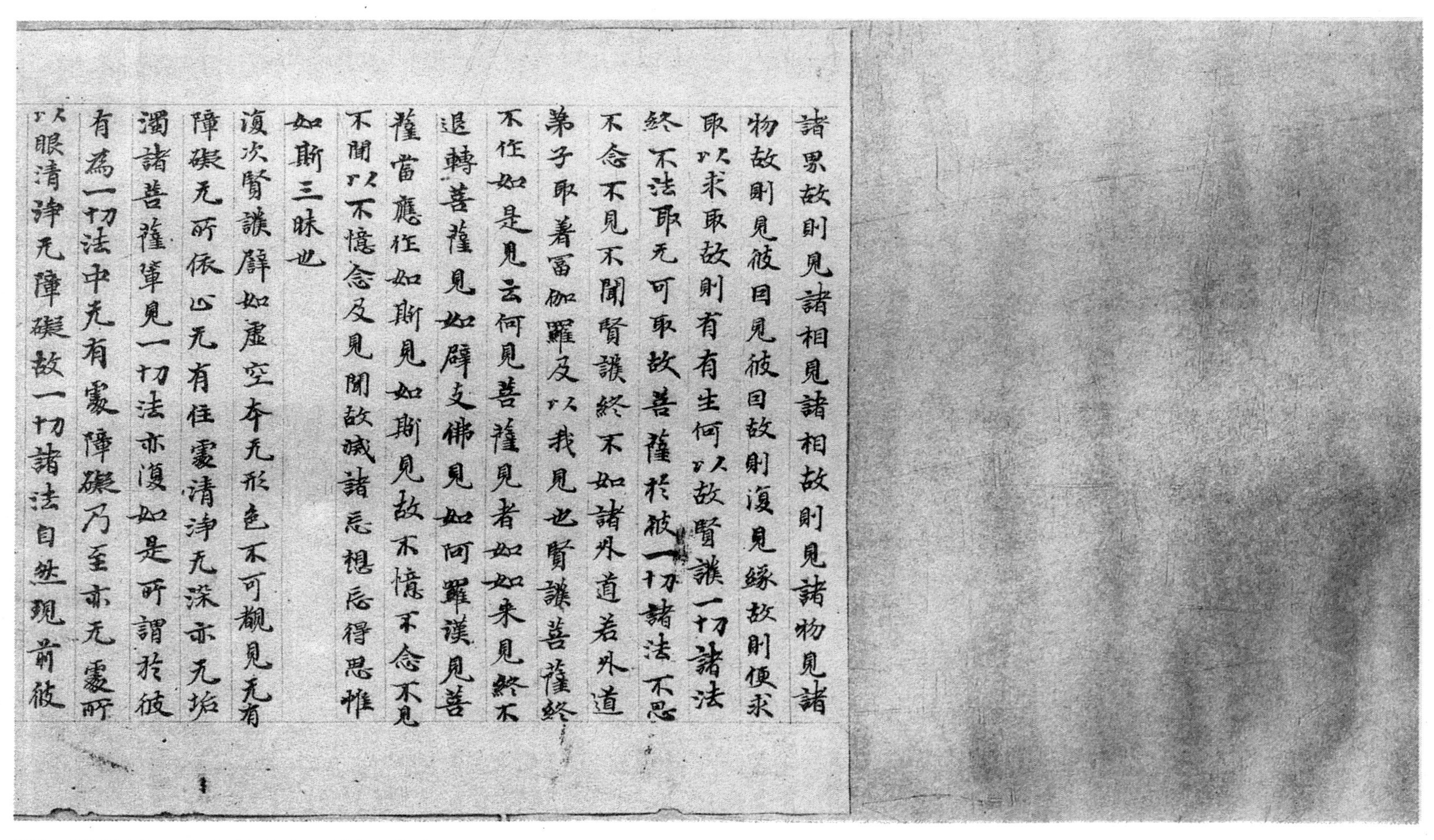
諸界故則見諸相故則見諸物見諸
物故則見彼因見彼因故則復見緣故則便求
取以求取故則有有生何以故賢護一切諸法
終不法取无可取故菩薩於彼一切諸法不思
不念不見不聞賢護終不如諸外道若外道
弟子取著富伽羅及以我見也賢護菩薩終
不作如是見云何見菩薩見者如如來見終不
退轉菩薩見如辟支佛見如阿羅漢見菩
薩當應作如斯見如斯見故不憶不念不見
不聞以不憶念及見聞故滅諸忘想忘得思惟
如斯三昧也
復次賢護辟如虚空本无形色不可覩見无有
障礙无所依止无有住處清淨无深亦无垢
濁諸菩薩輩見一切法亦復如是所謂於彼
有爲一切法中无有處障礙乃至亦无處所
以眼清淨无障礙故一切諸法自然現前彼

BD14725號　大方等大集經賢護分卷四　（2–1）

退轉菩薩見如辟支佛見如阿羅漢見菩
薩當應住如斯見如斯見故不憶不念不見
不聞以不憶念及見聞故滅諸忘想忘得思惟
如斯三昧也
復次賢護辟如虛空本无形色不可覩見无有
障礙无所依止无有住處清淨无深亦无垢
濁諸菩薩輩見一切法亦復如是所謂於彼
有為一切法中无有處障礙乃至亦无處所
以眼清淨无障礙故一切諸法自然現前彼
諸菩薩如是念時即見諸佛具所莊嚴狀如
金華具足威儀如百千光奕赫斯照如秋滿
月衆星圍繞如轉輪王軍衆熾盛如天帝釋四
輔中尊如大梵王處彼天坐如師子王威伏衆
獸如鮮白鵠處空而飛如須弥山王安住大
海如大雪山出諸良藥如鐵圍山攝持猛風如
彼水界住持大地如大風輪持虛空界如須
弥頂弥麗天宮如是賢護彼諸如來應等正
覺以智德光照明一切三千大千諸佛世界其
事若此賢護彼諸菩薩於正觀中復如斯念
而諸如來有所宣說我昔聽聞聞已讀誦受
持備行如是念已從三昧起如彼定中所聞諸

BD14725號　大方等大集經賢護分卷四　（2–2）

法无深如虛空故賢護諸法清淨遠離衆生
故賢護諸法无濁因緣滅故賢護諸法无為福
伽羅不可得故賢護諸法即涅槃相本性清淨
故賢護諸法无所有一切物不可得故賢護是故
諸菩薩等若欲思惟此三昧者不可異相而能
得入无得相故得見諸佛正念諸佛和合相應
亦得思惟助菩提分念聞正法思量分別選
擇菩提分而可見自身亦不證諸法所以者何
賢護是中不可以色相故而見得佛不可以聲
相故而得聞法不可以希望心成就檀波羅蜜
不可以樂著諸有具足尸波羅蜜不可以慳悋
秘法而得涅槃不可以深著福伽羅想而獲多
聞不可以攀緣諸行而能遠離諸事不可以樂著
住處而得證果不可以隨順貪愛誠諸過非不
不可常以樂鬪諍成就諸忍不可以常行惡業
而得善果不可以聲聞乘人而證菩薩念佛三

BD14726號　大方等大集經賢護分卷四　（2–1）

擇菩提分而可見自身亦不證諸法所以者何
賢護是中不可以色相故而見得佛不可以聲
相故而得聞法不可以希望心成就檀波羅蜜
不可以樂著諸有具足尸波羅蜜不可以慳悋
秘法而得涅槃不可以深著福伽羅想而獲多
聞不可以攀緣諸行而能遠離諸事不可以樂著
住處而得證果不可以隨順貪愛諓諸過非不
不可常以樂鬪諍成就諸忍不可以常行惡業
而得善果不可以聲聞乘人而證菩薩念佛三
昧亦不可得諸菩薩忍亦不可以嫉妬取著而
得空三昧亦不可以行愛欲而入奢摩他亦不可
以懈怠嬾惰證諸道聖乃至不可以不捨異
念諸物而能成就思惟也賢護是故我今以此
三昧付屬世間諸天王等受持守護亦付於汝
當來宣布勿令斷絶於是世尊說斯法時有八
那由他欲色界諸天子皆發阿耨多羅三藐
三菩提心復有无量百千人亦發阿耨多羅三
藐三菩提心然而斯等皆於未來過恒沙劫盡
得成就阿耨多羅三藐三菩提皆同一号名正
解脱如来應供等正覺住世教化壽命亦等
賢護以斯初發菩提心故尚得如是无量功德

BD14726號　大方等大集經賢護分卷四　（2–2）

乙五十

正面瑜伽師地論分門記

背面百法明門論義疏記

BD14727號　包紙　（1–1）

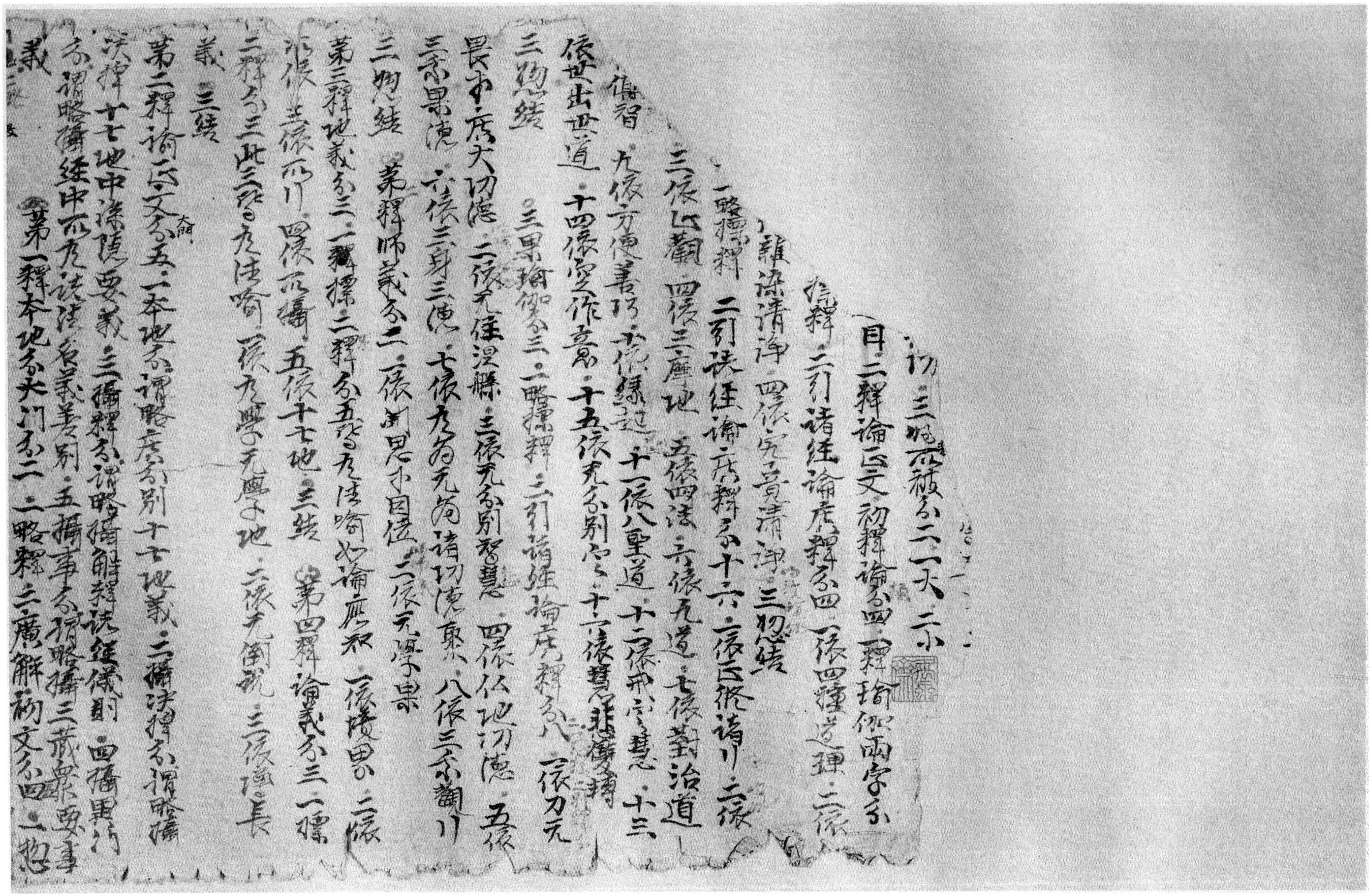

BD14727號　瑜伽師地論分門記

（10–1）

二釋分三 一此三乘九法喻 二依九攝子地 二依大聞說 三依識長
義 三結
第二釋論正文分五 一本地分謂略廣分別十七地義 二攝決擇分謂略攝
決擇十七地中諸隱要義 三攝釋分謂略攝解釋諸經儀則 四攝異門
分謂略攝經中所有諸法名義差別 五攝事分謂略攝三藏眾要事
義
第一釋本地分大門分二 一略釋 二廣解 初文分四 一總
答分三 一問 二牒 三開別答分十七問 四以頌答 五列名分十
七謂從五識身相應地乃至無餘依地 初釋五識身相應地名義釋論
分四 一釋識 二解識身 三釋相應 四說地義 二釋意地名義釋
論十二門分別如釋應知 三四五釋有尋有伺等三地名義釋論四門分
別如釋應知 六釋三多摩呬多地名義釋論四門分別如釋應知
第七釋非三摩呬多地名義分四同前 第八九釋有尋無尋地名
義釋論五門分別如釋應知 第十十一十二釋聞思修三地名義釋
論四門分別如釋應知 第十三釋聲聞地名義釋論分二 一釋聲
聞兩字 二釋地義 第十四釋獨覺地名義釋論分二 一明獨覺兩字
二明地義 第十五釋菩薩地名義釋論分二 一釋菩薩兩字 二明地
地義 第十六釋有餘依地名義釋論十門分別如釋應知
第十七釋無餘依地名義釋論四門分別如釋應知 第四總結
第二廣解分十七 謂從五識身相應地乃至無餘依地 第一釋
五識身相應地大門分三 一略釋 二廣解 三明五識生起等 初略釋
分二 一總問總答分三 一問 二答 三結 二別問別答分二 一問 二答分五
第二廣解分五 一明眼識 二耳識 三明鼻識 四明舌識 初明眼識分五 一
明自性分二 一問 二答 二明所依分二 一標 二釋分三 一明三依分三 一
俱有依分二 一標 二釋 二明等無間緣依分二 一標 二釋 三明種子
依分二 一標 二釋 二料簡分三 一標 二列名 三釋 二解釋眼等三法分
三 一明眼 二明等無間 三明種子識 第三明所緣分三 一略標 二列名
三解釋分五 一總明三色分三 一明顯色分二 一標 二列名 二形色分二
一標 二列名 三明表色分二 一標 二列名 二略釋三色分三 一略明顯
色分二 一標 二釋 二略明形色分二 一標 二釋 三略明表色分二 一標 二
二釋分三 一依生識相續 二依有間無間等 三依變異 三明三色
差別分三 一明顯色差別分二 一標 二釋 二明形色差別分二 一標 二

三解釋分五　一總明二色分三　一明顯色分二　一標　二列名　二形色三
一標　二列名　三明表色分二　一標　二列名　二略釋三色分三　一略明顯
色分二　一標　二釋　二略明形色分二　一標　二釋　三略明表色分二　一標　二
二釋分三　一依生識相續　二依有間无間等　三依處異　三明三色
差別分三　一明顯色差別分二　一標　二釋　二明形色差別分二　一標　二
釋　四明二識所緣差別分二　一眼識所緣　二意識所緣　五總攝所緣分
二　一標　二釋分四　一好　二惡　三俱異　四微色　第四明助伴分二　一總標
二釋分二　一依五遍行等法分二　一標　二釋　二對間諸法分二　一明非
一釋　二明各從自種生　第五明作業分二　一標　二釋分六如論應
知　第二釋耳識分五　一明自性分二　一問　二答　第二明所依分
二　一標　二釋分二　一明三依分三　一明俱有依分二　一標　二釋　二明
等无間依分二　一標　二釋　三明種子依分二　一標　二釋耳等三法分二　一
釋耳　二例餘意根種二法　第三明所緣分三　一標　二釋略答　三解釋
分五　一列名分二　一標　二陳數有十七如論　二明聲所起因分三　一標　二列
名　三解釋　三明總攝分二　一標　二釋　四明異門分二　一標　二釋　五明二
識所緣分二　一耳識所緣　二意識所緣　第四五明助伴及作業例同依前
第三釋鼻識分五　一明自性分二　一問　二答　第二明所依分二　一總標
二釋分二　一明三依分三　一俱有依分二　一標　二釋　二等无間依分二　一標
二釋　三種子依分二　一標　二釋　二釋鼻等三法分二　一明鼻根　二例餘意
種　第三明所緣分三　一標　二釋　三種子依分二　一標　二釋　二略答
三解釋分三　一列名分二　一標　二陳數　二明異門　三明二識所緣分二　一鼻
識所緣　二意識所緣　第四五明助伴及作業例同於前
第四釋舌識分五　一明自性分二　一問　二答　第二明所依分二　一標　二釋分二
一明三依分三　一俱有依分二　一標　二釋　二等无間依分二　一標　二釋
三種子依分二　一標　二釋　二明舌等三法分二　一明舌根　二例餘意種
第三明所緣分三　一標　二釋略答　三解釋分三　一列名分二　一標　二陳數
二明異名　三明二識所緣分二　一舌識所緣　二意識所緣　第四五明助伴
及作業例同於前　第五釋身識分五　一明自性分二　一問　二
答　第二明所依分二　一標　二釋分二　一明三依分三　一俱有依分二　一
標　二釋　二等无間依分二　一標　二釋　三種子依分二　一標　二釋　三明

第三明所緣分三 一標 二釋 略答 三解釋分三 一列名分二 一標 二所異
二明異名 三明二識所緣分二 一意識所緣 二意識所緣 第四五明助伴
及作業例同於前 第五釋身識分五 一明自性分二 一問 二
答 第二明所依分二 一標 二釋分二 一明三依分三 一俱有依分二 一
一標 二釋 二等無間依分二 一標 二釋 三種子依分二 一標 二釋 二明
身等三法分二 一明身根 二例餘意種 第三明所緣分三 一標 二釋 略
答 三解釋分四 一列名分二 一標 二標數 二明總攝分二 一標 二釋答 三明
異名 四明二識所緣分二 一身識所緣 二意識所緣 第四五明助伴
及作業例同於前 大門第二明五識生起緣等分三 一明五識生緣
一明眼識生緣分二 一明闕緣 二明具緣 二明例餘四識 第二明五
識染淨生起次第分二 一明眼識染淨次第分二 一明三心生起次第分
三 一標 二列名 三解釋分二 一釋三心 二明染淨 二明眼識善不善分二 一
一明隨意轉流轉 二明二識相續轉 第二例餘四識 第三明依等四
結譬喻有二異門如論應知
廣解中第二釋意地大門分三 一略釋 二廣解 三攝相略釋分三 一
一略問 二略答 三略釋 大門第二廣解分五 一明自性分三 一問 二略
答 三解釋分三 一明意 二明心 三明識 第二明所依分二 一標 二
釋分二 一明等無間依分二 一標 二釋 二明種子依分二 一標 二釋
第三明所緣分二 一標 二釋 第四明助伴分四 一標 二列名分六 一五遍
行 二五別境 三十一善 四六根本煩惱 五二十隨煩惱 六四不定
三總結 四解同分八 一同所緣 二不同行相 一時俱有 三一一轉 四
從自種生 五更互相應 六有相 七有所緣 八有所依 第五明作業
分二 一標 二釋分二 一明共業分六 一了自境 二了自共境相 三了三世 四
了剎那相續 五發淨不淨業 六取愛非愛果等 二明不共業
分三 一標 二列名 三解釋分十五 一明分別所緣分五 一問 二略答 三
列名 四解釋分七 一明有相分別分二 一標 二釋 二無相分別分二 一標 二
釋分四 一依三世 二依三覺 三依根本煩惱 四依隨煩惱 七明不染汙分
別分二 一標 二釋分四 一依善無記 二依出離 三覺 三依十一善 四依三
無記 第五總結 第二明審慮所緣分四 一問 二略答 三解釋分三
一問如理所引分三 一標 二釋分四 一於非真實 二依真實 前分三 一依施

BD14727號　瑜伽師地論分門記

（10–4）

釋文四 一依三世 二依三覺 三依根本煩惱 四依隨煩惱 七明不染汙文
別文二 一標 二釋文四 一依善無記 二依出離 三覺 三依十一善 四依三
無記 第五總結 第二明審慮所緣文四 一問 二答 三解釋文三
一明如理所引文三 一標 二釋文四 一非真實 二依真實有文三 一依施
等 二依法住智 三依出世智 三結 二明不如理所引 三明非如理非不如
理所引文二 一標 二釋 四總結 第三明醉文三 一問 二答有四因緣
如論 三結 第四明狂文三 一問 二答有五因緣如論 三結
第五明夢文三 一問 二答有十因緣如論 三結 第六明覺文三
一問 二答有三因緣如論 三結 第七明悶文三 一問 二答有五因
如論 三結 第八明醒文二 一問 二答 第九明發身語業文三
一問 二答有四因緣如論 三結 第十明離欲文三 一問 二答有四因
緣如論 三結 第十一明離欲退文三 一問 二答有五因緣如論
三結 第十二明斷善根文四 一問 二答有五因緣如論 三結 四
答難 第十三明續善根文三 一問 二答有四因緣如論 三結
第十四十五合明意識捨壽及受生作業相大門文二 一明內有情世間捨壽及受生
門 二明外器世界壞成門 初門文二 一明捨壽門 二明受生門 初捨壽門文三
一總問 二略答 三廣解文九 一明捨壽量文三 一總標 二別配文二 一明壽盡
三合 二明善不善等三合 三別釋文六 一明壽盡死相文二 一問 二答
三結 二明福盡死相文二 一問 二答 三明不避不平等死相文五 一總問
二略答 三徵問 四答[illegible]文九如論 五結 四明善心死相文二 一問 二答文三
一立因 二顯果文二 一明可憶念相 二明不可憶念相文三 一立正義 二徵 三
答所以 五明不善心死相文二 一總問 二廣答文二 一答以善死正義文二 一
立因 二顯果 二廣答善不善死相文二 一受苦不受苦明相文二 一明善死相 二
明不善死相 二依見亂不見亂明相文二 一明善死相 二明不善死相 六明無
記心死相文二 一問 二答文二 一立因 二顯果
文二 一總標 二別釋文二 一明偏釋憶念相 二明平等憶念 第二明憶念不憶念相 第四明捨壽善
不善相文三 一明行不善業者捨壽相文二 一總標 二別釋成 二明行善
業者捨壽相文二 一立正義 二明善別 三明不善善別相文二 一明上品不善
捨壽相 二明中品不善捨壽相
二 一立因 二顯果 二明初二果人中有相 一標 二釋 三立譬 四引今 五顯不 第五明中有因文三 一明異生中有因文
還人中有相 第六明斷末摩善別相文二 一總釋 二廣解文三 一總標
若文二如下 三別釋文二 一明重相 二明輕相文二 一依善業明輕相 二依北洲明輕
相 第七明中有根具不具

業攝壽相有二。一正顯義。二明善別。三明不善差別相有二。一明上品不善
攝壽相。二明中品不善攝壽相
二。一標。二顯果。二明初二果人中有相有四。一標。二釋。三立喻。四外會。一標不
還人中有相。第六明新未磨善別相有二。一總釋。二差別釋有三。一總標。二前
名有二對く。三別釋有二。一明重相。二明輕相有二。一顯善業明輕相。二顯北洲明輕
相。第七明中有根具不具相有二。一顯色界明根具相。二顯欲界明根具不
具相。第八明調不善死相有二。一顯清淨解脫明調善死相。二顯不清淨
及不解脫明不調善死相。第九明識攝身相有三。一明不善人識攝身相
二明行善人識攝身相。三總結
第二明受生相門有二。一總問。二差別有九。一明中有相有十二。一明處中有因果
相有三。一立因有二對く。二顯果。三立喻。二明中有根圓不圓義。三明中有色相
有二。一明不善業中有色相。二明行善業中有色相。四明中有是誰緣境
五明中有不食段身義有二。一明不食段身義有二。一標。二釋。二明食後身
義有二。一立因。二顯果。六明中有眼所緣境有三。一明無障礙相有二。一明正義
三立喻。二明見同類中有く情義。三明見自生處相。七明中有趣向相有三
一明造不善業中有趣向相。二明生天中有趣向相。三明生人中有趣向相
八明中有住限量有五。一明未得生緣量。二明得生緣量。三明極七日量。四明七く
日量。五明決定不得受生義。九明中有業轉不轉相有二。一明不轉義。二明轉
義。十明中有異名有二。一總標。二別釋有四對く。十一依界明中有く無義
十二明中有受惡趣及善趣攝義有三。一明趣那落迦中有相有五。一立因。二顯明
受生相。三明諸根具相。四明受果。五明不生因。二明往鬼趣中有相有二。一標。二釋
三明往傍生趣等中有相有二。一立因。二顯果。第二明受生三行相等有
三。一明三受顛倒相有二。一總標。二別名有三對く。二明三種無障相有三。一總標。二別
名有三對く。三別釋有三。一明產處過患相有三。一總問。二差別有十。一差三處受
風過迫過。二差三處熟過迫過。三差產處受寒過迫過。四差產處受有水淋過
五差產處受有水過。六差其門如軍形過。七差其門如蟒形過。八差其門有曲過。九差其門有穢
過。十差其門有濁過。三總結。二明種子過患相有三。一總問。二差別有五對く
三總結。二明宿業過患相有三。一總問。二差別有七對く。三總結。第三明總結
第三明入胎相有二。一總標。二別釋有四。一明顛倒想有二。一標。二釋。二明男女
差別相有五。一明為女中有於父起貪心相。二明為男中有於母起貪心相。三明
為女中有於母起違害相。四明為男中有於父起違害相。五明受生因由
三明無福有福受生差別有二。一明無福受生相有二。一立因。二顯果有二。一聞聲。二見
色。二明有福受生相有二。一立因。二顯果有二。一明聞聲差別。二明見色差別
四明取識續生義有三。一總標攝義。二別釋差別有二。一明三差有四。一明藏識任持
根大種相。二明諸根大種俱生相有三。一立因。二顯果。三結。三明漸次成諸相有三
二明眼等諸根成相有二。一立因。二顯果。二明諸根依處成相有二。一立因。二顯果
三總結。四明生相安危相有四。一明[illegible]

三明示秘相處生差別有二。一明示秘處生相有二。一立因、二顯果有二。一聞聲、二見
色。二明有福處生相有二。一立因、二顯果有二。一明聞聲差別。二明見色差別
四明取識續生義有三。一總標略義。二別釋差別有二。一明[illegible]。二廣有四。一明藏識任持
根大種相。二明諸根大種俱生相有三。一立因、二顯果、三結。三明漸次成諸相有三
二明眼等諸根成相有二。一立因、二顯果。二明諸根依處成相有二。一立因、二顯果
三總結。四明平和安危相有四。一明依諸義。二明隨足義。三總結。四明內心義
第三明總結
第四明種子異不異差別相有十一。一依般涅槃
行明種子者有差別有二。一明異相。二明不異相。二依界明種子有二。一總標
二別釋有三如下。三依四大種明種子義有二。一立二義。二明作業有四如下
四依二因明種子義有二。一明能生自體識論因。二明能生族姓等果善不善因
五依凡聖明種子義有二。一明凡種子。二明聖種子。六依三受明種子義有四。一依
異熟所攝受明種子。二依異熟所生受明種子。三依隨界生受明種子。四依
隨緣起受明種子。七依所熏明種子義。八依因果受用未受用明種子義
有四。一明已與果種子有二。一立因、二顯果。二明未與果種子有五。一標、二釋
三[illegible]、四[illegible]。四明已受果義。五明未受果義。三明不定種子。四總結
九依染淨明種子義有二。一明染種。二明淨種。十依麁重等明種子義有二
一明煩惱所攝種子。二明異熟及無記所攝種子。十一依隨等十二善行明種子
義有四。一立二義。二徵。三[illegible]所明。四結引證。十二依異熟名明種子義有四
一總標。二列名有十一如下。三總結。四明轉依勝利有二。一明除一切染汙行種子勝
利。二明轉所善及無記行種子增勝利
第五明住胎時等義有三
明住胎時限有三。一立二義。二引證。三明住處有三。一明發滿足相。二明因
滿非發滿足相。三明不滿足相。二明住胎食相。三明分別住胎八位差別有四
一總標。二徵問。三列名有八如下。四別釋有八如下
第六明胎藏轉變
義有二。一略釋有二。一立因有二如下。二顯果有四如下。二廣解有四。一明髮變異
相有二。一標、二釋有三如下。二明色變異相有二。一標、二釋有四如下。三明皮變異
相有二。一標、二釋有二如下。四明支分變異相有二。一標、二釋有三如下
第七明住胎時男女差別等義有三。一明男女住胎差別相。二明母受苦惱
相。三明出胎時分
第八明諸根受境緣等義有六。一明處六處相有
二。一標、二釋。二明覺受境相有二。一標、二釋。三明能著宗心宗有二。一標
二釋。四明嬰兒所行相有二。一標、二釋。五明受用境界相有二。一標、二釋。六明
受苦樂相有二。一標、二釋有二。一立因有二如下。二顯果有二。一明隨品果。二明淨
品果
第九明種子等四緣之義有十。一總標。二列名有四如下。三別釋有
四。一明種子所引相。二明飲食資養相。三明隨逐守護相。四隨學造作身語業
相有三。一標、二釋、三結。四明不能行過失。五修行勝利有二。一立因、二顯果
六明離憶相有二。一標、二釋有八如下。七明總結
第二明外器世間壞成相有三。一總問。二明略答。三廣解有二。一明壞相。二明成
相[illegible]

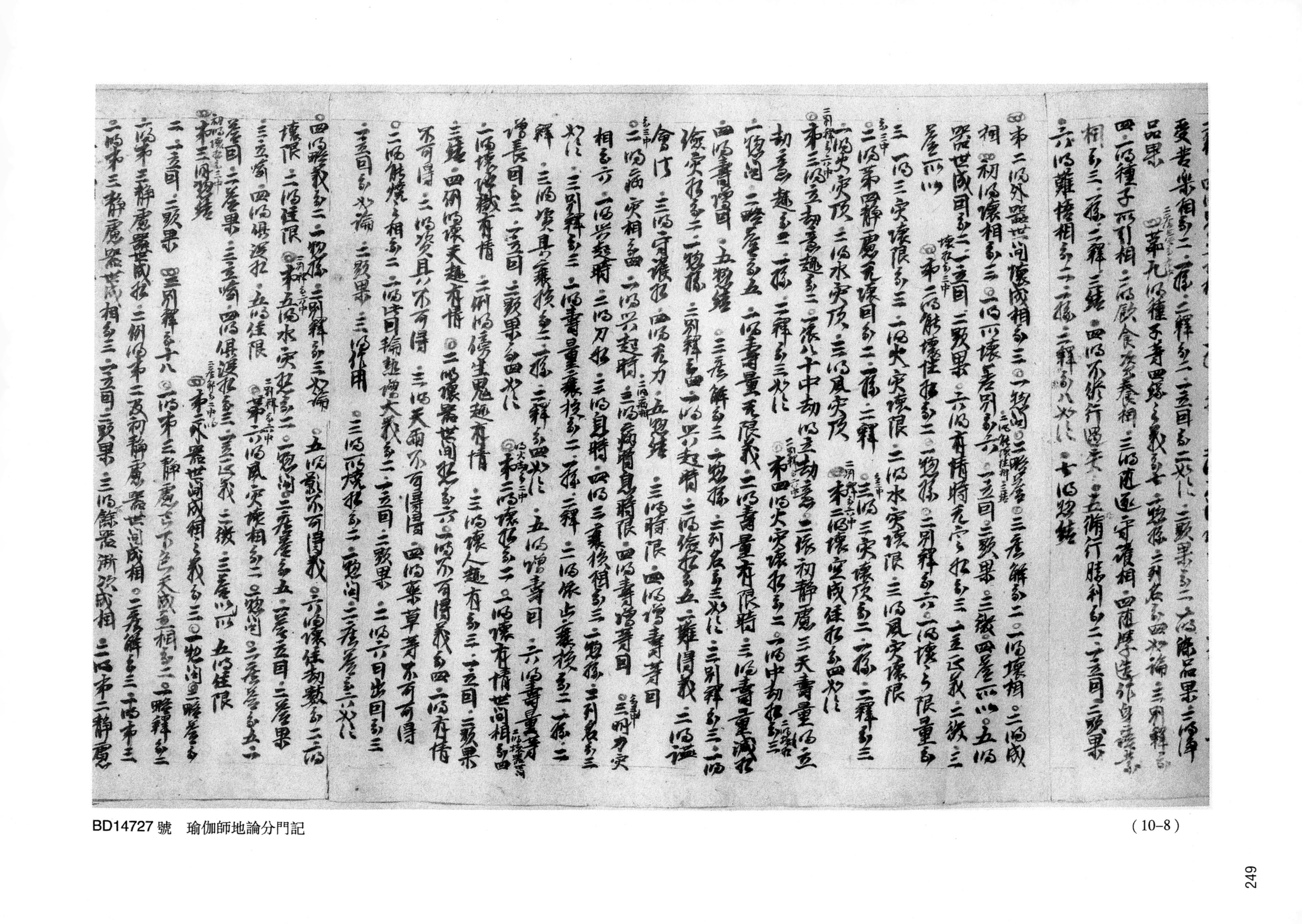

BD14727號　瑜伽師地論分門記　（10–8）

壞限。二門住限。◎第五門水災壞劫分二。一總問。二差別分五。一差立因。二差果
三立劫。四門俱壞劫。五門住限（三別釋分二中）◎第六門風災壞相分二。一總問。二差別分五。一
差因。二差果。三立劫。四門俱壞劫分三。一正義。二徵。三差別以證。五門住限
（初門壞劫分二中）◎初三門總結（三差解分二中）◎第二示器世間成相之義分三。一總問。二略釋分
二。一立因。二顯果。◎三別釋分十八。一門第三靜慮下至天成立相分二。一略釋分二
一門第三靜慮器世成相。二別門第二及初靜慮器世間成相。二差解分三。一門第三
二門第三靜慮器世成相分三。一立因。二顯果。三門餘器漸次成相。二門第二靜慮
器世成相。三門初靜慮器世成相分二。一略釋分二。一立因。二顯果。二差解分二
一門大梵生相。二門餘天生相分三。一門初思鄉。二立生因。三顯果（分十八中）◎第二明欲界
四空居天器世成立相分四。一立生起。二門成相。三立因。四門四空居天等之因由
（分十八中）◎第三門地居諸天所依上從妙高下至鐵圍成立相分五。一門風輪成相分三。一立因。二顯
果。二門業用分二。一標。二釋。◎二門水輪成相分三。一立因。二顯果。◎三門地輪成相
分三。一立因。二顯果。三門業用。◎四門諸山成相分二。一立因分三。一二
門上品果分三。一立因。二顯果。三門雜住分二。一標。二釋。◎二門中品果分五。一總標
二別名分十九。三釋名。◎四門妙高山量。五門七金山量。◎三門下品果分三。一總標。二別
釋分三門。◎三門輪圍山住處及量。◎五門非天等四趣住處成相分四。一門非天住處
成相。二門大雪等成相。三門四地獄成相。四門鬼傍生成相（分十八中）◎第四門四洲成立相分
四。一總標。二別名分四門。◎三顯形分四門。◎四門量分四門（分十八中）◎第五門內外海成
立相分二。◎一門內海分二。一門海體。二門所居有情分二。一門龍分四。一總標。二別名分八
門。三門作業分。四門種類分二。一標。二釋分四門。◎二門妙翅鳥。◎第二門外海
（分十八中）◎第六門堅手神等住處成立相分四。一立住處。二門住處量。◎三門能住有情分四門
◎四門四大王眾能住有情分二。◎一門住處分二。一門處所。二門量。◎二門能住有情分二。一標
二釋（分十八中）◎第七門四天王住處成立相分二。◎一門君住處分四門。◎二門能
居有情分四門。◎二門諸臣住處（分十八中）◎第八門善住龍王住處成立相分四。◎一門住處
相。◎二門能住有情。◎三門所作業分四門。◎四門遊行處。◎五門眷屬。◎六門彼食（分十八中）◎第九門四天
兩成立相分二。◎一門出處分三。一門其量。二門功德。三門端嚴。◎二門所出分二。一標。二
別名分四門（分十八中）◎第十門頂天住處成立相分三。◎一門君住處。◎二門臣住處。◎三門總四
處成相分二。一標。二釋分四門（分十八中）◎第十一門輪王道成立相分三。一門雜住。◎二門漫量
三門識時（分十八中）◎第十二門妙翅鳥王住處成立相分二。◎一門住處。◎二門能住有情
（分十八中）◎第十三門諸小渚成立相分二。◎一門妙翅住處。◎二門別相住處（分十八中）◎第十四門劫初人
住處成立相分八。一門未處分二。一立因。二顯果。◎二門業果別分二。一門欲界攝化
二門非時時義。◎三門立處。◎四門功德。◎五門住處。◎六門飲食分五。一門壞相。二門滅相。三門
報受報。◎四門好惡色生報。◎五門食處因由。◎七門男女差別因由分五。一立因。二顯
果分二門。◎三門起惡業
四門化種相。◎五門初起屋因由。◎八門立種姓因分二。一門立種姓因由分二。一立因。二顯
果。◎二例門傳二與起因由（分十八中）◎第十五門日月星宿成立相分二。一略釋分二。一立
因。二顯果。◎二差解分九。一門日月量分二門。◎二門日月宮住分二門。◎三門遲速。◎四
門作業分二門。◎五門遊行量。◎六門日行遠近分二。一標。二釋分三門。◎七門月虧盈

四一總標 二列名分四如文 三頭形分四如文 四明量分四如文 ◎第五明内外海成
立相分二 一明内海分二 一明海體 二明所居有情分二 一明龍分四 一總標 二列名分八
如文 三明作業 四明種類分二 一標 二釋分四如文 二明妙翅鳥 ◎二明外海
◎第六明堅手神等住處成立相分四 一立住處 二明住處量 三明能住有情分四如文
四明眾天等能住有情分二 一明住處 二明量 二明能住有情分二 一標
二釋 ◎第七明眾天王住處成立相分二 一明君住處分二 一明所居處分四如文 二明能
居有情分四如文 二明諸臣住處 ◎第八明善住龍王住處成立相分四 一明住處
相 二明能住有情 三明作業 四明遊行處 五明眷屬 六明飯食 ◎第九明眾天
宮成立相分二 一明出處分三 一明其處量 二明功德 三明端嚴 二明所出分二 一標 二
列名分四如文 ◎第十明頂天住處成立相分三 一明君住處 二明臣住處 三明妙宮處
[?]成立相分二 一標 二釋分四如文 ◎第十一明輪王道成立相分三 一明君住處 二明淺量
三明識轉 ◎第十二明妙翅鳥王住處成立相分二 一明住處 二明能住有情
◎第十三明諸小洲成立相分二 一明總標住處 二明別相住處 ◎第十四明劫初人
住處成立相分八 一明來處分二 一立目 二數果 二明業果差別分二 一明欲界[?]
二明非時精氣 三立名 四明功德 五明儀處 二明飲食分五 一明壇相 二明滅相 三明
報生起 四明好惡色生 五明食過自由 ◎七明男女差別自由分五 一立目 二數
果分二如文 三明起惡業
四明他種相 五明初起屋自由 ◎八明立[?]姓自由分二 一明王種起自由分二 一立目 二數
果 二列明[?]三[?]起自由 ◎第十五明日月星宿成立相分二 一略釋分二 一立
目 二數果 二[?]解分九 一明日月量分二如文 二明日月自住分二如文 三明遲速 四
明[?]作業分六如文 五明遊行量 六明日行遠近分二 一標 二釋分三如文 七明月盈虧
因由 八明月蝕因由 九明星宿量分三如文 ◎第十六明死王[?]之自由分四 一明
死王生由分二 一立目 二數果 二明眷屬生相 三明宮具起相分二 一標 二釋 四明有
情生相 ◎第十七明壞限及小千等成立相分四 一明大千界俱成壞相 二分別三千
界相分二 一物標 二別釋分三 一明小千界分二 一標 二釋 二明中千界分二 一標 二釋
三明大千界分二 一標 二釋 三[?]分二 一立正義 二立
喚 三[?]合 四明化主 ◎第十八明五趣等十二四可得事成立相分三 一立生起因
二列名分廿四如文 三別釋分二十 一明五趣可得相分二 一明那落迦分二 一[?] 二[?] 二列
明[?]四趣

言天那落迦全者謂諸天趣及地獄中唯有化生无胝遲等故　言戍陁羅者
謂賤族及諸工巧等活命浴生者是也　言剎帝利者謂貴族亦云王種官
人中是也　言吠舍者富族也　言婆羅門四圍陁者一工巧二丘行三禮儀四治國
非是上行也此云外意是次行婆羅門也　言又從鍵所生者彼劫初時天從於虛
化現也　色者天身色光明不假日月也　言劫初業者劫後之人壽業必何劣
有三種勝如文自顯　由此因緣壽元量歲何以故爾時唯化時者壽三種勝
業感同法果也　如餐從味地餅林藤自然粳米皆是壽元量歲時八万歲後因
圭時也眾人同心等亦云花等意也　言輪王除者大海內四洲外入水百由旬是
輪王路去來直下四天王宮人身量一肘量者一拘盧舍四分之一拘盧舍者
一牛吼聲五里也　言西牛貨洲黃金為面者有梵本云頗胝為面此云赤水精
北拘盧洲或黃金為面者梵本不同本頗胝為面
言帝釋時來遊幸者謂善住龍王為作騎乘諸有(?)臨中觀諸天女天男
眷屬歡娛種音樂悅樂帝釋故幸也　言日輪遲速不定者日生三百(?)現

BD14727 號背　瑜伽師地論分門記補註（擬）

稱王蹬去未真下四天王宮人身量一肘量者一拘盧舍四分之一拘盧舍者
一千吼聲音量也　言西牛貨州黄金爲面者有説本云頗胝爲面　法云赤水精
北拘盧世界黄金爲面者有説本不同本頗胝爲面
言帝釋騎來游幸者謂善住龍王爲作騎針諸天皆中現諸天女天男
眷屬歡娛種音樂悦樂帝釋從幸也　言日輪運速不定者日生三百取規
地經也　言星宿隨日月速須彌者一百星隨日月也一百隨時行也從云日月半也
言由彼餘有情者障本云難似到近而不障令不見日近而爲所障從於障
有虧而盈也　又取勝子師云此不同者但是有情善業所感一面似白一面似黑
感祥不祥善惡業月運轉也　又毗婆沙師云月感[illegible]者約遠近而立也
言無數者　善影現日從者又瑜伽師云有仙人於樹下游行思觀[illegible]數日不得來
[illegible]
食飢欲退道有從新火然火於樹下上於樹上頭身中火仙人得見[illegible]方解[illegible]
退道心證　言隨一有情者　殃邪王也　隨羅除上業感作靜息王化地獄
不覺知者身法無心令生善從也　言拘胝者法云言數名也
言生手者持猛神恒持七寶有有情從也　言血手者法神手中有血色
他梢衆生令依善也　言常醉者食飲五欲所醉也　言持鬘者持七
寶勝妙花鬘有情也　言藥叉者羅刹也　言八支德水者頌云　吟甜與爽
甘淨而無臭　飲時不損喉　飲已不傷腹　言雪山金岸者　状如其島也
號名非天勝　言目真憐陀龍王者法云雙樣者平等也　言二葛蘊者
成義　言壁邪幸者樹名　於末土邪國王國泉中現龍身至王舍城見
修善偈　言八支中州者南瞻部州有二小州　一遮末羅州　法云拂有羅刹女居
注也　二筏羅遮末羅　法云餘拂　東勝身州有二小州　一提訶洲　法云身　二毗提訶
謨達
法云勝身　西瞿陀尼州有二小州　一舍摭　法云大衣　二嗢怛羅漫怛里拏洲
法云勝道　北拘盧洲有二小洲　一矩拉婆　法云惡聲　二憍拉婆　法云惡聲
伴

BD14727 號背　瑜伽師地論分門記補註（擬）　（9–2）

BD14727號背　瑜伽師地論分門記補註（擬）

（9–3）

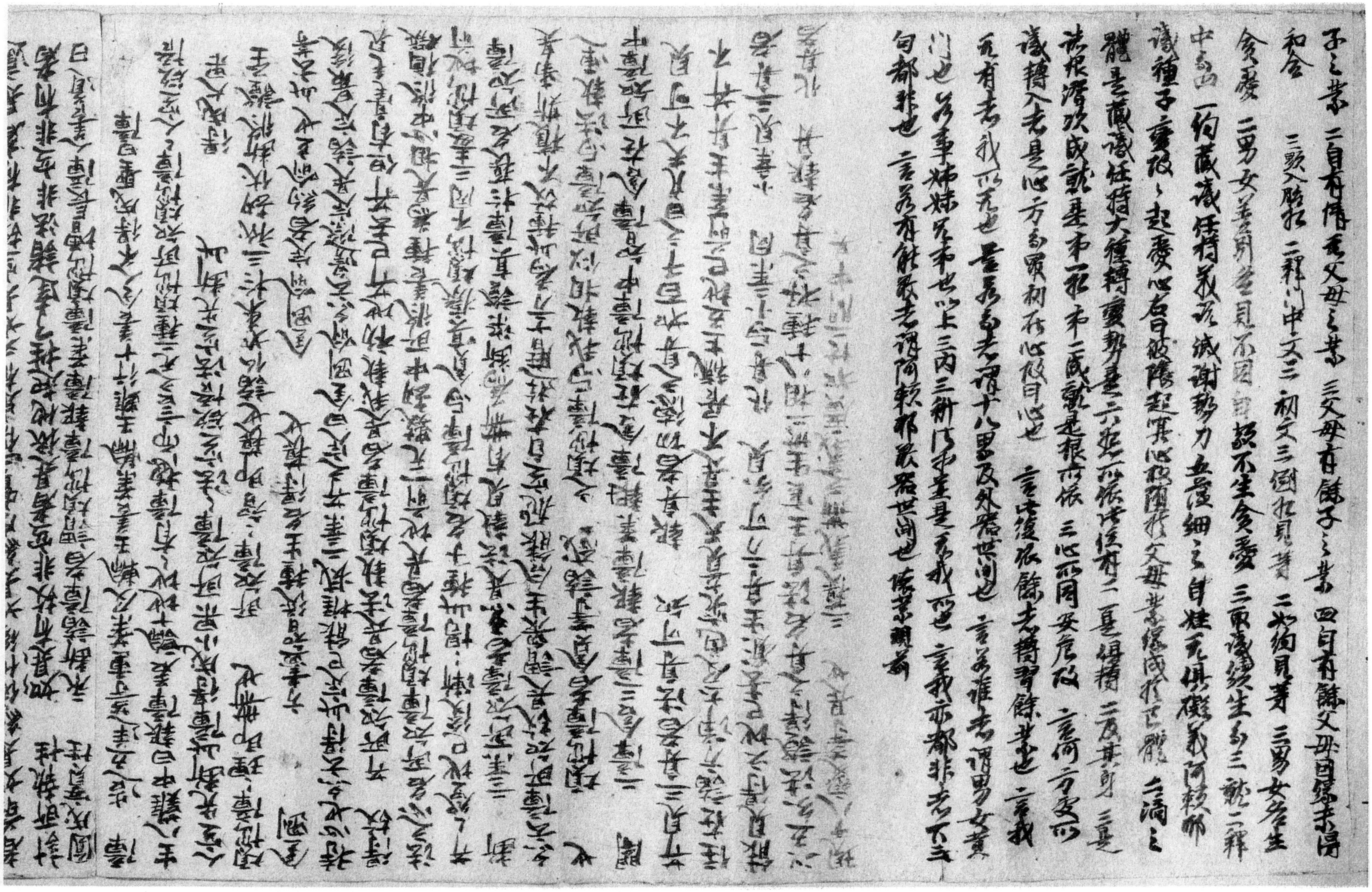

BD14727號背　瑜伽師地論分門記補註、大乘百法明門論開宗義決疏（擬）　（9–4）

二邊不名勝解今悟諸法无我之理具斯勝前故名勝解諸法𨗉等是
分果者四句前三果地上地前𡘖等覺名分果　滿果者謂阿羅漢仏天謂煩
惱悉已斷除所證圓智更无缺減三祇士劫万行具修四智圓明唯仏獨得故
滿也　信數初增者初起智斷染煩惱數數有起後久而起智斷染煩惱不
能起增也　轉依者轉染依淨轉凡成聖轉小依大　轉依中報身名斷
二障法身名斷二障此二何殊　答報身斷二障由得其報具諸功德　法身斷二障者證得
无處无方遍法界之身有然不同　斷分別生者分別是分別煩惱生者俱生煩惱菩薩具
道中有煩惱障所知障煩惱障中有分俱生煩惱分別煩惱　俱生煩惱中有俱生我
執俱生法執　分別煩惱中有分別我執分別法執　所知障中亦然　菩薩初見道但
斷一執分別不斷二執俱生後後修道中但斷二執俱生不斷二執分別　所緣不離瑜伽
師地者瑜伽梵語此云相應由得定惠故爲教理行果相應此法論依瑜伽以來
明知所由名不離彼論來處爲瑜伽也師者爲定惠相應之人日師地者能舍此
人爲教理行果相應之時生一切无漏法身果也故喻地也　漏者習漏世名云滿主
義　出世者爲衆生在界五趣被苦逼迫仏興大悲出現於世經云衆生有生
老病死故如來出現于世現无身之身若衆生之病未仏无出沒法性之身
本來常爾

善巧无滞号
方便爲說種種妙法者諸仏爲俗諦有行有
日方便能持此方便權應根機說種種法　問何如來只不說一法
爲衆生根機不等說八万四千諸塵勞門所以隨病
設藥名說八万四千甘露門地前何得名曰菩薩　答大派而言地上地
前皆名菩薩　約其行位地前卅心菩薩卅心內凡位　初十信心是外凡位未
見真如辞理名曰凡夫不名菩薩地上見真如理乃名菩薩　若將地前對
二乘論得名菩薩行位勝故　若將地前對後地上不名菩薩未見真實
真如之理地上菩薩親見真如之理真名菩薩也　如是空故非有者前如
是人後如是法此二種約遍計心立解之爲相二俱是空　如是有故非空
者前如是約依他後如是約成實二俱是有又如是空故非有者是遍
計所執性　如是有故非空者是依他起性了達諸法非空非有者
圓成實性　永斷諸障者謂煩惱障報障業障煩惱增長障人善道曰
障　造五逆等重業及輪王善業輪王雖行十善令人不得成聖曰障
生八難中曰報障者論十地地有障總而言之无二種煩惱所知煩惱障障人空欲悟
人空先斷此障得成小果所知障障法空欲悟法空先斷此　得成大果

[illegible]是非是說本事者即本躰也是百法躰也　究者窮也極者妙也
厶中者是本事厶中非餘厶中也　略録者略則略却繁根之辞録則録其
鎠要妙者標者至也　旌者表也　旗也　夫舉旌方知軍謀竪表用彰自真欲
擬知其軍勢但覩旌旗欲知此法甚深表藴來号　稚者妙也　鴻者大也
一切法皆有自依之處若无所依生起无處是以光論起蹤由依託之處故名
所自由如大地与一切法為所因无有一法不依地者今了教已下五種是其依仗
建立此論漏此為依名所依自　所為因者今建此論為令衆生易入甚深離怯
懦之心悟中道之教進趣菩提成仏滿分果為成就如是事故、興此論名所為
因也了教者謂第三時教性相俱備說八識二无我處即是了教大乘何故
說賴耶之處得名了教有何切能賴耶之識如世之王行於大路无人擁滯
能与五趣四生而為報躰是以言究竟　當知即是了義大乘者諸
聖教中若說前之六識不說第八則不了義順小乘說即是隨轉理門此非
究竟應可改轉入真實理名隨轉理門此論即是依前了義而立不依不了
義故　二依圓理者前則圓滿之理趣也　顯說有空者有者知有空者知空此
論依其三性而立遍計執性躰相是空如夜見杌索謂言是蛇實非是蛇
躰本是空蛇相名空並是妄心名遍計性依他圓成是其實有緣生之法不可
言无有情无皆仗依他而得生起名依他起假使諸仏成其大果名有依他何
者是耶名依万行六波羅蜜等而得成就　圓成性者真如之理湛若虛空
不常不斷是以名為以依三性空有具顯故名圓成　四依妙行者行即是智
諸仏如來證得圓躰之智不見身前外別有一衆生由如是故起後得智見苦
興悲以智弘悲故名妙行　具說圓宗者諸仏如來證得滿智故能說本
質覺圓滿之教不依影像覺說其教法本質覺者諸仏如來親從本法
性海中流出一切諸法利樂有情名本質覺　影像覺者諸大菩薩及二乘人
聞仏說法領受仏語生其智解納在其心依仏教海起大智慧廣利有情名
影像覺　滿智者三覺圓滿名滿智三覺者自覺覺滿觀凡夫說凡夫不能自
覺故　二覺他對二乘說二乘不能覺他故但修自行不修利他之行是
三覺行對菩薩說菩薩雖有自覺覺他之義未得圓滿有限齊故其二覺之行未
淳曰覺他唯仏一人三覺圓滿名智此論依上本質覺及依滿智說也　所為因者
為令衆生悟入大乘採彼瑜伽廣散之義撮百法之中所是略意衆生於甚深
法文性義性生易入之想離怯懦之心　二起勝解者只為不悟諸法无我偏執
二邊不名勝解今悟諸法无我之理具解勝前故名勝解諸法蘊等是
分果者四向前三果地上地前煞等覺名分果　滿果者謂阿羅漢仏二人謂煩
惱悲已斷除所證圓智更无缺減三祇士劫万行具修四智圓明唯仏獨得故
滿也　信數物增者物起智斷染煩惱數數有起後久而起智斷染煩惱不
能起增也　轉依者轉染依淨轉凡成聖轉小依大　轉依中報身名斷
[illegible]

二起同躰大悲心柯負一切故喻地　契理通神權變无㝵曰聖三賢之人雖
躰悟真宗然習障全未遣除漏由在故名曰内凡十信初心名外凡都而言之
卌心皆作无我觀㝵別而論　初十住作人无我觀次十行作因緣法无我觀次十迴
向作真如法无我觀　次十地作三空三无我觀　次等覺作照　寂觀　妙覺唯作
寂觀々照平等佛地大寂也　此聖者小乘部中造論五百隱敵大乘後迴心向大復
造五百種揚大乘所以西方号為千部論師故得藉名聞於五印々度者此云天
契者會也　雅者妙也　懸記者付法藏中佛記此人我滅度後為定弟廿二傳
法主也　果如斯記扶　合聖心　怖者此瑜伽論大教由如其海生絶分瞭隔之心瞭
隔也別也　論之玄理扶義於山實難可驀生阻隔之意　撿者捨也綵捨之義
廣々部而是瑜伽之大論也　綰者攝也　誘者引導也　機者根也　纂者集也
小論此百法論也造茲小論者意欲留々連至教者大教也今大教不泯絶故曰小
悟大目淺履深便大法久留繼隆不絶曰留連也　漸染真乘者染者々習漸率
易成　頓染難就　如世受色也習已成聖漸染得真々俗云近朱也赤近墨者黑
近侍者謟近聖德亦弱宣於歸方等者弱宣者如幼童宣失父母迷其所居
須侵習人亦其方巷　小手寄迷例衆生　歸方喻至教引々就徒者即是聲聞二乘
等迷其了教錯入邪教勤苦綿綴聖訶有背怨生絶分路遠難登故亦疾途
即此論是　前明百法有者依他圓成緣生之理相因而立假藉得生圓成之性
躰本如々常住不易顯二皆是有　後二空者執人執法是遍計心虛妄計度想
迷着息人法本空顯本无我執也　首者初頭也　末者後也　文暉者明也　前文歌
有為遣執空末後論空為除有見　終始相暎者將前暎後空亦不實空
將後暎前有亦不有明知不有不空已遣偏執々既遣々者除也中觀者中道也
羣者物也　彰明也　識浪者識心由如波浪由是湮嶽湮者沉也嶽翳者殘
也真源本性也　賴者白也　澄淨也　廓者清　波息即海澄　妄除乃性廓也是
數之始十乃數之終廿々戊士人者須存首尾号為上士　至者大也　幽者趣者　幽深
也趣者意也向也　舉所宗之勝益者此論以大乘為宗云所宗以將此乘利樂群
品稱勝益　自部通名者於大乘中名百法論也標論起之殊依者此論宗從瑜伽論
本事分中來不從對法諸餘分中來簡異詮之別目者雖從本事分中出別立異
名百法論且不言瑜伽又不号本事大者遍小得名大乘以運載為義又是遍詮
立号遍詮者簡小乘故非是表詮又大乘者理標无上曰大廣雅云乘是駕也
圓礼曰乘者載也百數也十相資曰百法者躰也約躰而論楷定一百明者
惠也門通也此百法是惠遊履之門方能開佛知見故以為切論者論量正理
辯　是非名論本事者即本躰也是百法躰也　究者窮也揆者好也
分中者是本事分中非餘分中也　略錄者略則略都繁根之餘錄則錄其
鏗要妙者標者至也　旌者表也旗旗也　夫舉旌方知軍隸堅表用顯自直欲
擬知其軍勢但觀旌旗々欲知此法甚深表兹來号　雅者好也　鴻者大也
一切法皆有曰依之處若无所依生起无處是以光論起蹤由依托之處故名
所曰由如大地為一切法為所因无有一法不依地者今了教已下五種是真依仗
[illegible]所為目略入乘也論為令衆生易入甚深離怯

流同歸海等大海之滴之水則知衆流之味　滞者迷也　滞其示者覺
分流於五謗　示者教法也約偏執論也　二夜經云某也成正覺　某也至於
此二中間我都无所説不説是仏説若言如來有所説法即爲謗仏　不能解
我所説義明知本解之法言詮所不及是心欲思而慮亡口欲言而辭喪不可
以智知不可以識識、輙有僻見之流立斯五謗一言諸法有本法不有言有增益
謗法性本空然何得言有二言諸法无本法不无言无損減謗依他起性有何
得言无三忽有忽无本法雖有雖无相違謗空有並興理將違越四非有非无
本法无來不有即今不无戯論謗非有者言空非空者言有空有不空明知戯
論弟一義中无有少法可得若立一法起名相者皆成戯論五非有非非无本法无有
文字語言本法无名字是愚癡謗　離弟四成弟五四言非空者是有、非是有者
非有者是空非无是无有非是有退成无義无非是无却成有義若如是者
明知迷愚實非智者是以小乘漂於有、者漂浮也人我法我二俱定有故言
二有　勝義溺於空、者溺沉也　上之二我悉皆是空　重明二空　前宗執有
後者滞空、有相違諍論竟起　人我者五蘊假和合處横計有人離我、
所人无我矣法我者執因緣法實有生起皆有自性故稱爲我因緣生法悉
皆虚妄本自不生亦无動揺法无我矣　尚駈妄境者　流空　住有　惣名
妄境　未越昏衢者闇道也　若也起上僻見終未越於沉淪　咸真風等
者偏執者　咸勞趣向真宗風者化也　如靡草也　皆見之徒状若朽木雲没之
澤法如雨也　補處弥勒者　如世帝王類補東宫紹其國政一朝王崩次補仏
東宫爲國主今一生菩者仏受記言汝當次後人壽　歳時輪王積住之時
補處成仏具足梵語云弥帝棣迦此略呼爲弥勒、者是姓此翻爲慈氏阿逸
多者是名　此翻爲无勝无人過者勝此菩故曰无勝　慈者此菩以有深慈悲
故救苦心願曰慈二乘小慈唯觀欲界　仏名大慈通濟三界　闡者説也揚也
瑜伽梵語此云相應忽云十七地論也　杜者塞也　兩見門者空有二門也
一實道者即中道也　該者括也　都也横布曰該博者通也　旨者意也弘者
大也　奥者秘也　厥者其也　位標三賢者此菩爲世天有親　号曰世親忽曰天
親　位列地前卅心謂十信十住十行十回向合上十信入物觀善住中故云卅心取廿
九心全弟卅心少分屬資粮位卅心餘分屬加行位有四煖頂忍世弟一法也此菩
非是前廿九心半資粮三賢人乃是卅心後住四加行者所以言位標、者尊也
位上三賢曰標想心稍微行善調順稱曰賢又和直之行曰賢　聖者會理正
解也　決斷不德隣十聖者云此菩德業近於十地也非入正地、者一能生成仏智
二起同躰大悲心荷負一切故喻地　契理通神權實无导曰聖三賢之人雖
躰悟真宗然習障全未遣除漏由在故名曰内凡十信初心名外凡都而言之
卅心皆作无我觀舉別而論　初十住作人无我觀次十行作因緣法无我觀次十回
向作真如法无我觀　次十地作三空三无我觀　次等覺作照　寂觀　妙覺唯作
寂觀、照平等仏地大寂也　此聖者小乘部中造論五百隱敵大乘後回心向大復
[illegible]

BD14727號背　大乘百法明門論開宗義決疏（擬）　（9–8）

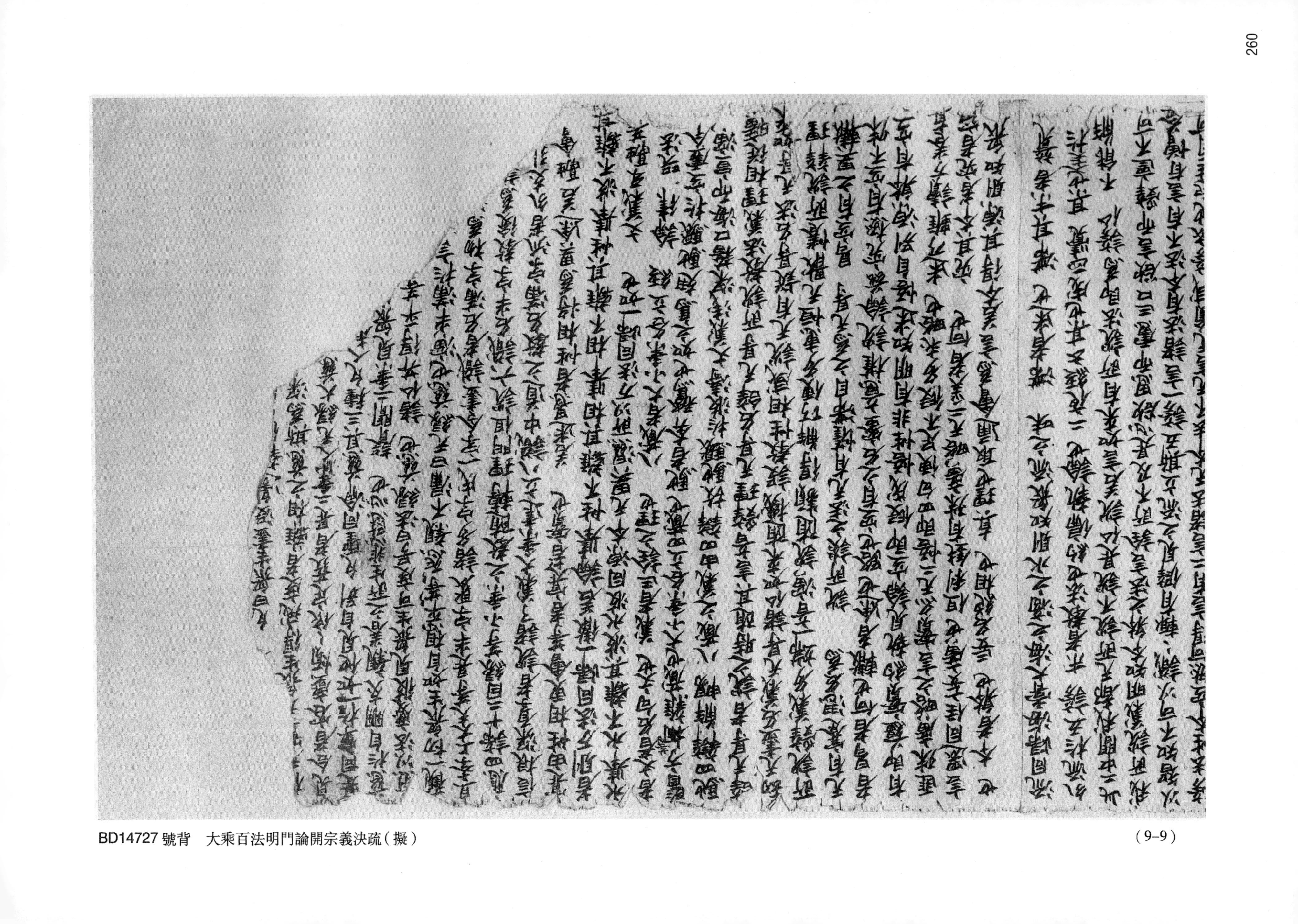

BD14727 號背　大乘百法明門論開宗義決疏（擬）　（9–9）

百法論義記一卷

1060?

BD14728號背　護首

（1–1）

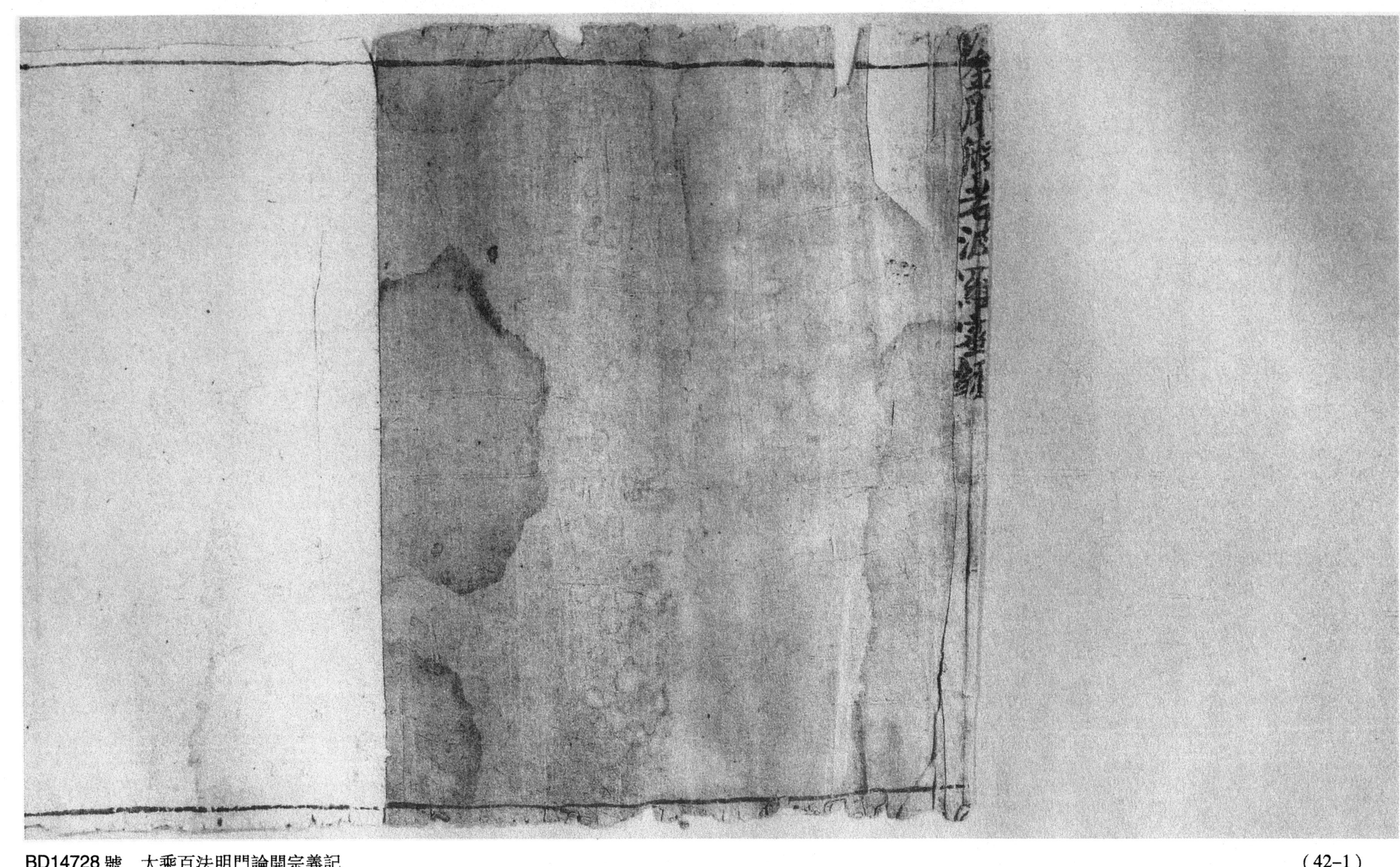

BD14728號　大乘百法明門論開宗義記　（42–1）

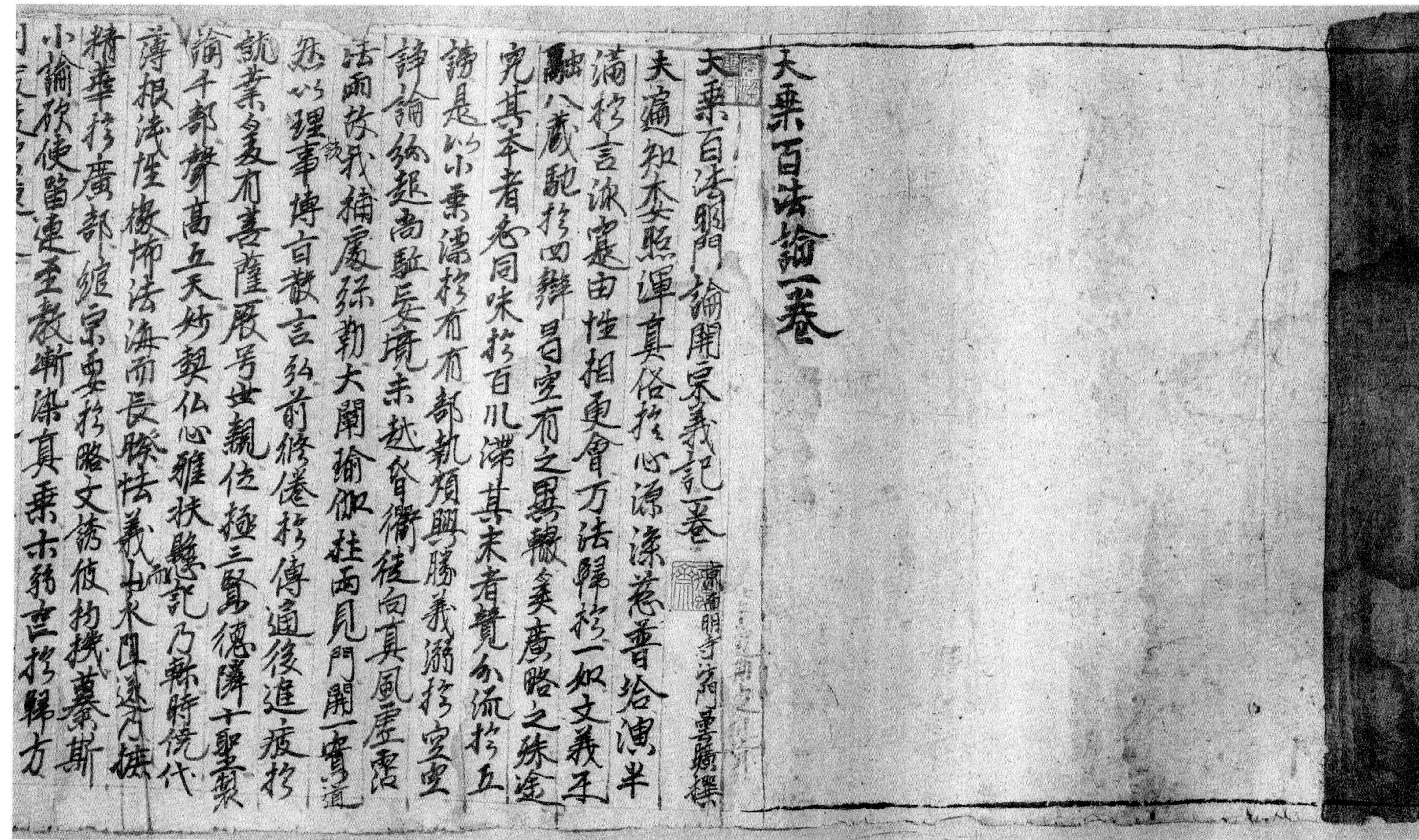

大乘百法論一卷

大乘百法明門論開宗義記一卷　明寺沙門曇曠撰

夫遍知大妄照運真俗於心源滌蕩普洽湛半
滿於言泳寔由性相更會万法歸於一如文義不
融八藏馳於四辯昌空有之異轍奚廣略之殊途
究其本者尨同味於百川滯其末者覺分流於五
諍是以小乘滯於有有部執煩興勝義溺於空空
諍論紛起尚驗妄境未越昏衢徒向真風虛霑
法雨故我稱處孫勒大闡瑜伽柱西見門開一實道
然以理事博旨散言弘前修倦於傳適後進疲於
就業爰有菩薩厥号世親位極三賢德隣十聖裒
論千部聲高五天妙契仏心雅扶懸記乃歎時僥代
薄根淺性傲怖法海而長嗟怯義山而因遂乃捷
精華於廣部綰宗要於略文誘彼初機纂斯
小論欲使留連至教漸染真乘亦務直於歸方

BD14728號　大乘百法明門論開宗義記　（42–2）

論千部聲高五天妙契仏心雅扶懸記乃縣時僥代
薄根淺性撿怖法海而長睽法義山而阻遂乃揀
精華於廣部綰宗要於略文誘彼狂機慕斯
小論欲使留連聖教漸染真乘亦猶哲於歸方
列疲徒於捷逕前明百法之有後顯二我之空首末
文暉終始相暎息邊執既遣中觀業彰識浪由是
澄微真源賴之澄廓 至矣哉此論之幽趣也 首標
大乘百法明門論者舉所宗之勝益遠自部之通名
復云本事分中略錄名數者標論起之緣依簡異
論之別目 大乘以廣運崇號百法以體數彰衣明門
將開悟為功論者乃詮弁之稱本事則究極法體
分中是當段義門略錄即抑彼繁詞名數乃舉其
要用旌雅趣遠以鴻名故言大乘百法明門論本事分
中略錄名數 開發論宗五門分別一明所因二顯所緣
三彰所宗四辯所歸五解所立 所因有二一所依因二所為因
所依因者復有五種一依了教謂依達立開精取補了教
大乘而立論故二依因理謂依三性顯說空有處中理門而
作起論故三依勝境具依五法雙據二空一切甄明而起論故
四依妙行以本後智發涤悲惣法利生而興論故五依
大果而成仏位具說圓宗依仏滿智而為論故 所為因者亦
有五門一入大法謂以略攝廣散義宗易入大乘離法執故
二趣勝解諸法无我遠離二邊令其遍達離邊見故三生
圓照具明真俗雙顯有空令得中道起圓照故四令進趣
具說染淨所斷證修令正循行无錯謬故五令成就若分若
滿或化或真轉依皆成无數滅故 辯所因竟 所緣者論
起所緣復有二種一造論所緣二轉譯所緣 造論緣者此論
既從本事分出所緣不離瑜伽師地故最勝子瑜伽釋云今
說此論所緣云何謂諸有情无始時來於一切法處中實相

滿或化或真轉依皆成无歡滅故雜所因竟顯所緣者論
起所緣復有二種一造論所緣二翻譯所緣造論緣者此論
既從本事分出所緣不離瑜伽師地故最勝子瑜伽釋云今
說此論所緣云何謂諸有情无始時來於一切法處中實相
无知疑或顛倒僻執起諸煩惱發有漏業輪迴五趣受三
大苦如來出世方便為說種種妙法處中實相令諸有情
知一切法然是空故非有然是有故非空遂達諸法非空非有
遠離疑或顛倒僻執起處中行永斷諸障得三菩提證
妙涅槃佛涅槃後六百歲來部執競興多著有見諸
大乘法毀滅真宗龍猛菩薩證極喜地採集大乘无
相空教造中論等究暢真要除彼有見聖提婆等
諸大論師造百論等弘闡大義由是眾生復著空見
至佛滅後九百年初无著菩薩位登初地得法光定發
大神通事大慈尊請說此論理无不窮事无不盡文
无不釋義无不詮疑无不遣執无不破行无不修果无不證
離前二見住中道理起處中行速證涅槃無著菩薩
有異母弟位皆加行厥号世親即佛所記付法藏中第
廿二傳法主也本習小乘亦遍通異部造論五百隱蔽大
乘无著愍之託疾命弟中路開誨方信大乘改執弘
揚造論五百具如別傳此但相明以瑜伽論義廣文繁
學者難尋知莫究其趣遂造此論略示方隅即是造論之
緣起也 傳譯者大唐貞觀有大三藏遍覺大師厥
名玄奘俗姓陳氏洛邑人也遊五印度境學三藏玄
文名立業成來歸本土文帝待以國師之禮乃詔令其
翻譯經論風德高蹤具如別傳此論即我三藏大師貞
觀廿三年於京大慈恩寺譯總是第二論所緣竟
次下第三論所宗者統論諸宗不過三種道及小乘大乘
別故外道所宗雖九十六然今類攝為十六宗故顯揚論總攝

翻譯經論，威德高蹤，具如傳。此論即我三藏大師貞
觀廿三年於京大慈恩寺譯。總是第二論所緣竟。
次下第三論所宗者。統論諸宗，不過三種：道外、小乘、大乘
別故。外道所宗雖九十六，然今類攝爲十六宗，故顯揚論總攝
頌曰：執因中有果，顯了有去來，我常宿作因，自在等害法，
邊無邊矯亂，見無因斷空，計勝淨吉祥，名十六異論。
彼論長行廣明立破，今略舉之，顯宗計相。一因中有果宗，
則雨衆等所說。求此果時，唯取此因，唯從此生，不從餘故。
二從緣顯了宗，即聲論等所執。彼說聲等體常本有，緣生
即顯，非自出故。三去來實有宗，明時論者所說去來同現
實有故，小乘有部亦同此執。四計我實有宗，謂數論等
所立。取色受想行識諸覺時，別有薩埵我等覺故。五諸法
常宗，伊師迦等說極微等法一切常住，以前後際物相續故。言
定宿作宗，即離繫子等所說：若樂等果，定宿因作，見行善
惡，閉受果故。七自在等作宗，如來平等論說：欲行善等事，
皆違從由世間事作者別故。八害爲正法宗，受內梵志議，
於天祠中害生祠祀，皆得生天，由呪力故。九邊無邊等宗，
爲得世靜慮者，依靜慮壞成劫，觀上下傍，於前所執有邊
等故。十不死矯亂宗，謂愚癡無智者計耀問矣，名不敢正
對，推不死天矯亂答故。十一諸法無因宗，彼見數參大風卒起，
瀑河綵涌，後見心息，寬然無故。十二無後斷滅宗，即見論者
所立，若有後見可有作業，我體既空，業果無故。十三因果俱空
宗，得世定道者見行善惡，得果皆差，撥無行入定後身無
故。十四妄計最勝宗，即執梵志論者說婆羅門最勝，自
色梵見王種、流姓、梵行故。十五妄計清淨宗，如下方戒見者
執雞狗等諸戒清淨，四河水淨洛除罪故。十六妄計吉祥
宗，曆算論者所說，於日月星常行供養，不失度時，所欲
[illegible]

故十四妄計最勝宗，即執梵天論者說婆羅門最勝，白
色梵天王種，流性梵天行，故十五妄計清淨宗，如下方戒見者
執雞狗等諸戒清淨，四河水淨洗除罪，故十六妄計吉祥
宗，曆算者論者所說：於日月星宮行供養，不失度時，所欲
成故。此十六種所執邪論，皆依無明邪思所起，迷於真理，名
皆外道。六師皆有此十六法，故攝說為九十六種。此小乘宗
有廿部，應總攝為頌曰：有部有廿，本二末十八，本上座大眾，
末初從大眾，有一說出世，雞胤及多聞，說假制多山，
西山北山住，上座名雪轉，流出一切有，犢子法賢胄，正量密
林山，化地并法藏，飲光經量部，雖所諍合廿部，於中
類束以為六宗：一我法俱有宗，謂犢子部等計有五蘊十三
處等及依蘊等別有我故；二有法無我宗，一切有部等說
三世蘊等而皆實有，補特伽羅實我無故；三法無去來
宗，大眾部等說蘊處界等現法即有，去來蘊等皆
是無故；四現通假實宗，說假部等說現在蘊實，積聚法故，
處界假和合法故；五俗妄真實宗，說出世部等執出
世可實，非虛妄故；世間非實，皆虛妄故；六諸法假名宗，一說
部等執世出世間之皆非實，但是假名，無性相故。此等皆
依初時教，起故說執。宗為小乘矣。後大乘宗而有二種：一
勝義皆空宗，即十二門、智度、中、百、般若燈論、掌珍論等，依般
若等無相空教，說一切法不離二諦，若世俗門諸法皆有，
乃至許有我法心境，與諸小乘義無差別；若勝義門諸法
皆空，乃至不立唯識真如，與理宗所說全別。然其二諦，其體
不異，以從緣生說名世俗，即緣無性名勝義空，故說二諦體
無差別，由迷勝義執有世俗，緣勤修行，滯生死，由悟
勝義了世俗空，故能不著，速證菩提，故說般若為究竟理，
遣一切相無所得故。解深密等經為不了義，不遣依圓有所

不異以從緣生說名世俗即緣无性名勝義空故說二諦體
无差別由迷勝義執有世俗纏勤修行絡滯生死由悟
勝義了世俗空故能不著速證菩提故說般若為究竟理
遣一切相无所得故解深密等經為不了義不達依圓有所
存故彼經自說為了義者對淺根義易了故非理究竟
名為了義二應理圓實宗即攝大乘論瑜伽顯揚雜集唯識
中邊等論依深密等諸了義經說一切法世俗勝義不一不異
非有非空具如立法前後相望立為四重世俗勝義一虛實二
諦瓶軍林等虛為世俗蘊處界等實為勝義二理事
二諦蘊等事法麁為世俗四諦道理細為勝義三淺深二諦
四諦安立淺為世俗二空真如深為勝義四詮旨二諦二空
詮帶世俗一真法界亡詮勝義相對立故非一无別體故非異
妄所執故非體有不无故非空故說深密為極究竟得中道
故般若等經為非了義就偏說故此中具說二種宗義若說法
性圓融法門即為三宗如起信疏今此論者即大乘中應理
圓實究竟宗收前明百法頭有依他圓成後說一空顯
无遍計所執既離二邊契會中道名亡心
无所依都无所得由无所得无所不得是為究竟圓實宗
也辯所宗竟顯所歸者所歸不同有其四種歸藏歸乘
歸時歸分言歸藏者即二藏等然藏不同總有二種一約
人弁唯有二藏一菩薩藏二聲聞藏獨覺智證與聲聞
同教既不多人聲聞藏者攝也隨攝二人理行果義各攝
益故二隨所詮立為三藏謂前二中各有三藏一素怛纜此
云契經貫穿縫綴所詮之義契理契機攝益他故二毗
奈耶此云調伏所攝戒學調和三業制伏惡行而攝益故三
阿毗達磨此云對法所詮慧學對向涅槃對觀四諦而攝益
故此義廣如起信疏述此論即是菩薩藏中阿毗達磨顯示菩
薩理行果義生勝智故言歸乘者或說一乘如法花云唯有一
[illegible]

BD14728號　大乘百法明門論開宗義記　（42–7）

來配此去調伏所攝戒學調和三業制伏惡行而攝益故三
向毗達磨此去對法所詮惠學對向冊對觀四諦而攝益
故此義廣如起信疏述此論即是菩薩藏中向毗達磨顯示菩薩
理行果義生勝智故言歸乘者或說一乘如法花云唯有一
乘无二亦无三故或說二乘如攝論說上乘下乘有差別故或說三
乘如法花云為求聲聞等者說應四諦等法故或說四乘
如勝鬘經更加无聞非法衆生人天善根而成熟故或說五乘如
大般若更加三乘性不定者聞此法已發天心故然此五乘義有
開合故諸經論所說有異此名具如起信疏述今此論者即一
乘攝二乘等中上乘所攝所說五法及二无我非是二乘世間法
故言歸時者故立教時多少不定或從一時乃至五時皆无
正據恐繁不敘今依教量立教三時如深密經正說意
云初第一時為小根者唯約有義說四諦教破人我執即四
含等說有隱密名不了義於第二時為大乘者多說空義說
无相教破法我執即般若等說空實有亦非了義後第三
時普為諸乘顯說三性中道之教令悟真實即深密等
真顯有空名真了義然此三時對不定性大由小起漸次而說若
頓悟機則不亦故名非年月之判先後但以義類相從而說
花嚴初說非物時故更有別義起信疏明今此論者依第三時
了義大乘第三時攝所對經說諸法无我有空雙顯不偏說
故言歸分者若依諸經有十二分謂如舊說十二部經部謂奇
分經即是教隨類部帙段其此名十二分名而作頌曰△契經應
諷頌　受記自說緣　譬喻本事生　廣希論法義
△廣釋名義如餘處俱既許三藏俱得教名故此即是論義分攝
若依論說即有十分即瑜伽論十支義也此中分者取支義故此
既是論故歸十支一略陳名義支即此論是二粗釋體義支
即五蘊論三廣弁名義支即雜集論四總包衆義支即顯
揚論五莊嚴體義支即莊嚴論六攝大義支即攝大乘

若依論說即有十分即瑜伽論十支義也此中分者取支義故此
既是論故歸十支一略陳名義支即此論是二粗釋體義支
即五蘊論三廣辨名義支即雜集論四抱包衆義支即顯
揚論五莊嚴體義支即莊嚴論六攝大義支即攝大乘
論七離僻處中支辨中邊論八攝散歸觀支分別瑜伽論九
摧破邪山支廿唯識論十高建法幢支成唯識論又瑜伽論總
有五分一本地分略廣分別十七地義二攝決擇分略釋決擇十七地
中深隱要義三攝釋分略攝解釋諸經儀則四攝異
門分略攝經中所有諸法名義差別五攝事分略攝三藏衆
要事義今此即是本地分叔依此分中錄名數故明所歸竟
解所立者於中有二初釋所立題目後釋所立文義解題有二
初正釋題目後顯論所依正釋有二初離後合離釋有四一
釋大乘二題百法三解明門四并論字凡為釋名皆依六釋
方於名義而得顯然故於此中先明六釋而此六釋總名
離合謂要二法各有別體合為一名如言金藏金与藏別故名
為離同目一物故名為合若唯一法无離合義不名六釋如言无
色无離即无合故其六者何一持業釋謂若有法依自業
用而得其名如言藏識能藏體持業故二依主釋謂
若有法依他主而得其名如言眼識是眼之識名依主故三有
財釋謂若有法從所有物而得其名如他心智有他心名從
物故四相違釋謂若有法體用各殊同立一名如言緣生衆之
与生體用別故五隣近釋謂若有法名非本體從隣得名如言
念住體雖是惠住由念故六帶數釋謂若有法若體若
用約數而顯如言五眼照境體用數有五故既顯六釋次將釋
名言大乘者謂菩薩乘運用理智而為其體皆該周故名之
為大並能運故稱之為乘理智相對名為大乘大之乘故
依主釋也理智為體名為大乘大即乘故持業釋也或無
數果即有四法隨應皆有綺互相望持業依主准前應知

名言大乘者謂菩薩乘起用理智而為其體皆該周故名之
為大並能運運故稱之為乘理智相對名為大乘大之乘故
依主釋也理智者因體名為大乘大即乘故持業釋也或乘
教果即有四法隨應皆有綺互相繫持業依主准前應知
此約菩薩所乘之法若約能乘菩薩人者大之乘故依主釋也論說
能乘菩薩人者大即乘故持業釋也此即揔合釋大乘義若
瑜伽論皆約法體以七大■義別釋大名廣如藏經即約諸瑜
擧諸仏法別釋乘義恐繁不叙起信疏明言百法者名如下
列心法有八心所有法有五十一色法有十一不相應行廿四无為有六
法謂軌持百者數也法有百數帶數釋也言明門者是慧之
能照法之因慧顯故慧稱明門者通也謂前百法通生明慧
入仏境界無礙曉了故說為明門是明之門依主釋也百法即
明門持業釋也小乘唯明七十五法今大乘宗廣明百法故言大
乘百法明門所言論者問答徵釋論量正理教誡學徒故
稱為論然論不同有其三種一隨釋論隨經解釋如智
度論等二集義論採集諸經義通釋諸經如瑜伽等今此通
是三種論攝以釋經言法无我故採集百法通解釋故已顯別釋
言合釋者大乘即是論所依宗百法乃是論所顯理論即百法
能詮之教然即大乘通其教理其百法論亦通教理以教對
教對理大乘之■百法等皆依主也（大乘即百法等皆持業釋也教望理以理為教）釋更有別義恐繁不明上釋題竟
論所依者然瑜伽論雖有五分於中即无本事分■若對法論有本
事分於中不明百法之義然於今者以義取之文事謂體事地謂依
持即彼體事有依持義故地与事名異義同有說本事廣論
未釋位錄名者是定言也以本地分義攝文繁未於正法體未為悉定
總攝學者迷法相門佈文義海不能趣入略錄名數以示方隅但定
略非義略也此攝抄地所觀法故之唯識論說極喜地於多百門而
得自在多百門者瑜伽論云初地能入百三摩地淨天眼見百世
界中以威神力動百世界往百世界借百如來放大光明照百世界
現身百類化有情若欲留身住壽百劫前後百劫各見分明化百菩薩

BD14728號　大乘百法明門論開宗義記　（42–10）

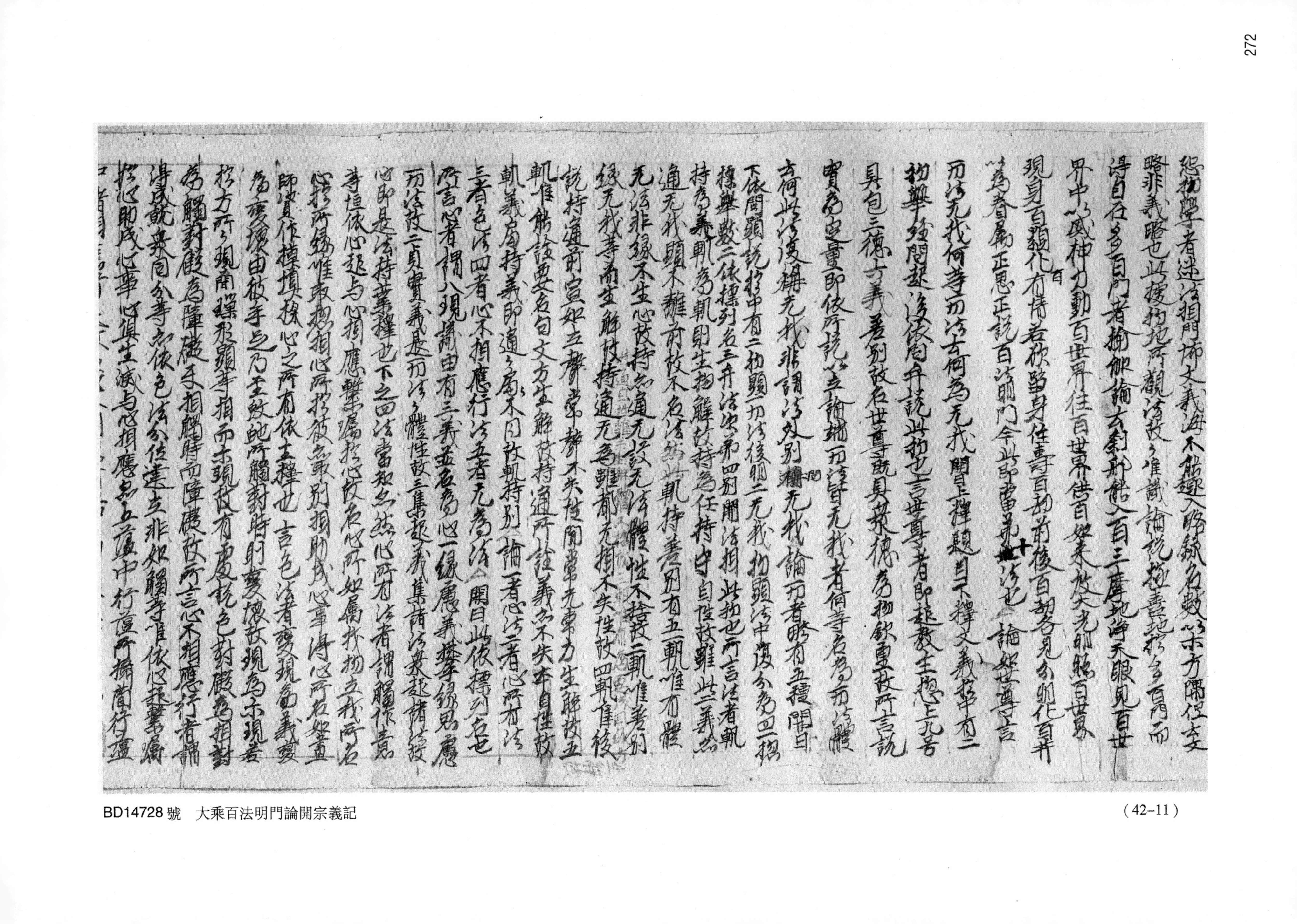

BD14728號　大乘百法明門論開宗義記

（42–11）

爲變壞由彼手足乃至蚊虵所觸對時即變壞故現爲示現若
於方所〻現兩礫形頭等相而示現故有處所說色對礙爲相對
爲觸對礙爲障礙手相觸時而障礙故所言心不相應行者謂
得成就異同分等亦依色法分位建立非如觸等唯依心起業屬
於心即或心事心俱生滅與心相應是五蘊中行蘊所攝前行蘊
中諸相應行是故色心不相應行此有四句如理應思无爲法者
謂虛空等自體凝然非三世攝无生住等行所遷故其性清
淨无有漏染非業煩惱之所爲故具此二義故名曰无爲論
一切法最勝故與此相應故二所現影故三位差別故四所顯示
故如是次第　門曰次弁法次第也一切法中心最勝故〻最第一明其
心法謂此心法世分用強緣慮道中心王獨勝故契經說心遠獨行
染淨由心士夫六界心能導世間心能遍攝受如是心一法皆自在轉
隨行是故論言一切最勝故雖由作意警覺而方生及心生已依心而住
如臣對王非勝故心起必有心所相應故此第二明其心所是故論言
與此相應故心所與心有四等義非定一異故成相應故唯識云
而時依同所緣事等名相應義一體等名有一體故二依等同依
一根故三緣等同緣一境故四時等同一剎那故若依小乘同一行解如
同緣一青俱作青解故今大乘宗不許同行了別領納等作用各別
故由斯八識雖各一體而時依境不必皆同是故諸識非相應也心〻
所起必現色影故此第三明其色法是故論言三所現影故謂若心
起託境方生必變色境當情而現故諸色法皆不離心无有一
色非心變者如地獄卒由心見濃河眼久光輪夢中色像皆自
心變都不離心此心豈唯變色法耶若就麁顯者且說色
言爲破離心有實色執實色者尚非色身心〻所色等有分
位故此第四明不相應是論云三位差別故如唯識論顯此義云
得非得等非如色心及諸心所體相可得非異色心及諸心所作
用可得故非實有但說等分位假立此定非異色心〻所有實
體用許蘊攝故如色心等若異心等或心〻所及心无爲所不攝
故如畢竟无定非實有前明諸法後顯法性故次第五明无爲
法是故論言四所顯示故如唯識論顯此義云離諸无爲所知性
故或色心等所顯性故如色心等不應執爲離色心等實无爲性
若異心等非法性故〻依前四顯示无爲雖與諸法體不相離而與
諸法〻非即一由常无常性殊各異故如是次第捴結前說然
論諸法次第有五一者生起十二支等先因後果次第生故二者
觀行如四諦等先果後因次第觀故三者麁細如六度等前
麁後細次第修故四者勝劣心〻所等前勝後劣次第有故五者

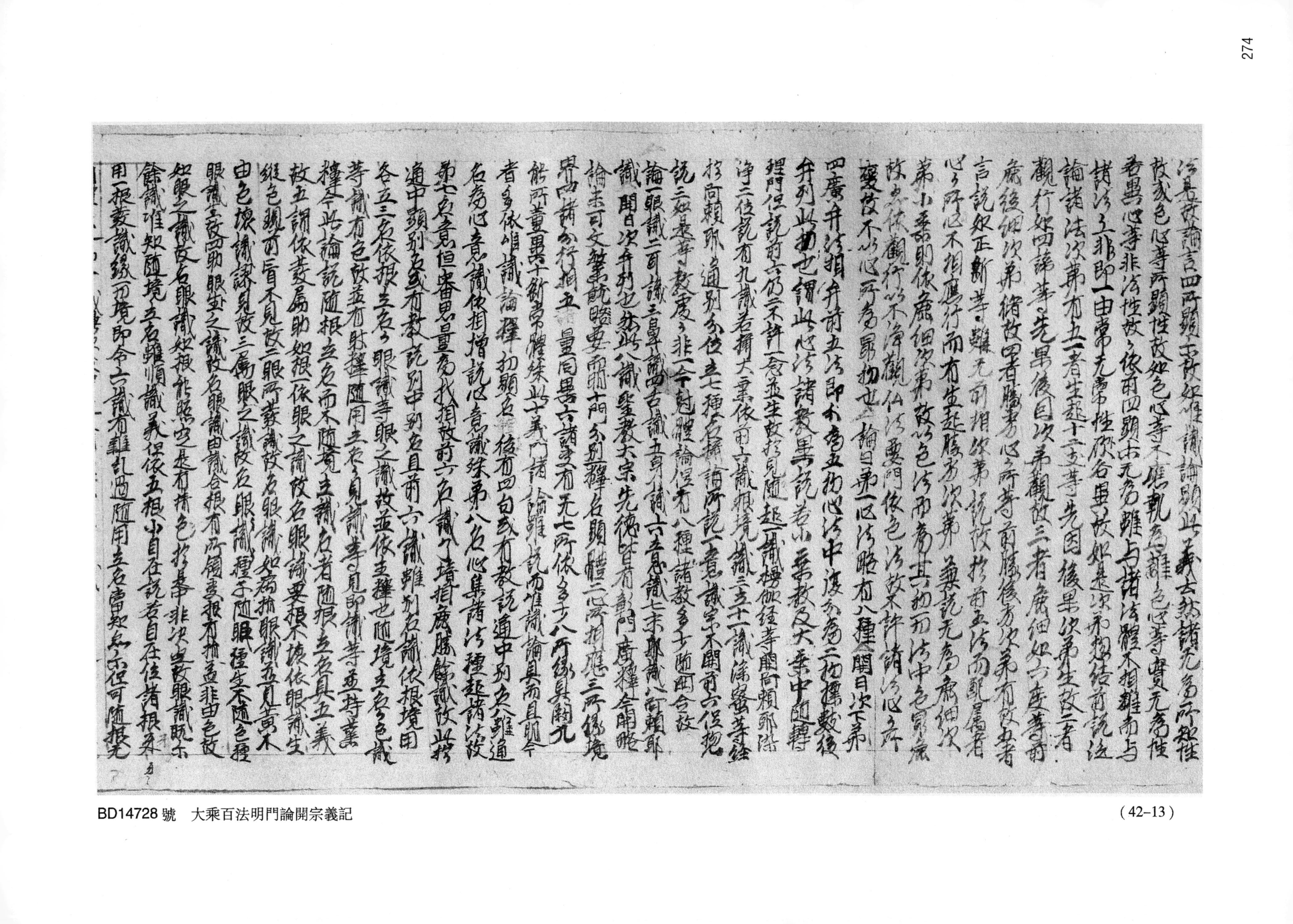

BD14728號　大乘百法明門論開宗義記

（42–13）

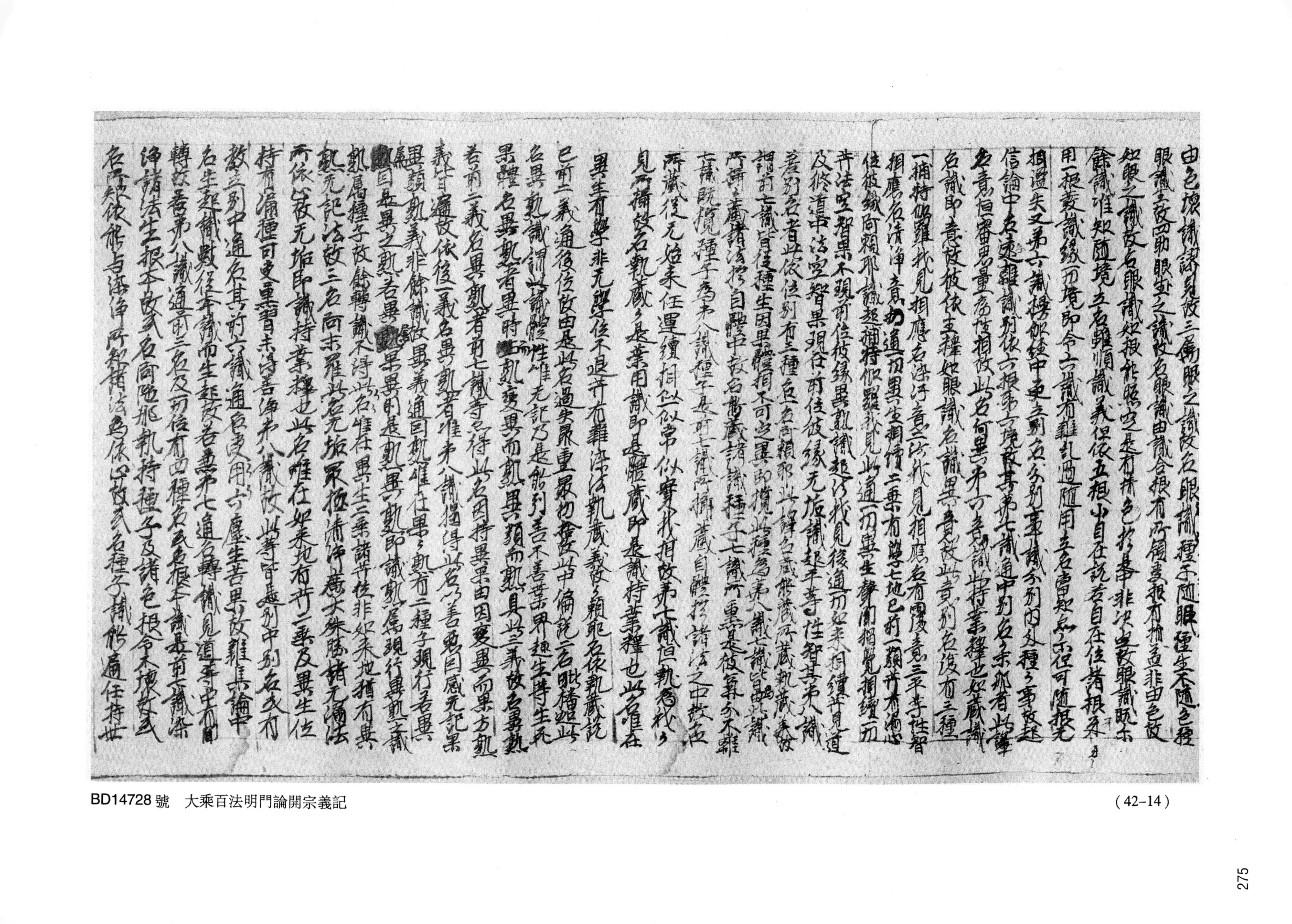

持有漏種可受熏習，未得善淨第八識故，此等皆是別中別名。或有
教云，別中通名，其前六識通名爲受，用六塵生苦樂故，雖其論中
名生起識，數從本識而生起故。若其第七通名轉識，見道等中有斷
轉依善第八識通前三名，及方位有四種名：或名根本識，是前七識染
淨諸法生根本故；或名阿陀那，執持種子及諸色根令不壞故；或
名所知依，能與染淨所知諸法爲依止故；或名種子識，能遍任持世
出世間諸種子故。此等並是別中通名。或有教說通中通名，謂
即此前別中通名更通名爲心意識故。此前通義通名心者，緣慮
集起通諸識故。今前標云心法有八，或通諸義，皆名爲意，皆有能生
依心義故。今處所中通名意，及或此諸義通名爲識，皆能了別諸境相
故。今五蘊中皆識蘊攝，而論列中並名識也。小乘通依三世，眼等未來名心，積
集義故；入現名識，能了別故；過去名意，是開導依故。心起名有心所相應隨
心性類與彼俱起。謂八識性有善、不善、有覆無記、無覆無記。能於此世
他世順益，故名爲善，人天樂果雖於此世能爲順益，非於他世，故不名善。能
於此世他世違損，故名不善。惡趣苦果雖於此世能爲損違，非於他世，故
非不善。於善不善損益等中不可記別，故名無記。若性染汙，能蔽於心
鄣聖道故，名有覆。若非染汙，不能蔽心，不鄣聖道，故名無覆。第八
唯是無覆無記。以此識是異熟生，異熟若是善染汙者，流轉還
滅應不得成。又此識是善染依故，若善染者，互相違故，應不與二俱依
所依。又此識是所熏性，故若善染者，如極香臭，應不受熏，無所熏故，染
淨因果俱不成立。既信貪等是唯善染，故與此識定不相應，恐作善惡
無記性者有間斷故，並不相應。其別境五緣別別境，謂欲希望所
樂事轉，此識任運無所希望；勝解印持決定事轉，此識曾無所印
持；念唯明記曾習事轉，此識微昧不能明記；定能令心專注一趣，此識任
運剎那別緣；惠唯簡擇德等事轉，此識微昧不能簡擇，故此不與別
境相應。其觸作意受想思五心，是遍行心所法故。若無此五，心念不生，無綱
受等不名心故，其遍行相後當廣說。第七識是有覆無記性，是染汙
鄣聖道隱蔽自心，故名有覆。又類內執不起此世他世損益，故名無
記。故唯十八心所相應，謂觸等五、別境中惠、我癡、我見、我慢、我愛、八大隨
惑。意與遍行定相應故；執我法者必有惠故；愚於我相，迷無我故；於非
我法妄計度故；恃所執我生高舉故；於所執我深貪著故；八大隨惑遍
染心故。何故此識無餘心所？我見常起，無餘見故；無一心中有二惠故；
惠與我見義用別故；由見審決，不由與故；於所執我不增惑故；恒緣合
境無希望故；恒緣定事無印持故；恒緣現境無記憶故；剎那別緣
不專一故；善唯是淨，此唯染惡故；小十麁猛，此審細故；中二不善，此無記故；
恒緣定境非悔先故；眠依外緣，此內起故；尋伺麁細，此一類故。唯十八心
所相應。此第六意名識，通一切性，具諸分別，內外門轉，於損益性皆可記故。所

BD14728號　大乘百法明門論開宗義記

（42–15）

恚与我見義用別故由見審決不審与疑〻故恚所執我不增恚故恒緣合
境無希望故恒緣曾事无印持故恒緣現境无記情故創所緣
不專一故善唯是淨此偏勇故小十麁猛此審細故中二不善無記故
恒緣受境非悔先故眠依外緣此內起故尋伺麁細此一類故雖一心
所相應非第六意識通一切性具諸分別內外門轉於損益住皆可意故所
起淨染雖唯無依性非損益鄣聖道故滿業所招異熟果心性非
淨淨不鄣聖道故〻略一切心所相應〻雖非一時一切俱起隨起三性即彼相應
眼等五識隨外門轉多同意識通其兩性由无計度及隨念分別唯曲
心所相應〻謂五遍行及五別境十一善法三本煩惱中二大八中十隨煩惱
等遍与心相應故作意力緣別〻境故亦有翻淨諸善法故有
貪瞋癡不善根故无慚无愧遍不善故掉舉等八遍染心故所餘
心所何不相應〻由推量等起尋等故小十麁猛此審分故退悔睡眠非
五識故尋伺是意不共法故此隨因中三性位說若在果位皆无漏善
与廿一心所相應遍行別境及善十一与一切心恒相應故常樂證知所觀
境故於所觀境恒印持故於曾受境恒明記故世尊等无有不定心故
於一切法常決擇故極淨信等常相應故无染汙故无散動故非不定等
心所相應既隨此等心所相應於所緣境亦有寬狹因中五色識唯緣
色等五塵假實如下所明而五識緣有其二說有說五識但緣實境
由任運起不待名言及待此餘根境起故其長短等諸餘假色要待
名言及餘所起是故不緣長等假色有說五識亦緣假境以長短等亦色處
攝故眼識緣不違於理然緣假時色緣於實緣實之時不緣於假實不
依假〻依實故第六意識緣一切境具三七等一切分別了別識中最為緣者
第七識唯緣第八見分為我不緣相分識中種子及相應法以為我所我〻
所執不俱起故以此識俱於俱邪見任運一類恒相續生无容別起我所執
故有處說執我〻所者以執此識是我之我故於一見義說二言其第八識
雖俱細故所緣行相俱不可知由因緣力自體生時內變執受種子色
根外變所依器世界相即以所變為自所緣行相伏之而得起故若有色
界具三所緣无色界中唯緣種子不變心等為所緣者有漏識變略
有二種一隨因緣勢力故變二隨分別勢力故變初必有用後但為境
異熟識變但隨因緣所變色等必有實用若變心等便為无用相分心
等不能緣故須彼實用別從此生是故第八不緣心等若以此識緣七識
種攝末歸本亦得名緣但依現行即無緣義此等皆依有漏位說若
无漏位四智相應遍緣真俗一切境界不尔仏果非遍知故此諸心境皆
自心變實不離心是心分故然此心分總有四種一者相分二者見分三者
自證分四者證自證分謂有漏識自體生時皆似所緣能緣相現彼
相應法應知亦然似所緣相說名相分似能緣相說名見分若心心所
无所緣相應不能緣自所緣境或應一〻能緣一切自境如餘〻如自故

種攝末歸本如得名緣但依現行即无緣義此等皆依有漏位說若
无漏位四智相應遍緣真俗一切境界不亦佛果非遍智故此諸心境皆
自心變實不離心是心分故然此心分總有四種一者相分二者見分三者
自證分四者證自證分謂有漏識自體生時皆似所緣能緣相現彼
相應法應知亦爾似所緣相說名相分似能緣相說名見分若心心所
无所緣相應不能緣自所緣境或應一一能緣一切自境如餘餘如自故
若心心所无所緣相應不能緣如虛空等或虛空等亦是能緣故知心心必有見
相二分相分是所緣見分名行相相見必有所依自體即此自體名自證分若
无者无自證分不應自憶心心所法如不曾更境必不能憶故相見應无所依
體故所量能量量果異故心心如必有此自證分心分說同即合相證
若无第四誰證第三故應更有證自證分此是第三自證分果諸能
量者必有果故不應見分為第三果見分或時非量攝故證自體者必
見量故若亦應更立第五分是明便有无窮之失答但是第三却證第四
皆是現量的相證故初二是外後二是內初唯所緣後三通二非即非離皆不
離心具所能緣无无窮過此有漏識四分皆通若无漏心有无不定謂
正體智見有相无緣真如之智必有見故若无見分應不能緣實可說
為緣真如智有真如住名能緣故應許此定有見分雖有見分而无
分別說无相取不取相故雖无相分而可說此帶如相起不離如故自如證分
緣見分時不變而緣此亦應爾變而緣者便非親證如後得智有境
相故若後得智二分皆有說此智品有分別故說此思惟似真如相不
見真實真如相故分別諸法自共相等觀諸有情謂說法故若後
三分二智雖用通緣有无則各差別謂根本智即不相緣若後得智有
相緣用有相无相二用別故是謂略說四分之義而前所說諸識境相
應知即是識之相分是心分故非即離心雖心心所皆有四分而能量
境則有差別謂八識量總有三種一者現量現謂現前量謂度量
謂於現前明了色等不迷亂相而得了知離諸名言種類分別照境
明白故名現量現即是量持業釋也二者比量比謂比類量義同前謂
於不現存前色等而藉眾相於所觀義有正智生了知有火或无常等
是名比量比既是量名持業釋也三者非量謂若有境非可現知
明白而照亦非眾緣而可比度境體實无非可量度於非量處而起心量
故名非量故非六釋然此三量皆約心論不約境說非能量義故八識中五
八二識唯是現量由无計度隨念分別但於境界任運轉故若末那識唯
是非量緣第八識執為我故於非我法而橫計故若第六識通有三量具
自性等一切分別能遍了知一切境故四分中初之相分唯是所量後三通二
之見分通其三量其後二分唯是現量證自體者名現量故此依因位
八識而說若依果位名有差別謂正體智一切現量若後得智名通三量
緣自共相一切境故既量現相應領順違此領受相總有三種領違

BD14728號　大乘百法明門論開宗義記

（42–18）

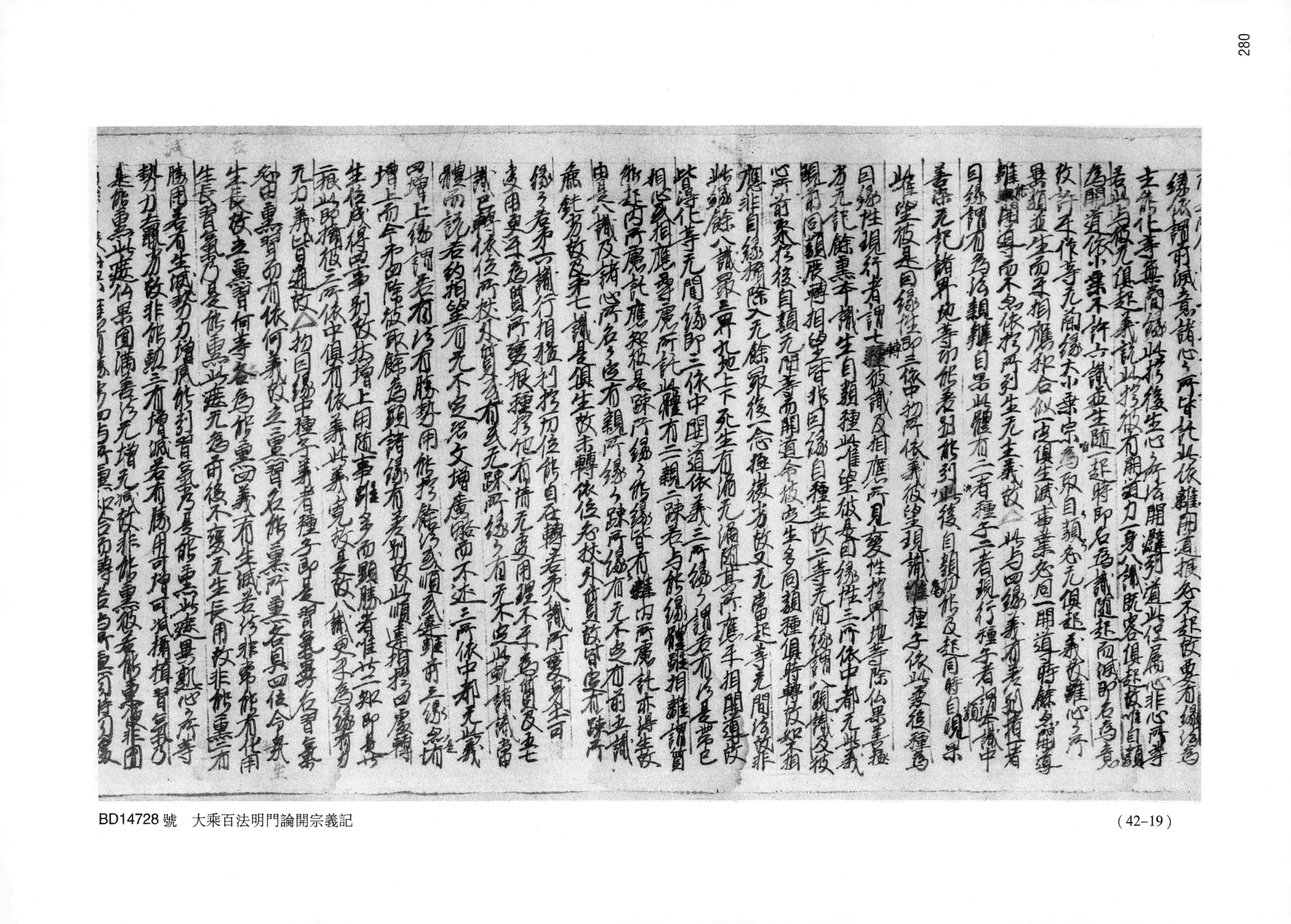

BD14728號　大乘百法明門論開宗義記

BD14728 號　大乘百法明門論開宗義記　　（42–20）

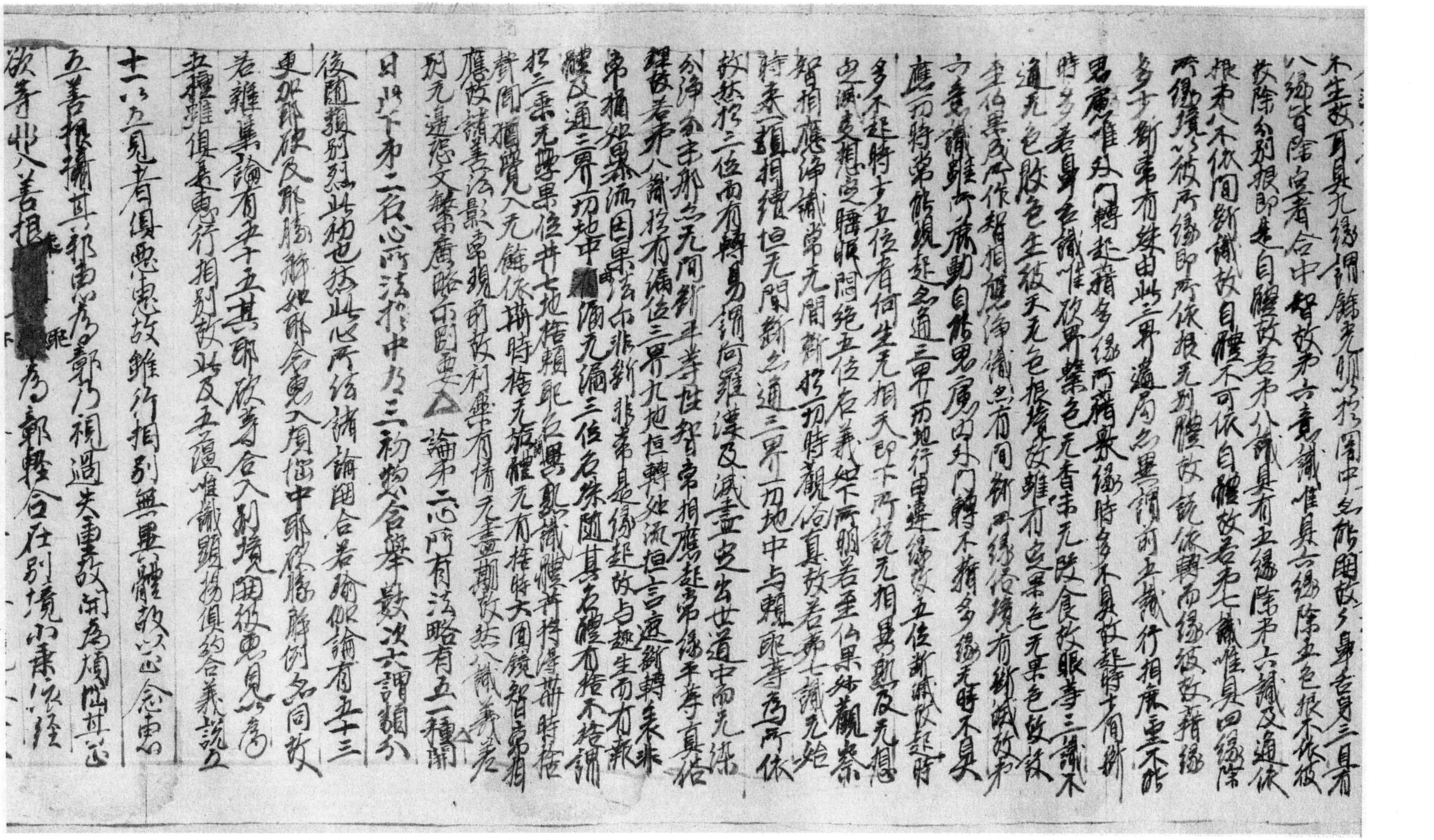

BD14728號　大乘百法明門論開宗義記

（42–21）

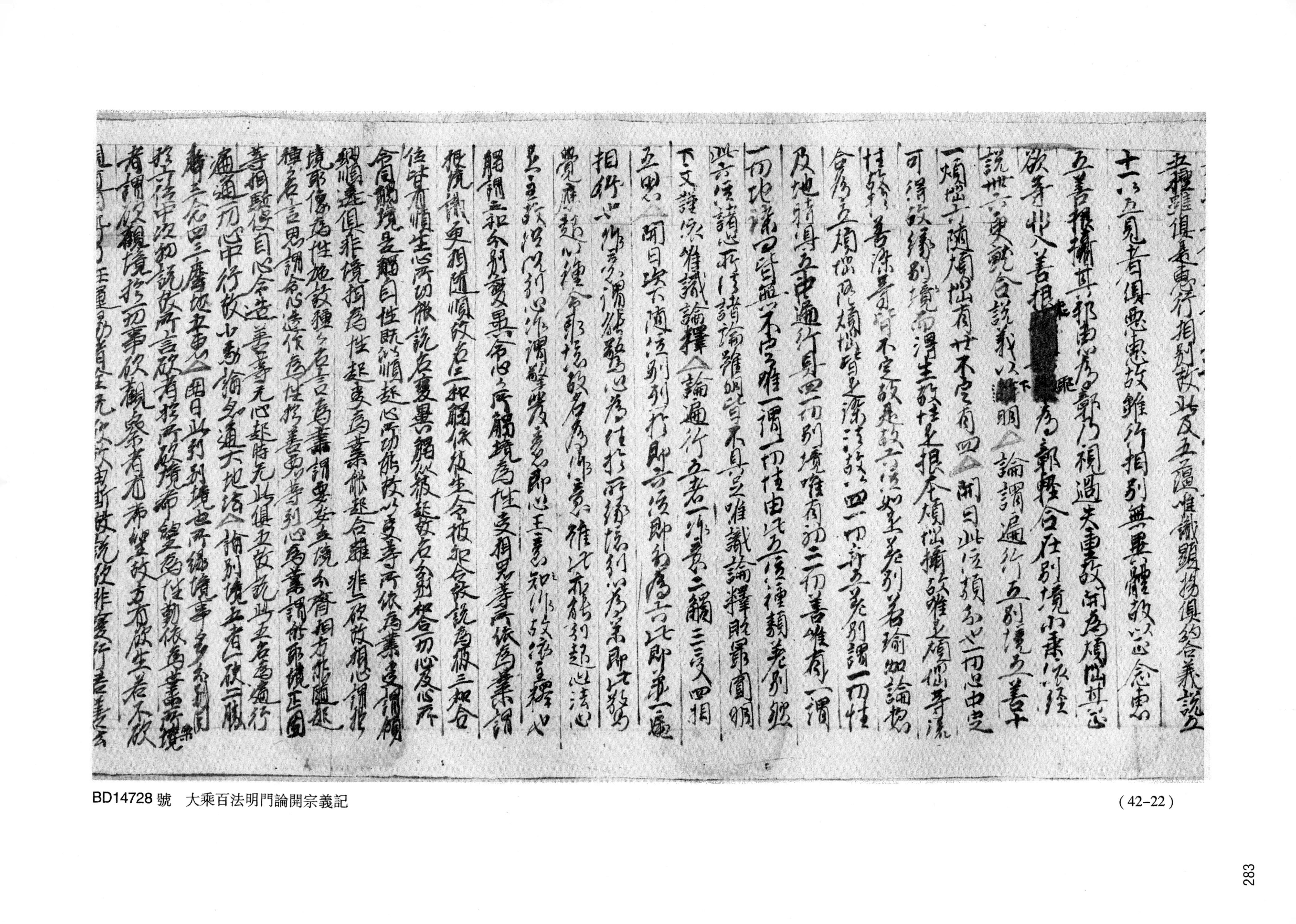

BD14728 號　大乘百法明門論開宗義記　（42–22）

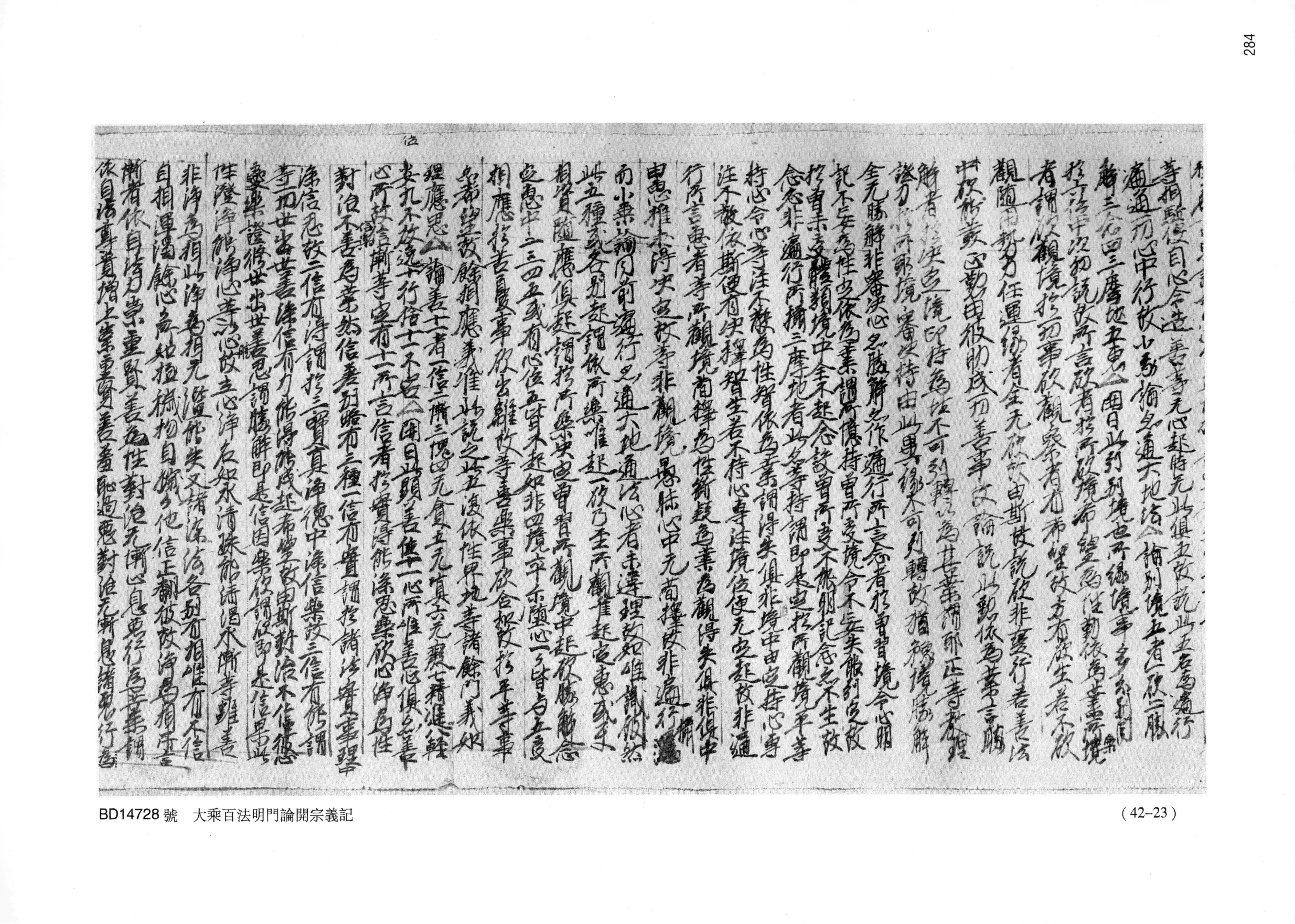

BD14728號　大乘百法明門論開宗義記

（42–23）

愛樂證得世出世善忍可許能已是何因

性澄淨能淨心等心故立心淨名如水清珠能清濁水慚等雖善
非淨為相此淨為相无濫彼失又諸染法各別有相唯有不信
自相渾濁餘心心所如極穢物自穢穢他信正翻彼故淨為相云
慚者依自法力崇重賢善為性對治无慚止息惡行為業謂
依自法尊貴增上崇重賢善羞恥過惡對治无慚息諸惡行為
所言愧者依世間力輕拒暴惡為性對治无愧止息惡行為業謂依
世間訶厭增上輕拒暴惡羞恥過罪對治无愧息諸惡行羞恥過惡
是二通相慚與愧皆羞恥心故崇重輕拒是二別相依慚與愧令爾
起故善心起時隨緣何境皆有崇重善及輕拒惡義故慚與愧俱遍善
心言无貪者於有有具无著為性對治貪著作善為業言无瞋者於苦苦
具无恚為性對治瞋恚作善為業善心起時隨緣何境皆於有
等无著无恚觀有等立非要緣彼如前慚愧觀善惡立故此二
種俱遍善心言无癡者於諸理事明解為性對治愚癡作善
為業有說愚癡以慧為性不善癡者即為惡故俱舍論不立无癡是遍
大地惠數攝故此善大地唯說十種有說无癡別有自性非惠為體
心對无明如无貪瞋善根攝故言精進者於善惡品修斷事中勇
捍為性對治懈怠滿善為業勇表勝進簡諸染法捍表精
淳簡淨无記即顯精進唯善性攝此相差別略有五種所謂被甲
加行无下无退无足以初發心明長時无間殷重无餘修差別故
言輕安者遠離麤重調暢身心堪任為性對治惛沉轉依為業
謂此伏除能障定法令所依止轉安適故此輕安唯在定地調
暢身心餘位无故此唯此一遍不善心此除餘十遍善心起不放逸者精
進三根於所斷修防修為性對治放逸成滿一切世出世間善事為
業謂即四法於所斷修防修事皆能防修名不放逸非別有體无異相
故於防惡事修善事中離四功能无別用故言行捨者精進三根令
心平等正直无功用住為性對治掉舉靜住為業平等正直无功用住
初中後位辯捨差別由不放逸先除雜染捨復令心寂靜而住此无別
體如不放逸離彼四法无相用故能令寂靜即四法故所令寂靜即心等
故言不害者於諸有情不為損惱无瞋為性能對治害悲愍為業
謂即无瞋於有情所不為損惱假名不害无瞋翻對斷物命瞋不害
正違損惱物害无瞋與樂不害拔苦是謂此二麤相差別理實
无瞋實有自體不害依彼一分假立為顯慈悲二相別故利樂有情彼二勝
故別立之不害假實　明故十一善後三是假故八實有相用別故善與彼
賅不偏不　不偏雖等應非善法者雖得善名而无別體相用如者
便別立之餘善不然不應為例又諸染法遍六識者勝故翻之別
立善法陽等忽等唯意識俱害雖亦然而[illegible]數現起損惱他故
障无上乘勝因悲故為彰彼增上過失別翻立之二分...

[illegible]
主違損惱物害无嗔真与樂不害拔苦是謂此二麁相差別理實
无嗔真實有自體不害依彼一分假立為顯慈悲二相別故利樂有情彼麁
故別立不害假實 明故十一善後三是假故八實有相用別故善業敘
顯不偏不 不攝餘等應非善法答雖諸善位无別體相用別者
便別立之餘善不然不應為例又諸染法遍六識者勝故翻之別
立善法慢等忿等唯意識俱害雖亦然而[illegible]數現起損惱他故
障无上乘勝因悲故為事故彼增上過失翻之不害失念散亂及
不正知翻入別境善中不說染淨相翻淨未必染染淨勝染方于敵
多故又解理通說多同體迷情事局隨相多故於染淨不應齊
責 十与五受皆得相應一除憂苦所謂輕安有逼迫受 調暢故此
与別境皆得相應信等欣等不相違故輕安非欲除通三界皆容
等三非見所斷說唯脩斷非所斷故餘門分別如理應思 論煩惱等
煩惱六者貪二嗔三癡四慢五疑六不正見 明曰此顯六種根本
煩惱以此六種自性无重煩擾惱亂有情身心能生多門等諸隨煩
惱是故名為根本煩惱俱舍論說為大煩惱 法唯癡一種与此論同
餘是是異隨義中故逸懈怠不信惛掉此遍染心煩雜熱惱是故名
為煩惱 諸貪嗔異疑不定中攝惡見是惡不別立故是大小乘宗
義差別 所言貪者於有有具染著為性能障无貪生苦為業
謂由愛力取蘊生故 所言嗔者於苦苦具憎恚為性能障无嗔
不安惡行所依為業謂嗔必令身心熱惱起諸惡業不善性故
所言癡者於諸理事迷闇為性能障无癡一切雜染所依為業謂
由无明起疑邪見貪等煩惱隨煩惱業能招後生雜染法故 所言
慢者恃己於他高舉為性能障不慢生苦為業謂若有慢於德
有德心不謙下由此生死輪轉无窮受諸苦故此慢差別有七九種謂
於三品我德處生 所言疑者於諸諦理猶豫為性能障不疑善品
為業謂由疑故令惠不決壞由猶心善不生故 不正見者於諸諦理顛
倒推文染惠為性能障善見招苦為業謂惡見者多受苦故此
見行相差別有五一薩迦耶見 謂於五取蘊執我我所一切見趣所依為業
此見差別有廿句六十五等分別起攝 二邊執見 謂即於彼隨執斷常
障處中行出離為業此見差別諸見趣中有執前際四遍常論
一分常論及計後際有相十六无相俱非各有八論七斷常等分別起攝
三邪見 謂謗因果作用實事及非四見諸餘邪執如增上緣名遍
故此見差別諸見趣中有執前際二无因論四有邊等不死矯亂及
計後際五現涅槃或計自在世主釋梵天及餘物類常恒不易或計自在等
是一切物因或有橫計諸邪解脫或有妄執非道為道諸如是等皆
邪見攝 四見取 謂於諸見及所依蘊執為最勝能得清淨一切鬪諍所
依為業 五戒禁取 謂於隨順諸見戒禁及所依蘊執為最勝能得
清淨无利勤苦所依為業[illegible]

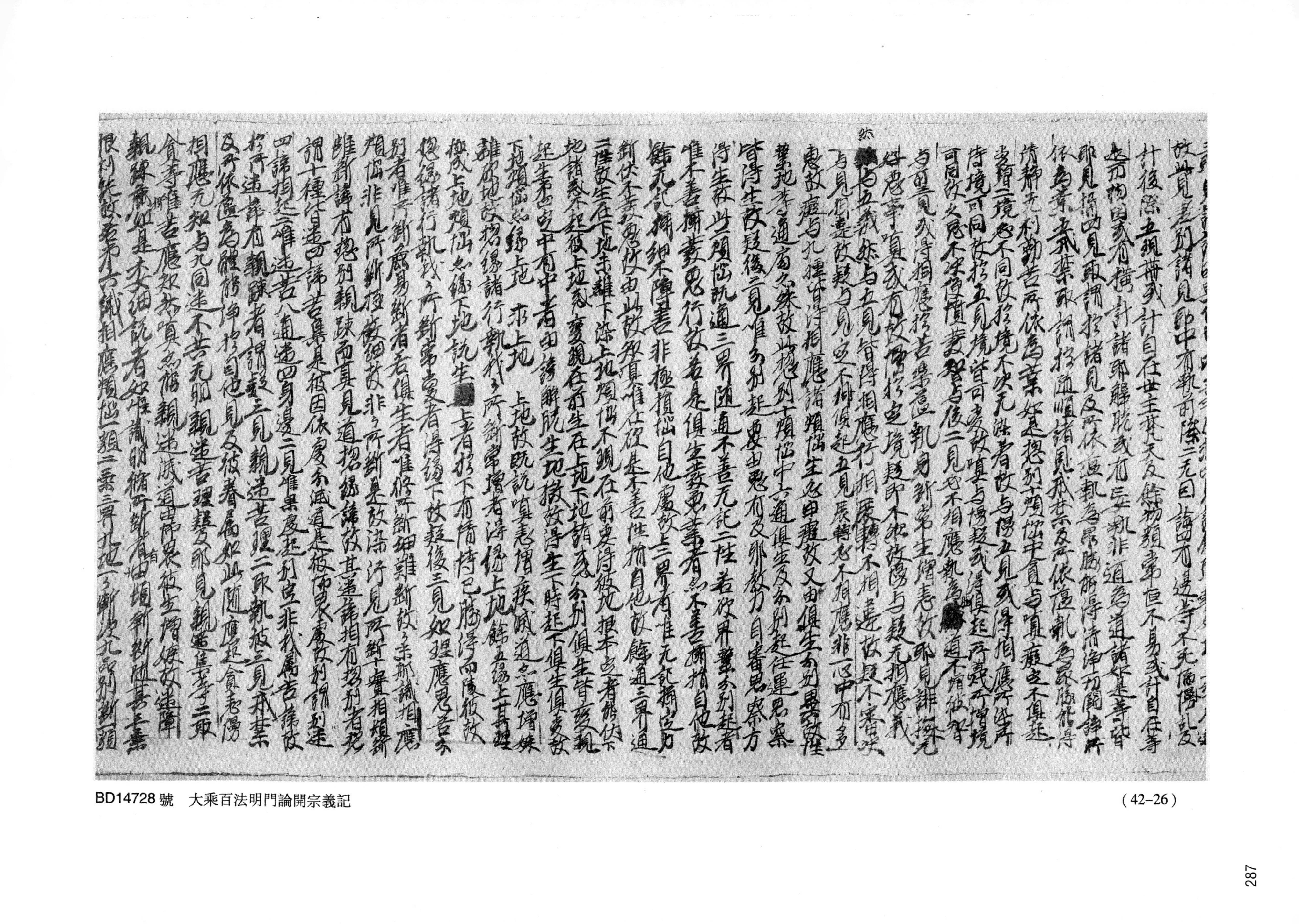

BD14728號　大乘百法明門論開宗義記　　（42–26）

BD14728號　大乘百法明門論開宗義記　　（42–27）

BD14728號　大乘百法明門論開宗義記

（42–28）

障正念散亂所依為業。為失念者多散亂故。癡分失念，故名失念。
故以癡分而為自性。不正知者，於所觀境謬解為性，能障正知，毀犯
為業。謂不正知者，多所毀犯。故知即是惠，謂由癡故，令知不正，名不
正知。以癡惠合為自性。言心亂者，即是散亂，於諸所緣，令心流蕩為
性，能障正定，惡惠所依為業。謂由散亂，自性躁擾，令俱生法，皆
流蕩故。此與掉舉有差別者，彼令易解，此令易緣，法念時
由掉亂力，常應念念易解易緣。雖一剎那解緣無易，而於相續
有易義故。若由念等力所制伏，如繫猿猴，有暫時住，故掉與亂
俱遍染心。唯說廿隨煩惱者，謂非煩惱，唯染麁故。此餘染法，或此
分位，或此等流，皆此所攝，隨其類別，如理應知。如是廿隨煩惱中，小十
大三定是假有，謂後小十中忿恨惱嫉害，皆以瞋恚一分為性，離瞋
無別相用故。慳憍二法，皆貪一分，攝離貪無別二相用故。諂誑
覆三，皆以貪癡一分為性。若離貪癡，無諂誑覆三相用故。大中
三假者，謂即放逸、失念、不正知，隨應從分故。中二大五，皆是實有，
別有自性，非他分故。小十展轉定不俱時，行相麁猛，各為主故。中二一切
不善心俱，隨應皆起。小大俱起，既大八遍諸染心，展轉小中皆容起故。
由斯中大五受相應，小十定亦與等五法四俱除樂，諂等喜憂捨三
支俱，與別境五皆容俱起。行相麁猛，不相違故。別境五通三性，故中二
大八千煩惱俱。小十定非見疑俱起，此相麁故，審細故。念等五法容傷
癡俱，非貪瞋並，是瞋分故。慳癡俱，非貪瞋並，是貪分故。憍
唯癡俱，與慢解別，是貪分故。覆誑與諂，貪癡慢俱，行相無違，貪癡
分故。小七中唯不善攝。小三大八，五通無記。小七中二，唯欲界攝。諂誑欲色，餘
遍三界。皆非學無學攝。此但是染，彼唯淨故。一切皆通見修所斷，
隨二煩勢力起故。此等忽能攝別親疎，迷於諦理，皆依迷諦惑所起
故。諸餘門義，如論廣明。△論：不定四者，一睡眠、二惡作、三尋、四伺。
開曰：此第六位，不定四也。於善染等，皆不定故，非如觸等定遍心故，
此四種立不定名，俱舍更貪癡慢等，所在諸地見修所斷，諸依心所諸

BD14728號　大乘百法明門論開宗義記　（42–29）

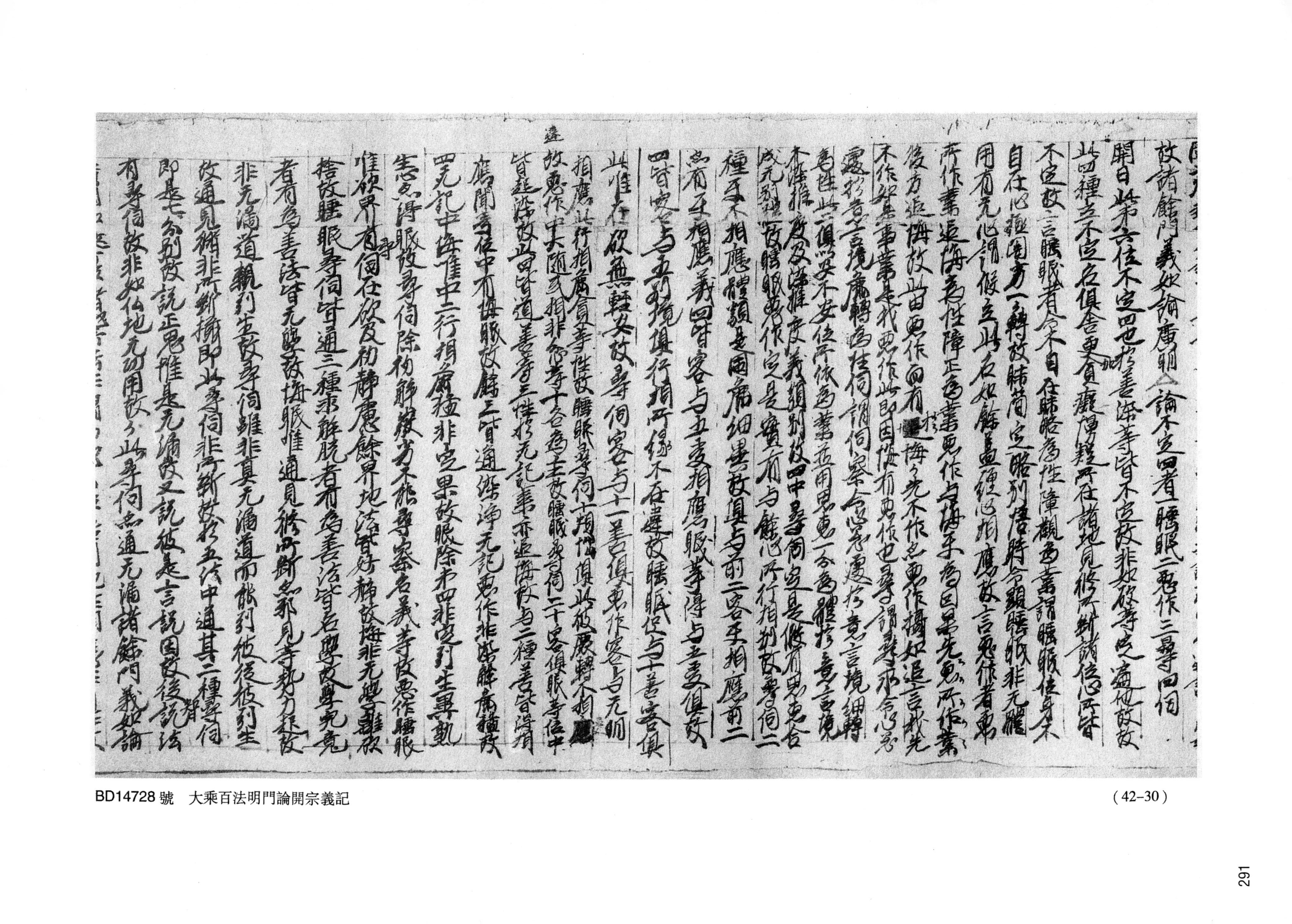

非无漏道觀引生故尋伺雖非真无漏道而能引彼從彼引生
故通見脩非所斷攝即此尋伺非所斷故於五法中通其二種尋伺
即是七分別故說正思惟是无漏故又說彼是言說因故後說法
有尋伺故非如仙地无功用故々此尋伺亦通无漏諸餘門義如論
廣明知是六後諸心所法非謂即心分位差別他性相應非自性故
不示五蘊性應不成无是相行三蘊體故而以是相別為蘊者釋
根生死從因果故其餘一切皆行蘊攝名皆法處法界所攝此三界通
攝一切故餘不攝者皆此攝故 △論第三色略法有十一種 △聞日上
明心所後明色法於中有二初總標舉數後依數別列此初也然
生色法名數寬狹大小乘論所說有異若五蘊論說有二種一
四大種謂如常說地水火風以體寬廣形相增盛起大事用故名為
大与彼餘色為所依性而能生成故名為種二四大種所造諸色謂
即一切色香味等依前四大之所生故起是彼所造名所造色此中所說
十一種色即四大種所造色也設无表色亦是四大種之所造所造種故
但舉所造必有能造影略而顯亦不相違此所造色唯識論中約
破小乘總心別[illegible]為二一者有對極微所成二者无對非極微成此前
十種是有對色是四大種極微成故其後一種是无對色雖大種造
非極微故此有對者即是礙義俱舍論中說有二義一障礙義
如手礙手石礙石等二拘礙義能取於境而為境界所拘礙故
然此拘礙復有二種一境界有對十八界中六根六識法界一分諸心
所等此十三界性能取境境為所拘名為有對二所緣有對十八界
中唯七心界及法界中諸心所法杖境而生境為強緣方得生起故名
為是對以根及識為境所拘起此於餘而不轉故此中即无所緣有對
非是杖境心所故又五事分向毗達磨依十一色略說為三一有見
有對謂初色境是可見法有對身故二无見有對謂此九種皆非
可見而有身故三无見无對謂後一色皆不可見名无身故又即彼
論說四種色一異熟生二所長養三者等流四者剎那忠繫不繫
樂者述之然說色二或十二者是此第六分別色所攝如下所明此无繫
舉 △論一眼二耳三鼻四舌五身六色七聲八香九味十觸十一法處所攝色
聞日此依體別列也雖[illegible]

BD14728號　大乘百法明門論開宗義記　（42–31）

有對謂初色境是可見法有對等故二无見有對謂此九種以非
可見而有身故三无見无對謂後一色皆以不可見无身故又即彼
論說四種色一異熟生二所長養三者等流四者剎那忽繁不釋
樂者述之然說色二義十二者是此中六分別色所攝如下所明此无繁
舉論一眼二耳三鼻四舌五身六色七聲八香九味十觸十一法處所攝色
明日此依標別列也唯識論中无此廣釋今[illegible]依諸論亦釋意明然
釋此文有三義別一釋其總名二總中別名三別中別名初總名者
初之五種是根依[illegible]色次之五種是塵境色後之一色是无對色增
上發生是爲根義皆用清淨四大爲性如寶珠等發照用故雖皆
名色非現量故得以能發識比是知有雖未八識及如來所現
量所得非餘智識現量所得非世共知故約發識七知有也爲
令取境明了端嚴雖眼耳鼻各生二處但立一根體同故境及
識一是稱故由其作用疾速明異故眼耳等次第而說次亦言境
者是所觀義此即染淨二義更舉若塵者偏就染說由塵
染故名名塵也甚法處色亦塵境收若亦何故約獨名色各有
二義一由差別名故二由最勝故雖皆名色此蒙
緣故名物色境別得總名依能發根用次第故名色聲香等次第
亦亦釋總名竟解別名者今依雜集顯揚等論及小乘論通義
釋云有淨極微在眼精上對境而住如香荽花梵說云目比別
名所黃所是行義黃是空義謂行於空照了色故傍義翻
之名之爲眼以眼有此行空照故有淨極微在耳兒內旋環而住
如卷樺皮數數於此聲並能聞是故梵說云戍路多多者此云能
聞傍義別翻以之爲耳以耳有此能聞用故有淨極微在鼻
頞內皆上向下如雙爪甲數由此故能嗅於香由是梵語云羯
羅拏等者此云能嗅從傍別翻以之爲鼻以鼻有此嗅功能故
有淨極微布在舌上形如半月能嘗於味能除飢羸數發言
論表彰字名由是梵語云時訖縛者此云能嘗傍義別翻
以之爲舌以舌有此能嘗用故有淨極微遍諸身分諸根所
隨周遍積聚能生諸觸是故梵言目爲迦耶迦耶此云積聚
聚此云身者即是聚義就此別翻名爲身也數有示現在
其方所質量可增別名爲色此色別名復廿五碧綠之傳日

BD14728號　大乘百法明門論開宗義記　（42–32）

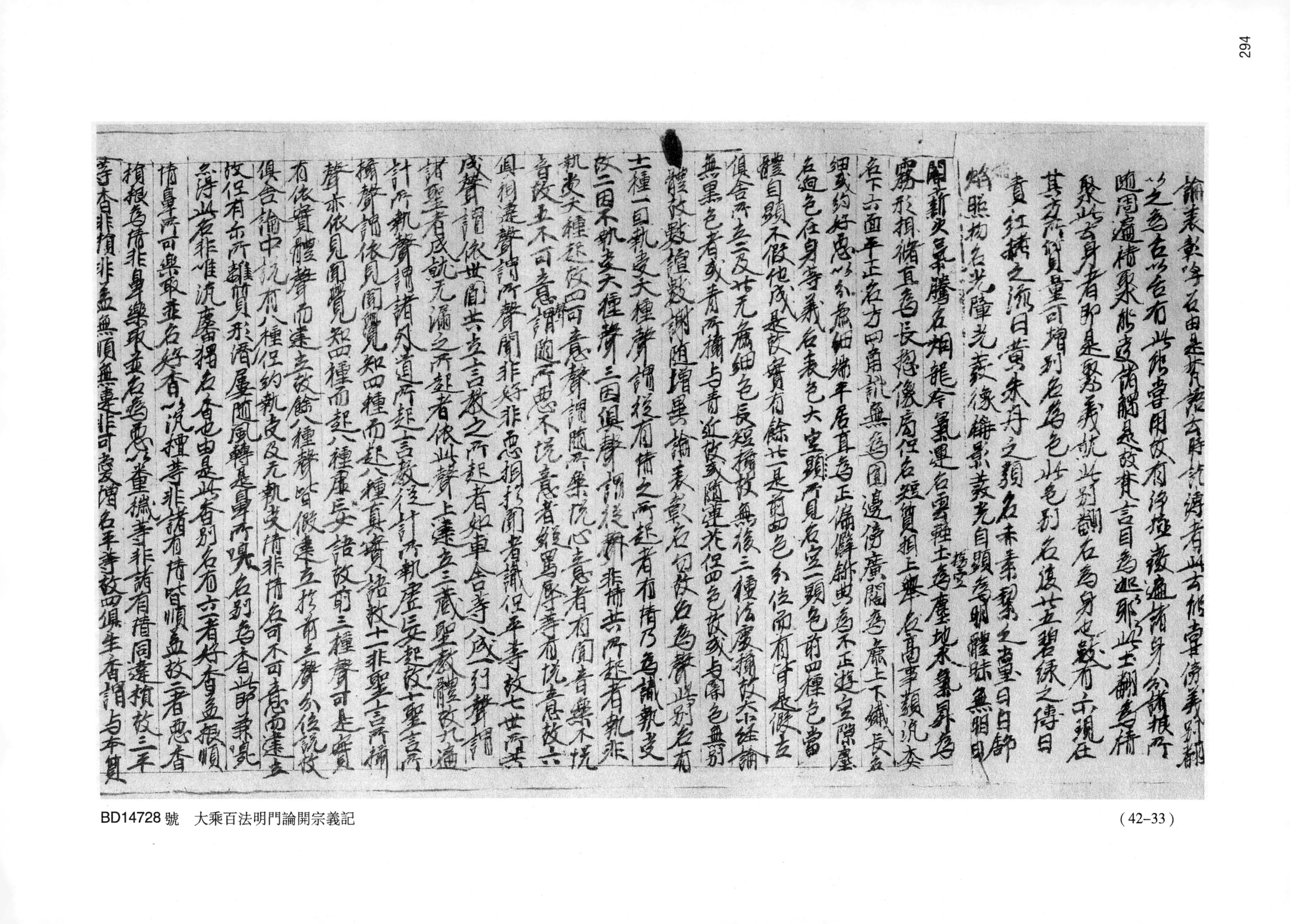

俱舍論中說有八種但約執受及無執受情非情名可不可意違立
故但有六所離質形潤屋隨風轉是鼻所嗅名別為香此即兼說
分得此名非唯說香薰謂名香也由是此香別名有六一者好香益根順
情鼻所樂取立名好香沉檀等非諸有情皆順益故二者惡香
損根為情非鼻樂取立名為惡如葷穢等非諸有情同違損故三平
等香非損非益無順無違非可意增名平等故四俱生香謂与本質
俱時而生如沉香等質俱有故五和合香謂雜諸物共成一香而此香
与餘異故六變異香謂隨物質所和合時而此香氣有變異故前三
是實香本體故後三是假轉變立故若俱舍論唯說四種所謂好惡平
不平等後二依根損益而立即非別體故不可說隨質有無於根損益屬
於處若別名為味此味意別名之十二種一苦二酢三甘四辛五醎六淡此
之六味是其實體世可共知更無別釋七可意味謂隨所好適其意故
八不可意味謂隨所惡不適意故九相違味謂非好惡但平等故十俱生
味謂果中味質俱有故十一和合味諸物和雜而別生故十二變異味隨質
生熟味轉變故此六是假於前六上分位立故故俱舍論中唯說六種即
是前六味實體故隨物所生為身所取令根損益別名為觸此觸別名有廿三
澁滑輕重煖飢渴飽悶強弱癢病老死疲息黏[illegible]對法上与此同
者不同而於強弱名力劣若俱舍更加四種為即四大堅濕煖動皆能
於身有所觸故是前法觸所依體故法觸於此分位立故兼說輕重冷
滑飢渴冷共成十一觸不說餘者義不具故無質可對非五根取唯意
根所緣名法處所攝色法謂軌持自共相等處為意所緣處此
色是此法處所攝色也此色別名又有五種一極略色亦名極
微故名鄰虛或名微塵路彼麁色極至微塵鄰次虛空名極略色此非眼
見但意所緣謂瑜伽師以假想慧於麁色相漸次除析鄰次虛空說為
極微若更折之便似空現不名為色極略亦名極略色二極迥色謂即極微
是色邊際既無方分離餘觸色極孤迥故名極迥色此与極略體雖無別而義
有異是故別分三受所引色從惡有受所發惡思願誓受諸惡不律儀事及
後善受發善思願所受別別解脫律儀此二所生無表之色雖依思願善惡
種立由從生色又防色故是故名為受所引色四遍計所起色謂遍計心所
執實有我法之色此無本質猶有影像似色相現若上五識同時意識
緣本質色所起相分是性境故非此色攝獨頭意識影像色相故名遍計
所起色也五自在所生色自在者大菩薩等及諸凡夫定自在者依次而生作青
等觀所變青黃色等[illegible]五塵土間分以為金銀魚鳥等自色

後善友發善[illegible]

種五由從生色又防色故是故名爲五定所引色四遍計所起色謂遍計心所

執實我法之色此無本質獨有影像似色相現若上五識同時意識

緣本質色所起相分是性境故非此色攝獨頭意識影像色相故名遍計

所起色也五自在所生色自在者大菩薩等及諸凡夫定自在者依次第定作青

等觀所變青黃色等分相或變水火土塵相分以爲金銀蘇酪等相色

行從自在力所生故名爲自在所生色也前四是假唯觀心等假達五故後一

通實亦和八識所緣境故小乘有部皆說是實然法處色唯說一種謂即

善惡所生無表即當此中定所引色不說餘者義不具故如是所說十一種色

俱舍論中極微所成離心別有而唯識說皆是本識隨量大小顯現而非由極微

合成一物皆五蘊中色蘊所攝並是即聚變身性故十二處中十一處攝隨應有彼

生門義故非意根者非心識故十八界中十一界攝是能生本種類義故既蘊處界

通因果位由此亦通佛果位有說佛具有色根境故說無蘊等非少義故若在果位

性唯無漏佛身蘊等皆妙淨故能變淨識非有漏故說有漏者隨小乘故若在

因位性唯有漏是以異熟識相分相故其能變識是有漏故由見相分性類同故

若無漏色唯是善皆是真實順益法故若有漏色性唯無記由能變識性無記故論

說色聲非善惡故若諸色處中有無不定若在佛身無遍計色諸佛已斷計執心故極

略迥色雖名實無隨俗名有假想思故諸佛遍緣假實法故佛所變起諸善思願

戒並諸色無斷滅故得大自在者能轉變其色自性決定有故若在因位三乘聖者隨

其所應五種皆有少漏心時起計執故有四色相如應唯知若諸異生得定心者亦有五

種未得定者容有遍計受所引色以計執心常不斷故善惡思願隨手起故其前三色

唯是善故唯從定心之所起故受所引色通善惡思願所引起故遍計起色通其三性

是獨影境從見分自在生色性是無記變本識相是通果故界地等義以理應思

論本四心不相應行法有廿四種　開曰次釋第四不相應行於中有二初總標舉數後

依數弁列此初也若小乘宗說有十四名有更加隨眠相者今大乘宗說若唯識論隨彼

小乘但顯十四不相應相若瑜伽論等顯大乘宗弁廿四不相應義故瑜伽等具廣分

別今依瑜伽顯揚五蘊及唯識等諸論說也　論　一得二命根三衆同分四異生性五無

想定六滅盡定七無想報八名身九句身十文身十一生十二老十三住十四無常十五流轉十六定

異十七相應十八勢速十九次第二十方廿一時廿二數廿三和合性廿四不和合性　開

曰此依數弁列也所言得者即成就義依瑜伽論具義釋言謂依有情諸法[illegible]成

法先發不失說名爲得此得成就有其三種一種子成就若諸汙法諸無記法生得

善法不由功用而現行者[illegible]未爲[illegible]奢摩他伏無記未爲聖道永害生得未爲邪見所

損行亦不行皆名成就未被損伏用可有故二自在成就謂若加行所由善法一分無記增

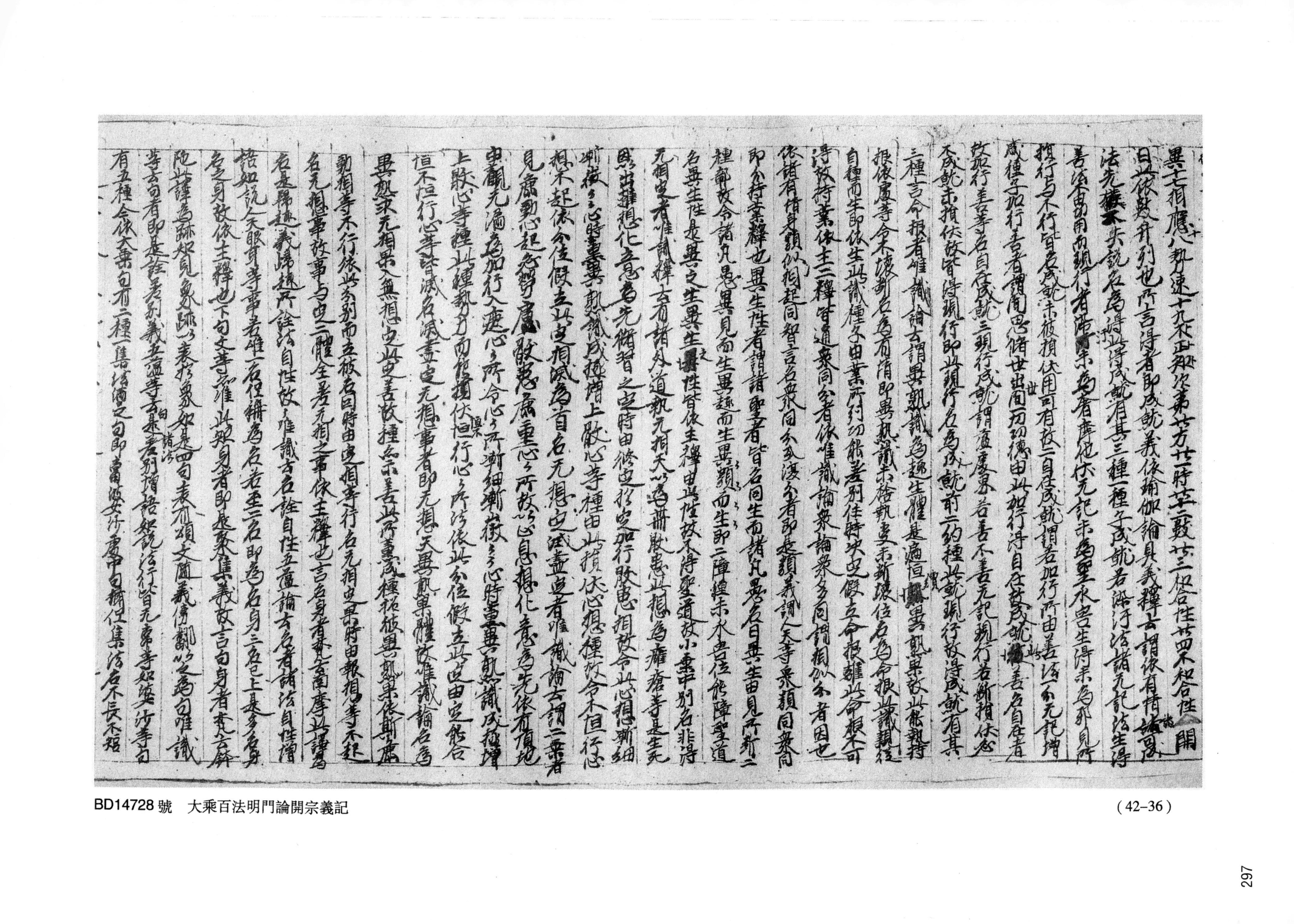

名是聲上義依在聲[illegible]
語如說人天眼耳等事，若唯一名但稱為名，若至二名即為名身，三名已上是多名身
多名身故依主釋也。下句文等准此釋。身者即是聚集義，故言句身者，梵云鉢
陀，此譯為跡，如見象跡以義於象，如是四句表有頌文，隨義傍顯以之為句。唯識
等云句者即是詮差別義，五蘊等云句是差別增語（諸法），如說諸行皆無常等。如婆沙等句
有五種，今依大乘句有二種：一集諸法之句，即當婆沙中句，稱但集諸法名不長不短
滿足之八字即成一句，不約義圓，取字滿足之；二顯義圓句，即攝婆娑餘之四句，不定字
數隨短長等，但顯義圓即名一句，故有短長前後句別。言文身者，增語即是字，梵云
便繕那，此譯為文，即是彰語，古云惡剎羅，此翻為字，即是依語，謂有不改，文字是
故唯識論云文即是字，此乃是前名句所依，由依文字有名句故。唯識云謂
所依故，翻經人翻為味者，以便繕那而目為四：謂文、形、扇、味，文同故錯譯為味。
若依小乘，皆別有性，唯無記，唯是有漏。今大乘宗此三皆是聲上假立，無別
體性，若隨所詮，假通三性，隨所依說，皆同於聲。所言生者，是即諸法於現起位立。
蘊論云於眾同分本無今有，是生自性。唯識論云生表有法先非有，故所言老
者即是異義，諸行有變異說名老故。唯識論云即此相續轉變名異。所言住
者，五蘊論云即是諸行生住暫停。唯識等云生已相似相續名住。言無常者，
五蘊論等云名為滅，諸行起已暫有，有還無，不同無為是其常有，不同兔角是
其常無。有非常有，無非常無，故有為法名曰無常。非於無位方立無常，表此壞
無，說滅相故。此下十種小乘不立，隨是上言因四緣所攝，不相應中是，故不說。唯識論中
必釋也。言流轉者，謂有為法因果相續不斷絕故。顯揚論云謂即諸行因果
相續不斷性也。言定異者，無始時來因果種子決定差別無雜亂相，故顯揚
論云謂諸因果各決定性。言相應者，即此因果無始時來不相違性，故顯揚云
諸行因果相稱為性。言勢速者，諸行因果流轉速疾性，故顯揚云謂即諸行
流轉迅疾性。言次第者，即是因果不俱轉義，故顯揚云謂一一次第性。所言方者，色
行分齊。顯揚論云謂即諸色境分齊性，瑜伽說三，謂上下傍。所言時者有其
二義：一由日轉出後執勢力安立顯示時節差別；二由諸行生滅勢力安立顯示
世俗差別，瑜伽依此說時有三，謂去來今。所言數者，五蘊論云謂於諸行隨增
齊量。顯揚論云謂於諸行一十百千各差別性。言和合者，五蘊論云謂於諸行
為緣會之際。顯揚亦云諸行緣會性。言不和合者，五蘊論云謂即諸行
因果乖離。顯揚論云諸行緣乖性。如是所說不相應行，雖名數異，有其四總，
依分位而假建立。如瑜伽論對法等說：一善不善增減分位建立二種，謂即是
得，此依三性色心心所可成就位假建立故。二唯依心不行分位建立三種，謂即二
定無想異熟，由此心種令六七識斷滅分位而假立故。三依色心住時分位建

為諸緣會之際顯揚亦爾古諸行緣會性言不和合者有五蘊論古謂即諸行
因果相雜顯揚論云謂諸行緣和性如是所說不相應行雖名數異有廿四總
依八位而假建立如瑜伽論對法等說一善不善增減分位建立一種謂即是
得此依三性色心心所可成說就位假建立故二唯依心不行分位建立三種謂即二
定无想異熟由斷心種令六七識斷滅分位而假立故三依色心住時分位建
立一種謂即命根依異熟種令識轉身住執受時而假立故四依色心相似分
位建立一種謂衆同分此依有情人天五趣隨類无別而假立故五依色心流
轉分位建立四謂即四相表有為法本无今有已有无等而假立故六依
色心言說分位建立三種謂名句文此依色心於諸法音韻屈曲而假立
故七唯依心不約分位建立一種謂異生性依見或種令心心所不成聖法而立
故八依色心因果分位建立十種謂流轉等此依因果勢力法相隨板分位
而假立故當知四種唯依心立廿通依色心假說由此亦通凡聖位有故唯識
論所列攝經說補特伽羅成就善惡聖者成就十无學法又說異生不成就
聖法諸阿羅漢不成就煩惱成不成言顯得非得名說阻在聖同分故其滅
盡定聖者得故因果等者法通凡聖故五趣蘊之中皆是行蘊攝說此皆是
不相應行故名是法處法界所攝餘不攝者皆此攝故諸餘門義如理應思
△論曰第五无為法略有六種△開曰次下第五四所顯亦門於中有二初總標
舉數後依數并列此初也言无為者有其二義一業煩惱所不為故二生住等不
遷動故若有後義名具前義若有前義未闕後義二義具闕唯是有為二義
皆具唯名无為若唯初義有无為具由此應作四句分別一唯有為義應唯初
義有无為具由此應作即五趣蘊二唯无為即真如理三具二義即諸聖道
四二俱非即无漏蘊今此六種是真无為是不生滅真常法故集論古若法生
滅住異可知是有為義有為相違是无為義六无為者葉數釋也然无為數
大小經論從三至八所說有異若依小乘一切有宗如俱舍論說有三種所論虛空
擇非擇■滅皆為色心有實體性若經部等說三或九皆非實有思繁不
叙今依大乘從三至八多少不同若涅槃經亦立三種一謂擇二謂虛空三謂非
擇緣滅若五蘊論及掌珍論立四无為所虛空擇非擇滅及真如性唯識
及此說六无為謂虛空等名如下列瑜伽雜集立八无為又開真如以為三種為
善不善无記異故所以如是諸教異者理實无為體无寬狹而顯廣略開
合異故為顯廣開總列俱說故顯揚論開為八種三性真如无別體故總合

智緣滅者五蘊論及顯揚論立四無為，所謂虛空、擇、非擇滅及真如性。唯識
及此說六無為，謂虛空等，名如下列。瑜伽、雜集亦立八無為，更開真如以為三種，為
善、不善、无記異故。所以如是諸教異者，理實無為體無寬狹，而顯廣略開
合異者，蘊為頭廣開，揔別俱說，故顯揚論開為八種，三性真如無別體故，揔合
為一，故說六種。想受、不動，有其二義：若暫伏者，非擇滅攝；若永害者，則擇
滅攝。四義別說故，開為六。斷伏隨明，故合為四，性擇別故，雖四義殊，皆無性故
有三種。攝斯諸教，皆不相違。論：一虛空，二擇滅，三非擇滅，四不動，五想受
滅，六真如。明曰：此依數弁列也。此六無為，唯識不具，今列諸論共釋之。言
虛空者，無障导義。小乘唯約無色所顯故，俱舍云：虛空但以無导為性，由無
障故，色於中行。雜集、瑜伽，大同俱舍。大乘通約五蘊無，故般若經、仏地論云：
五蘊無處說為虛空。不能导物，故名為虛。無色等故，說之為空。虛即是空，持業
釋也。言擇滅者，是離繫義。婆沙論云：擇者是慧，滅是彼果，擇所得滅，故名
擇滅。此中滅果，有其二種：一或盡故，集論云是離繫果者，永害隨眠故；五
蘊論云：由煩惱對治故，諸蘊畢竟不生；顯揚論云：有漏諸行畢竟不起。二由
理顯故，唯識論說：滅諸煩惱究竟證會故。言擇滅，擇之滅故，依主釋也。非擇滅
者，非離繫義。婆沙論云：不由擇力名非擇滅，非擇果故。此非擇果亦有二義：
一或自不生故，集論云是非離繫果者，不永害隨眠故；俱舍論云：永害當生得不
曰擇。住由緣闕，名非擇滅。二理性自顯故，唯識論云：由揀擇力，本性清淨，非擇之
滅。依主釋也。言不動者，不變異義。揔攝三受，分為二種：苦樂二受，名為變異；
聖人無漏斷此種子，得第四定，由斷彼故，所得無為，苦樂不行，名為不動。雖初靜慮
亦得此定，以未盡故，而未立也。故集論云：謂離遍淨欲，未離上欲，苦樂滅無為。
不動二字非六釋，如言無貪無雖合，故想滅受者，即滅盡定，由觀無漏為加
行，入此無漏觀，斷不變異；捨所得無為，想受不行，名為想受滅。故集論云：離
無所有欲，由心息想、作意為先，諸不恒行心心所法、恒行一分心心所滅，所得無為。
由想受滅得無為，故滅屬想受；即滅屬無為。想受之滅，持業依主二釋皆通。
言真如者，無虛妄義。唯識等云：真謂真實，如謂如常，表無變異，故名
真如。又集論云：何故無為名為真如？由彼自性無變異故。真即是如，持業釋
也。若以六名對無為者，虛空即無為等，皆持業釋也。此六無為，皆是假立，以此
無為有二體故：一依識變，假施設有，為曾聞說虛空等名，隨分別有虛空
等想。數習力故，心等生時，似虛空等無為相現。此所現相，前後相似，無有變[illegible]

真如文集論云何故无為名為真如由彼自性无變異故真即是如持業釋
也若六名對无為者虛空即无為等皆持業釋也此六无為皆是假立此
无為有二種然一依識變假施設有為曾聞說虛空等名隨分別有虛空
等相數習力故心等生時似虛空等无為相現此所現相前後相似无有變
易假說為常似常住故立无為相二依法性假施設有謂空无我所顯真
如有无俱非心言路絕与一切法非一異等是法理故名為法性離諸障导
故名虛空斷障證會故名擇滅本性清淨名非擇滅苦樂受滅名
為不動想受不行名想受滅真如亦是假施設名遮撥无為故說為有遮
執為有故說為空勿為虛幻故說為實理非妄倒故名真如故六无為皆是
假有雖心真如不可得故若依識變可有體能熏種後起相故若依
法性皆但假名依法性理義施設故若識變者皆依他起六无為相從因生
故依真立者皆圓成實以依真如義所說故除此餘說皆計所執是有无
等四種諸教差識所變可通三性隨三性心所變起故依真立者唯是善性
以真唯是善淨性故識所變者可說周遍依諸色體无导相故依真立
者非遍不遍亦与不遍皆无障故此与五蘊不相攝者以非聚集蘊積法故而
於法界法處攝者有生長門種族義故更有別義如理應思 △論
言无我者略有二種 △ 開曰上來已釋一切法竟次下第二顯其无我於中有二
初總標舉數後依數弁列此初也若小乘宗但一无我以一切法皆執為
實有補特伽羅我是无故今大乘宗顯二无我以一切法皆從緣起離此无別
能作者故既離諸法无別我相補特伽羅我相无也說一切法皆无自性念念无
常非自在故即一切法亦非實我故即說為法无我也然般若經說四无我
一謂无我人衆生受者能斷金剛說八无我謂无有情命者士夫補特伽羅
意生儒童化者受者大般若經說十三種於前八上更加无我生者養者
知者見者此等皆依前无我說彼經所說无法相等乃至涅槃皆不可得
明是此中法无我義諸教同異皆不相違 △論一者補特伽羅无我二者
法无我 △ 開曰次依數弁列也此二无我唯識具明略列唯識論文以釋
然无我者對我相立由所執我有二種相故說无我有此二名故應先弁二種
我相補特伽羅此釋有二若隨俗譯名之為人隨徃西翻名數取趣故新
舊譯有此二殊法者即是軌持之義我者即是主宰名為自在割斷名

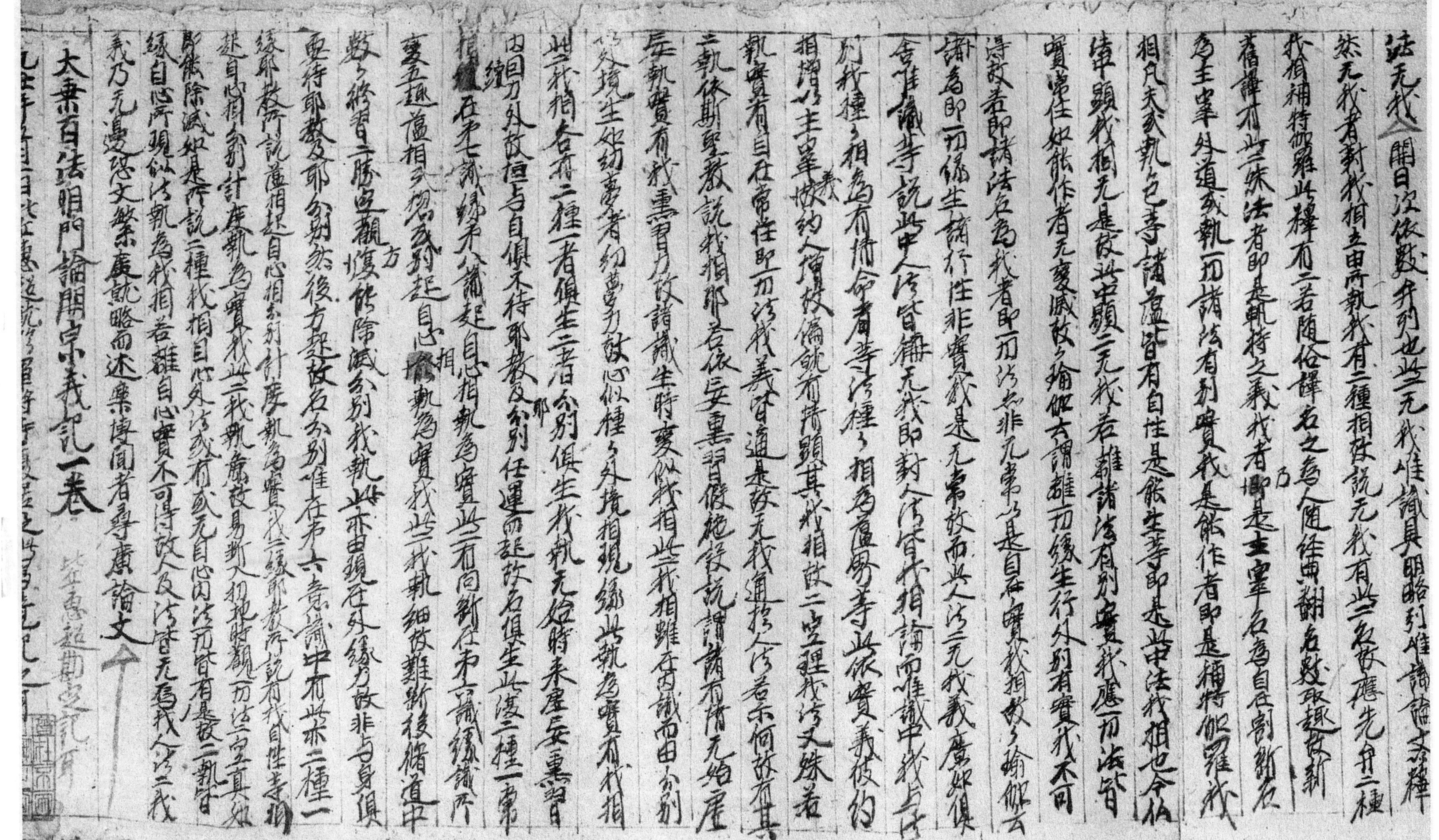

BD14728號　大乘百法明門論開宗義記

（42–41）

舍唯識等說此中人法皆稱无我即對人法皆代相論而唯識中我與法
別我種種相為有情命者等法種種相為蘊處等此依實義彼約
相增以主宰義攝約人增故偏說有情顯其我相故二空理我法文殊若
執實有自在常住即一切法我義皆通是故无我通於人法若示何故有其
二執依斯聖教說我相耶答依妄熏習自假施設說謂諸有情无始麤
妄執實有我熏習力故諸識生時變似我相此二我相雖在內識而由分別
似外境現生如幻夢者幻夢力故心似種種外境相現緣此執為實有我相
此我相者有二種一者俱生二者分別俱生我執无始時來虛妄熏習
內因力故恒與身俱不待邪教及邪分別任運而起故名俱生此復二種一常
相續在第七識緣第八識起自心相執為實我二有間斷在第六識緣識所
變五取蘊相或總或別起自心相執為實我此二我執細故難斷後脩道中
數數修習勝生空觀方能除滅分別我執亦由現在外緣力故非與身俱
要待邪教及邪分別然後方起故名分別唯在第六意識中有此亦二種一
緣邪教所說蘊相起自心相分別計度執為實我二緣邪教所說我自性等相
起自心相分別計度執為實我此二我執麤故易斷入初地時觀一切法生空真如
即能除滅如是所說二種我相自心外法或有或无自心內法一切皆有是故二執皆
緣自心所現似法執為我相若雖自心實不可得故人及法皆无有我人法二我
義乃无邊恐文繁廣就略而述樂博聞者尋廣論文

大乘百法明門論開宗義記一卷

比丘惠超勘定記耳

乙丑年五月一日比丘惠超就於軍將寺夏居之此寫竟記之耳

BD14728號背　雜寫

（1-1）

亦如上言
…房作人計作也
…无犯
…戒佛在舍衛長者爲跋難陀故飯僧彼時再過方
來比丘食竟不足又羅閱城中大臣得果令跋難陀
…食已諸餘家比丘
者二過佛雙制此戒也
若比丘先受請已前食明相出後食至食時
從食時至日中時詣餘家有男女所居也不囑授餘比丘若獨一房中囑授比住者同一界共住除
餘時波逸提餘時者病時如上作衣時亦如上也施衣時自恣後无衣月
有衣五月除此已餘時勸化作也是謂時彼先受請已前後食不囑受入月
食并衣施者是餘方便吉羅不犯者如上開緣竟
若无比丘不囑授至庫藏處聚落邊房若至寺
至所囑家若多家敷坐具請比丘若難緣者也

卌三

食家强坐戒佛在舍衛迦留陀夷本俗友婦齋優婆私各端正俱
繫意後至其家彼婦嚴身夫主極愛比丘食已坐住其夫
便瞋捨去比丘以事
白佛因制戒也若比丘在食男以女爲食女以男爲食家如上中有寶東渠馬碯席珣金銀
强安坐者當舒手得及戶應坐波逸提若盲聾手有吉羅立而不坐吉羅不犯者
若食家有寶舒手及戶處坐若有二比
為伴有識別人若容作人在一處若不盲聾或從前至過
不從二病疲倒他力勢所持或被繫命梵難故无犯

卌四

食家屏坐戒佛在舍衛迦留陀夷以念前戒應手及戶處坐所在
戶扇後与齋優婆夷坐共語比丘聞語慊讃白佛因
可制戒也若比丘食家中有寶亦如前戒在屏處若樹牆壁籬柵若衣及餘物障

白佛，佛因制戒也 若比丘…… 若以男為食……上…… 席珈金銀

強安坐者 當舒手得及戶處坐 波逸提 若言觸手有吉羅，立而不坐吉羅。不犯者：若食家有寶，舒手及戶處坐，若有二比

為伴，有識別人，若容作人在一處，若不言觸戒，從前逕過

不往，若病發倒地，力勢所持，或被繫命梵難故，無犯

卌四 食家屏坐戒 佛在舍衛，迦留陀夷以念前戒，應手及戶處坐，所在戶扇後與齋優婆夷坐共語，比丘聞語嫌譏，白佛，佛因

可制戒也 若比丘食家中有寶，在屏處 並如前戒 若樹墻壁籬柵，若衣及餘物障

坐者 波逸提 若在食家舒手及戶，令乞食比丘見，餘辨相開緣同前戒

卌五 獨與女人露地坐戒 佛在舍衛，迦留陀夷與齋優婆夷露地共坐，乞食比丘見，嫌之，具向諸比丘說，以過白佛，佛因即制戒

若比丘獨 一比丘 與女人 一女人 人女有知，命根不斷 露地坐 謂在見聞屏處 波逸提

辨相開緣並同前戒

卌六 驅他出聚戒 佛在舍衛，跋難陀與比丘鬪，結恨在心，便將至城中無食處，知其欲過日時已過，便言：汝夫惡人，令我不得食，速去。彼

不得食之極，比丘舉過白，因可制戒 若比丘語餘比丘如是語：大德，共至聚落 有四種村如上

當與汝食 謂是時食 彼比丘竟不教與是比丘食，語言

汝去，我與汝一處若坐若語不樂，我獨坐獨語樂，以此因

緣 若方便捨見處至聞處吉羅，若作亦爾，見聞俱離，方犯墮罪 非餘方便遣他去者 波逸提

不犯者：與食遣去，若病，若無威儀人見不喜，白

遣送食與，若破戒等，故命梵難，方便遣，不以嫌故

卌七 過限藥請戒 佛在釋翅瘦，時摩訶男請僧給藥，六群嫌故求難

得藥，彼便市先便可罵之，便斷僧藥，比丘以過白佛，佛因制戒

請比丘四月 夏四月也 與藥 緣者藥請 無病比丘 病者醫所教服藥者 應受 若過

受 若夜藥有分齋，夏四月應受；若夜分齋隨施時應受，不論藥分齋 除常請 我常與藥 其人作是言 更請 斷已

後復更請與之 分請 持藥至僧伽藍中分與之 盡形壽請 我常盡與藥 波逸提 不犯如前戒也

卌八 觀軍戒 佛在舍衛，人民反叛，王領六軍征伐，六群觀陣，波斯匿見不悅

以一裹石蜜奉佛，并持名禮拜彼至佛所，具陳此緣，便可制戒 若

比丘往觀軍陣 若鬭若戲，七軍者乃至一馬一車一步 除時因緣 若須有白 若有請喚 波逸提

若不避者吉羅，從下至高道，至非道，不見者吉羅，方便不見亦不，若見犯墮。不……道

卌八 觀軍戒 佛在舍衛人民反叛王領六軍征伐六群觀陣波斯匿遥見不悦 以一裹石蜜奉佛并持名礼拜彼至佛所具陳此緣便可制戒 若
比丘往觀軍陣 若戲若鬪七軍者 乃至一馬一車一步 除時因緣 若須有白 若有請喚 波逸提
若不避者吉羅從下至高道至非道不見者吉羅方便不見亦尒若見犯墮不 犯者若有事往若被請去或勢力將去若先前行軍在後至便下道避若水陸道
斷惡獸賊難水大長若為力勢所縛繫置 不聽或命梵等難不下道无犯也
卌九 軍中過宿戒 佛在舍衛六群有緣至軍中宿居士言我等為憂欲故 在此可沙門復此何為比丘以過白佛因何而制 也
若比丘有因緣聽至軍中二宿過者波逸提 不犯者得二宿 至第三宿明相
未出離聞見處若陸水道斷 命梵等難不離无犯
五十 觀合戰戒 佛在舍衛六群有緣在軍觀諸鬪力中有人為 箭所射伴以衣轝居士見怪比丘聞吉佛因制戒 若比丘二
宿三宿軍中住或時觀軍鬪戰若觀遊軍象馬力
勢者波逸提 餘如前 戒所明
五十一 飲酒戒 佛在支陁國娑伽陁為佛侍者詣編髮梵志龍室宿於夜降龍 明旦以床柏䏶孫王後遊其國便与黑酒醉卧中路佛說十過可已制戒
若比丘飲酒者 木酒粳米酒餘米酒大麦 酒若有餘法作酒者比是 波逸提 若是酒非酒色香味 若非酒而有酒色香味
並不得飲若酒煑和合食飲一切盡若飲甜味酒食麴酒糟切 吉羅想疑中三句皆墮不犯者若有病餘藥治不差以酒為藥若以酒塗瘡而不犯 也
五十二 水中戲戒 佛在舍衛十七群在阿耆羅婆提河中嬉戲澆灒波斯匿王与末利夫 人在樓上見王言看汝所事者夫人言是始出家或癡无知也即以石蜜奉佛使
可責 制戒 若比丘水中嬉戲者 放意自恣從此至彼逆流順流此沒 彼出手畫水相灒乃至以鉢盛水戲様者 波逸提 除 水
已若酪漿苦酒麦汁器中擲一切吉羅不犯者若道行渡水或從此岸至彼岸或水中學 竹木椑順流上下若取石取沙若失物沈入水底此沒彼出或學知浮法而擢臂畫水灒水者无犯
五十三 擊攊他戒 佛在舍衛六群中一人擊攊十七群中 一人乃令命終比丘以過白佛因何制戒 若比丘以指 手脚 十指 擊攊
者波逸提 除手脚已若杵若拂柄戶籥餘物擊攊吉羅不犯者不故 作若眠觸令覺若出入行來若掃地誤以杖頭觸者无犯
五十四 不受諫戒 佛在拘睒弥國闡陁欲犯比丘諫言莫作此意不 應爾不從他諫而犯諸罪比丘以過佛可制戒 也 若比丘不受
諫者波逸提 若他遮言莫作是不應爾是故作犯根本以不從語故突吉羅若 自知我所作非然故作犯根本不從語者波逸提不犯者若无智人来
諫者報言可問汝師和上學問誦經知諫法若諫 當因若戲若獨說欲說此乃說彼者不犯 也

四 不受諫戒 佛在拘睒彌國……應令不從他諫即犯諸罪比丘違佛可制戒 凡 若比丘不受
諫者波逸提 若他遮言莫作是不應爾皆故作犯根本以不從語故突吉羅若自知我所作非然故作犯根本不從語者波逸提不犯者若无智人來
諫者報言可問汝師和上學問誦經知諫法若諫當用若戲笑獨說欲說此乃說彼者不犯 也

五 怖比丘戒 佛在波羅梨毗國那迦波羅侍佛左右諸佛常法若經行時供養人在經行道立彼初中後夜白佛令還便反被拘執怖佛明星集僧因可制戒
若比丘恐怖他比丘者波逸提 彼以色聲香味觸法恐怖怖以不怖皆二墮彼不知吉羅若說色聲等六塵恐
怖人說而了了者波逸提不了了突吉羅不犯者或闇无火或大小便處謂是惡獸便怖乃至行聲咳聲而恐畏若以色等示人不從惡意若實有是事相或夢見當死罷道
失物和上父母重病若死語彼令知若戲語誤一切无犯

六 半月浴過戒 佛在羅閱祇竹園有池瓶沙王聽比丘常在中浴六群後夜入池洗浴王與釆女詣池相值王竟不得浴大臣嫌恚比丘白佛因可制戒 凡
若比丘半月洗浴无病比丘應受不得過 謂在半月由浴名過 除餘
時波逸提餘時者熱時 春殘四十五日夏初月 病時 下至身體臭穢 作時 下至掃屋前地
風雨時 下至一旋風一渧雨著身 道行時 下至半由旬若來若往者 此是時 彼若過洗遍身半身者皆墮方
緣數洗若力勢強令洗者
便而悔吉羅不犯者知上用

七 露地然火戒 佛在曠野城六群不得隨意言語由在上下座前故即出露地檜諸柴草然火向之林中毒蛇得火氣出遂驚擲火
燒佛講堂比丘白佛因可制戒 若比丘无病 病者若須大便身是 自為炙故在地然火
若教人除時因緣波逸提 彼於露地若然草木枝葉紵麻若麻牛屎糠糞麩中一切然者波逸提若以火置草木乃至麩中亦隨燃著大中及然炭者突吉羅若不語前人
知是看是亦吉羅不犯者語言知是看是若病人為病人然若有時因緣廚屋中浴室中若熏鉢煮羹飯若在
澡然燈燒香一切无犯也

八 藏他衣物戒 佛在舍衛國居士請僧十七群持衣鉢坐具鍼筒一面經行彷徉望時六群伺其背取衣物藏之諸比丘索知過白佛因可制戒
若比丘藏比丘衣盋坐具鍼筒若自藏若教人
藏下至戲笑者波逸提 不犯者若知彼物相體而舉若在露地風雨漂漬舉之若物主
寬慢衣物狼藉識物故藏之若借他衣而彼不收攝恐失故舉
之或以此衣物故有命梵等難故藏一切无犯也
佛在舍衛六群……

BD14729號　四分律比丘含注戒本（異卷）　（30–4）

若比丘藏比丘衣鉢坐具鍼筒若自藏若教人

藏下至戲笑者波逸提 不犯者若知彼物相䐡而舉若在露地風雨漂漬舉之若物主

寬慢衣物依稽識勑故藏之若借他衣而彼不收攝恐失故舉之戒此衣物故有命梵等難故藏一切无犯也

五十九 真淨施主不知輙取衣戒 佛在舍衛六群真施親厚比丘衣已後不語主取著比丘以過白佛因而制

若比丘與比丘比丘尼式叉摩那沙彌沙彌尼衣還取著波

逸提 不犯者真實施語主取衆轉者隨意取之也

六十 著新衣戒 佛在舍衛六群著白色衣行居士譏嫌元有正法如王大臣比丘以過白佛因制也 若比丘得

新衣 若䐡是新衣若初從人得者 應三種壞色一一色中隨意壞

若青若黑若木蘭 律注云此言淨者若染作色言淨若以戒色淨衣應以餘物異色趣標一處作標識故言淨白

下若衣非衣是所用物盡應點作標識淨畜言重氈氀毹氍衣謂是衣中之重者也 若比丘不以三種壞色

若青若黑若木蘭著餘新衣波逸提 彼不作三種色使者者隨若重衣輕衣

不作點淨而畜者突吉羅若非衣盋囊革屣鍼綫囊禪帶褶鞋蹋熱巾不作淨畜者吉羅若以未染衣寄白衣家者吉羅不犯者得白衣染作三種色餘輕

重乃至巾作淨畜若衣色脫更染以染衣寄白衣家得

六十一 故煞畜生戒 佛在舍衛迦留陀夷不喜見烏竹弓射煞遂成大積居士礼拜見共嫌之比丘可責佛因制戒也 若比丘故

時諸比丘坐起行來多煞細小諸虫或有波逸提懺者或有畏慎者佛言不知不犯 煞 若自手斷若教他斷 畜生 不能變化者是 命者

波逸提 比丘尼同犯開緣如煞人戒

六十二 飲虫水戒 佛在舍衛六群取雜虫水而飲用居士譏嫌比丘舉過佛呵而制戒 若比丘知 不知有虫不犯 水 除水已雜

虫漿若酒清酪漿清麦汁飲用同犯 有虫飲用波逸提 尼同犯不犯者先不知若无虫想若虫麁真水使去濾水飲者无犯

六十三 疑惱比丘戒 佛在舍衛十七群語六群言云何入禪乃至云何得羅漢果報言汝所說者便已犯波羅夷彼往比丘說之便呵責已佛因制戒

若比丘故 時衆多比丘集一處共論法律有一比丘退去心疑諸比丘与我作疑佛言不故作者不犯 惱他比丘 疑惱者若為生年歲若受

戒若為羯磨若為犯若為法 令須臾間不樂波逸提 尼同犯不犯者其事實爾不故作彼非不許騎主恐後疑悔

无故現也問癸是大比丘犯教便語言汝非如許時生如餘人生知汝非如許時生其事實

漬麦汁飲用同犯　若出處皁水使去滴水飲者无犯

六十三　疑惱比丘戒　佛在舍衛十七群語六群言云何入禪乃至云何得羅漢果報言汝所說者便已犯波羅夷彼往比丘說之便呵責已佛因制戒

若比丘故　時衆多比丘集一處共論法律有一比丘退去心疑諸比丘与我作起佛言不故作者不犯　惱他比丘　疑惱者若為生年歲若受戒若為羯磨若為犯若為法　令須臾間不樂波逸提　尼同犯不犯者其事實爾不故作彼非不許時生疑後疑悔无故受他利養受大比丘礼敬便語言汝非如許時生如餘人生知汝非如許時生其事實不許歲恐後疑悔受他利養教奉語言知餘比丘未不許歲其事實爾若年不滿廿界由別衆恐後疑悔受利養礼敬語令知還本處受戒故其事實爾不白不成羯磨不成非法別衆恐後疑悔受利養礼敬語彼令知還本處更受戒故其事實爾犯波羅夷乃至惡說恐後悔受人利養受持戒比丘礼敬欲令知如法懺悔故語知犯乃至惡說又為性麤跡不知言語便語汝所說者自稱上人法若錯若戲咲者

六十四　覆藏比丘罪戒　佛在舍衛跋難陀与比丘親友數犯向說不語人知後与跋難陀共鬪便言犯罪不忍便說比丘以過白佛便可制戒　若比丘知　若不知犯者不犯　他比丘犯麤罪　四波羅夷僧伽婆尸沙　覆藏者　若知犯他麤罪小食知食後說竟吉羅食後知至初夜說一切吉羅若中夜初夜知中夜說知至後夜欲說未說明、　波逸提　相出波逸提除麤罪覆餘罪自覆麤罪除比丘尼覆餘人犯罪者一切突吉羅尼同犯不犯者先不知麤罪不麤想若向人說无人可說若發心向說明相已出若命梵二難者无犯也

六十五　度減年具受戒　佛在羅閱城有十七童子共厚大者年十七小者年十二以信出家比丘即度受大戒不堪一食夜啼佛覺問知度過集、僧使之法制戒　年滿廿應受大戒　佛言若年未廿不堪寒熱飢渴風雨蚊蝱毒虫及以惡言若身苦痛不能堪忍又不堪持戒及以一食若滿廿堪忍　若比丘知　若不知不犯也　年不滿廿受大戒者此人不得　如上衆皆事也　戒彼比丘可呵故波逸提　其受戒人知年不滿和上及僧亦知然衆中間汝年滿不滿不報言或滿或不滿、若疑若不知或僧不問是中四種若知若疑和上波逸提衆僧突吉羅若謂不知俱不犯羯磨三羯磨竟和上犯隨若中間若白未竟若為作方便若剃髮若集衆和上一切吉羅衆僧亦爾比丘尼突吉羅不犯者先不知信受戒人語若傍人證若信父母語若受戒已疑者佛言當數胎中年月數閏月若數一切十四日說戒以為年數滿者開之

六十六　發四諍戒　佛在舍衛六羣鬪爭如法滅已後更發起比丘可已以過白佛故制此戒也　若比丘知　若不知如法滅者不犯也　諍事　有四種言諍覓諍犯諍事諍　如法懺悔已　如法如律如佛所教　後更發起者波逸提　說不了了突吉羅除此事若餘鬪罵發者若發已諍除二衆若餘人爭而發起者一切吉羅尼同犯不犯者若先不知若觀作觀想等若事實爾語言不善觀若戲若錯說

事 有四種言諍覓諍犯諍事諍 如法懺悔已 如法如律如佛所教 後更發起者波逸提
說不了了突吉羅 除此爭若餘鬪罵者若發已諍 除二衆若餘人爭而發起者
一切突吉羅 尼同犯 不犯者若先不知若觀作觀想等若事實亦語言不善觀若
戲若錯說
者不犯也

六十七 与賊期行戒 佛在舍衛衆多比丘至毗舍離 賈客私度不輸王稅与比丘為伴 為守關人所捉將至王所 罪應至死 王告放 何比丘舉過 佛呵
制
戒 若比丘知 若不知不結 要言並不犯 賊伴 若作賊還 若方欲去 結要共同道行 要者共結要至
城至村道者村間處處道者是也 乃至一村間波逸提 若行至村間處處道行至一道
者犯 若共行村間半道若減十里若村內若方便共要若不去 犯无村空曠无界處共行十里、
一切突吉羅 尼同犯 不犯者若逆行安隱有所至若命梵難並不犯 也

六十八 說欲不鄣道違僧諫戒 佛在舍衛阿梨吒惡見生言我知佛說行婬欲不鄣道比丘諫喻而猶不捨白佛問
自言已全僧白四衆諫之 若比丘作如是語我知佛所說法行婬
便呵而制此戒 也
欲非鄣道法彼比丘諫此比丘言大德莫作是語莫謗
世尊謗者不善世尊不作是語世尊无數方便說犯
婬欲是鄣道法彼比丘諫此比丘時堅持不捨彼比丘
乃至三諫捨此事故若再三諫捨者善不捨者波逸
提 尼犯同僧餘如諫戒唯罪名儀降

六十九 隨舉比丘戒 佛在舍衛阿梨吒惡見生僧諫不捨佛令白四舉之六羣供給所須共同羯磨比丘舉過佛呵故制也
若比丘知 若初不知後知不犯 如是語人 作如是言我聞世尊說法行婬欲者非鄣道法故 未作法 若被舉未為解
如是邪見 作如是見知世尊所說法非鄣道法也 而不捨 衆僧呵諫而不捨惡見也 供給所須 有二
種若法若財法者教循習增上戒意知學問誦經財者供給衣服飲食床褥醫藥 共同羯磨 同說戒等 止宿 屋有四鄣而覆
鄣或一切覆不一切鄣或一切鄣不一切覆或不盡覆不盡鄣 言語者 若比丘先入屋彼人後入若彼人先來若俱入隨脇著二漬也 波逸
提 尼同犯不犯者若不知若屋一切覆无四鄣或半鄣或少鄣或一切鄣无覆半覆少覆或半覆鄣少覆鄣露地若病被繫若命梵等難緣 也

七十 隨擯沙弥戒 佛在舍衛跋難陀二沙弥共行不淨自謂從佛聞法行婬欲

BD14729號　四分律比丘含注戒本（異卷）　（30–7）

種若法若財法者教修習增上戒意知學問誦經財者供給衣服飲食床褥醫藥 共同羯磨 同說戒等 止宿 屋有四壁而覆
鄣或一切覆不一切鄣或一切鄣不一切覆或不盡覆不盡鄣 言諸者 若比丘先入屋彼人後入若彼人先來若俱入隨脇著二墮也 波逸
提 尼同犯不犯者若不知若屋一切覆无四鄣或半鄣或少鄣或一切鄣无覆半覆少覆或半覆鄣少覆鄣露地若病被繫者命梵等難緣也

七十

隨殯沙弥戒 佛在舍衛跋難陀二沙弥共行不淨自謂從佛聞法行婬欲非鄣道比丘舉過佛言白四設諫不捨擯殯六群誘將畜
養比丘舉過白制此戒 若比丘知沙弥作如是語我從佛聞如是法若
行婬欲非鄣道法彼比丘諫此沙弥如是言汝莫謗世
尊謗世尊者不善世尊不作是語沙弥世尊无
數方便說婬欲是鄣道法彼比丘諫此沙弥時堅持不
捨彼比丘應至再三諫令捨此事故乃至三諫而捨者善
不捨者彼比丘應語此沙弥言汝自今已去不得言佛
是我世尊不得隨逐餘比丘如諸沙弥得与比丘二三
宿汝今无是事汝出去滅去不應住此若比丘知 不知者不犯也
如是衆中被殯沙弥 殯者僧作滅殯白四羯磨 而誘將畜養 若自畜若與人畜誘者若自
若教他也 共止宿者 如上解也 波逸提 尼同犯開緣並如上

七十一

拒勸學戒 佛在拘睒毗比丘如法諫闡陀時作是言我今不學此戒當問餘智慧持律者比丘舉過佛呵制也 若比丘
餘比丘如法諫時 如法如律如佛所教 如是語我今不學此戒當難問
餘智慧持律比丘者波逸提 若說而不了了吉羅比丘尼同僧犯也 若為學
故應難問 不犯者彼諫者癡不解語言汝還問和上闍梨學問若其事審爾者不犯也

七十二

毀毗尼戒 佛在舍衛比丘共集誦法毗尼六群相謂比丘共集誦律通利必數舉我言長老用學雜碎戒為若說可至十三事比丘知法故以過白佛佛便呵制 若比丘說戒時 若說自戒時若他說戒時若誦時故 作是語大德何
用說此雜碎戒 若欲誦者當誦四事若必欲誦者當誦四事十三事餘者不須誦何以故 說是戒時令

七十二 毀毗尼戒 佛在舍衛，比丘共集誦法毗尼。六群相謂：比丘共集誦律通利，必
法故，以過白佛。 數舉我言長老，用學雜碎戒為？若說可至十三事，比丘知微
佛便呵制。 若比丘說戒時 若說自戒時，若他說戒時若誦時 故作是語：大德何
用說此雜碎戒 若欲誦者，當誦四事；若必欲誦者，當誦四事十三事，餘者不須誦。何以故 說是戒時，令
人惱愧懷疑輕訶戒故，波逸提 若不了了，突吉羅。毀呰，屍
者，波逸提。毀呰阿毗曇及餘契經者，吉羅。屍同犯，不犯者，若語言先誦阿毗曇，然後誦律餘契經
亦不；若有病者，須差已誦律，當勤求方便於佛法中成四沙門果，後當誦律，不
欲滅法，若錯者，並開也
七十三 恐舉先言戒 佛在舍衛，六群中一人當說戒時，自知罪覺，恐清淨舉
先誦清淨比丘言：我今始知此法戒經載半月半月說
戒經來。比丘呵舉，佛便制戒。 若比丘說戒時 若自說、若他說時，若誦戒時也 作如是語：我今始
知此法入是戒經，半月半月說戒經來。餘比丘知是比丘
若二若三說戒中坐，何況多，彼比丘無知無解，若犯罪，
應如法治，更重增無知罪 重與波逸提，若不與，突吉羅也 語言長老
汝無利不善得，汝說戒時不用心念 用意思惟 不一心兩耳聽
法，彼無知故，波逸提 屍同犯，不犯者，若未曾聞廣說，今始聞，若戲笑、若錯說者開
七十四 同羯磨後悔戒 佛在羅閱祇，沓婆羅子知僧事，外施不赴，衣服破壞，後僧得貴衣，便白二與之。六群後悔，比丘白佛，呵而制
若比丘共羯磨已，後如是言：諸比丘隨親厚 同和上同阿闍梨等，起語言親厚者是
以人眾僧物 僧物如上，物者衣缽針筒尼師檀，下至飲水器 與之者，波逸提 若說不了，吉羅。屍同犯，不犯者，其
事實爾，不隨親厚以僧物與，若戲笑、若錯說、彼此開也
七十五 不與欲戒 佛在舍衛，多比丘集論法毗尼，六群相謂：看諸比丘似為我等作羯磨，從座起去。比丘嫌，往而故去，以事白佛，便呵而制也。 若
比丘眾僧 一教授、一羯磨 斷事未竟 有十八破僧事法，非法乃至說不說 不與欲 若營僧事、塔寺、
瞻視病人者 而起去，波逸提 若斷未竟，動足出房外者，犯；隨出一足在戶外、一足戶內，方便欲去而不去，一切吉羅。屍
聽與欲也
波逸提。不犯者，若與欲，若口有藥，若非法羯磨
……塔寺和上闍梨同學作損減，不與而去得

BD14729號　四分律比丘含注戒本（異卷）　　（30–9）

五
不與欲 作羯磨從座起去比丘喚住而故去以事白佛便可而制也 若

比丘衆僧 一教授 一羯磨 斷事未竟 有十八破僧事法 非法乃至說不說 不與欲 若營僧事塔寺

瞻視病人者 而起去波逸提 若斷事未竟動足出房外者犯墮 一足在戶外一足戶內方便欲去而不去一切吉羅尼

聽与欲也

波逸提不犯者若与欲若口有藥若非法羯磨

若為僧塔寺和上闍梨同學作損減不与而去得

七十六

與欲後悔戒 佛在舍衛六群比丘恐舉六人相隨无由得作後時作衣僧喚

受欲即与比丘舉羯磨六群言我以彼事与欲比丘舉過佛

回制戒也 若比丘與欲已後悔者 作是言汝作羯磨非羯磨不成 我以彼事故与欲不以此事也 波逸

提 若說不了了吉羅尼同犯不犯者其事 實作非法羯磨若錯說彼此者也

七十七

屏聽四諍戒 佛在衛舍六群聽諸鬪已而向彼說令僧諍 事不能除滅比丘以過白佛因呵而制也 若比丘

比丘共鬪諍已 鬪諍有四言覓犯事諍 聽此語向彼說者 聽者屏聽他語 若聽彼語從道至 餘

非道從高至下若反 上向往而聞者也 波逸提 若不聞吉羅若方便欲去共期一切吉羅若 二人在闇地共語隱處共語在前行共語若

不彈指謦咳驚者一切吉羅尼同僧犯

无犯者若作无利非法羯磨欲知故聽也

七十八

打大比丘戒 佛在舍衛六群打十七群人被 打大喚比房聞之具說以過佛因呵制也 若比丘瞋恚

故不喜打比丘者 若以手石杖等打也 波逸提 除杖手石若以戶鑰曲鈎拂 柄香爐柄搖者一切吉羅

尼同犯不犯者有病須椎打若食咽須椎脊若共語不聞而觸令之

聞若睡時以身委他上若來往經行時共相觸若掃地時若杖頭悞觸者明

七十九

搏他比丘戒 佛在舍衛六群以手搏十七群其被 搏者高聲大喚比丘以過佛因制戒 若比丘瞋恚故不

喜以手搏比丘者波逸提 若以兩手搏彼者犯墮若戶鑰等搖一切 突吉羅尼同犯不犯者若有緣事須

舉遮搖 身者也

八十

无根僧殘謗戒 佛在舍衛六群瞋恚以无根僧 殘謗十七群比丘舉過便可制戒 若比丘瞋恚故

以无根 地上 頰解 僧伽婆尸沙謗者波逸提 尼同犯不犯者有三根若說 實令改悔不誹謗若

戲若錯 說者也

八十一

入王宮門戒 佛在舍衛末利夫人与佛奉信勸王信樂聽諸比丘入宮 无郭迦留陀夷到時入宮夫人裸床失衣形露比丘知舉過

回制 若比丘刹利水澆頭種王 水澆者取四大海水白牛右角收拾種子

……寶全改悔不誹謗若

藏若錯說者也

一

入王宮門戒 佛在舍衛未利夫人洗佛奉信勸王信樂聽諸比丘入宮无郭迦留陀夷到時入宮夫人裸床失衣比丘知舉過因制戒也 若比丘刹利水澆頭種王 水澆者取四大海水白牛右角収拾種子置金輦上諸小王舉大婆羅門以水灌頂是刹利種如是立王故得名也若婆羅門毗舍首陀如是立者亦名灌頂也 王未出 王未出女未還本處 未藏寶 金銀真珠車渠碼碯水精琉璃貝玉眾寶瓔珞而未藏舉也 而入若過宮門閾 閾 者波逸提 若一足限外一足在內發意欲去一切吉羅除餘眾散小王豪貴長、者若入門限者一切吉羅居同犯不犯者若有奏白被請喚若命梵難緣並開

二

捉寶戒 佛在舍衛外道在道行困止息忘千兩金而去比丘見之為持將去以金還之便言金少王斷罰讁奪金入官比丘舉過白佛因呵制戒也 若比丘寶 金銀真珠硨磲車渠馬碯瑠璃貝玉生像金也 及寶莊飾 銅鐵鉛錫白鑞以諸寶莊飾也 自捉若教人捉除僧伽藍中 時毗舍佉母脫寶衣佛所聽法存法忘衣比丘白佛聽為不失 及寄宿處 時比丘道行寄金師宿成金未成金在前竟夜不眠守之佛言為堅牢故舉也 波逸提 居同僧犯 若在僧伽藍中及寄宿處捉莊飾自捉教人捉當作是意若有主識者當取 若二處得寶應捉之識囊器相數知多少若來者問相應者與之不相應者言我不見 有若不知囊器相不看方圓新故者一切突吉羅也 作如是因緣非餘 不犯者若僧伽藍中寄宿處如上捉舉方便若是供養塔寺莊嚴具為牢故収舉一切不犯也

三

非時入聚落戒 佛在舍衛跋難陀非時入村與居士樗蒱得勝居士慳嫉故便譏嫌之比丘白佛佛呵制戒也 若比丘非時 時者從明相出至食非時者從中後至明相未出也 入聚落 村聚落有四種如上 不囑比丘者 時有僧塔寺事瞻病事佛言當囑比丘若獨處一房當囑授比房也 波逸提 若初入村門犯隨一足入內及方便共期一切吉羅居同犯不犯者若營僧塔二病事囑授比丘道由村過若路白若喚若請命梵等難緣无犯也

四

過量床戒 佛在舍衛迦留陀夷豫知佛從此道來即於道中敷高好床白言看我床座佛言當知癡人內懷弊惡集僧呵制此戒 若比丘作繩床木床 五種如上 足高如來八指除入陛孔上截竟若過者波逸提 若自作教他作成過犯隨若不成若為他作一切吉羅……

合[illegible]

八十四 過量床戒 佛在舍衛迦留陀夷豫知佛從此道來即於道中敷高好床白言看我床座佛言當知癡人內懷弊惡集僧呵已制此戒

若比丘作繩床木床（五種如上）足高如來八指除入陛孔上截

竟若過者波逸提 若自作教他作成過犯墮若不成若為他作一切吉羅尼同犯不犯者若作足高八指若減若他施

截而用之若脫脚者也

八十五 兜羅貯褥戒 佛在舍衛六群作兜羅貯褥居士譏以殺生无有慈心比丘舉過佛便呵制 又 若比丘兜

羅（白楊樹花柳花蒲臺者是）貯繩床木床（具有五種如上）大小褥（為坐臥故）成者

波逸提 自作教他並如上尼同犯不犯者並如上開緣所說

八十六 作骨牙角鍼筒戒 佛在羅閱祇有信工師為比丘作骨牙角鍼筒因此廢業无復衣食世人譏及得缺比丘以

過白佛因制戒 若比丘作骨牙角鍼筒刳刮成者波逸提 若自

作教他作成犯如上比丘尼同犯不犯者若鐵銅鉛錫白鑞若竹若木若葦若舍羅草用作鍼不犯若作錫杖頭鏢鑷若作傘蓋子及斗頭鏢若纏蓋斗若作曲鉤若刮汙刀若如意若玦紐若札若鉤衣鉤若眼藥篦若刮舌刀撽齒杖可禪鎮動鼻筒如是者並不犯

八十七 過量尼師檀戒 佛在舍衛諸佛常法若不受請遍行房舍見以僧臥具敷在露地不淨汙之當諸比丘外道仙人雜欲

當无聽為鄣身鄣衣鄣臥具故畜之六群大作比丘舉過佛因為制也 若比丘作尼師檀（敷下坐也）當

應量作是中量者長佛二搩手廣一搩手半（時迦留陀夷身大尼

師檀小對佛挽之便聽更增之也）更增廣長各半搩手若過截竟波逸

提 若廣長俱過手過自作教他作成犯墮不成吉羅尼吉羅不犯者若減若疊他得截應量者用也

八十八 過量覆瘡衣戒 佛在舍衛比丘患瘡膿血流出汙僧臥具聽以大價衣覆瘡上著涅槃僧至白衣家言我有患當褰衣

涅槃僧以此覆坐六群便大作比丘舉過佛因為制也 若比丘作覆瘡衣（有種種瘡病持用覆身也）

當應量作是中量者長佛四搩手廣二搩手截竟過

者波逸提 若俱過手減自作教他成者犯墮不成吉羅為作亦尒尼等吉羅不犯者應量減量得已成者截割如量疊兩重作

八十九 過量雨衣戒 佛在舍衛毗舍佉母送雨浴衣佛言不得久隨上座與不足遂急次續付六群大作比丘舉過佛因制戒也 若

BD14729號 四分律比丘含注戒本（異卷） （30–12）

比丘舉過佛因為制 也 …… 持用覆身也

當應量作是中量者長佛四搩手廣二搩手截竟過
者波逸提 若與過手減自作教他成者犯隨不成吉羅為作亦尒尼 等吉羅不犯者應量減量得已成者截割如量疊兩重作

八十九
過量雨衣戒 佛在舍衛毗舍佉母送雨浴衣衣佛言不得久道上座 与不足之憶次續付六群大作比丘舉過佛因制戒也 若
比丘作雨浴衣 著在雨中浴洗故也 當應量作是中量者長
佛六搩手廣二搩手半過者截竟波逸提 自作教他作俱

九十
過手減比丘尼開 緣同前戒也
過量三衣戒 佛在釋翅瘦難陀短佛四指比丘遙見謂佛來迎至 乃知非各懷慙愧佛制難陀著黑衣六群与佛等 量戒過量作比丘舉過佛因制戒 若比丘与如來等量作衣或過量作衣
者波逸提是中如來衣量者長佛九搩手廣六搩
手是謂如來衣量 若廣長應量斗不應量並犯餘自作教他尼作並如上不犯者從他得成衣截割如量者 疊作兩重者是

諸大德我已說九十波逸提法今問諸大德是
中清淨不 如是三問 諸大德是中清淨默然故是事
如是持諸大德是四波羅提提舍尼法半月半
月說戒經中來

一
村中取非親尼食戒 佛在舍衛世儉縈飢死无限蓮花色尼者衣持食入城乞食乃至三日並与比丘遂飢在道而奄泥卧俗人譏嫌比丘舉過佛因制戒也 若比丘入村中從非親里 如上可說 比丘尼
若无病 亦如上 自手取 食 二種如上 食者是比丘應向餘比
丘悔過言大德我犯可呵法所不應為我今向大德悔
過是名悔過法 若自手受嚼噉犯比丘尼突吉羅不犯者受親里尼食若有二病若置地若使人授若僧伽藍中与若村外与若在尼寺中
如是受

丘舉過佛因制戒也

若比丘入村中從非親里如上可說比丘尼

若無病亦如上自手取食二種如上食者是比丘應向餘比

丘悔過言大德我犯可呵法所不應為我今向大德悔

過是名悔過法若自手受咽咽犯比丘尼突吉羅不犯者受親里尼食若有病若置地若使人授若僧伽藍中與若村外與若在尼寺中

如是受取不犯

二

食尼指授食戒佛在舍衛衆多比丘與六群比丘尼白衣家食時六群尼索美飯越次與六群比丘言與此美與此飯比丘以過白佛因制

制戒 若比丘至白衣家內有男有若是食如上說是中有比丘尼指

示與某甲羹與某甲飯比丘應語彼比丘尼如是言

大姊且止須諸比丘食竟若無一比丘語彼比丘尼如

是言大姊且止須諸比丘食竟者是比丘應悔過言大

德我犯可呵法所不應為今向大德悔過是名悔過

法若不可而食咽咽犯尼犯吉羅不犯者若語言大姊且止須諸比丘食竟也若尼自為檀越若檀越設食令尼處分若不故作偏為彼此者不犯

三

受學家食戒佛在羅閱祇居士夫婦俱得見諦無所愛惜乃至身肉供養既多衣食之盡比居譏嫌比丘舉過佛

今白二制斷比後當更解便制此戒也 若先作學家羯磨僧與白二羯磨學家者如上若比丘

於如是學家先不請若先請者聽往無二病聽病比丘取是家食自手受

食若置地與若使人與者聽食者是比丘應向餘比丘悔過言大德

我犯可呵法所不應為今向大德悔過是名悔過法

若手自受咽咽犯尼突吉羅不犯者若先請若病若置地取若從人受若白二解已受食一切不犯也

四

恐怖蘭若受食戒佛在釋翅瘦尼拘律園城中人婦持食供養賊於道路阜嬈比丘以事白佛應語令知便即

制戒 若比丘在阿蘭若去村五百弓遠摩羅國肘量法設迴遠有疑恐怖處疑有賊

盜恐怖 若比丘在如是阿蘭若處住先不語檀越佛言應語

諸婦女莫出道 若僧伽藍外不受食若出城應語言莫出道也

四　恐怖蘭若受食戒　佛在釋翅瘦尼拘律園城中人女持食從…

制戒　若比丘在阿蘭若　賊於道路嬈比丘以事白佛應語令知便即　去村五百弓遠摩羅國射量法故　迥遠有疑恐怖處

疑有賊　盜恐怖　若比丘在如是阿蘭若處住先不語檀越　佛言應語

諸婦女莫出道　若僧伽藍外不受食　若出城應語言莫至僧伽藍中道路有賊恐怖也

路有賊恐怖也　在僧伽藍內无病　若故待食來者藏病人受　自手受食　若有施主以食置地若教人与

食者應向餘比丘悔過言大德我犯可呵法所不

應為今向大德悔過是名悔過法　尼吉羅不犯者若先受教勅聽法白食令授也

諸大德我已說四波羅提提舍尼法今問諸大德是

中清淨不　如是三說　諸大德是中清淨默然故是事如是

持

諸大德是衆式叉迦羅尼法半月半月說戒經

中来

一　齊整着涅槃僧戒　佛在舍衛六羣着涅槃僧不齊整故　居士譏如節會戲咲能說人亦如王大臣

比丘舉過佛因可制　當齊整　衣不齊相言衣下者繫帶在齊下高者褰齊膝鳥鼻者垂前一角多羅樹葉者垂前兩角細襵者遶要襵皺之

着涅槃僧　若不齊着者故作犯應懺突吉羅以故作犯應懺突吉羅比丘尼等四衆並突吉羅乃至下高皮犯相並准此

式叉迦羅尼　不犯者或齊中生瘡下着若膝踌瘡高着若僧伽藍內若村外若作時若行道者无犯也

二　齊整着三衣戒　佛在舍衛六羣不齊整着衣長者見譏自言我知正法如是有何正法者衣不齊如估客比丘以過佛因

觀三世而制戒也　當齊整着衣式叉迦羅尼　不齊中下着者下垂過肘露脇高者過脚跡上鳥自早者垂前

一角多羅葉者垂前兩角後褰褰高也細襵者襵已安縲　不犯者肩髀瘡下着回前開相也

三　反抄衣白衣舍戒　佛在舍衛六羣反抄衣行入白衣舍居士譏言无有慚愧如王臣居士種比丘舉過佛可制戒也

不得反抄衣　或左右反抄衣着肩上也　行入白衣舍　村落　式叉迦羅尼

不犯者若脇肋邊有瘡病若僧伽藍內若在道行若作時也

[illegible]有犯者有癰瘡下著回前明相也

三 反抄衣白衣舍戒 佛在舍衛六群反抄衣行入白衣舍居士譏言无有慙愧如王臣居士種比丘擧過佛呵制戒也

不得反抄衣 或左右反抄衣著肩上也 行入白衣舍 村落 式叉迦羅尼

不犯者若脇肋邊有瘡病若僧伽藍內若在道行若作時者也

四 不得反抄衣白衣舍坐式叉迦羅尼

五 衣纏頸白衣舍戒 佛在舍衛六群以衣纏頸入白衣舍居士嫌言如居士長者種比丘以過呵擧白佛呵制 不

得衣纏頸 總捉衣角著肩上也 入白衣舍式叉迦羅尼 不犯者或有瘡肩髆有

瘡若僧寺中若村外若作時在道行者也

六 不得衣纏頸白衣舍坐式叉迦羅尼

七 覆頭白衣舍戒 佛在舍衛六群以衣覆頭入白衣舍居士譏言何有正法覆頭如盜賊比丘聞呵擧過佛因制戒

不得覆頭 若以樹葉若碎段物若以衣覆故也 入白衣舍式叉迦羅尼

不犯者或有病若患寒或頭上生瘡或命梵二難覆頭而行之者也

八 不得覆頭白衣舍坐式叉迦羅尼

九 跳行白衣舍戒 佛在舍衛六群跳行入白衣舍居士譏言不慙入室如似鳥雀比丘以過佛因呵制也 不得

跳行 雙腳跳行 入白衣舍式叉迦羅尼 不犯者或有病若為人打若有賊若有惡獸若

有蘇刺度渠坑塹或疲涉而跳過者也

十 不得跳行白衣舍坐式叉迦羅尼

十一 蹲坐白衣舍戒 佛在舍衛居士請僧就舍設食六群蹲坐跳坐手阜都倒露形居士嫌言不慙露形倮婆羅門比丘擧

過白佛因制也 不得白衣舍內蹲坐 若在地若林上尻不至地 式叉迦羅尼 不犯者或時有

病尻邊生瘡若有所与若礼若懺悔若受教誡者也

十二 叉腰白衣舍戒 佛在舍衛六群叉腰行白衣舍居士譏言沙門自稱我知正法以手叉腰如人新婚得志憍放比丘擧過佛回呵制也

不得叉腰 注肘故也 行入白衣舍式叉迦羅尼 不犯者或有病脇下生瘡若僧伽

病疕還生瘡若有所与若礼 上尻不至地 或時有

若懺悔若受教誡者 也

十二 叉腰白衣舍戒 佛在舍衛六群叉腰行白衣舍居士譏言沙門自稱我知正法以手叉腰如人新婚得志憍放比丘舉過佛因呵制也

不得叉腰 匡肘故也 行入白衣舍式叉迦羅尼 不犯者或有病脇下生瘡若僧伽

藍內若村外若、

作時若道路行者

十三 不得手叉腰 以匡肘故妨比座比丘也 白衣舍坐式叉迦羅尼

十四 搖身白衣舍戒 佛在舍衛六群搖身入白衣舍居士譏言不㦑搖身如王大臣比丘以過佛因制戒也 不得

搖身行 左右廣身趣行 入白衣舍式叉迦羅尼 不犯者或病或為人打廣身避杖或

惡獸賊或擔刺廣身避或度坑

搖身過或著衣看齊整 也

十五 不得搖身行白衣舍坐式叉迦羅尼

十六 掉臂行白衣舍戒 佛在舍衛六群掉臂入白衣舍居士譏言不㦑掉臂如王長者比丘以過佛因呵制之 不

得掉臂行 垂臂前卻而行 入白衣舍式叉迦羅尼 不犯者或有病為人打舉

手遮或惡獸擔刺人來舉手遮

或浮渡水渠以手招喚伴者 又

十七 不得掉臂白衣舍坐式叉迦羅尼

十八 露身白衣舍戒 佛在舍衛六群不好覆身入白衣舍居士譏言所著衣服不好覆身如婆羅門比丘舉吉佛因

制 可好覆身入白衣舍 若在村落身處處露 式叉迦羅尼 不犯者或有病若被

繫若風吹

衣離體者

十九 好覆身白衣舍坐式叉迦羅尼

廿 顧視白衣舍戒 佛在舍衛六群左右顧視入白衣舍居士譏言如盜竊人比丘以過佛因呵制也 不得左

右顧視 若在村落處處看者 行入白衣舍式叉迦羅尼 不犯者或有病或仰瞻日時節

或命難梵難左右處處

伺求便道逃走者 也

十九 好覆身白衣舍坐式叉迦羅尼
廿 顧視白衣舍戒 佛在舍衛六羣左右顧視入白衣舍居士譏言如盜竊人比丘以過佛因呵制 也 不得左
右顧視 若在村落處處者 行入白衣舍式叉迦羅尼 不犯者或有病或仰瞻日時節
或命梵二難左右處處伺求便道走者 也
廿一 不得左右顧視白衣舍坐式叉迦羅尼
廿二 高聲白衣舍戒 佛在舍衛六羣高聲大喚入白衣舍居士譏言如婆羅門不知慙愧无有正法比丘舉過佛因呵制
靜默入白舍 是中不默者高聲大喚 式叉迦羅尼 不犯者或有病
若聾不聞須高聲喚若囑授若高聲施食若命梵二難高聲而走者 也
廿三 靜默白衣舍坐式叉迦羅尼
廿四 戲咲白衣舍戒 佛在舍衛六羣戲咲行入白衣舍居士譏言不慙戲咲如獼猴何有正法比丘以過佛因呵制 不
得戲咲 露齒而咲 行入白衣舍式叉迦羅 不犯者或有病或脣痛未覆齒或念法歡喜而咲者
廿五 不得戲咲白衣舍坐式叉迦羅尼
廿六 不用意受食戒 佛在舍衛居士請僧設供六羣不用意受食捐棄羹飯居士譏言沙門无厭貪心多受如饑貴
時比丘舉過佛因何制 用意受食 不用意者棄羹飯食 式叉迦羅尼 不犯者或時有如是病
或鉢小故食時棄飯或還墮案上者 也
廿七 溢鉢受食戒 佛在舍衛居士請僧六羣溢鉢受食捐棄羹飯居士譏言无慙无厭如饑貪多比丘舉過佛因呵制
當平鉢 不平者溢鉢 受食式叉迦羅尼 不犯者或時有病或鉢小或墮案上
廿八 溢鉢受羹戒 佛在舍衛居士設供六羣取飯過多不容受羹居士譏言如飢餓貪食人比丘舉過佛因呵制 也 平
鉢受羹 溢出流污 式叉迦羅尼 不犯者或時有二病或鉢小墮食案上平等受者 也
廿九 不等受食戒 佛在舍衛居士設供手自斟酌自下飯已入内取羹比取羹還食飯已盡時与羹已復還取飯比還羹盡譏以饑人
比丘白佛因呵制戒 也 當羹飯等食 彼不等者飯盡羹未至飯已盡者 也 式叉迦羅尼
不犯者或有二病若足須羹不須飯須飯須羹
今或日時欲過或命梵二難……

八 溢鉢受羹戒 士譏言如飢餓貪食人比丘舉過佛因呵制也

卅九 鉢受羹 溢出流污 式叉迦羅尼 不犯者或時有二病或鉢小墮食案上平等受者也

不等受食戒 佛在舍衛居士設供手自斟酌自下飯已入内取羹比丘取羹還食飯已盡時與羹已復還取飯比還羹盡譏以飯人比丘白佛因呵制戒也 當羹飯等食 彼不等者飯至羹盡羹未至飯已盡者也 式叉迦羅尼 不犯者或有二病若正須羹不須飯須飯不須羹或日時欲過或命梵二難疾疾食者也

卅 不次受食戒 佛在舍衛居士設供手自斟酌六群不次取食居士譏言不厭足猶如猪羊驢駱駝烏鳥比丘舉過佛因呵制也 當以次食 彼不次第食者鉢中處處取食也 式叉迦羅尼 不犯者或有二病或患飯熱鉢取冷處若日時欲過者命梵二難疾疾食者

卅一 鉢中食戒 佛在舍衛居士設供手自不食六群受食當鉢中令現空相居士譏言不厭受食如牛驢猪羊比丘以過佛因呵制 不得桃鉢中 置四邊桃鉢中央至鉢底 而食 式叉迦羅尼 不犯者或有二病或有老食熱開中令冷若日時欲過若命梵二難疾疾食者

卅二 為己索食戒 佛在舍衛居士設供六群自為索食如飢餓時居士譏言何有正法受取無厭比丘舉過佛因呵制也 比丘不病 有病開自為己索食 不得自為己索羹飯 式叉迦羅尼 不犯者若病若為他若他為己若不求而自得也

卅三 飯覆羹戒 佛在舍衛居士設供六群受羹居士施次取羹比丘於後以飯覆羹居士譏言受取無厭如飢餓人何有正法比丘聞舉佛因呵制 不得以飯覆羹更望得 式叉迦羅尼 不犯者或有病若請食或正須羹有時正須飯者也

卅四 嫌視比座戒 佛在舍衛居士設食六群得少比座多多語居士言汝今請僧自恣多少居士有愛報言我平等與比丘以過佛因呵制也 不得視比座鉢中 是中視者誰多誰少 食 式叉迦羅尼 不犯者比座病若眼闇為看得食不得食淨不淨受未受者若自有病開也

卅五 不繫鉢食戒 佛在舍衛居士設食六群受已左右顧視不覺比座取鉢藏之比丘以過佛因呵制也 當繫想鉢食 謂非左右顧視也 式叉迦羅尼 不犯者或時有病比座眼闇如前方便或看日時或命梵二難欲避左右看視者

卅六 大摶食戒 佛在舍衛居士設供六群大摶食口不受居士譏……不得大摶

BD14729號　四分律比丘含注戒本（異卷）　（30–19）

食不得食淨不淨受来受者若自有病聞也

卅五 不繫鉢食戒 佛在舍衛居士設供六群手受已左右顧視不覺比座取鉢藏之比丘以過佛因可制也 當繫想鉢食 謂非左右顧視也 式叉迦羅尼 不犯者或時有病比座眼闇如前方便或看日時或命梵二難故迴避左右看視者

卅六 大揣食戒 佛在舍衛居士設供六群大揣食口不受居士譏言不知厭足如猪狗駱駝比丘聞舉佛便可制 不得大揣飯食 口不容受 式叉迦羅尼 不犯者或有病日時欲過命梵二難疾疾食

卅七 大張口待食戒 佛在舍衛居士設供比丘食未至先張口居士譏言不慙无厭如猪狗牛驢比丘舉過佛因可制 不得大張口待飯食 飯揣未至先大張口 式叉迦羅尼 不犯者或時有如是病或日時欲過命梵難等疾疾食者並无犯故也

卅八 含飯語戒 佛在舍衛居士設食六群含飯語居士譏以猪狗烏鳥為譬比丘舉過佛因可制也 不得含飯語 飯在口中語不可了令人不解也 式叉迦羅尼 不犯者或時有病或噎而索水或命梵二難作聲食者也

卅九 揣飯擲口中戒 佛在舍衛居士請僧手自斟酌六群揣飯遥擲口中居士譏言不慙无厭如似幻師比丘舉過佛因可制 不得揣飯遥擲口中 式叉迦羅尼 不犯者有病若被繫縛擲口中而食者也

卌 遺落食戒 佛在舍衛居士設食六群手把飯揣齧半食居士譏言受无厭足如猪狗烏鳥比丘舉過佛因可制也 不得落飯食 半已入口半在手中 式叉迦羅尼 不犯者有病若薄餅燋飯若瓜甘蔗歠菜梨菜蒲桃龍葉心者

卌一 頰食戒 佛在舍衛居士設供六群頰食居士嫌言沙門不慙如獼猴食比丘以過佛因可制也 不得頰食 食令兩頰鼓起如獼猴状 式叉迦羅尼 不犯者有病日時欲過或命梵難疾疾食

卌二 嚼飯作聲戒 佛在舍衛居士飯僧六群嚼飯作聲居士如上譏言如猪牛驢烏鳥比丘以過佛因可制也 不得嚼飯作聲食 式叉迦羅尼 不犯者有病嚼乾餅及燋飯甘蔗瓜菓蒲桃胡桃椑桃梨棗等聲

卌三 噏食戒 佛在舍衛居士設供六群大噏飯食居士嫌言无有慙愧食如猪狗牛驢烏鳥比丘白佛因可而制也 不得大噏飯食 張口遥呼噏食 式叉迦羅尼 不犯者有病若口痛若食羹若食乳酪漿蘇毗羅漿若苦酒者

卌四 舐食戒 佛在舍衛居士供設六群吐舌食居士嫌言无慙愧如猪牛比丘以過佛因可制 不得舌舐食 吐舌舐飯 式叉迦羅尼 不犯者有病或被縛手有

嚼食…… 瓜菓蒲桃胡桃椑梨等聞
卅三 嚼食戒 佛在舍衛居士設供六群大嚼食居士嫌言无有慙愧食如猪狗牛驢烏鳥比丘白佛因呵而制 也 不得大
嚼飯食 張口遥擲口中嚼食 尸叉迦羅尼 不犯者有病若口痛若食羮若食乳酪蘇毗羅漿若苦酒者
卅四 舐食戒 佛在舍衛居士供設六群吐舌舐食居士嫌言无慙愧如猪比丘以過佛因呵制 不得舌舐食 吐舌舐飯
橋食 尸叉迦羅尼 不犯者有病或被縛手有泥及垢膩汙若舐而取者
卅五 振手食戒 佛在舍衛居士設供手自斟酌六群振手而食居士譏言无正法食如王大臣比丘以過佛呵而制 也 不得振
手食戒叉迦羅尼 不犯者有病或食中有草有蟲或手不淨有淨振去之或有未受食手汙手振去之者
卅六 手散食戒 佛在舍衛居士供設六群把散飯食居士嫌言食如鷄鳥比丘以過佛因呵制 不得手把散
飯食 散棄飯也 尸叉迦羅尼 不犯者有病或食中有草有蟲或有不淨汙或有未受食捨棄者
卅七 膩手捉飲器戒 佛在舍衛居士設供六群以不淨膩手捉飲器居士嫌言无法如王大臣比丘以過佛因呵制 不得
汙手捉飲器 有膩飯着手也 尸叉迦羅尼 不犯者有病或草上受葉上受洗手受者
卅八 棄洗鉢水白衣家戒 佛在舍衛六群在食家棄洗鉢水飯食狼藉居士譏言多受如餓人比丘舉過白佛因制 也
不得洗鉢水 雜飯水也 棄白衣舍內尸叉迦羅尼 不犯者有病或時合器若滌器承水而持棄外
卅九 大小便生草上戒 佛在舍衛六群大小便涕唾生草菜上居士見譏无慙愧如猪比丘舉過佛因呵制 不得生草菜
上大小便涕唾除病 以病故不堪避佛言不犯 尸叉迦羅尼 不犯者流墮生草菜上若鳥銜故墮者
五十 水中大小便涕唾戒 佛在舍衛六群水中大小便涕唾居士譏言如猪狗牛驢比丘舉過佛因呵制 不得
水中大小便涕唾除病尸叉迦羅尼 不犯者有病或於岸上大小便流墮水中或風吹鳥銜墮者
五十一 立大小便戒 佛在舍衛六群越過居士見嫌言此沙門言有正法立便如牛何有正法比丘舉過佛呵故制 不得立大小
便除病 以病故不堪蹲 尸叉迦羅尼 不犯者有病被繫縛或脚蹲有垢膩若泥汙者 律本二文有存罰頰尼 也
五十二 與不恭敬人說法戒 佛在舍衛六群與不恭敬反抄衣人說法時比丘聞之少欲知慙者以過白佛因呵而制 不得與
反抄衣不敬恭人說法除病尸叉迦羅尼 不犯者或時有如是病若爲王王大臣者 如上
五十三 不得爲衣纏頸者說法除病尸叉迦羅尼

便除病（一病故不堪問）尸叉迦羅尼（若沾汙者律本二文有存罰賴尼也）

五十二 與不恭敬人說法戒（佛在舍衛六群與不恭敬及抄衣人說法時比丘聞之少欲知慙者以過白佛因此而制）不得與

反抄衣不敬恭人說法除病尸叉迦羅尼（不犯者或時有如是病若為王王大臣者）

五十三 不得為衣纏頸者說法除病尸叉迦羅尼 如上

五十四 不得為覆頭者說法除病尸叉迦羅尼 如上

五十五 不得為裹頭者說法除病尸叉迦羅尼 如上

五十六 不得為叉腰者說法除病尸叉迦羅尼 如

五十七 不得為着革屣者說法除病尸叉迦羅尼 如上

五十八 不得為着木屐者說法除病尸叉迦羅尼 如上

五十九 不得為騎乘者說法除病尸叉迦羅尼 如上

六十 佛塔中宿戒（佛在舍衛六群宿佛塔中有慙比丘以過白佛因而制）不得在佛塔中止宿除

為守護故尸叉迦羅尼（不犯者或有病若為守護故止宿或為强者所執或命梵難故止宿也）

六十一 藏財佛塔中戒（佛在舍衛六群藏財物置佛塔中少欲比丘以過白佛因而制戒）不得藏財物

置佛塔中除為堅牢尸叉迦羅尼（不犯者或有病若為堅牢故藏著佛塔中或强者所執命梵難者）

六十二 着革屣入塔戒（佛在舍衛六群着革屣入佛塔中有慙比丘以過白佛因而制）不得着革屣

入佛塔中尸叉迦羅尼（不犯者或時有如是病或為强者所執喚入佛塔中者）

六十三 不得手捉革屣入塔中尸叉迦羅尼 如上

六十四 不得着革屣遶塔行尸叉迦羅尼 如上

六十五 不得着富羅入佛塔中尸叉迦羅尼 如上

六十六 不得手捉富羅入佛塔中尸叉迦羅尼 如上

六十七 塔下食汙地戒（佛在舍衛六群塔下坐食留食及草汙地而去以過白佛因制不得塔下坐食又作塔作房若施設井施食衆集坐近）

廟塔下坐食（不聽行汙地）不得塔下食留草及食汙地尸叉迦羅尼

四 [illegible]

卌五 不得着富羅入佛塔中尸叉迦羅尼 如上

卌六 不得手捉富羅入佛塔中尸叉迦羅尼 如上

卌七 塔下食汙地戒 佛在舍衛六羣塔下坐食留殘草汙地而去以過白佛因制不得塔下坐食又作塔作房若施食衆集坐近

聽塔下坐食 不應汙地

不犯者一坐食及不作餘食法比丘病

比丘聽聚着脚邊一處出時持棄之

不得塔下食留草及食汙地尸叉迦羅尼

卌八 擔屍佛塔下過戒 佛在舍衛六羣擔屍從塔下過譏嫌 神瞋衆學戒者以過白佛因而制 不得擔

死屍從塔下過尸叉羅迦羅尼 不犯者或有病或須此道行 或為强力者所呼去者

卌九 不得塔下埋死屍尸叉迦羅尼 如上

五十 不得在塔下燒死屍尸叉迦羅尼 如上

五十一 不得塔向燒死屍尸叉迦羅尼 如上

五十二 不得佛塔四邊燒死屍使臭氣來入尸叉迦羅尼 如上

五十三 持死衣林塔下過戒 佛在舍衛六羣持死人衣及林從塔下過 住處神瞋汙蹋衍者以過白佛因而制 不得

持死人衣及林從塔下過除浣染香薰尸叉羅尼 不犯者或時 有如是病

若糞掃衣比丘浣 染香薰已持入者

五十四 不得佛塔下大小便尸叉迦羅尼 如上

五十五 不得向佛塔大小便尸叉迦羅尼 如上

五十六 不得遶佛塔四邊大小便見氣來尸叉迦羅尼 如上

五十七 不得持佛像至大小便處尸叉迦羅尼 如上有三事不犯或時有如是病或時道由中過若為

强力者所持去並无犯

五十八 不得在佛塔下嚼楊枝尸叉迦羅尼 如上

五十九 不得向佛塔嚼楊枝尸叉迦羅尼 如上

七 不得持佛像至大小便處尸叉迦羅尼 是病或時道由中過若為
强力者所持去並无犯
卌八 不得在佛塔下嚼楊枝尸叉迦羅尼 如上
卌九 不得向佛塔嚼楊枝尸叉迦羅尼 如上
卆 不得佛塔四邊嚼枝楊尸叉迦羅尼 如上
卆一 不得在佛塔下涕唾尸叉迦羅尼 如上
卆二 不得向佛塔涕唾尸叉迦羅尼 如上
卆三 涕唾佛塔邊戒 佛在舍衛六羣佛塔四邊涕唾比丘以過佛因可制 不得佛塔四邊涕唾尸
叉迦羅尼 不犯者有病或鳥銜或為風吹去者也
卆四 向塔舒脚戒 佛在舍衛六羣向塔舒脚樂學戒者以過白佛因制 不得向塔舒脚坐尸叉
迦羅尼 不犯者或有病若中間有隔或為强者所持盡者
卆五 安佛下房戒 佛在拘薩羅國六羣安佛下房已在上房住行頭陀比丘以過白佛因可制戒 不得安佛在下
房已在上房住尸叉迦羅尼 不犯者或有如是病持佛塔上房已在下房住或命梵二難者
卆六 人坐已立不得為說法除病尸叉迦羅尼 如上
卆七 人卧已坐不得為說法除病尸叉迦羅尼 如上
卆八 人在座已在非座不得為說法除病尸叉迦羅尼 如上
卆九 人在高座已在下座不得為說法除病尸叉迦羅尼 如上
十 人前在已在後不得為說法除病尸叉迦羅尼 如上
卆一 人在高經行處已在下經行處不應為說法除病尸
叉迦羅尼 如上
卆二 人在道已在非道不應為說法除病尸叉迦羅尼 如上
卆三 携手道行戒 佛在舍衛六羣携手在道或遮他男女居士譏言元有正法如王大臣豪貴長者比丘以過佛因可制 不

人在高處己在下道行處不應為說法除病尸

叉迦羅尼 如上

卆二 人在道己在非道不應為說法除病尸叉迦羅尼 如上

卆三 携手道行戒 佛在舍衛六群携手在道或遮他男女居士譏言無有正法如王大臣豪貴長者比丘以過佛因呵制 不

得携手在道行尸叉迦羅尼 不犯者或時有病或比丘患眼闇須扶接者

卆四 上樹過人戒 佛在舍衛比丘在大樹上受夏安居於上大小便神瞋伺便欲斷命根比丘以過白佛因制不得樹上安居及在樹大小便若先有大小便處聽因制不得上至過人也 梵難得上

不得上樹過人除時因緣尸叉迦羅尼 不犯者或有病或命

過人者

卆五 擔杖絡囊戒 佛在舍衛跋難陀絡囊中盛鉢貫杖頭肩上擔居士譏言皆下道避比丘舉過佛因呵制 不得絡

囊盛鉢貫杖頭著肩上而行尸叉迦羅尼 不犯者或有病或為強力者所逼若

被繫若命梵二難者

卆六 為執杖不恭敬者說法戒 佛在舍衛六群為不恭者說法諸比丘聞如上白佛便呵已制 人持杖

不恭敬不應為說法除病尸叉迦羅尼 不犯者或時有病或為王及大臣者

卆七 人持劒不應為說法除病尸叉迦羅尼 如上

卆八 人持牟不應為說法除病尸叉迦羅尼 如上

卆九 人持刀不得為說法除病尸叉迦羅尼 如上

一百 人持蓋不應為說法除病尸叉迦羅尼 如上

諸大德我已說衆戒叉迦羅尼法今問諸大德是

中清淨不 如是三說 諸大德是中清淨默然故是事如是

持諸大德是七滅諍法半月半月說戒經中來

若比丘有諍事起即應除滅 佛言諍有四種言諍覓諍犯諍事諍言諍者以現前毗尼多人語二種滅覓諍以現前億念不癡罪處所四滅滅犯諍以現前自言治草覆地三滅滅事諍者以一切滅滅其三種諍各分上中下三品合明九種

中清淨不 三說 諸大德是中清淨默然故是事如是

持諸大德是七滅諍法半月半月說戒經中來

若比丘有諍事起即應除滅 佛言諍有四種言諍覓諍犯諍事諍 言諍者以現前毗尼多人語二種滅也覓諍以現前憶念不癡罪處所四滅滅也犯諍以現前自言治草覆地三滅滅世事諍者以一切滅滅其三種諍各分上中下三品合明九種事諍一種應上三諍隨入九品隨現前中三種 五種滅中下品等病說藥應善觀解

應與現前毗尼當與現前毗尼 佛在舍衛國時迦留陀夷與六羣比丘在河中浴便著被衣四羣後謂彼盜便不現前與滅擯羯磨以狀白佛便訶責已因制此法有三種現前法毗尼人也有五種現前法毗尼人僧界也云何法現前所持法滅諍者是云何毗尼現前所持毗尼滅諍者是云何人現前言議往反者是云何僧現前應來者來應與欲者與欲得訶之人不訶者是云何界現前羯磨作制限者是此現前法通一切羯磨若別眾對首心念三種現前即得若四人五人已上僧法若作羯磨必須五法現前以羯磨所起必在作法界故唯除結界在自然界中

應與憶念毗尼當與憶念毗尼 佛在王舍城時沓婆摩羅子為僧驟諍言有婆耆帝癡道以嫌事誣謗親於眾中佛問塵聲彼言我從生來乃至夢中不婬況於覺悟比丘以事詰問六羣便言沓婆清淨無如是事佛言沓婆無罪人不故犯戒應白四羯磨與憶念法

應與不癡毗尼當與不癡毗尼 佛在王舍城時難提比丘得癲狂病行來出入不順威儀多犯眾罪比丘詰問便言癡時造罪病差不作以事白佛佛言三種狂癡一者常憶說戒常來二者不憶說戒不來三者或憶或不憶或來或不來此人應白四與不癡羯磨證知病時造過非罪差後不造應僧清淨得之數故因制此法也

應與自言治當與自言治 佛在瞻波國四月十五日僧說戒時佛在眾坐默不說戒初夜已過阿難請說佛言欲令如來於不淨眾中說戒者無此理也中夜後夜請答亦爾時大目連即以天眼觀犯戒者去佛不遠由懷慚愧外現凈即手牽出來白佛言眾已清淨應得說戒佛言今後不應為取自言治因制此也

應與多人語當與多人語 佛在舍衛時諸比丘於十八事諍競不息遂至僧中斷不可了以事白佛佛言應與多覓罪相法語非法語者同在一處應差比丘令行舍羅行有三種一者顯露二者覆藏三者耳語若上座標首智人和上闍梨住如法地應顯露行舍羅若住非法地者作下二法行之若非法誤人多依應作亂起去故此法律本云多求覓罪相意亦同

應與覓罪處所當與覓罪處所 佛在釋翅瘦國時象力釋子善能論義得外道問前後相違中亦爾比丘以事白

BD14729號　四分律比丘含注戒本（異卷）

應與多人語，當與多人語（僧中斷不了以事白佛，佛言應与多覓罪相法語非法語者同在一處應羨比丘令行舍羅，行有三種，一者顯露，二者覆藏，三者耳語。若上座標首智人和上阿闍梨住如法地，應顯露行舍羅；若住非法地者，作下二法行之。若非法語人多，彼應作亂起去故。此法律本云多求覓罪相，意亦同）

應覓罪處所，當與覓罪處所（佛在釋翅瘦國時，象力釋子善能論義，得外道問前後相違，中亦不比丘以事白佛，佛言僧應白四与彼羯磨，治罰本罪本事廿五事。若伏首本罪者，應白四羯磨。然為解故立此法。有本罪相者，意同如上覓，在第六以違滅覓諍上品樂故）

應與如草布地，當与如草布地（佛在舍衛國，比丘共諍經年難滅，以事白佛，聽彼此二衆相對共懺。應一衆中上座作白言：我等行來出入多犯諸罪，除遮不至白衣家，餘罪共長老作草覆地滅。彼一衆中上座亦如上作白已，彼此和合，罪諍俱滅，更不相問，故如草覆也）

諸大德，我已說七滅諍法，今問諸大德，是中清淨不（三說）

諸大德，是中清淨，默然故，是事如是持（如從四重終此七滅八篇之文，廣教已宗也。此日謂犯略制廣，補其教行，有當誡之益）

諸大德，我已說戒經序，已說四波羅夷法，已說十三僧伽婆尸沙法，已說二不定法，已說卅尼薩耆波逸提法，已說九十波逸提法，已說四波羅提提舍尼法，已說衆式叉迦羅尼法，已說七滅諍法。此是佛所說戒經，半月半月說戒經中來（此即廣教流通文也。總情躰敘總結以示之）

若更有餘佛法，是中皆共和合應當學（此謂略教之別序也。創針於未勞處，顯直學徑要）

聞皆會道

忍辱第一道　佛說无為最
出家惱他人　不名為沙門
此是毗婆尸如來无所著等正覺說是戒經（此賢劫前九十一劫出興于世一百年中常）

說此偈後方說廣也

譬如明眼人　能避險惡道
世有聰明人　能遠離諸惡
此是尸棄如來无所着等正覺說是戒經（此賢劫之前卅一劫出興于世八十年中常）

此是毗婆尸如来无所著等正覺說是戒經 興于世一百年中常

說此偈後方說廣也

譬如明眼人　能避險惡道　世有聰明人　能遠離諸惡

此是尸棄如来无所著等正覺說是戒經 此賢劫前卅四劫出興于世八十年中常

說此略偈自後說廣也

不謗亦不嫉　當奉行於戒　飲食知止足　常樂在空閑

心定樂精進　是名諸佛教

此是毗葉如来无所著等正覺說是戒經 此佛出世與前同

劫人壽七万歲七十年前說此略偈後方廣說也

譬如蜂採花　不壞色與香　但取其味去　比丘入聚然

不違戾他事　不觀作不作　但自觀身行　若作若不作

此是拘樓孫如来无所著等正覺說是戒經 此佛賢劫初興

人壽六万歲六十年前常說略偈後方廣也

心莫作放逸　聖法當勤學　如是无憂愁　心定入涅槃

此是拘那含牟尼如来无所著等正覺說是戒經 此賢劫中

為第二佛人壽四万歲卅年前說此略偈後方廣說也

一切惡莫作　當奉行諸善　自淨其志意　是則諸佛教

此是迦葉如来无所著等正覺說是戒經 此為賢劫第三佛也人壽二万歲

廿年前說此略偈後方說廣也

善護於口言　自淨其心意　身莫作諸惡　此三業道淨

能得如是行　是大仙人道

此是釋迦牟尼如来无所著等正覺於十二年為无事

善護於口言　自淨其心意　身莫作諸惡　此三業道淨
能得如是行　是大仙人道
此是釋迦牟尼如來无所著等正覺於十二年為无事
僧說是戒經從此已後廣分別說七佛略教即是略之言也能撥利根无再犯者後因
重遏佛止不說即以廣略二教付弟子說也
諸比丘自有樂法樂沙門有慚有愧樂學戒者當於
中學　此謂略教之流通也
明人能護戒　能得三種樂　名譽及利養　死得生天上
當觀如是處　有智勤護戒　戒淨有智慧　便得第一道
如過去諸佛　及以未來者　現在諸世尊　能勝一切憂
皆共尊敬戒　此是諸佛法
若有為自身　欲求於佛道　當尊重正法　此是諸佛教
七佛為世尊　滅除諸結使　說是七戒經　諸縛得解脫
已入於涅槃　諸戲永滅盡
尊行大仙說　聖賢稱譽戒　弟子之所行　入寂滅涅槃
世尊涅槃時　興起於大悲　集諸比丘眾　喻如是教戒
莫謂我涅槃　淨行者无護　我今說戒經　亦善說毗尼
我雖般涅槃　當視如世尊　此經久住世　佛法得熾盛
以是熾盛故　得入於涅槃
若不持此戒　如所應布薩　喻如日沒時　世界皆闇冥
當護持此戒　如犛牛愛尾　和合一處坐　如佛之所說

已入於涅槃　諸戲永滅盡

尊行大仙說　聖賢稱譽戒　弟子之所行　入寂滅涅槃

世尊涅槃時　興起於大慈　集諸比丘眾　喻如是教戒

莫謂我涅槃　淨行者无護　我今說戒經　亦善說毗尼

我雖般涅槃　當視如世尊　此經久住世　佛法得熾盛

以是熾盛故　得入於涅槃

若不持此戒　如所應布薩　喻如日沒時　世界皆闇冥

當護持此戒　如犛牛愛尾　和合一處坐　如佛之所說

我已說戒經　眾僧布薩竟

我今說戒經　所說諸功德　施一切眾生　皆共成佛道

斯文即法護尊者所撰為廣略二教揔流通也今余所註

述而不作將用塵露山海昭揚遠代同舟所存固其不爽

四分律大比丘含注戒本

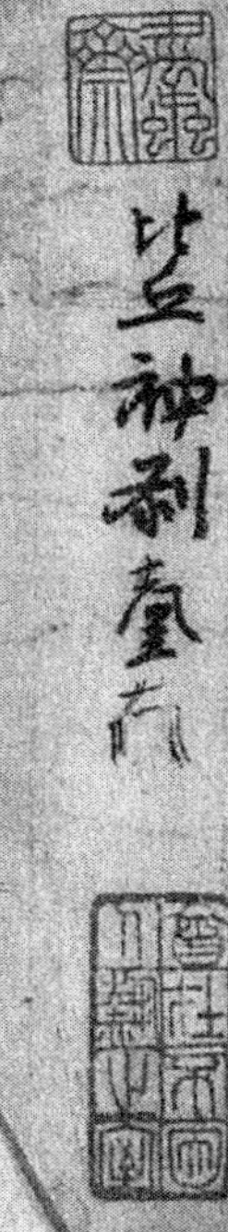

比丘神剎臺[illegible]

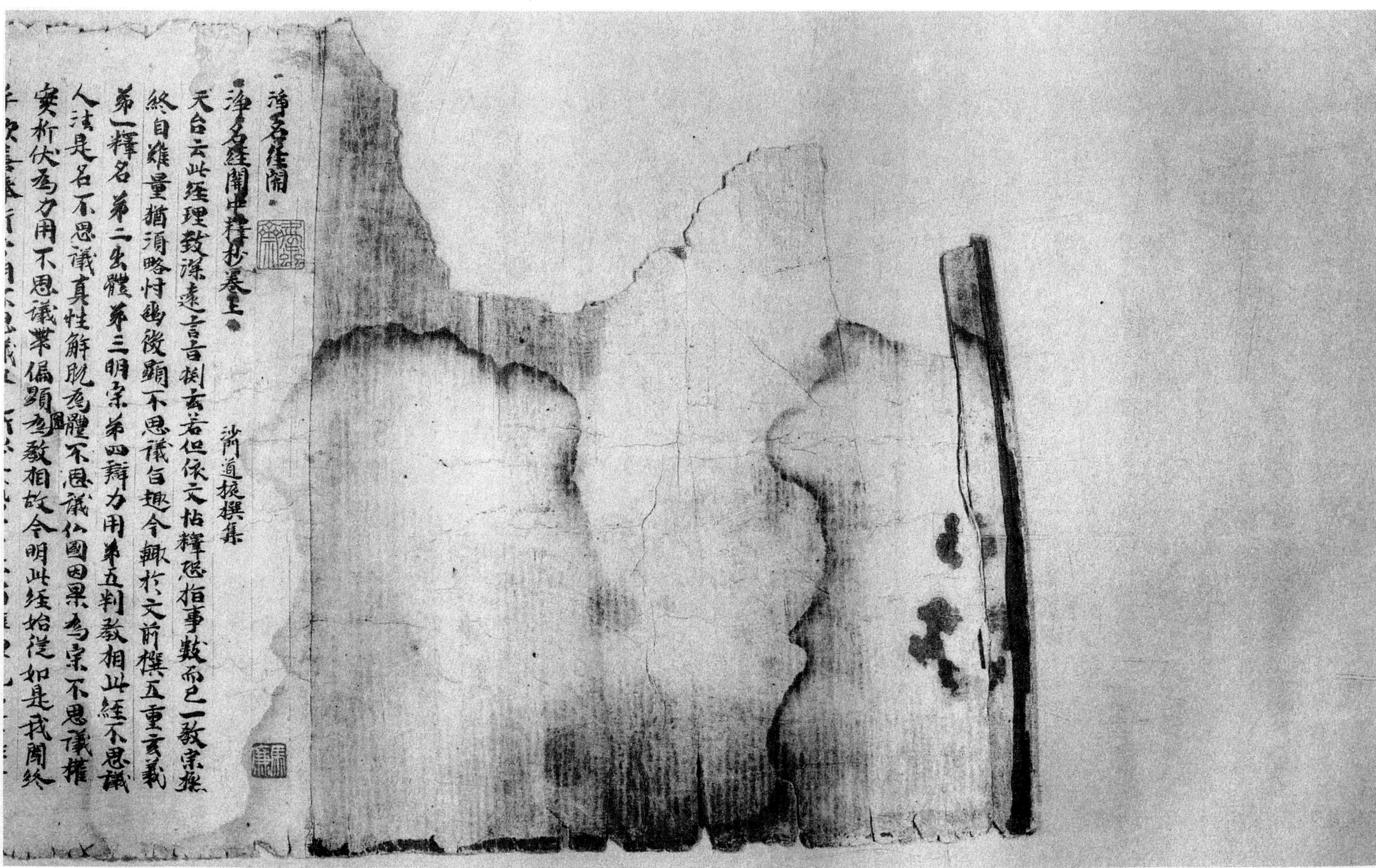
淨名經關

淨名經關中釋抄卷上　沙門道掖撰集

天台云此經理致深遠言音樹玄若但依文帖釋恐指事數而已一教宗揆

終自難量攝須略忖幽微顯不思議旨趣今輒於文前撰五重玄義

第一釋名第二出體第三明宗第四辯力用第五判教相此經不思議

人法是名不思議真性解脫為體不思議佛國因果為宗不思議權

實折伏為力用不思議業偏顯為教相故今明此經始從如是我聞終

[illegible]

BD14730號　淨名經關中釋抄卷上　（32–1）

天台云此經理致深遠言旨例玄若但依文消釋恐指事數而已一教宗旅
終自難量猶須略忖幽微顯不思議旨趣令輒於文前撰五重玄義
第一釋名第二出體第三明宗第四辯力用第五判教相此經不思議
人法是名不思議真性解脫為體不思議佛國因果為宗不思議權
實析伏為力用不思議業偏圓為教相故今明此經始從如是我聞終
乎歡喜奉行悉明不思議也　所以五義次第爾者雖理絕名言非言
無以設教故於無名之道假名相說而名以詮法法以應名是以經之指歸
蘊在名內故先標名夫尋名得理理即真性真性解解脫脫即經之體也故
次出體體體不孤致求之有方涉行修因然後致果故用因果為入理經宗行
因得果即能巧用權實析伏攝受利益眾生故次明力用聖人設教隨
逗根根緣緣不一是以教有同異故次明教相也　第一釋名門中復有三意
初辯教起所由次明翻譯第代後明正釋經題　初教起所由有通有別通
明諸經者有三意一為滿本願故一切諸佛行菩薩道悉發四弘誓願今為答
初眾生無邊誓願度故說教也故肇師云結僧那於始心終大悲以赴難
如下文云菩薩取於淨國者悉為饒益諸眾生故又法花經云我本立誓願
欲令一切眾如我等無異　二為酬請故如法花經明如來成道經三七日
梵王帝釋及四天王請佛轉法輪問梵王等請佛三轉十二行法輪豈請
轉大乘耶答大論明說般若由是酬王請故知亦請大也又下經中天帝四
王眾發誓弘經豈非慶佛酬請故也　三為赴根緣故但佛大慈悲根熟
即化何必要須請也故文云眾人不請友而安之菩薩尚爾況如來耶問根
緣多種如何稱會答如來以四悉檀赴諸根緣故能會不失機緣大經
明生生等不可說以因緣故亦可得說因緣者即悉檀方便也是生眾教之
緣是起眾行之因將明此義三門分別　第一翻名第二辯其體相第三
明被起教行　初翻釋者悉檀者或云有翻或云無翻其無翻意釋經字中明
言有翻者或云宗或云墨或云印或云實或云成就竟究竟等如是對翻非
一難可定存此根說法離文字之宗印等也南岳師云此例如大涅經梵漢
稱也悉是隨音檀是梵語悉之言遍檀翻為施佛以此法遍施眾生故也
第二辯相者一世界二各各為人三對治四第一義大聖為破外道邪四悉
檀故說正此四悉檀起一切眾生大小乘教　第一世界悉檀者即是眾生五蘊
十二入十八界一切諸法名相隔別不同故名世界外人迷此世界或計無因緣
故有世界或計邪因緣有世界大聖隨眾生所欲樂聞為說正因緣世界之
法令眾生得世間正見即是世間法施　二各各為人悉檀者大聖觀人心
而為說法人心各各不同故於一事或聽不聽如經所說雜業故雜生
世間雜觸雜受更有破群那經說無人得觸無人得受此意正為破執生
信增長善根施諸善法故名各各為人悉檀　三對治悉檀者大智度論
云有法對治則有實性則無有者即是貪欲多者教不淨觀

BD14730號　淨名經關中釋抄卷上　（32–2）

十二入十八界一切諸法名相隔別不同故名世界外人迷此世界或計无因緣
故有世界或計邪因緣有世界大聖隨衆生所欲樂聞為說正因緣世界之
法令衆生得世間正見即是世間法施　二各各為人悉檀者大聖觀人心
而為說法人心各各不同故於一事或聽不聽如經所說雜觸業故雜生
世間雜觸雜受更有破群那經說无人得觸无人得受此意正為破執生
信增長善根施諸善法故名各各為人悉檀　三對治悉檀者大智度論
云有法對治則有實性故无有者即是貪欲多者教觀不淨觀瞋
恚多者教修慈悲觀愚癡多者教因緣觀也仏說對治之法藥遍施
衆生為斷其惡故名對治悉檀　第四第一義悉檀者大論云明第一義有
二種一約不可說二約可說初不可說即是諸仏辟支仏阿羅漢真實法故大
論云言論盡竟心行亦訖又如大經說諸行處名世界說不行處名第一義
約可說者如大論云一切法實一切不實一切法亦實亦不實一切非實非不實皆
名諸法之實相仏於如是等處處諸經說第一義悉檀相此即是一家所明四
門入第一義竟中論云若為向道之人聞說四句即能悟入即是諸法實相
若人聞說四句心生取著皆是戲論此即初隨樂欲二隨便宜三隨對治四
隨第一義故寶積歎仏巢說弁云仏以一音演說法或有恐畏或歡喜或
厭離或斷疑斯則神力不共法恐者畏異悉檀為說三界火宅故恐怖
歡喜者為人悉檀發本善根得法喜也或生厭離者即是厭患煩惱與
對治也斷疑即第一義悉檀初入見諦理分明故斷疑也　第三明起一
切教行者大論明四悉檀起十二部經八万四千法藏是即世界悉檀起八万
四千諸塵勞門各各為人悉檀起八万四千三昧門諸陀羅尼門對治悉
檀起八万四千諸對治門對治八万四千諸煩惱也第一義悉檀起八万四千諸
法門亦名八万四千諸波羅蜜門乃至大小乘經漸頓諸教通別二論聖說
聖嘿皆因悉檀方便而建立也　第二別明此經起緣其意多途略述四
種明其大意餘所委細隨品分別一為明二解脫不同二為開淨土之宗
三為顯淨名勝德四為成勝供養初者顯不可思議不可思議二種解脫
有異[illegible]聲聞等稟普權說之教自謂与仏同坐解脫不无心趣大故今
經簡之令知有異厭小求大成生蘊排亂文九多意略舉三種一約真
性解脫簡如身子云此室高廣而不觸界表不思議解脫理深大故非小乘
所入又云仏為增上慢人說離婬怒癡性解脫若无增上慢者婬怒癡性即
是解脫是即思議離不離別　二約實惠簡者又云不斷癡愛起於明
脫此異二乘斷惑取證又云无得无證故弁如是塵勞之儔為如來種等
是也　三約方便解脫簡者經云結習未盡花著身耳結習斷者花不著
也二乘雖得解脫未盡惑原又以小室能藏大座須弥納在芥子中本相
如故乃至現作魔王掌擎大衆等皆是菩薩方便示現利物故也　二為開
淨土之宗者大聖前於普集等經為說法身正報未明淨土依報故

是解脫是即思議雖不離別　二約愛惠間者文云不識處愛起於顛
脫此異二亦誡惑取證又云無得無證故并如是塵勞之疇爲如來種等
是也　三約方便解脫間者經云結習未盡花着身耳結習斷者花不着
世二亦雖得解脫未盡惑原又以小室能藏大座須弥納在芥子中本相
如故乃至現作魔王掌擎大千等皆是菩方便示現利物故也　二爲關
淨土之宗者大聖前於菴園集等經旁說法身正報未明淨土依報故
於此中合蓋現土寶積先問如來酬答乃至指案現淨空室侍問千
香之界遠現上方妙喜之國來進斯土此等種種因緣使諸菩薩上知諸仏
功德平等爲化生故現仏土不同下能成就化生同諸如來淨仏國土者
如下文不可懸述　三爲顯淨名勝德欲歎則前來宣化咸可宗承物
情信伏故下文云汝等捨置菩薩所行是維摩詰所現神力汝等聲聞百
千億劫盡力變化所不能作也又什法師云維摩詰秦言淨名即五百
童子之一人也從妙樂國來遊此土所應既周將返本土欲顯其淳德
以澤群生顯迹悟時要必有由故令同志詣仏而獨不行明其有疾故有
問疾之會由淨國之集由淨名方便然則此經始終由其人在也
又肇師亦云敎緣既畢將返妙喜故欲顯其神德以弘如來不思議之
道四爲成就最勝供養故說此經故下文云若有讀誦解說其義如說
修行則爲諸仏之所護念其有供養如是人者當知則爲供養於仏又云
天帝若善男子善女人受持讀誦供養是經卷者則爲供養去來今
仏況梵天之塔福未是多五劫施安供養非勝得柔順忍攝陀羅尼護
法濟人其惟法供養矣　第二翻譯代者大唐內典錄云敎流東起寔
本非周秦正弥之遺蹤間出劉向校書天閣往往見有仏經依此校量不
止漢明之代今叙中興之始於後漢孝明帝永平七年夜夢金人殿庭
集議傳毅奏對臣聞昔西方有神其名爲仏陛下所見將必是乎帝乃
遣使中郎秦景博士王遵等一十二人往適天竺於月支國請沙門迦葉
摩騰竺法蘭寫得經像載以白馬至永平十年還達雒陽立白馬寺譯
出卌二章經此即漢地經之祖也自爾譯教相繼雲興沙門信士接踵傳
譯爰至皇朝時移九代此經翻傳總有六譯　第一後漢劉氏靈帝代
臨淮清信士嚴仏調於雒陽白馬寺譯二卷名古維摩經　第二吳朝
孫氏太皇帝月支國優婆塞支謙於武昌譯三卷名維摩詰所說不思
法門經　第三西晉司馬氏武帝沙門竺法護西域人解卅六國語於雒
陽一卷名維摩詰所說法門經　第四東晉王氏惠帝西域沙門竺叔蘭
元康六年於雒陽譯三卷名毗摩羅詰經　第五後秦姚興弘始八年三
藏沙門鳩摩羅什於常安大寺譯三卷名維摩詰所說經即今所翻之
本是也　第六唐三藏沙門玄奘貞觀廿一年於長安大慈恩寺譯六卷名

孫氏大皇帝月支國優婆塞支謙於武昌譯二卷名維摩詰所說不思
法門經　第二西晉司馬氏武帝沙門竺法護西域人解卅六國語於維
陽一卷名維摩詰所說法門經　第四東晉王氏惠帝西域沙門竺叔蘭
元康六年於維陽譯三卷名毗摩羅詰經　第五後秦姚興弘始八年三
藏沙門鳩摩羅什於常安大寺譯三卷名維摩詰所說經即今所翻之
本是也　第六唐三藏沙門玄奘貞觀廿一年於長安大慈恩寺譯六卷名
無垢稱經　第三正釋經題略分為二一別二通別即維摩法花通即經
之一字所以名為通別者略有三義一約教如花嚴大品等教異故立名亦
異是為別也並是佛說同名為經故通也二約行者如恒河真法寶有
生種種門入入門異為行別故須別名同趣菩提即一理故名通也三約理者
理是一法名義即多故經云如天帝釋有種種名解脫亦爾多諸名字
異故名為別同是一理故名通也從教起行入理俱有通別先明別名
後分人法所以雙標者非人無以弘法非法無以顯人是即尊其人重其法也
初弁人名即為二別初翻名解釋後明本迹高下　初翻譯者或云毗摩羅詰
秦餘七翻淨名無垢稱或云毗摩羅詰此翻為淨名或云毗摩羅詰秦
此翻為淨無垢稱此梵音輕重不同故義亦廣略隨別次解釋者初翻
似覺為絮維為申釋次淨名者似對真應二身淨即真身真智
無惑故云為淨名者即應身垂形濟物名稱普聞也什云五百童子之一
人也次翻淨無垢稱者似對三身淨即法身自性清淨皎然無點即
是性法身也無垢即報身智圓明無有垢染即是圓淨報身也稱者即
是應身大慈化世名稱普洽即是應身也故智度論云水銀和真金
能塗諸色像功德和法身處處應現往餘義釋法名中有弁二明
本迹高下者淨名大士補處菩薩阿閦佛即以生兜率為補處菩薩
品共行十地即九地菩薩為補處若五十二位即以等覺為補處若纔
真知有何次初心即補處此既有教異明故須弁其本跡今明此義略分
二意初正通明本迹後別明淨名本跡初正明者本迹所依之理迹者是
能依之事事理合明故稱本迹也譬如人依住處則有行往之蹤跡也將明
此義略為五意一約事理二約理教三約理行四約體用五約權實初事理
者理即不思議真諦之理本事即即不思議俗諦之事由真諦不思
議之理本故有不思議俗諦之事跡尋俗諦之事迹得真諦之理
本本迹雖殊不思議一也二約理教者此經云三轉法輪於大千其輪本來
常清淨此即以前不思議二諦為理本能詮二諦為教迹由理垂教
尋教得理餘如前三約理行者法花經云諸法從本來常自寂相佛子
行道已來世得作佛此經云無離文字說解脫相即前理教並以為本
不思議觀行為事迹餘類前明四約體用者即以法身體為本應

BD14730號　淨名經關中釋抄卷上　（32–5）

議之理本故有不思議俗諦之事跡尋俗諦之事迹得真諦之理
本〃迹雖殊不思議一也二約理教者此經云三轉法輪於大千其輪本來
常清淨此即以前不思議二諦為理本能詮二諦為教迹由理垂教
尋教得理餘如前三約理行者法花經云諸法從本來常自寂滅相仏子
行道已來世得作仏此經云无離文字說解脫相即前理教並以為本
不思議觀行為事迹餘類前明四約體用者即以法身體為本應
身用為迹故金光明經云仏真法身由如虛空應物現形如水中月餘策
如前五約權實者實即身位證得真應二身為實本權化方便現真
應二身或高或下隨逐物情為迹事故經云雖復成道轉於法輪而
不捨於菩薩之道也餘亦如前是即理事明本迹即是理即理教明即名
字即理行明即觀行即體用明即真應即權實明即究竟即諸菩薩
或本高迹下或本下迹高或俱高俱下難可格量第二別明淨名本迹者
舊云本是金粟如來迹居妙喜為无動補處或云本是八地迹現毗耶位
居長者若執此意定判本迹者為是何位金粟何位補處若妙覺之
金粟為妙喜之補處此即本高迹下若初住之金粟現十地之補處
即本下迹高妙覺則本迹俱高若初住現小菩薩補處本迹俱下豈
可定判其優劣高下之位也　所說經者此第二釋通名先總弁所說後
釋經字初所說者　肇曰維摩詰秦言淨名法身大士也其權道无方隱
顯殊迹釋彼妙喜現此忍土所以和光塵俗因通道教常与寶積俱遊
為法城之侶其教緣既畢將返妙喜故欲顯其神德以弘如來不思議解
脫之道至令寶積獨詣釋迦因菌現疾以生問疾之端建微言之始
妙唱自彼故稱其說　生曰維摩詰者此云无垢稱也其人臨迹五欲超然无
染清名遐布故致斯号貴名求實者必重其說〃本表實重之則
終得所求由斯近接有過聖言矣有說淨名說於仏法不說〃自法〃
即与仏說行令解淨名自證之法即是一切法故下文云如自觀身實相
觀仏亦然問淨名菩薩所說何得稱經答大論明仏弟子化人諸天仙人所
說為仏所印稱經也二釋經字依天竺語仏之教首通標脩多羅或云
脩姤路例如此土楚夏之別古今法師解釋有異或言有翻或言无翻
今弁此義略為五意第一无翻第二有翻第三會通有无第四正釋經
字第五歷法明經第一言无翻者外國有多含之語即是脩多羅名含
五義皆可但用經字翻之故開善法師云經非正翻但以經字代處類似
此方周孔聖教稱之為經外國聖教類此應以此經字代也言五義者
一法本有三一教本即世界悉檀二行本即對治為人二悉檀三理本即第
一義悉檀亦云顯示〃真理也如弥勒章示真捷等也　二微發者法王
[illegible]

字第五歷法明經第一言无翻者外國有多含之語即是脩多羅名含
蘊義豈可但用經字翻之故開善法師云經非正翻但以經字代處類之
此方周孔聖教稱之為經外國聖教類此應以此經字代也言五義者
一法本有三一教本即世界悉檀二行本即對治為人二悉檀三理本即第
一義悉檀亦云顯示〻〻真理也如弥勒章示真菩提等也　二微發者法王
起教璟妙玄深從微至著靡所不詮是即文義漸顯開發物心初中後
善圓滿具足故也亦云出生謂聞法得道出生法身經云諸仏菩提皆從
此生　三涌泉義者此從譬受名如泉涌流〻〻无竭如弥勒章得无所得
即菩提之義无邊觀亂生品悟生非生則慈悲之名莫竭故云也　四繩
墨義亦從譬顯也如世繩墨能裁邪訛正執鈍有處如不生不滅万行
不可乖无常无我四果不可異又如六度四等名不可易蘊界處等禁
可加故云也　五結鬘義者此從譬以顯如縷穿花使无零落大聖說法
要通理行无漏失復次如百花異色更相輝煥万行莊嚴乘為眼
餝如揔持園覺八解浴池大乘寶車駕以白牛等也此土既无多含此
五之言故用經字代也　第二言有翻者有師言者仏法初度梵漢之
語兼通故河西群學謂无翻也今經論既度梵漢之語復通脩多羅豈
有翻也但諸師各稟異聞文成非一略出五家翻釋一翻為法本具如前
弁二翻為啓即初悉檀契情二三悉檀契行第四悉檀契理也此則如
法相解如法相說故也　三為翻綖也曰譬顯義与前結鬘義同又結成
行人三菩之果也四翻為善語教禮大聖明鑒慈心順理復悉檀善巧
化順物情故也五翻為經以類此方趣聖所說故也　第三會通有无
雖取經字為正者无翻者言此无多含之語此亦未然如此訓字或一或
二乃至多訓如經訓誦法訓常及經律等豈非多含義也又有翻
者言今語既通定有翻者此亦未然若定有翻何故五譯不定若
城而存一義復不圓若知无名相中假名相說悉檀方便起教是一遍其
根性即有翻皆无翻无滯也故經云依義不依語也又兩家五義皆以經字
標題不以契綖等為目今立經字亦是融通无失　第四正釋經字略
開四義一者經由義二意初云聖言下備經由如來心口故也二云三代聖人
莫不皆由悉檀之教而致大果二者經律義生法師云世之經律成自素
帛斯之經律顯于行人真光之緣三者常義有二意一者邪不能壞
二者正不能異故肇師云古今雖殊覺道不改群邪不能沮衆聖不能
異故曰也四者法義安法師曰謂禮可楷模如此土六經顯道德人倫之是非
也　第五歷法明經有說三種經一聲二色三法初聲經者聲教詮故大
品經云若從善知識處聞般若也二色經者尋文悟理故大品云若從經
卷中聞般若也三法經者是法處謂心与法合思惟得證故經云脩我

二者正不能異故肇师云古今雖殊覺道不改群邪不能沮衆聖不能
異故曰也四者法義安法师曰謂禮可揩模如此土六經顯道德人倫之是非
也　第五歷法明經有説三種經一聲二色三法初聲經者聲教詮故大
品經云若從善知識及聞般若也二色經者尋文悟理故大品云若從經
卷中聞般若也三法經者是法塵謂心与法合思惟得證故經云備我
法者證乃自知故也問餘三塵何故非法答此土三根鈍故優次如法華明
六根平等清淨此經下文目食香飯得道彥明六塵俱為仏事不同小宗
唯説安娑音聲為仏事又大品明諸法等故般若波羅蜜亦等金剛云
一切法皆是仏法也　名不可思議解脫者此是第二大段從法受名此經
流布既多申釋亦衆略開九家以相化決初什曰亦名三昧亦名神足或令
修短改度或巨細相容變化隨意於法自在解脫於导故名解脫二生曰
不思議有二種一曰理空非惑情所圖二曰神奇非淺識所量若體夫空理
則脫不思議之惑惑既矣則所為難測三曰肇微遠絶深二乘不能測
不思議也四叡曰菩薩无心應物有説衆生但觀
其教莫惻其所由故名所説為不思議也雖説而无心故不导於有雖无
心而説故不导於空空有所不能累故名之為解脫也五開内舊解六地斷
正使七地假除習氣道觀雙流名不思議正習俱盡名為解脫也六地論師
云不真宗解終七識智照仏性真理斷界内見思界外无明是思議解
脫若真宗八識真體頓融无累名不思議解脫也七真諦
三藏云解有二種一不相離即是諸法如如本有之理未与惑離也二相離
者得法如如智斷心障与惑相離故名相離解脫即不思議八三論師云若
自他明縛脫縛是自縛脫是自脫即是自性之縛脫今明縛非自縛
由脫説縛脫非自脫由縛得脫由脫説縛由縛説脫即是假
脫假縛非縛假脫非脫即是非縛非脫畢竟清淨而説縛脫者即是假
名不思議之解脫也九天台踪釋有三意第一簡別思議不思議相二別釋
不思議解脫三類通諸法初簡別中略為七意一約理分別者若見可思
議真諦之理而得解脫即是思議若見中道實相之理而得解脫即
不思議也故下文菩病非真非有等二約智者若是生滅智照即是思
議若是无生滅照之智照即不思議也故文云无惠方便解等三約斷
者若斷煩惱而解脫者是思議若不斷煩惱而入涅槃即不思議故下文
云不斷癡愛起於明脫四約界内外者若脫界内惑而脫者即思議若脫
界内外者是不思議也故法花云但離虛妄名為解脫其實未得一切
解脫又下文云法名无染若染於法乃至涅槃是即染著非求法也五約有
體无體者若思議解脫即空无色心若不思議乃不思議實相體必契
經云解脫乃二意亦色非色者聲聞緣覺亦色者諸仏如來又云妙

云不斷癡愛起於明脫四約界內外者若脫界內惑而脫者即思議若脫
界內外者是不思議也故法花云但離虛妄名為解脫其實未得一切
解脫又下文云法名無染若染於法乃至涅槃是即除着非求法也五約有
體無體者若思議解脫即空無色心若不思議亦不思議實相體也故
經云解脫亦二意亦色非色也者聲聞緣覺亦色者諸仏如來又云妙
色湛然常安住仁王明法性五陰等六約亦用若思議解脫無々方大用
若不思議解脫亦無方大用故下文云不起滅定現諸威儀及須弥入芥
等種々大用也七約共不共簡者若三乘共行侵除習氣是思議若別斷五
住是不思議復次縁修與方便共名思議其修非方便共名不思議若尒者
聲聞不知菩外凡不知內凡乃至世間伎術如蜂作蜜蜘蛛結網亦非思者
所例皆名不思議是則下不知上亦名不思議上能知下還成思議今明不共
不思議下地不以思上々地不以思下地窮挨真如亦何況文花嚴云究竟
離虛妄無染如虛空又下文云非但分別思惟之所能得問上地不思下地如何
知答窮而常照故知雖照而未嘗不寂也 三別釋不思議解脫者初約四句今
明不從自脫起故不約自性以立名不從他縛起故不約他性以立名不從自他
縛脫起故不約共性以立名不從離脫離縛起故不約無因性以立名從因緣
立解脫名尚不可得何況無因緣起以立名是即不在內外兩間而說解脫
者不思議也是即無離文字說解脫相解脫者即諸法也約此而明不思議
解脫即具三義一真性解脫二實慧解脫三方便解脫此三如上所由門及
不思議品疏明三約類通三法者略十種一三道者苦道煩惱道業道初
即真性二即實慧三即方便如次配之下九亦尒二三識一阿梨耶即第八二
阿陀那即第七三波陀那即第六識三々仏性一正因二了因三緣因四般若
一實相二觀照三方便五三菩提一實相二實智三方便六三種大乘一性
乘二得乘三隨乘七三種法身一法性法身二果報法身三應化法身八三
種涅槃一性淨涅槃二圓淨三方便淨九一體三寶一真性即法二實慧即仏三
方便即僧十三德一法身二般若三解脫如是即真性解脫是淨實慧
解脫是無垢方便解脫是稱此乃人法立名法從人受稱故得顯發不思
議大道也 大段第二明經體者略開三意一弁體所以二正明經體三簡略
顯真初所以須明體者若尋經失旨事同渦達難讀八万法藏不免墮
大地獄若得意亡言即盤特一偈成阿羅果若不識經真性之體雖
復讀經終然不能得無生法忍故須弁也 第二正明經體然此一門
經論異說今古中釋復有多余亂統論其要不出二種一能詮之教二所
詮之理故瑜伽論云契經體者略有二種一文二義是即法明假實音聲
名句文等並能詮教攝如前釋名門具如辯說若法明真如性相等並

大地獄若得意巨言即盤特一偈成阿羅果若不依經真性之體雖
復讀經咒行終不能得无生法忍故須弁也　第二正明經體然此一門
經許異說今古申釋復多紊亂統論其要不出二種一能詮之教二所
詮之理故瑜伽論云契經體者略有二種一文二義是即法明假實音聲
名句文等並能詮教攝如前釋名門具如辯說若法明真如性相等並
所詮理攝今此具明舊釋此經多用權實為體即是宗此釋不然何則
天无二日國无二主豈可權實具明又體據理明宗據行說焉得宗體弁
也今但以不思議真性解脫為體者此經云婬怒癡性即是解脫又云諸
仏菩薩有解脫名不可思議又云一切法亦如也然此真性實相離四句絕
百非能軌行人正智万行故獨名體也故大論明小乘經三法印无常无
我寂滅菩薩大乘經一實相印又下文云以陀羅尼印印之即經之正體也若得
三法印能入菩薩忍真明至无學果若得實相印能入无生法忍得大菩
提也　第三簡濫顯真即為二意初簡非實相二顯真實相初中復三
一簡世俗經書二簡外人經書三簡聲聞經　初世俗經書但明安國治家
償善罰惡仁義禮智信接生養性乃至梵天說出欲論五通神仙之論
並屬愛論破壞慧眼不見真實非實相體　二外人經書多起身邊
二見或計神及世間常是事實餘妄語乃至非常非无常墮十四
難生六十二見各謂是實以有所得起諸行業流轉生死並屬見論破
壞惠眼故非實相體也　三聲聞經明无常等三法印獄患三界盡苦菩
不然求諸法實相亦非實體也　二顯真相者摩訶衍教所明為利根菩
說諸法實相不帶二邊體用圓備自利利即真性解脫之體也此中復有
共二乘說不共二乘說共二乘者如大品經三乘共行十地聲聞斷正使緣
覺侵習氣菩薩能窮法性習氣都盡譬如三獸度河淺深有異　二不共二
乘者有漸有圓漸者雙斷二諦得實相菩提圓者婬怒癡性即是解脫
一切法即仏性菩薩如來藏也或名一實諦或名自性清淨或言如如實際法
性法身中道畢竟空等故大論云般若是一法仏說種種名大經云如天帝
釋有千種名解脫亦尒多諸名字此亦得通為諸大乘經之正體也
大段第三仏國因果為宗者斯乃衆生之迷要詣理之關樞竊尋經旨亦不
分宗體之別但得經者蹬壹行斂開發物心使有歸趣前既非因非果真
性為衆經體此乃而因而果為衆經宗舉因則攝万行舉果則攝万德雙
舉因果為衆經之別要也如大經明四德菩薩之果非无五行十功德之因大品
明般若智照之因非无種智菩薩之果此經寶積陳請具問因果頭聞仏國
淨清是果說諸菩薩淨土之行為因如來豎明四句答果攝橫明衆行答
因乃至入室問權實二疾因不思議品明果次下三品明因香積淨土
為果八无磨行為因示阿難仏土不同為果請法退還為因持善求此為

BD14730號　淨名經關中釋抄卷上　（32–10）

擧因果為亦經之別要也如大經明四德菩薩之果非无五行十功德之因大品
明般若智照之因非无種智菩薩之果此經窮積陳請具問因果願聞佛國
淨清是果說諸菩薩淨土之行為因如來具明四句答果撮明亦行是
因乃至入室同權實果同實之實因不思議品明果次下三品明因香積淨土
為果八无厓行為因亦阿難佛土不同為果請法退還為因妙喜來此為
果菩薩生彼為因是知前晉集亦明法身正報此中明淨土依報故如來合
蓋現土使物歸心正明宗之大意　大段第四權實善巧為用既依因得果
故有權實之妙用令諸眾生斷疑生信略為三意一明權實二明折伏攝受
三明通此經文　初明權實者凡人偏用權巧莫測為用此明用偏也今言權
實者得為用問若實是體從體起用能得實亦是用答權實有
三種一化他權實諸佛菩薩无名相中假名相說種種權實少是隨化意語二自行
化他權實諸佛菩薩自行隨自意語為實隨他意語為權三自行權實者諸
佛菩薩自行行之諦之諦之理以辯權實也此中明用即化他權實也　二明折伏
攝受者如勝鬘經云應折伏者而折伏之應攝受者而攝受之以折伏攝受
故令正法久住今淨名菩薩令不思議法得久住故是以方便折伏實智攝受
故室外彈訶室内攝受使令信受住不思議解脫也　三明通經文略舉四例
如方便品諸仁者此可猒患即權折伏當樂佛身即實攝受如善吉章明於
食等者於法亦等是實折伏又云如佛所作化人若以是事是權攝受若
實折伏實攝受如彌勒身子等若權折伏權攝受如迦葉等並至文當
辯　大段第五判教相同異者前雖為明名有四義未辯此經与諸經起
緣同異略為三意一明辯教相意二明古今同異三正明判此經　初辯教相意
者尋夫至聖无言言之者為物物情既異赴緣之教亦多如華嚴獨明大
乘所含偏說小教或作開半滿而同歸佛性或總會三車而俱至寶所故先
德諸師各尋理類釋欲使大小區分權實有在矣　二明今古同異有三意
一約義二約時三別辯　間一後魏留支三藏立一音教引此經云佛以一音演說
二魏涼曇无讖立二種教一半字小乘二滿字大乘　三陳真諦立三種教一轉
法輪四諦是二照法轉諸般若經是三持法輪辯涅槃等是　四隨笈多三藏
立四種教一四諦教小乘經是二无相教般若經是三法相大乘楞伽經是四觀行大乘
嚴花經是又宗地論大衍法師亦立四宗教一因緣宗毗曇論等二假名宗成實
論等三不真宗般若經等四真宗和花嚴菩薩經等乃至齊護身法師立五
宗教開前第四菩薩明佛性為第四真實宗華嚴法界為第五法教圓明
宗　二就時者菩提場觀覺二師三時明義第一時說有相法輪第二時說无
相法輪第三時說常住法輪若四時明義者生法師云始自道樹終乎泥
日凡說四種法輪一善淨法輪謂始說一善乃至四空令去三塗之穢二方
便淨法輪謂无得道品得二乘三真實法輪謂破三之偽成一之實四

論等三不真宗般若經等四真宗如花嚴卉經等乃至齊護身法師立五
宗教開分第四卉明仏性彥第四真實宗華嚴法界為第五法教圓明
宗　二就時者菩提道場觀後二師三時明義第一時說有相法輪第二時說无
相法輪第三時說常住法輪若四時明義者生法師云始自道樹終乎泥
日凡說四種法輪一善淨法輪謂始說一善乃至四空令去三塗之穢二方
便淨法輪謂无漏道品得二乘三真實法輪謂破三之偽成一之實四
者无餘法輪斯則會歸之談乃說常住妙音　若開善光宅二法師判三
種教一頓二漸三偏方不定漸中分為五時一頓教謂華嚴經也二十二
年前說有相教小乘教也三十二年後說无相般若教四抑揚教此經是
五同歸教法華卉也　三別簡此經去取者先半滿明義此經滿字與華嚴
等不異三時明我屬第二无相仍是未明仏性常住若四宗明我是真實
宗及出緣起之教五時明我是第四抑揚之教由未會三歸一及明常住仏
性也　次詳定者若言此經未明仏性者此明真性解脫豈非仏性耶下文
明如來種種即性之異名耳若言未明常住者下文明金剛之體夫如者不
二不異如无為生如无為滅等豈非常住耶若言宗同法花者何仍訶聲聞
未受記也若滿字同卉者彼是醍醐此乃由是生蘇教也倫如法花我頓不
具載　第三明近制判釋初約義及時二就宗兼減初中經教有四一者
頓二者漸三者不定四者秘密　初頓者如花嚴經云譬如日出前照高山又
如大經云雪山有草名曰忍辱牛若食者即得醍醐等　二者漸即五味相生
即是從小乘事戒定乳得生酪四諦略次方等大乘最初說无生四諦无量
无作對破小乘呵責聲聞棄小法者即是從酪出生蘇摩訶般若亦具說
无生无量无作令聲聞轉教即是從生蘇出熟蘇如是法花說開一實无
作四諦為諸聲聞開仏知見悉受記別乃至大經為諸比丘說圓伊三點仏
性菩薩安置諸子秘密藏中即是從熟蘇出醍醐如此明五味之義與常途一往
似同細思此並大異也　三明不定者亦不同舊解別有偏方不定之說今但就
前五味教內利根之人處處悉皆得見仏性故如滿字之義大經云譬如有
人致毒於乳乃至醍醐亦能煞人此以渠武陳支攝山三家明此經大品皆是
滿字明仏性常住意在此也　四秘密者大論云仏初轉法輪顯露教中明五
人得須陀洹果八万諸天得法眼淨秘密教中无量菩薩聞說大乘得无生忍坐
從得道夜至涅槃夜常說般若又此經云仏以一音演說法眾生隨類各
得解此並秘密之相今判此經非是頓教乃是五味漸教生蘇之味若約不
定即是生蘇而煞人入不二法門住不思議解脫也若秘密即不可知也
二就宗兼減者先明乘者有說二乘一大謂滿字二小謂半字　有說三乘謂聲
聞緣覺菩薩復次法華經於一仏乘分別說三為權十方仏土中唯有一乘法是
實即是權實異說為四教勝鬘亦云三乘歸依非究竟歸依也復次婆

得解此並秘密之相今判此經非是頓教乃是五味漸教生蘇之味若約不
定即是令生蘇而致人入不二法門住不思議解脫也若秘密即不可知也
二就乘兼義者光明示者冬說二乘一大謂滿字二小謂半字　有說三乘謂聲
聞緣覺菩薩次法華經於一仏乘分別說三爲權十方仏土中唯有一乘法是
實即是權實具於身四教勝鬘亦云三乘歸依非究竟歸依故也復次娑
沙作聲生域三乘大品經明无生三乘瓔珞本經次第一乘花嚴本經明圓頓
一乘通明乘者運載爲義此經具權實半滿通論也　二就藏辯者有說
二藏謂聲聞菩薩如明二藏謂素怛纜藏經也毗柰耶藏律也阿毗達磨
藏論也分別功德經明四藏三藏外別立雜藏雜論戒定慧也法藏部立五藏謂
四藏外立菩薩藏對法論立六藏謂大小乘各三胎藏經說八藏謂大小乘各四律經
論雜也總名藏者梵曰毗擿迦此名爲藏以蘊積爲義也此經就人明藏即菩
薩藏故文云菩薩法藏所攝就法藏明即經藏所攝故文云我雖從仏聞百千經未
曾聞此決定實相經典也　問十二部經此是何部答不然十二部者非是別有
部卷蓋隨經義類以分別故今經少具中明此義略開二重初正明義後
對文初中三意一翻釋名二辯體相三簡差別初釋名有總別總者十二部
名意如前略善故翻云十二分也釋別名者修多羅如前明大經始終通明
也二祇夜此去重誦長行未了偈頌再宣三和伽羅那此云受記聖智懸鑒記
當事故四伽他此云諷誦以妙言詞結句宣唱五優陀那此云无問自說聖慈冥
感不請而說六尼陀那此云因緣雜集作云又有因緣制立學處七阿波陀那此
云譬喻法說難明假喻以況八伊帝目多伽此云本生自說昔因所生事九闍陀伽
此云本事宣諸弟子過去事故十毗仏略此云方廣理正直遍諸法故十
一阿浮陀達摩此云未曾有經亦云希有法神變无方宇聞見故十二優婆
提舍此云作義賓主往來詮正理故　二辯體相如前分別三諸門有四初部
藏同異者統據宗途是三藏攝隨分別明是部分攝如此經藏唯是經分攝是
十二又瑜伽云阿毗達磨攝作議毗柰耶攝因緣餘並修多羅攝復次部藏各
有通別修多羅通詮三藏學別唯詮定部中修多羅是通餘皆別故第二立
所以者大經云以引聽者宣聞故又對治十二入十二因緣故又三轉十二行
法輪故又諸仏法爾故　第三大小多少有四大具小闕如法花經云我此九部法
隨順衆生說小乘不求大果故无授記及稽師資故无自說无常理拔故无方
廣　二小具大闕大經云　大乘者捨持九部并上根非薄緣制戒无因緣法說
即悟无譬喻又非諸問无論議　三大具十二小唯十一瑜伽云方廣唯菩薩藏所
餘諸分聲聞藏　四大唯九一小具十一瑜伽云除方廣分餘聲聞藏也
第四相攝者契經重誦長行偈頌二各別故契經諷誦亦不相攝單重別故
所以此三唯有十四部　二本不相攝師資別故此唯有十一餘之七部各具十
二可知　大段第二明對此經文者此經方便大乘理教淨菩薩實[illegible]

即悟无辭前文非詰問无諍議 三大具十二小唯十一瑜伽云方廣唯菩薩巧
餘諸分聲聞藏也 又四大唯又一小具十一瑜伽云除方廣分餘聲聞藏也
第四相攝者契經重頌長行偈頌二名別故契經諷誦亦不相攝單重別故
巧以法三唯又十二部二本不相攝 呼資別故法唯有十一除之七部名具十
二可知 大段第二明對法經文者法經方等大乘理微體瞻攝實兼備何日
不該以義對文顯不煩具 復次華嚴初教依理圓說三點法界理深意圓
菩獨證二乘不悟故次於阿含經中權說小乘斷言佛與二乘同一解脫會彼
故次於大乘經廣攝示實故法經示不思議解脫點一明二乘解脫非真故
經云佛為增上慢人說離婬怒癡為解脫耳若无增上慢者婬怒癡性
即是解脫二乘既少解脫之不真斷小慕大故次於般若經中明摩訶
般若點明空色平等若樂一切令知十智之非實既二乘漸見真智起於
法華經等明釋迦多寶不生不滅非長非短同一法身點也二乘既少
會小歸大故最後菩明三點圓伊不偏不別不一不異終焉然今經據理三
點常圓在名偏當解脫抑小揚大經之立也焉

釋序文四
初統明法經不思議權實之道二 群生長寢下別明法經權
實本迹大體 三大秦天王下辯譯由始四余以闇短下明注解之意 窮微者窮
實相之幽微實體也 盡化者盡權應之變化權用也 此即名故云妙絕之稱也 此上辯
不思議之名之 旨意也 樹深也 玄遠也 言像名相也 此句形意趣也 三空者无相无願
也二乘癡有存空中道空有不二故非其所能議也 此句明道理也 群數者森羅万
有理超事外故言表也 此句明據三界諸識取相生心各有心也 真境无相故有心自絶也 此句
明智 无為等者法身无為應物而為感者不測名不思議也 已前總明也 何則下對辯
弁也 智无知體也 俱照用也 此明聖心亦即諸部般若經佛智也 无像真身也 並應應身也
如下七言偈云各見世尊在其前及佛道品現種種身皆是佛一身也 如法花經明菩說佛壽長
是即法身非短長无像也 應身現短長並應也 如涅槃明佛入滅度又云而實常住不滅 是即
法身非生滅无像也 應身現王宮生雙林滅亦並應也 又彌勒身長二百五十尺 釋迦身丈六短
亦法身非大小而應物有大小亦皆並應也 至韻者謂至教超於无言之理也
玄籍者十二分教深玄之典籍 應根施教 故云彌布 彌即遍也 如法花明菩說三乘而至理非
三布教應三一也 是即至韻理无言一也 玄籍彌布教殊也 冥權等者此明感應權實也
至應无心故无謀也 宜與物合名宜權也 而動即應物 故无事不會也 如月在天影現百盆
隨器大小无不會也 又如一谷在下隨聲善惡无不應也 是即幽谷无善惡喻聖心无謀也 異響
隨聲喻事會也 又小乘菩提樹下得十智為智 大乘了心无生名智 小乘王宮生相好身為
身 大乘了相无相為身 小乘以鹿苑說法為說 大乘以了言无言為說 小乘以思惟根感應為化
事 大乘无緣而應為化事 復次初句明聖心不思議 第二句明法身不思議 第三句明教不思議

BD14730號 淨名經關中釋抄卷上

至應无心故无謀也宜与物合名宜權也而動即應物故无事不會也如月在天影現百盆
隨器大小无不會也又如一谷在下隨聲善惡无不應也是即幽谷无善惡喻聖无謀也異聲
隨聲喻事會也又小乘菩提樹下得十智為智大乘了心无生名智小乘王宮生相好身為
身大乘了相无相為身小乘以鹿苑說法為說大乘以了言无言為說小乘以思惟根感應為化
事大乘无緣而應為化事復次初句明聖心不思議第二句明法身不思議第三句明教不思議
第四句明應會不思議也　開物成務者開道三乘為脩行作務皆獲道果无虛設也
或者謂惑著之徒聞智即執心見形即著身聞教即滯言觀權即謂實此皆在聖不
然惑謂然也　文殊異方者有云實相佛國來下注云遊方莽不知所之也不思議本者
万行六度慈悲宗極皆內證實相故名本也借座請飯等皆內應衆生故名為迹也
又非迹不可以生物信非本不可以令物證也如見蓮花大方信池水深觀妙神變大方
信所證妙復次證理无相故不思无名故不可識故經云言語道斷謂名言也心行處
滅謂相盡也此釋本不思議又欲言小室能含多座言其大室相不異變化万端非心
所測此名迹不思議也　見像者見天也八未曾有室諸天宮殿常現室中故云室
苞見像也　此開者實相真空也非本无以垂迹者非見聖人內證相實之本方能外
現神變之迹衆生因覩神變之迹生信方能依行自證實相之本也是即迹內本
外雖殊而引物證真莫測之心一也天台本迹五重如前可見栖神者言此經是神解所
栖託處也　文生者交謙生竺茹蘭生法護等理滯於文者謂豪跡序云既蒙孅
摩羅什法師正玄文摘幽旨始悟前譯之傷本謬文之乖趣耳豈如不來相為辱
來不見相為相見未移法為始神移合法為上心諸如此比无品不有无章不尔又云此
土先出諸經於識神性空明言處少存神之文其處甚多中百二論文未及此又无
通鑒誰与正之先匠所以輟章遐慨思決言於弥勒者良有在也　北天之運者
大品經云我滅度後般若流南天竺次至北天竺當沒於地今此國即北天之東隅
羅什至此大傳般若即佛記北天之運數法合流行此也弘始八年姚秦時也什弘始
三年冬到秦而先譯大品智度中觀門百論譯隨講而生肇諸師皆悲啓悟
生公述頓悟義肇公述般若无知等論什見妙解至八年方重譯慈經及法
華等所以理圓意顯迥超万古也　歲次鶉火者尔雅云子年困頓丑年赤奮
若寅年攝提格卯年單閼辰年執徐巳年大荒落午年敦牂未年協洽申
年涒灘酉年作噩戌年閹茂亥年大淵獻正月析木二月大火三月壽星四月
鶉尾五月鶉火六月鶉首七月實沈八月大梁九月降婁十月陬訾十一月玄枵十
二月星紀弘始八年太歲在午應云歲次鶉牂而云鶉火者以　命年也長安
者有本云常安以秦王父名姚萇諱故改名常也既畫環中者語出莊子
云是非相待猶如循環莫道云　是非由如環中也今借言以表中道也

鶉尾五月鶉火六月鶉首七月實沈八月大梁九月降婁十月陬訾十一月玄枵十
二月星紀弘始八年太歲在午應云歲次鶉火而云鶉火者以　命年也長安
者有本云常安以秦王父名姚萇諱故改名常也既畫環中者語出莊子
云是非相待猶如循環至道云　是非由如環中也今借言以表中道也
陶冶者今造化經文務在聖意若爐冶之所鑄造也文約而詣者其文簡
約而理詣也其旨趣婉順而彰明也如弥勒章菩提等即文約而詣其旨遠
品答眷屬等是旨婉而彰諸如此例譯者敘之時預聽次者什法師隨譯
隨講務傳至妙肇法師等隨聽隨述務流大觀廣如傳述述而作者論語意
云唯聖作法余但依教修述而已　維摩詰廣如玄述若言淨无垢稱淨即
云亦淨名无垢即淨稱即是名此即二身釋也謂淨真身稱即應身下文云
觀身實相觀仏亦然此淨名真身也後妙喜國來故此界淨名應身也
乃至方便品得无生忍等真身也雖爲白衣等應身也頸並悟時者謂頸淨
名並亦本法身以悟時人也若自說而觀者等自從也若直從說之功而觀即淨名与
文殊等諸聖功齊不應獨標名也尋經本原由於淨名故獨受名也什法師者高
僧傳云什父天竺輔相之子名炎姓鳩摩羅祖亡次當襲位避之東遊至龜茲王
妹自往觀有赤黶法生智子諸國聘之不受及見炎心欲當之王逼遇妻炎納生
什〻年七歲出家学小乘十三從師須利耶摩受業摩為說阿耨達經聞陰界
入空无相摂日何故此經破壞諸法摩因為說諸法因成故无真實什遂務方等
受誦三論初得放光經魔來蔽之唯見空紙因淺聲誦字出如常復聞
空聲曰汝是智人何故讀此什遂呵之今去也又什毋將什至北天有一阿羅漢名達
摩瞿沙見而異之謂其毋曰善守護之若廿五不破戒度人如優波毱多如不然
可才明絕代而已後欲東化什毋謂曰方等深教大闡真丹唯尔之力但於自身
无益其可如何什曰大士之道利彼亡軀若使大教流傳餘洗悟蒙俗雖復身當
爐鑊苦而无恨又錄云前秦苻堅立十六年有德星現外國云野當有智人
入輔中國得之者王堅乃使苻丕攻襄陽釋道安呂光於龜茲取羅什後堅
伐晉敗為姚萇所殺即姚萇立爲後秦呂光迴至姑臧聞主既亡遂僭号關
外稱後涼萇崩興立弘始三年春有樹連理生於廟庭逍遙一園葱變爲韭
咸稱嘉瑞及什到雍興加礼遇待以國師崇敬甚重大興法化於大寺草堂
及逍遙園与什及三千碩德親自翻譯至理之典其在茲矣什又著實相
論注淨名經雅好大乘常歎曰吾稌業著摩訶衍阿毗曇非迦旃延子比餘

BD14730號　淨名經關中釋抄卷上　（32–16）

伐晉敗爲姚萇所殺即姚萇立爲後秦呂光迴至姑臧聞主敗亡遂僭号關
外稱後涼萇崩興立弘始三年春有樹連理生於廟庭逍遥一園葱變爲韮
咸稱喜瑞冬什到雍興加礼遇待以國師崇敬甚重大興法化於大寺草堂
及逍遥園与什及三千碩德親自翻譯至理之興其在茲矣什又著實相
論注淨名經雅好大乘嘗歎曰吾裕業著摩訶衍阿毗曇非迦旃延子比餘
廣如傳 ● 肇法師者開皇録云俗姓張氏長安人也家素貧乏以傭書爲業
遂因繕寫乃得窮心歷觀經史備盡墳籍性好玄微每以莊老爲心要嘗讀
老子道德章乃歎曰美則美矣然期神冥累之方猶未盡也後因見古維
摩經歡喜頂受披尋翫味乃言今始知所歸矣因此出家學善方等兼通三
藏乃至冠年而名振關輔時競譽之徒莫不精其早達千里負粮入關抗
辯承機挫銳曾不流滯什至姑臧肇自遠從之什嗟賞无極及什適屆常
安肇亦隨返姚興命肇与叡等助什詳定因此諮稟所悟更多因出大品肇
便著般若无知論呈什什讀稱善乃曰吾解不謝子詞當相揖什重出此經
肇棠更因之注解及製序呈什什又歎解空第一肇公其人又廬山隱士劉遺
民見无知論乃歎曰不意方袍復有平叔因以呈遠遠乃撫几歎曰未嘗有也
及什亡後又著涅槃无名論見傳於世又常州弘善寺宣法師讚曰般若唯絕鑒
涅槃无名先賢未始覺之子唱希聲秦王嗟理詣童壽挹詞清巖音聞廬
岳精難動中京適驗方袍褱奇才復生注云法身大士者地前菩薩結業
生身初地至七地隨願受生十方淨國也八地已上了法身无生應物受生也今言
法身即八地已上此依仁王經分別也 ● 生法師者三藏記集云法師彭城人
幼而穎悟父知非常將詣法大道人改服受學而俊思卓拔披讀經文一覽
能誦研味句義即能解說是以年未至學便登講座吐納奇辯詞清珠玉
高僧名士莫挫鋒窮年至具戒聲遍遐邇初住龍光寺下惟專業後移廬
岳幽栖七年常以爲入道之要慧解爲本故鑽仰群經斟酌衆論遂与嚴觀
等同往長安從什受學關中僧衆咸覺秀悟妙貫龍樹大乘之源兼綜提
婆小道之要博以異聞約以一致乃喟然歎曰由自經典東流譯人重阻多守滯
文鮮見圓義若忘筌取魚則可以言道矣乃立善不受報及頓悟等義而守
文之徒多生嫌嫉与奪之聲紛然乎起又六卷泥洹先至京都剖析仏性洞
入幽微乃說一切衆生皆有仏性于時大本未至孤明先發獨見迕衆舊學僧
以爲背經邪說遂被擯逐生衆中誓曰若我所說反於經義者請現身
癘疾若与實相不相違背願捨壽之時據師子座言竟拂衣而逝以宋

入出微乃說一切衆生皆有仏性于時大本未至孤明先發獨見迕衆舊學僧
以爲背經邪說遂被擯遣生衆中誓曰若我所說反於經義者請現身
癘疾若与實相不相違背願捨壽之時據師子座言竟拂衣而逝以宋
元嘉七年投迹廬山銷影巖阿怡然自得俄而大經本至仏性之義与前
說符同生以元嘉十一年於廬山精舍昇于法座神色開明德音駿發觀
聽之衆莫不悟悅法音將罷麈尾忽墜端坐正容隱机而卒道俗嗟駭
遠近悲悼京邑僧衆內慙自疚矣製十四科法花義疏及注此經顯暢新
異理切詞簡譏學之迹咸共懲章焉 胡音云者濫也新云梵音印出正言
同梵天音也終南宣律師云釋道安儀法盡正而以梵爲胡猶崑山之一礫也
晦迹者晦闇也貴名求實等者若因其勝名以求實法者則名因淨名之
嘉名以重其所說淨名既本表實證以重名則令學者因名以重法故從所
得求也因斯迹接者淨名同凡接物也有過聖言者不以之殊等諸聖名經
獨以淨名之故云過也以淨名同凡接物故獨標經名也經義如言也又沮壞
也夫教以陳理理不可易故教自常矣如不淨觀以治貪欲因緣觀以遣邪見
等理不可易也若外道伏理施教究竟自壞 如斷羊事火求生天等理必
不然也 ●亦名三昧者證解脫體也亦名神足於解脫用也巨大也細小也若直
法空等下於外現不思議事以證理也 ●肇曰微遠幽深者於中道實相內證
煩惱即菩提名不思議也外用無导爲解脫也生曰或止形迹心不安然者謂若
單言無垢稱或謂應形迹中不染塵累不委心安何法故復言一名不思議解
脫即是心所住法也 其求愈到者到至到也徹倒也若今求者徹到何患不悟矣
叡法師者高僧傳方法師魏郡長樂人少出家廿三傳通經論聽僧朗法師講
放光經屢有譏難朗与師僧賢有高上之契謂賢曰叡比難吾累思不
能通可謂賢之弟子及羅什至秦命叡入逍遙園詳譯秦王興問姚嵩曰
叡公何人答曰此實鄴衛之松柏興勅見之觀其風韻淹流含咕㭊蔚乃
謂嵩曰此乃及四海之標領何獨鄴衛之松柏也什出成實論令叡講之
什曰此論有七處破毗曇而在言不隱若能不問而解可謂英才叡啓發幽微
果不諮什而契然玄會什譯法花至受決品舊本云天見人人見天什曰此語
与西域同但在言過質叡應聲曰將非人天交接兩得相見什歎曰吾傳譯
得子真無所根矣又弘讚之業皆願生安養每行住坐卧不背西方臨終合掌
五色光從叡而出又記此經及製序相別 注云其無心者非石木之無心也其於
夫取相分別心說故名有心其常觀無相無分別心而方便應物假名相說故名

果不諳什而契然玄會什譯法花至受決品舊本云天見人〻見天什日此語
与西域同但在言過質叡應聲曰將非人天交接両得相見什歎曰吾傳譯
得子真无所恨矣又弘讃之業皆願生安養每行住坐卧不背西方臨終合掌
五色光從叡而出又記此経及製序如别 注云井无心者非石木之无心也真以凡
夫取相分别心說故名有心井常觀无相无分别心而方便應物假名相說故名
无心
仏國品者夫法身非身亦真土非土而應身存亦有統御故各有所化之
處如娑婆香積各有疆域也亦名仏土所依住也仏剎世界釋亦同也此有二者真
土如金光明云毗盧遮那遍一切處其仏住處号常寂光此以真如法身非身為
身亦真空淨土非土為土又嚴花云井清涼月智身也遊於法性空真如土也衆生
心水淨故菩提影現中身也此皆真身真土 二應土者下文云衆生之類是井仏土此明井
應衆生之善惡取仏土之淨穢又下文云諸仏如来功德平等為度衆生現仏國
異淨穢異也又云諸仏國土永寂如空也真土而現種〻殊勝仏土也應土又云雖知諸仏國与衆生
空填而常脩淨土教化於群生應土品文及下自明故關中法師不釋也 三分者釋文
大體略有二種 一關中注解直明理宗諸禪師釋通但雜觀理並造文便解
不開科段又近代法師文起盡各有科所而取捨多異而今講者必不可偏然隨文生
起不可甞於科段而文理相承正相通會不可隔以科文取捨之宜莫在說者故興
皇朗云夫適化无方陶誘非一考聖心以息患為主統教意以開導為宗若因
開以得悟則聖教為之開若由合而受道則聖教為之合如其両曉並為甘露
必也雙迷俱成毒藥此則開合隨緣事无恒准序分者或引時方說處或神
通合蓋或稱歎讃揚此皆令物生信故也正宗者或談真應二身或亦真應二
土皆令悟理尅證故總明悟也流通者或讃法供養勝或慇懃囑累此皆委法
傳通也 三序一證信者正宗為智多明无相事隨理顯惑者多疑故集経者
引時及處化主同聞事跡炳然兼御不謬則令聽者因事證之不虚亦信无相
之真旨故言列事證信也即諸師所集擇経首仰弘明記傳助宣法化意皆
尔也此中有千聖結集二土傳化文廣〻不具也 二合蓋現瑞序者亦名表發序正
宗為悟談経深旨凡心信難故此說者廣〻現變神便觀異生信又合蓋現寶表
說淨土即表發序如法花云放一光以表一乘之旨仁王云現蓮花以表出生諸
仏有所表彰故言表發善法先兆故言現瑞由如嘉禾醴泉孝子之詳兆河圖
洛書將王之休禎也 三稱歎序者正宗多示修門故行之為難此中廣讃仏果使
使慕果深於信心即修行之門不倦故讃之也又若不仰德无邊何以申其敬
請故先讃德也證信序般若燈論分七段我聞分二我為能聞人聞為所聞法
餘五同也智論六段如跡仏地論五段初如是我聞合為一段此並隨時科所亦非

BD14730 號　淨名經關中釋抄卷上

俗書將王之休禎也　三稱歎序者正宗多亦依門故行之為顯此中廣讚仏果德
使慕果深於信心即修行之門不倦故讚之也又若不御德無邊何以申其敬
請故先讚德也證信序般若燈論分七眼我聞分二我為能聞人聞為所聞法
餘五同也智論六眼如疏仏地論五眼初如是我聞合為一眼此蓋隨時科判亦非
是義無勞煩敘然仏說經欲令聞者深入實相返生死流序分證經略道之
句正宗至理須廣申將所以順仏讚經不可於此繁重正宗真觀便略指點而已
也　如是大論云如是善信之辭不信者言是事不如是信者言是事如是仏法大海
信為能入智為能度也然論及注但以如是信辭故直釋信不釋如是字也此既非
是真宗秘理不勞廣引繁辭我聞者注文證經意是不繁更釋然欲攝敘
者大論云隨俗故說我和合故稱聞謂阿難等雖悟無我而順俗傳經故稱
我也和合聞者根境識三和合為聞也又若阿難云我說智慧未圓豈法不謬
故不可信若言傳聞即或致參差故也今言我聞乃是親聞而不言自說故
可信也問室中六品阿難在菴薗不聞何言我聞答報恩經說阿難仏令為
侍者也仏四願一不受故衣二不隨別請三有欲見仏由我製四所未聞經為我
再說令室中六品及仏初成道阿難未侍之前兼無之時所未聞經皆為他再說也
一時者生日物機感聖〻能垂應凡聖道交不失良機謂之一時又云說聽究
竟故言一時問何不定言春秋等時答仏地論云晝夜時分諸方不定不可別
說　仏在此是說經主證成可信此有二意一戒淨故永離虛妄所言誠諦故可信
二悟圓故智照無礙說必稱理故可信文中亦有菩薩弟子說者仏所印可咸得名
經如世臣下有事奏上於君主依行即名勅也　住者住大作云四種住一天住〻
施戒善二者梵住〻四禪四無量三聖住〻三脫門四者仏住〻仏無量功德力無畏等
直以論加四一境界住〻十六大國二依止住〻僧伽藍三威儀住行住坐卧　四未檢
壽命未般涅槃也今言住〻菴薗說經也　廣嚴城者舊梵云毗舍離西域記云
中印度吠舍釐國周五千里此云廣嚴說經處也又道林云法身雖無不在應跡
必有方所若不記之說處由為稽浪耳　然仏真淨法身住本法性應嚴
之域大悲應物住人間廣嚴之城此即從本垂跡因跡顯本也菴羅園者此
園是菴羅樹生一女國王異之以國封女〻見仏歡喜捨作伽藍故名園也故西
域記云吠舍離城南不遠精舍前有窣堵波是菴羅女園持以施仏處園者
梵曰僧伽藍摩此云眾園非以種菓為園但以修治道樹為也故云總持之
園蔥亦如道場是修道之場也又此園通指之耳的辨處者此經仏國弟子菩
三品及下菩行見阿閦法供養囑累七品的在菴園問疾下六品之跡入室
即在淨名室內方便一品懷化本事還在室中若寶積對仏宣陳及仏即時

城記云吠舍離城南不遠精舍前有窣堵波是菴羅女園持以施仏處園者
梵曰僧伽藍摩此云衆園非以種菜為園但以脩治道樹為也故云然持之
園苑亦如道場是脩道之場也又此園通栢之耳的辨處者此經仏國弟子菩
三品及下菩行見阿閦法供養囑累七品的在菴園問疾下六品文殊入室
即在淨名室内方便一品據化本事還在室中若寶積對仏宣陳及仏即時
即在菴園又香積品亦有岐園問答亦隨品叔之不别論也失在他經者矣
本云柰氏園誤也謂柰女經說柰女生謂即菴羅女失正事也　与大比
丘列衆有云其意有八一為證信助成阿難同聞可信二為顯德釋梵園
繞顯仏德故三為啓請問淨土故四為發明淨名德故五為當根益故六為
同事引攝有緣故七為成就脩行法供養故八為承受付囑誓傳經故
与大比丘与者共義謂阿難共聞也此之与貫下諸衆大論七義共一戒同无漏戒
一心同无漏定一見同正見一道同无學道一解脫同俱解脫一時同聞經時一處同
菴羅園也　大者仏地論四義釋之一者利根波羅蜜種性故二者无學果三
不定種迴心向大四衆數多大論五義一一切衆中最上故二諸鄣斷故三諸王大人
敬故四亦數多故五破九十六外道論故　比丘四義淨乞食者離四邪故一下
口食耕田種植故二仰口食仰觀星像等三方口食通致使命故四維口食占卜
等五邪者一現異改常二高聲示威三自說功德四占相吉凶五讚所得利
菩薩秦言大心者大論云有大誓願（願大契大 四弘誓也）心不可動（心大智大 四魔不動）精進不退（能忍 難忍）
初願大即成衆生義二心大即大心衆生義三精進大即勇健義也　十地有十種
一菩薩菩薩從菩提智生故二摩訶薩埵住大乘故三第一薩埵證第一法故四勝
薩埵覺悟勝法五最勝薩埵智惠最勝故六上薩埵起上精進故七无上
薩埵開示无上法故八力薩埵廣知十力故九无比薩埵世間无比故十不思議薩
埵一念成仏故又如下不盡有為中明不離大慈不捨大悲生死无數劫意而
有勇聞仏无量德志而不惓等皆是明薩埵心也　結業身者小乘俱舍
所明乃至成仏入滅皆結業身不明法身應身大乘所明法身應生仁王云
地前菩薩結業生初地至七地隨願生八地已去法身无生應物現生此法身也
大智本行天台云大智敷解大行欲行解如於目行如於足目足備者到清
涼池又有二智實智權智實智是本故大又三智一一切智觀空二道
種智照假三一切種智照中智雙用圓故名大智又有四智一成所作智二妙觀
察智三平等性智四大圓鏡智此第四為大小乘十智非此所明也　法城韋昭
釋名云城者盛也盛人物故博物志云夏禹作城緣者攻敵者戰彌者守
今仏法亦尔彌以戒守敵以定戰殘以惠攻故借喻也　十地經說四種護教法一書

BD14730號　淨名經關中釋抄卷上　（32–21）

大智本行天台云大智數解大行微行解……

涼池又有二智實智權智實智是本故大又三智一切智觀空二道

種智照假三一切種智照中智并用圓故名大智又有四智一成所作智二妙觀

察智三平等性智四大圓鏡智此第四為大小乘十智非此所明也　法城壍昭

釋名云城者盛也盛人物故儔物志云夏禹作城緣者攻敵者戰鬪者守

今佛法亦爾弘以戒守敵以定戰殊以惠攻故借喻也　十地經說四種護教法一書

寫演說故二護理法自證教他故三護行法自行教他故四護果法自成教

他成故　慧以清淨者外道六行斷結斷已復生二乘見修二道斷惑不了

本性寂滅故皆不名慧已菩薩了本寂滅故名慧已也　玄蓋十纏如常無量

蓋纏者圓滿大乘一切煩惱同迷真理故凡起惑等名蓋纏以等覆其理禁

文云諸煩惱是道場知如實故又云一念知一切法是道場成就一切智故准此

惑若不等覆真理豈悟時一念同知一切法也　七辯者大論云捷疾辯於諸法無导故

二利辯利根深入故三無盡辯實相無盡故四不斷辯無諸戲論故五隨應辯

已斷法愛故六義辯得卌利故七世間最上辯說大乘事故　七德者七波羅蜜

也治七蔽垢故一一殊如施治慳等無相不異故言其相不異　遠無所得者遠

及也謂及至第八地以無所得而得名無生忍不起即無生也　不退轉法輪者

小乘但名法輪有生滅故大乘名不退轉法輪理無生滅故轉者說也　飾形

靡俗者靡偃也謂卅二相說法生善如風靡草書云君子之德風也小人之

心草也如風偃草化導行也　深入緣起等者謂觀智深也外道邪因無因

故隨邪見二乘觀十二因緣生滅無常故但斷正使菩薩觀因緣不生不滅無明

亦無無明盡深達實相故無復餘習氣也　近無等等者無等等佛也今大士自

在智惠能近也　天台云等觀觀空也不等觀假名差別也等不等者中道正觀

體圓故等用異故不等　不淨善者善受也清淨法喜也假名大天仁云如國王

名天子也生天者淨天也　賢聖天者證第一義天也　妙生者亦可從法化生也

四梵行者思益云慈悲喜捨也　天龍雜衆者此中有人有天有凡有聖有

本有跡故言雜也問此等八部若業所招合受人天之報若是惡業不合見

佛聞法今形受龍鬼而預會聞法何耶答天台云過去因異一者於戒急而

乘緩者受人天身不聞正法二者戒緩而乘急者受龍鬼身而聞正法三者

乘戒俱急即受人天身聞法四者乘戒緩者受惡身而不聞法以斯不同故

形法異緣也　大威力諸天者一欲界六天一四天王天在須弥半腹住　二忉利此云三十三天

在須弥頂　三夜摩此云妙善　四兜率此云妙足亦名知足　五須湿蜜陁此云化樂自化宮殿

而遊樂也　六波舍婆提此云他化自在他化宮而遊也　二色界有十八天一初

乘戒俱急卽受人天身聞法悟道乘戒緩者受惡身而不聞法以斯不同故
形法異緣也　大威力諸天者一欲界六天一四天王天在須弥半腹住　二忉利
此云三十三天　在須弥頂　三夜摩此云妙善　四兜率此云妙足亦名知足　五須涅蜜陀此云化樂自化宮殿
而遊樂也　六波舍婆提此云他化自在他化宮而遊也　二色界有十八天一初
禪三天梵衆梵輔梵大　二二禪三天少光无量光極光　三三禪三天少淨无量
淨遍淨　四四禪九天一无雲天二福生三廣果已上凡夫三品天也　四无想天外道天也　五无煩六无熱
七善見八善現九色究竟此五那含天也　无色界有四天一空處二識處三無所有處
四非想非非想處　釋此諸天五門不同　一明身量俱舍論頌云贍部人量三肘半
四肘二尺五寸也　東西北州人倍倍增如次釋曰贍部人身長六尺東州倍南西復倍東
北復倍西也　欲天俱盧舍四分一一增釋曰俱盧舍二里四分增一者初天半里乃
至第六天長三里　色天踰繕那初四增半半此上增倍唯无雲咸三　釋曰謂
梵衆半由旬梵輔一由旬梵王一由旬半少光二由旬此上增倍倍者无量光四
由旬等也唯无雲天於增數內減三由旬　二明壽量論頌云人間五十年下天
一晝夜乘斯壽五百上五倍倍增下天者謂四天王天言倍倍者一倍倍日月一倍倍
壽命　色无晝夜殊劫數等身量釋曰謂梵衆身半由旬壽命半劫梵
輔身一由旬壽命一劫已上准知論頌云无色初二万後後二二增　釋曰謂空處
二万識處四万等　三明初生量頌曰欲初五至十色圓滿有衣釋曰謂欲界
初生天如五歲乃至第六天如十歲色天初生卽圓滿復身有衣蓋重
慚愧心脩因故也　四天宮相去論頌曰如彼去下量去上數亦然釋曰謂四天
王天去海四万由旬去上亦爾忉利去海八万去上亦然此上准知又如論頌曰无色
界无處由生有四種依分及命令心等相續也又諸部宗及大乘言有色義
如別也又下三趣壽量如何畜生壽命多无定限若壽極長亦一中劫鬼以人間
一月爲一日乘斯歲壽五百年地獄壽不定　八熱地獄者等活与四天王壽
同黑繩衆合號叫大號叫炎熱此五品如次同欲五天極熱半中劫无間中劫
全大乘經亦有云八万四千劫等　八寒地獄論頌云頞部陀壽量如一婆訶
麻百年除一盡後後倍廿婆訶麻者如廿斛國由麻百年除一麻盡頞部陀
壽亦如是　五受生差別者人傍生具四地獄及諸天中有唯化生鬼
通胎化　二八寒地獄者一頞部陀此云皰　二尼剌部陀此云皰裂此二寒故皰生三頞
哳吒四臛臛婆五虎虎婆此三忍寒聲　六嗢鉢羅此云青蓮　七鉢特摩此
云紅蓮　八摩訶鉢特摩此云大紅蓮此三寒身色也　四衆者理合有七衆一比丘二比丘尼三式叉摩那此云學四沙弥此云息慈
策五沙弥尼六優婆塞此有二一五受戒此云近事二受八戒此云近住七優婆夷夷者女也餘同上
枝人夜光者昔隨侯遇傷蛇附藥蛇銜夜光珠來報未知報恩故隨侯枝

壽亦如是。 五受生差別者，人傍生具四，地獄及諸天中有唯化生，鬼
通胎化二。八寒地獄者：一頞部陀（此云皰），二尼剌部陀（此云皰裂），此二寒故皰生。三頞
哳吒，四臛臛婆，五虎虎婆，此三忍寒聲。六嗢鉢羅，此云青蓮。七鉢特摩，此
云紅蓮。八摩訶鉢特摩，此云大紅蓮。此三寒身色也。 四衆者，理合有七衆：一比丘，二比丘尼，三式叉摩那，此云正學；四沙弥，此云勤策；
五沙弥尼，六優婆塞，此有二：一五戒，此云近事；二受八戒，此云近住。七優婆夷，亦有二也。餘同上
梜人夜光者，昔隨侯遇傷蛇，附藥，蛇銜夜光珠來報，未知報恩，故隨侯梜
劍相擬，況大乘深旨，若不現通，遠難生信，孰可傳也。 此現瑞，別序諸經不
同，如法花放一光表一乘，在眉間表中道，照東方表三乘之上卅於西門啟種種
光表異類衆生同有仏性；大品經遍身支節放光表般若波羅蜜遍法
身万德也。此經合蓋現土表說此經圓法界為一真淨土，攝於一真淨土現十方諸
差別應緣仏土也。故此經雖種種異陳，皆以淨土為宗，而為說法者，昔高齊同
統師因長耳三藏云說普集經也。 藪於大衆者，昔說小乘法劣，故但現
丈六比丘劣身；今說淨土大乘以勝，勝故故寶師子座上現巍巍之身，暎
蔽衆會。故法花云：長者在門內則寶机承足，威德特尊；出門外則著蔽垢
衣，狀有所畏。門內表大乘實相理內，門外表小乘應跡在外。 復次，昔現
劣表小乘可思議解脫，今現勝表大乘不思議解脫。 復次，昔教仏
現劣，故淨名亦劣現身寢疾；今教現勝，故淨名現通，坐座掌擎
大衆等。又下偈：欲目淨脩廣，及說法不有不無，即是欲此大乘法會勝身
勝法。始在仏樹，及三轉法輪等，即昔說小乘時劣身權教也。 獻蓋合蓋
者，獻蓋下能奉上，表因必趣果；合蓋岐異，此一表在因則是殊，至果則
悟一。又蓋者表慈悲也，在因有緣慈即異，在果無緣慈即一。 悲於中現
者，於一蓋現三千，表一法性淨土能現十方應緣淨穢之土。故下文云：諸如
來功德平等，為教衆生，故現仏土不同。仏土既應物有異，仏身亦隨應不
同。故金光明云：諸仏法身猶若虛空，應物現形如水中月。身土既殊，當知
說法亦應物差別。然寶積下問疑生此為 歎曾未有，口業；合掌礼仏，
身業；目不暫捨，心業。信心發於內，故三業現於外，故注云現相於外也
心淨已度諸禪定 梵曰波羅蜜，此云度，亦云到彼岸。此歎如來到禪定際也
道衆已寂者，寂滅卅也。言仏以八正道導引蒼生到於卅，不同六師也
善分別者，無名相中應衆生，故假名相分別也。 於第一義而不動者，外道
執見心說，二乘法執心說，皆名動也。如來無見無執，故不動也。 辯同不乘異等
者，一乘為同，三乘為異。應物說三，故同不乘異；會三為一，故異不乘同也
復次，於我無我而不二，我無我實性一，故異不乘同；應物說我無我異，故同不乘
異。淨不淨等例此。故中論云：諸仏或說我，或說無我，諸法實相中無

BD14730號 淨名經關中釋抄卷上　（32–24）

道衆已寂者寂滅無也言仏以八正道導引若生到於無不同六師也
善分別者无名相中應衆生故假名相分別也　於第一義而不動者外道
執見心說二乘法執心說皆名動也如來无見无執故不動也　雖同不乖異等
者一乘為同三乘爲異應物說三故同不乖異會三歸一故異不乖同也
復次於我无我而不二我无我實性一故異不乖同應物說我无我異故同不乖
異淨不淨等例然故中論偈云諸仏或說我或說於无我諸法實相中无
我无非我　有不自生等者若法本有生應不待緣而先有今待緣而
有明非本有若法定无性應緣會之時亦无緣會既有明非无性也若定
无者如龜毛兔角緣會亦无也此因成假破也　有有故有无者有无相待生
諸法正有之時未有无既未有无待誰言有无亦如是如小乘說有爲法四相
相遷念念生滅即此生滅亦相待生且生時无滅待誰說生滅時无生待誰說
滅故云自有即不有自无即不无也有亦不由緣者已有故不須緣无亦不
由緣如兔角故決定无何用緣日者大智論也從緣故不有者藉他緣有
非自有也緣起故不无者被他緣生起故豈名定无也　无我无造等者既被
善惡業牽即我不自在故无我也自然之理者道理必然也非外道自然也亦
云理其然矣　仏樹者菩提樹也仏於下成道名爲仏樹亦名道樹西域記云摩
竭提國迦耶山東有正覺山山西南十四五里有菩提樹畢鉢羅樹也周垣疊
石中有金剛座昔賢劫初成地俱起據千界之中下極金剛輪上侵地際金
剛所成周百餘步賢劫千仏坐而入金剛定故曰金剛座舊此樹冬夏不
凋唯至仏般涅槃日凋落須生如故仏般涅槃後諸國王等遂以兩軀觀自在像南北標
記傳聞者舊曰此像沒盡仏法滅矣今南隅菩薩沒過胸矣　力降魔等
者三義一出家因果經云太子十九踰城出家二習耶禪異四分律云一詣羅閱
城同阿藍迦藍伽不用處定知非正道而捨之二詣摩竭提界勝頭藍弗
伽非非相定知非亦捨三至烏頭山同歧外道六年苦行知非亦捨故經云以无
心意无受行而悉摧伏諸外道也　三受食成道因果經云今我若復以此羸
身而取道者彼外道當言自餓是菩提因我當受食然後成道婆沙云菩
薩若行非真遂受難陀跋難陀二女姉妹所奉具十六德香蜜乳糜食已
身心安隱有力後吉祥人邊受吉祥草詣菩提下手自敷草說跏趺坐已
便發堅固誓我若不得无上菩提誓當不起尒時大地六種震動驚惱觀動
所因遂見菩薩取菩提使三魔女以惑如來仏化作三老姥還宮魔王大怒遂
將欲界鬼兵擊動如來魔軍敗衄故經云始在仏樹力降魔　得甘露
滅者無寂滅也永息生死如天甘露大乘以一念心知一切法是道場成就一切智
故小乘以卅四心得菩提畢成[illegible]

便獲堅固誓我若不得无上菩提誓當不起　不時大地六種震動驚懾覩動
所因遂見菩薩取菩提使三魔女以惑如來仏化作三老姥還宮魔王大怒遂
將欲界鬼兵擊動如來魔軍敗散故經云始在仏樹力降魔　得甘露
滅者菩薩寂滅也永息生死如天甘露大乘以一念心知一切法是道場成就一智
故小乘以卅四心得菩提者八智八忍斷見惑爲十六心九无
礙九解脫而下八地修惑皆修俗禪六行已斷故今唯言非想一地十八心也六行
者厭下苦麁鄣忻上淨妙離也又踰城捨愛捨外道并見餘亡處見名
出家也　无受行者肇曰无受行衡音　如前引同外道苦行等无心受行伎法
但欲權伏外道令知耶法无菩果故若菩薩不學耶云我法亦有菩薩以菩薩學而
不得故知无也所以權伏　肇曰无受行幸音　謂凡夫二乘取相故有心即受著
即起行仏智不取相故无心以即不受以即不起行也　故注云心者有漏以生即取
相生苦樂是行者謂受著苦樂而造心起行也　寘真體寂者謂境智
俱空故无心識即　虛空其懷者謂不著苦樂故无受行也以无取著即諸見永
滅自見既能權伏一切外道諸見也　三轉法輪者一亦相轉謂示四諦相此是
苦此是集此是滅此是道二勸修轉謂勸令修行也此是苦汝須知此是
集汝須斷此是滅汝須證此是道汝須修三引證轉謂引已爲證此苦我
已知此集我已斷此滅我已證此是道我已修以此名爲三轉也　天人得道者
大論云五人證小乘道八万諸天發大乘心　外道上者亦餘斷結者即厭
下苦麁鄣忻上靜妙離六行斷惑如鬱頭藍等也　等以慈者大悲之意
也有二種一色三念謂刀割塗香不喜不割心无二也二心三念謂順法不喜
違法不憂不違不順心无二也　三寶者謂三業神用難思如來密示非
心所測故云秘密也　淨心觀仏者淨信也獲其利者謂言必有理合義
言有義則物解依解則起修行則獲道利也異受等者謂三乘教必
隨根故異受異利也　或有恐畏者說世界悉種三界火宅故恐畏說
爲人悉種生善故歡喜說對治悉種斷愚故猒離說第一義悉種
證真故斷疑　復次說苦諦故恐畏說滅諦故歡喜說集諦故猒離說
道諦故斷疑　稽首者鄭玄云稽至也謂屈身至手而來敬也　十力者
如來十種智力也一是處非處智力此知因果決定智謂因果道理相當名
是處不相當名无是處也　二業力知三界六道業差別業智也　三定
力謂知諸禪定得自在故　四根力知諸衆生上中下根　五欲力知諸衆生
樂欲不同六性力亦云界力謂知種種性差別也　七至道處力因道處果謂

BD14730 號　淨名經關中釋抄卷上　（32–26）

道諦故斷[illegible]

如來十種智力也　一是處非處智力　此知因果決定智　謂因果道理相當名

是處　不相當名無是處也　二業力　知三界六道業差別業智也　三定

力　謂知諸禪定得自在故　四根力　知諸衆生上中下根　五欲力　知諸衆生

樂欲不同　六性力　亦云界力　謂知種種性差別也　七至道處力　因道處果　謂

知行因得果也　八宿命力　知宿生受命差別也　九天眼力　知生死因果故

十漏盡力　知無漏法故　通名力者　大論云　遍知究竟名力　或論了知無

礙爲力　難心不伏不屈　無勝無動爲力　無所畏者　四無所畏也　一一切智無畏　自言

具一切智　二漏盡無畏　自言諸煩惱漏盡　三說障道無畏　自言我識煩惱

貪欲能障聖道　四出苦道無畏　言我知無漏道能出生死　說此四法於

大衆中心無怯懼　故云無畏　二明相者　如經中說外道難云　若具一切智何

故問諸比丘乞食易得不　仏答我非不知　但隨世弟子師法故問　二難云若

漏盡者　何故呵罵調達　惡語罵云　仏答調物應爾　非煩惱漏也　三難云

貪欲障道者　何故初二果人受五欲也　仏答決定能障　二果故　四難

云瞿曇說聖道能出苦者　何故羅漢由有宿報　飢渴等　仏言聖道實

能盡苦　但阿羅漢殘報未云也　此後二無畏且隨小乘說理　無上大道要離

一切惑方證　非二乘四果知也　又法身真如性無生滅　非四大　豈假出苦也　非二

乘結業後邊身　爲出苦也　十八不共法　一身無失　二口無失　三意無失　四無

不定心　五無異想　六無不知已捨　七欲無減　八念無減　九精進無減　十智惠

無減　十一解脫無減　十二解脫知見無減　十三身業隨智惠　十四口業隨智惠　十五

意業隨智惠　十六智惠知過去　十七智惠知未來　十八智惠知現在　此

中初六是斷身口意惡　永離過失　常住定心　怨親平等　知而後捨也　次

六是德　謂欲念進智解脫知見　圓滿無闕減也　後六是智　謂三業三世

常住正智　無忘失也　揔言不共　仏住此法　不与凡夫二乘共也　又寶積大集二

經並云三業無失爲一　加無諍訟爲第二　無忘誤爲第三　餘同前　佛國品

如王宣令　正方便品下九品　如大臣行事　菩薩行見阿閦二品　事訖朝尊之類

也　空洞無像者　法身空洞　無形像也　形無常體者　或現丈六　或現千尺長

壽短壽　應物無常定也　應身既大小無常體　應物土亦浄穢無恒處

美惡自收等者　衆生住異見　國土見美惡　如來住正智　浄穢常平等

於我無定者　應浄即浄　應穢即穢　故云不定　浄穢即浄穢　無性即

平等真土也　無方爲體者　穢浄性空無方所也　或以恒沙爲國者　法花經

富樓那成仏以恒沙三千大千爲一國也　菩薩根者　或忻浄土而生信根　或厭

[illegible]釋無盡也　直心是菩薩浄土者

喜知喜[illegible]
美惡自收等者，衆生住异，見國土見美惡，如來住正智淨識，常平等
於我无定者，應淨即淨，應穢即穢，故云不定。淨穢即淨穢，穢无性，即
平等真土也。无方爲體者，穢淨性空，无方所也。或以恒沙爲國者，法花經
富樓那成仏，以恒沙三千大千爲一國也。菩薩根者，或忻淨土而生信根，或厭
穢土而生信根，隨緣万差，生信一也，豈言釋能盡也。直心是菩薩淨土者
直心多種，有凡夫質直心，有二乘正見四諦真心，有菩薩觀中道直心，有諸佐法
界一如直心。下諸行類然。捨金爲食者，貨金方買得食，此喻捨因爲果
也。前後異名者，直心不謟等，前略後廣，十善道品等，前因後果，忍辱相
好等。正定衆生者，有三聚衆生：一邪定聚，二正定聚，三不定聚。俱舍云：五无間衆
生名邪定聚，得聖道名正定聚，餘衆生名不定聚。仁王經十信菩薩不定聚，
十住已去正定聚，十信已前邪定聚也。此智鑒，邪正決定，去取名正定也。
迴向者，謂凡修善皆迴向无上菩提。瓔珞經有三種：一迴事向理，二迴已功德
普施衆生，三迴因向果。八難。或聞仏名者，如虛空功德等也。仏名經云：聞此仏
名，礼一拜，一切罪鄣悉皆消滅等也。　觀仏三昧海經聞白毫相，名滅三劫生
死罪，餘相如文。陁羅尼如寶樓閣等。菩經聞常住二字不墮惡趣。提婆達
多品常生仏前，蓮花化生等可知。　十善有二：一正謂止十惡爲十善，二行十善，謂
放生布施，礼敬，實語，軟語，和合語，饒益語，修不淨觀，行慈悲，住正見也。
隨其直心者，此竪明淨土。川即十三位，列直心對十住，發行對十行，深心對十迴
向，意調伏對初地，說行對二地，迴向對三地，方便對四地，成就衆生對五地，佛土
淨六地，說法淨對七地，智慧淨對八地，心淨對九地，一切功德淨對十地。前來一
十七行，淺深皆然。謂或漸漸盡智，漸漸圓悲，漸漸增土，漸漸淨也。此如仁王經始
從鐵輪十信，終至四禪十地，謂或漸漸盡而福漸漸增，勝悲漸增而化漸寬。如下
十地仏果衆德皆淨，何獨仏土而不淨歟。舍利弗作念者，前寶積因果二問，
仏答既了，理圓行足，聽者理合證悟，而不悟者有疑在懷也。故身子託衆疑
以申念也。事淨者七寶池臺淨也。螺髻見淨者，身子疑仏答既了，亦合得
悟，而不悟者衆懷疑念也。世尊自云我此土淨，意誰見也，故梵王證見也。
淨土如四天等者，理亦合然。准王仁經地前世心配四種輪王，是結業生身化
物，未有淨土。化物初地已去至十地，配六欲天王及四禪王。既七地已前顯生八地
已去，應生即是遊戲神通淨仏國土，教化衆生，故有淨土。既諸地王位階差
不同，淨土亦合隨位昇降有異也，准配可解。心有高下者，然仏土應淨
而淨，應穢而穢，則知真土本非淨穢，是名仏慧，而身子見淨定淨，勝妙故
高見穢定穢，暑劣故下，是後執見非仏惠也。得无生法忍者，悟垢淨无性也

物未有淨土化物初地已去至十地配六欲天王及四禪王既七地已前願生八地
已去應生即是遊戲神通淨仏國土教化衆生故有淨土既諸地王位階差
不同淨土亦合隨位昇降有異也准配可解　心有高下者然仏土應淨
而淨應穢而穢則知真土本非淨穢是名仏恵而身子見淨穢故
高見穢定穢果劣故下是舍執見非仏恵也　得无生法忍者悟垢淨无性也
若穢定有性不應被變便亡若淨定有性不應待按方現淨明淨本无性
被變便亡明穢亦无定无性故无生无定故无滅可謂見垢實相亡淨相得
无生法忍入不二法門經雖不言非淨非穢而理自明矣如法花壽量品但
即伽耶之短壽明長斯長短不定即長短亡矣經雖不明非長非短而理亦
自明故分別功德品諸菩薩亦證无生法忍大品即色明空亦顯色空不異理
可見也准此諸大乘經雖因緣事跡不同會理證真一也故不二門品或生滅兩亡
或罪福一性或心无所得或口默不言此皆事亦不同非會證異也　知有為
法皆悉常无者若依大乘悟淨穢皆是應現應物无定即无自性今小乘
執實故見事變即无常也如何難不了仏身是應執實為也　八十八使
此是見道所斷煩惱也謂迷四諦起此諸惑也迷苦起十使貪嗔癡慢疑
身見邊見邪見戒取見取也迷集諦起七使除身邊二見及戒取也迷滅諦
起七使亦然迷道諦起八使謂除身邊二見此是欲界具卌二上二界无嗔四諦各
除嗔即各有廿八也三界具言有八十八也　九十八者謂前見道八十八上更加斷
十箇脩道煩惱故成九十八也言十謂貪嗔癡慢欲界具此四色界有三除
嗔无色三亦然故三合論有十也　方便品天台云此品序淨名德是何難
本願所未聞經仏為弃說故此品及室內六品仏說經訖弃付囑故結集時
誦出也　長者具十德者天台云有二一世間如別二出世間淨名十德果圓如經
今且明聞經一念及發心隨喜亦具十德一姓貴此經諸仏菩提皆從是生即姓
若仏母種姓中生　二位高初發心時已超二乘法一念隨喜超二乘四果　三大富
金剛云一念淨信勝布三千七寶　四威勢下文天帝四王未信生信已信作護
等　五智深大經云學大乘者雖有肉眼即名仏眼　六年耆不於一仏二仏
種諸善根　七行无失大經云聞常住二字不墮惡趣法花化生仏前　八禮
儀備足諸相非相即見仏身威儀　九上人所歎法花云應以天花散供如
仏想等　十下人歸敬法花云天諸童子而為給事等　殖諸善本者發大
乘心生在仏家也　无生忍者仁王云地前三賢伏忍初二三地信忍四五六地
忍順忍七八九地无生忍十地仏果寂滅忍今不言寂滅忍者天台云以是仏忍
故讓之但云无生忍也　心之所趣者如泉出流必趣大海凡有心者皆趣

儀俗足諸相非相即見仏身威儀　・九上人所歎法花云應以天花散生心如
仏想等　十下人歸敬法花云天諸童子而爲給事等　殖諸善本者若大
乘心生在仏家也无生忍者仁王云地前三賢伏忍初二三地信忍四五六地
忍順七八九地无生忍十地仏果寂滅忍今不言寂滅忍者天台云以是仏忍
故讓之但云无生忍也　心之所趣者如泉出流必趣大海凡有心者皆趣
仏果也以无氷无水亦无迷不悟故也　資財无量者世財及万善法財貧
人謂貧世財及貧无上法財又云資財无量本也攝諸貧人跡也此從本垂
跡也　雖爲白衣跡也奉持律行本也言律行者實相真戒性淨尸羅也故
羅云章云是即出家是即具足謂發菩提心出生死離家遠万行一心
具足戒也　梵行謂住真性法身悟非男非女无相梵行也　異道者九十
種著見以世典者安國家之憂以也以忠則愛主孝則愛親各親其
親故名憂以也　治生者俗治生業也　四衢者十字路也　陰杜頼日在君
爲政臣爲事　剎帝利此云田主俱舍論云劫初如色天後漸增貪味
由損貯藏起爲防雇守田謂劫初人身有光明食諸地味貪心生故地味
不生次食林藤貪又不生次食自然粳米身光隱蔽貪貯既多遂
共分田爲防諍亂遂雇有德以爲田主此剎帝利王之始也又從此姓跋祇
瞿曇新云喬答摩此云日種亦甘蔗種本行集云彼大茅草王無子出家得五通
仙弟子以王仙老以籠盛之懸於樹上出行採藥有獵師來謂仙是鳥遂便
射之血便墮地生兩甘蔗一出童子一出童女復嗣王位因改爲甘蔗種及日
炙生故亦名日種　鳳從甘蔗改姓釋迦此名能也　五戒律云鬱摩王有四子
神武聰明寵妃有子頑薄醜陋妃念我子雖長才不及物國祚所鍾必當四子
即作方便令王擯遂四子去已從者如雲到雪山北近迦夷林築城營邑衆人
熾盛王聞三歎我子有能因稱釋迦種也又剎利婆羅門此舍首陀天竺四
姓剎利如上婆羅門　道學爲業此舍者此云坐謂坐估財貨也首陀者
爲田農官學者也　勝惠者觀四聖諦无漏惠也梵天愛見必從禪若无
正惠不免輪迴也　護世者四天王也東方提頭賴吒此云持國主南方毗樓勒叉
此云增長主西方毗樓博叉此云雜語亦云醜眼主北方毗沙門此云多聞主
是身无常者有二種无常一事无常謂四時遷變顏貌衰老等事物變
移爲无常也二理无常謂躰有爲之法剎那性自遷易豈待葉落白首
相異然後爲无常也下苦觀亦然　若病者苦至爲苦者此事苦也若知
五陰有漏有爲性本是苦爲理苦也　第三空觀亦二若厭身壞色爲空
此是事也若知五陰有爲性不堅實剎那无常歸空也此是理也又此是

此云增長主西方[illegible]

是身无常者有二種无常一事无常謂四時遷變顏貌衰老等事物變
移為无常也二理无常謂解有為之法剎那性自遷易豈待葉落白首
相異然後為无常也下苦觀亦然若病苦死至為苦者此事苦也若知
五陰有漏有為性本是苦為理苦也第三空觀亦二若厥身壞色為空
此是事也若知五陰有為性不堅實剎那无常解歸空也此是理也又此是
半字因緣无常之空又非滿字緣生之空也觀此苦理名為苦等諦理之
觀也 苦者三苦也一苦〻苦受性二壞苦樂受性三行苦捨受性也欲界具三苦
色界具後二无色唯行苦又有八苦如常 十喻者聚沫泡芭蕉浮雲電此上
五喻通小乘半字无常故空義也炎幻夢影響此五喻通大乘滿字无生
空義也 无主如地者身四大者皮肉筋骨為地血髓目淚為水動轉喘
息為風遍體煖氣為火又俱舍云堅為地性濕為水性煖為火性動為風
性又執地大為我即眾生相執火大為我即我相火性炎上與我慢同相執
水大為我即人相人事隨時如水之隨器亦同相也執風大為我即壽者相風
飄〻斷名為壽命故大集云出入息者名為壽命故金剛經若心取相
即著我人眾生壽者若取我相即四大齊執也 無知草木等者草
木無知託四氣以生落識心亦爾假異以憂悲既託緣以分別自性而无知
卅六物者外相十二髮毛爪齒眵淚涎唾屎尿垢汗也身器十二皮膚血肉筋脈
骨髓方膏腦膜中含十二肝膽腸胃脾腎心肺生藏熟藏赤白淡飲
形之妙者謂二乘人不知五陰皆空是仏身乃取卅二相為仏身有金鏘
馬麥之患何得藏頓析此也將示大乘五陰本空王宮生无生雙林滅不滅
丈六即真為仏身也故云仏身者即法身也超三界謂悟三界如幻也
陰入不攝者陰入即空也 八極者八方也楷則者楷模也置也 六通者一
神境通謂或現大身小身也 二天耳聞郭外聲 三天眼見郭外事
四他心知他心故 五宿命知宿命事故 六漏盡諸煩惱盡故 三明者一宿
命明知宿命 二天眼明 三漏盡明 謂一往知事為通除暨因緣為明
又俱舍云宿命明除過去愚 天眼除未來愚 漏盡除三世愚餘
三不爾故但名通不名明也

● 淨名關中釋抄卷上

色界具後二无色唯行苦又不小苦如常一十皆者[illegible]
五喻通小乘半字无常故空義也炎幻夢影響此五喻通大乘滿字无生
空義也 无主如地者身四大者皮肉筋骨為地血髓目淚為水動轉喘
息為風遍體煖氣為火又俱舍云堅為地性濕為水性煖為火性動為風
性又執地大為我即衆生相執火大為我即我相火性炎上与我慢同相執
水大為我即人相人事隨時如水之隨器亦同相也執風大為我即壽者相風
係於命名為壽命故大集云出入息者名為壽命故金剛經若心取相
即著我人衆生壽者若取我相即四大齊執也 无知草木等者草
木無知託四氣以生落識心亦尓假異以憂悲既託緣以示別自性而无知
卅六物者外相十二髮毛爪齒眵淚涕唾屎尿垢汗也身器十二皮膚血肉筋脉
骨髓方膏腦膜中含十二肝膽腸胃脾腎心肺生藏熟藏赤白淡飲
形之妙者謂二乘人不知五陰皆空是仏身乃取卅二相為仏身有金鏘
馬麦之患何得癡岐斯此也將示大乘五陰本空王宮生无生雙林滅不滅
丈六即真為仏身也故云仏身者即法身也超三界謂悟三界如幻也
陰入不攝者陰入即空也 八極者八方也楷界者楷根也畳也 六通者一
神境通謂或現大身小身也 二天耳聞郭外聲 三天眼見郭外事
四他心知他心故 五宿命知宿命事故 六漏盡諸煩惱盡故 三明者宿
命明知宿命 二天眼明 三漏盡明 謂一往知事為通深鑒因緣為明
又俱舍云宿命明除過去愚 天眼除未來愚 漏盡除三世愚餘
三不尓故但名通不名明也

• 淨名關中釋抄卷上

論云六欲天　[illegible]　執手笑視婬　忉利天二形交　夜摩天執抱　兜率天但[illegible]執手　樂變化天唯相笑　他化自在天相視成婬

BD14730號背　補註　（1–1）

[illegible]萬億阿僧祇世界六趣四
生衆生卵生胎生濕生化生若有形無形有
想無想非有想非無想無足二足四足多足如
是等在衆生數者有人求福隨其所欲娛
樂之具皆給與之一一衆生與滿閻浮提金
銀琉璃車𤦲馬瑙珊瑚虎珀諸妙珍寶及象
馬車乘七寶所成宮殿樓閣等是大施主如
是布施滿八十年已而作是念我已施衆生
娛樂之具隨意所欲然此衆生皆已衰老年
過八十髮白面皺將死不久我當以佛法而
訓導之即集衆生宣布法化示教利喜一時
皆得須陀洹道斯陀含道阿那含道阿羅
漢道盡諸有漏於深禪定皆得自在具八解
脫於汝意云何是大施主所得功德寧為多
不彌勒白佛言世尊是人功德甚多無量
無邊若是施主但施衆生一切樂具功德無量
何況令得阿羅漢果佛告彌勒我今分明語

漢道盡諸有漏於深禪定皆得自在具八解
脫於汝意云何是大施主所得功德寧為多
不彌勒白佛言世尊是人功德甚多無量
無邊若是施主但施衆生一切樂具功德無量
何況令得阿羅漢果佛告彌勒我今分明語
汝是人以一切樂具施於四百萬億阿僧祇
世界六趣衆生又令得阿羅漢果所得功德
不如是第五十人聞法華經一偈隨喜功德
百分千分百千萬億分不及其一乃至算數
譬喻所不能知阿逸多如是第五十人展轉
聞法華經隨喜功德尚無量無邊阿僧祇何
況最初於會中聞而隨喜者其福復勝無量
無邊阿僧祇不可得比又阿逸多若人為是
經故往詣僧坊若坐若立須臾聽受緣是功
德轉身所生得好上妙象馬車乘珍寶輦輿
及乘天宮若復有人於講法處坐更有人來
勸令坐聽若分座令坐是人功德轉身得帝
釋坐處若梵王坐處若轉輪聖王所坐之處
阿逸多若復有人語餘人言有經名法華可
共往聽即受其教乃至須臾間聞是人功德
轉身得與陀羅尼菩薩共生一處利根智慧
百千萬世終不瘖瘂口氣不臭舌常無病口
亦無病齒不垢黑不黃不疎亦不缺落不差
不曲脣不下垂亦不褰縮不麁澀不瘡胗亦
不缺壞亦不喎斜不厚不大亦不黧黑無諸

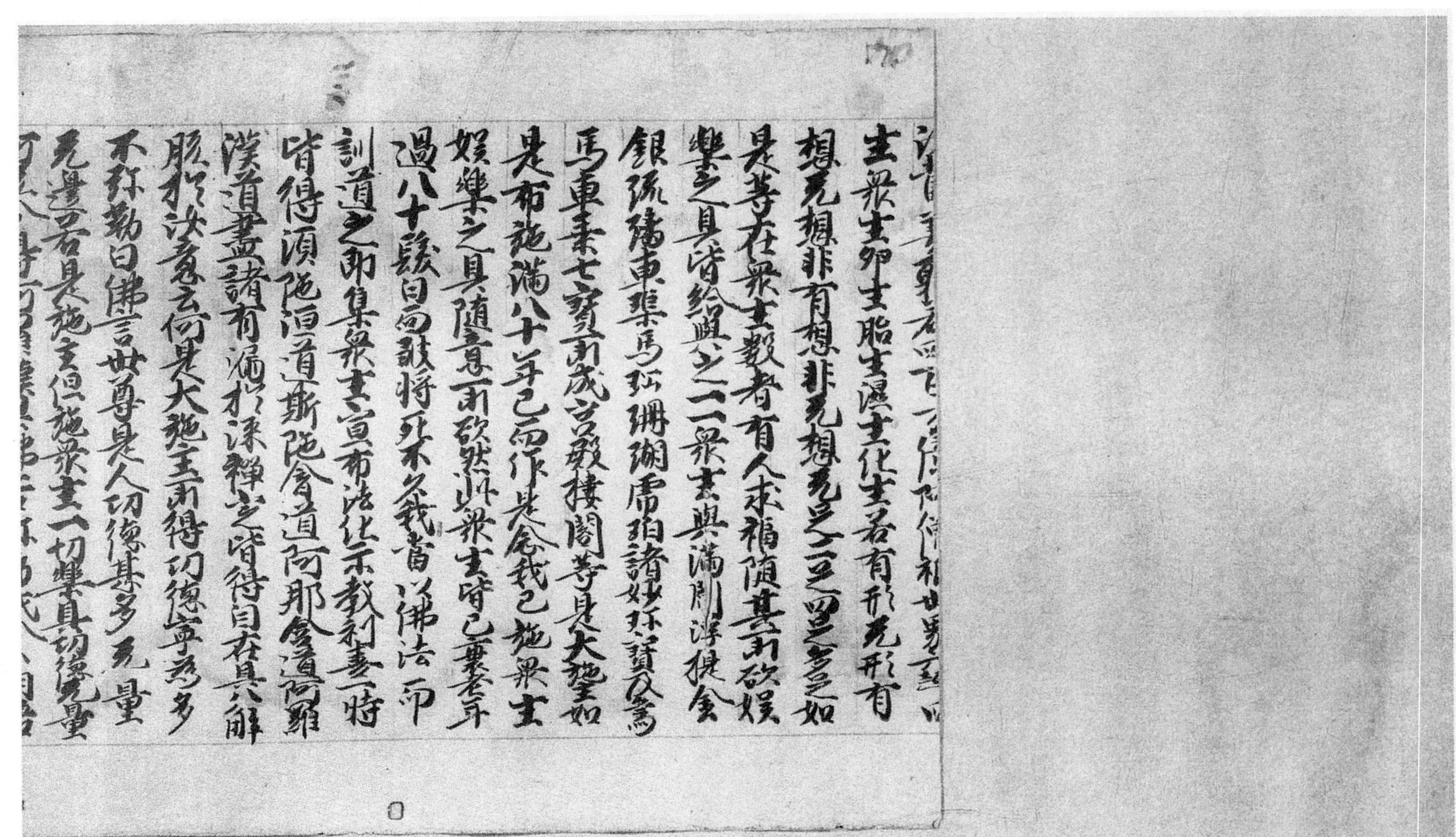

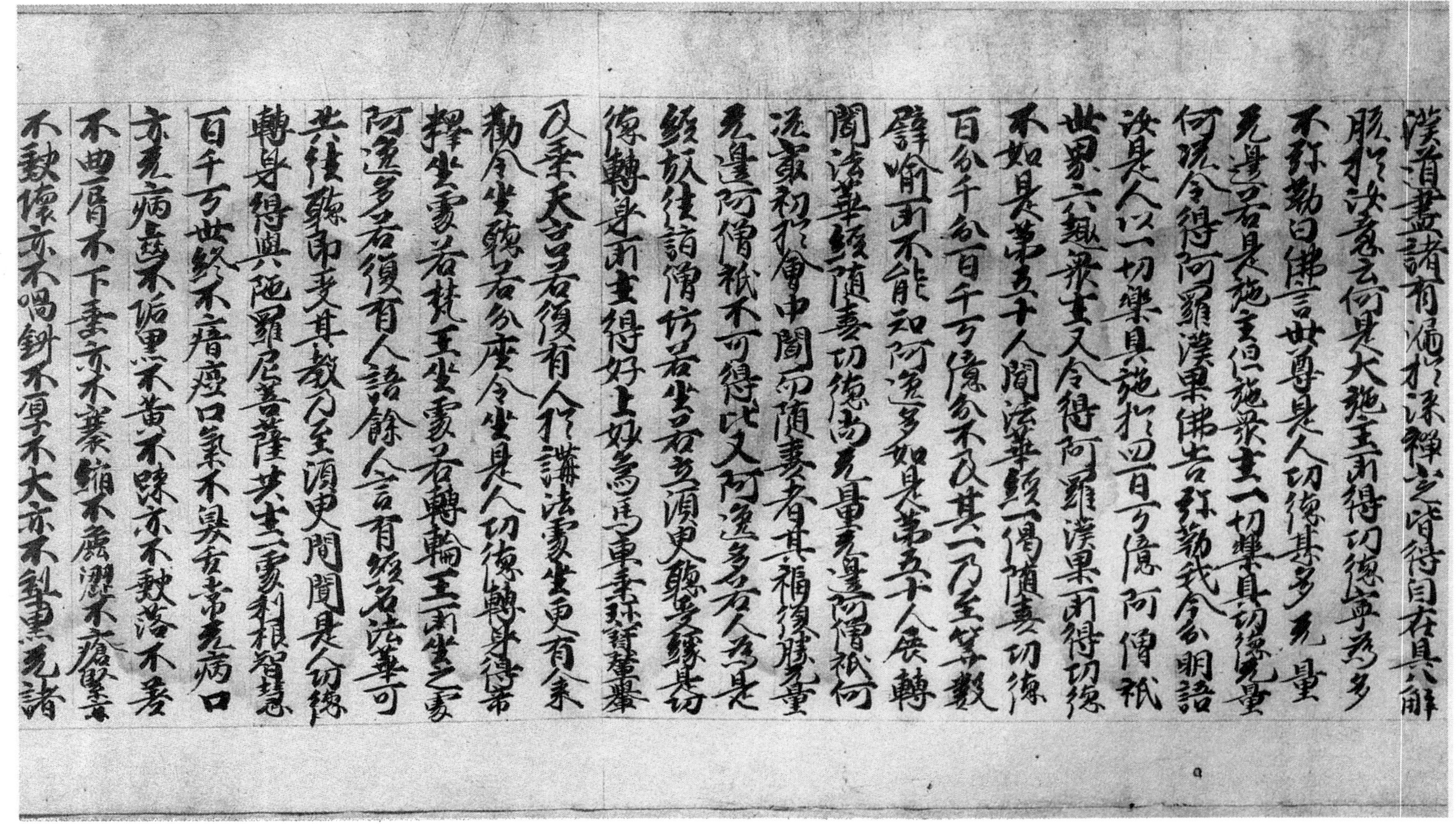

百千万世終不瘖瘂口氣不臭舌常无病口
亦无病齒不垢黑不黃不踈亦不缺落不差
不曲脣不下垂亦不褰縮不麁澁不瘡胗亦
不缺壞亦不喎斜不厚不大亦不黧黑无諸
可惡鼻不匾㔸亦不曲戾面色不黑亦不狹
長亦不窊曲无有一切不可喜相脣舌牙齒
悉皆嚴好鼻脩高直面貌圓滿眉高而長額
廣平正人相具足世世所生見佛聞法信受
教誨阿逸多汝且觀是勸於一人令往聽法
功德如此何況一心聽說讀誦而於大衆為
人分別如說脩行尒時世尊欲重宣此義而
說偈言
若人於法會　得聞是經典　乃至於一偈　隨喜為他說
如是展轉教　至于第五十　最後人獲福　今當分別之
如有大施主　供給无量衆　具滿八十歲　隨意之所欲
見彼衰老相　髮白而面皺　齒踈形枯竭　念其死不久
我今應當教　令得於道果　即為方便說　涅槃真實法
世皆不牢固　如水沫泡焰　汝等咸應當　疾生猒離心
諸人聞是法　皆得阿羅漢　具足六神通　三明八解脫
最後第五十　聞一偈隨喜　是人福勝彼　不可為譬喻
如是展轉聞　其福尚无量　何況於法會　初聞隨喜者
若有勸一人　將引聽法華　言此經深妙　千万劫難遇
即受教往聽　乃至須臾聞　斯人之福報　今當分別說
世世无口患　齒不踈黃黑　脣不厚褰缺　无有可惡相

BD14731號　妙法蓮華經卷六　（10–3）

若有勸一人　將引聽法華　言此經深妙　千万劫難遇
即受教往聽　乃至須臾聞　斯人之福報　今當分別說
世世无口患　齒不踈黃黑　脣不厚褰缺　无有可惡相
舌不乾黑短　鼻高脩且直　額廣而平正　面目悉端嚴
為人所喜見　口氣无臭穢　優鉢華之香　常從其口出
若故詣僧坊　欲聽法華經　須臾聞歡喜　今當說其福
後生天人中　得妙象馬車　珍寶之輦轝　及乘天宮殿
若於講法處　勸人坐聽經　是福因緣得　釋梵轉輪座
何況一心聽　解說其義趣　如說而脩行　其福不可限
妙法蓮華經法師功德品第十九
尒時佛告常精進菩薩摩訶薩若善男子善
女人受持是法華經若讀若誦若解說若書
寫是人當得八百眼功德千二百耳功德八百
鼻功德千二百舌功德八百身功德千二
百意功德以是功德莊嚴六根皆令清淨是
善男子善女人父母所生清淨肉眼見於三
千大千世界內外所有山林河海下至阿鼻
地獄上至有頂亦見其中一切衆生及業因
緣果報生處悉見悉知尒時世尊欲重宣此
義而說偈言
若於大衆中　以无所畏心　說是法華經　汝聽其功德
是人得八百　功德殊勝眼　以是莊嚴故　其目甚清淨
父母所生眼　悉見三千界　內外彌樓山　須彌及鐵圍
并諸餘山林　大海江河水　下至阿鼻獄　上至有頂處

BD14731號　妙法蓮華經卷六　（10–4）

義而說偈言
若於大衆中　以無所畏心　說是法華經　汝聽其功德
是人得八百　功德殊勝眼　以是莊嚴故　其目甚清
淨　父母所生眼　悉見三千界　內外彌樓山　須彌及鐵圍
并諸餘山林　大海江河水　下至阿鼻獄　上至有頂處
其中諸衆生　一切皆悉見　雖未得天眼　肉眼力如是
復次常精進若善男子善女人受持此經若
讀若誦若解說若書寫得千二百耳功德以
是清淨耳聞三千大千世界下至阿鼻地獄
上至有頂其中內外種種語言音聲象聲
馬聲牛聲車聲啼哭聲愁歎聲螺聲鼓聲鍾聲
鈴聲笑聲語聲男聲女聲童子聲童女聲
法聲非法聲苦聲樂聲凡夫聲聖人聲喜聲不
喜聲天聲龍聲夜叉聲乾闥婆聲阿脩羅聲
迦樓羅聲緊那羅聲摩睺羅伽聲火聲水聲
風聲地獄聲畜生聲餓鬼聲比丘聲比丘尼聲
聲聞聲辟支佛聲菩薩聲佛聲以要言之
三千大千世界中一切內外所有諸聲雖未
得天耳以父母所生清淨常耳皆悉聞知如
是分別種種音聲而不壞耳根爾時世尊欲
重宣此義而說偈言
父母所生耳　清淨無濁穢　以此常耳聞　三千世界聲
象馬車牛聲　鍾鈴螺鼓聲　琴瑟箜篌聲　簫笛之音聲
清淨好歌聲　聽之而不著　無數種人聲　聞悉能解了
又聞諸天聲　微妙之歌音　及聞男女聲　童子童女聲

BD14731 號　妙法蓮華經卷六　（10–5）

父母所生耳　清淨無濁穢　以此常耳聞　三千世界聲
象馬車牛聲　鍾鈴螺鼓聲　琴瑟箜篌聲　簫笛之音聲
清淨好歌聲　聽之而不著　無數種人聲　聞悉能解了
又聞諸天聲　微妙之歌音　及聞男女聲　童子童女聲
山川險谷中　迦陵頻伽聲　命命等諸鳥　悉聞其音聲
地獄衆苦痛　種種楚毒聲　餓鬼飢渴逼　求索飲食聲
諸阿脩羅等　居在大海邊　自共語言時　出于大音聲
如是說法者　安住於此間　遙聞是衆聲　而不壞耳根
十方世界中　禽獸鳴相呼　其說法之人　於此悉聞之
其諸梵天上　光音及遍淨　乃至有頂天　言語之音聲
法師住於此　悉皆得聞之　一切比丘衆　及諸比丘尼
若讀誦經典　若為他人說　法師住於此　悉皆得聞之
復有諸菩薩　讀誦於經法　若為他人說　撰集解其義
如是諸音聲　悉皆得聞之　諸佛大聖尊　教化衆生者
於諸大會中　演說微妙法　持此法華者　悉皆得聞之
三千大千界　內外諸音聲　下至阿鼻獄　上至有頂天
皆聞其音聲　而不壞耳根　其耳聰利故　悉能分別知
持是法華者　雖未得天耳　但用所生耳　功德已如是
復次常精進若善男子善女人受持此經若
讀若誦若解說若書寫成就八百鼻功德以
是清淨鼻根聞於三千大千世界上下內外
種種諸香須曼那華香闍提華香末利華香
瞻蔔華香波羅羅華香赤蓮華香青蓮華
香白蓮華香華樹香菓樹香栴檀香沈水香
多摩羅跋香多伽羅香及千萬種和香若末

BD14731 號　妙法蓮華經卷六　（10–6）

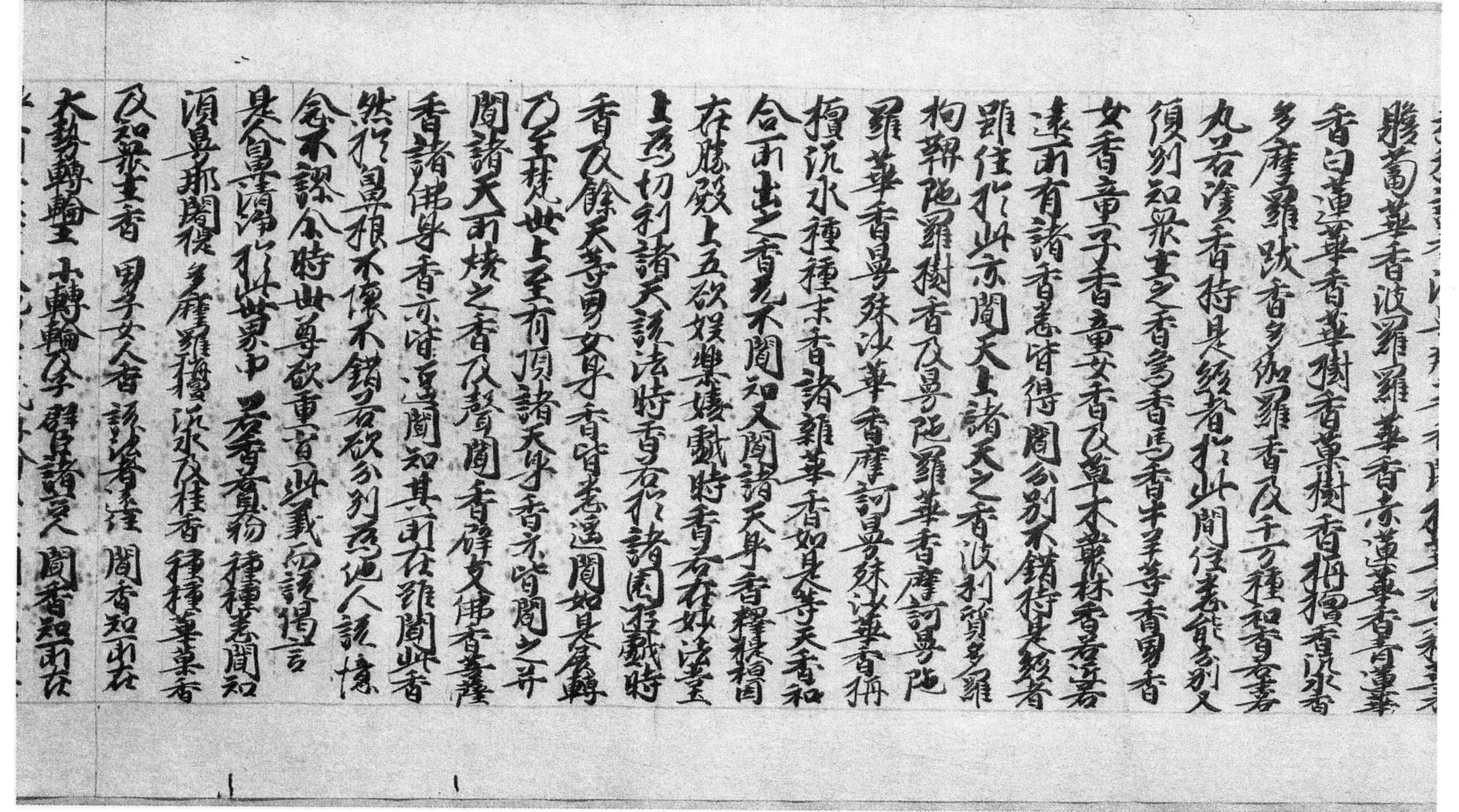

瞻蔔華香波羅羅華香赤蓮華香青蓮華
香白蓮華香華樹香菓樹香栴檀香沈水香
多摩羅跋香多伽羅香及千萬種和香若末
若丸若塗香持是經者於此間住悉能分別又
復別知眾生之香象香馬香牛羊等香男香
女香童子香童女香及草木叢林香若近若
遠所有諸香悉皆得聞分別不錯持是經者
雖住於此亦聞天上諸天之香波利質多羅
拘鞞陀羅樹香及曼陀羅華香摩訶曼陀
羅華香曼殊沙華香摩訶曼殊沙華香栴
檀沈水種種末香諸雜華香如是等天香和
合所出之香無不聞知又聞諸天身香釋提桓因
在勝殿上五欲娛樂嬉戲時香若在妙法堂
上為忉利諸天說法時香若於諸園遊戲時
香及餘天等男女身香皆悉遙聞如是展轉
乃至梵世上至有頂諸天身香亦皆聞之并
聞諸天所燒之香及聲聞香辟支佛香菩薩
香諸佛身香亦皆遙聞知其所在雖聞此香
然於鼻根不壞不錯若欲分別為他人說憶
念不謬爾時世尊欲重宣此義而說偈言
是人鼻清淨　於此世界中　若香若臭物　種種悉聞知
須曼那闍提　多摩羅栴檀　沈水及桂香　種種華菓香
及知眾生香　男子女人香　說法者遠住　聞香知所在
大勢轉輪王　小轉輪及子　群臣諸宮人　聞香知所在

BD14731號　妙法蓮華經卷六　（10–7）

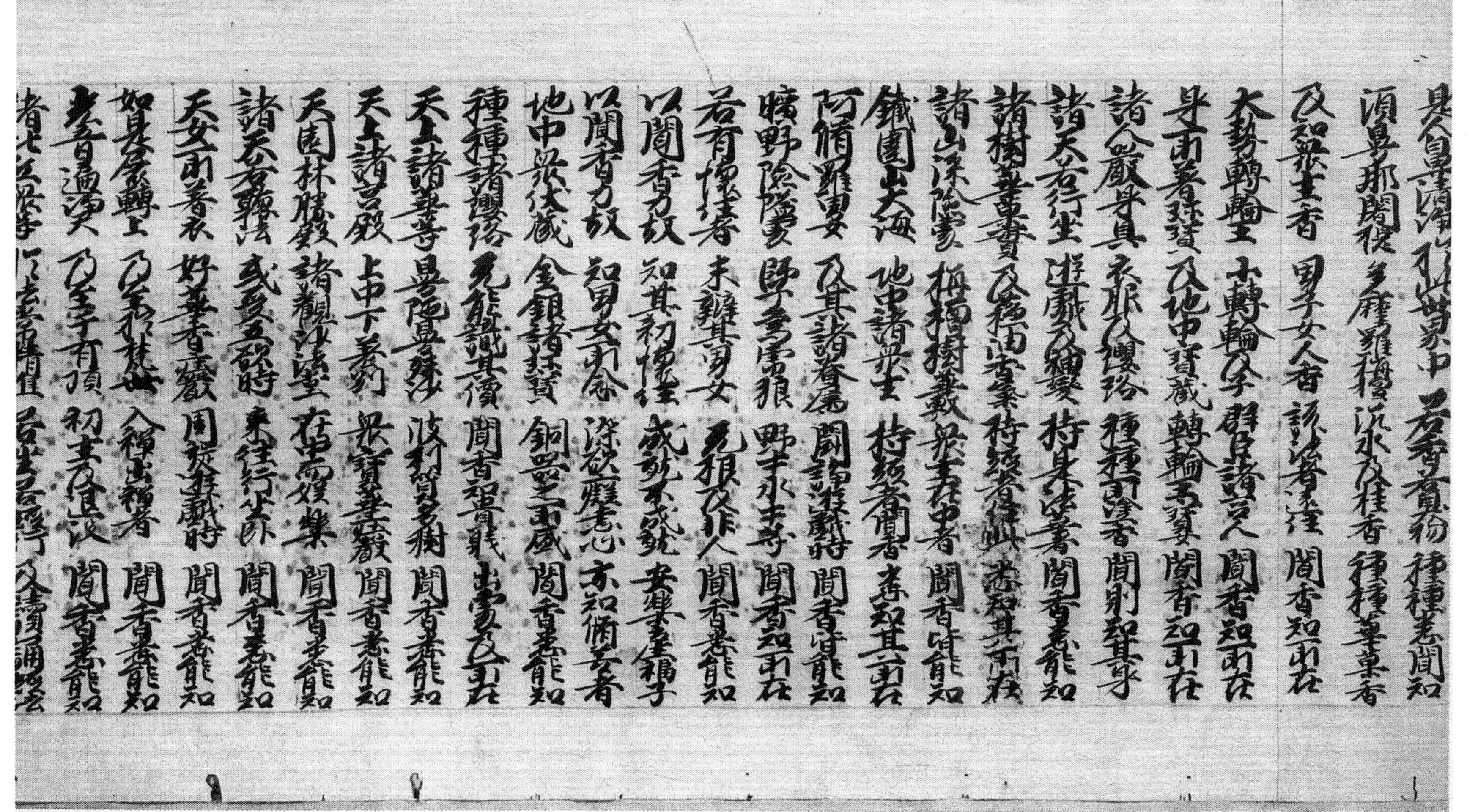

是人鼻清淨　於此世界中　若香若臭物　種種悉聞知
須曼那闍提　多摩羅栴檀　沈水及桂香　種種華菓香
及知眾生香　男子女人香　說法者遠住　聞香知所在
大勢轉輪王　小轉輪及子　群臣諸宮人　聞香知所在
身所著珍寶　及地中寶藏　轉輪王寶女　聞香知所在
諸人嚴身具　衣服及瓔珞　種種所塗香　聞則知其身
諸天若行坐　遊戲及神變　持是法華者　聞香悉能知
諸樹華菓實　及酥油香氣　持經者住此　悉知其所在
諸山深險處　栴檀樹花敷　眾生在中者　聞香皆能知
鐵圍山大海　地中諸眾生　持經者聞香　悉知其所在
阿修羅男女　及其諸眷屬　鬪諍遊戲時　聞香皆能知
曠野險隘處　師子象虎狼　野牛水牛等　聞香知所在
若有懷妊者　未辯其男女　無根及非人　聞香悉能知
以聞香力故　知其初懷妊　成就不成就　安樂產福子
以聞香力故　知男女所念　染欲癡恚心　亦知修善者
地中眾伏藏　金銀諸珍寶　銅器之所盛　聞香悉能知
種種諸瓔珞　無能識其價　聞香知貴賤　出處及所在
天上諸華等　曼陀曼殊沙　波利質多樹　聞香悉能知
天上諸宮殿　上中下差別　眾寶花莊嚴　聞香悉能知
天園林勝殿　諸觀妙法堂　在中而娛樂　聞香悉能知
諸天若聽法　或受五欲時　來往行坐臥　聞香悉能知
天女所著衣　好華香莊嚴　周旋遊戲時　聞香悉能知
如是展轉上　乃至於梵世　入禪出禪者　聞香悉能知
光音遍淨天　乃至于有頂　初生及退沒　聞香悉能知
諸比丘眾等　於法常精進　若坐若經行　及讀誦經典

BD14731號　妙法蓮華經卷六　（10–8）

諸天若聽法 或受五欲時 來往行坐臥 聞香悉能知
天女所著衣 好華香莊嚴 周旋遊戲時 聞香悉能知
如是展轉上 乃至於梵世 入禪出禪者 聞香悉能知
光音遍淨天 乃至于有頂 初生及退沒 聞香悉能知
諸比丘衆等 於法常精進 若坐若經行 及讀誦經法
或在林樹下 專精而坐禪 持經者聞香 悉知其所在
菩薩志堅固 坐禪若讀誦 或為人說法 聞香悉能知
在在方世尊 一切所恭敬 愍衆而說法 聞香悉能知
衆生在佛前 聞經皆歡喜 如法而修行 聞香悉能知
雖未得菩薩 無漏法生鼻 而是持經者 先得此鼻相

復次常精進若善男子善女人受持是經若
讀若誦若解說若書寫得千二百舌功德若
好若醜若美不美及諸苦澀物在其舌根皆
變成上味如天甘露無不美者若以舌根於
大衆中有所演說出深妙聲能入其心皆令
歡喜快樂又諸天子天女釋梵諸天聞是深
妙音聲有所演說言論次第皆悉來聽及諸
龍龍女夜叉夜叉女乾闥婆乾闥婆女阿脩
羅阿脩羅女迦樓羅迦樓羅女緊那羅緊那
羅女摩睺羅伽摩睺羅伽女為聽法故皆來
親近恭敬供養及比丘比丘尼優婆塞優婆
夷國王王子群臣眷屬小轉輪王大轉輪王
七寶千子內外眷屬乘其宮殿俱來聽法以
是菩薩善說法故婆羅門居士國內人民盡
其形壽隨侍供養又諸聲聞辟支佛菩薩諸

BD14731 號　妙法蓮華經卷六　（10–9）

羅阿脩羅女迦樓羅迦樓羅女緊那羅緊那
羅女摩睺羅伽摩睺羅伽女為聽法故皆來
親近恭敬供養及比丘比丘尼優婆塞優婆
夷國王王子群臣眷屬小轉輪王大轉輪王
七寶千子內外眷屬乘其宮殿俱來聽法以
是菩薩善說法故婆羅門居士國內人民盡
其形壽隨侍供養又諸聲聞辟支佛菩薩諸
佛常樂見之是人所在方面諸佛皆向其處
說法悉能受持一切佛法又能出深妙法音
爾時世尊欲重宣此義而說偈言

是人舌根淨 終不受惡味 其有所食噉 悉皆成甘露
以深淨妙聲 於大衆說法 以諸因緣喻 引導衆生心
聞者皆歡喜 設諸上供養 諸天龍夜叉 及阿脩羅等
皆以恭敬心 而共來聽法 是說法之人 若欲以妙音
遍滿三千界 隨意即能至 大小轉輪王 及千子眷屬
合掌恭敬心 常來聽受法 諸天龍夜叉 羅剎毗舍闍
亦以歡喜心 常樂來供養 梵天王魔王 自在大自在
如是諸天衆 常來至其所 諸佛及弟子 聞其說法音
常念而守護 或時為現身

復次常精進若善男子善女人受持是經若
讀若誦若解說若書寫得八百身功德得清

BD14731 號　妙法蓮華經卷六　（10–10）

BD14731號背　雜寫　　（1–1）

北魏精書大般涅槃經

BD14732號　紙筒　　（2–1）

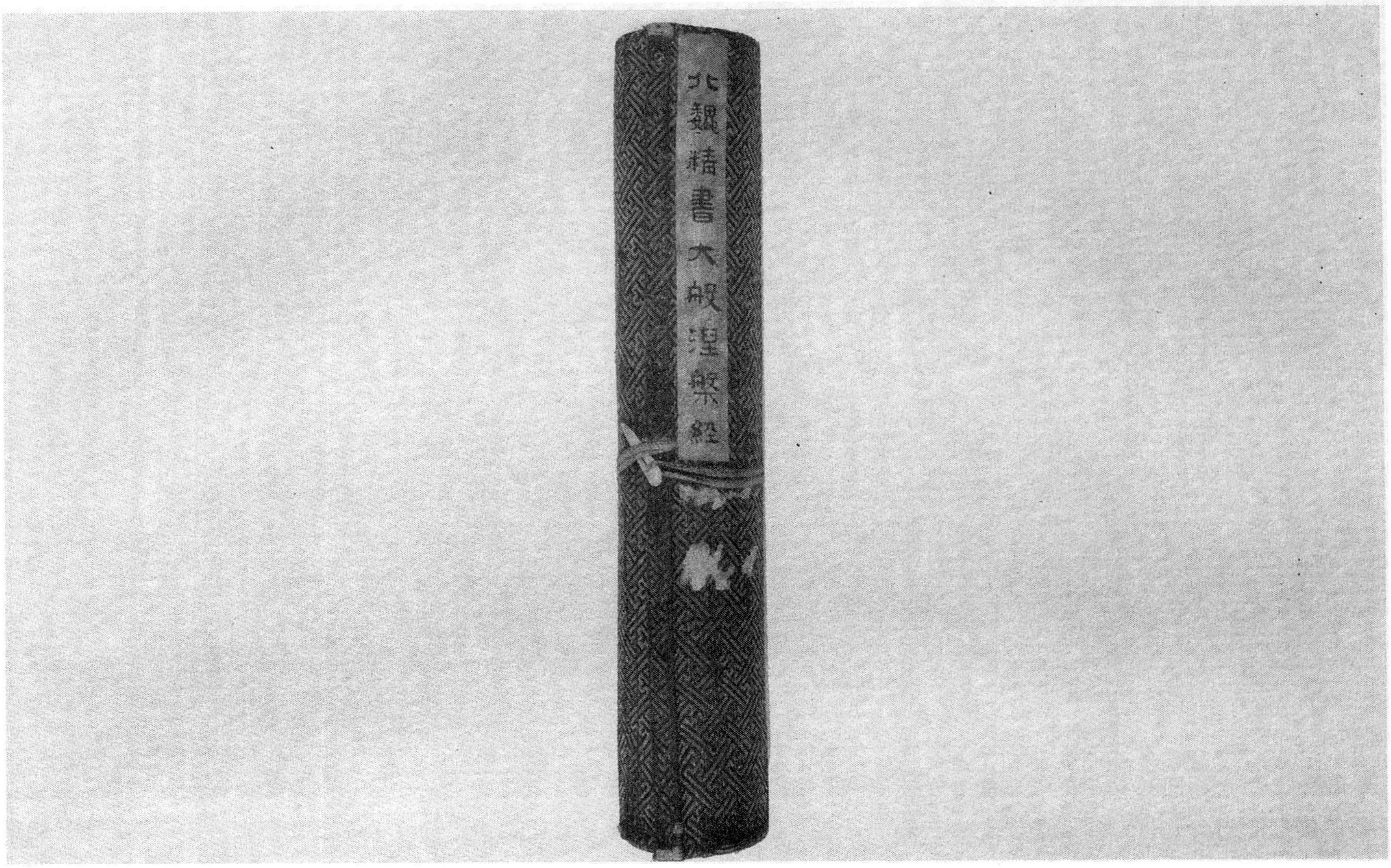

BD14732 號　紙筒　　　　（2–2）

世尊實无有病云何嘿然右脅而卧諸菩薩
等凡所給施病者醫藥所得善根悉施衆生
而共迴向一切種智為除衆生諸煩惱鄣業
鄣報鄣煩惱鄣者貪欲瞋恚愚癡忿怒纒蓋
燋惱嫉妬慳悋奸詐諛諂无慙无愧慢慢不
如慢增上慢我慢耶慢憍慢放逸貢高懟恨
諍訟耶命諂媚詐現異相以利求利惡求多
求无有恭敬不隨教誨親近惡友貪利无厭
纒縛難解欲於惡欲貪於惡貪身見有見及
以无見頻申憙睡欠呿不樂貪嗜飲食其心
瞢瞢心緣異相不善思惟身口多惡好喜多
語諸根闇鈍數言多虚常為欲覺恚覺害覺
之所覆蓋是名煩惱鄣業鄣者五无間罪重
惡之病報鄣者生在地獄畜生餓鬼誹謗正
法及一闡提是名報鄣如是三鄣名為大病

BD14732 號　大般涅槃經（北本）卷一一　　　　（22–1）

語諸根闇鈍數言多虛常爲欲覺恚覺害覺
之所覆蓋是名煩惱鄣業鄣者五无閒罪重
惡之病報鄣者生在地獄畜生餓鬼誹謗正
法及一闡提是名報鄣如是三鄣名爲大病
而諸菩薩於无量劫脩菩提時給施一切疾
病醫藥常作是願令諸衆生永斷如是三鄣
重病復次世尊菩薩摩訶薩脩菩提時給施
一切病者醫藥常作是願願令衆生永斷諸
病得成如來金剛之身又願一切无量衆生
作妙藥王斷除一切諸惡重病願諸衆生作
阿伽陁藥以是藥力能除一切无量惡毒又
願衆生於阿耨多羅三藐三菩提无有退轉
速得成就无上佛藥消除一切煩惱毒箭又
願衆生懃脩精進成就如來金剛之心作微
妙藥療治諸病不令有人生諍訟想亦願衆
生作大藥樹療治一切諸惡重病又願衆生
拔出毒箭得成如來无上光明又願衆生得
入如來智慧大藥微密法藏世尊菩提如是
已於无量百千万億那由他劫發是誓願令
諸衆生悉无復病何緣如來乃於今日唱言
有疾復次世尊世有病人不能坐起俯仰進
止飲食不御漿水不下亦復不能教戒諸子
脩治家業尒時父母妻子兄弟親屬知識各
於是人生必死想世尊如來今日亦復如是

BD14732號　大般涅槃經（北本）卷一一　（22–2）

諸衆生悉无復病何緣如來乃於今日唱言
有疾復次世尊世有病人不能坐起俯仰進
止飲食不御漿水不下亦復不能教戒諸子
脩治家業尒時父母妻子兄弟親屬知識各
於是人生必死想世尊如來今日亦復如是
右脅而卧无所論說此閻浮提有諸愚人當
作是念如來正覺必當涅槃生滅盡想而如
來性實不畢竟入於涅槃何以故如來常住
无變易故以是因緣不應說言我今背痛復
次世尊世有病者身體羸損若偃若側卧着
牀蓐尒時家室必生惡賤起必死想如來今
者亦復如是當爲外道九十五種之所輕慢
生无常想彼諸外道當作是言不如我等以
生无常想彼諸外道當作是言不如我等以
我性人自在時節微塵等法而爲常住无有
變易沙門瞿曇无常所遷是變易法以是義
故世尊今者不應嘿然右脅而卧復次世尊
世有病者四大增損互不調適羸瘦乏力是
故不能隨意坐起卧著牀蓐如來四大无不
和適身力具足亦无羸損世尊如十小牛力
不如一大牛力十大牛力不如一青牛力十
青牛力不如一凡象力十凡象力不如一野
象力十野象力不如一二牙象力十二牙象
力不如一四牙象力十四牙象力不如雪山
一白象力十白象力不如一香象力十香象

BD14732號　大般涅槃經（北本）卷一一　（22–3）

青牛力不如一凡象力十凡象力不如一野
象力十野象力不如一二牙象力十二牙象
力不如一四牙象力十四牙象力不如雪山
一白象力十白象力不如一香象力十香象
力不如一青象力十青象力不如一黄象力
十黄象力不如一赤象力十赤象力不如一
白象力十白象力不如一山象力十山象力
不如一優鉢羅象力十優鉢羅象力不如一
波頭摩象力十波頭摩象力不如一拘物頭
象力十拘物頭象力不如一分陁利象力十
分陁利象力不如人中一力士力十人中力
士力不如一鉢建提力十鉢建提力不如一八
臂那羅延力十那羅延力不如一十住菩
薩一節之力一切凡夫身中諸節節不相到
人中力士節頭相到鉢建提身諸節相接那
羅延身節頭相拘十住菩薩諸節骨解盤龍
相結是故菩薩其力最大世間成時從金剛
際起金剛坐上至道場菩提樹下菩薩坐已
其心即時逮得十力如來今者不應如彼嬰
孩小兒嬰孩小兒愚癡无智无所能說以是
義故隨意偃側无人譏呵如來世尊有大智
慧照明一切人中之龍具大威德成就神通
无上仙人永斷疑網已拔毒箭進止安詳威
儀具足得无所畏今者何故右脅而卧令諸

BD14732號　大般涅槃經（北本）卷一一　（22–4）

義故隨意偃側无人譏呵如來世尊有大智
慧照明一切人中之龍具大威德成就神通
无上仙人永斷疑網已拔毒箭進止安詳威
儀具足得无所畏今者何故右脅而卧令諸
人天悲憂苦惱尒時迦葉菩薩即於佛前而
說偈言
瞿曇大聖德　願起演妙法　不應如小兒　病者卧床席
調御天人師　倚卧雙樹間　下愚凡夫見　當言必涅槃
不知方等典　甚深佛所行　不見微密藏　猶盲不見道
唯有諸菩薩　文殊師利等　能解是甚深　譬如善射者
三世諸世尊　大悲為根本　如是大慈悲　今者為所在
若无大悲者　是則不名佛　佛若必涅槃　是則不名常
唯願无上尊　哀受我等請　利益諸衆生　摧伏諸外道
尒時世尊大悲熏心知諸衆生各各所念將
欲隨順畢竟利益即從卧起結跏趺坐顏貌
熙怡如融金聚面目端嚴猶月盛滿形容清
淨无諸垢穢放大光明充遍虛空其光大盛
過百千日照于東方南西北方四維上下諸
佛世界惠施衆生大智之炬悉令得滅无明
黑闇令百千億那由他衆安止不退菩提之
心尒時世尊心无疑慮如師子王以三十二
大人之相八十種好莊嚴其身於其身上一
切毛孔一一毛孔出一蓮華其華微妙各具
千葉純真金色瑠璃為莖金剛為鬚玫瑰為

BD14732號　大般涅槃經（北本）卷一一　（22–5）

大人之相八十種好莊嚴其身於其身上一
切毛孔一一毛孔出一蓮華其華微妙各具
千葉純真金色瑠璃為莖金剛為鬚玫瑰為
臺形大圓圓猶如車輪是諸蓮華各出種種
雜色光明青黃赤白紫頗梨色是諸光明悉
皆遍至阿鼻地獄想地獄黑繩地獄眾合地
獄叫喚地獄大叫喚地獄燋熱地獄大燋熱
地獄是八地獄其中眾生常為諸苦之所逼
切所謂燒煮火炙斫刺劇剝遇斯光已如是
眾苦悉滅無餘安隱清涼快樂無極是光明
中宣說如來秘密之藏言諸眾生皆有佛性
眾生聞已即便命終生人天中乃至八種寒
冰地獄所謂阿波波地獄阿吒吒地獄阿羅
羅地獄阿婆婆地獄優鉢羅地獄波頭摩地
獄拘物頭地獄分陁利地獄是中眾生常為
寒苦之所逼惱所謂擘裂身體碎壞互相殘
害遇斯光已如是等苦亦滅無餘即得調和
煴煗適身是光明中亦復宣說如來秘藏言
諸眾生皆有佛性眾生聞已即便命終生人
天中尒時於此閻浮提界及餘世界所有地
獄皆悉空虛無受罪者除一闡提餓鬼眾生
飢渴所逼以髮纏身於百千歲未曾得聞漿
水之名遇斯光已飢渴即除是光明中亦說
如來微密之藏言諸眾生皆有佛性眾生聞

BD14732號　大般涅槃經（北本）卷一一　（22–6）

飢渴所逼以髮纏身於百千歲未曾得聞漿
水之名遇斯光已飢渴即除是光明中亦說
如來微密之藏言諸眾生皆有佛性眾生聞
已即便命終生人天中令諸餓鬼悉亦空虛
除謗大乘方等正典畜生眾生互相殺害共
相殘食遇斯光已恚心悉滅是光明中亦說
如來秘密之藏言諸眾生皆有佛性眾生聞
已即便命終生人天中當尒之時畜生亦盡
除謗正法是一一華各有一佛圓光一尋金
色晃曜微妙端嚴最上無比三十二相八十
種好莊嚴其身是諸世尊或有坐者或有行
者或有卧者或有住者或震雷者或注雨者
或放電光或復放風或出烟炎身如火聚或
有示現七寶諸山池泉河水山林樹木或復
示現七寶國土城邑聚落宮殿室宅或復示
現象馬師子虎狼孔雀鳳皇諸鳥或復示現
令閻浮提所有眾生悉見地獄畜生餓鬼或
復示現欲界六天復有世尊或說陰界諸入
多諸過患或復有說四聖諦法或復有說諸
法因緣或復有說諸業煩惱皆因緣生或復
有說我與無我或復有說苦樂二法或復有
說常無常等或復有說淨與不淨復有世尊
為諸菩薩演說所行六波羅蜜或復有說諸
大菩薩所得功德或復有說諸佛世尊所有

BD14732號　大般涅槃經（北本）卷一一　（22–7）

說常无常等或復有說淨与不淨或復有世尊
爲諸菩薩演說所行六波羅蜜或復有說諸
大菩薩所得功德或復有說諸佛世尊所有
功德或復有說聲聞之人所得功德或復有
說隨順一乘或復有說三乘成道或有世尊
左脅出水右脅出火或有示現初生出家坐
於道場菩提樹下轉妙法輪入于涅槃或有
世尊作師子吼我此會中有得一果二果三
果至第四果或復有說出離生死无量因緣
尒時於此閻浮提中所有衆生遇斯光已盲
者見色聾者聽聲瘂者能言拘躄能行貧者
得財慳者能施恚者慈心不信者信如是世
界无一衆生脩行惡法除一闡提尒時一切
天龍鬼神乾闥婆阿脩羅迦樓羅緊那羅摩
睺羅伽羅剎揵陁憂摩陁阿婆摩羅人非人
等悉共同聲唱如是言善哉善哉无上天尊
多所利益說是語已踊躍歡喜或歌或儛或
身動轉以種種華散佛及僧所謂天優鉢羅
華拘物頭華波頭摩華分陁利華曼陁羅華
摩訶曼陁羅華曼殊沙華摩訶曼殊沙華散
陁那華摩訶散陁那華盧脂那華摩訶盧脂
那華香華大香華適意華大適意華愛見華
大愛見華端嚴華大端嚴華復散諸香所謂
沉水多伽樓香栴檀鬱金和合雜香海岸聚
香復以天上寶幢幡蓋諸天伎樂箏笛箜篌

BD14732號　大般涅槃經（北本）卷一一　（22–8）

那華香華大香華適意華大適意華愛見華
大愛見華端嚴華大端嚴華復散諸香所謂
沉水多伽樓香栴檀鬱金和合雜香海岸聚
香復以天上寶幢幡蓋諸天伎樂箏笛箜篌
瑟簇鼓吹供養於佛而說偈言
我今稽首大精進　无上正覺兩足尊
人天大衆所不知　唯有瞿曇乃能了
世尊往昔爲我故　於无量劫脩苦行
如何一旦放本誓　而便捨命欲涅槃
一切衆生不能見　諸佛世尊秘密藏
以是因緣難得出　輪轉生死墮惡道
如佛所說阿羅漢　一切皆當至涅槃
如是甚深佛行處　凡夫下愚誰能知
施諸衆生甘露法　爲欲斷除其煩惱
若有服此甘露已　不復受生老病死
如來世尊已療治　百千无量諸衆生
令其所有諸重病　一切消滅无遺餘
世尊久已捨病苦　故得名爲第七佛
唯願今日雨法雨　潤漬我等功德種
是諸大衆及天人　如是請已嘿然住
說是偈時蓮華臺中一切諸佛從閻浮提
遍至淨居悉皆聞之
尒時佛告迦葉菩薩善哉善哉善男子汝已
具足如是甚深微妙智慧不爲一切諸魔外

BD14732號　大般涅槃經（北本）卷一一　（22–9）

説是偈時蓮華臺中一切諸佛從閻浮提
還至淨居悉皆聞之
尒時佛告迦葉菩薩善哉善哉善男子汝已
具足如是甚深微妙智慧不爲一切諸魔外
道之所破壞善男子汝已安住不爲一切諸
耶惡風之所傾動善男子汝今成就樂説辯
才已曾供養過去無量恒河沙等諸佛世尊
是故能問如來正覺如是之義善男子我於
往昔無量無邊億那由他百千万劫已除病
根永離倚卧迦葉過去無量阿僧祇劫有佛
出世号無上勝如來應正遍知明行足善逝
世間解無上士調御丈夫天人師是佛世尊
爲諸聲聞説是大乘大涅槃經開示分別顯
發其義我於尒時爲彼佛而作聲聞受持
如是大涅槃典讀誦通利書寫經卷廣爲他
人開示分別解説其義以是善根迴向阿耨
多羅三藐三菩提善男子我從是來未曾爲
惡煩惱業緣墮於惡道誹謗正法作一闡提
受黄門身無根二根反逆父母殺阿羅漢破
塔壞僧出佛身血犯四重禁從是已來身心
安隱無諸苦惱迦葉我今實無一切疾病所
以者何諸佛世尊久已遠離一切病故迦葉
是諸衆生不知大乘方等密語便謂如來真
實有病迦葉如言如來人中師子而如來者

以者何諸佛世尊久已遠離一切病故迦葉
是諸衆生不知大乘方等密語便謂如來真
實有病迦葉如言如來人中師子而如來者
實非師子如是之言即是如來秘密之教迦
葉如言如來人中大龍而我已於無量劫中
捨離是業迦葉如言如來是人而我真
實非人非天非鬼神乹闥婆阿脩羅迦樓
羅緊那羅摩睺羅伽非我非命非可養育非
人士夫非作非不作非受非不受非世尊非
聲聞非説非不説如是等語皆是如來秘密
之教迦葉如言如來猶如大海須彌山王而
如來者實非醎味同於石山當知是語亦是
如來秘密之教迦葉如言如來如分陁利而
我實非分陁利也如是之言即是如來秘密
之教迦葉如言如來猶如父母而如來者實
非父母如是之言亦是如來秘密之教迦葉
如言如來是大船師而如來者實非船師如
是之言亦是如來秘密之教迦葉如言如來
猶如商主而如來者實非商主如是之言亦
是如來秘密之教迦葉如言如來能摧伏魔
而如來者實無惡心欲令他伏如是之言皆
是如來秘密之教迦葉如言如來能治癰創
而我實非治癰師也如是之言亦是如來秘
密之教迦葉如我先説若有善男子善女人

是如来秘密之教迦葉如言如来能治難劇
而我實非治難師也如是之言亦是如来秘
密之教迦葉如我先說若有善男子善女人
善能脩治身口意業捨命之時雖有親族取
其屍骸或以火燒或投大水或棄冢間狐狼
禽獸競共食噉然心意識即生善道而是心
法實无去来亦无所至直是前後相似相續
相貌不異如是之言即是如来秘密之教迦
葉今我言病亦復如是亦是如来秘密之教
是故顧命文殊師利吾今背痛汝等當為四
衆說法迦葉如来正覺實无有病右脅而卧
亦不畢竟入於涅槃迦葉是大涅槃即是諸
佛甚深禪定如是禪定非是聲聞緣覺行處
迦葉汝先所聞如来何故倚卧不起不索飲
食或勑家屬脩治生業迦葉虛空之性亦无
起坐求索飲食或勑家屬脩治生業亦无去
来生滅老壯出沒傷破解脫繫縛亦不自說
亦不說他亦不自解亦不解他非安非病善
男子諸佛世尊亦復如是猶如虛空云何當
有諸病若耶迦葉世有三人其病難治一謗
大乘二五逆罪三一闡提如是三病世中極重
悉非聲聞緣覺菩薩之所能治善男子譬如
有病必死難治若有瞻病隨意醫藥若无瞻病
隨意醫藥如是之病定不可治當知是人必

BD14732號　大般涅槃經（北本）卷一一　（22–12）

大乘二五逆罪三一闡提如是三病世中極重
悉非聲聞緣覺菩薩之所能治善男子譬如
有病必死難治若有瞻病隨意醫藥若无瞻病
隨意醫藥如是之病定不可治當知是人必
死不疑善男子是三種人亦復如是若有聲
聞緣覺菩薩或有說法或不說法不能令其
發阿耨多羅三藐三菩提心迦葉譬如病人
若有瞻病隨意醫藥則可令差若无此三則
不可差聲聞緣覺亦復如是從佛菩薩得聞法
已即能發於阿耨多羅三藐三菩提心非不聞
法能發心也迦葉譬如病人若有瞻病隨意
醫藥若无瞻病隨意醫藥皆悉可差有一種
人亦復如是或值聲聞不值聲聞或值緣覺
不值緣覺或值菩薩不值菩薩或值如来不
值如来或得聞法或不聞法自然得成阿耨
多羅三藐三菩提所謂有人或為自身或為他
身或為怖畏或為利養或為諂曲或為誑他
書寫如是大涅槃經受持讀誦供養恭敬為
他說者迦葉有五種人於是大乘大涅槃典
有病行處非如来也何等為五一斷三結得
須陀洹果不墮地獄畜生餓鬼人天七反永
斷諸苦入於涅槃迦葉是名一人有病行處
是人未来過八万劫便當得成阿耨多羅三
藐三菩提迦葉第二人者斷三結薄貪恚癡

BD14732號　大般涅槃經（北本）卷一一　（22–13）

斷諸苦入於涅槃迦葉是名一人有病行處
是人未來過八万劫便當得成阿耨多羅三
藐三菩提迦葉第二人者斷三結薄貪恚癡
得斯陁含果一往來永斷諸苦入於涅槃迦
葉是名第二人有病行處是人未來過六萬
劫便當得成阿耨多羅三藐三菩提迦葉第
三人者斷五下結得阿那含果更不來此永
斷諸苦入於涅槃是名第三人有病行處是
人未來過四万劫便當得成阿耨多羅三藐
三菩提迦葉第四人者永斷貪欲瞋恚愚癡
得阿羅漢果煩惱无餘入於涅槃亦非緣覺
獨一之行是名第四人有病行處是人未來
過二万劫便當得成阿耨多羅三藐三菩提
迦葉第五人者永斷貪欲瞋恚愚癡得辟支
佛道煩惱无餘入於涅槃真是緣覺獨一之
行是名第五人有病行處是人未來過十千
劫便當得成阿耨多羅三藐三菩提迦葉是
名五人有病行處非如來也

大般涅槃經聖行品第七

尒時佛告迦葉菩薩善男子菩薩摩訶薩應
當於是大涅槃經專心思惟五種之行何等
爲五一者聖行二者梵行三者天行四者嬰
兒行五者病行善男子菩薩摩訶薩常當脩
習是五種行復有一行是如來行所謂大乘
大涅槃經迦葉云何菩薩摩訶薩所脩聖行

BD14732號　大般涅槃經（北本）卷一一　（22–14）

當於是大涅槃經專心思惟五種之行何等
爲五一者聖行二者梵行三者天行四者嬰
兒行五者病行善男子菩薩摩訶薩常當脩
習是五種行復有一行是如來行所謂大乘
大涅槃經迦葉云何菩薩摩訶薩所脩聖行
菩薩摩訶薩若從聲聞若從如來得聞如是
大涅槃經聞已生信信已應作如是思惟諸
佛世尊有无上道有大正法大衆正行復有
方等大乘經典我今當爲愛樂貪求大乘經
故捨離所愛妻子眷屬所居舍宅金銀珎寶
微妙瓔珞香華伎樂奴僕給使男女大小象
馬車乘牛羊雞犬豬豕之屬復作是念居家
迫迮猶如牢獄一切煩惱由之而生出家寬
曠猶如虛空一切善法因之增長若在家居
不得盡壽淨脩梵行我今應當剃除鬚髮出
家學道作是念已我今定當出家脩學无上
正真菩提之道菩薩如是欲出家時天魔波
旬生大苦惱言是菩薩當復與我興大戰諍
善男子如是菩薩何處當復與人戰諍是時
菩薩即至僧坊若見如來及佛弟子威儀具
足諸根寂靜其心柔和清淨寂滅即至其所
而求出家剃除鬚髮服三法衣既出家已奉
持禁戒威儀不缺進止安詳无所觸犯乃至
小罪心生怖畏護戒之心猶如金剛善男子
譬如有人帶持浮囊欲度大海尒時海中有一

BD14732號　大般涅槃經（北本）卷一一　（22–15）

而求出家剃除鬚髮服三法衣既出家已奉
持禁戒威儀不缺進止安詳无所觸犯乃至
小罪心生怖畏護戒之心猶如金剛善男子
譬如有人帶持浮囊欲度大海尒時海中有一
羅刹即從其人乞索浮囊其人聞已即作是
念我今若与必定沒死荅言羅刹汝寧殺我
浮囊叵得羅刹復言汝若不能全与我者見
惠其半是人猶故不肯与之羅刹復言汝若
不能惠我半者幸願与我三分之一是人不
肯羅刹復言若不能者當施手許是人不肯
羅刹復言汝今若復不能与我如手許者我
今飢窮衆苦所逼願當濟我如微塵許是人
復言汝今所索誠復不多然我今日方當渡
海不知前途近遠如何若与汝者氣當漸出
大海之難何由得過既能中路沒水而死善
男子菩薩摩訶薩護持禁戒亦復如是如彼
渡人護惜浮囊菩薩如是護戒之時常有煩
惱諸惡羅刹語菩薩言汝當信我終不相欺
但破四禁護持餘戒以是因緣令汝安隱得入
涅槃菩薩尒時應作是言我寧持如是禁
戒墮阿鼻獄終不毀犯而生天上煩惱羅
刹復作是言卿若不能破四禁者可破僧殘
以是因緣令汝安隱得入涅槃菩薩亦應不
隨其語羅刹復言卿若不能犯僧殘者亦可

BD14732號　大般涅槃經（北本）卷一一　（22–16）

戒墮阿鼻獄終不毀犯而生天上煩惱羅
刹復作是言卿若不能破四禁者可破僧殘
以是因緣令汝安隱得入涅槃菩薩亦應不
隨其語羅刹復言卿若不能犯僧殘者亦可
故犯偷蘭遮罪以是因緣令汝安隱得入涅
槃菩薩尒時亦復不隨羅刹復言卿若不能
犯偷蘭遮可犯捨墮以是因緣可得安隱入
於涅槃菩薩尒時亦不隨之羅刹復言卿若
不能犯捨墮者破波夜提以是因緣令汝安
隱得入涅槃菩薩尒時亦不隨之羅刹復言
若不犯波夜提者幸可毀破突吉羅戒以是
因緣可得安隱入於涅槃菩薩尒時心自
念言我今若犯突吉羅不發露者則不能渡
生死彼岸而得涅槃菩薩摩訶薩於是微小
諸戒律中護持堅固心如金剛菩薩摩訶薩
持四重禁及突吉羅敬重堅固等无差別菩
薩若能如是堅持則為具足五支諸戒所謂
具足菩薩本根業清淨戒前後眷屬餘清
淨戒非諸惡覺覺清淨戒護持正念念清淨
戒迴向阿耨多羅三藐三菩提戒迦葉是菩
薩摩訶薩復有二種戒一者受世教戒二者
得正法戒菩薩若受正法戒者終不為惡受
世教戒者白四羯磨然後而得復次善男子
有二種戒一者性重戒二者息世譏嫌戒性
重戒者謂四禁也息世譏嫌戒者不作販賣

BD14732號　大般涅槃經（北本）卷一一　（22–17）

世教戒者白四羯磨然後而得復次善男子
有二種戒一者性重戒二者息世譏嫌戒性
重戒者謂四禁也息世譏嫌戒者不作販賣
輕秤小斗欺誑於人因他形勢取人財物害
心繫縛破壞成功然明而臥田澤種殖家業
坐肆不畜象馬車乘牛羊駝驢雞犬獼猴孔
雀鸚鵡共命及拘枳羅豺狼虎豹猫狸猪豕
及餘惡獸童男童女大男大女奴婢僮僕金
銀琉璃頗梨真珠車渠馬瑙珊瑚璧玉珂貝
諸寶赤銅白鑞鍮石盂器氍毹毾㲪絇鞶育
衣一切穀米大小麥豆床粟稻麻生熟食具
常受一食不曾再食若行乞食及僧中食常
知止足不受別請不食肉不飲酒五辛能熏
悉不食之是故其身无有臭處常為諸天一
切世人恭敬供養尊重讚歎趣足而食終不
長受所受衣服裁足覆身進止常与三衣鉢
俱終不捨離如鳥二翼不畜根子莖子節子
接子子子不畜寶藏若金若銀飲食廚庫衣
裳服餝高廣大牀象牙金牀雜色編織悉不
用坐不畜一切細滑諸席不坐象薦馬薦不
以細滑上妙衣裳用敷牀臥其牀兩頭不置
二枕亦不受畜妙好丹枕安黃木枕終不觀看
象鬪馬鬪車鬪兵鬪男鬪女鬪牛鬪羊鬪水
牛雞雉鸚鵡鸛等鬪亦不故往觀看軍陣

BD14732號　大般涅槃經（北本）卷一一　（22–18）

二枕亦不受畜妙好丹枕安黃木枕終不觀看
象鬪馬鬪車鬪兵鬪男鬪女鬪牛鬪羊鬪水
牛雞雉鸚鵡鸛等鬪亦不故往觀看軍陣
不應故聽吹貝鼓角琴瑟箏笛箜篌歌叫伎
樂之聲除供養佛樗蒲圍棊波羅塞戲師子
象鬪彈棊六博拍毱擲石投壺牽道八道行
城一切戲笑悉不觀作終不占相手腳面目不
以爪鏡芝草楊枝鉢盂髑髏而作卜筮亦不
仰觀虛空星宿除欲解睡不作王家往反使
命以此語彼以彼語此終不諛諂邪命自活
亦不宣說王臣盜賊鬪諍飲食國土飢饉恐
怖豐樂安隱之事善男子是名菩薩摩訶薩
息世譏嫌戒善男子菩薩摩訶薩堅持如是
遮制之戒与性重戒等无差別善男子菩薩
摩訶薩受持如是諸禁戒已作是願言寧以
此身投於熾然猛火深坑終不毀犯過去未
來現在諸佛所制禁戒与剎利女婆羅門女
居士女而行不淨復次善男子菩薩摩訶薩
復作是願寧以熱鐵周匝纏身終不敢以破
戒之身受於信心檀越衣服復次善男子菩
薩摩訶薩復作是願寧以此口吞熱鐵丸終
不敢以毀戒之口食於信心檀越飲食復次
善男子菩薩摩訶薩復作是願寧臥此身大
熱地上終不敢以破戒之身受於信心檀越

BD14732號　大般涅槃經（北本）卷一一　（22–19）

薩摩訶薩復作是願寧以此口吞熱鐵丸終
不敢以毀戒之口食於信心檀越飲食復次
善男子菩薩摩訶薩復作是願寧臥此身大
熱地上終不敢以破戒之身受於信心檀越
床臥敷具復次善男子菩薩摩訶薩復作是
願我寧以身受三百鉾終不敢以毀戒之身受
於信心檀越醫藥復次善男子菩薩摩訶薩復
作是願寧以此身投熱鐵鑊不以破戒受信
心檀越房舍屋宅復次善男子菩薩摩訶薩
願作是願寧以鐵椎打碎此身從頭至足令
如微塵不以破戒受諸剎利婆羅門居士恭
敬禮拜復次善男子菩薩摩訶薩復作是願
寧以熱鐵挑其兩目不以染心視他好色復
次善男子菩薩摩訶薩復作是願寧以鐵錐
遍身揔刺不以染心聽好音聲復次善男子
菩薩摩訶薩復作是願寧以利刀割去其鼻
不以染心貪嗅諸香復次善男子菩薩摩訶
薩復作是願寧以利刀割裂其舌不以染心
貪著美味復次善男子菩薩摩訶薩復作是
願寧以利斧斬斫其身不以染心貪著諸觸
何以故以是因緣能令行者墮於地獄畜生
餓鬼迦葉是名菩薩摩訶薩護持禁戒菩薩
摩訶薩護持如是諸禁戒已悉以施於一切
衆生以是因緣願令衆生護持禁戒得清淨
戒善戒不缺戒不折戒大乘戒不退戒隨順

BD14732號　大般涅槃經（北本）卷一一　（22–20）

何以故以是因緣能令行者墮於地獄畜生
餓鬼迦葉是名菩薩摩訶薩護持禁戒菩薩
摩訶薩護持如是諸禁戒已悉以施於一切
衆生以是因緣願令衆生護持禁戒得清淨
戒善戒不缺戒不折戒大乘戒不退戒隨順
戒畢竟戒具足成就波羅蜜戒善男子菩薩
摩訶薩脩治如是清淨戒時即得住於初不
動地云何名為不動地也菩薩住是不動地
中不動不墮不退不散善男子譬如須弥隨
嵐猛風不能令動墮落退散菩薩摩訶薩住
是地中亦復如是不為色聲香味所動不墮
地獄餓鬼畜生不退聲聞辟支佛地不為異
見耶風所散而作耶命復次善男子又復動
者不為貪欲恚癡所動又復墮者不墮四重
又復退者不退戒還家又復散者不為違逆
大乘經者之所散壞復次善男子菩薩摩訶
薩亦復不為諸煩惱魔之所傾動不為陰魔
所墮乃至坐於道場菩提樹下雖有天魔不
能令其退於阿耨多羅三藐三菩提亦復不
為死魔所散善男子是名菩薩摩訶薩脩習
聖行善男子云何聖行聖行者佛及菩薩之
所行故故名聖行以何等故名佛菩薩為聖
人也如是等人有聖法故常觀諸法性空寂
故以是義故故名聖人有聖戒故復名聖人
有聖定慧故名聖人有七聖財所謂信戒

BD14732號　大般涅槃經（北本）卷一一　（22–21）

所隨乃至坐於道場菩提樹下雖有天魔不
能令其退於阿耨多羅三藐三菩提亦復不
爲死魔所散善男子是名菩薩摩訶薩脩習
聖行善男子云何聖行聖行者佛及菩薩之
所行故故名聖行以何等故名佛菩薩爲聖
人也如是等人有聖法故常觀諸法性空寂
故以是義故故名聖人有聖戒故復名聖人
有聖定慧故名聖人有七聖財所謂信戒慚
愧多聞智慧捨離故故名聖人有七聖覺故
名聖人以是義故復名聖人

大般涅槃經卷第十一

BD14732 號　大般涅槃經（北本）卷一一　　（22–22）

唐精書摩訶般若波羅蜜經

BD14733 號　紙筒　　（2–1）

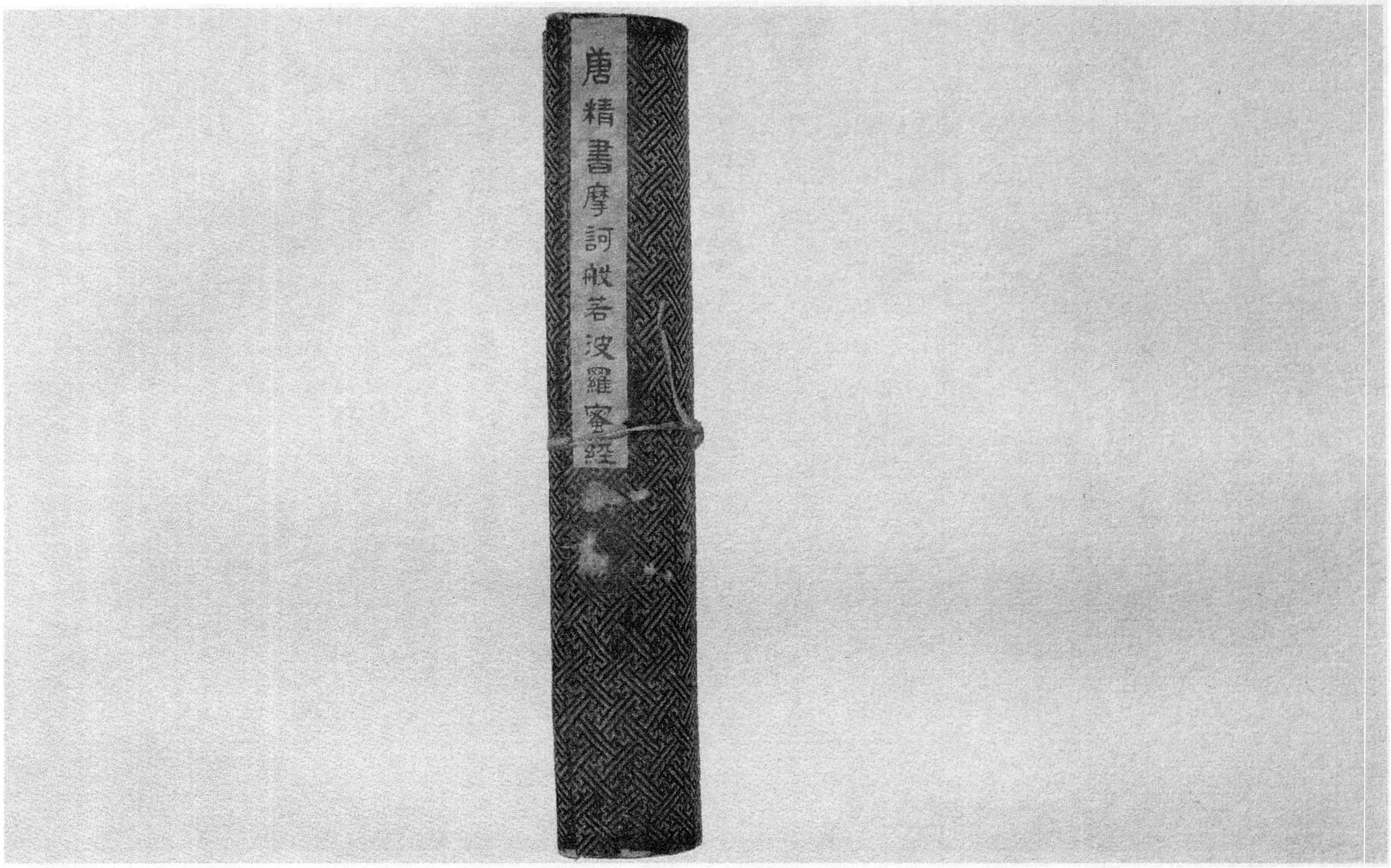

BD14733號　紙筒　（2–2）

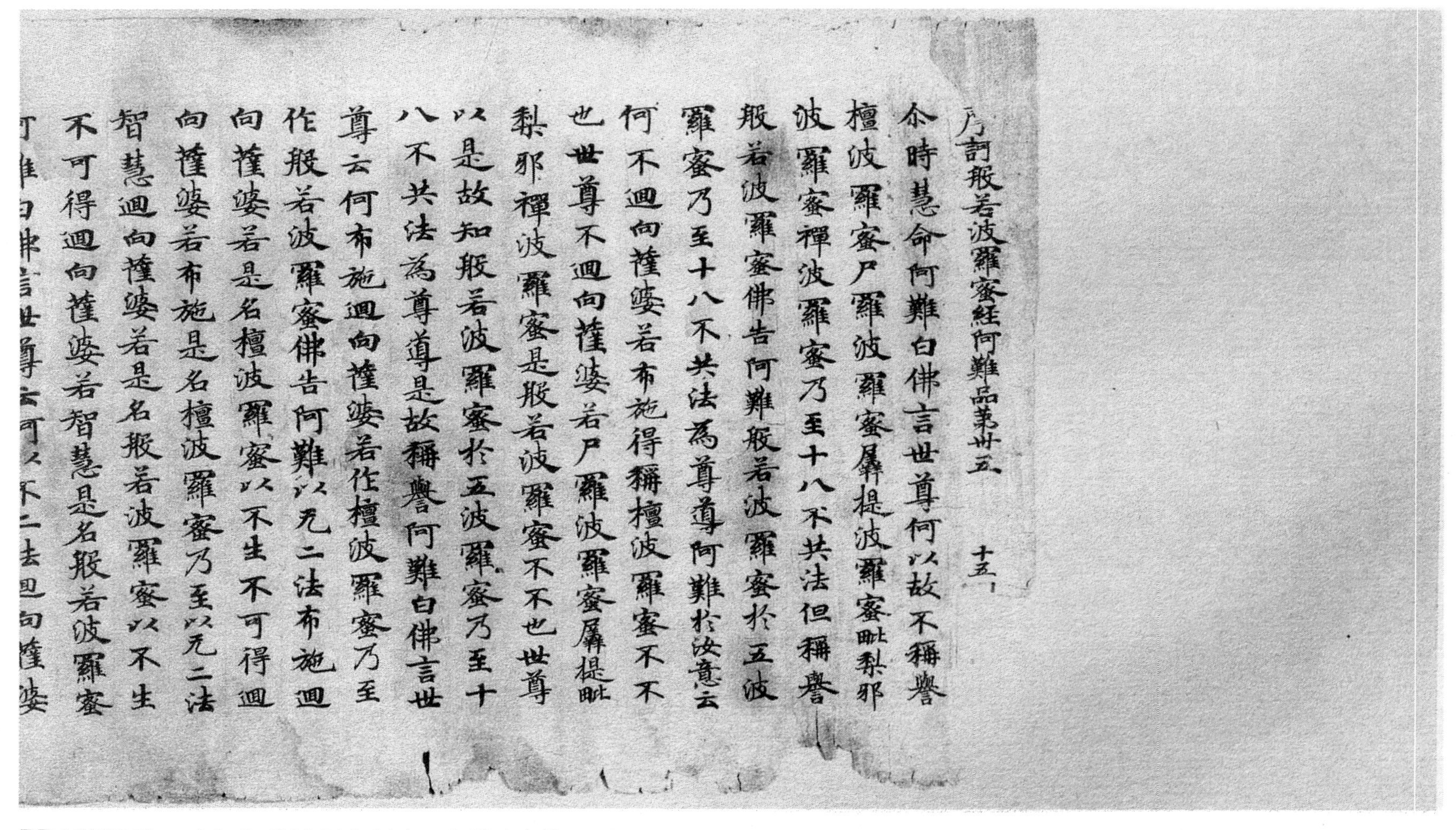
摩訶般若波羅蜜經阿難品第卅五　十五
尒時慧命阿難白佛言世尊何以故不稱譽
檀波羅蜜尸羅波羅蜜羼提波羅蜜毗梨耶
波羅蜜禪波羅蜜乃至十八不共法但稱譽
般若波羅蜜佛告阿難般若波羅蜜於五波
羅蜜乃至十八不共法為尊導阿難於汝意云
何不迴向薩婆若布施得稱檀波羅蜜不不
也世尊不迴向薩婆若尸羅波羅蜜羼提毗
梨耶禪波羅蜜是般若波羅蜜不不也世尊
以是故知般若波羅蜜於五波羅蜜乃至十
八不共法為尊導是故稱譽阿難白佛言世
尊云何布施迴向薩婆若作檀波羅蜜乃至
作般若波羅蜜佛告阿難以无二法布施迴
向薩婆若是名檀波羅蜜以不生不可得迴
向薩婆若布施是名檀波羅蜜乃至以无二法
智慧迴向薩婆若是名般若波羅蜜以不生
不可得迴向薩婆若智慧是名般若波羅蜜
阿難白佛言世尊云何以不二法迴向薩婆

BD14733號　摩訶般若波羅蜜經（四十卷本）卷一五　（23–1）

作般若波羅蜜佛告阿難以无二法布施迴
向薩婆若是名檀波羅蜜以不生不可得迴
向薩婆若布施是名檀波羅蜜乃至以无二法
智慧迴向薩婆若是名般若波羅蜜以不生
不可得迴向薩婆若智慧是名般若波羅蜜
阿難白佛言世尊云何以不二法迴向薩婆
若布施是名檀波羅蜜乃至以不二法迴向
薩婆若智慧是名般若波羅蜜佛告阿難以
色不二法故受想行識不二法故乃至阿耨
多羅三藐三菩提不二法故世尊云何色不
二法乃至阿耨多羅三藐三菩提不二法佛
言色色相空何以故檀波羅蜜色不二不別
乃至阿耨多羅三藐三菩提檀波羅蜜不二
不別五波羅蜜亦如是以是故阿難但稱譽
般若波羅蜜於五波羅蜜乃至一切種智為
尊導阿難辟如大地以種散中得因緣和合
便生是諸種子依地而生如是阿難五波羅
蜜依般若波羅蜜得生四念處乃至一切種
智亦依般若波羅蜜得生以是故阿難般若
波羅蜜為五波羅蜜乃至十八不共法為尊導
尒時釋提桓因白佛言世尊佛說善男子善
女人受持般若波羅蜜乃至正憶念者是功
德未盡何以故受持般若波羅蜜乃至正憶
念則受三世諸佛无上道所以者何欲得薩
婆若當從般若波羅蜜中求欲得般若波羅
蜜當從薩婆若中求世尊受持般若波羅蜜

女人受持般若波羅蜜乃至正憶念者是功
德未盡何以故受持般若波羅蜜乃至正憶
念則受三世諸佛无上道所以者何欲得薩
婆若當從般若波羅蜜中求欲得般若波羅
蜜當從薩婆若中求世尊受持般若波羅蜜
乃至正憶念故十善道現於世間四禪四无
量心四无色定乃至十八不共法現於世間
受持般若波羅蜜乃至正憶念故世間便有
剎利大姓婆羅門大姓居士大家四天王天
乃至阿迦尼吒諸天受持般若波羅蜜乃至
正憶念故便有須陁洹乃至阿羅漢辟支佛
菩薩摩訶薩受持般若波羅蜜乃至正憶念
故諸佛出於世間尒時佛告釋提桓因憍尸
迦善男子善女人受持般若波羅蜜乃至正
憶念我不說但有尒所功德何以故憍尸迦
是善男子善女人受持般若波羅蜜乃至正
憶念不離薩婆若心无量戒衆戒就无量定
衆戒就无量慧衆解脫衆解脫知見衆戒就
復次憍尸迦是善男子善女人能受持般若
波羅蜜乃至正憶念不離薩婆若心當知是
人為如佛復次憍尸迦一切聲聞辟支佛所
有戒衆定衆慧衆解脫衆解脫知見衆不及
是善男子善女人戒衆乃至解脫知見衆百
分千分千億万分乃至筭數辟喻所不能及
何以故是善男子善女人於聲聞辟支佛地
中心得解脫更不求大乘法故復次憍尸迦

有弍衆定衆慧衆解脫衆解脫知見衆不及
是善男子善女人弍衆乃至解脫知見衆百
分千分千億万分乃至筭數辟喻所不能及
何以故是善男子善女人於聲聞辟支佛地
中心得解脫更不求大乘法故復次憍尸迦
若有善男子善女人書持般若波羅蜜經卷
供養恭敬尊重華香瓔珞乃至伎樂供養亦
得今世後世功德尒時釋提桓因白佛言世
尊是善男子善女人受持般若波羅蜜乃至
正憶念不離薩婆若心供養般若波羅蜜恭
敬尊重華香乃至伎樂我常當守護是人佛
告釋提桓因憍尸迦是善男子善女人欲讀
誦說般若波羅蜜時无量百千諸天皆来聽
法是善男子善女人說般若波羅蜜法諸天
子益其膽力是諸法師若疲極不欲說法諸
天益其膽力故便能更說善男子善女人受
是般若波羅蜜乃至正憶念供養華香乃至
伎樂故亦得是今世功德復次憍尸迦是善
男子善女人於四部衆中說般若波羅蜜時
心无怯弱若有論難亦无畏想何以故是善
男子善女人為般若波羅蜜所護持故般若
波羅蜜中亦分別一切法若世間若出世間
若有漏若无漏若善若不善若有為若无為
若聲聞法若辟支佛法若菩薩法若佛法善
男子善女人住内空乃至住无法有法空故

BD14733 號　摩訶般若波羅蜜經（四十卷本）卷一五　（23–4）

男子善女人為般若波羅蜜所護持故般若
波羅蜜中亦分別一切法若世間若出世間
若有漏若无漏若善若不善若有為若无為
若聲聞法若辟支佛法若菩薩法若佛法善
男子善女人住内空乃至住无法有法空故
不見有能難般若波羅蜜者亦不見受難者
亦不見般若波羅蜜如是善男子善女人為
般若波羅蜜所護持故无有能難壞者復次
善男子善女人受持般若波羅蜜乃至正憶
念時不沒不畏不怖何以故是善男子善女
人不見是法沒者恐怖者憍尸迦善男子善
女人受持般若波羅蜜乃至正憶念華香供
養乃至幡蓋亦得是今世功德復次憍尸迦
善男子善女人受持般若波羅蜜乃至正憶
念書持經卷華香供養乃至幡蓋是人為父
母所愛宗親知識所念諸沙門婆羅門所敬
十方諸佛及菩薩摩訶薩辟支佛阿羅漢乃
至須陁洹所愛敬一切世間若天若魔若梵
及阿脩羅等皆亦愛敬是人行檀波羅蜜檀
波羅蜜无有斷絕時尸羅波羅蜜羼提波
羅蜜毗梨耶波羅蜜禪波羅蜜般若波羅蜜
亦无有斷絕時脩内空不斷乃至脩无法有法
空不斷脩四念處不斷乃至脩十八不共法
不斷脩諸三昧門不斷脩諸陁羅尼門不斷
脩諸菩薩神通不斷成就衆生淨佛國土不
斷乃至脩一切種智不斷是人亦能降伏難

BD14733 號　摩訶般若波羅蜜經（四十卷本）卷一五　（23–5）

亦无有斷絶時脩内空不斷乃至脩无法有法
空不斷脩四念處不斷乃至脩十八不共法
不斷脩諸三昧門不斷脩諸陁羅尼門不斷
脩諸菩薩神通不斷成就衆生淨佛國土不
斷乃至脩一切種智不斷是人亦能降伏難
論毀謗善男子善女人受持般若波羅蜜乃
至正憶念不離薩婆若心書持經卷華香供
養乃至幡蓋亦得是今世後世功德復次憍
尸迦善男子善女人書持經卷在所到處三千
大千國土中所有諸四天王天發阿耨多羅
三藐三菩提心者皆來到是處見般若波羅
蜜受讀誦說供養礼拜還去卅三天夜摩天
兜率陁天化樂天他化自在天梵衆天梵輔
天梵會天大梵天光天少光天无量光天光音天
淨天少淨天无量淨天遍淨天无蔭行天福
德天廣果天發阿耨多羅三藐三菩提心者
皆來到是處見般若波羅蜜受讀誦說供
養礼拜還去淨居諸天所謂无誑天无熱天
妙見天善見天色究竟天皆來到是處見是般
若波羅蜜受讀誦說供養礼拜還去復次憍
尸迦十方國土中諸四天王天乃至廣果天
發阿耨多羅三藐三菩提心及淨居天并餘
諸天龍鬼神乾闥婆阿脩羅迦樓羅緊那羅
摩睺羅伽亦來見般若波羅蜜受讀誦說供
養礼拜還去是善男子善女人應作是念十
方國土中諸四天王天乃至廣果天發阿耨

尸迦[illegible]
發阿耨多羅三藐三菩提心及淨居天并餘
諸天龍鬼神乾闥婆阿脩羅迦樓羅緊那羅
摩睺羅伽亦來見般若波羅蜜受讀誦說供
養礼拜還去是善男子善女人應作是念十
方國土中諸四天王天乃至廣果天發阿耨
多羅三藐三菩提心及淨居天并餘諸天龍
鬼神乾闥婆阿脩羅迦樓羅緊那羅摩睺羅
伽來見般若波羅蜜受讀誦說供養礼拜我
則法施已憍尸迦三千大千國土中所有諸
四天王天乃至阿迦尼吒天及十方國土中
諸四天王天乃至阿迦尼吒天發阿耨多羅
三藐三菩提心者護持是善男子善女人諸
惡不能得便除其宿命重罪憍尸迦是善男
子善女人亦得是今世功德所謂諸天子發
阿耨多羅三藐三菩提心皆來到是處何以
故憍尸迦諸天子發阿耨多羅三藐三菩提
心者欲救護一切衆生不捨一切衆生安樂
一切衆生故尒時釋提桓因白佛言世尊善男
子善女人云何當知諸四天王天乃至阿迦
尼吒天來及十方國土中諸四天王天乃至
阿迦尼吒天來見般若波羅蜜受讀誦說
供養礼拜時佛告釋提桓因憍尸迦若善男
子善女人見大淨光明必知有大德諸天來
見般若波羅蜜受讀誦說供養礼拜時復次
憍尸迦善男子善女人若聞異妙香必知有

供養礼拜時佛告釋提桓因憍尸迦若善男
子善女人見大淨光明必知有大德諸天来
見般若波羅蜜受讀誦說供養礼拜時復次
憍尸迦善男子善女人若聞異妙香必知有
大德諸天来見般若波羅蜜受讀誦說供養
礼拜時復次憍尸迦善男子善女人行淨潔故
諸天来到其處見般若波羅蜜受讀誦說供
養歡喜礼拜是中有小鬼輩即時出去不能
堪任是大德諸天威德故以是大德諸天来
故是善男子善女人生大心以是故般若波
羅蜜所住處四面不應有諸不淨應燒衆名
香散衆名華衆香塗地衆蓋幢幡種種嚴飾
復次憍尸迦善男子善女人說法時終无疲
極自覺身輕心樂隨法偃息卧覺安隱无諸
惡夢夢中見諸佛卅二相八十隨形好比丘
僧恭敬圍繞而為說法在諸佛邊聽受法教
所謂六波羅蜜四念處乃至十八不共法分
別六波羅蜜義分別四念處乃至十八不共
法義亦見菩提樹莊嚴見諸菩薩趣菩提樹
得阿耨多羅三藐三菩提見諸佛成已轉法
輪見百千万菩薩共集法論義應如是求薩
婆若應如是成就衆生應如是淨佛國土亦
見十方无數百千万億諸佛亦聞其名號某
方某國某佛若干百千万菩薩若干百千万
聲聞恭敬圍繞說法復見十方无數百千万

BD14733號　摩訶般若波羅蜜經（四十卷本）卷一五　（23-8）

輪見百千万菩薩共集法論義應如是求薩
婆若應如是成就衆生應如是淨佛國土亦
見十方无數百千万億諸佛亦聞其名號某
方某國某佛若干百千万菩薩若干百千万
聲聞恭敬圍繞說法復見无數百千万
億諸佛般涅槃復見无數百千万億諸佛七
寶塔見供養諸塔恭敬尊重讚嘆華香乃
至幡蓋憍尸迦是善男子善女人見如是善
夢卧安覺安諸天益其氣力自覺身體輕便
不大貪著飲食衣服卧具湯藥於此四供養
其心輕微辟如比丘坐禪從禪定起心與定
合不貪著食其心輕微何以故憍尸迦諸天
法應以諸味之精益其氣力故十方諸佛及
天龍鬼神阿脩羅乾闥婆迦樓羅緊那羅
摩睺羅伽亦益其氣力如是憍尸迦善男 子善
女人欲得今世如是功德應當受持般若波
羅蜜親近讀誦說正憶念亦不離薩婆若心
憍尸迦善男子善女人雖不能受持乃至正
憶念應當書持經卷恭敬供養尊重讚嘆華
香瓔珞乃至幡蓋憍尸迦若善男子善女人
聞是般若波羅蜜受持讀誦說正憶念書經
卷恭敬供養尊重讚嘆華香乃至幡蓋是善
男子善女人功德甚多勝於供養十方諸佛
及弟子衆恭敬尊重讚嘆衣服飲食卧具湯
藥諸佛及弟子般涅槃後起七寶塔恭敬供
養尊重讚嘆華香乃至幡蓋

BD14733號　摩訶般若波羅蜜經（四十卷本）卷一五　（23-9）

卷恭敬供養尊重讚嘆華香乃至憣蓋是善
男子善女人功德甚多勝於供養十方諸佛
及弟子衆恭敬尊重讚嘆衣服飲食卧具湯
藥諸佛及弟子般涅槃後起七寶塔恭敬供
養尊重讚嘆華香乃至憣蓋

摩訶般若波羅蜜經捨舍利品第卅六

佛告釋提桓因言憍尸迦若滿閻浮提佛舍
利作一分復有人書般若波羅蜜經卷作一
分二分之中汝取何所釋提桓因白佛言世
尊若滿閻浮提佛舍利作一分般若波羅蜜
經卷作一分二分之中我寧取般若波羅蜜
經卷何以故世尊我於佛舍利非不恭敬非
不尊重世尊以舍利從般若波羅蜜中生般
若波羅蜜脩薰故是舍利得供養恭敬尊重
讚嘆尒時舍利弗問釋提桓因憍尸迦是般
若波羅蜜不可取无色无形无對一相所謂
无相汝云何欲取何以故是般若波羅蜜不
為取故出不為捨故出不為增减聚散損益
垢淨故出是般若波羅蜜不與諸佛法不捨
凡人法不與辟支佛法阿羅漢法學法不捨
凡人法不與无為性不捨有為性不與內空
乃至无法有法空不與四念處乃至一切種
智不捨凡人法釋提桓因語舍利弗如是如
是舍利弗若有人知是般若波羅蜜不與諸
佛法不捨凡人法乃至不與一切種智不捨

BD14733號　摩訶般若波羅蜜經（四十卷本）卷一五　（23–10）

凡人法不與无為性不捨有爲性不與內空
乃至无法有法空不與四念處乃至一切種
智不捨凡人法釋提桓因語舍利弗如是如
是舍利弗若有人知是般若波羅蜜不與諸
佛法不捨凡人法乃至不與一切種智不捨
凡人法是菩薩摩訶薩能行般若波羅蜜能
脩般若波羅蜜何以故般若波羅蜜不行二
法故不二法相是般若波羅蜜不二法相是
禪波羅蜜乃至檀波羅蜜尒時佛讚釋提桓
因言善哉善哉憍尸迦如汝所說般若波羅
蜜不行二法故不二法相是般若波羅蜜不
二法相是禪波羅蜜乃至檀波羅蜜憍尸迦
若人欲得法性二相者是人為欲得般若波
羅蜜二相何以故憍尸迦法性般若波羅蜜
无二无別乃至檀波羅蜜亦如是若人欲得
實際不可思議性二相者是人為欲得般若
波羅蜜二相何以故般若波羅蜜不可思議
性无二无別釋提桓因白佛言世尊一切世
間人及諸天阿脩羅應礼拜供養般若波羅
蜜何以故諸菩薩摩訶薩般若波羅蜜中學
得阿耨多羅三藐三菩提世尊我常在善法
堂上坐我若不在座時諸天子来供養我故
為我坐處作礼繞竟還去諸天子作是念釋
提桓因在是處坐為諸三十三天說法故如
是世尊在所處書是般若波羅蜜經卷受持
讀誦為他演說是處十方國土中諸天龍夜

BD14733號　摩訶般若波羅蜜經（四十卷本）卷一五　（23–11）

堂上坐我若不在座時諸天子来供養我故
為我坐處作礼繞竟還去諸天子作是念釋
桓桓因在是處坐為諸三十三天說法故如
是世尊在所處書是般若波羅蜜經卷受持
讀誦為他演說是處十方國土中諸天龍夜
叉乾闥婆阿脩羅迦樓羅緊那羅摩睺羅伽
皆来礼拜般若波羅蜜供養已去何以故是
般若波羅蜜中生諸佛及生一切衆生樂具
故諸佛舍利亦是一切種智住處因緣以是故
世尊二分中我取般若波羅蜜復次世尊我
若受持讀誦般若波羅蜜深心入法中我是
時不見怖畏相何以故世尊是般若波羅蜜
无相无貌无言无說世尊无相无貌无言无
說是般若波羅蜜乃至是一切種智世尊般
若波羅蜜若當有相非无相者諸佛不應知
一切法无相无貌无言无說得阿耨多羅三
藐三菩提為弟子說諸法无相无貌无言　无
說世尊用般若波羅蜜實是无相无貌无言
无說故諸佛知一切諸法无相无貌无言无
說得阿耨多羅三藐三菩提為弟子說諸法
亦无相无貌无言无說是故世尊是般若波
羅蜜一切世間諸天人阿脩羅應恭敬供養
尊重讚嘆華香瓔珞乃至憣蓋復次世尊若
有人受持般若波羅蜜親近讀誦說正憶
念及書供養華香乃至憣蓋是人不墮地獄

亦无相无貌无言无說是故世尊是般若波
羅蜜一切世間諸天人阿脩羅應恭敬供養
尊重讚嘆華香瓔珞乃至憣蓋復次世尊若
有人受持般若波羅蜜親近讀誦說正憶
念及書供養華香乃至憣蓋是人不墮地獄
畜生餓鬼道中不墮聲聞辟支佛地乃至得
阿耨多羅三藐三菩提常見諸佛從一佛國
至一佛國供養諸佛恭敬尊重讚歎華香乃
至憣蓋復次世尊滿三千大千世果佛舍利
作一分書般若波羅蜜經卷作一分是二分
中我故取般若波羅蜜何以故世尊是般若
波羅蜜中生諸佛舍利以是故舍利得供養
恭敬尊重讚歎是善男子善女人供養恭敬
舍利故受天上人中福樂常不墮三惡道如
所願漸以三乘法入涅槃是故世尊若有見
現在佛若見般若波羅蜜經卷等无異何以
故世尊是般若波羅蜜與佛无二无別故復
次世尊如佛住三事示現說十二部經脩多
羅乃至優波提舍復有善男子善女人受持
讀誦說是般若波羅蜜等无異何以故世尊是
般若波羅蜜中生三事示現及十二部經脩
多羅乃至優波提舍故復次世尊十方諸佛
住三事示現說十二部經脩多羅乃至優波
提舍復有人受般若波羅蜜為他人說等无
異何以故般若波羅蜜中生諸佛亦生十二
部經脩多羅乃至優波提舍復次世尊若有

住三事示現說十二部經修多羅乃至優波
提舍復有人受般若波羅蜜為他人說等无
異何以故般若波羅蜜中生諸佛亦生十二
部經修多羅乃至優波提舍復次世尊若有
供養十方如恒河沙等國土中諸佛恭敬尊
重讚歎華香乃至幡蓋復有人書般若波羅
蜜經卷恭敬尊重讚歎香華乃至幡蓋其福
正等何以故十方諸佛皆從般若波羅蜜中
生復次世尊善男子善女人聞是般若波羅
蜜受持讀誦正憶念亦為他人說是人不墮
地獄道畜生餓鬼道亦不墮聲聞辟支佛地
何以故當知是善男子善女人正住阿鞞跋
致地中故是般若波羅蜜遠離一切苦惱衰
病復次世尊若有善男子善女人書是般若
波羅蜜經卷受持親近供養恭敬尊重讚歎
是人離諸恐怖世尊譬如負責人親近國王
供給左右責主反更供養恭敬是人是人不
復畏怖何以故世尊此人依近於王憑恃有
力故如是世尊諸佛舍利般若波羅蜜修薰
故得供養恭敬世尊當知般若波羅蜜如王
舍利如負責人負責人依王故得供養舍利
亦依般若波羅蜜修薰故得供養世尊當知
諸佛一切種智亦以般若波羅蜜修薰故得
成就以是故世尊二分中我取般若波羅蜜
何以故世尊般若波羅蜜中生諸佛舍利卅二

亦依般若波羅蜜修薰故得供養世尊當知
諸佛一切種智亦以般若波羅蜜修薰故得
成就以是故世尊二分中我取般若波羅蜜
何以故世尊般若波羅蜜中生諸佛舍利卅二
相般若波羅蜜中生佛十力四无所畏四
无礙智十八不共法大慈大悲世尊般若波
羅蜜中生五波羅蜜使得波羅蜜名字般若
波羅蜜中生諸佛一切種智復次世尊所在
三千大千國土中若有受持供養恭敬尊重
讚歎般若波羅蜜是處若人若非人不能得
其便是人漸漸得入涅槃世尊般若波羅蜜
為大利益如是於三千大千國土中能作佛
事世尊在所住處有般若波羅蜜則為有佛世
尊譬如无價摩尼寶在所住處非人不得其
便若男子女人有熱病以是珠著身上熱病
即時除若有風病若有冷病若有雜熱風冷
病以珠著身上皆悉除愈若闇中是寶能令
明熱時能冷涼寒時能令溫珠所住處其地
不寒不熱時節和適其處亦无諸餘毒螫若
男子女人為毒蛇所螫以珠示之毒即除滅
復次世尊若男子女人眼痛膚瞖盲瞽以
珠示之即時除愈若有癩瘡惡腫以珠著
其身上病即除愈復次世尊是摩尼寶所
在水中水隨作一色若以青物裹著水中
水色則為青若黃赤白紅縹物裹著水中水

珠示之即時除愈若有癩瘡惡腫以珠著
其身上病即除愈復次世尊是摩尼寶所
在水中水隨作一色若以青物裹著水中
水色則為青若黃赤白紅縹物裹著水中水
隨作黃赤白紅縹色如是等種種色物裹著
水中水隨作種種色世尊若水濁以珠著
中水即為清是珠其德如是尒時阿難
問釋提桓因言憍尸迦是摩尼寶為是天上
寶為是閻浮提寶釋提桓因語阿難言是
天上寶閻浮提人亦有是寶但功德相少不
具足天上寶清淨輕妙不可以辟喻為比復
次世尊是摩尼寶若著篋中舉珠出其功德
薰篋故人皆愛敬如是世尊在所處有書般
若波羅蜜經卷是處則无衆惱之患亦如摩
尼寶所著處則无衆難世尊佛般涅槃後舍
利得供養皆般若波羅蜜力禪波羅蜜乃至檀
波羅蜜內空乃至无法有法空四念處乃至十
八不共法一切智法相法住法位法性實際
不可思議性一切種智是諸功德力善男子
善女人作是念是佛舍利一切智一切種智
大慈大悲斷一切結使及習常捨行不錯謬
法等諸佛功德住處以是故舍利得供養世
尊舍利是諸功德寶波羅蜜住處不垢不淨
波羅蜜住處不生不滅波羅蜜不入不出波
羅蜜不增不損波羅蜜不來不去不住波

法等諸佛功德住處以是故舍利得供養世
尊舍利是諸功德寶波羅蜜住處不垢不淨
波羅蜜住處不生不滅波羅蜜不入不出波
羅蜜不增不損波羅蜜不來不去不住波
羅蜜是佛舍利是諸法相波羅蜜住處以
是諸法相波羅蜜薰脩故舍利得供養復次
世尊置三千大千世界滿中舍利如恒河沙等
諸世界滿其中舍利作一分有人書般若波
羅蜜經卷作一分二分之中我取般若波羅
蜜何以故是般若波羅蜜中生諸佛舍利是
般若波羅蜜薰脩故舍利得供養世尊若善
男子善女人供養舍利恭敬尊重讚歎其功
德報不可得邊受人中天上福樂所謂刹利
大姓婆羅門大姓居士大家四天王天處乃
至他化自在天中受福樂亦以是福德因緣故
當得盡苦若受是般若波羅蜜讀誦說正憶
念是人能具足禪波羅蜜乃至能具足檀波
羅蜜能具足四念處乃至能具足十八不共
法過聲聞辟支佛地住菩薩位住菩薩位已
得菩薩神通從一佛國至一佛國是菩薩為
衆生故受身隨其所應成就衆生若作轉輪
聖王若作刹利大姓若作婆羅門大姓成就
衆生以是故世尊我不為輕慢不恭敬故不
取舍利以善男子善女人供養般若波羅蜜
則為供養舍利故復次世尊有人欲見十方

聖王若住刹利大姓若住婆羅門大姓成就
衆生以是故世尊我不爲輕慢不恭敬故不
取舍利以善男子善女人供養般若波羅蜜
則爲供養舍利故復次世尊有人欲見十方
无量阿僧祇諸世界中現在佛法身色身是
人應聞受持般若波羅蜜讀誦正憶念爲他
人廣説如是善男子善女人當見十方无量
阿僧祇國土中諸佛法身色身是善男子善
女人行般若波羅蜜亦應以法相脩念佛三
昧復次善男子善女人欲見現在諸佛應當
受是般若波羅蜜乃至正憶念復次世尊有
二種法相有爲諸法相无爲諸法相云何有爲
諸法相所謂内空中智慧乃至无法有法空
中智慧四念處中智慧乃至八聖道分中智
慧佛十力四无所畏四无礙智十八不共法
中智慧善法中不善法中有漏法中无漏法
中世間法中出世間法中智慧是名有爲諸
法法相云何名无爲諸法法相若法无生无
滅无住无異无垢无淨无增无减諸法自性
云何名諸法自性諸法无所有性是諸法自
性是名无爲諸法相尒時佛告釋提桓因如
是如是憍尸迦過去諸佛因是般若波羅蜜
得阿耨多羅三藐三菩提過去佛諸弟子亦
因般若波羅蜜得須陁洹道乃至阿羅漢辟
支佛道未來現在世十方无量阿僧祇諸佛

BD14733號　摩訶般若波羅蜜經（四十卷本）卷一五　（23–18）

是如是憍尸迦過去諸佛因是般若波羅蜜
得阿耨多羅三藐三菩提過去佛諸弟子亦
因般若波羅蜜得須陁洹道乃至阿羅漢辟
支佛道未來現在世十方无量阿僧祇諸佛
未來現在諸佛弟子亦因般若波羅蜜得須
陁洹道乃至辟支佛道何以故般若波羅蜜
中廣説三乘義以无相法故无生无滅法故
无垢无淨法故无作无起不入不出不增不
損不取不捨法故以俗法故非以第一義何
以故是般若波羅蜜非此非彼非高非下非
等非不等非相非无相非世間非出世間非
有漏非无漏非有爲非无爲非善非不善非
過去非未來非現在何以故憍尸迦般若波
羅蜜不取聲聞辟支佛法亦不捨凡人法釋
提桓因白佛言世尊菩薩摩訶薩行般若波
羅蜜知一切衆生心亦不得衆生乃至知者
見者亦不得是菩薩不得色不得受想行識
不得眼乃至意不得色乃至法不得眼觸因
緣生受乃至意觸因緣生受不得四念處乃
至十八不共法不得阿耨多羅三藐三菩提
不得諸佛法不得佛何以故般若波羅蜜不
爲得法故出何以故般若波羅蜜性无所有
不可得所用法不可得處亦不可得佛告釋
提桓因如是如是憍尸迦如汝所説菩薩摩

BD14733號　摩訶般若波羅蜜經（四十卷本）卷一五　（23–19）

不得諸佛法不得佛何以故般若波羅蜜不
為得法故出何以故般若波羅蜜性无所有
不可得所用法不可得處亦不可得佛告釋
提桓因如是如是憍尸迦如汝所說菩薩摩
訶薩長夜行般若波羅蜜阿耨多羅三藐三
菩提不可得何況菩薩及菩薩法尒時釋提
桓因白佛言世尊菩薩摩訶薩但行般若波
羅蜜不行餘波羅蜜邪佛告釋提桓因言憍
尸迦菩薩盡行六波羅蜜法以无所得故行
檀波羅蜜不得施者不得受者不得財物行
尸波羅蜜不得戒不得持戒人不得破戒人
乃至行般若波羅蜜不得智慧不得智慧
人不得无智慧人憍尸迦菩薩摩訶薩行布施
時般若波羅蜜為作明導能具足檀波羅蜜
菩薩摩訶薩行持戒時般若波羅蜜為作明
導能具足尸羅波羅蜜菩薩摩訶薩行忍辱
時般若波羅蜜為作明導能具足羼提波羅
蜜菩薩摩訶薩行精進時般若波羅蜜為作
明導能具足毗梨邪波羅蜜菩薩摩訶薩行
禪波羅蜜時般若波羅蜜為作明導能具足
禪波羅蜜菩薩摩訶薩觀諸法時般若波羅
蜜為作明導能具足般若波羅蜜一切法以无所
得故所謂色乃至一切種智憍尸迦譬如閻
浮提諸樹種種葉種種華種種菓種種色
其蔭无差別諸波羅蜜入般若波羅蜜中
至薩婆若无差別亦如是以无所得故釋提

得故所謂色乃至一切種智憍尸迦譬如閻
浮提諸樹種種葉種種華種種菓種種色
其蔭无差別諸波羅蜜入般若波羅蜜中
至薩婆若无差別亦如是以无所得故釋提
桓因白佛言世尊般若波羅蜜大功德成就
世尊般若波羅蜜一切功德成就世尊般若
波羅蜜无量功德成就无邊功德成就无等
功德成就世尊若有善男子善女人書是般
若波羅蜜經卷恭敬供養尊重讚歎華香
乃至幡蓋如般若波羅蜜所說正憶念復有
善男子善女人書般若波羅蜜經卷與他人其
福何所為多佛告釋提桓因憍尸迦我還問
汝隨汝意報我若有善男子善女人供養諸
佛舍利恭敬尊重讚歎華香乃至幡蓋若復
有人分舍利如芥子許與他人令供養恭敬
尊重讚歎華香乃至幡蓋其福何所為多釋
提桓因白佛言世尊如我從佛聞法中義有
善男子善女人自供養舍利乃至幡蓋若復
有人分舍利如芥子許與他人令供養其福
甚多世尊佛見是福利衆生故入金剛三昧中
碎金剛身作末舍利何以故有人佛滅度後
供養佛舍利乃至如芥子許其福報无邊乃
至苦盡佛告釋提桓因如是如是憍尸迦若
善男子善女人書般若波羅蜜經卷供養恭
敬華香乃至幡蓋若復有人書般若波羅蜜
經卷與他人令學是善男子善女人其福甚

供養佛舍利乃至如芥子許其福報无邊乃
至皆盡佛告釋提桓因如是如是憍尸迦若
善男子善女人書般若波羅蜜經卷供養恭
敬華香乃至憣蓋若復有人書般若波羅蜜
經卷與他人令學是善男子善女人其福甚
多復次憍尸迦善男子善女人如般若波羅
蜜中義爲他人演說開示分別令易解是善
男子善女人勝於前善男子善女人㓛德所從
聞般若波羅蜜當視其人如佛亦如高勝梵
行人何以故當知般若波羅蜜即是佛般若
波羅蜜不異佛佛不異般若波羅蜜過去未
來現在諸佛皆從般若波羅蜜中學得阿耨
多羅三藐三菩提及高勝梵行人高勝梵行
人者所謂阿鞞跋致菩薩摩訶薩亦學是般
若波羅蜜當得阿耨多羅三藐三菩提聲聞
人學是般若波羅蜜得阿羅漢道求辟支佛
道人學是般若波羅蜜得辟支佛道菩薩學
是般若波羅蜜得入菩薩位以是故憍尸迦善
男子善女人欲供養現在佛恭敬尊重讚歎華
香乃至憣蓋當供養般若波羅蜜我見是
利初得阿耨多羅三藐三菩提時作是念誰有
可供養恭敬尊重讚歎依止住者憍尸迦我
於一切世間中若天若魔若梵若沙門婆羅
門中不見與我等者何況有勝者又自思念
我所得法自致作佛我供養是法恭敬尊重

BD14733號　摩訶般若波羅蜜經（四十卷本）卷一五　（23–22）

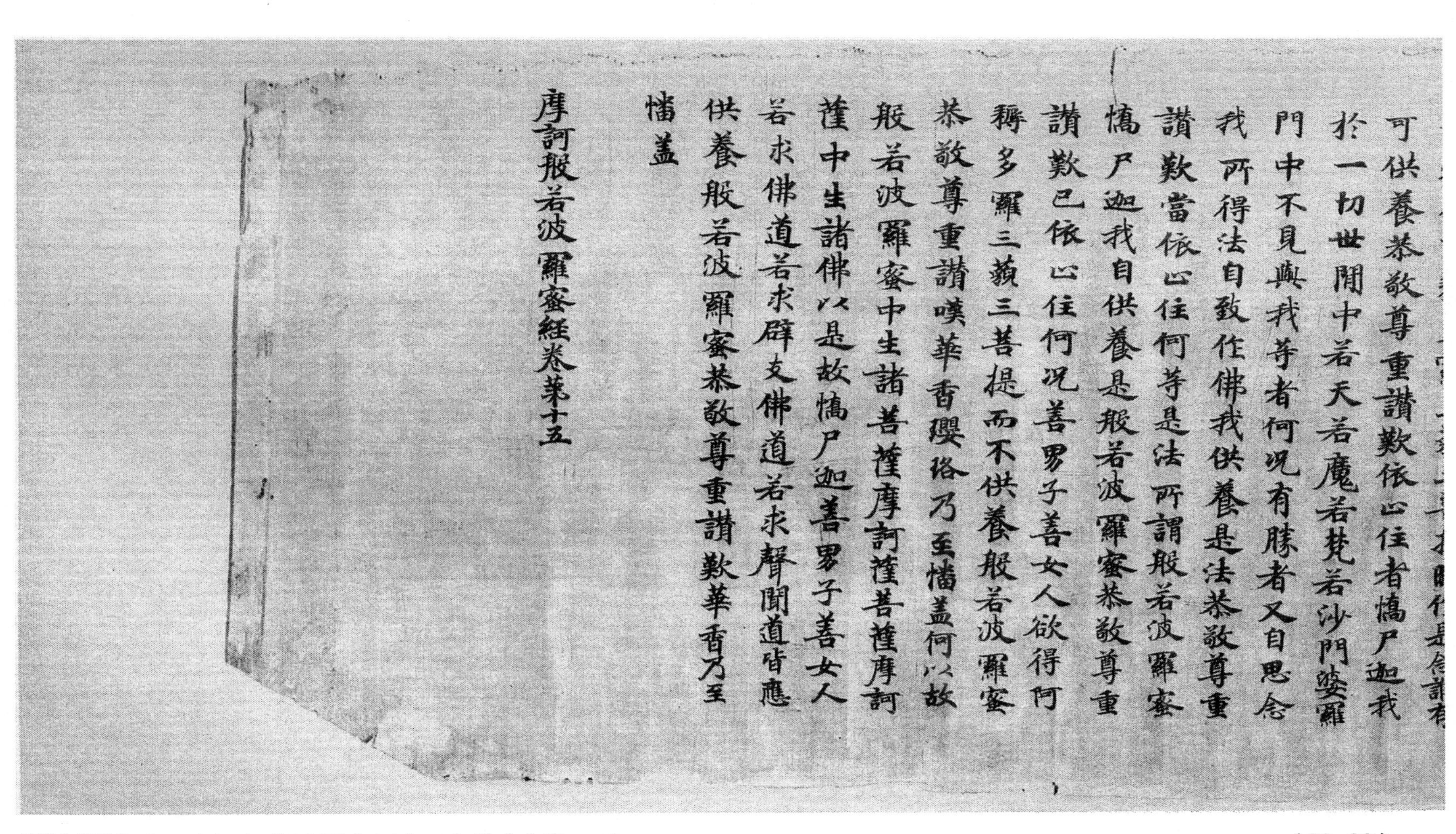
可供養恭敬尊重讚歎依止住者憍尸迦我
於一切世間中若天若魔若梵若沙門婆羅
門中不見與我等者何況有勝者又自思念
我所得法自致作佛我供養是法恭敬尊重
讚歎當依止住何等是法所謂般若波羅蜜
憍尸迦我自供養是般若波羅蜜恭敬尊重
讚歎已依止住何況善男子善女人欲得阿
耨多羅三藐三菩提而不供養般若波羅蜜
恭敬尊重讚嘆華香瓔珞乃至憣蓋何以故
般若波羅蜜中生諸菩薩菩薩摩訶
薩中生諸佛以是故憍尸迦善男子善女人
若求佛道若求辟支佛道若求聲聞道皆應
供養般若波羅蜜恭敬尊重讚歎華香乃至
憣蓋

摩訶般若波羅蜜經卷第十五

BD14733號　摩訶般若波羅蜜經（四十卷本）卷一五　（23–23）

瑜伽師地論卷第一　　彌勒菩薩說
本地分中五識身相應地第一之一　　無著菩薩造
云何瑜伽師地　謂十七地　何等十七　嗢拕南曰
五識相應意　有尋伺等三　三摩地俱非　有心無心地　聞思脩所立
如是具三乘　有依及無依　是名十七地　一者五識身相應
地二者意地三者有尋有伺地四者无尋唯伺地五者无尋无伺地
六者三摩呬多地七者非三摩呬多地八者有心地九者无心地十者聞所
成地十一者思所成地十二者脩所成地十三者聲聞地十四者獨覺地十
五者菩薩地十六者有餘依地十七者无餘依地如是略說十七名為瑜伽師
地
云何五識身相應地　謂五識身相應之地　何等名為五識之身　謂眼識
及耳鼻舌身識　云何眼識自性　謂依於眼了別色　云何眼識所依　所謂眼是
俱生依意是无間依一切種子能取於身異熟所攝阿賴耶識名種子依此亦略
攝為二種依一謂有色二謂非色此中眼是有色餘是非色云何名眼謂四大
種所為其因眼識所依清淨之色不可表示有對礙性何名為意謂眼識前無間滅
識何名一切種子之識謂依宿習戲論之樂以為其因而能成就一切種子異熟識
云何眼識所緣謂可表色有對礙性此亦多種略言之顯形色及有表色云何顯色
所謂青黃赤白光影明闇雲烟塵霧空一顯色云何形色所謂長短方圓麁細若正

BD14734號　瑜伽師地論卷一　（4–1）

俱生依意是无間依一切種子能取於身異熟所攝阿賴耶識名種子依此亦略
攝為二種依一謂有色二謂非色此中眼是有色餘是非色云何名眼謂四大
種所為其因眼識所依清淨之色不可表示有對礙性何名為意謂眼識前無間滅
識何名一切種子之識謂依宿習戲論之樂以為其因而能成就一切種子異熟識
云何眼識所緣謂可表色有對礙性此亦多種略言之顯形色及有表色云何顯色
所謂青黃赤白光影明闇雲烟塵霧空一顯色云何形色所謂長短方圓麁細若正
不正及以高下云何表色所謂取置屈申住立坐卧行來諸如是等復次云何顯色
謂似其色眼識境界云何形色謂積集色了別長等所有諸相云何表色謂積集
色生已謝滅為相違因所生方所令不復起彼餘方所或無障礙或有障礙近遠
而起即彼方所无有轉變能生起者名為有表此中顯色者分明顯現異名所攝形色
者即是增減長短諸如是等異名所攝有表色者即是作業能作行行動遍動
等異名所攝一切顯形有表諸色眼之所行眼之境界眼識所行眼識境界眼識所緣
意識所行意識境界意識所緣異名所攝又即謂彼是好顯色是惡顯色中容
而住顯現之色　　云何助伴與彼俱起相應心所一切諸法所謂作意觸受
想思餘心所法與其眼識俱生相應者依一所緣有眾多故俱時起者一一而生
一切皆從自種而生有其相應所緣種相及有所依　　云何作業此有六種一謂
初且緣自境了別是彼業故二了自相故三了現在故四了一剎那故又有二種隨意
識轉一隨染汙善而能隨轉及能隨其起業而轉二悉能攝受愛不愛果
故成六業云何耳識謂依於耳各了別聲云何所依耳是俱生依意是无間
依一切種子阿賴耶識是種子依何者是耳謂四大種而為其因耳識所依清
淨之色不可表示有對礙性所有餘同前所說　　云何所緣謂多種聲不可表
示有對礙性所有螺貝聲大鼓聲瓦鼓聲作舞聲唱歌聲伎樂聲捶大聲
女人聲男子聲風聲樹聲分明不分明有義无義下及中上江河聲[illegible]諍聲教
訟誦聲宣說聲論義決擇聲無此相應則有其若因受大種若因不受
大種若因受不受大種此中常初以內為緣第二以外為緣第三內外為
緣彼為可意若不可意若俱相違此中音聲聲韻定句語音表句
異名所攝耳之所行耳之境界耳識所行耳識境界耳識所緣意識所
行意識境界意識所緣異名所攝助伴作業當知如其眼識所說
云何鼻識謂依於鼻各了別香云何所依鼻是俱生依意是无間依一切
種子阿賴耶識是種子依云何為鼻謂四大種而為其因鼻識所依不可
表示有對礙性餘意及種同如說前　　云何所緣謂多種香不可表示
有對礙性謂可所嗅好香惡香及平等香所謂根香[illegible]實之香葉香花
香及菓香等眾多諸香此中香嗅所嗅遍嗅諸是如等異名所攝鼻

BD14734號　瑜伽師地論卷一　（4–2）

云何鼻識謂依於鼻各了別香云何所依鼻是俱生依意是无間依一切
種子阿賴耶識是種子依云何爲鼻謂四大種而爲其因鼻識所依不可
表示有對礙性辯意及種同如說前　云何所緣謂多種香不可表示
有對礙性謂可所嗅好香惡香及平等香所謂根香莖香葉香花
香及菓香等衆多諸香此中香嗅所嗅遍嗅諸是如等異名所攝鼻
之所行鼻之境界鼻識所行鼻識境界鼻識所緣意識所行意識境界
意識所緣亦異名所攝助伴作業同如前說　云何舌識謂依於舌各了別味
云何所依舌是俱生依意是无間依一切種子阿賴耶識是種子依云何爲
舌爲四大種而爲其因舌識所依淨清之色不可表示有對礙性辯意及種
如同前說　云何所緣謂多種味不可表示有對礙性謂苦醋辛
淡醎甘之味若可意若不可意若等捨處所嘗之味此中
味嘗啗食飲舐嘗喫受用諸如是等異名所攝舌之所行
舌之境界舌識所行舌識境界舌識所緣意識所行意識境界
意識所緣亦異名所攝助伴作業同如前說　云何身識謂依於身各了
別觸云何所依身是俱生依意是無間依一切種子阿賴耶識是種子
依云何爲身謂四大而爲其因身識所依清淨之色不可表示有對礙性辯意
及種同如前說　云何所緣謂多所觸不可表示有對礙性所謂地水
火風輕性重性滑性澀性寒及飢渴飽力羸劣病老死癢悶黏[illegible]
疲息軟及勇與此相應衆多所觸此是其觸所安樂觸所受苦等捨之
處所應觸性此中所觸觸及應觸澀潤動搖諸如是等異名所攝身之所行
境界身識所行身境界身識所緣意識所行意識境界意識所緣
亦異門攝助伴作業同如前　此中眼雖不損色亦現前生彼作
意若現前從彼所生眼識不起如是眼亦不損色亦現前生彼作意
現在前時從彼所生眼識方起耳鼻舌身諸餘識等同眼識觀此中眼
識生時從隣近起尋求決定三種之心次第可得其中第一是眼識性第二
即是意識之性決定心後方起染淨當如是觀尒時彼之等流眼識方起
善惡非由自己分別而生彼意識於餘亦散亂乘意識眼識二俱有
或善染汙如眼識生及至身應知亦然此中所依猶如往餘他方國土所
乘騎者當如是觀五識之身所有助伴如同行伴所緣之境如所作截
所作業者如自功用積有異門彼所依者如所往舍應如是觀所緣
境者如所受用彼所緣者如奴婢等所作業者如其勤進
「瑜伽師地論本地分中意地第二之一
云何意地此亦應觀五種所謂自性所依所緣助伴作業云何自性

BD14734號　瑜伽師地論卷一　（4–3）

乘騎者當如是觀五識之身所有助伴如同行伴所緣之境如所作截
所作業者如自功用積有異門彼所依者如所往舍應如是觀所緣
境者如所受用彼所緣者如奴婢等所作業者如其勤進
「瑜伽師地論本地分中意地第二之一
云何意地此亦應觀有其五種所謂自性所依所緣助伴作業云何自性
心意及識云何名心具一切種爲所依事爲依事性亦能取受異熟所攝阿賴
耶識云何名爲意謂六識身已滅落謝及染汙意與四煩惱无明我見我慢
愛相常共相應云何名識謂了所緣現近住性云何所依謂意是无間依
一切種子阿賴耶識是種子依同如前說云何所緣謂一切法是此所緣所謂
獨受緣相緣行緣一切無爲不可表示無對礙色六處種子
云何助伴所謂作意觸受想思欲求勝解念三摩地慧信慚愧无貪无嗔
及以无癡勤進輕安不放逸捨并其不害貪嗔无明慢見及疑忿恨覆
惱嫉慳誑諂憍害无慚愧惛沈掉舉不信懈怠放逸忘念散亂惡不
正知惡作睡眠尋及於伺如是與彼心所有法俱生相應名爲助伴於一所
緣或多俱起或一一生從其自種決定而生具有應相有諸行相有
諸所緣有諸所依　云何作業謂了別自相共相又能了別過去未
他境緣是第一業又能了別自相共相又能了別過去未來及以現在
又能了別剎那相續又能轉隨善及不善一切諸法一切諸業又能攝
持餘識身所有愛果及不愛果從此因生而能發起諸業等流故
復次與餘識身於一切時於一切種有別作業所謂分別所緣故能思所緣故
能惛醉故能顛狂故能睡眠故能覺悟故能悶絕故能於悶絕得惺悟故
能起身語業故能離欲故能於離欲有退失故能斷諸善根故而能
相續諸善根故能捨壽故能受生故
云何分別所緣謂七分別而能分別何等爲七一者有相二者非有相三任運而轉
四能尋求五能各分別六者染汙七非有染汙分別云何有相分別謂先更所
有諸義而根熟故於言說云何非有相分別所謂隨順先所更義分
別未來及諸幼童不善說言所有分別云何任運而轉謂於近境所境
緣力任運而轉云何尋求謂於諸法遍能尋求觀察分別云何能各分別
謂遍尋求觀察安立各各分別所有分別云何有染汙謂於過去具有

BD14734號　瑜伽師地論卷一　（4–4）

BD14735號 1　藏文(無量壽宗要經甲本)　(20–1)

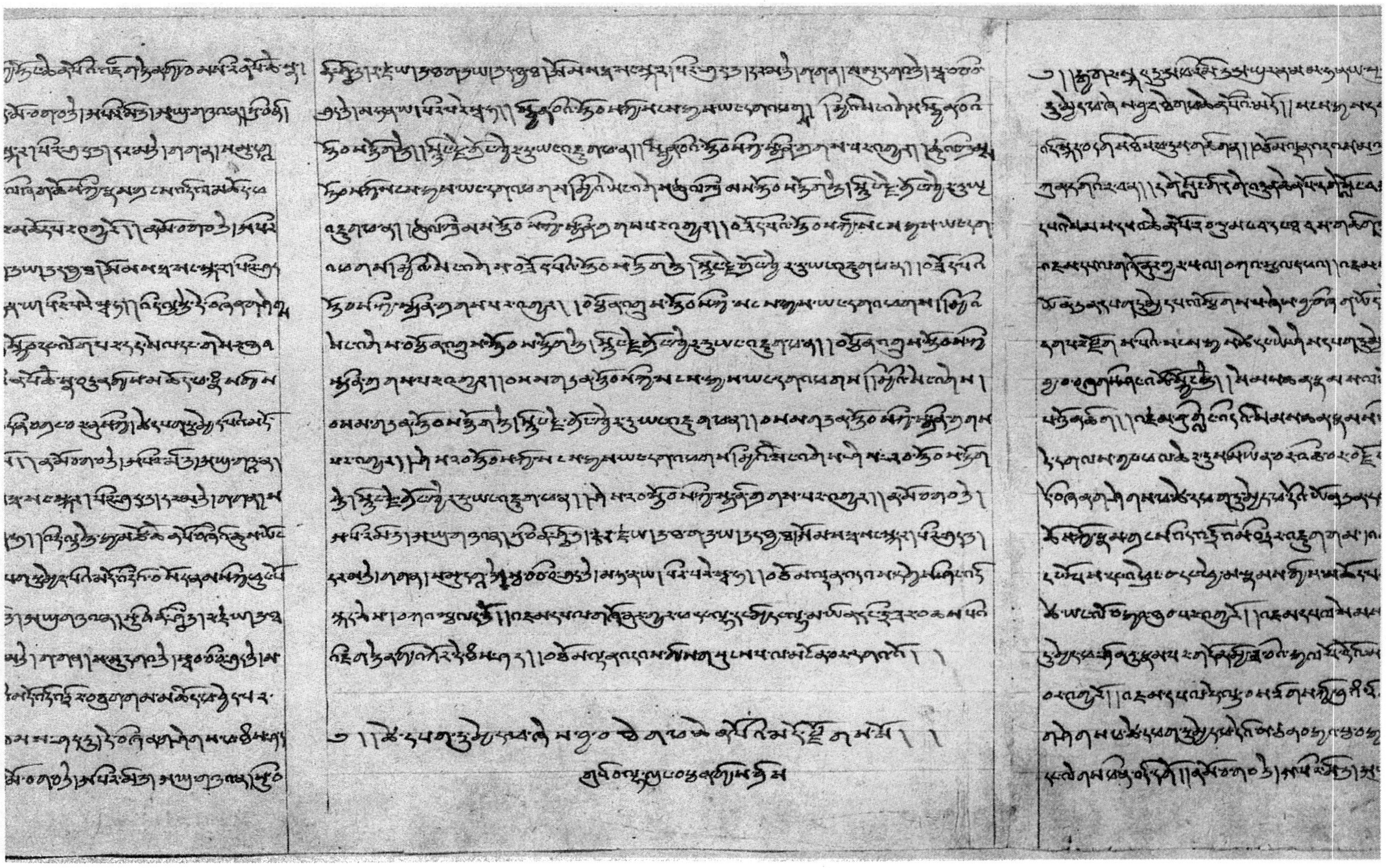

BD14735號 1　藏文(無量壽宗要經甲本)　(20–2)

BD14735 號 2　藏文（無量壽宗要經甲本）　　（20–3）

BD14735 號 2　藏文（無量壽宗要經甲本）　　（20–4）

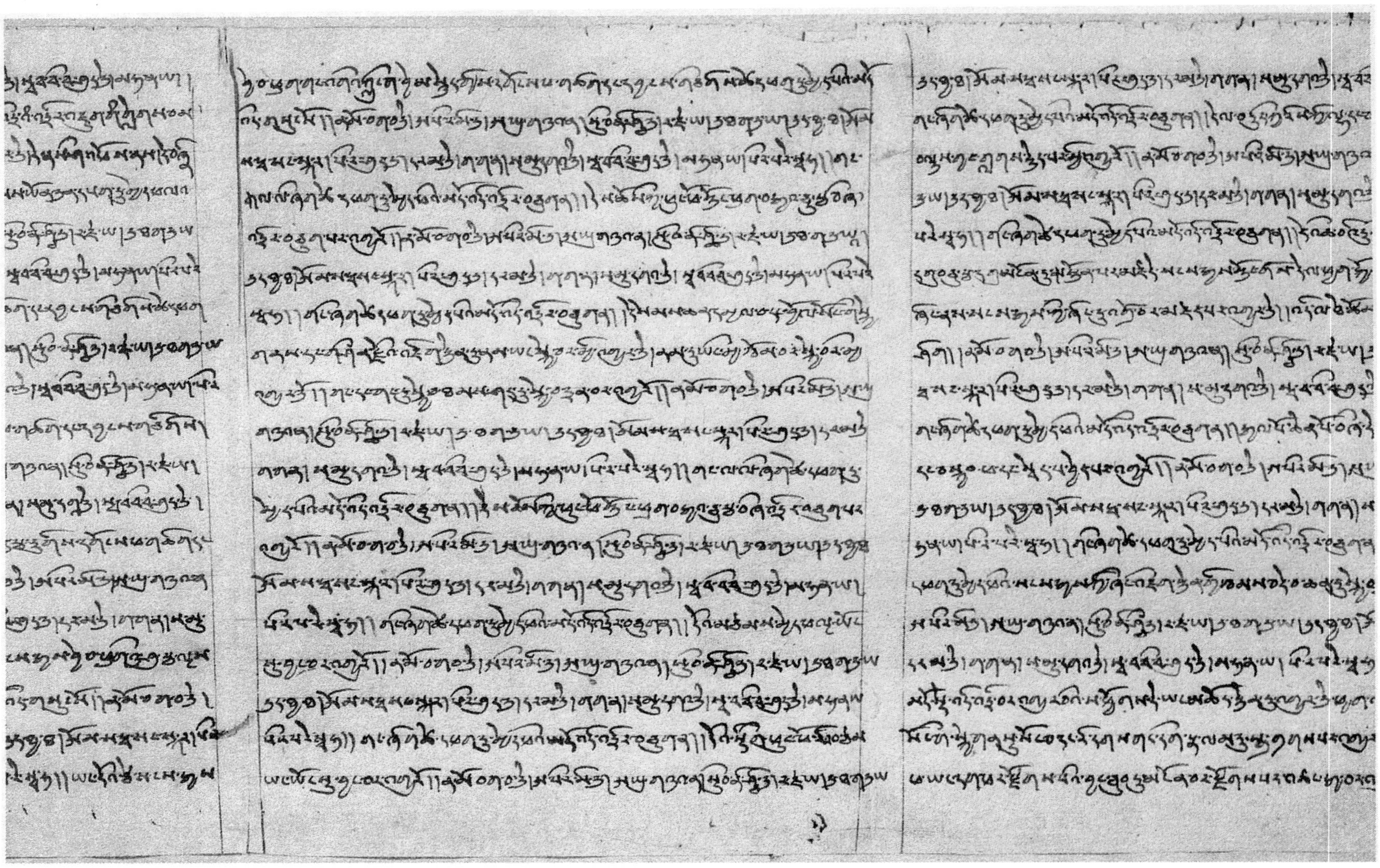

BD14735 號 2　藏文（無量壽宗要經甲本）　（20–5）

BD14735 號 2　藏文（無量壽宗要經甲本）　（20–6）

BD14735 號 2　藏文（無量壽宗要經甲本）　（20–7）

BD14735 號 2　藏文（無量壽宗要經甲本）　（20–8）

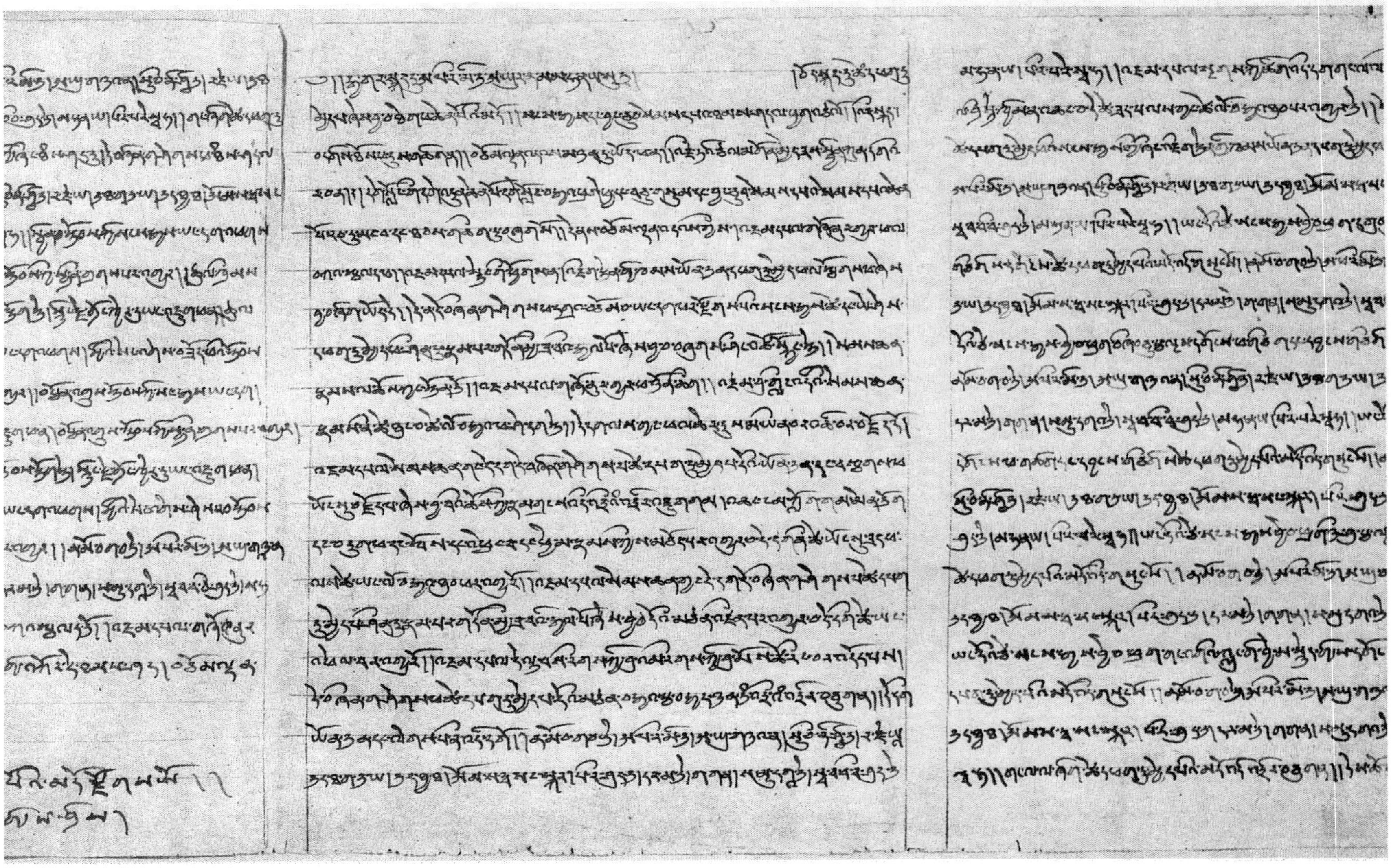

BD14735 號 3　藏文（無量壽宗要經甲本）　（20–9）

BD14735 號 3　藏文（無量壽宗要經甲本）　（20–10）

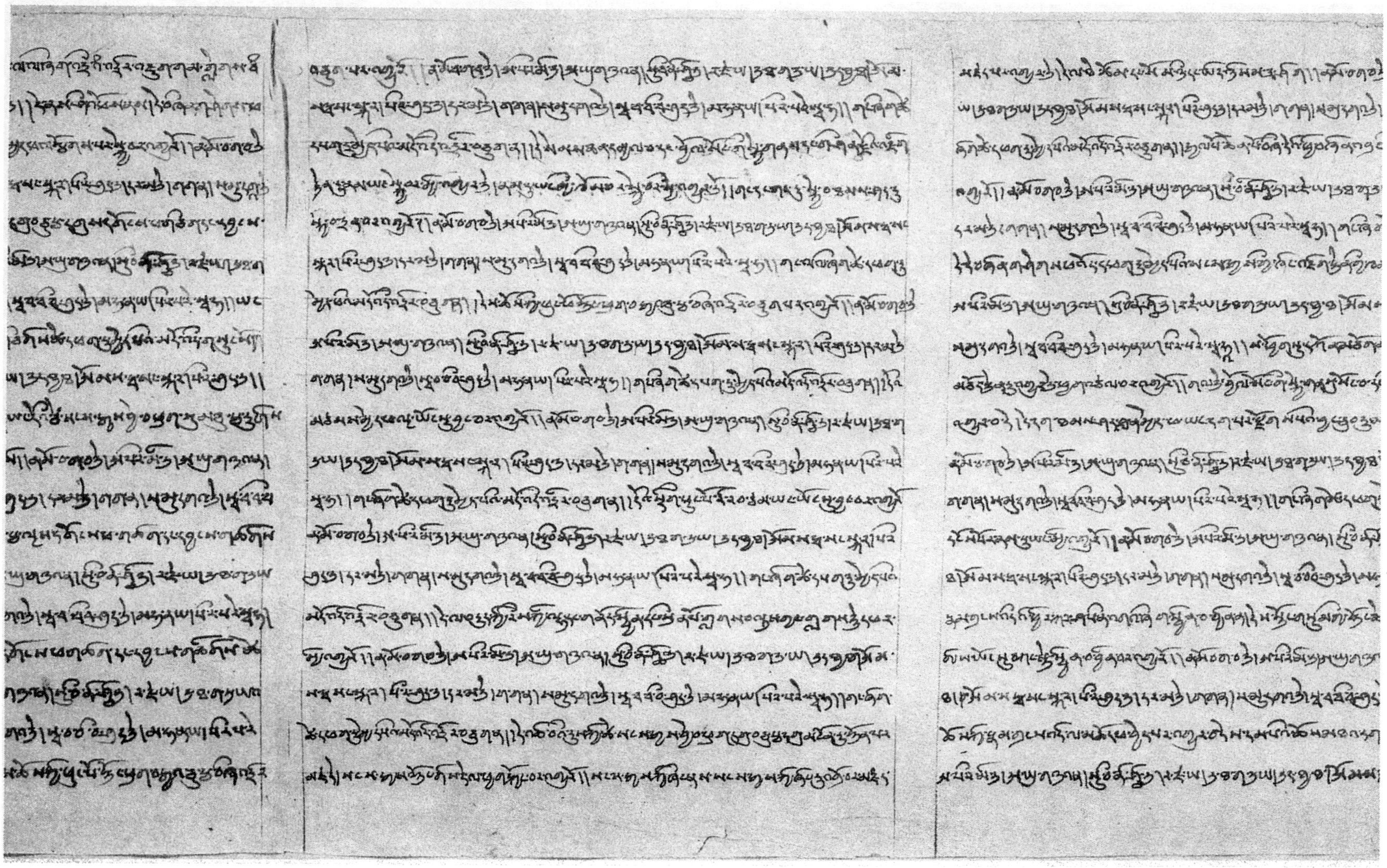

BD14735號 3　藏文（無量壽宗要經甲本）　（20–11）

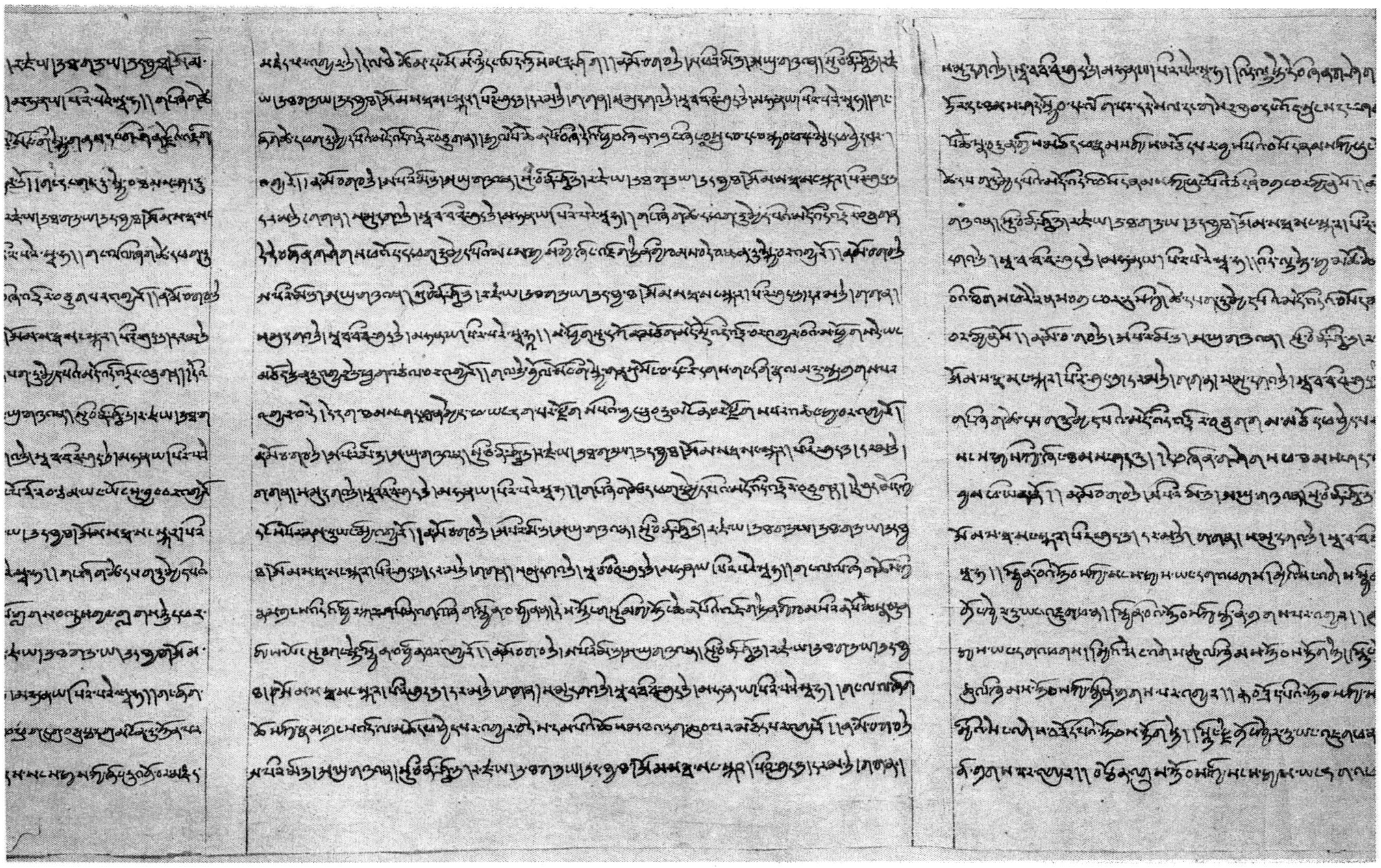

BD14735號 3　藏文（無量壽宗要經甲本）　（20–12）

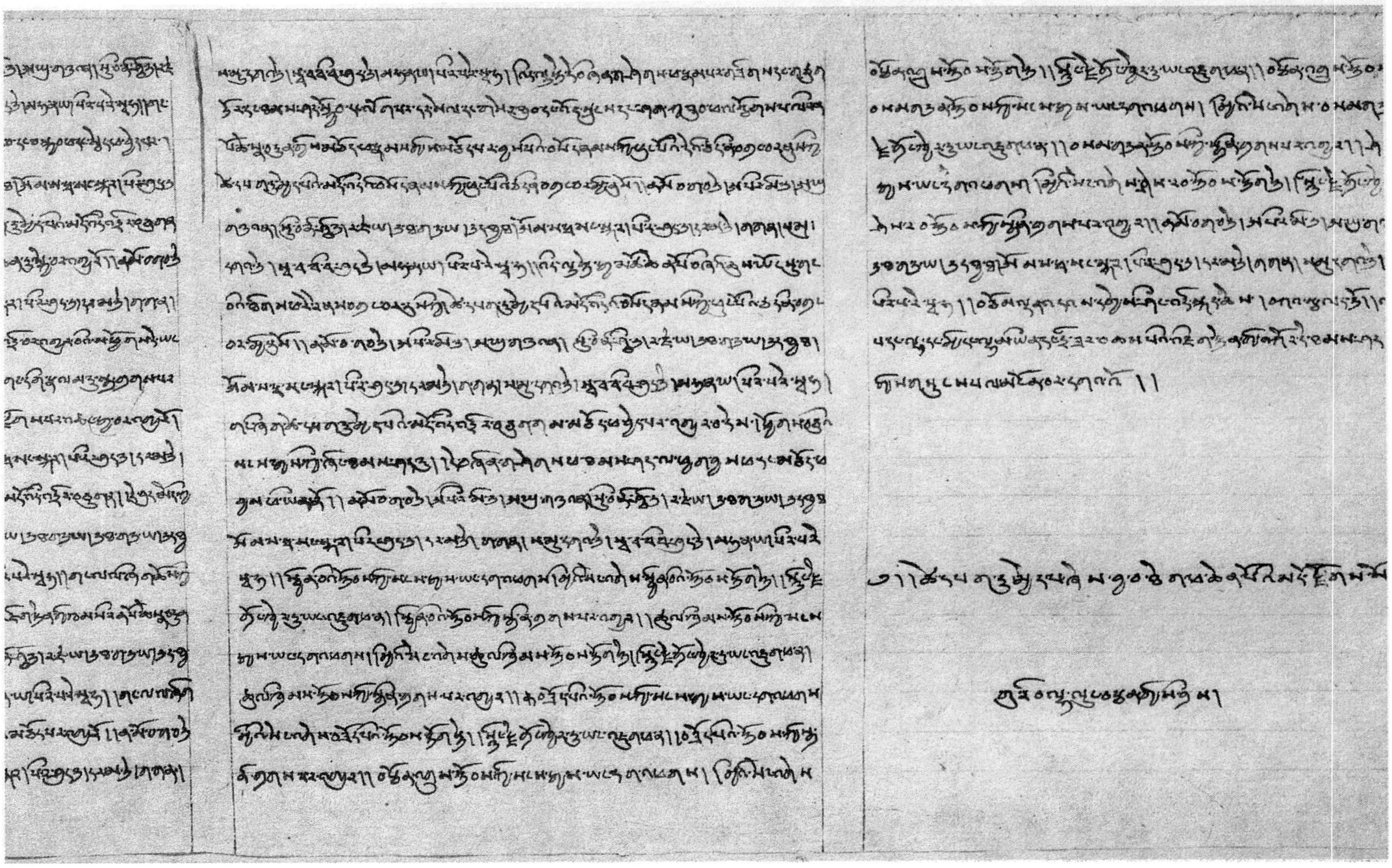

BD14735 號 3　藏文（無量壽宗要經甲本）　（20–13）

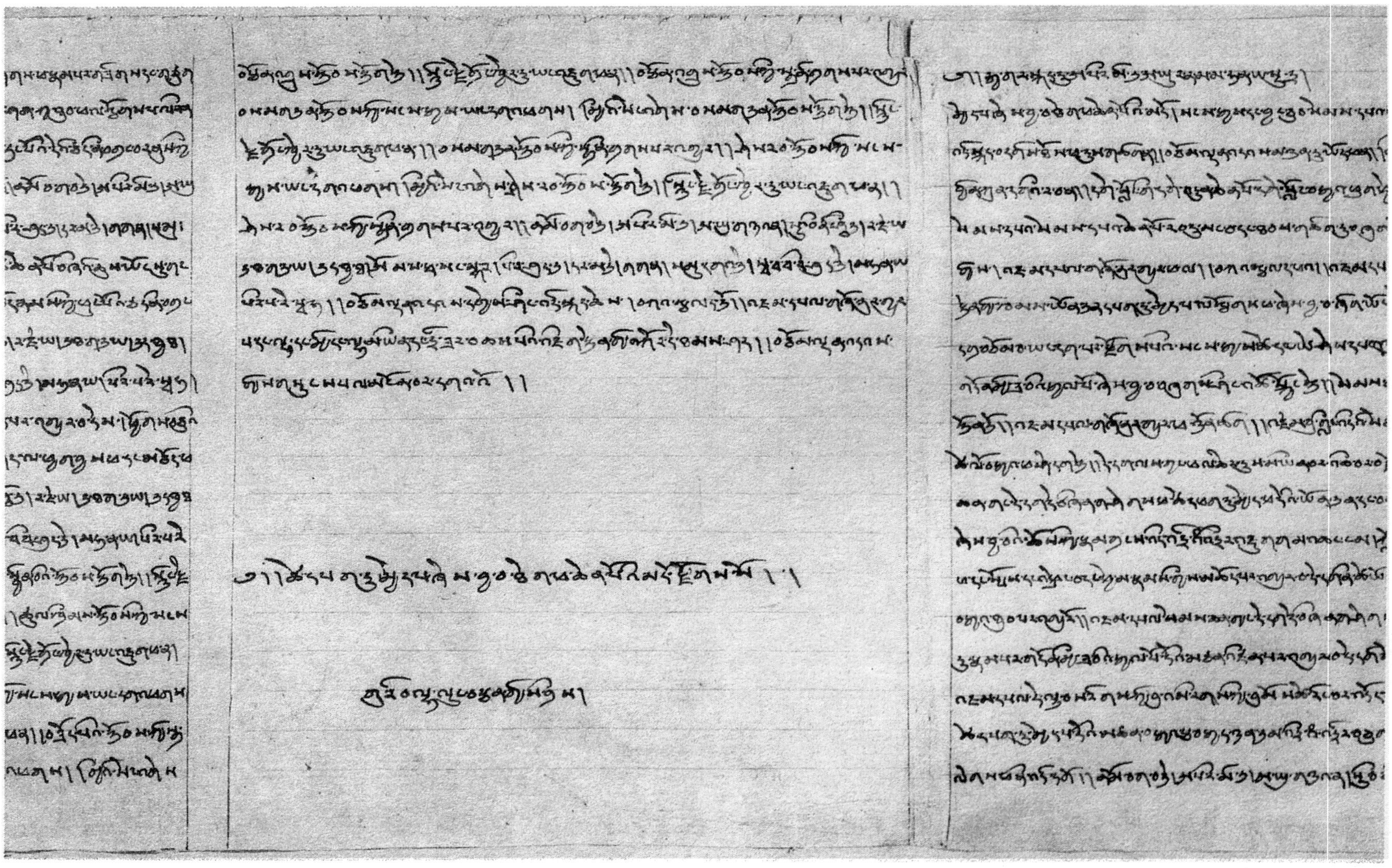

BD14735 號 3　藏文（無量壽宗要經甲本）　（20–14）

BD14735 號 4　藏文（無量壽宗要經甲本）　　（20–15）

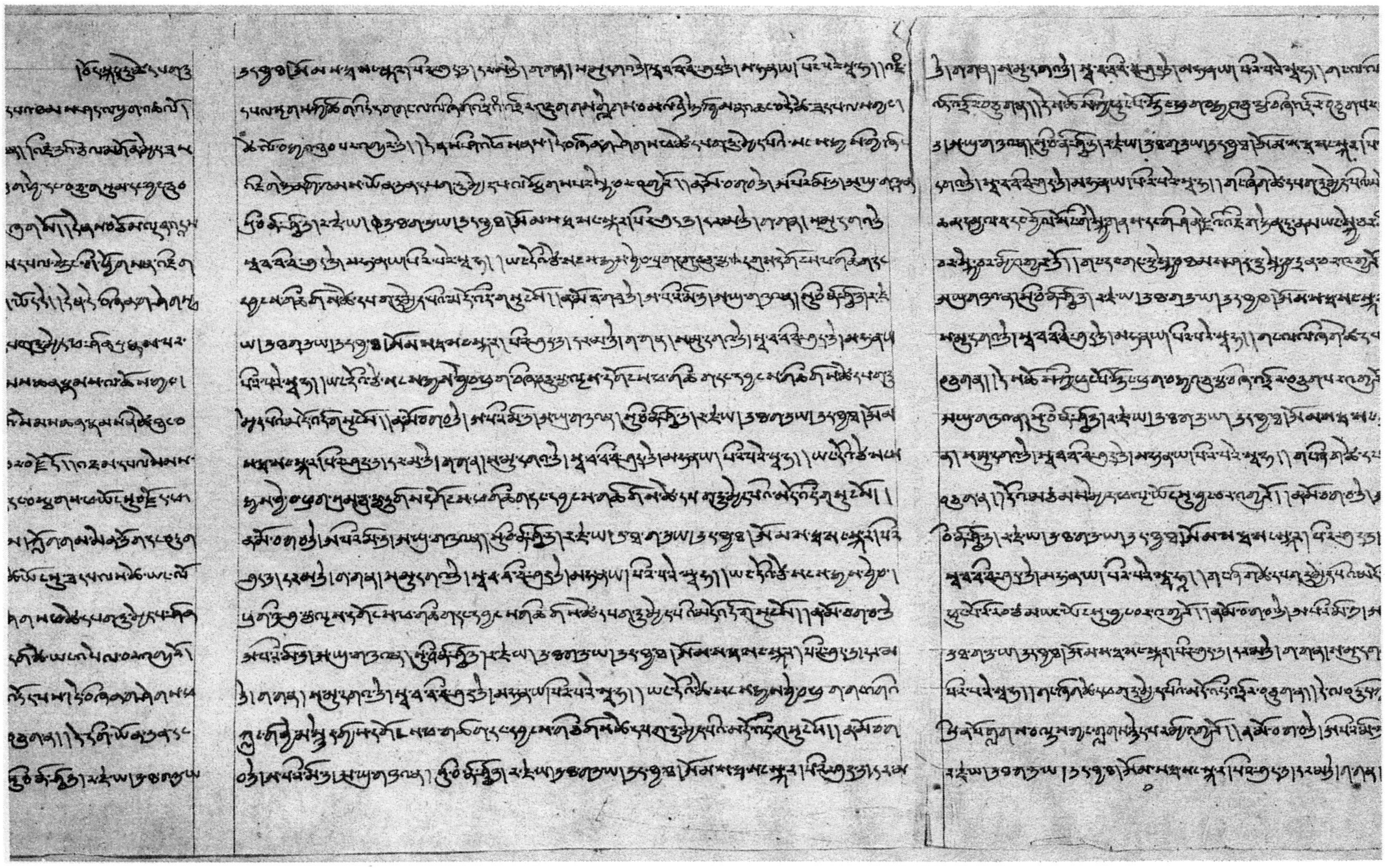

BD14735 號 4　藏文（無量壽宗要經甲本）　　（20–16）

BD14735 號 4　藏文（無量壽宗要經甲本）　　（20–17）

BD14735 號 4　藏文（無量壽宗要經甲本）　　（20–18）

BD14735 號 4　藏文（無量壽宗要經甲本）　（20–19）

BD14735 號 4　藏文（無量壽宗要經甲本）　（20–20）

著 錄 凡 例

本目錄採用條目式著錄法。諸條目意義如下：

1.1 著錄編號。用漢語拼音首字“BD”表示，意為“北京圖書館藏敦煌遺書”，簡稱“北敦號”。文獻寫在背面者，標註為“背”。一件遺書上抄有多個文獻者，用數字1、2、3等標示小號。一號中包括幾件遺書，且遺書形態各自獨立者，用字母A、B、C等區別。

1.2 著錄分類號。本條記目錄暫不分類，該項空缺。

1.3 著錄文獻的名稱、卷本、卷次。

1.4 著錄千字文編號。

1.5 著錄縮微膠卷號。

2.1 著錄遺書的總體數據。包括長度、寬度、紙數、正面抄寫總行數與每行字數、背面抄寫總行數與每行字數。如該遺書首尾有殘破，則對殘破部分單獨度量，用加號加在總長度上。凡屬這種情況，長度用括弧標註。

2.2 著錄每紙數據。包括每紙長度及抄寫行數或界欄數。

2.3 著錄遺書的外觀。包括：（1）裝幀形式。（2）首尾存況。（3）護首、軸、軸頭、天竿、縹帶，經名是書寫還是貼簽，有無經名號，扉頁、扉畫。（4）卷面殘破情況及其位置。（5）尾部情況。（6）有無附加物（蟲繭、油污、線繩及其他）。（7）有無裱補及其年代。（8）界欄。（9）修整。（10）其他需要交待的問題。

2.4 著錄一件遺書抄寫多個文獻的情況。

3.1 著錄文獻首部文字與對照本核對的結果。

3.2 著錄文獻尾部文字與對照本核對的結果。

3.3 著錄錄文。

3.4 著錄對文獻的説明。

4.1 著錄文獻首題。

4.2 著錄文獻尾題。

5 著錄本文獻與對照本的不同之處。

6.1 著錄本遺書首部可與另一遺書綴接的編號。

6.2 著錄本遺書尾部可與另一遺書綴接的編號。

7.1 著錄題記、題名、勘記等。

7.2 著錄印章。

7.3 著錄雜寫。

7.4 著錄護首及扉頁的內容。

8 著錄年代。

9.1 著錄字體。如有武周新字、合體字、避諱字等，予以説明。

9.2 著錄卷面二次加工的情況。包括句讀、點標、科分、間隔號、行間加行、行間加字、硃筆、墨塗、倒乙、刪除、兑廢等。

10 著錄敦煌遺書發現後，近現代人所加內容，裝裱、題記、印章等。

11 備註。著錄揭裱互見、圖版本出處及其他需要説明的問題。

上述諸條，有則著錄，無則空缺。

為避文繁，上述著錄中出現的各種參考、對照文獻，暫且不列版本説明。全目結束時，將統一編制本條記目錄出現的各種參考書目。

本條記目錄為農曆年份標註其公曆紀年時，未進行歲頭年末之換算，請讀者使用時注意自行換算。

條　記　目　錄

BD14693—14735

1.1　BD14693 號
1.3　妙法蓮華經疏（擬）
1.4　新 0893
2.1　（5＋188.8）×26.2 厘米；6 紙；133 行；行 27 字。
2.2　01：5＋27；21；　02：36.7，24；　03：36.8，24；
04：36.8，24；　05：37.0，24；　06：14.5＋8.5，16。
2.3　卷軸裝。首尾均殘。前 2 紙上部有殘洞，接縫處下有開裂，尾紙上部破裂。已修整。
3.4　說明：
本遺書首 3 行上下殘，尾 6 行上下殘。所抄為《妙法蓮華經疏》，存文疏釋"從地踊出品"第十五與"如來壽量品"第十六。未為歷代大藏經所收。
8　5～6 世紀。南北朝寫本。
9.1　楷書。
9.2　有行間校加字、倒乙、刮改、刪除及重文號。

1.1　BD14694 號
1.3　楞伽阿跋多羅寶經卷二
1.4　新 0894
2.1　（227.5＋10）×26 厘米；6 紙；162 行；行 20 餘字。
2.2　01：45.5，31；　02：45.5，31；　03：45.5，31；
04：45.5，31；　05：45.5，31；　06：10.0，07。
2.3　卷軸裝。首脫尾殘。通卷上邊有破裂殘缺。有烏絲欄。已修整。
3.1　首殘→大正 0670，16/0494A17。
3.2　尾 7 行中上殘→大正 0670，16/0496C15～29。
8　8 世紀。唐寫本。
9.1　楷書。
9.2　有倒乙。

1.1　BD14695 號
1.3　阿毗達磨俱舍論本頌
1.4　新 0895
2.1　296.6×28 厘米；7 紙；185 行；行 17 字。
2.2　01：43.8，26；　02：42.6，28；　03：42.5，26；
04：42.4，29；　05：42.7，28；　06：41.0，27；
07：41.6，21。
2.3　卷軸裝。首脫尾全。第 3 紙下有破裂。有折疊欄。
3.1　首殘→大正 1560，29/0320C10。
3.2　尾全→大正 1560，29/0324C25。
4.2　說一切有部俱舍論本頌一卷（尾）。
5　與《大正藏》本對照，此卷尾部少 6 行偈頌。
6.1　首→BD14696 號。
8　8 世紀。唐寫本。
9.1　楷書。
9.2　有硃筆塗抹。有倒乙及校改。

1.1　BD14696 號
1.3　阿毗達磨俱舍論本頌
1.4　新 0896
2.1　603.7×28 厘米；15 紙；382 行；行 20 字。
2.2　01：15.0，09；　02：41.8，24；　03：42.0，26；
04：42.0，26；　05：42.0，26；　06：42.2，27；
07：42.2，27；　08：42.3，27；　09：42.3，27；
10：42.3，27；　11：42.5，28；　12：42.5，27；
13：42.3，27；　14：42.3，27；　15：40＋1.5，26。
2.3　卷軸裝。首斷尾殘。前 3 紙上下有破損。有折疊欄。
3.1　首殘→大正 1560，29/0312A05。
3.2　尾 1 行下殘→大正 1560，29/0320C09。
6.2　尾→BD14695 號。
8　8 世紀。唐寫本。
9.1　楷書。
9.2　有硃筆塗抹及校改。有刮改。

1.1　BD14697 號
1.3　大般若波羅蜜多經卷二二三

1.4　新0897
2.1　（5+700）×26.2厘米；16紙；413行；行17字。
2.2　01：5+16.5，13；　02：46.5，28；　03：47.0；28；
04：47.0；28；　05：47.0；28；　06：47.0；28；
07：47.0；28；　08：46.5，28；　09：46.5，28；
10：46.5，28；　11：46.5，28；　12：46.5，28；
13：46.5，28；　14：46.5，28；　15：46.5，28；
16：30.0，08。
2.3　卷軸裝。首殘尾全。打紙。首紙上下邊殘損，第10紙下邊有破裂。尾有原軸，兩端塗硃漆。有烏絲欄。已修整。
3.1　首2行上下殘→大正0220，06/0117B11～12。
3.2　尾全→大正0220，06/0122A21。
4.2　大般若波羅蜜多經卷二百廿三（尾）。
7.1　尾有題名"唐再再"。卷首背有勘記"□…□袟三"。
8　8～9世紀。吐蕃統治時期寫本。
9.1　楷書。

1.1　BD14698號
1.3　金光明經卷一
1.4　新0898
2.1　716.5×25.5厘米；14紙；378行；行17字。
2.2　01：45.5，24；　02：51.5，28；　03：51.5，28；
04：51.5，28；　05：51.5，28；　06：52.0，28；
07：52.0，28；　08：52.0，28；　09：51.5，28；
10：51.5，28；　11：51.5，28；　12：51.5，28；
13：51.5，28；　14：57.5，18。
2.3　卷軸裝。首尾均全。通卷有蟲蛀殘洞，上下邊有殘缺和破裂。有金粉劃烏絲欄。近代接出護首及拖尾，後配木軸。花箋紙托裱。
3.1　首全→大正0663，16/0335B02。
3.2　尾全→大正0663，16/0340C10。
4.1　金光明經序品第一（首）。
4.2　金光明經卷第一（尾）。
8　8～12世紀。日本平安時期寫經。
9.1　楷書。

1.1　BD14699號
1.3　大方等大集經菩薩念佛三昧分卷一〇
1.4　新0899
2.1　685.5×27.5厘米；13紙；326行；行17字。
2.2　01：51.5，25；　02：56.0，28；　03：56.0，28；
04：56.0，28；　05：56.5，28；　06：56.5，28；
07：56.5，28；　08：56.5，28；　09：56.5，28；
10：56.5，28；　11：56.5，28；　12：56.5，28；
13：14.0，拖尾。
2.3　卷軸裝。首尾均全。通卷蟲蛀嚴重，上下邊殘損。尾有原軸，兩端鑲亞腰形軸頭。有烏絲欄。已修整。
3.1　首全→大正0415，13/0868A02。
3.2　尾全→大正0415，13/0871C16。
4.1　大方等大集經菩薩念佛三昧分說修習三昧品之餘，第十（首）。
4.2　菩薩念佛三昧經卷第十（尾）。
7.2　卷首下方有陽文硃印，2×4厘米，印文為"神護寺"。
8　8～12世紀。日本平安時期寫經。
9.1　楷書。
11

1.1　BD14700號
1.3　法王經
1.4　新0900
2.1　（3.5+745）×26.5厘米；19紙；443行，行17字。
2.2　01：42.0，25；　02：42.0，25；　03：42.0，25；
04：35.5，21；　05：42.0，25；　06：42.0，25；
07：42.0，25；　08：42.0，26；　09：42.0，25；
10：42.0，25；　11：42.0，25；　12：42.0，25；
13：42.5，25；　14：42.5，25；　15：42.5，25；
16：42.5，25；　17：42.0，25；　18：36.5，21；
19：08.0，04。
2.3　卷軸裝。首殘尾全。打紙。首紙下邊有破裂。背有近代裱補。第13～16紙紙質不同。有烏絲欄。已修整。
3.1　首殘→大正2883，85/1384C03。
3.2　尾全→大正2883，85/1390A18。
4.1　佛說法王經一卷（首）。
5　與《大正藏》本對照，《大正藏》缺首，故第2～3行無對照。
8　7～8世紀。唐寫本。
9.1　楷書。
10　粘有紙條上寫："第肆拾貳號"。有木匣。匣蓋上刻有"敦皇秘寶"4字。
卷首背裱補紙上有2枚陽文硃印：（1）2.2×2.2厘米，印文為"公私合營銀行天津分行"。（2）橢圓形：0.7×1.5厘米，印文為"光榮"。

1.1　BD14701號
1.3　摩訶般若波羅蜜經（三十卷本）卷一四
1.4　新0901
2.1　（11+1364.5）×26厘米；27紙；共716行，行17字。
2.2　01：11+23，18；　02：53.0，28；　03：51.0，28；
04：53.0，28；　05：53.0，28；　06：53.0，28；
07：53.0，28；　08：53.0，28；　09：53.0，28；
10：53.0，28；　11：53.0，28；　12：53.0，28；
13：53.0，28；　14：53.0，28；　15：53.0，28；
16：53.0，28；　17：53.0，28；　18：53.0，28；
19：53.0，28；　20：53.0，28；　21：53.0，28；

22：53.0，28；　23：53.0，28；　24：53.0，28；
25：51.0，27；　26：49.5，26；　27：24.0，01。
2.3　卷軸裝。首殘尾全。下邊多有破裂。尾有原軸，兩端塗黑漆，頂端點硃漆，上軸頭已壞。有劃界欄針孔。有烏絲欄。背有現代裱補。
3.1　首6行下殘→大正0223，08/0304A27～B04。
3.2　尾全→大正0223，08/0313A26。
4.2　摩訶般若波羅蜜經卷第十四（尾）。
5　與《大正藏》本對照，分卷不同，品名不同。經文相當於《大正藏》本《摩訶般若波羅蜜經》卷第十一信毀品第四十一，卷第十二嘆淨品第四十二、無作品第四十三、遍歎品第四十四。屬於三十卷本系統。
8　6世紀。南北朝寫本。
9.1　隸楷。
9.2　有刮改。

1.1　BD14702號
1.3　金剛般若波羅蜜經
1.4　新0902
2.1　180×24.8厘米；2紙；共102行，行17字。
2.2　01：44.2，26；　02：135.8，76。
2.3　卷軸裝。首斷尾全。打紙，砑光上蠟。有烏絲欄。通卷現代托裱為手卷。
3.1　首殘→大正0235，08/0751B03。
3.2　尾全→大正0235，08/0752C03。
4.2　金剛般若波羅蜜經（尾）。
5　與《大正藏》本對照，本號經文無冥司偈，參見《大正藏》，8/751C16～19。
6.1　首→BD14703號。
8　7～8世紀。唐寫本。
9.1　楷書。"世"字避諱。

1.1　BD14703號
1.3　金剛般若波羅蜜經
1.4　新0903
2.1　213.9×25厘米；2紙；共126行，行17字。
2.2　01：115.4，68；　02：98.5，58。
2.3　卷軸裝。首尾均斷。有烏絲欄。通卷現代托裱為手卷。
3.1　首殘→大正0235，08/0749C16。
3.2　尾殘→大正0235，08/0751B03。
6.2　尾→BD14702號。
8　7～8世紀。唐寫本。
9.1　楷書。"世"字避諱。

1.1　BD14704號
1.3　金光明最勝王經卷一〇
1.4　新0904
2.1　661.7×25厘米；19紙；共413行，行17字。
2.2　01：11.0，護首；　02：37.3，25；　03：38.8，26；
04：38.8，26；　05：38.8，26；　06：38.8，26；
07：40.8，26；　08：36.0，23；　09：06.5，04；
10：41.0，26；　11：41.0，26；　12：41.0，26；
13：40.8，26；　14：40.8，26；　15：40.8，26；
16：40.8，26；　17：40.7，26；　18：39.5，23；
19：08.0，拖尾。
2.3　卷軸裝。首尾均全。打紙。有護首，已殘。卷首殘破，多水漬，有油污，有等距離殘洞，第17、18紙接縫處開裂。背有古代裱補及補字。有烏絲欄。
3.1　首全→大正0665，16/0450C18。
3.2　尾全→大正0665，16/0456C19。
4.1　金光明最勝王經捨身品第廿六，□藏法師義淨奉制譯（首）。
4.2　金光明最勝王經卷第十（尾）。
5　尾附音義1行。
8　8世紀。唐寫本。
9.1　楷書。

1.1　BD14705號
1.3　大般若波羅蜜多經卷二八五
1.4　新0905
2.1　691×26厘米；15紙；共390行，行17字。
2.2　01：48.0，28；　02：48.5，28；　03：48.0，28；
04：48.0，28；　05：48.0，28；　06：48.0，28；
07：48.0，28；　08：47.0，28；　09：47.5，28；
10：47.5，28；　11：47.5，28；　12：47.5，28；
13：47.5，28；　14：47.0，26；　15：23.0，拖尾。
2.3　卷軸裝。首脫尾全。打紙。卷面有油污及水漬，接縫處多處開裂。有燕尾。有烏絲欄。
3.1　首殘→大正0220，06/0448C14。
3.2　尾全→大正0220，06/0453B01。
4.2　大般若波羅蜜多經卷第二百八十五（尾）。
8　7～8世紀。唐寫本。
9.1　楷書。有武周新字"正"。
9.2　有刮改。
10　卷首背下方粘有紙簽，上有"購9001"

1.1　BD14706號
1.3　文殊師利所說摩訶般若波羅蜜經（一卷本）
1.4　新0906
2.1　877.5×25.5厘米；20紙；共517行，行17字。
2.2　01：20.0，12；　02：47.5，28；　03：47.5，28；
04：47.5，28；　05：47.5，28；　06：47.5，28；
07：47.5，28；　08：47.5，28；　09：29.5，18；
10：20.5，12；　11：47.5，28；　12：47.5，28；

13：47.5，28；　14：47.5，28；　15：47.5，28；
16：47.5，28；　17：47.5，28；　18：47.5，28；
19：47.5，28；　20：47.5，27。
2.3　卷軸裝。首斷尾全。打紙，研光上蠟。第9紙為經黃紙。有烏絲欄。現代已修整。
3.1　首殘→大正0232，08/0726C13。
3.2　尾全→大正0232，08/0732C09。
4.2　文殊師利所說摩訶般若波羅蜜經（尾）。
5　與《大正藏》本對照，分卷不同。
8　7~8世紀。唐寫本。
9.1　楷書。
9.2　有行間校加字。有刮改。
10　卷背粘有紙簽，上有“購9002”。

1.1　BD14707號
1.3　藏文（無量壽宗要經甲本）
1.4　新0907
2.1　135×31.5厘米，3紙；共110行，行約45字母。
2.2　01：45.0，37；　02：45.0，38；　03：45.02，35。
2.3　卷軸裝。首尾均全。每紙2欄，共6欄，欄19行。卷首、卷末邊緣有粘接痕跡。有烏絲欄。
4.1　Rgya - gar - skad - du' Apar = mita' ayur nama mahayana sutra。（梵語：無量壽宗要經）（首）。Bod_ skad_ du tshe dpag_ du_ myed_ pa zhes_ bya_ ba theg_ pa_ chen_ povi mdo。（藏語：無量壽宗要經）（首）。
4.2　Tshe dpag_ du_ myed_ pa zhes_ bya_ ba theg_ pa_ chen_ povi mdo。（藏文：無量壽宗要經）（尾）。
7.1　有抄寫者題名“Vgo - levu - levu.（郭祿祿）”。
8　8~9世紀。吐蕃統治時期寫本。
9.1　楷書。
10　卷尾背下方貼有紙簽，上寫“購9003”。

1.1　BD14708號
1.3　大方廣佛華嚴經（唐譯八十卷本）卷六七
1.4　新0908
2.1　850.5×27.5厘米；18紙；共474行，行17字。
2.2　01：50.0，27；　02：49.0，28；　03：48.5，28；
04：48.5，28；　05：48.5，28；　06：48.5，28；
07：48.5，28；　08：48.5，28；　09：48.5，28；
10：48.5，28；　11：48.5，28；　12：48.5，28；
13：48.5，28；　14：48.5，28；　15：48.5，28；
16：48.5，28；　17：48.5，26；　18：24.0，01。
2.3　卷軸裝。首尾均全。首紙上下邊有殘缺。有烏絲欄。
3.1　首全→大正0279，10/0360A02。
3.2　尾全→大正0279，10/0365A21。
4.1　大方廣佛花嚴經入法界品第卅九之八，六十七，新譯（首）。
4.2　大方廣花嚴經卷第六十七（尾）。
8　8世紀。唐寫本。
9.1　楷書。
10　附有木匣。匣蓋刻有“敦煌秘竇”。卷背粘有紙簽，上有“購9661”。

1.1　BD14709號
1.3　不知名雜偏方（擬）
1.4　新0909
2.1　53.5×18.7厘米；1紙；正面30行，行12~14字。背面11行，行約13字。
2.3　卷軸裝。首尾均斷。卷面保存尚好。
2.4　本遺書包括2個文獻：（一）《不知名雜偏方》（擬），30行，抄寫在正面，今編為BD14709號。（二）《曲子》，11行，抄寫在背面，今編為BD14709號背。
3.4　說明：
本文獻首殘，首題不存，故不知原文獻名稱。現存文字著錄各種雜偏方二十九條。其中既有治病偏方，亦有各種養生乃至急救方。與古代流傳的同類偏方相同，其中既有生活經驗的總結，也充滿迷信因素。
8　9~10世紀。歸義軍時期寫本。
9.1　楷書。

1.1　BD14709號背
1.3　曲子
1.4　新0909
2.4　本遺書由2個文獻組成，本文獻為第2個，11行，抄寫在背面。餘參見BD14709號之第2項。
3.3　錄文：
曲子一首。常落落，落中城遠，溫泉/
玉水先豈成，豈成驚行，般中城遠/
廷，風吹其馬，其馬入深山，溫暖馬/
不□喚山，喚山山不應，喚他草頭/
淨，萬歲□公好，□公好，好水/
□鳥春公好，春公好，春水/
□中好，且看花樂（落）踐香，/
□□官步來尚好□，今身/
□□臨客家。/
覩春江，並稍再連女，咨年少。覩春江，並/
稍再連女，咨年少。莫言泉中/
（下缺）
3.4　說明：
本文獻墨蹟較淡，不少字跡被磨滅，較難辨認。錄文僅供參考。
文獻題名為“曲子一首”，這首曲子大約僅9行。末兩行恐為另一曲子，但未抄寫完整。
8　9~10世紀。歸義軍時期寫本。

9.1　楷書。

1.1　BD14710 號
1.3　妙法蓮華經玄贊卷一〇
1.4　新 0910
2.1　1755.8×28.6 厘米；42 紙；共 1009 行，行 22～23 字。
2.2　01：42.6，25；　02：42.4，25；　03：40.4，24；
04：52.0，03；　05：41.2，24；　06：42.8，25；
07：42.6，25；　08：42.8，25；　09：42.6，25；
10：43.8，25；　11：43.0，25；　12：43.0，25；
13：43.0，25；　14：42.8，25；　15：43.0，25；
16：43.0，25；　17：42.8，25；　18：43.0，25；
19：42.8，25；　20：43.0，25；　22：42.8，25；
23：43.0，25；　24：43.0，25；　25：43.0，25；
21：43.0，25；　26：43.0，25；　27：43.0，25；
28：43.0，25；　29：43.0，25；　30：43.0，25；
31：43.0，25；　32：43.0，25；　33：43.0，25；
34：43.0，25；　35：43.0，25；　36：43.0，25；
37：43.0，25；　38：43.0，25；　39：43.0，25；
40：43.0，25；　41：43.0，23；　42：37.0，09。
2.3　卷軸裝。首殘尾全。薄皮紙。第 41 紙尾空 2 行。有烏絲欄。現代已修整。
3.1　首殘→大正 1723，34/0836C03。
3.2　尾全→大正 1723，34/0854B01。
3.4　說明：

第 41 紙 21 行至 23 行錯抄，遂重抄於第 42 紙，故第 41 紙 21 行至 23 行兌廢，第 42 紙首行接 41 紙 20 行。

4.2　法華玄讚卷第十（尾）。
8　7～8 世紀。唐寫本。
9.1　章草。
9.2　有行間加行。有硃筆科分。有硃、墨筆行間校加字。
10　現代接出護首。

尾題下有陽文硃印，1.4×3.1 厘米，印文為“向燊所藏金石書畫圖籍”。首紙背面下端有 2 枚硃印：（1）陽文 1.4×1.4 厘米，印文為“樂穀鑑賞”；（2）陰文，1.7×1.7 厘米，印文為“抱蜀廬藏”。各紙背面騎縫處有圓形陽文硃印，直徑 1.3 厘米，印文為“抱蜀子”。

有題跋 5 則，附印章 13 枚。依序於下：

1.“《法華玄贊》卷第十，草書。為燉煌石室寫/經特品，筆近章草，尤為難得。此《贊》中土久已失/傳，近自日本流入，已見刊本。誰知原寫本尚在國/內也。初發見時，為一燉煌縣幕友某君所得，後/余至甘，價讓於余。某君在燉煌時，尚未經法人搜羅，故所得皆精品，余藏六朝唐人經卷及佛相，皆其所讓。/尚有《法華經玄贊》卷第二，首書‘大慈恩寺沙門基/撰’，末書‘沙門瑜於西明寺寫記’，亦係草書，而不及/此卷之精。頻年避地，轉入日本，而此卷猶存行/篋，常有吉祥雲為之擁護，誠至寶也。或以卷/末贊詞前寫之數行，比後贊少四句，或即當時沙/門基自寫稿本也。並存其說。/

民國十一年（1922）壬戌十月衡山向燊記於申江。/”

題跋前部上端有陽文硃印，1.6×2.3 厘米，印文為“□□□齋”。題跋尾部有 2 枚硃印：（1）陽文，1.6×1.6 厘米，印文為“樂父”；（2）陰文，1.7×1.7 厘米，印文為“抱蜀廬藏”。

2.“此卷共紙四十一張令（零）一條【計 3 行】，每張廿五行，共一千令（零）廿八行，每行廿二三字不等，/內有十四行全無字。從第一張‘故以為名’至未‘卷第十’止，約計二萬數千字，誠鉅觀/也。同日再記。/”

下有陽文硃印，0.8×1.8 厘米，印文為“天放廬”。

3.“燉煌石室發見草書經卷，祇此一部，共/十卷。曩在甘肅見同寅所藏尚有五卷，/紙、墨、卷軸長短如一，近聞為日人以重值/購去。存於國內者，已稀如星鳳矣。延平/會合，不知何時，又為之悵然矣。/

癸亥（1923）十一月抱蜀子燊再記此。/”

下有 3 枚硃印：（1）陽文，1.2×1.2 厘米，印文為“抱蜀子”；（2）陰文，1.2×1.2 厘米，印文為“向燊之印”；（3）陰文，1.5×1.5 厘米，印文為“樂父六十後之印”。

4.“此經十卷，聞多為日人購去。昨晤羅貞松先生，云伊/尚藏一卷，紙墨與此如一。張勳帛所藏二卷尚存，余在甘時/曾見之。是存國內者，尚有四卷。保存國粹，具有同心，誠為/快幸，故記之。丙寅（1926）七月燊記於申江。/”

此條題跋與前一題跋空白處有 2 枚陽文硃印：（1）2.3×3.7 厘米，印文為“庱浮崗”（2）2.3×2.3 厘米，印文為“廬侯”。題記末有陽文硃印，1×1 厘米，印文為“放心”。

上面四條題跋寫在同一張白色宣紙上。

5.“敦煌石室草書《法華宣贊》卷第十，/沙門基撰，不著寫經人名。草有古法，且/近章也。樂穀親家官隴同時所得也。/

戊午（1918）初伏日衡陽曾熙。/”

下有陽文硃印，1.1×1.7 厘米，印文為“阿九”。

第五條題跋寫在後接的另一張黃紙上。

方按：第五條題跋紀年為“戊午”，即 1918 年。雖然較前四條題跋書寫年代在前，但粘接在最後。

黃紙與原卷粘接一條隔水，上有 2 枚硃印：（1）1.4×1.4 厘米，印文為“樂穀鑑賞”；（2）1.7×1.7 厘米，印文為“抱蜀廬”。

卷首接出紙背粘有紙簽，上有“接 4326”。

1.1　BD14711 號
1.3　雜阿毘曇心論（異卷）卷一〇
1.4　新 0911
2.1　315.1×27.9 厘米；7 紙；正面共 173 行，行 20 字。背面 9 個木捺佛像。
2.2　01：44.6，25；　02：46.5，26；　03：46.5，26；
04：46.5，26；　05：46.4，26；　06：46.3，26；
07：38.3，18。
2.3　卷軸裝。首斷尾殘。卷面保存尚好。卷尾接出拖尾，有原

軸，兩端塗硃漆。有烏絲欄。現代裝為手卷。

2.4　本遺書包括2個文獻：（一）《雜阿毗曇心論》卷一〇，173行，抄寫在正面，今編為BD14711號。（二）《木捺佛像》（擬），共9處，印在背面，今編為BD14711號背。

3.1　首殘→大正1552，28/0933C19。

3.2　尾全→大正1552，28/0936B14。

4.2　雜心卷第十（尾）。

5　與《大正藏》本對照，分卷不同。此卷經文相當於《大正藏》本卷八前半部分。本文獻分卷與歷代藏經均不相同，屬於異卷。

7.2　卷尾正、背兩面計鈐有17處陽文硃印，5×5厘米，印文為“永興郡印”。

8　5世紀。南北朝寫本。

9.1　隸書。

9.2　有行間校加字，有刪除、倒乙及重文號。

10　本遺書現代裝為手卷，前部接出兩個玉池。

1. 灑金箋玉池，橫書“西晉遺墨”四個大字。

其後題跋云：“此經清道人以永興為南齊郡，/定為南齊人書。今以流沙所出晉/經殘紙較觀，確是西晉人所書，而/為南齊寺僧所護持者。流沙殘紙，/早入海外。西晉經卷之存於中土者，殆/如星鳳！/抱蜀主人其珍藏秘篋，以存國粹。/

辛酉（1921）十一月初，晉六十一展玩題此。”

其後有陰文硃印2枚：（1）1.6×1.6厘米，印文為“曾熙之印”；（2）1.6×1.6厘米，印文為“永建齋”。

2. 黃紙玉池，橫書“南齊/人寫/難心/卷/”七個篆字。

其後題跋云：“光緒十五年/出敦煌石室，/樂穀觀察/官隴時所/得。考卷/中有‘永興郡印’。永興惟/南齊時稱郡。書法古/峭，故決其為南齊人書。南/齊碑傳世者，無有及此者，況/墨迹乎！誠鴻寶也！/

清道人。”

篆字前有2枚硃印：（1）葫蘆形陽文硃印，1.6×2.9厘米，印文為“李且”，鈐於右上；陽文硃印，2.5×2.5厘米，印文為“雙散鬲齋”，鈐於右下。

題跋尾部“清道人”署名下有3枚硃印：（1）陽文，1.4×1.9厘米，印文為“阿某”；（2）陽文，1.85×1.9厘米，印文為“清道人”；（3）陰文，2.6×2.6厘米，印文為“黃龍硯齋”。

第二個玉池與原卷之間接出隔水，上有2枚陽文硃印：（1）2.2×2.2厘米，印文為“六朝唐人寫經百卷樓”。（2）2.7×2.7厘米，印文為“衡山向氏家藏”。

原卷卷首下部鈐有2枚硃印：（1）陽文，1.4×1.4厘米，印文為“樂穀鑑賞”；（2）陰文，1.4×1.4厘米，印文為“湘綺門人”。

尾題下鈐有2枚陽文硃印：（1）1.4×3.1厘米，印文為“向燊所藏金石書畫圖籍”；（2）1.7×1.7厘米，印文為“抱蜀廬藏”。

原卷現代接出拖尾3紙。其中第一紙為修補卷尾，其餘兩紙書寫題跋。第一、第二紙接縫處有陽文硃印，1.7×1.7厘米，印文為“抱蜀廬藏”。

卷尾有2篇跋文：

1. “南齊《難心》第十殘卷，白麻紙本，長一丈，高九寸，/百七十餘行。光緒十五年出敦煌石室。後方有/佛相（像）印，邊皆藏文，誼（義）不能明。又有‘永興郡印’。/按自秦改天下為郡縣，至今以‘永興’名縣者，凡/數十見；而以‘永興’名郡者，則僅南齊。《南齊書・州/郡志》，隆昌元年置六郡，永興為其一，領於寧/州。寧州在今雲南，當時雖遠在邊徼，而碑版文/字，照灼千古。如兩爨孟瓊，皆為藝林寶重，況墨/蹟乎！歷今千四百餘年，紙墨如新。而佛相（像）郡印，/纍纍如貫珠。不惟可考知寫經時代，且可考知/當時郡印大小，雕刻之精，誠快意事也！燉煌所/出藏經，以唐代為最多，而六朝則希如星鳳。/每值晴明，焚香展卷，精神為爽。頻年轉徙/兵間，深懼失墜，因為考定，以貿世之嗜古者。/ 民國四年九月，樂父向燊識於申江。”

其下有2枚陽文硃印：（1）1.1×1.25厘米，印文為“向燊”；（2）1.4×1.4厘米，印文為“樂穀鑑賞”。

2. “是經爰據‘永興郡印’，定為南齊時人書。後/至京師，與許君際唐考訂，知為晉人所/書。以校羅君振玉所景晉元康、建初諸/經，方勁樸茂，同是晉代隸法。晉至南齊/未久，當是展專（轉）流傳，為永興郡所保存，/而後入敦煌石室者也，故有郡印纍纍。/卷名《難心經》，諦閑師遍檢藏經，並無此/名。或姚秦鳩摩羅什初譯梵本，僻在一隅，/因而遺之歟？羅君所景各經，皆假自異國。/此卷猶存余篋，誠吾中土第一墨皇也！/

癸亥（1923）立秋後一日，衡山向燊重識於申江。/時年六十，距前題又九牟矣。”

其下鈐有3枚硃印：（1）陰文，1.2×1.2厘米，印文為“向燊之印”；（2）陽文，1.2×1.2厘米，印文為“抱蜀子”；（3）陰文，1.5×1.5厘米，印文為“樂父六十後之印”。

卷背面各紙接縫處有圓形陽文硃印，直徑1.3厘米，印文為“抱蜀子”。

卷背首端有毛筆“西晉寫難心經卷”，後將“難”字圈去，改為“雜”，旁註：“全名《雜阿毘曇心論》。”下有紙簽，已殘，殘存阿拉伯數字“927”。

方按：唐李吉甫撰《元和郡縣志》卷四十載：“瓜州，本漢酒泉郡。元鼎六年分酒泉，置敦煌郡。今州即酒泉、敦煌二郡之地。晉惠帝又分二郡，置晉昌郡。周武帝改為永興郡。隋開皇三年罷郡。”宋樂史撰《太平寰宇記》卷一百五十三記載同。

由此，本遺書上的“永興郡印”，為北周武帝時代所設永興郡（即敦煌）之印，而非南齊之遠在雲南的永興郡之印。該印章鈐印雜亂，應屬在廢棄經典上隨意鈐印而成。

1.1　BD14711號背

1.3　木捺佛像（擬）

1.4　新0911

2.4　本遺書由2個文獻組成，本文獻為第2個，鈐印木捺佛像9個，印在背面。餘參見BD14711號之第2項。

3.4　説明：

本遺書為長方形墨印木捺佛像，12×14 厘米。上刻一佛二菩薩。佛著袈裟，袒露右肩，手結印契，結跏趺坐在蓮華座上，有背光。佛頂有幡蓋。二菩薩分別侍立兩邊，腳下有蓮華座。右側菩薩雙手合十，左側菩薩手持某物，不清，似為供養具。右上、左上均有對稱的裝飾性雲彩及塔形圖案。

四周有梵文陀羅尼咒，底邊為 4 行梵文，其他 3 邊為兩行梵文。

圖像及文字多漫漶。

8　7～8 世紀。唐捺印。

1.1　BD14712 號
1.3　金剛般若波羅蜜經
1.4　新 0912
2.1　452.4×25 厘米；11 紙；共 248 行，行 17 字。
2.2　01：05.3，護首；　02：19.8，11；　03：50.2，28；
04：50.3，28；　05：50.2，28；　06：50.5，28；
07：50.3，28；　08：50.2，28；　09：30.8，17；
10：50.3，28；　11：44.5，24。
2.3　卷軸裝。首斷尾全。經黄打紙，砑光上蠟。有護首，恐為後接，已殘。卷面多處有殘破。背有古代裱補。有烏絲欄。
3.1　首殘→大正 0235，08/0749B20。
3.2　尾全→大正 0235，08/0752C03。
4.2　金剛般若波羅蜜經一卷（尾）。
5　與《大正藏》本對照，本號經文無冥司偈，參見《大正藏》，8/751C16～19。

本件有錯簡。正確順序應為：第 7～9 紙→第 2～6 紙→第 10～11 紙。

8　7～8 世紀。唐寫本。
9.1　楷書。
10　卷首背粘有紙簽，上有“購 10062”。

1.1　BD14713 號
1.3　妙法蓮華經馬鳴菩薩品第三〇
1.4　新 0913
2.1　187.7×46.2 厘米；4 紙；共 111 行，行 17 字。
2.2　01：46.8，27；　02：47.0，28；　03：47.1，28；
04：46.8，28。
2.3　卷軸裝。首尾均斷。卷面保存尚好。有烏絲欄。通卷現代托裱。
3.1　首殘→大正 2899，85/1428A04。
3.2　尾殘→大正 2899，85/1429A29。
8　7～8 世紀。唐寫本。
9.1　楷書。

1.1　BD14714 號
1.3　金光明最勝王經卷九
1.4　新 0914
2.1　734.3×25.4 厘米；17 紙；共 418 行，行 17 字。
2.2　01：15.5，護首；　02：47.7，28；　03：47.5，28；
04：47.6，28；　05：47.5，28；　06：47.5，28；
07：47.7，28；　08：47.7，28；　09：47.5，28；
10：47.6，28；　11：47.6，28；　12：47.5，28；
13：47.5，28；　14：47.5，28；　15：47.6，28；
16：47.8，28；　17：05.0，01。
2.3　卷軸裝。首殘尾全。有護首，有護首經名與經名簽。卷面有撕裂，第 8、9 紙及第 10、11 紙接縫下部開裂。有烏絲欄。
3.1　首殘→大正 0665，16/0444B11。
3.2　尾全→大正 0665，16/0450C15。
4.2　金光明最勝王經卷第九（尾）。
5　尾附音義 2 行。
7.3　扉頁有經名雜寫“金光明第”。
8　8 世紀。唐寫本。
9.1　楷書。
9.2　有刮改。
10　現代接出護首。首尾紙背有陰文硃印，1.9×1.5 厘米，印文為“識升（?）”。卷背粘有紙簽，上有“購 10333”。

1.1　BD14715 號 A
1.3　無量壽宗要經
1.4　新 0915
2.1　174×30 厘米；4 紙；共 114 行，行 30 餘字。
2.2　01：44.0，29；　02：46.0，30；　03：46.0，30；
04：38.0，25。
2.3　卷軸裝。首全尾斷。卷面略有油污、殘破。有烏絲欄。通卷有現代托裱。
3.1　首全→大正 0936，19/0082A03。
3.2　尾全→大正 0936，19/0084C26。
4.1　大乘無量壽經（首）。
8　8～9 世紀。吐蕃統治時期寫本。
9.1　行楷。
10　現代接出綠底金絲織錦護首。護首有題簽：“唐人寫經卷”。下貼紙簽，上書：“□137。/唐人寫經卷。/20 元。/採 57852。”

扉頁下方有陽文硃印，2.5×2.8 厘米，印文為“退畊老人壬戌歲（1922）藏”。

1.1　BD14715 號 B
1.3　無量壽宗要經
1.4　新 0915
2.1　139×30 厘米；3 紙；共 93 行，行 30 餘字。
2.2　01：44.5，32；　02：47.0，31；　03：47.5，30。
2.3　卷軸裝。首尾均全。卷面略有油污。有烏絲欄。通卷現代托裱。
3.1　首全→大正 0936，19/0082A03。

3.2　尾全→大正 0936，19/0084C29。
4.1　大乘無量壽宗要經（首）。
4.2　佛說無量壽宗要經（尾）。
7.1　尾題後有題記："張略沒藏寫。"
8　8～9世紀。吐蕃統治時期寫本。
9.1　行楷。
10　卷尾下方有陽文硃印，2.5×2.5厘米，印文為"水竹邨藏"。

1.1　BD14716號
1.3　大般若波羅蜜多經卷六八
1.4　新 0916
2.1　704×24厘米；15紙；共418行，行17字。
2.2　01：47.0，28；　02：47.0，28；　03：47.0，28；
04：47.0，28；　05：47.0，28；　06：47.0，28；
07：47.0，28；　08：47.0，28；　09：47.0，28；
10：47.0，28；　11：47.0，28；　12：47.0，28；
13：47.0，28；　14：47.0，28；　15：46.0，26。
2.3　卷軸裝。首脫尾全。有烏絲欄。通卷現代托裱，裝為手卷。
3.1　首殘→大正 0220，05/0383A07。
3.2　尾全→大正 0220，05/0388A05。
4.2　大般若波羅蜜多經卷第六十八（尾）。
8　8～9世紀。吐蕃統治時期寫本。
9.1　楷書。
9.2　有行間校加字。有刮改。
10　現代接出黃底紅綠藍花織錦護首。護首下部有兩個紙簽。一為特藝公司前門經營管理處簽，標明貨號"194"，品名為"唐人寫經，1卷"，定價為"25.00"。一為"購10450"。

卷首玉池有題跋："大心居士為 家大人卅年老友，辛酉（1921）春/孟來遊京師，與老人同住一齋。緇素/雲集，盛於一時。臨別之日，謹以此卷/為贈，用誌法緣，潘復敬題。/"

題記下有陽文硃印，1.9×1.9厘米，印文為"監齋"。

卷尾後有題跋8條：

1."《佛說大般若經》，都千二百卷。此唐人/所書第六十八卷，得字約六千餘。片羽/吉光，允為希世之寶。馨航先生究/心佛學多年，今出此以供養/大心陳老居士，俾得法乳常流。想八/部龍天，當同此護持讚歎矣。幸護與/觀，用誌隨喜。辛酉（1921）正月二十五日莊蘊寬謹/識於京師紅羅廠之養志軒。"

題記下方有印章2枚：（1）陰文硃印，1×1厘米，印文為"蘊寬"。（2）陽文硃印，0.9×0.9厘米，印文為"思誠"。

2."同觀者番禺葉恭綽。/"

3."江夏王彭、南昌梅光遠同日敬觀。/"

4."長壽張名振敬觀。/"

5."桐城馬振憲 寧鄉彭憲同敬觀。/"

6."無量法門，流出多少？/
一抵萬千，龍鱗鴻爪。/
辛酉（1921）孟春黃陂范熙壬敬題。/"

7."隋唐至今，幾及千年。墨迹傳留，有若星鳳。石/室發見發願寫經，多當時經生所錄。此卷則墨/花含彩，剛健幽秀。上承羲、獻，下開褚、虞。初未經/意，動合古法。斷為開皇時人所為，不得以唐人尋/常寫經目之。/

大心居士屬題。宜興學人丁康保。"

下有陰文硃印，1.2×1.2厘米，印文為"丁印康保"。

8."大心居士究解經典，多得奧旨。辛酉（1921）至京。法會之餘，得此奇迹。/夫《般若》一經，發揮大乘極則，蕩滌障礙，歸無所得，了達緣空諸法相，/實為五時說經，最中時說。受持偈句，悉能解脫。此卷不下數千言，拜覽一過，/自生敬信。以此淨意，廻向三寶。癸亥（1923）十二月十二日康保薰沐再識。/"

1.1　BD14717號
1.3　佛名經（十二卷本）卷一二
1.4　新 0917
2.1　（4+129.8）×24.2厘米；4紙；共68行，行字不等。
2.2　01：04.0，01；　02：48.5，27；　03：46.0，26；
04：31.3，14。
2.3　卷軸裝。首殘尾全。有烏絲欄。通卷現代托裱為掛軸。
3.1　首行下殘→大正 0440，14/0183A14～15。
3.2　尾全→大正 0440，14/0184A12。
4.2　佛說佛名經卷第十二（尾）。
8　7～8世紀。唐寫本。
9.1　楷書。
10　現代接出護首，上有兩個紙簽。一為特藝公司前門經營管理處簽，標明貨號"0892"，品名為"佛名寫經，1捲"，定價為"10.00"。一為"購10451"。

1.1　BD14718號
1.3　摩訶般若波羅蜜經（四十卷本　異卷）卷二六
1.4　新 0918
2.1　513×26厘米；11紙；共264行，行17字。
2.2　01：14.0，護首；　02：49.5，27；　03：51.5，27；
04：51.5，28；　05：51.5，28；　06：51.0，29；
07：51.0，28；　08：51.0，28；　09：51.0，28；
10：51.5，28；　11：39.5，13。
2.3　卷軸裝。首尾均全。有護首，已殘破。上下邊有破裂。有烏絲欄。
3.1　首全→大正 0223，08/0331B08。
3.2　尾全→大正 0223，08/0334C05。
4.1　摩訶般若波羅蜜善知識品第五十二，卷第廿六（首）。
4.2　摩訶般若波羅蜜卷第廿六（尾）。
5　與《大正藏》本對照，分卷不同。經文相當於《大正藏》本卷第十五知識品第五十二至趣智品第五十三，但文字有不同，且卷次相差較多。日本《聖語藏》本為四十卷，但本文獻約相當其第二十三或二十四卷，故與《聖語藏》本亦不相同。根據歷代

經錄記載，該經的傳本一般為二十四卷、二十七卷、三十卷、四十卷等四種卷本。本文獻或屬四十卷異卷，詳情待考。
8　6世紀。南北朝寫本。
9.1　楷書。
10　卷背粘有紙簽，上有"照"。卷首背有2個紙簽，一為特藝公司前門經營管理處簽，標明貨號"196"，品名為"隋寫經，1卷"，定價為"30.00"。一為"購10452"。

1.1　BD14719號1
1.3　藏文（無量壽宗要經甲本）
1.4　新0919
2.1　408.5×31厘米；9紙；共323行，行約45～55字母。
2.2　01：46.5，38；　02：45.0，38；　03：45.0，33；
04：46.0，38；　05：46.0，38；　06：46.0，36；
07：46.0，38；　08：44.0，38；　09：44.0，35。
2.3　卷軸裝。首尾均全。每紙2欄，共18欄；欄19行，卷末邊有粘接痕。末紙有裱補。有烏絲欄。
2.4　本遺書包括3個文獻：（一）《藏文（無量壽宗要經甲本）》，109行，今編為BD14719號1。（二）《藏文（無量壽宗要經甲本）》，113行，今編為BD14719號2。（三）《藏文（無量壽宗要經甲本）》，101行，今編為BD14719號3。
4.1　Tshe dpag_ du_ myed_ pa zhes_ bya_ ba theg_ pa_ chen_ povi mdo。（藏文：無量壽宗要經）（首）。
4.2　Tshe dpag_ du_ myed_ pa zhes_ bya_ ba theg_ pa_ chen_ povi mdo。（藏文：無量壽宗要經）（尾）。
7.1　尾有題名"抄寫者：phan－phan（潘潘）"。
8　8～9世紀。吐蕃統治時期寫本。
9.1　草書。
10　卷末背上方貼紙簽有鋼筆寫"貨號：0690，品名：藏文經一捲，定價：12.00"。小紙簽寫"購10453"。另有紅鉛筆寫："0690"。

1.1　BD14719號2
1.3　藏文（無量壽宗要經甲本）
1.4　新0919
2.4　本遺書由3個文獻組成，本文獻為第2個，113行。餘參見BD14719號1之第2項。
4.1　Tshe dpag_ du_ myed_ pa zhes_ bya_ ba theg_ pa_ chen_ povi mdo。（藏文：無量壽宗要經）（首）。
4.2　Tshe dpag_ du_ myed_ pa zhes_ bya_ ba theg_ pa_ chen_ povi mdo。（藏文：無量壽宗要經）（尾）。
7.1　尾有題名"抄寫者：phan－phan（潘潘）"。
8　8～9世紀。吐蕃統治時期寫本。
9.1　草書。

1.1　BD14719號3
1.3　藏文（無量壽宗要經甲本）
1.4　新0919
2.4　本遺書由3個文獻組成，本文獻為第3個，101行。餘參見BD14719號1之第2項。
4.1　Tshe dpag_ du_ myed_ pa zhes_ bya_ ba theg_ pa_ chen_ povi mdo。（藏文：無量壽宗要經）（首）。
4.2　Tshe dpag_ du_ myed_ pa zhes_ bya_ ba theg_ pa_ chen_ povi mdo。（藏文：無量壽宗要經）（尾）。
8　8～9世紀。吐蕃統治時期寫本。
9.1　行書。

1.1　BD14720號A
1.3　佛本行經卷一
1.4　新0920
2.1　41.4×25.4厘米；1紙；共22行，行16字（偈頌）。
2.3　卷軸裝。首尾均殘。卷面多水漬，有等距離黴斑。有烏絲欄。現代將BD14720號A、B兩號殘卷合裱為一個手卷。
3.1　首殘→大正0193，04/0059B06。
3.2　尾殘→大正0193，04/0059C06。
8　8～12世紀。日本平安時期寫經。
9.1　楷書。
10　護首為黄底彩色菊花、蝙蝠紋織錦，有縹帶、玉別子。

手卷前部反貼一張刻經紙作為玉池。該紙被搓薄，露出字跡。雖為反字，但可辨認，為《大方廣菩薩藏文殊師利根本儀軌經》卷一九，存文相當於《大正藏》1191，20/0900C18～0901A26。且可辨認千字文編號為"封"，千字文編號下似有捐刻題記，已殘。從形態看，應屬《普寧藏》或《磧砂藏》殘葉。

BD14720號A正文前隔水處有印章兩枚：（1）陽文硃印，2×2厘米，印文為"太原王/氏書畫/府印信/"。（2）陽文硃印，2×3.1厘米，印文為"惕安三十六/歲得商爵十/因名十爵齋/"。

BD14720號B正文後隔水處有印章兩枚：（1）陽文硃印，2×2厘米，印文為"鋕盦/平生/欣賞/"。（2）陽文硃印，2.2×2.2厘米，印文為"王惕/盦秘/匧印/"。

卷尾有題記3條：

1. "光緒二十五年（1899）己亥春正月十日，潘志萬/敬觀合十署欵。/"

下有2枚印章：（1）陰文硃印，2.4×2.4厘米，印文為"吴潘/志萬/之章/"。（2）陽文硃印，2.4×2.4厘米，印文為"邵翁/五十歲/後書/"。

2. "己亥（1899）七月三日，惕庵得之靈鶼閣主，歡喜讚賞。/"

後有2枚陽文硃印：（1）1×1.2厘米，印文為"王◇"。（2）1.3×1.5厘米，印文為"稚根"。

3. 尾軸前有"光緒己亥（1899）十一月常熟翁之繕觀。/"有圓形陽文硃印，直徑1.6厘米，印文為"翁"。

護首貼一紙簽，為特藝公司前門經營管理處簽，標明品名為"唐人經捲，1個"，定價為"20.00"。縹帶栓一紙簽，為"購10478"。

1.1　BD14720 號 B
1.3　大般若波羅蜜多經卷五四
1.4　新 0920
2.1　45.2×24.5 厘米；1 紙；共 24 行，行 17 字。
2.3　卷軸裝。首尾均殘。卷面略有蟲蛀。有烏絲欄。現代將 BD14720 號 A、B 兩號殘卷合裱為一個手卷。
3.1　首殘→大正 0220，05/0307B21。
3.2　尾殘→大正 0220，05/0307C14。
8　8～12 世紀。日本平安時期寫經。
9.1　楷書。

1.1　BD14721 號
1.3　妙法蓮華經卷一
1.4　新 0921
2.1　174×25.8 厘米；4 紙；共 106 行，行 17 字。
2.2　01：46.0，28；　02：46.0，28；　03：46.0，28；
　04：36.0，22。
2.3　卷軸裝。首脱尾斷。經黄打紙，研光上蠟。卷面多水漬，有破裂及殘洞，第 2、3 紙接縫下方開裂。有烏絲欄。背有現代裱補。
3.1　首殘→大正 0262，09/0003C13。
3.2　尾殘→大正 0262，09/0005B23。
8　7～8 世紀。唐寫本。
9.1　楷書。
9.2　有行間加行。
10　背貼 2 個紙簽，一為特藝公司前門經營管理處簽，標明品名為“唐人寫經，1 捲”，定價為“20.00”。一為“購 10480”。

1.1　BD14722 號
1.3　維摩詰所説經卷上
1.4　新 0922
2.1　263.9×23.5 厘米；6 紙；共 143 行，行 17 字。
2.2　01：53.0，28；　02：50.0，28；　03：49.8，28；
　04：49.5，28；　05：49.6，28；　06：12.0，03。
2.3　卷軸裝。首殘尾全。背有敦煌古紙裱補。有烏絲欄。通卷現代裱為手卷。
3.1　首 3 行下殘→大正 0475，14/0542B13～16。
3.2　尾全→大正 0475，14/0544A19。
4.2　維摩詰經卷上（尾）。
7.2　卷首所接古代護首上有殘墨印，應為印章，漫漶難辨。
8　7～8 世紀。唐寫本。
9.1　楷書。有武周新字“天”、“人”、“國”、“日”、“正”、“地”，使用周遍。
10　護首為花色織錦，縹帶及玉別子。縹帶上有小紙簽，上寫“購 10581”。護首背面有特藝公司前門經營管理處簽，標明貨號“12194”，品名為“唐武周時寫經，1 捲”，定價為“60.00”。

1.1　BD14723 號
1.3　普賢菩薩説證明經
1.4　新 0923
2.1　38×26.5 厘米；1 紙；共 15 行，行 17 字。
2.3　卷軸裝。首脱尾全。卷面有水漬，卷尾殘破。有烏絲欄。
3.1　首殘→大正 2879，85/1368B04。
3.2　尾全→大正 2879，85/1368B19。
4.2　普賢菩薩證明經一卷（尾）。
8　7～8 世紀。唐寫本。
9.1　楷書。

1.1　BD14724 號
1.3　妙法蓮華經卷四
1.4　新 0924
2.1　44×25 厘米；1 紙；共 24 行，行 20 字。
2.3　卷軸裝。首尾均脱。經黄打紙，研光上蠟。有烏絲欄。
3.1　首殘→大正 0262，09/0028A06。
3.2　尾殘→大正 0262，09/0028B22。
8　8 世紀。唐寫本。
9.1　楷書。有武周新字“正”。

1.1　BD14725 號
1.3　大方等大集經賢護分卷四
1.4　新 0925
2.1　46.5×25.8 厘米；1 紙；共 28 行，行 17 字。
2.3　卷軸裝。首尾均脱。經黄打紙。有烏絲欄。
3.1　首殘→大正 0416，13/0891B09。
3.2　尾殘→大正 0416，13/0891C09。
8　7～8 世紀。唐寫本。
9.1　楷書。
10　背貼紙簽上寫有“購 10583”。

1.1　BD14726 號
1.3　大方等大集經賢護分卷四
1.4　新 0926
2.1　46.7×26 厘米；1 紙；共 28 行，行 17 字。
2.3　卷軸裝。首尾均脱。打紙。有烏絲欄。
3.1　首殘→大正 0416，13/0888B17。
3.2　尾殘→大正 0416，13/0888C18。
8　7～8 世紀。唐寫本。
9.1　楷書。
10　背貼特藝公司前門經營管理處簽，標明貨號“02182”，品名為“殘經 5 塊”，定價為“18.00”。

1.1　BD14727 號
1.3　瑜伽師地論分門記
1.4　新 0927

2.1　(11.9+336.3)×29.7 厘米；10 紙；正面 253 行，行字不等。背面 226 行，行字不等。

2.2　01：32.3，20；　02：46.7，31；　03：46.4，31；
04：36.8，23；　05：26.7，22；　06：42.4，34；
07：29.3，23；　08：29.8，23；　09：42.4，34；
10：15.4，12。

2.3　卷軸裝。首殘尾脫。卷首上下部有殘破，卷面多油污。後數紙有烏絲欄。

2.4　本遺書包括 2 個文獻：(一)《瑜伽師地論分門記》，253 行，抄寫在正面，此外背面有補註 6 條 63 行，今編為 BD14727 號。(二)《大乘百法明門論開宗義決疏》(擬)，163 行，抄寫在背面，今編為 BD14727 號背。

2.5　本遺書最早抄寫《瑜伽師地論分門記》，抄寫時背面加注 6 條 63 行補註文字。其後利用其餘的空白，抄寫《大乘百法明門論開宗義決疏》。《大乘百法明門論開宗義決疏》與《瑜伽師地論分門記》的補註文字，方向相反，相互顛倒。

3.4　說明：

本文獻首 7 行上殘，尾殘。背面補注文字之兩紙接縫處有"談迅"簽押，可知為談迅所記法成講《瑜伽師地論分門記》。本文獻未為歷代大藏經所收，敦煌遺書中保存甚多，記錄者不一，尚需整理。本文獻的具體卷次待考。

8　9~10 世紀。歸義軍時期寫本。

9.1　行書。

9.2　有硃筆科分、行間加行。有硃、墨筆行間校加字。有校改。有墨筆塗抹。

10　卷首下部有陽文硃印，1.6×1.6 厘米，印文為"書蟲齋"。

現代包紙一端書寫"乙五十"，"正面《瑜伽師地論分門記》，/背面《百法明門論義疏記》。/"下貼紙簽，上寫"購 10604"。另一端寫"《妙法蓮華經·安樂行品》第十四，不全"，又用毛筆涂去。

1.1　BD14727 號背

1.3　大乘百法明門論開宗義決疏(擬)

1.4　新 0927

2.4　本遺書由 2 個文獻組成，本文獻為第 2 個，163 行，抄寫在背面。餘參見 BD14727 號之第 2 項。

3.4　說明：

曇曠在撰寫《大乘百法明門論開宗義記》之後，爲了便於人們學習，又撰寫了《大乘百法明門論開宗義決》。本文獻的前部，與《大乘百法明門論開宗義記序釋》文字相近，但整體內容比《大乘百法明門論開宗義記序釋》更多，且後部主要解釋《大乘百法明門論開宗義決》。故本文獻應是對《大乘百法明門論開宗義決》的疏釋，很可能是曇曠講解時的記錄，詳情待考。本文獻前 133 行與後 30 行抄寫有間隔，不排除原來是兩個文獻的可能。

本文獻未為歷代大藏經所收。

8　9~10 世紀。歸義軍時期寫本。

9.1　行楷。

9.2　有校改。有重文號。有倒乙。有行間校加字。

1.1　BD14728 號

1.3　大乘百法明門論開宗義記

1.4　新 0928

2.1　1565.9×25.6 厘米；44 紙；共 1082 行，行字不等。

2.2　01：20.3，護首；　02：18.2，01；　03：44.8，28；
04：43.9，27；　05：44.3，27；　06：43.7，27；
07：38.4，24；　08：39.1，24；　09：37.4，22；
10：38.5，25；　11：43.5，30；　12：42.4，35；
13：39.1，32；　14：32.2，25；　15：31.6，26；
16：32.8，28；　17：32.9，24；　18：33.3，28；
19：31.9，27；　20：33.5，26；　21：32.9，26；
22：32.4，24；　23：33.3，20；　24：33.0，25；
25：33.3，27；　26：33.2，28；　27：33.2，28；
28：33.1，27；　29：33.2，23；　30：33.2，21；
31：33.9，20；　32：32.6，22；　33：33.1，21；
34：33.5，22；　35：33.5，23；　36：38.0，28；
37：38.7，27；　38：38.8，28；　39：39.0，28；
40：37.8，27；　41：38.5，25；　42：38.7，25；
43：38.2，24；　44：38.1，25。

2.3　卷軸裝。首尾均全。有護首，裝蘆葦天竿。護首共兩紙，第一紙係《金剛經》護首改製。卷上方有殘損。部分紙張係上下拼接而成。有烏絲欄。

3.1　首全→大正 2811，85/1046A11。

3.2　尾全→大正 2811，85/1065B14。

4.1　大乘百法明門論開宗義記一卷，京西明寺沙門曇曠撰(首)。

4.2　大乘百法明門論開宗義記一卷(尾)。

7.1　卷首作者署名旁有硃筆題記："比丘惠超勘定記之耳。"尾題下有硃筆勘記"比丘惠超勘定記耳。"尾題後有題記"乙丑年(845)五月一日比丘惠超就於軍將寺夏居之，此寫竟記之耳。"

7.3　背有雜寫"奉"。

7.4　護首前端有原護首經名"金剛般若波羅蜜經"。旁改寫護首經名"大乘百法明門論開宗義記一卷"。此經名模糊，旁邊又註明"百法論義記一卷"。扉葉寫"大乘百法論一卷"。

8　845 年。吐蕃統治時期寫本。

9.1　楷書。

9.2　有硃筆科分、斷句及塗改。有硃墨筆行間加行。有行間加字。有刪除號。

10　卷首上部有陽文硃印一方，1.3×1.7 厘米，印文為"寶梁閣"。下部有陽文硃印，1.6×1.6 厘米，印文為"書蟲齋"。卷尾下部有陽文硃印，1.6×3.1 厘米，印文為"曾在不因/人熱之室/"。護首有紙簽，上寫有"購 10605"。現代接出拖尾。

1.1　BD14729 號

1.3　四分律比丘含注戒本（異卷）
1.4　新0929
2.1　(6.5+109.7)×28厘米；15紙；共516行，行字不等。
2.2　01：61.5，29；　02：77.0，36；　03：77.4，36；
04：77.3，36；　05：77.3，36；　06：77.2，36；
07：77.2，36；　08：75.3，36；　09：76.0，35；
10：76.3，36；　11：76.3，36；　12：76.2，36；
13：76.1，36；　14：75.9，36；　15：47.2，20。
2.3　卷軸裝。首殘尾全。打紙。卷面多水漬，首紙殘破嚴重，尾紙有殘破。有烏絲欄。已修整。
3.1　首3行下殘→大正1806，40/0448C16~21。
3.2　尾全→大正1806，40/0463A14。
4.2　四分律大比丘含注戒本（尾）。
5　與《大正藏》本對照，分卷不同。相當於《四分律大比丘含注戒本》卷中中部開始至《四分律大比丘含注戒本》卷下全文。
7.1　尾題後有題記“比丘神剎載◇”。其中“載”為武周新字，“◇”為武周新字常見之“天”頭，但沒有寫完，疑或為“初”。
8　7~8世紀。唐寫本。
9.1　楷書。
9.2　上邊界欄外對所疏戒條均有編序。
10　背貼紙簽上寫有“購10606”。卷首下有陽文硃印，1.3×1.7厘米，印文為“寶梁閣”。尾題後有陽文硃印，1.6×1.6厘米，印文為“書蟲齋”，下有陽文硃印，1.6×3.1厘米，印文為“曾在不因/人熱之室/”。

1.1　BD14730號
1.3　淨名經關中釋抄卷上
1.4　新0930
2.1　(23.9+1171.6)×27.2厘米；27紙；共844行，行27~29字。
2.2　01：23.9，護首；　02：47.2，36；　03：48.3，37；
04：48.3，37；　05：48.0，36；　06：47.8，37；
07：48.3，37；　08：47.8，37；　09：48.0，37；
10：48.2，37；　11：48.1，37；　12：02.8，02；
13：44.0，31；　14：46.9，33；　15：46.8，32；
16：46.9，32；　17：47.1，33；　18：47.0，33；
19：46.7，33；　20：46.8，33；　21：47.0，33；
22：47.0，33；　23：46.9，32；　24：46.8，33；
25：46.9，33；　26：46.7，33；　27：35.3，17。
2.3　卷軸裝。首殘尾全。有護首，已殘，有竹質天竿。第20紙背有2行補註文字。有烏絲欄。
3.1　首全→大正2778，85/0501B07。
3.2　尾全→大正2778，85/0518B14。
4.1　淨名經關中釋抄卷上，沙門道掖撰集（首）。
4.2　淨名關中釋抄卷上（尾）。
7.3　卷首有雜寫“浄名經關”4字。
8　8~9世紀。吐蕃統治時期寫本。
9.1　行楷。
9.2　有行間校加字及重文號。有硃筆科分及校改。
10　卷首有2枚硃印：（1）上部為陽文，1.6×1.6厘米，印文為“書蟲齋”；（2）下部為陰文，1.15×1.15厘米，印文為“馬廉”。

1.1　BD14731號
1.3　妙法蓮華經卷六
1.4　新0931
2.1　360.5×26厘米；7紙；共194行，行17字。
2.2　01：48.5，26；　02：52.0，28；　03：52.0，28；
04：52.0，28；　05：52.0，28；　06：52.0，28；
07：52.0，28。
2.3　卷軸裝。首尾均斷。打紙。卷面多黴斑，後部尤多，略有殘破，卷後部有等距離蟲蛀殘洞。有烏絲欄。
3.1　首殘→大正0262，09/0046C07。
3.2　尾殘→大正0262，09/0049C23。
7.3　卷首上邊有雜寫“加”。首紙背寫有“孟”、“子”。
8　8~12世紀。日本平安時期寫經。
9.1　楷書。
10　卷首背貼有特藝公司前門經營管理處紙簽，標明貨號“02356”，品名“五代寫經”，定價“30.00”。另有小紙簽，上寫“購10612”。

1.1　BD14732號
1.3　大般涅槃經（北本）卷一一
1.4　新0932
2.1　818.9×25.8厘米；20紙；共430行，行17字。
2.2　01：01.8，01；　02：44.6，24；　03：44.7，24；
04：44.9，24；　05：44.8，24；　06：44.9，24；
07：44.9，24；　08：44.9，24；　09：45.2，24；
10：45.1，24；　11：45.1，24；　12：45.2，24；
13：45.3，24；　14：44.9，24；　15：45.0，24；
16：43.1，23；　17：45.0，24；　18：45.0，24；
19：45.0，22；　20：09.5，拖尾。
2.3　卷軸裝。首斷尾全。卷面保存尚好。有劃界欄針孔。尾有檀木原軸。有烏絲欄。通卷現代托裱，接出護首。
3.1　首殘→大正0374，12/0428C11。
3.2　尾全→大正0374，12/0433C19。
4.2　大般涅槃經卷第十一（尾）。
8　5~6世紀。南北朝寫本。
9.1　隸書。
10　現代接出卍字不斷頭花紋織錦護首，有縹帶與牙別子。護首貼有紙簽，上寫有“購10752”。用黃色絲綢包裹，裝入紙質圓筒。圓筒表面亦為卍字不斷頭花紋織錦，上有題簽“北魏精書大般涅槃經”。

1.1　BD14733 號
1.3　摩訶般若波羅蜜經（四十卷本）卷一五
1.4　新 0933
2.1　851.5×25.7 厘米；17 紙；共 466 行，行 17 字。
2.2　01：47.5，26；　02：50.5，28；　03：50.5，28；
04：50.5，28；　05：50.5，28；　06：50.5，28；
07：50.5，28；　08：50.5，28；　09：50.5，28；
10：50.5，28；　11：50.5，28；　12：50.5，28；
13：50.5，28；　14：50.5，28；　15：50.5，28；
16：50.5，28；　17：46.5，20。
2.3　卷軸裝。首尾均全。經黄打紙，砑光上蠟。首紙下邊有殘缺。卷尾上邊殘損。有燕尾。有烏絲欄。通卷現代托裱。
3.1　首全→大正 0223，08/0288A14。
3.2　尾全→大正 0223，08/0293C15。
4.1　摩訶般若波羅蜜經阿難品第卌五，十五（首）。
4.2　摩訶般若波羅蜜經卷第十五（尾）。
5　與《大正藏》本對照，分卷不同，品名品次不同。經文相當於《大正藏》本卷九尊導品第三十六，卷十法稱品第三十七。與日本《聖語藏》本相同，屬於四十卷本系統。
8　7～8 世紀。唐寫本。
9.1　楷書。
10　現代接出卍字不斷頭花紋織錦護首，有縹帶與牙別子。護首貼有紙簽，上寫有“購 10753”。用黄色絲綢包裹，裝入紙質圓筒。圓筒表面亦為卍字不斷頭花紋織錦，上有題簽“唐精書摩訶般若波羅蜜經”。

1.1　BD14734 號
1.3　瑜伽師地論卷一
1.4　新 0934
2.1　137.3×25.8 厘米；3 紙；共 97 行，行 29～34 字。
2.2　01：44.5，31；　02：46.4，33；　03：46.4，33。
2.3　卷軸裝。首全尾脱。卷面油污，首紙前部有破損，尾紙上有破裂。有烏絲欄。
3.1　首全→大正 1579，30/0279A03。
3.2　尾殘→大正 1579，30/0280C11。
4.1　瑜伽師地論卷第一，彌勒菩薩說，無著菩薩造，/本地分中五識身相應地第一之一/（首）。
5　與《大正藏》本對照，經文多所不同。
8　9～10 世紀。歸義軍時期寫本。
9.1　楷書。
9.2　有硃筆科分、斷句及塗抹。有硃、墨筆行間校加字。有校改。

1.1　BD14735 號 1
1.3　藏文（無量壽宗要經甲本）
1.4　新 0935
2.1　540×31 厘米；10 紙；每紙 2 欄，共 20 欄；每欄 19 行，共 366 行，行約 40～50 字母。
2.2　01：45.0，2 欄；　02：45.0，2 欄；　03：45.0，2 欄；
04：45.0，2 欄；　05：45.0，2 欄；　06：45.0，2 欄；
07：45.0，2 欄；　08：45.0，2 欄；　09：45.0，2 欄；
10：45.0，2 欄。
2.3　卷軸裝。首脱尾全。每紙 2 欄，共 24 欄，每欄約 19 行；卷首、末邊有粘接痕。第 2 紙起，每紙上邊均有脱膠裂縫。有烏絲欄。
2.4　本遺書包括 4 個文獻：（一）《藏文（無量壽宗要經甲本）》，37 行，今編為 BD14735 號 1。（二）《藏文（無量壽宗要經甲本）》，114 行，今編為 BD14735 號 2。（三）《藏文（無量壽宗要經甲本）》，106 行，今編為 BD14735 號 3。（四）《藏文（無量壽宗要經甲本）》，109 行，今編為 BD14735 號 4。
3.4　說明：
本文獻首殘尾全，為藏文《無量壽宗要經》（甲本）。
4.2　Tshe dpag_ du_ myed_ pa zhes_ bya_ ba theg_ pa_ chen_ povi mdo。（藏文：無量壽宗要經）（尾）。
7.1　有題名“抄寫者：gu－rib－lha－lang－brtsan.（吉魯拉龍讚）”。
8　8～9 世紀。吐蕃統治時期寫本。
9.1　草書。
10　卷首背上方貼有特藝公司前門經營管理處紙簽，標明貨號“02560”，品名“唐人寫經 1 卷”，定價“35.00”。另有小紙簽，上寫“購 10755”。

1.1　BD14735 號 2
1.3　藏文（無量壽宗要經甲本）
1.4　新 0935
2.4　本遺書由 4 個文獻組成，本文獻為第 2 個，114 行，餘參見 BD14735 號 1 之第 2 項。
3.4　說明：
本文獻首尾均全，為藏文《無量壽宗要經》（甲本）。
4.1　Tshe dpag_ du_ myed_ pa zhes_ bya_ ba theg_ pa_ chen_ povi mdo。（藏文：無量壽宗要經）（首）。
4.2　Tshe dpag_ du_ myed_ pa zhes_ bya_ ba theg_ pa_ chen_ povi mdo。（藏文：無量壽宗要經）（尾）。
7.1　有題名“抄寫者：gu－rib－lha－lang－brtsan.（吉魯拉龍讚）”。
8　8～9 世紀。吐蕃統治時期寫本。
9.1　草書。

1.1　BD14735 號 3
1.3　藏文（無量壽宗要經甲本）
1.4　新 0935
2.4　本遺書由 4 個文獻組成，本文獻為第 3 個，106 行，餘參見 BD14735 號 1 之第 2 項。
3.4　說明：

本文獻首尾均全，為藏文《無量壽宗要經》（甲本）。

4.1 Tshe dpag_ du_ myed_ pa zhes_ bya_ ba theg_ pa_ chen_ povi mdo。（藏文：無量壽宗要經）（首）。

4.2 Tshe dpag_ du_ myed_ pa zhes_ bya_ ba theg_ pa_ chen_ povi mdo。（藏文：無量壽宗要經）（尾）。

7.1 有題名“抄寫者：gu－rib－lha－lang－brtsan.（吉魯拉龍讚）”。

8 8～9 世紀。吐蕃統治時期寫本。

9.1 草書。

1.1 BD14735 號 4

1.3 藏文（無量壽宗要經甲本）

1.4 新 0935

2.4 本遺書由 4 個文獻組成，本文獻為第 4 個，109 行，餘參見 BD14735 號 1 之第 2 項。

3.4 說明：

本文獻首尾均全，為藏文《無量壽宗要經》（甲本）。

4.1 Tshe dpag_ du_ myed_ pa zhes_ bya_ ba theg_ pa_ chen_ povi mdo。（藏文：無量壽宗要經）（首）。

4.2 Tshe dpag_ du_ myed_ pa zhes_ bya_ ba theg_ pa_ chen_ povi mdo。（藏文：無量壽宗要經）（尾）。

7.1 有題名“抄寫者：gu－rib－lha－lang－brtsan.（吉魯拉龍讚）”。

8 8～9 世紀。吐蕃統治時期寫本。

9.1 草書。

新舊編號對照表

新字頭號與北敦號對照表

新字頭號	北敦號
新 0893	BD14693 號
新 0894	BD14694 號
新 0895	BD14695 號
新 0896	BD14696 號
新 0897	BD14697 號
新 0898	BD14698 號
新 0899	BD14699 號
新 0900	BD14700 號
新 0901	BD14701 號
新 0902	BD14702 號
新 0903	BD14703 號
新 0904	BD14704 號
新 0905	BD14705 號
新 0906	BD14706 號
新 0907	BD14707 號
新 0908	BD14708 號
新 0909	BD14709 號
新 0909	BD14709 號背
新 0910	BD14710 號
新 0911	BD14711 號
新 0911	BD14711 號背
新 0912	BD14712 號
新 0913	BD14713 號
新 0914	BD14714 號
新 0915	BD14715 號 A
新 0915	BD14715 號 B
新 0916	BD14716 號
新 0917	BD14717 號
新 0918	BD14718 號
新 0919	BD14719 號 1
新 0919	BD14719 號 2
新 0919	BD14719 號 3
新 0920	BD14720 號 A
新 0920	BD14720 號 B
新 0921	BD14721 號
新 0922	BD14722 號
新 0923	BD14723 號
新 0924	BD14724 號
新 0925	BD14725 號
新 0926	BD14726 號
新 0927	BD14727 號
新 0927	BD14727 號背
新 0928	BD14728 號
新 0929	BD14729 號
新 0930	BD14730 號
新 0931	BD14731 號
新 0932	BD14732 號
新 0933	BD14733 號
新 0934	BD14734 號
新 0935	BD14735 號 1
新 0935	BD14735 號 2
新 0935	BD14735 號 3
新 0935	BD14735 號 4